天门龙嘴

湖北省文物考古研究所　编著
天门市博物馆

孟华平　主编

张成明　陆成秋　副主编

科学出版社
北京

内 容 简 介

湖北天门龙嘴遗址是长江中游地区新发现的一处油子岭文化时期的城垣聚落遗址，位于该地区新石器时代文化发展的中心——石家河城垣聚落的附近，对于研究中国城垣聚落的起源、发展及早期文明进程等具有重要的学术价值。

本书全面、系统地报道了龙嘴遗址2005年的发掘资料，可供考古学、历史学研究者，以及大专院校相关专业的师生和考古爱好者阅读、参考。

图书在版编目(CIP)数据

天门龙嘴/孟华平主编；湖北省文物考古研究所，天门市博物馆编著.—北京：科学出版社，2015.12
　ISBN 978-7-03-046643-3

Ⅰ.①天⋯　Ⅱ.①孟⋯②湖⋯③天⋯　Ⅲ.①古城遗址（考古）–研究–天门市　Ⅳ.①K878.34

中国版本图书馆CIP数据核字（2015）第288754号

责任编辑：王光明　李文静 / 责任校对：邹慧卿　彭　涛
责任印制：肖　兴 / 封面设计：美光设计

科学出版社 出版
北京东黄城根北街16号
邮政编码：100717
http://www.sciencep.com

中国科学院印刷厂 印刷
科学出版社发行　各地新华书店经销

*

2015年12月第 一 版　　开本：889×1194　1/16
2015年12月第一次印刷　　印张：23 1/4　插页：49
字数：850 000

定价：328.00元
（如有印装质量问题，我社负责调换）

图版二九　陶豆、陶盘、陶器盖
图版三〇　陶盘
图版三一　陶盘
图版三二　陶盘
图版三三　陶盘
图版三四　陶盘
图版三五　陶盘
图版三六　陶盘
图版三七　陶盘
图版三八　陶盘、陶杯
图版三九　陶杯、陶碗、陶杯形器
图版四〇　陶碗
图版四一　陶碗
图版四二　陶碗、陶器盖
图版四三　陶器盖
图版四四　陶器盖
图版四五　陶器盖
图版四六　陶器盖
图版四七　陶器盖
图版四八　陶器盖
图版四九　陶器盖
图版五〇　陶器盖
图版五一　陶器盖
图版五二　陶器盖
图版五三　陶器盖、陶碟、陶锥形器、陶纺轮
图版五四　陶纺轮
图版五五　陶纺轮
图版五六　陶纺轮
图版五七　陶纺轮
图版五八　陶纺轮
图版五九　陶球
图版六〇　陶球
图版六一　陶球
图版六二　陶球
图版六三　陶球
图版六四　陶球、陶环

图 版 目 录

图版一　　龙嘴遗址发掘探方

图版二　　TG1北城垣、TG5全景

图版三　　F2、H18全景

图版四　　H27、H28全景

图版五　　M1、M2全景

图版六　　遗址探方局部遗迹平面关系

图版七　　M9、M11全景

图版八　　M14、W2全景

图版九　　陶鼎

图版一〇　陶鼎

图版一一　陶鼎

图版一二　陶鼎

图版一三　陶鼎

图版一四　陶鼎

图版一五　陶鼎、陶罐

图版一六　陶罐

图版一七　陶罐、陶簋

图版一八　陶罐

图版一九　陶罐、陶盆、陶簋

图版二〇　陶盆、陶钵

图版二一　陶盆、陶釜

图版二二　陶釜、陶器座

图版二三　陶器座、陶缸

图版二四　陶甑、陶灶、陶簋

图版二五　陶簋

图版二六　陶簋

图版二七　陶簋

图版二八　陶簋、陶豆

彩版目录

彩版一　龙嘴遗址俯视（下为正北）
彩版二　龙嘴遗址东南部地貌及Ⅱ区部分发掘探方
彩版三　东城垣剖面
彩版四　F2、F3全景
彩版五　活动面Ⅰ全景、红烧土路L
彩版六　H37、H43全景
彩版七　M1、M2全景
彩版八　M9、M11全景
彩版九　遗址局部灰坑、墓葬平面关系
彩版一〇　M14、W2全景
彩版一一　陶片内含稻谷壳痕（ⅡT0833⑥：41）
彩版一二　陶鼎
彩版一三　陶鼎、陶罐、陶器座、陶簋
彩版一四　陶簋、陶盘
彩版一五　陶灶（ⅡT1034⑥：9）
彩版一六　陶豆、陶碗、陶杯
彩版一七　彩陶片
彩版一八　彩陶片
彩版一九　彩陶片
彩版二〇　玉牌饰、玉玦、玉器

图三一八	TG3⑤B出土器物	（317）
图三一九	TG3⑥A出土器物	（318）
图三二〇	TG3⑥A出土器物	（320）
图三二一	TG3⑧B出土陶杯形器（TG3⑧B：1）	（320）
图三二二	TG5③A出土器物	（321）
图三二三	TG5③B出土器物	（323）
图三二四	TG5④出土器物	（324）
图三二五	TG5⑤出土器物	（325）
图三二六	TG5⑥出土器物	（326）

图二八二	ⅡT1034⑥出土陶灶（ⅡT1034⑥：9）	（269）
图二八三	ⅡT1034⑦出土器物	（270）
图二八四	ⅡT1035③出土器物	（270）
图二八五	ⅡT1035④出土器物	（272）
图二八六	ⅡT1035⑤、⑥出土器物	（273）
图二八七	ⅡT1036③出土器物	（274）
图二八八	ⅡT1036④、⑤、⑥、⑦出土器物	（276）
图二八九	ⅡT1126③、④、⑤、⑥出土器物	（278）
图二九〇	ⅡT1127②、③、④、⑤、⑥出土器物	（280）
图二九一	ⅢT1008②、③出土器物	（282）
图二九二	ⅢT1009②出土器物	（283）
图二九三	ⅢT1108②出土器物	（284）
图二九四	ⅢT1208②出土器物	（284）
图二九五	TG1②出土石斧（TG1②：1）	（285）
图二九六	TG1⑤出土器物	（286）
图二九七	TG1⑤出土器物	（287）
图二九八	TG1⑥出土器物	（289）
图二九九	TG1⑦出土器物	（290）
图三〇〇	TG1⑦出土器物	（293）
图三〇一	TG1⑧出土器物	（294）
图三〇二	TG1⑧出土器物	（296）
图三〇三	TG1⑨出土器物	（297）
图三〇四	TG1⑩出土器物	（299）
图三〇五	TG2③出土器物	（300）
图三〇六	TG2④出土器物	（302）
图三〇七	TG2④出土器物	（304）
图三〇八	TG2⑤出土器物	（305）
图三〇九	TG2⑥出土器物	（307）
图三一〇	TG2⑦出土器物	（309）
图三一一	TG2⑧出土器物	（310）
图三一二	TG2⑩出土陶碗（TG2⑩：1）	（312）
图三一三	TG2!2出土器物	（312）
图三一四	TG3②出土器物	（313）
图三一五	TG3③出土器物	（314）
图三一六	TG3④A出土器物	（315）
图三一七	TG3④B出土器物	（316）

图二四六	ⅡT0809③出土器物	（216）
图二四七	ⅡT0809④出土器物	（216）
图二四八	ⅡT0810③、④出土器物	（217）
图二四九	ⅡT0905③出土器物	（218）
图二五〇	ⅡT0905④、⑤出土器物	（220）
图二五一	ⅡT0906③、④出土器物	（222）
图二五二	ⅡT0906⑤、⑥出土器物	（223）
图二五三	ⅡT0907③出土器物	（224）
图二五四	ⅡT0907④、ⅡT0909③出土器物	（226）
图二五五	ⅡT1005③、④出土器物	（227）
图二五六	ⅡT1006③、④、⑤出土器物	（229）
图二五七	ⅡT1106③、④出土器物	（230）
图二五八	ⅡT0716④、⑤、⑥出土器物	（231）
图二五九	ⅡT0716⑦、⑧、⑨出土器物	（233）
图二六〇	ⅡT0717③、④、⑤、⑥、⑧、⑨出土器物	（235）
图二六一	ⅡT0833③出土器物	（237）
图二六二	ⅡT0833④出土器物	（239）
图二六三	ⅡT0833⑤出土器物	（240）
图二六四	ⅡT0833⑥出土器物	（242）
图二六五	ⅡT0833⑥出土器物	（243）
图二六六	ⅡT0833⑥出土器物	（244）
图二六七	ⅡT0933③出土器物	（247）
图二六八	ⅡT0933④出土器物	（249）
图二六九	ⅡT0933⑤出土器物	（249）
图二七〇	ⅡT0933⑥、⑦出土器物	（251）
图二七一	ⅡT1033③出土器物	（253）
图二七二	ⅡT1033④出土器物	（255）
图二七三	ⅡT1033⑤出土器物	（256）
图二七四	ⅡT1033⑥出土器物	（258）
图二七五	ⅡT1034②、③出土器物	（259）
图二七六	ⅡT1034④出土器物	（260）
图二七七	ⅡT1034④出土器物	（262）
图二七八	ⅡT1034⑤出土器物	（263）
图二七九	ⅡT1034⑥出土器物	（264）
图二八〇	ⅡT1034⑥出土器物	（265）
图二八一	ⅡT1034⑥出土器物	（267）

图二一〇	ⅡT0533③出土器物	（155）
图二一一	ⅡT0533④出土器物	（156）
图二一二	ⅡT0605③、ⅡT0606②、③出土器物	（158）
图二一三	ⅡT0606④、⑤出土器物	（160）
图二一四	ⅡT0607③、④出土器物	（162）
图二一五	ⅡT0704③、④出土器物	（163）
图二一六	ⅡT0705③出土器物	（165）
图二一七	ⅡT0705④出土器物	（166）
图二一八	ⅡT0705⑤出土器物	（168）
图二一九	ⅡT0706③出土器物	（170）
图二二〇	ⅡT0706④出土器物	（170）
图二二一	ⅡT0706⑤出土器物	（172）
图二二二	ⅡT0707③出土器物	（174）
图二二三	ⅡT0707④出土器物	（176）
图二二四	ⅡT0707⑤出土器物	（178）
图二二五	ⅡT0708③、④出土器物	（179）
图二二六	ⅡT0709③出土器物	（181）
图二二七	ⅡT0709④、⑤出土器物	（182）
图二二八	ⅡT0710③出土器物	（183）
图二二九	ⅡT0710③出土器物	（185）
图二三〇	ⅡT0710④出土器物	（186）
图二三一	ⅡT0710⑤出土器物	（188）
图二三二	ⅡT0804②、③出土器物	（189）
图二三三	ⅡT0804④出土器物	（191）
图二三四	ⅡT0805③出土器物	（193）
图二三五	ⅡT0805④出土器物	（195）
图二三六	ⅡT0806③、④出土器物	（197）
图二三七	ⅡT0806⑤、⑥出土器物	（199）
图二三八	ⅡT0807③出土器物	（201）
图二三九	ⅡT0807④出土器物	（202）
图二四〇	ⅡT0807⑤出土器物	（204）
图二四一	ⅡT0808②、③出土器物	（206）
图二四二	ⅡT0808④出土器物	（208）
图二四三	ⅡT0808④出土器物	（210）
图二四四	ⅡT0808⑤出土器物	（211）
图二四五	ⅡT0808⑥出土器物	（213）

图一七四	M11随葬品组合	（127）
图一七五	M12平、剖面图	（129）
图一七六	M12随葬品组合	（129）
图一七七	M13平、剖面图	（130）
图一七八	M13随葬品组合	（131）
图一七九	M14平、剖面图	（131）
图一八〇	M14随葬品组合	（132）
图一八一	W1平、剖面图	（133）
图一八二	W1出土器物	（134）
图一八三	W2平、剖面图	（134）
图一八四	W2出土陶器盖（W2∶2）	（134）
图一八五	W3平、剖面图	（134）
图一八六	W3出土陶釜（W3∶1）	（135）
图一八七	W4平、剖面图	（135）
图一八八	W4出土遗物	（135）
图一八九	W5平、剖面图	（135）
图一九〇	W6平、剖面图	（136）
图一九一	W6出土遗物	（136）
图一九二	W7平、剖面图	（137）
图一九三	W7出土陶罐（W7∶1）	（137）
图一九四	W8平、剖面图	（137）
图一九五	W8出土器物	（138）
图一九六	W9平、剖面图	（138）
图一九七	W9出土陶釜（W9∶1）	（138）
图一九八	ⅠT1707③出土器物	（140）
图一九九	ⅠT1707④出土器物	（141）
图二〇〇	ⅠT2008③出土器物	（142）
图二〇一	ⅠT2105③、④出土器物	（143）
图二〇二	ⅠT2106③出土器物	（144）
图二〇三	ⅠT2106④出土器物	（145）
图二〇四	ⅠT2107③、④、⑤出土器物	（146）
图二〇五	ⅡT0433③出土器物	（147）
图二〇六	ⅡT0433④出土器物	（149）
图二〇七	ⅡT0434③、④出土器物	（150）
图二〇八	ⅡT0435④出土器物	（152）
图二〇九	ⅡT0435④出土器物	（154）

图一三八	G5出土器物	（100）
图一三九	G6平、剖面图	（101）
图一四〇	G6出土器物	（101）
图一四一	G7平、剖面图	（102）
图一四二	G7出土器物	（102）
图一四三	G8平、剖面图	（102）
图一四四	G8出土器物	（103）
图一四五	G9平、剖面图	（103）
图一四六	G9出土器物	（104）
图一四七	G12平、剖面图	（104）
图一四八	活动面Ⅰ平、剖面图	（105）
图一四九	活动面Ⅰ出土器物	（106）
图一五〇	活动面Ⅰ出土器物	（108）
图一五一	黄土Ⅰ平、剖面图	（109）
图一五二	黄土Ⅱ平、剖面图	（109）
图一五三	黄土Ⅱ出土器物	（111）
图一五四	遗迹Ⅰ平、剖面图	（112）
图一五五	遗迹Ⅰ出土器物	（113）
图一五六	Z1平、剖面图	（113）
图一五七	柱础Ⅰ平、剖面图	（113）
图一五八	红烧土路L平、剖面图	（114）
图一五九	M1平、剖面图	（114）
图一六〇	M1随葬品组合	（115）
图一六一	M2平、剖面图	（116）
图一六二	M2随葬品组合	（117）
图一六三	M3平、剖面图	（118）
图一六四	M3随葬品组合	（119）
图一六五	M6平、剖面图	（120）
图一六六	M6随葬陶罐（M6:1）	（120）
图一六七	M7平、剖面图	（121）
图一六八	M8平、剖面图	（121）
图一六九	M9平、剖面图	（121）
图一七〇	M9随葬品组合	（122）
图一七一	M10平、剖面图	（124）
图一七二	M10随葬品组合	（125）
图一七三	M11平、剖面图	（126）

图一〇二	H37平、剖面图	（83）
图一〇三	H37出土器物	（83）
图一〇四	H38平、剖面图	（83）
图一〇五	H38出土器物	（84）
图一〇六	H39平、剖面图	（84）
图一〇七	H39出土器物	（84）
图一〇八	H40平、剖面图	（85）
图一〇九	H40出土陶纺轮（H40∶1）	（85）
图一一〇	H41平、剖面图	（85）
图一一一	H41出土器物	（86）
图一一二	H42平、剖面图	（86）
图一一三	H42出土器物	（86）
图一一四	H43平、剖面图	（87）
图一一五	H43出土器物	（87）
图一一六	H44平、剖面图	（88）
图一一七	H45平、剖面图	（88）
图一一八	H45出土器物	（89）
图一一九	H46平、剖面图	（89）
图一二〇	H46出土器物	（90）
图一二一	H47平、剖面图	（91）
图一二二	H47出土器物	（91）
图一二三	H48平、剖面图	（91）
图一二四	H49平、剖面图	（91）
图一二五	H49出土器物	（92）
图一二六	H50平、剖面图	（92）
图一二七	H51平、剖面图	（92）
图一二八	H51出土器物	（93）
图一二九	H52平、剖面图	（93）
图一三〇	H52出土器物	（93）
图一三一	G1平、剖面图	（94）
图一三二	G2平、剖面图	（94）
图一三三	G2出土器物	（95）
图一三四	G3平、剖面图	（96）
图一三五	G3出土器物	（97）
图一三六	G5平、剖面图	（98）
图一三七	G5出土器物	（99）

图六六	H18平、剖面图	（65）
图六七	H18出土器物	（66）
图六八	H19平、剖面图	（66）
图六九	H19出土器物	（67）
图七〇	H20平、剖面图	（67）
图七一	H21平、剖面图	（67）
图七二	H22平、剖面图	（68）
图七三	H23平、剖面图	（68）
图七四	H23出土器物	（68）
图七五	H24平、剖面图	（69）
图七六	H24出土器物	（69）
图七七	H25平、剖面图	（69）
图七八	H25出土器物	（70）
图七九	H26平、剖面图	（71）
图八〇	H26出土器物	（72）
图八一	H27平、剖面图	（72）
图八二	H27出土器物	（73）
图八三	H28平、剖面图	（73）
图八四	H28出土器物	（74）
图八五	H29平、剖面图	（75）
图八六	H29出土器物	（75）
图八七	H30平、剖面图	（75）
图八八	H30出土器物	（76）
图八九	H31平、剖面图	（76）
图九〇	H31出土器物	（76）
图九一	H32平、剖面图	（77）
图九二	H32出土陶罐（H32∶1）	（77）
图九三	H33平、剖面图	（77）
图九四	H33出土器物	（77）
图九五	H34平、剖面图	（78）
图九六	H34出土器物	（78）
图九七	H35平、剖面图	（78）
图九八	H35出土器物	（79）
图九九	H36平、剖面图	（79）
图一〇〇	H36出土器物	（81）
图一〇一	H36出土器物	（82）

图三〇	F4出土器物	（42）
图三一	F5平、剖面图	（43）
图三二	F5出土器物	（44）
图三三	F7平、剖面图	（45）
图三四	F8平、剖面图	（45）
图三五	F8①出土器物	（46）
图三六	F8②出土器物	（49）
图三七	F8②出土器物	（51）
图三八	H1平、剖面图	（52）
图三九	H1出土器物	（52）
图四〇	H2平、剖面图	（53）
图四一	H2出土器物	（53）
图四二	H3平、剖面图	（54）
图四三	H3出土器物	（54）
图四四	H4平、剖面图	（55）
图四五	H5平、剖面图	（55）
图四六	H5出土器物	（56）
图四七	H7平、剖面图	（57）
图四八	H7出土陶鼎（H7∶1）	（57）
图四九	H8平、剖面图	（58）
图五〇	H8出土陶鼎（H8∶1）	（58）
图五一	H9平、剖面图	（58）
图五二	H9出土器物	（58）
图五三	H10平、剖面图	（59）
图五四	H10出土器物	（59）
图五五	H11平、剖面图	（60）
图五六	H11出土器物	（60）
图五七	H13平、剖面图	（61）
图五八	H13出土器物	（61）
图五九	H14平、剖面图	（62）
图六〇	H14出土器物	（63）
图六一	H15平、剖面图	（64）
图六二	H16平、剖面图	（64）
图六三	H16出土陶器盖（H16∶1）	（64）
图六四	H17平、剖面图	（64）
图六五	H17出土器物	（65）

插图目录

图号	标题	页码
图一	龙嘴遗址位置示意图	（1）
图二	龙嘴遗址城垣、探方及探沟分布图	（插页）
图三	龙嘴遗址Ⅰ区部分探方遗迹分布图	（7）
图四	ⅠT2106东壁剖面图	（7）
图五	ⅡT0435南壁剖面图	（8）
图六	龙嘴遗址Ⅱ区部分探方遗迹分布图	（9）
图七	ⅡT0808、ⅡT0807东壁剖面图	（10）
图八	ⅡT0716西壁剖面图	（11）
图九	ⅡT1033南壁剖面图	（11）
图一〇	ⅢT1208东壁剖面图	（12）
图一一	TG1西壁剖面图	（15）
图一二	TG2遗迹分布图	（16）
图一三	TG2东壁剖面图	（17）
图一四	TG3北壁剖面图	（21）
图一五	TG4东壁剖面图	（21）
图一六	陶器纹饰拓片	（28）
图一七	陶器纹饰拓片	（29）
图一八	陶器刻划纹拓片	（30）
图一九	陶器篮纹拓片	（31）
图二〇	陶器压印纹拓片	（32）
图二一	陶器纹饰拓片	（33）
图二二	F1平、剖面图	（35）
图二三	F1出土器物	（36）
图二四	F2平、剖面图	（37）
图二五	F2出土器物	（38）
图二六	F3平、剖面图	（39）
图二七	F3Z平、剖面图	（39）
图二八	F3出土器物	（40）
图二九	F4平、剖面图	（41）

附表 ……………………………………………………………………………………（333）

附表一 天门龙嘴遗址柱洞登记表 ……………………………………………………（333）
附表二 天门龙嘴遗址灰坑登记表 ……………………………………………………（335）
附表三 天门龙嘴遗址墓葬登记表 ……………………………………………………（338）

附录 ……………………………………………………………………………………（340）

附录一 北京大学加速器质谱（AMS）^{14}C测试报告 ……………………………（340）
附录二 天门龙嘴遗址出土动物骨骼鉴定结果 ………………………………………（342）
附录三 天门龙嘴遗址出土玉器检测报告 ……………………………………………（344）
附录四 天门龙嘴遗址出土陶器颜料检测报告 ………………………………………（349）

目　　录

第一章　概述 …………………………………………………………………………（1）

第一节　地理环境与遗址位置 …………………………………………………（1）
第二节　工作概况 ………………………………………………………………（3）
一、工作背景 ……………………………………………………………………（3）
二、调查与发掘经过 ……………………………………………………………（3）
三、资料整理与报告编写 ………………………………………………………（4）

第二章　文化堆积与层位关系 ……………………………………………………（6）

第一节　文化堆积 ………………………………………………………………（6）
第二节　层位关系 ………………………………………………………………（22）

第三章　遗存 ………………………………………………………………………（27）

第一节　概述 ……………………………………………………………………（27）
第二节　遗存介绍 ………………………………………………………………（34）
一、城垣（含壕沟） ……………………………………………………………（34）
二、房址 …………………………………………………………………………（35）
三、灰坑 …………………………………………………………………………（51）
四、灰沟 …………………………………………………………………………（94）
五、其他生活类遗迹 ……………………………………………………………（104）
六、墓葬 …………………………………………………………………………（114）
七、文化层 ………………………………………………………………………（139）

第四章　结语 ………………………………………………………………………（327）

第一节　龙嘴遗址油子岭文化的分期与年代 …………………………………（327）
第二节　龙嘴遗址聚落的基本特点与变迁 ……………………………………（330）
第三节　龙嘴遗址油子岭文化时期的社会经济与文化交流 …………………（331）

图版六五　陶环、陶饼
图版六六　陶饼、陶璧、陶塑品、骨簪、骨锥
图版六七　石斧
图版六八　石斧
图版六九　石斧
图版七〇　石斧
图版七一　石斧
图版七二　石斧
图版七三　石斧、石锛
图版七四　石凿、石镰、石钺
图版七五　石钺、石杵
图版七六　石锤、砺石、石器

第一章 概 述

第一节 地理环境与遗址位置

龙嘴遗址是一处以油子岭文化时期为主的古城遗址。它位于天门市境内，中心地理坐标为东经113°07′16″，北纬30°43′23″。南距天门市区6.5千米，北距石河镇5.6千米（图一）。

天门市位于湖北省中心腹地，地处江汉平原北部，汉江下游左岸。市境北缘属大洪山余脉延缓的岗状低丘，西、南有汉水环绕。北与京山县相连；东北与应城市接壤；东邻汉川市；南与潜江市、仙桃市，西与荆门市隔汉江相望；西北同钟祥市毗邻。市境东西长85千米，南北最

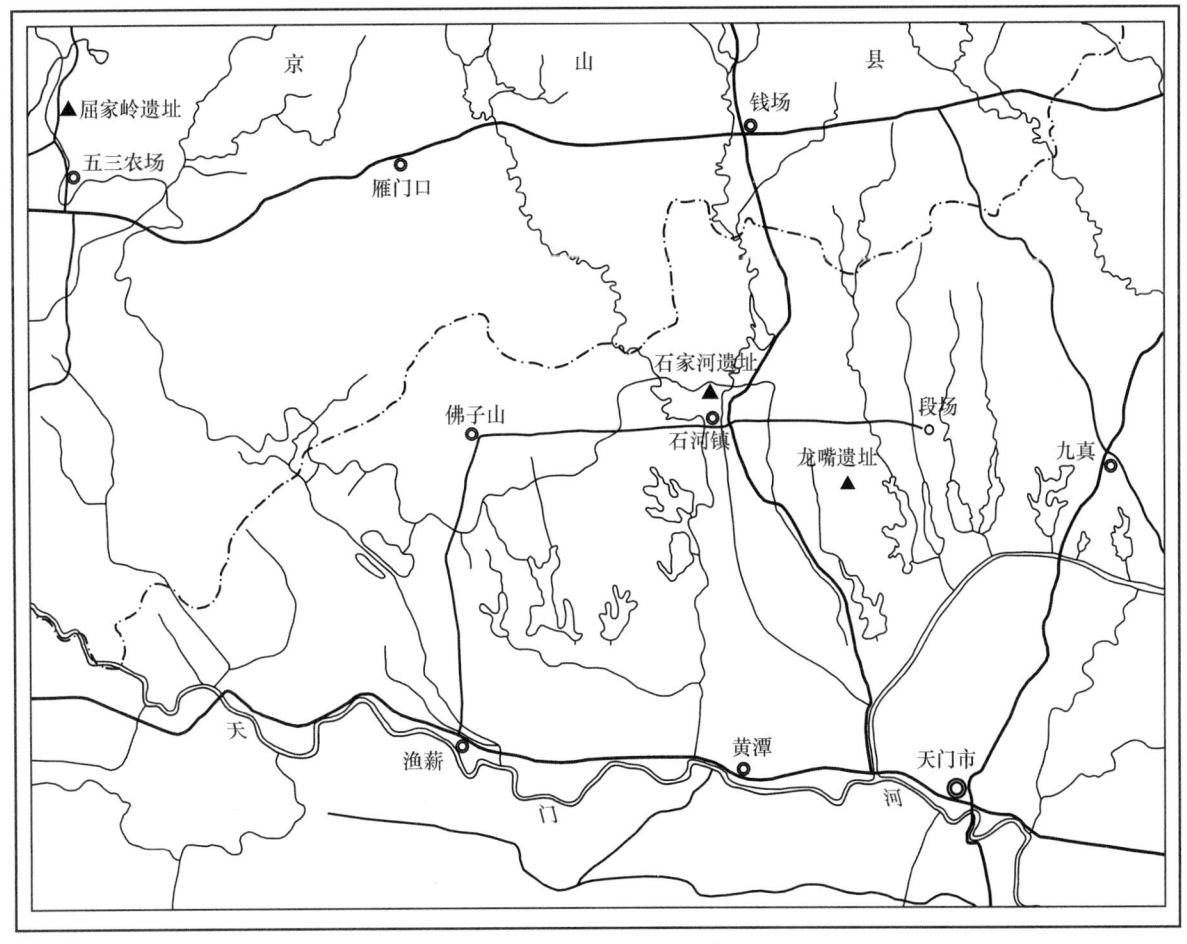

图一 龙嘴遗址位置示意图

宽处58千米，最窄处14千米，总面积2602.78平方千米，占湖北省总面积的1.4%。

天门市大地构造属扬子准地台鄂中台断区与下扬子褶带的翼部，位于汉江凹陷北缘，北与大洪山断褶带相接。自燕山运动以来，长期接受内陆沉积，后经长江、汉水泥沙冲积，逐渐形成平原。天门市位于大洪山低山丘陵与江汉平原的结合部，整个地势自西北向东南倾斜，形成低丘、岗状平原和河湖平原三种地貌。最高点在佛子山顶端，海拔（黄海高程）191.5米，最低点在麻洋镇陈家洲，海拔23.2米。北部边缘区域属于大洪山脉的山前剥蚀低丘，北部为岗状平原（丘陵），中、南部为河湖平原。

天门市目前主要水系为汉江、天门河、汉北河。历代地理变化最大的是湖泊。明嘉靖年间编纂的《河阳州志》称本市"田少泽多，自汉道湮塞，芦荻渐辟"。清末、民国初，本市有湖泊100余个。据相关资料统计，自道光元年以来，本市湖泊消失49个，面积163.9平方千米，均垦为农田。

天门市属北亚热带季风气候区，具有光照充足、气候湿润、春温多变、初夏多涝、伏秋多旱、生长期长、严寒期短的气候特点。据1954~1985年气象观测资料记载，春秋略短，仅有70天左右；夏冬略长，在100天以上。实际年平均日照时数为1966.2小时，日照百分率的时间分布夏季最大、春季最小。

天门市，古为风国地，春秋为郧国地，战国为楚竟陵邑（《东皋杂录》："竟陵者，陵之竟也"，即山陵至此终止的意思）。公元前278年，秦将白起攻取楚郢都，兵至竟陵（即楚竟陵邑，故城在天门市西北）。秦于此置竟陵县，属南郡。王莽时改竟陵县为守平县。东汉时复名竟陵县。后晋天福元年（936年），为避石敬瑭名讳（敬、竟同音），改竟陵县为景陵县。后汉复改景陵县为竟陵县。北宋建隆三年（962年），为避赵匡胤祖父赵敬名讳，再改竟陵县为景陵县。清代时隶属湖北省安陆府（治所在今钟祥市）。雍正四年（1726年），为避康熙皇帝陵墓（景陵）名讳，改名天门县，得名于县境西北天门山。1987年8月，国务院批准撤销天门县，设立天门市（县级），仍隶属荆州地区。1994年，原荆州地区与沙市合并成立荆沙市（后更名荆州市），天门市升格为副地级市，由荆州市析出，改为省直管[1]。

龙嘴遗址所在的石河镇，是大洪山余脉向江汉平原的过渡地带，北境与京山县接壤。境内地形北高南低。北部边缘有大小山头13个，以西北的佛子岭最高，海拔191.5米，其地形虽然不太利于农业，却是狩猎的理想场所。石河镇北部的地形垄岗起伏，十多条河流自北向南穿流而过，其中以东、西二河最大，河床切割较深，雨量水量丰沛，适宜农耕，石家河遗址群即分布于此，最高处海拔40米，边缘最低处海拔30米。石河镇南部地势低洼，海拔在30米以下，历史时期为湖泊沼泽地带，适宜渔捞，现已全部辟为农田。

龙嘴遗址地处石河镇东南部的龙嘴岗地南端，系大洪山南麓向江汉平原过渡的山前地带，广沟溪绕遗址的西南注入西汊湖，是人们栖息、生产、生活的理想场所，现隶属石河镇吴刘村三组与张巷村一组。龙嘴遗址海拔25.6~31.6米，面积约82000平方米（彩版一；彩版二，1）。

龙嘴遗址已被深度开垦，主要农作物有水稻、棉花、油菜，另有小麦、高粱、玉米、豆类、薯类以及蔬菜、荷莲等，生长杉、松、槐、柳、杨等树木，家庭养殖主要有鸡、鸭、鹅等，水产资源主要有鱼、蚌等。

第二节 工作概况

一、工作背景

　　天门市发现的史前文化遗存非常丰富，位于天门市石河镇北的石家河遗址尤其引人注目。它是一处由40多处遗址构成的面积达8平方千米的大型史前聚落群，而建立于屈家岭—石家河文化时期的石家河古城（城内面积约120万平方米）正耸立在该聚落群的中央部位。经多次考古调查、发掘，在石家河古城内及附近地带发现有各种不同类型的建筑、墓葬等遗迹，出土了大量不同质地的各类生产工具、生活用具以及表达当时人们某些观念的刻划符号和工艺美术品，蕴含着探索我国史前文化发展的大量珍贵历史信息。种种迹象表明，石家河遗址代表了长江中游地区史前文化发展的最高水平，在中华民族文明起源与发展史上占有重要的地位[2]。因此，以石家河遗址为核心的文物保护成为地方政府尤其是文物部门工作中的大事。

　　2004年，湖北省文物考古研究所在随州至岳阳高速公路湖北省中段线路考古调查中发现，该高速公路设计方案尽管绕避了石家河遗址，但仍南北向从石家河遗址南约5.6千米的龙嘴遗址之间穿过（桩号K116+200）。为了进一步了解龙嘴遗址的文化内涵，探索其与石家河遗址之间的内在联系，同时最大限度地降低高速公路建设需要对遗址的破坏，经湖北省文物局组织专家对该高速公路文物保护方案进行评审，原则上同意该高速公路文物保护方案，并对龙嘴遗址进行重点抢救性发掘。

二、调查与发掘经过

　　1983年文物普查时首次发现龙嘴遗址，属于天门市文物保护单位。

　　1987年，荆州博物馆对龙嘴遗址进行小面积发掘，清理出8座具有油子岭文化典型特征的墓葬[3]。

　　2005年3~9月，经国家文物局批准，湖北省文物考古研究所组织以孟华平为领队、张成明为项目负责人的考古队对龙嘴遗址进行抢救性发掘，目的是明确龙嘴遗址的分布范围，了解遗址的文化内涵、基本布局及与石家河遗址的内在关系。

　　本次发掘以龙嘴遗址中南部的总基点为中心，按象限法将遗址分为Ⅰ、Ⅱ、Ⅲ、Ⅳ四个象限区，分别位于总基点的东北、西北、西南和东南四个方向。探方编号采用象限区+探方编号，如ⅠT××××。其中，探方编号前两位数字表示东西方向的探方数，后两位数字表示南北方向的探方数，如ⅠT1107表示Ⅰ象限区向东方向的第11个探方，向北方向的第7个探方，其余探方编号依此类推。需要说明的是，为明确龙嘴遗址城壕的年代与结构所发掘的探沟，其编号方法是按发掘时间的先后顺次编号的。

　　本次发掘共布5米×5米探方58个、10米×10米探方1个、探沟5条，总发掘面积1900多平方米。其中，在Ⅰ区布5米×5米探方9个（编号ⅠT2004、ⅠT2005、ⅠT2006、ⅠT2007、

ⅠT2008、ⅠT2105、ⅠT2106、ⅠT2107、ⅠT2108)、10米×10米探方1个（编号ⅠT1707，因该探方的地层堆积简单，由4个5米×5米探方合并而成），在Ⅱ区布5米×5米探方42个（编号ⅡT0605、ⅡT0606、ⅡT0607、ⅡT0608、ⅡT0704、ⅡT0705、ⅡT0706、ⅡT0707、ⅡT0708、ⅡT0709、ⅡT0710、ⅡT0804、ⅡT0805、ⅡT0806、ⅡT0807、ⅡT0808、ⅡT0809、ⅡT0810、ⅡT0905、ⅡT0906、ⅡT0907、ⅡT0908、ⅡT0909、ⅡT1005、ⅡT1006、ⅡT1008、ⅡT1009、ⅡT1106、ⅡT0716、ⅡT0717、ⅡT1126、ⅡT1127、ⅡT0433、ⅡT0434、ⅡT0435、ⅡT0533、ⅡT0833、ⅡT0933、ⅡT1033、ⅡT1034、ⅡT1035、ⅡT1036)，在Ⅲ区布5米×5米探方7个（编号ⅢT0154、ⅢT1008、ⅢT1009、ⅢT1108、ⅢT1208、ⅢT1308、ⅢT1307)。除发现少量明清时期及屈家岭文化时期的遗存外，揭示出大量油子岭文化时期的房址、灰坑、红烧土路、墓葬等各类遗迹，出土丰富的陶器、石器、玉器和稻壳等遗物。同时，由黄文新负责对遗址进行全面勘探，新发现一座油子岭文化时期的城址，城址平面近圆形，南北长305米，东西宽269米，面积约82000平方米，城内面积约60000平方米（图二；彩版二，2；图版一）。

参加本次发掘工作的有湖北省文物考古研究所孟华平、张成明、陆成秋、高旭旌、刘辉、黄文新、胡文春、朱吉平，天门市博物馆胡平乐，咸宁市博物馆丁伟，随州市曾都区考古队魏保国，谷城县博物馆任挺，松滋县博物馆张家云，技术工人王仁浩、艾周明、万贤才、田志明、李志明、程飞、何正雄等。

三、资料整理与报告编写

2006年3~10月，湖北省文物考古研究所及时组织专业力量在纪南城工作站对龙嘴遗址的田野发掘资料进行系统的基础整理。整理工作严格按照最小文化单位从早到晚对出土遗物进行拼对、修复、统计，建立各类统计表格。同时，进一步核对、完善各地层和遗迹的基础资料，校正发掘过程中可能出现的一些错误，并对相关的遗迹、遗物标本进行绘图、拓片、记录等。整理工作由张成明具体负责，参与整理工作的人员有孟华平、黄文新及技术工人王仁浩、艾周明、万贤才、曾令兵、田志明、孟军涛、程飞、谭娇娥、罗红梅等，基本完成遗物的拼对、修复、统计及田野发掘文字资料的核对等工作，部分完成遗物标本的绘图、记录等工作，基本明确了龙嘴遗址的文化内涵与特征[4]。

此后，由于南水北调工程文物保护项目的考古发掘大规模展开及纪南城工作站搬迁等因素的影响，龙嘴遗址的资料整理与报告编写工作暂停。

2015年适逢石家河遗址发掘60周年，为了进一步深化对石家河遗址的理解，丰富石家河遗址研究的内涵，湖北省文物考古研究所决定将龙嘴遗址考古发掘报告作为纪念石家河遗址发掘60周年的重要内容。为此，2015年3~9月，湖北省文物考古研究所组织专业力量开展龙嘴遗址发掘资料的后续整理及考古报告的编写工作。其中，遗迹、遗物的整理记录工作由陆成秋完成，绘图工作由曾令兵、肖友红、李天智完成；遗迹图的整理及描图工作由肖友红完成；器物图的描图工作及报告彩版、图版的编排工作由李天智完成；电子插图的编排工作主要由肖友

图二 龙嘴遗址城垣、探方及探沟分布图
（此图未标绘基点南270米的ⅢT3154）

红、牟星玉完成，参与这项工作的还有向其芳、黄玉洪、曾令兵、王仁浩、赵冰竹等；器物修复与纹饰拓片工作由杨中玉完成，器物照相由余乐完成。另外，^{14}C年代测试由北京大学考古文博学院吴小红教授负责完成，动物骨骼鉴定由北京大学考古文博学院邓振华博士负责完成，玉器检测由中国地质大学（武汉）珠宝学院杨明星教授负责完成，陶器颜料检测由武汉大学化学与分子科学学院李晓远负责完成。

在全面整理工作的基础上，孟华平主持龙嘴遗址考古报告的编写。编写时尽可能全面系统地介绍遗存，客观反映遗址的堆积与文化面貌，同时进行适当的分析与总结。其中，张成明负责报告"概述"及"文化堆积与层位关系"的编写工作，陆成秋负责报告"遗存"的编写工作，孟华平负责报告"结语"的编写工作。2015年9月，完成报告的初稿。之后，孟华平对报告进行统一修改与充实，于2015年11月定稿。

需要说明的是，本报告文物标本的编号均省略单位号前的发掘时间与地点编号。动物骨骼标本单独编号。文物总数量不含墓葬填土、扰乱层及采集的遗物，也不含器类不明的遗物。陶片器类、数量统计以口沿个体数量为主要标准，适当参考圈足、器底等残件。灰坑、墓葬、房址、灰沟、灶、柱洞、路、探方、探沟分别以H、M、F、G、Z、D、L、T、TG字母表示。以往发表的有关资料均以本报告为准。

本报告公布的是2005年天门龙嘴遗址发掘的新石器时代考古资料，是集体劳动的成果。在考古发掘、整理和报告的编写过程中，我们得到了各级领导、专家学者的关心、支持和指导。随岳高速公路湖北省中段建设指挥部提供了本次文物保护项目的经费，湖北省文物局、武汉大学、湖北省文物考古研究所、天门市博物馆的领导专家多次到现场指导工作。参与发掘、整理和研究工作的同仁亦付出了辛勤的劳动。科学出版社王光明先生为本报告的出版倾注大量心血。在此，谨表示诚挚的感谢。

注　释

［1］　湖北省天门市地方志编纂委员会：《天门县志》，湖北人民出版社，1989年。

［2］　石家河考古队：《石家河遗址群调查报告》，《南方民族考古》（第五辑），四川科学技术出版社，1992年。

［3］　张绪球：《长江中游新石器时代文化概论》，湖北科学技术出版社，1992年。

［4］　湖北省文物考古研究所：《湖北省天门市龙嘴遗址2005年发掘简报》，《江汉考古》2008年第4期。

第二章　文化堆积与层位关系

第一节　文化堆积

龙嘴遗址的文化层堆积厚度一般在0.5~2米，各探方的文化层堆积不尽一致。总体而言，遗址北部的文化层堆积较薄，厚0.5~1.5米；遗址南部的文化层堆积较厚，厚0.9~2米。需要说明的是，为保护揭示出的保存状况较好的房址、活动面等遗迹，Ⅱ区南部的部分探方未发掘至生土。下面以遗址不同发掘区的典型探方和探沟的地层剖面为例，反映遗址文化堆积的实际情况。

1. ⅠT2106东壁剖面

本探方位于遗址东南部。该发掘区共布5米×5米探方9个（编号ⅠT2004、ⅠT2005、ⅠT2006、ⅠT2007、ⅠT2008、ⅠT2105、ⅠT2106、ⅠT2107、ⅠT2108）、10米×10米探方1个（编号ⅠT1707），其文化堆积较薄，层位关系比较简单，主要遗迹有M1、M2、M3、M7、M8、M12、M13、M14、W3、W4、W5、H19、H22、H23、H24、H27、H29、H36、H37等（图三；图版一，2）。ⅠT2106的地层分为五层。

第1层：厚9~18厘米。浅灰色黏土，结构松软。含近现代遗物和大量植物根茎。堆积呈水平状。遍布全方。属现代耕土层。

第2层：深9~18、厚0~37厘米。浅灰黄色黏土，结构松软，含有青花瓷片等。堆积呈坡状。分布于本方大部分区域。属明清时期地层。

第3层：深15~45、厚0~27厘米。灰黑色黏土，结构较紧密，夹大量草木灰和红烧土颗粒，含有较多陶片。陶片以磨光黑陶、夹炭红陶为主，灰陶次之，少量夹砂红陶；多素面，少量刻划纹；器类有罐、盆、钵、豆、器盖等。H27开口于此层下。堆积呈坡状。分布于本方东南部。属油子岭文化时期文化层。

第4层：深30~55、厚0~35厘米。浅灰黄色沙土，结构紧密，夹大量红烧土颗粒和红烧土块，含有较多陶片。陶片有夹砂红陶、泥质红陶和泥质黑陶；多素面，少量弦纹；器类有罐、簋、盘、器盖等。堆积呈坡状。分布于本方东半部。属油子岭文化时期文化层。

第5层：深60~80、厚0~25厘米。浅黄色黏土，夹灰黄色沙粒，结构紧密，杂有极少量红烧土颗粒和草木灰，含有少量陶片。陶片有褐陶和黑陶；以素面为主，少量压印纹；器类不可辨。堆积呈坡状。分布于本方东部。属油子岭文化时期文化层。

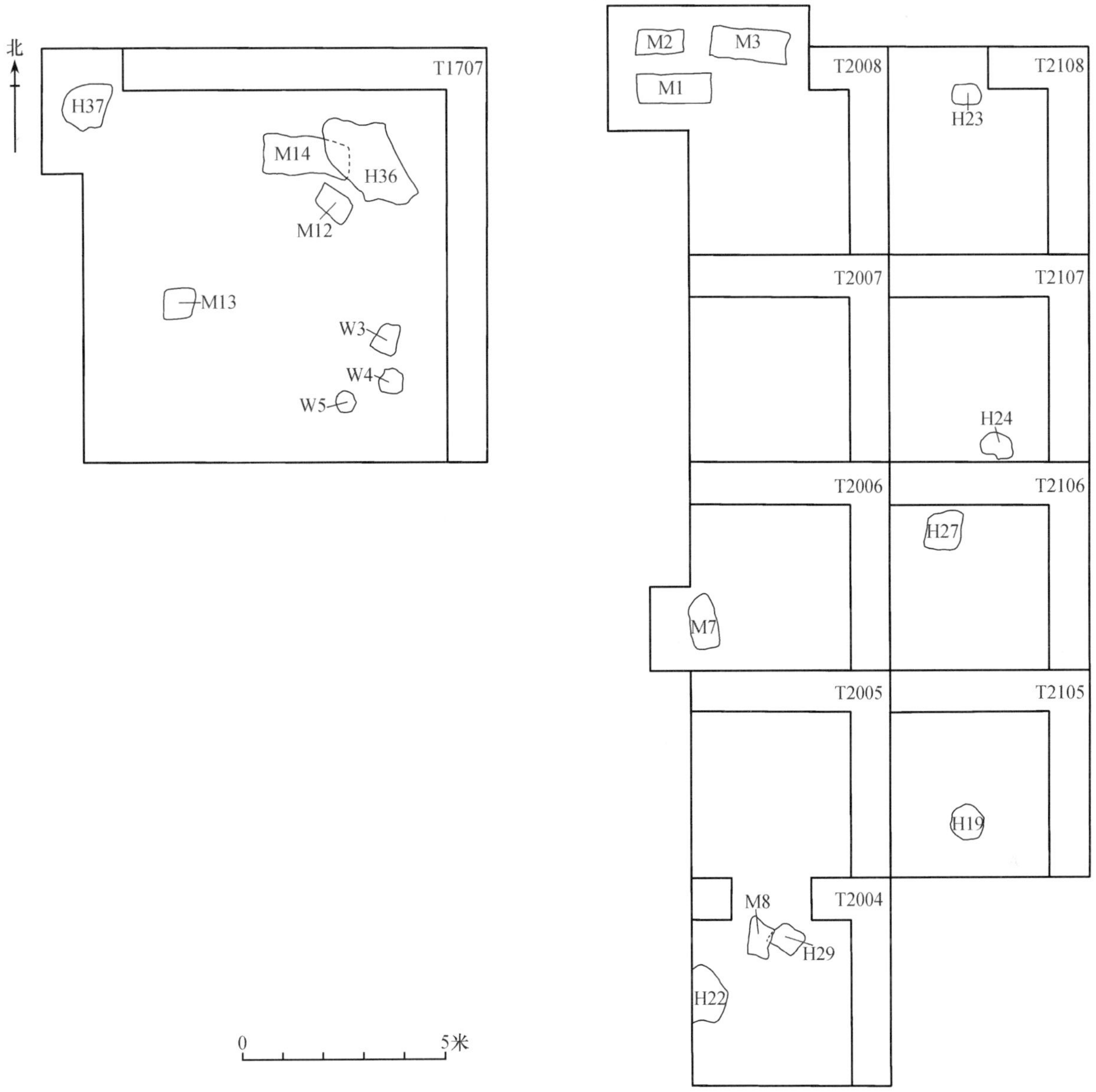

图三 龙嘴遗址Ⅰ区部分探方遗迹分布图

第5层下为生土（图四）。

2. ⅡT0435南壁剖面

本探方位于遗址中北部。该发掘区共布5米×5米探方4个（编号ⅡT0433、ⅡT0434、ⅡT0435、ⅡT0533），其文化堆积较薄，层位关系比较简单，主要遗迹有F8和H40。ⅡT0435的地层分为四层。

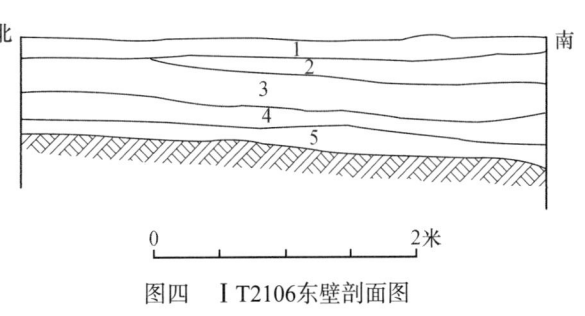

图四 ⅠT2106东壁剖面图

第1层：厚5～20厘米。灰黑色淤土，结构松软。含近现代遗物和大量植物根茎。堆积呈水平状。遍布全方。属现代耕土层。

第2层：深5~20、厚5~20厘米。灰黑色黏土，结构松软，夹少量烧土颗粒和草木灰，含有近现代瓦片、瓷片等。堆积呈水平状。遍布全方。属近现代地层。

第3层：深13~20、厚0~15厘米。灰黄色黏土，结构疏松，夹草木灰和红烧土颗粒，含有近现代瓷片等。堆积呈坡状。分布于本方东南角。属近现代地层。

第4层：深20~40、厚0~130厘米。灰黑色黏土，结构松软，杂有大量草木灰、红烧土颗粒和红烧土块，含有较多陶片。陶片多泥质红陶，泥质黑陶和泥质灰陶次之，少量夹砂陶及彩陶；以素面为主；器类有鼎、罐、盆、釜、簋、盘、碗、器盖等。堆积呈坡状。遍布全方。属油子岭文化时期文化层。

第4层下为生土（图五）。

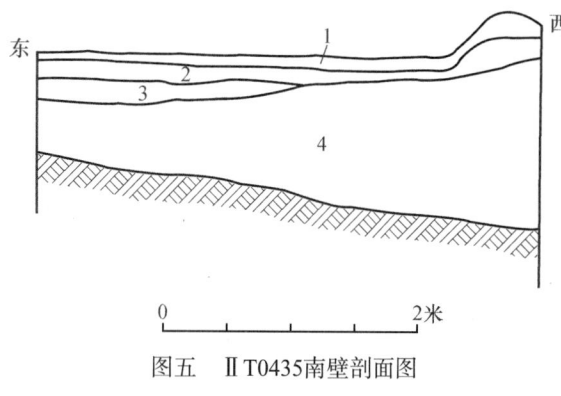

图五 ⅡT0435南壁剖面图

3. ⅡT0808、ⅡT0807东壁剖面

本探方位于遗址中南部。该发掘区共布5米×5米探方28个（编号ⅡT0605、ⅡT0606、ⅡT0607、ⅡT0608、ⅡT0704、ⅡT0705、ⅡT0706、ⅡT0707、ⅡT0708、ⅡT0709、ⅡT0710、ⅡT0804、ⅡT0805、ⅡT0806、ⅡT0807、ⅡT0808、ⅡT0809、ⅡT0810、ⅡT0905、ⅡT0906、ⅡT0907、ⅡT0908、ⅡT0909、ⅡT1005、ⅡT1006、ⅡT1008、ⅡT1009、ⅡT1106），其文化堆积比较复杂，多建筑类遗迹，主要遗迹有F2、F3、F4、F7、W1、活动面Ⅰ、黄土Ⅰ、黄土Ⅱ、遗迹Ⅰ、Z1、红烧土路L、柱础Ⅰ、G1、G2、G3、G5、G9、H1、H2、H3、H4、H5、H6、H7、H8、H9、H10、H11、H12、H13、H14、H35等（图六）。多数探方未发掘至生土。ⅡT0808、ⅡT0807的地层分为六层。

第1层：厚10~15厘米。灰色黏土，结构疏松，含大量植物根茎及现代遗物。堆积呈水平状。遍布全方。属现代耕土层。

第2层：深20、厚5~10厘米。灰褐色黏土，结构疏松，夹少量红烧土粒和铁锰质锈斑，含瓷片。堆积呈坡状。遍布全方。属近代地层。

第3层：深60、厚15~40厘米。黄褐色黏土，结构致密，夹较多红烧土和少量草木灰，含较多陶片。陶片以泥质灰陶和泥质红陶为主；器类有鼎、罐、盆、钵、釜、器座、簋、盘、彩陶碗、器盖等。堆积呈水平状。主要分布在探方的东南部。活动面Ⅰ叠压于此层下。属油子岭文化时期文化层。

第4层：深约90、厚20~40厘米。深黄褐色黏土，结构较坚硬致密，夹大量红烧土块和草木灰。陶片以红陶为主，黑陶次之，灰陶最少；器类有鼎、罐、盆、钵、釜、器座、缸、盘、碗、器盖、纺轮、环等。堆积呈水平状。遍布全方。F7叠压于此层下。属油子岭文化时期文化层。

第5层：最深130、厚30~40厘米。红褐色黏土，结构较致密，夹烧土块，含大量陶片。陶片以红陶为主，黑陶次之；器类有鼎、罐、盆、钵、豆、器盖、饼等。堆积呈水平状。遍布全

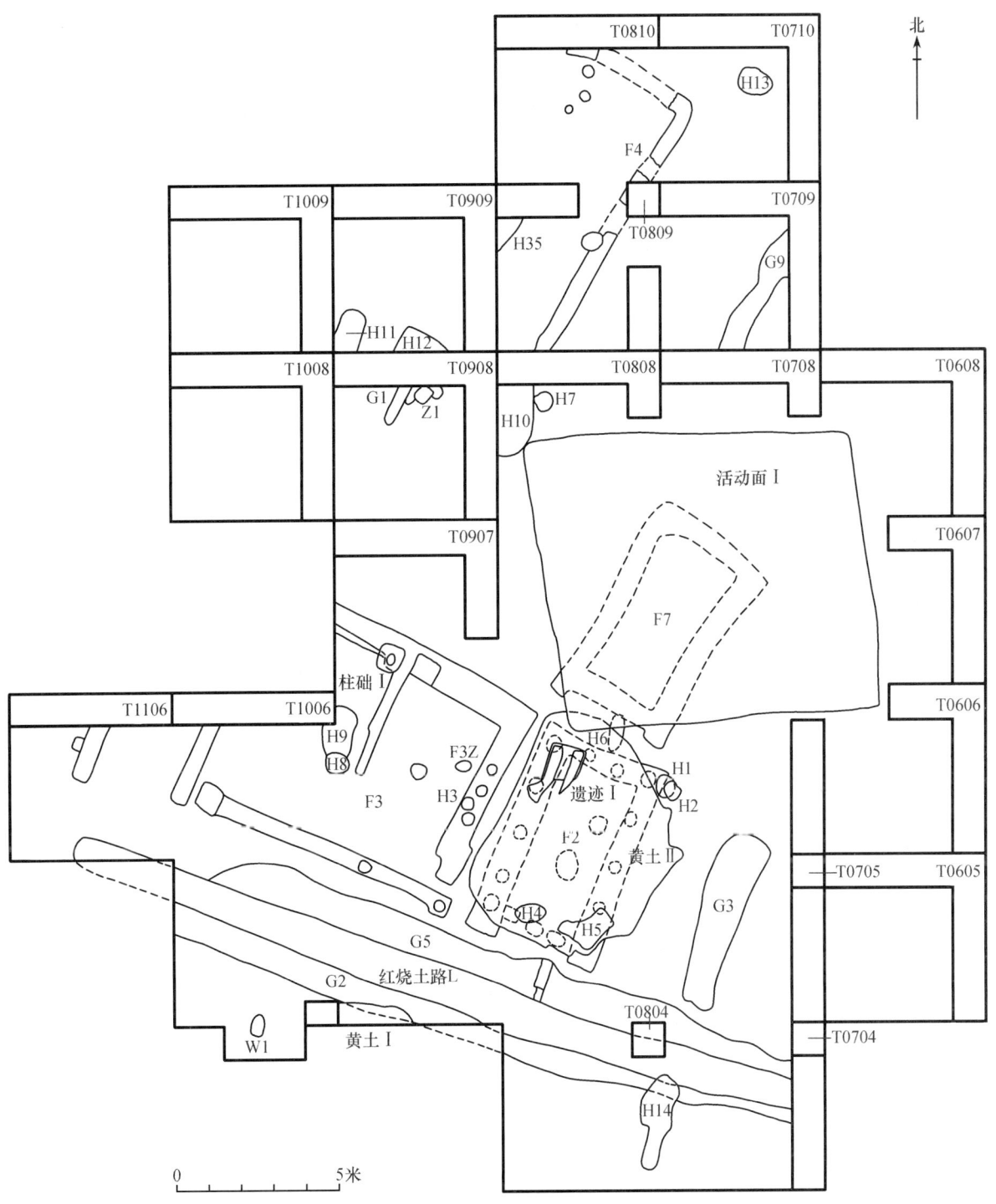

图六 龙嘴遗址Ⅱ区部分探方遗迹分布图

方。属油子岭文化时期文化层。

第6层：深约150、厚5~30厘米。黄褐色黏土，结构较紧密，含少量陶片。陶片以泥质红陶为主，黑陶次之；器类有鼎、罐、盆、钵、釜、器座、缸、豆、盘等。堆积比较平缓。遍布全方。属油子岭文化时期文化层。

第6层下为生土（图七）。

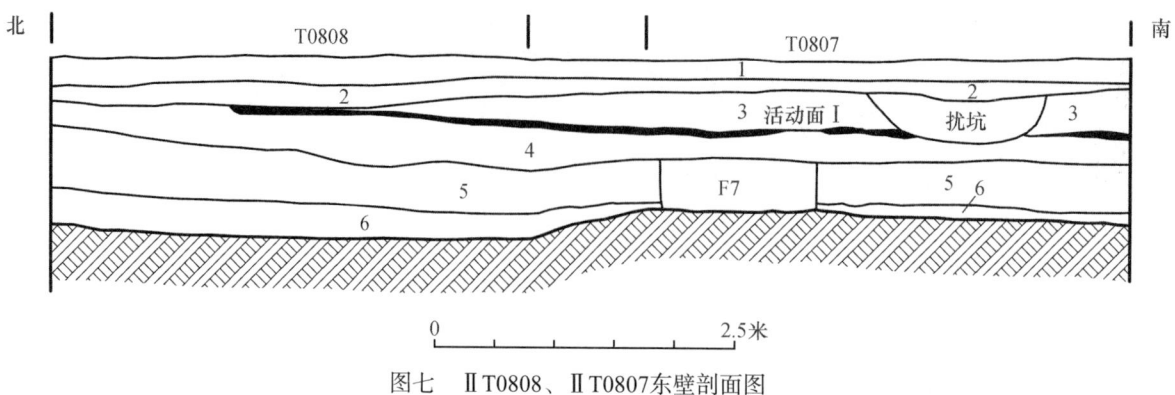

图七　ⅡT0808、ⅡT0807东壁剖面图

4. ⅡT0716西壁剖面

本探方位于遗址中部。该发掘区共布5米×5米探方2个（编号ⅡT0716、ⅡT0717），其文化堆积较厚，主要遗迹有G4、G6、G7、H15、H16、H17、H21、H32、H33、H34等。ⅡT0716的地层分为九层。

第1层：厚10～12厘米。灰色黏土，结构疏松，含大量植物根茎及现代遗物。堆积呈水平状。遍布全方。属现代耕土层。

第2层：深10、厚0～15厘米。灰褐色黏土，结构疏松，夹较多铁锰质锈斑和少量红烧土粒，含瓷片、瓦片等近现代杂物。堆积呈水平状。遍布全方。属近现代地层。

第3层：深10～20、厚0～15厘米。红褐色黏土，结构疏松，夹较多铁锰质锈斑和红烧土粒，局部红烧土密集，含少量陶片。陶片均为泥质陶，以黑陶和红陶为主；器类不可辨。堆积呈坡状。分布于本方中北部。D4开口于该层下。属油子岭文化时期文化层。

第4层：深25～30、厚20～80厘米。灰红色黏土，结构板结致密，夹较多红烧土颗粒，含少量陶片。陶片以红陶为主，黑陶次之；器类有鼎、罐、甑等。堆积呈水平状。遍布全方。H15、D5、D6、D7、D8开口于该层下。属油子岭文化时期文化层。

第5层：深40～50、厚25～32厘米。灰褐色黏土，结构板结致密，夹较多红烧土颗粒，含少量陶片。陶片以红陶、黑陶为主，器类有鼎、盆、器盖等。堆积比较平缓。遍布全方。H16开口在此层下。属油子岭文化时期文化层。

第6层：深70～75、厚10～40厘米。灰黑色黏土，结构致密，夹密集红烧土，含较多陶片。陶片以泥质红陶和灰陶为主，器类有鼎、罐、盆、器座、盘、器盖等。堆积呈水平状。遍布全方。H32、H21、D9开口在此层下。属油子岭文化时期文化层。

第7层：深80、厚0～30厘米。灰黄色黏土，结构致密，夹较多红烧土块，含较多陶片。陶片以泥质红陶为主，次为黑陶，少量灰陶；器类有鼎、罐、器座、缸、豆、碗、器盖等。堆积呈坡状。遍布全方。H33、H34、D10开口在此层下。属油子岭文化时期文化层。

第8层：深105、厚30～43厘米。灰黄色黏土，结构坚硬致密，夹少量红烧土颗粒，含少量陶片。陶片以泥质红陶为主，次为灰陶和黑陶；器类有鼎、罐、盆、钵、器座、缸、簋、彩陶碗、器盖等。堆积呈水平状。遍布全方。G6开口在此层下。属油子岭文化时期文化层。

第9层：深130~140、厚0~30厘米。灰黑色黏土，结构较致密，夹较多红烧土块，含大量陶片。陶片以泥质红衣红陶和磨光黑陶为主，器类有鼎、罐、盆等。堆积呈坡状。分布于本方西南部。G7开口在此层下。属油子岭文化时期文化层。

第9层下为生土（图八）。

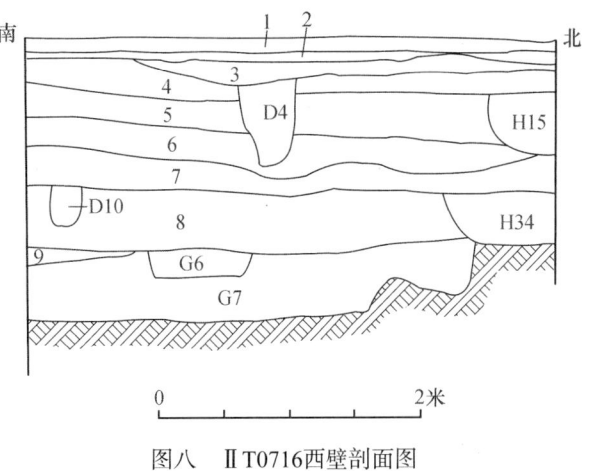

图八　ⅡT0716西壁剖面图

5. ⅡT1033南壁剖面

本探方位于遗址中北部。该发掘区共布5米×5米探方6个（编号ⅡT0833、ⅡT0933、ⅡT1033、ⅡT1034、ⅡT1035、ⅡT1036），其文化堆积比较薄，遗迹现象不复杂，主要遗迹有W7、W8、W9、G8、H43、H46、H45、H49、H50、H52等。ⅡT1033的地层分为六层。

第1层：厚10~15厘米。浅灰褐色黏土，结构疏松，含大量植物根茎及现代遗物。堆积呈水平状。遍布全方。属现代耕土层。

第2层：深10~15、厚5~10厘米。浅灰色黏土，结构疏松，夹少量红烧土粒，含瓷片。堆积呈水平状。遍布全方。属近代地层。

第3层：深20~25、厚15~25厘米。浅灰白色黏土，结构致密，夹红烧土块。出土陶片以泥质灰陶为主，器类有鼎、罐、钵、釜、器座、盘、器盖、纺轮等。堆积呈水平状。遍布全方。属油子岭文化时期文化层。

第4层：深35~45、厚15~35厘米。浅灰黑色黏土，结构较疏松，夹少量红烧土颗粒。出土陶片以红陶为主，黑陶次之，灰陶最少；器类有罐、盆、器座、盘等。堆积比较平缓。遍布全方。属油子岭文化时期文化层。

第5层：深70~85、厚15~35厘米。浅黄灰色黏土，结构较紧密，夹红烧土块。出土陶片以红陶为主，黑陶次之；器类有鼎、罐、盆、钵、器座、缸、豆、彩陶碗等。堆积呈水平状。遍布全方。W8、W9开口在此层下。属油子岭文化时期文化层。

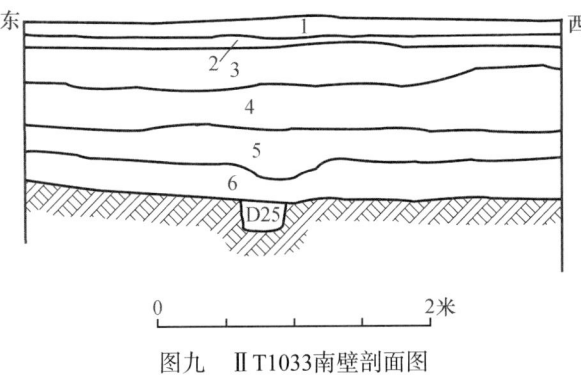

图九　ⅡT1033南壁剖面图

第6层：深80~100、厚20~55厘米。浅灰黑色黏土，结构较疏松，夹红烧土颗粒。出土陶片以泥质红陶为主，黑陶与褐陶次之；器类有鼎、罐、盆、钵、釜、器座、缸、豆、盘等。堆积呈水平状。遍布全方。D25、D26、D27开口在此层下。属油子岭文化时期文化层。

第6层下为生土（图九）。

6. ⅢT1208东壁剖面

本探方位于遗址南部。该发掘区共布5米×5米探方6个（编号ⅢT1008、ⅢT1009、ⅢT1108、ⅢT1208、ⅢT1308、ⅢT1307），其文化堆积较薄，遗迹较少，主要遗迹有H38、H39、H42等。ⅢT1208的地层分为两层。

第1层：厚15～25厘米。灰黄色沙土，结构松软。含近现代遗物和大量植物根茎。堆积呈水平状。遍布全方。明代墓葬M16开口在此层下。属现代耕土层。

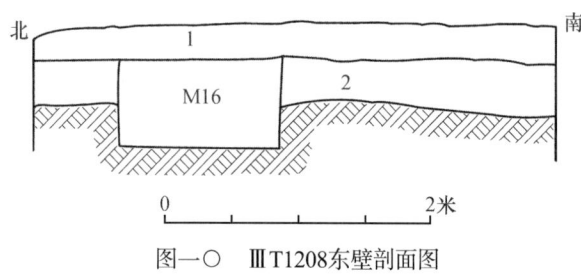

图一〇　ⅢT1208东壁剖面图

第2层：深15～35、厚25～40厘米。灰黄色黏土，结构相对紧密，夹零星红烧土颗粒，含较多陶片。陶片器类有鼎、罐、盆、器盖等。堆积呈水平状。遍布全方。属油子岭文化时期文化层。

第2层下为生土（图一〇）。

7. TG1西壁剖面

TG1位于遗址北部。据勘探结果，该发掘区地处龙嘴遗址北城垣中部，北城壕南侧。探沟南北长30米，东西宽4米（图版二，1）。其文化堆积共分11大层，其中第6～11层为油子岭文化时期城垣堆积。

第1层：厚10～22厘米。青灰色水稻土，结构疏松，含大量植物根茎及现代遗物。堆积呈水平状。遍布全探沟。属现代耕土层。

第2层：深10～22、厚0～25厘米。浅灰色黏土，结构疏松，夹较多铁锰质锈斑和少量红烧土粒，含瓷片、瓦片等近现代杂物。堆积呈水平状。分布于本探沟大部分区域。Z2及G11开口于此层下。属近现代地层。

第3层：深35～52、厚0～25厘米。红褐色黏土，结构较板结，夹较多铁锰质锈斑和少量红烧土粒和草木灰，含少量近代瓷片。堆积呈坡状。仅分布于本探沟北部。属近代地层。

第4层：分为三小层。

第4A层：深15～23、厚0～55厘米。黄褐夹灰白斑花色黏土，结构板结，较纯，含少量灰陶片。堆积呈坡状。分布于本探沟的北部和南部。属屈家岭文化时期文化层。

第4B层：深10～15、厚0～40厘米。深黄褐夹灰白斑花色黏土，结构板结，含零星灰陶片。堆积呈坡状。分布于本探沟的北部。属屈家岭文化时期文化层。

第4C层：深10～20、厚0～20厘米。灰白黏土，结构紧密，含少量灰陶片。堆积呈水平状。分布于本探沟的西部。属屈家岭文化时期文化层。

第5层：分为三小层。出土陶片以灰陶为主，器类有罐、缸、双腹豆、曲腹杯、器盖、纺轮等。堆积呈坡状。属屈家岭文化时期文化层。

第5A层：深25～35、厚0～20厘米。黄褐色黏土，结构松软，夹少量红烧土颗粒。出土少量泥质灰陶片。小范围分布于本探沟的中西部。

第5B层：深30~42、厚0~33厘米。黄褐色黏土，结构坚硬板结，夹零星红烧土颗粒。出土较多泥质灰陶片。小范围分布于本探沟的中西部。

第5C层：深20~32、厚0~35厘米。黄褐色黏土，结构坚硬板结，夹红烧土颗粒和炭粒。出土较多泥质灰陶片。小范围分布于本探沟的中西部。

第6层：分为四小层。出土陶片以灰陶为主，黑陶、红陶次之；器类有鼎、罐、盆、器座、器盖、圈足、纺轮等。属油子岭文化时期城垣堆积。

第6A层：深30~61、厚0~28厘米。黄褐夹灰白斑花色黏土，结构致密坚硬，夹少量红烧土颗粒和木炭粒。出土陶片以泥质灰陶为主。堆积呈坡状。小范围分布于本探沟中北部。

第6B层：深58~65、厚0~25厘米。灰褐色黏土，结构相对松软，夹少量红烧土颗粒和木炭粒。出土陶片以泥质灰陶为主。堆积呈坡状。小范围分布于本探沟中北部。

第6C层：深约23~30、厚0~35厘米。黄褐色黏土，较纯，结构板结坚硬。出土陶片以泥质灰陶为主。堆积呈坡状。小范围分布于本探沟中北部。

第6D层：深约75~85、厚0~10厘米。黄色黏土，较纯，结构板结坚硬。无陶片。堆积呈坡状。小范围分布于本探沟中北部。

第7层：分为五小层。出土陶片以灰陶为主，黑陶、红陶次之；器类有鼎、罐、盆、器座、缸、甑、盘、杯、碗、器盖、纺轮、球、环等。堆积呈坡状。属油子岭文化时期城垣堆积。

第7A层：深20~25、厚0~27厘米。浅灰色黏土，结构相对松软，夹少量红烧土颗粒和木炭粒。出土陶片多为泥质灰陶和黑陶。堆积呈坡状。分布于本探沟中北部。

第7B层：深20~44、厚0~40厘米。浅褐色黏土，结构相对松软，夹少量红烧土颗粒和木炭粒。出土陶片多为泥质灰陶和黑陶。堆积呈水平状。分布于本探沟中北部。

第7C层：深45~55、厚0~17厘米。浅黄褐色黏土，结构板结坚硬，较纯。出土极少陶片。堆积比较平缓。小范围分布于本探沟西北部。

第7D层：深27~92、厚0~17厘米。灰黑色黏土，结构相对松软，夹少量红烧土颗粒和木炭粒。出土陶片以灰陶为主，红陶和黑陶次之。堆积呈坡状。分布于本探沟中北部。

第7E层：深87~105、厚0~17厘米。黑灰色黏土，结构相对松软，夹大量红烧土颗粒和木炭粒。出土少量陶片。堆积比较平缓。小范围分布于本探沟中北部。

第8层：分为三小层。出土陶片以灰陶为主，黑陶、红陶次之；器类有鼎、罐、盆、钵、器座、豆、杯、盖、纺轮等。堆积呈坡状。属油子岭文化时期城垣堆积。

第8A层：深40~110、厚0~30厘米。黄褐色夹铁锰质锈斑黏土，结构板结坚硬，夹红烧土颗粒和木炭粒。出土陶片红陶增多，灰陶减少。堆积呈坡状。分布于本探沟北部。

第8B层：深25~115、厚0~47厘米。深黄褐色夹灰白斑黏土，结构板结坚硬，夹红烧土颗粒和木炭粒。出土陶片红陶增多，灰陶减少。堆积呈坡状。分布于本探沟中北部。

第8C层：深15~65、厚0~52厘米。黑褐色黏土，结构板结坚硬，夹红烧土颗粒和木炭粒。出土少量陶片。堆积呈水平状。分布于本探沟中南部。

第9层：分为两小层。出土陶片以红陶为主，黑陶次之；器类有鼎、罐、缸、豆、盘、器盖、球等。堆积呈坡状。属油子岭文化时期城垣堆积。

第9A层：深110~145、厚0~32厘米。深褐色夹铁锰质锈斑黏土，结构板结坚硬，夹红烧土颗粒和木炭粒。出土较多陶片。堆积呈坡状。分布于本探沟中部。

第9B层：深41~160、厚0~50厘米。黑褐色黏土，结构板结坚硬，夹红烧土颗粒和木炭粒。出土较多陶片。堆积呈坡状。分布于本探沟北部大部分区域。

第10层：分为三小层。出土陶片以红陶、灰陶为主，器类有鼎、罐、器座、缸、豆、碗、壶形器、器盖、纺轮等。堆积呈坡状。属油子岭文化时期城垣堆积。

第10A层：深55~185、厚0~33厘米。黑灰色黏土，结构板结坚硬，夹大量红烧土颗粒和木炭粒。出土陶片以红陶和灰陶为主。堆积呈坡状。分布于本探沟中部。

第10B层：深68~72、厚0~72厘米。黑灰色夹铁锰质锈斑黏土，结构板结坚硬，夹少量红烧土颗粒和木炭粒。出土陶片以红陶和灰陶为主。堆积呈坡状。小范围分布于本探沟中部。

第10C层：深140~155、厚0~20厘米。黑灰色黏土，结构板结坚硬，夹少量红烧土颗粒和木炭粒。出土少量陶片。堆积呈坡状。小范围分布于本探沟中部。

第11层：深135~197、厚0~22厘米。青灰色土，结构松软，较纯净。无遗物。堆积呈坡状。分布于本探沟中北部。

第11层下为生土（图一一）。

8. TG2东壁剖面

TG2位于遗址南部。据勘探结果，该发掘区地处龙嘴遗址南城垣的中部。探沟南北长58米，东西宽2米。文化堆积共分14层，发现的主要遗迹有城垣堆积、M6、M9、M10、M11、H20、H26、H28、H30等（图一二）。

第1层：厚10~25厘米。青灰色水稻土，结构疏松，含大量植物根茎及现代遗物。堆积呈水平状。遍布全方。属现代耕土层。

第2层：分为三小层。深10~40、最厚0~20厘米。灰白色淤土，结构疏松，含极少量瓷片、瓦片等近现代杂物。堆积呈水平状。块状分布本探沟南北区域。明清时期的M4和M5开口于此层下。属近现代淤积层。

第3层：深10~45、厚0~30厘米。深灰色黏土，结构较松软，夹少量红烧土颗粒。出土陶片以灰陶为主，黑陶次之；器类有鼎、罐、盆、钵、釜等。堆积呈水平状。分布于本探沟北段中部和南段大部。M6开口于此层下。属油子岭文化时期文化层。

第4层：深10~60、厚0~40厘米。黄褐色黏土，结构板结，夹大量红烧土。出土较多陶片，器类有鼎、罐、盆、钵、釜、器座、缸、豆、盘、器盖等。堆积比较平缓。块状分布于本探沟的北部和南部。属油子岭文化时期文化层。

第5层：深10~40、厚0~50厘米。黑褐色黏土，结构松软，夹少量红烧土颗粒和较多草木灰。出土陶片以黑陶为主，红陶次之；器类有罐、盆、钵、器座、豆、盘、碗、器盖、纺轮、饼等。堆积呈坡状。分布于本探沟北段的中北部。属油子岭文化时期文化层。

第6层：深25~105、厚0~70厘米。黄褐色黏土，结构致密坚硬，夹少量红烧土颗粒和木

第二章 文化堆积与层位关系

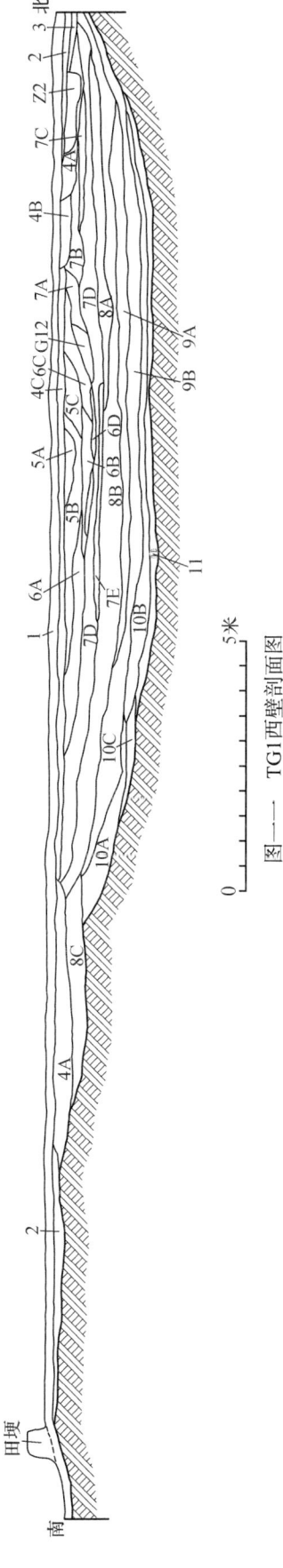

图一 TG1西壁剖面图

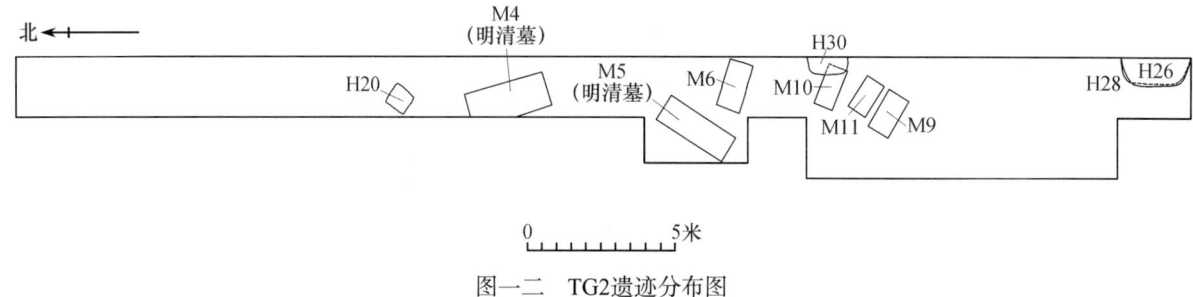

图一二　TG2遗迹分布图

炭粒。出土陶片以黑陶为主，红陶次之；器类有鼎、罐、钵、豆、碗、纺轮、饼、环等。堆积呈坡状。分布于本探沟南部。M9、M10、M11、H30开口于此层下，并打破城垣堆积。属油子岭文化时期文化层。

第7层：深20~25、厚0~27厘米。浅灰色黏土，结构比较松软，夹少量红烧土颗粒和木炭粒。出土陶片多为泥质灰陶和黑陶，器类有鼎、釜、盘、器盖、纺轮等。堆积呈坡状。小范围分布于本探沟中部。H26开口于此层下。属油子岭文化时期文化层。

第8层：深20~45、厚0~20厘米。黄褐色黏土，结构松软。出土陶片多为红陶和黑陶，器类有鼎、罐、盆、钵、器座、豆、盘、器盖等。堆积呈水平状。分布于本探沟南段的中部和南部。属油子岭文化时期文化层。

第9层：分为两小层。厚0~30厘米。黄褐夹灰白斑花色黏土，结构坚硬致密，较纯，无包含物。分布于本探沟南段的东南部和西南部。属油子岭文化时期淤积层。

第10层：厚0~15厘米。灰黑色黏土，结构疏松，夹大量草木灰。出土陶片多红陶和黑陶，少量灰陶和彩陶；器类有彩陶碗等。堆积呈坡状。分布于本探沟南段中部。属油子岭文化时期文化层。

第11层：厚0~15厘米。红褐色烧土层，结构疏松。出土少量红陶片和黑陶片。堆积呈坡状。分布于本探沟南段中部。H18开口于此层下。属油子岭文化时期文化层。

第12层：厚0~15厘米。黑灰色黏土，结构松软，夹大量草木灰。出土少量红陶片和黑陶片，器类有鼎、盆、球等。堆积呈坡状。分布于本探沟北段南部。H28开口于此层下，打破城垣堆积。属油子岭文化时期文化层。

第13层：厚0~15厘米。黄褐色黏土，结构松软，较纯净，无包含物。堆积呈坡状。分布于本探沟南段中部。属油子岭文化时期淤积层。

第14层：厚0~25厘米。黄底褐斑色黏土，结构紧密坚硬，较纯净，无包含物。堆积呈坡状。分布于本探沟南段中部。属油子岭文化时期淤积层。

被第12层叠压的城垣堆积分2层，编号城垣堆积1和城垣堆积2。

城垣堆积1：厚0~15厘米。黄色土，结构致密坚硬，较纯净，含少数零碎陶片。属油子岭文化时期文化堆积。

城垣堆积2：厚0~30厘米。红褐色土，结构致密坚硬，纯净，不见包含物。属油子岭文化时期文化堆积。

城垣堆积及第14层下为生土（图一三）。

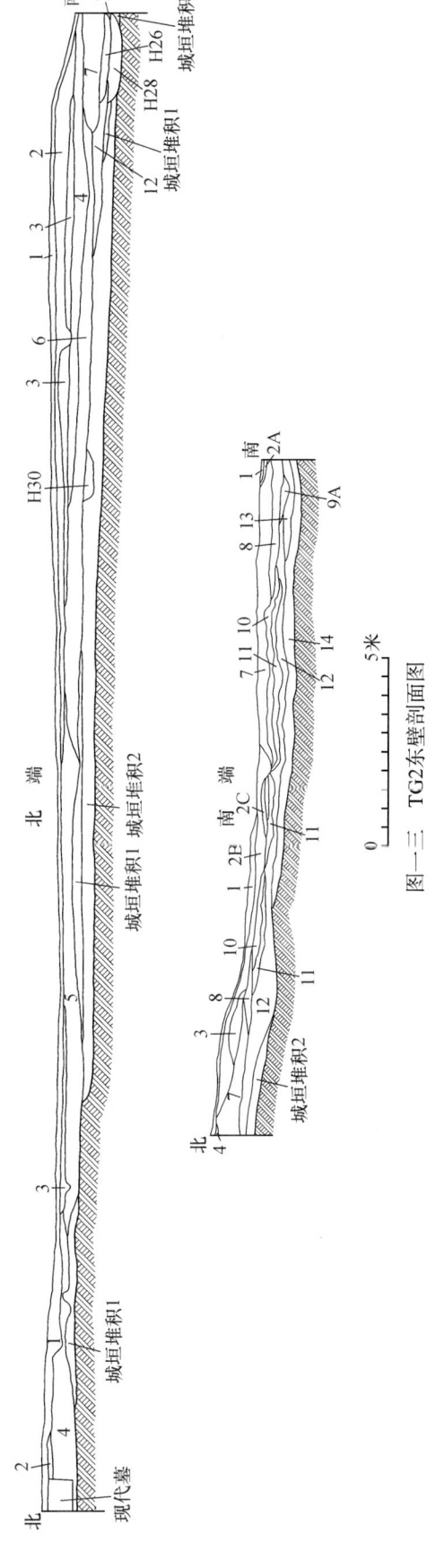

图一三 TG2东壁剖面图

9. TG3北壁剖面

TG3位于遗址东南部。据勘探结果，该发掘区地处龙嘴遗址东城垣和南城垣的结合部。探沟东西长20米，南北宽4米。该探沟受水稻田等环境的制约，只能选择水稻田埂外侧的空地进行发掘。文化堆积共分9层。其中，第4层为城垣护坡，第5、7、9层为城垣主墙体，第6、8层为淤积层。

第1层：厚0~70厘米。灰色黏土，结构湿软，含大量植物根茎及现代遗物。堆积呈水平状。遍布全探沟。F1开口于此层下。属现代耕土层。

第2层：深0~75、厚20~75厘米。灰白色黏土，结构硬结，夹少量铁锰质锈斑和少量黑炭粒。出土少量陶片，以泥质夹炭红陶为主，泥质黑陶和灰陶次之；器类有鼎、盆等。堆积呈坡状。分布于本探沟西南角。属油子岭文化时期文化层。

第3层：深35~52、厚0~25厘米。红褐色黏土，结构较板结，夹较多铁锰质锈斑和少量红烧土粒与草木灰。出土少量陶片，器类有鼎、罐、盆、盘、器盖等。堆积呈坡状。仅分布于本探沟西南角。属油子岭文化时期文化层。

第4层：分为七小层。属油子岭文化时期城垣护坡堆积。

第4A层：厚35~50厘米。黄色黏土，结构相对松软，含少量烧土。出土陶片多红陶和灰陶，器类有鼎、罐、盆、器座、缸、器盖等。堆积呈坡状。分布于本探沟的东部。

第4B层：厚35~65厘米。黄灰色黏土，结构致密硬结，含少量烧土。出土少量黑陶片，器类有鼎、罐、盘等。堆积呈坡状。分布于本探沟的东部。

第4C层：厚20~50厘米。灰色黏土，结构致密坚硬，含少量烧土块。出土少量黑陶和红陶片。堆积呈坡状。分布于本探沟的东部。

第4D层：厚0~60厘米。黄褐色黏土，结构致密硬结，含少量烧土块。堆积呈坡状。分布于本探沟的东部。

第4E层：厚0~15厘米。黄褐色底夹铁锰质锈斑黏土，结构致密，夹少量黑炭粒。出土少量红陶片。堆积呈水平状。分布于本探沟的东部。

第4F层：厚10~50厘米。黄褐色底夹大量铁锰质锈斑粉沙土，结构致密，夹少量红烧土块。堆积呈水平状。分布于本探沟的东部。

第4G层：厚0~20厘米。灰褐色底夹铁锰质锈斑黏土，结构致密硬结，夹少量红烧土块。堆积呈水平状。分布于本探沟的东部。

第5层：分为四小层。属油子岭文化时期城垣主墙体堆积。

第5A层：厚50~200厘米。灰褐色底夹铁锰质锈斑和大量黄土块斑黏土，结构致密硬结，含少量红烧土块。出土少量红陶片。堆积呈水平状。分布于本探沟的中东部。

第5B层：厚15~40厘米。灰白色黏土，结构相对松软，含少量红烧土块和炭粒。出土少量红陶片，器类有鼎、罐、釜、器盖等。堆积呈坡状。分布于本探沟的中东部。

第5C层：厚5~30厘米。灰白底夹大量铁锰质锈斑和大量黄土块斑粉沙土，结构致密，含少量红烧土块。出土较多红陶和黑陶片。堆积呈坡状。分布于本探沟的中东部。

第5D层：厚0~30厘米。灰色粉沙土，结构致密，夹少量炭粒和较多红烧土块。堆积呈坡状。分布于本探沟的中东部。

第6层：分为两小层。属油子岭文化时期淤积层。

第6A层：厚10~60厘米。黑灰色淤泥，结构湿软，含大量红烧土块、炭粒，以及少量动物骨牙。出土陶片有红陶、黑陶、灰陶，器类有鼎、罐、釜、器座、缸、篦、豆、器盖、球等。堆积呈坡状。分布于本探沟的中东部。

第6B层：厚5~20厘米。青灰色淤泥夹白斑土，结构湿软，含少量红烧土块和炭粒。出土少量红陶片。堆积呈坡状。分布于本探沟的中东部。

第7层：分为三小层。属油子岭文化时期城垣主墙体堆积。

第7A层：厚0~30厘米。黄褐色杂黑色细粒黏土，结构致密，含少量细烧土粒。堆积呈坡状。分布于本探沟的中部。

第7B层：厚5~50厘米。黄褐色杂大量铁锰质锈斑和青灰色斑黏土，结构致密硬结。出土少量红陶片。堆积呈坡状。分布于本探沟的中部。

第7C层：厚25~45厘米。深褐色杂大量铁锰质锈斑和较多青灰色斑黏土，结构致密硬结。出土少量红陶片。堆积呈坡状。分布于本探沟的中部。

第8层：分为四小层。属油子岭文化时期淤积层。

第8A层：厚0~25厘米。灰白色淤土，结构松软。堆积呈坡状。分布于本探沟的中东部。

第8B层：厚15~35厘米。褐色底杂青灰色和黄色块斑淤土，夹较多酱色淤沙，结构湿硬，含少量红烧土块与碎骨。出土较多红陶、灰陶和彩陶片，器类有杯形器等。堆积呈坡状。分布于本探沟的中东部。

第8C层：厚5~15厘米。浅黄色淤沙，结构硬散。出土少量夹炭陶和灰陶。堆积呈坡状。分布于本探沟的中东部。

第8D层：厚0~15厘米。深褐色淤沙，结构硬散。出土少量夹炭陶和黑陶片。堆积呈坡状。分布于本探沟的中东部。

第9层：分为六小层。属油子岭文化时期城垣主墙体堆积。

第9A层：厚15~25厘米。黄底杂灰白带状斑、杂黑褐色沙粒黏土，结构相对硬散，夹少量红烧土块。出土少量灰陶片。堆积呈水平状。分布于本探沟的中西部。

第9B层：厚20~45厘米。浅黄底杂灰白网状斑、杂少量褐色沙粒黏土，结构致密。出土少量夹炭陶片。堆积呈坡状。分布于本探沟的中西部。

第9C层：厚5~20厘米。深黄底杂灰白带状斑、杂大量黑色沙粒黏土，结构硬结。出土少量夹炭陶片。堆积呈坡状。分布于本探沟的中西部。

第9D层：厚5~10厘米。深黄底杂较多黑色细沙粒黏土，结构致密硬结。出土少量红陶、夹炭陶和灰陶片。堆积呈坡状。分布于本探沟的中西部。

第9E层：厚5~25厘米。灰黄底杂少量灰白带状斑、含少量黑色细沙粒和红烧土块黏土，结构致密硬结。出土少量红陶和夹炭陶片。堆积比较平缓。分布于本探沟的中西部。

第9F层：厚5~35厘米。黄褐色底杂少量黑色和黄色细沙粒黏土，结构致密硬结，含少量红烧土块。出土少量夹炭陶片。堆积比较平缓。分布于本探沟的中西部。

第9F层下为生土（图一四）。

10. TG4东壁剖面

TG4位于遗址北部。据勘探结果，该发掘区地处龙嘴遗址北城壕中部。探沟南北长20米，东西宽4米。文化堆积共分11层。

第1层：厚25～40厘米。青灰色水稻土，结构松软，含大量植物根茎及现代遗物。堆积呈水平状。遍布全探沟。现代耕土层。

第2层：厚5～45厘米。灰黄色黏土，结构松软，夹少量铁锰质锈斑。堆积呈水平状。遍布全探沟。属近现代堆积层。

第3层：厚10～20厘米。黄褐色黏土，结构松软。堆积呈水平状。分布于探沟南部。属近现代堆积层。

第4层：分为四小层。

第4A层：厚5～50厘米。黄褐色杂灰白斑黏土，结构松软。堆积呈坡状。分布于探沟中北部。属近现代堆积层。

第4B层：厚10～45厘米。深黄褐色杂黑色沙粒黏土，结构松软。堆积呈坡状。分布于探沟南部。属近现代堆积层。

第4C层：厚10～35厘米。褐色黏土，结构松软。堆积呈水平状。分布于探沟中北部。属近现代堆积层。

第4D层：厚10～30厘米。深褐色杂少许黄斑黏土，结构松软。堆积呈坡状。分布于探沟中部。属近现代堆积层。

第5层：分为三小层。

第5A层：厚5～50厘米。灰白色杂黄褐色斑黏土，结构松软。堆积呈水平状。分布于探沟中北部。属近现代堆积层。

第5B层：厚10～45厘米。灰白色杂黑色沙粒黏土，结构松软。堆积呈坡状。分布于探沟中北部。属近现代堆积层。

第5C层：厚10～90厘米。褐色杂少许黄土斑和黑色沙粒黏土，结构松软。堆积呈坡状。分布于探沟中北部。属近现代堆积层。

第6层：厚25～35厘米。黄褐色杂灰白斑黏土，结构松软。堆积呈水平状。分布于探沟北部。属近现代堆积层。

第7层：厚10～60厘米。黄褐色杂黑褐色沙粒黏土，结构松软，夹少量红烧土颗粒。出土少量灰陶片。堆积呈坡状。分布于探沟中北部。属油子岭文化时期堆积层。

第8层：厚10～75厘米。灰黑色杂少许黄土斑黏土，结构松软，夹少量红烧土颗粒。出土少量灰陶和黑陶片。堆积呈坡状。分布于探沟中部。属油子岭文化时期堆积层。

第9层：厚5～60厘米。黄褐色杂少量黑色沙粒黏土，结构松软，夹少量红烧土颗粒。出土少量黑陶片。堆积呈坡状。分布于探沟中南部。属油子岭文化时期堆积层。

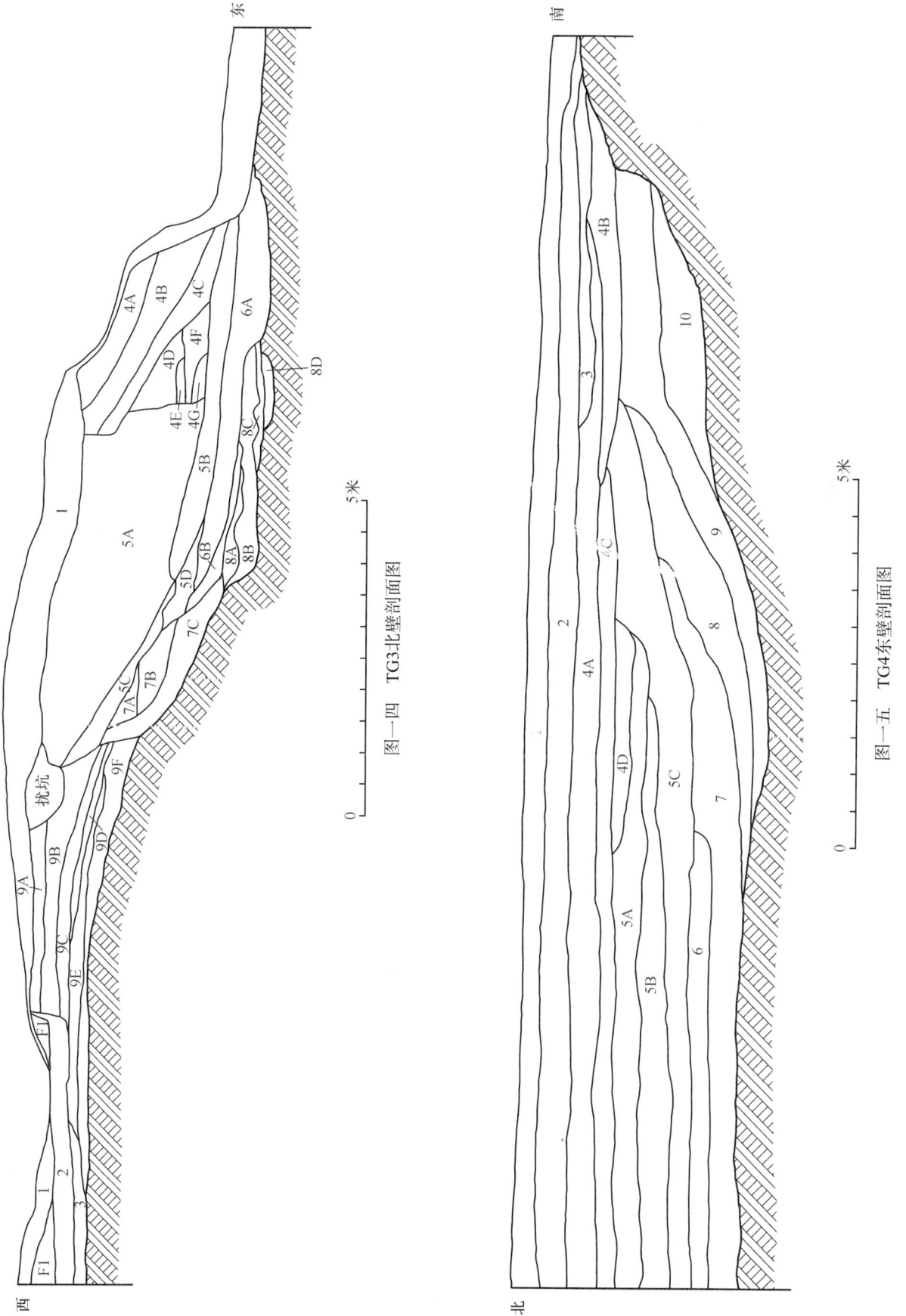

图一四 TG3北壁剖面图

图一五 TG4东壁剖面图

第10层：厚5~60厘米。红褐色黏土，结构松软。出土零星陶片。堆积呈坡状。分布于探沟中南部。属油子岭文化时期堆积层。

第11层：厚10~20厘米。黑灰色淤土，结构松软，较纯净。仅出土一块夹砂陶片。堆积呈坡状。分布于探沟底层。属油子岭文化时期淤积层。

第11层下为生土（图一五）。

第二节　层位关系

为全面反映龙嘴遗址的文化堆积情况，将发掘探方与探沟的层位关系分布介绍如下（"—"代表叠压关系，"→"代表打破关系，下同）。

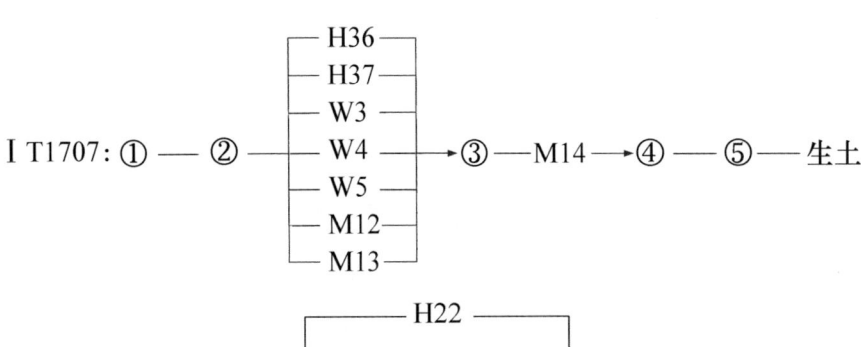

ⅠT2005：①——②——生土

ⅠT2006：①——②——M7→生土

ⅠT2007：①——②——生土

ⅠT2008：①——②——③——生土

ⅠT2105：①——②——③——H19→④——生土

ⅠT2106：①——②——③——H27→④——⑤——生土

ⅠT2107：①——②——③——H24→④——⑤——生土

ⅠT2108：①——②——H23→生土

ⅡT0433：①──②──H40→③──④──F8→

ⅡT0434：①──②──③──④──

ⅡT0435：①──②──③──④──生土

ⅡT0533：①──②──③──④──F8→

ⅡT0605：①──②──③──④──

ⅡT0606：①──②──③──活动面Ⅰ──④──⑤──

ⅡT0607：①──②──③──活动面Ⅰ──④──

ⅡT0608：①──②──③──活动面Ⅰ──④──

ⅡT0704：①──②──H14→③──④──[G2 / L / G5]→⑤──

ⅡT0705：①──②──③──④──G3→⑤──

ⅡT0706：①──②──③──[活动面Ⅰ / H1 ↑ H2]→④──G3→⑤──

ⅡT0707：①──②──③──活动面Ⅰ──④──F7→⑤──

ⅡT0708：①──②──③──活动面Ⅰ──④──

ⅡT0709：①──②──③──④──G9→⑤──生土

ⅡT0710：①──②──H13→③──F4→④──⑤──

ⅡT0804：①──②──H14→③──④──[G2 / L / G5]→⑤──

ⅡT0805：①──②──H4→③──H5→黄土Ⅱ→④──[G2 / L / G5 / F2]→⑤──

ⅡT0806：①─②─③─黄土Ⅱ─▶④─┌F2┐─▶⑤─⑥─生土
　　　　　　　　　　↓　　　└H6┘
　　　　　　　　　遗迹Ⅰ

ⅡT0807：①─②─③─活动面Ⅰ─④─F7─▶⑤─⑥─生土

ⅡT0808：①─②─┌H7┐
　　　　　　　│ ↓│
　　　　　　　└H10┘─▶③─④─⑤─⑥─生土

ⅡT0809：①─②─③─┌H35┐─▶④─
　　　　　　　　　│ ↓ │
　　　　　　　　　└F4 ┘

ⅡT0810：①─②─③─F4─▶④─

ⅡT0905：①─②─③─┌黄土Ⅰ┐─▶④─┌G2 ┐─▶⑤─
　　　　　　　　　└黄土Ⅱ┘　　 │ L │
　　　　　　　　　　　　　　　　│D1 │
　　　　　　　　　　　　　　　　│G5 │
　　　　　　　　　　　　　　　　└F3 ┘

ⅡT0906：①─②─③─H3─▶④─┌H8┐─▶⑤─⑥─生土
　　　　　　　　　　　　　│↓ │
　　　　　　　　　　　　　│H9│
　　　　　　　　　　　　　└F3┘

ⅡT0907：①─②─柱础Ⅰ─▶③─④─F3─▶⑤─

ⅡT0908：①─②─┌G1┐─▶③─
　　　　　　　│↓ │
　　　　　　　└Z1┘

ⅡT0909：①─②─┌H11┐─▶③─
　　　　　　　└H12┘

ⅡT1005：①─②─③─W1─▶④─┌G2┐─▶⑤─
　　　　　　　　　　　　　│L │
　　　　　　　　　　　　　└G5┘

ⅡT1006：①─②─③─④─F3─▶⑤─

ⅡT1008：①─②─③─

ⅡT1009：①──②──③──

ⅡT1106：①──②──③──④──

ⅡT0716：①─②─③─D4→④─[D5/D6/D7/D8/H15/H17]→⑤─H1→⑥─[H21/H32/D9]→⑦─[D10/H33/H34]→⑧─G6→⑨─G7→生土

ⅡT0717：①──②──③──④─G4→⑤──⑥──⑦──⑧──⑨─G7→生土

ⅡT0833：①──②──③──④─D18→⑤─[D17/D19]→⑥─G8→⑦──

ⅡT0933：①──②──③──④──⑤─[W7/H43]→⑥─[G8/H46]→⑦──生土

ⅡT1033：①──②──③──④──⑤─[W8/W9]→⑥─[D25/D26/D27]→生土

ⅡT1034：①──②──③──④──⑤──⑥─[H50/H51/H52]→⑦──生土

ⅡT1035：①──②──③──④──⑤──⑥──生土

ⅡT1036：①──②──③─[H45/H49]→④──⑤──⑥──⑦──生土

ⅡT1126：①──②──③─[W6/H41]→④─[D11/D12/D13]→⑤─[H44/D16→H48/H47]→⑥──生土

ⅡT1127：①—②—③—F5→④—⑤—[D21／D22／D23／D24]→⑥—生土

ⅢT1008：①—②—③—H39→生土

ⅢT1009：①—②—H38→③—生土

ⅢT1108：①—②—H42→生土

ⅢT1208：①—[M15／M16]→②—生土

ⅢT1307：①—②—生土

ⅢT1308：①—②—生土

ⅢT0154：①—H31→②—生土

TG1：①—②—[Z2／G11]→③—④(A—B—C)—⑤(A—B—C)—⑥(A—B—C—D)—G12→⑦(A—B—C—D—E)—⑧(A—B—C)—⑨(A—B)—⑩(A—B—C)—⑪—生土

TG2：①—②—[M4／M5]→③—④—⑤—⑥—⑦—⑧—⑨—⑩—⑪—⑫—⑬—⑭—生土
（H20、H26、M6、M9、H30、M10、M11、H18、H28、城垣 关联）

TG3：①—F1→②—③—④(A—B—C—D—E—F—G)—⑤(A—B—C—D)—⑥(A—B)—⑦(A—B—C)—[⑧(A—B—C—D)／⑨(A—B—C—D—E—F)]—生土

TG4：①—②—③—④(A—B—C—D)—⑤(A—B—C)—⑥—⑦—⑧—⑨—⑩—⑪—生土

TG5：①—②(A—B—C—D)—③(A—B)—W2→④—⑤—⑥—⑦—生土（H25 关联）

第三章 遗 存

第一节 概 述

龙嘴遗址共布5米×5米探方58个、10米×10米探方1个、探沟5条，总发掘面积1900多平方米。除少量屈家岭文化时期的文化堆积外，共揭示出油子岭文化时期的房址、灰坑、红烧土路、墓葬等各类遗迹98个，出土丰富的陶器、石器、玉器、稻壳、动物骨骼等遗物。其中，油子岭文化时期的遗迹包括城址1座（含城壕）、房址7座、灰坑52个、灰沟10条、墓葬21座、其他生活类遗迹7个，以及若干零星分布的柱洞等。

房址主要位于Ⅱ区，多为长方形地面建筑，有单间和多间两类，采用先挖墙基槽再立柱垒墙基的建筑方式。在房址的周围还分布有活动面Ⅰ、黄土Ⅰ、黄土Ⅱ、红烧土路L等相关生活遗迹。

灰坑分布比较广泛，平面形态多样，有圆形、椭圆形、长条形、方形等，多不规则。

墓葬分长方形土坑竖穴墓和瓮棺葬两类。其中，长方形土坑竖穴墓集中分布于Ⅰ区和Ⅲ区，规模较小，头向多朝西，人骨仅存部分朽痕，性别与年龄难以判断，未发现葬具痕迹。长方形土坑竖穴墓的随葬品数量普遍不多，但也存在多寡不均的现象，多者达17件套，少者仅1件或一无所有。随葬品除1件石器外，皆为陶器，器类组合形式有9种：鼎、罐、簋、豆、盘、碗、器盖、石斧；鼎、罐、簋、豆、盘、碗、器盖；鼎、罐、簋、豆、盘、碗、杯、器盖；鼎、罐、豆、盘、碗、器盖；鼎、罐、簋、盘、碗、器盖；鼎、罐、豆、盘；罐、釜；罐、盘；罐。

除动物骨骼外，出土陶、石、玉、骨、孔雀石等不同质地遗物2217件套。其中，陶器2133件套，占出土遗物总数的96.2%；石器77件，占出土遗物总数的3.5%。

陶器多破碎，以泥质夹炭或夹草木灰红衣红陶为大宗，泥质黑陶次之，泥质灰陶、红陶和夹砂红陶较少，偶见夹砂白陶。除素面陶外，纹饰以弦纹、棱纹、戳印纹、镂孔纹、按窝纹为主，篮纹、附加堆纹、压印纹、刻划纹次之，且多为复合纹饰（图一六~图二一）。其中，弦纹、按窝纹等主要饰于鼎的腹部、足部，戳印纹、镂孔纹、按窝纹等多饰于盘、豆、簋类的口沿部、圈足部；附加堆纹、压印纹、刻划纹则多见于罐、盆、缸类器。彩陶数量不多，主要见于薄胎碗、杯类器，以红衣黑彩为主，纹样多网格、条带、圆点、旋涡。另有少量红衣黑彩、白衣黑彩见于罐、盆类器，纹样为弧线（彩版一七~彩版一九）。

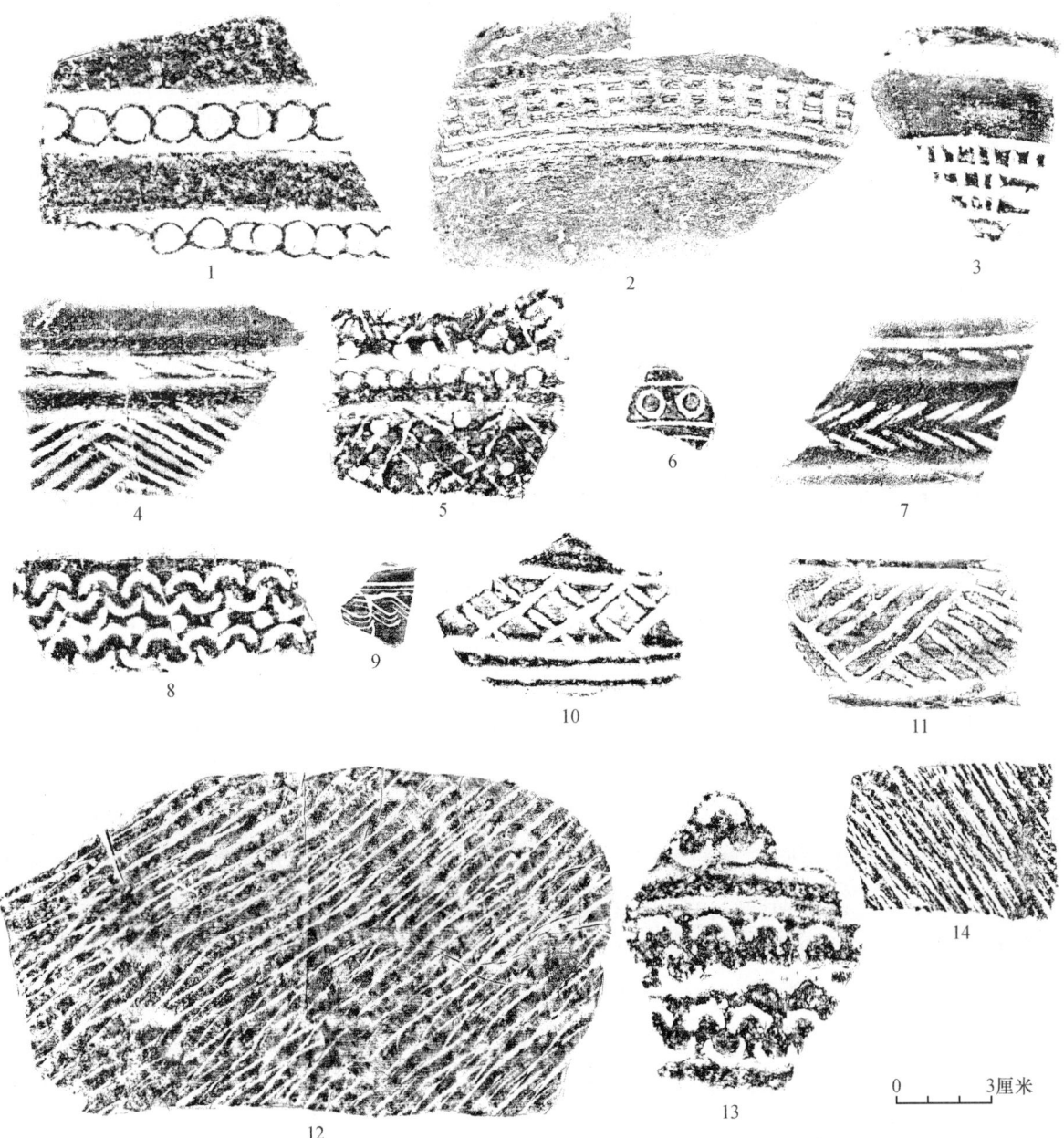

图一六 陶器纹饰拓片

1. 附加堆纹（ⅡT0707⑤：15） 2、3、9. 复合纹（TG3⑥A：12、ⅡT0833⑥：55、ⅡT0706⑤：24） 4、5、7、10、11. 刻划纹（ⅡT0833⑥：54、ⅡT0705⑤：25、ⅡT0833⑥：56、ⅡT0705⑤：6、ⅡT0707⑤：13） 6、8、13. 压印纹（ⅡT0705⑤：14、ⅡT0707⑤：16、ⅡT0705⑤：17） 12、14. 篮纹（ⅡT0833⑥：58、ⅡT0833⑥：59）

图一七 陶器纹饰拓片

1~3、5、8、9. 复合纹（ⅡT0709④：6、ⅡT0707④：23、ⅡT0606③：18、ⅡT0806④：23、TG2④：14、TG2⑧：13）

4、6、7. 附加堆纹（TG2⑧：12、ⅡT0805③：19、ⅡT0606③：17）

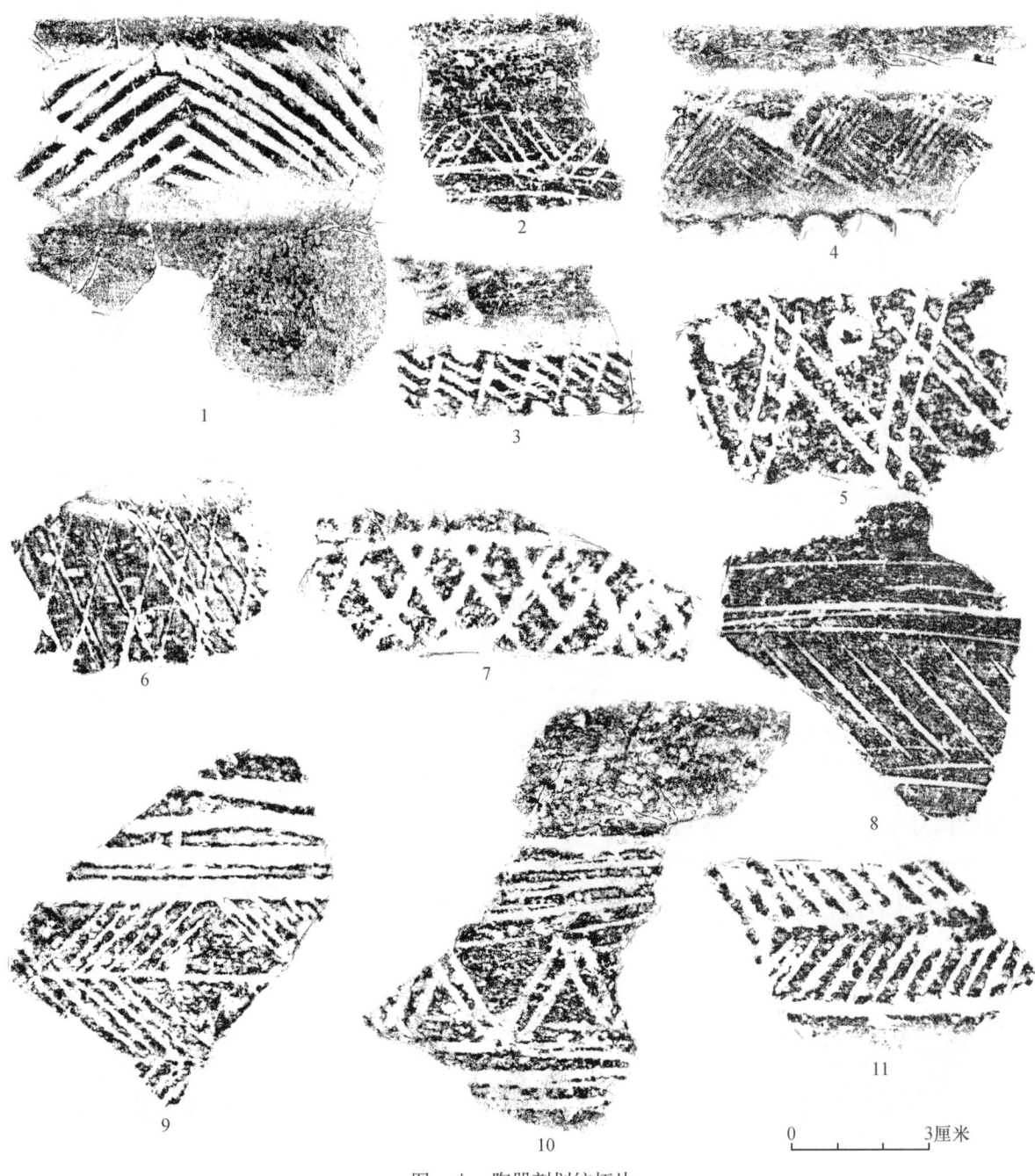

图一八 陶器刻划纹拓片

1. H18：10 2. ⅡT1035④：14 3. ⅡT0906④：7 4. ⅡT0807⑤：10 5. ⅡT0807④：27 6. ⅡT0806④：24
7. ⅢT1208②：8 8. ⅡT0708④：13 9. TG5③B：12 10. ⅡT0807④：6 11. ⅡT0806④：25

图一九　陶器篮纹拓片

1. H44：1　2. ⅡT1006③：3　3. ⅡT0606④：9　4. ⅡT1006③：4　5. TG2③：7　6. TG1⑥：16　7. ⅡT0810④：7
8. ⅡT0709④：5

图二〇 陶器压印纹拓片

1. ⅡT0804④：27 2. ⅡT0833⑤：10 3. ⅡT0435④：48 4. TG5③B：11 5. ⅡT0533④：9 6. F8①：27 7. ⅡT0807④：28
8. ⅡT0435④：46 9. ⅡT1033④：12 10. ⅡT0707④：24 11. ⅡT0435④：47 12. ⅡT0833④：20 13. TG2⑫：5
14. ⅡT0833⑥：57

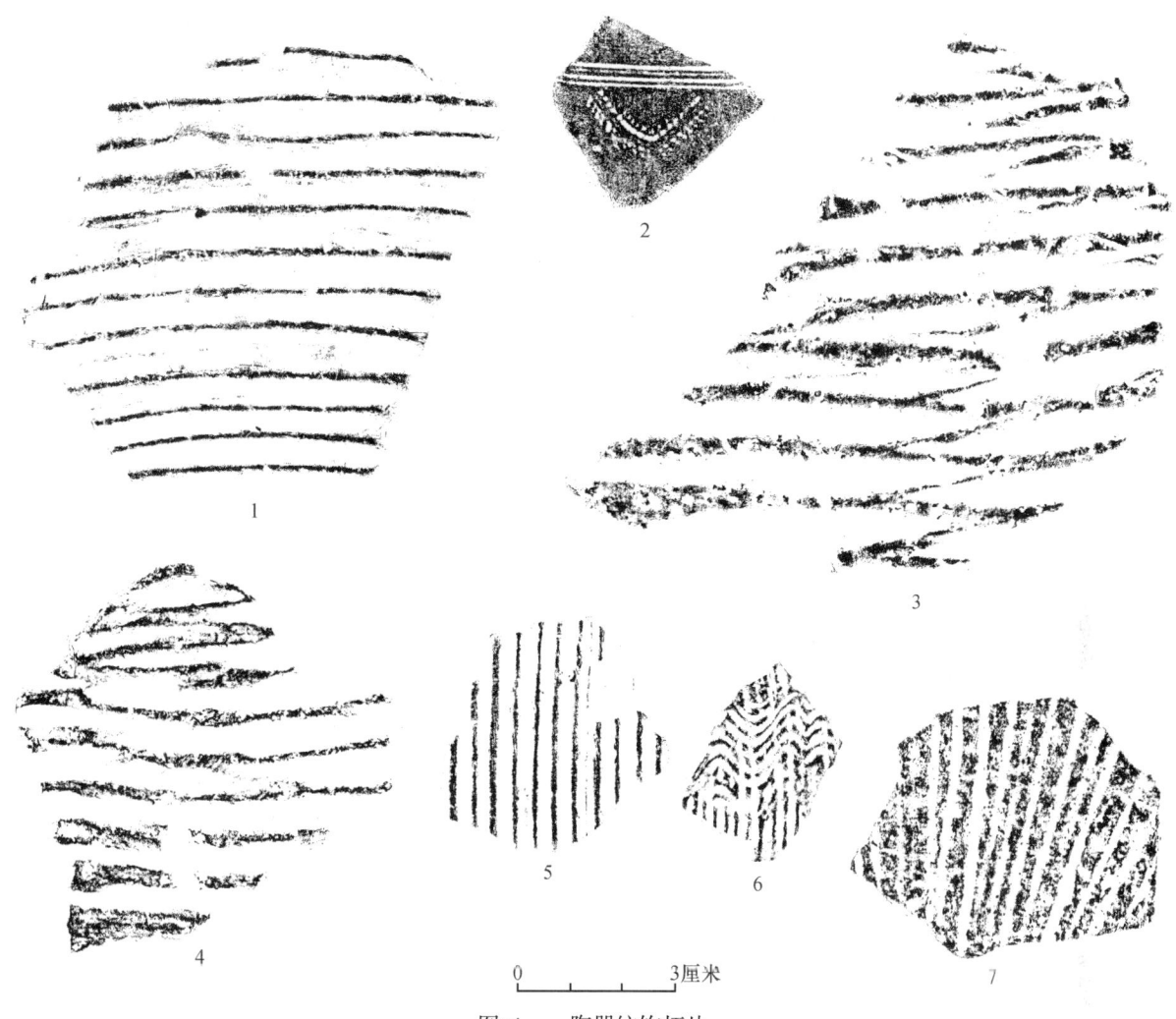

图二一　陶器纹饰拓片

1、3~5、7. 篮纹（TG1⑧：25、TG1⑩：15、TG1⑦：46、TG1⑤：26、TG1⑤：25）　2、6. 复合纹饰（ⅡT0705③：16、TG1⑤：24）

陶器制作比较规整，除少量直接捏制外，多泥条盘筑慢轮修整而成，轮制技术的运用比较普遍。鼎足、圈足、耳、纽等部件均分别制作后再与器身黏接。

陶器器类有鼎、罐、盆、盘、钵、釜、缸、甗、簋、豆、杯、碗、碟、壶、器座、灶、箅、器盖、纺轮、球、环、璧、饼、锥形器、塑品等。其中，鼎373件套、罐478件套、盆265件、盘172件、器盖309件，分别占陶器总数的17.5%、22.4%、12.4%、8.1%、14.5%。

石器多磨制。器类主要有斧、钺、杵、凿，另有刀、锛、镰、锤、砺石、饰品等。圆形钻孔采用对钻法加工而成。

玉器仅发现4件，器类有玦、牌饰等。

骨器发现2件，器类有锥、簪。

另有1件孔雀石。

第二节 遗存介绍

一、城垣（含壕沟）

龙嘴遗址的地表并无城垣痕迹，其城垣是在勘探过程中发现的。勘探结果显示，城垣依地势而建，残高1～3.2米，底宽约17米。城垣平面近圆形，南北长约305米，东西宽约269米，面积约82000平方米，城内面积约60000平方米。其中，东城垣、南城垣和西城垣分别建筑在龙嘴岗地边缘的缓坡地带，北城垣建筑在龙嘴岗地的中段，而北城垣北侧的一条东西向壕沟将整个岗地人为切断。东城垣、南城垣和西城垣外侧的地势较低，系灰褐色淤土，深度超过2.7米，可能系古湖汊区。壕沟南距北城垣约12米，宽约18米。对壕沟的解剖表明，其上部堆积（油子岭文化时期）为黄褐色土、灰黑色土、黄褐色土、红褐色土依次堆积而成，所含遗物极少，似废弃淤塞所致；其底部堆积则为黑灰色淤泥。壕沟一般深1.5米左右，最深的地方超过2.7米（图一五）。从而整体形成三面环湖、一面为壕的相对封闭的城垣结构，遗址的文化堆积多分布于城垣范围之内（图二）。

为了证实勘探的结果，分别在北城垣的中部、南城垣的中西部和东城垣的南部布四条探沟。发掘结果表明：北城垣中部的墙体似预挖墙基，其基槽深约1.8米，由若干层堆积而成，基本上能确定墙体的结构（图一一）；南城垣的墙体保存较差，仅残存底部两层堆积，其整体结构不明；但东城垣南部的墙体保存好，其墙体结构清楚。以东城垣南部的探沟为例。

东城垣南部的探沟编号为TG3，东西长20、南北宽4米。由于受水稻田等环境的制约，只能选择水稻田埂外侧的空地进行发掘，所以该探沟实际位于东城垣与南城垣的结合部。其城垣堆积包括墙体及附属堆积，可分为护坡、主墙体和淤积层三部分（彩版三）。

护坡位于墙体外侧，即第4大层。该层由七小层堆积而成，A、B、C三小层呈斜坡状，坡度为45°，D、E、F、G四小层呈水平堆积。土色以黄褐色为基调，结构较硬，未发现夯筑痕迹。从土质土色分析，填土主要来源于文化层，含少量红烧土粒。出土少量陶片，陶质以泥质黑陶和夹炭红褐陶为主，灰陶次之，器类有鼎、罐、盆、器座、缸、圈足盘、器盖等。护坡残高2.04、宽3.5米。

主墙体由三部分组成。第一部分即第5大层，位于主墙体外侧，被第4大层叠压，分四小层。A层呈水平状堆积，B、C、D层呈坡状堆积。其土质较杂，土色以灰褐色为基调，结构较软，未发现夯筑痕迹。残高2.15、宽8.3米。第二部分即第7大层，位于主墙体的中部，被第5大层叠压，且叠压在第9大层外侧的下部，分三小层，呈坡状堆积。土色以黄褐色为主，结构较硬，夹大量锈斑和青灰色斑点。未发现夯筑痕迹。出土少量碎屑夹炭红褐陶。高1.9、宽2.65米。从其堆积特点分析，与墙体护坡类似，可能是第三部分主墙体的护坡。第三部分即第9大层，位于主墙体内侧，被第7大层叠压，直接叠压在生土之上，分六小层。呈水平状堆积。土色以黄褐色为主体，夹灰白斑点与黑褐色沙粒。结构较硬，未发现夯筑痕迹。出土少量碎陶片。残高1.6、宽7.3米。

淤积层分两部分。第一部分即第6大层，位于第二部分主墙体的外侧，被第5大层叠压，且叠压在第7大层之上，分两小层。结构疏软，呈黑灰色淤泥状，内含大量红烧土块和炭粒。厚0.6、宽7.05米。出土陶片较丰富，陶质以泥质黑陶和夹炭红褐陶为主，还有少量夹砂陶，器类有鼎、罐、釜、器座、缸、簋、豆、器盖、球等。第二部分即第8大层，位于第三部分主墙体的外侧，被第7大层部分叠压，直接叠压在生土之上，分四小层，厚0.6、宽4米。其中，A层为灰白色淤土；B层为褐色淤土，相对湿硬，出土陶片较多，陶质以夹炭红褐陶为主，还有少量彩陶，器类有鼎、杯形器等；C层为浅黄色淤沙，结构硬散，出少量碎屑夹炭陶和灰陶；D层为深褐色淤沙，结构硬散，出少量碎屑夹炭陶和黑陶。

总体而言，TG3的城垣墙体特点显示，城垣墙体并非一次堆筑而成，而是多次堆筑的结果。其堆筑的相对早晚顺序可表述为：第9大层→第7大层→第5大层→第4大层。而城垣墙体的附属堆积第8大层可能与城垣主墙体第9大层基本同时，第6大层可能与城垣主墙体（护坡）第7大层基本同时。

城垣堆积的遗物介绍详见后文。

二、房　　址

共7座。

F1　位于TG3西南角，其所在地近现代沟渠纵横，大部分已经被破坏掉，开口在第1层下，打破第2层。仅存相互孤立的三小块居住面，未发现墙基等，其形状和结构不明（图二二）。所见堆积分3层。上层为红烧土层，由粉状红烧土夹入量块状红烧土构成，系房址废弃堆积；下层为平整硬结的地面，系房址的居住面；上下层之间为一极薄的黑灰层。

烧土层中包含有少量夹炭红陶、泥质黑陶、泥质灰陶等。居住面上平摊有破碎的泥质磨光黑陶罐和夹炭红陶片等，器类有罐和盆。

罐　2件。F1地面：1，泥质磨光黑陶。颈以上残。折肩，最大腹径靠上，下腹微斜弧内收，近平底，矮圈足。上腹饰三周凹弦纹，下腹中部饰一周凸弦纹。腹径15.6、残高8.4厘米（图二三，1）。F1烧土层：2，泥质夹炭红陶。侈口，尖唇，短颈稍斜直外倾，微鼓肩，下部残。颈部饰两周凹弦纹。口径14、残高15.6厘米（图二三，3）。

盆　2件。F1烧土层：1，泥质夹炭红陶。敛口，加厚斜方唇，弧腹下残。唇外缘棱凸。口径27、残高5.6厘米（图二三，2）。F1烧土层：3，夹砂厚胎红陶。敞口，

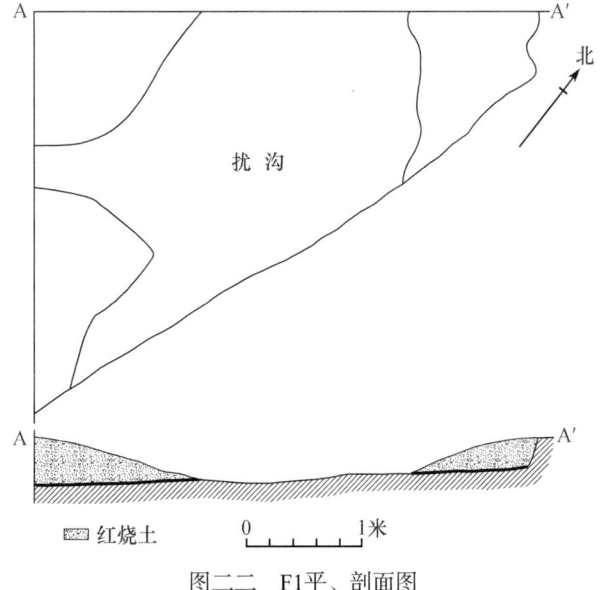

图二二　F1平、剖面图

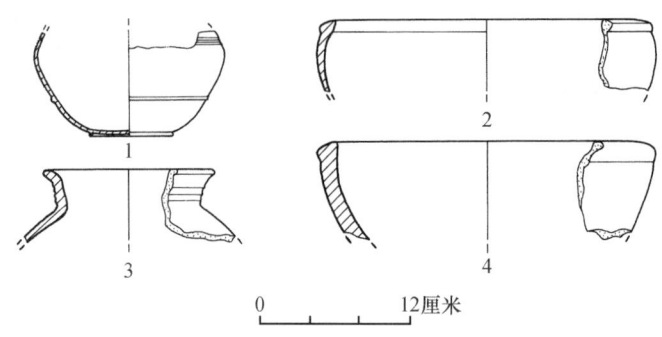

图二三　F1出土器物

1、3. 陶罐（F1地面∶1、F1烧土层∶2）　2、4. 陶盆（F1烧土层∶1、F1烧土层∶3）

斜方唇，斜弧腹下残。唇外缘棱凸。口径27、残高7.6厘米（图二三，4）。

F2　位于Ⅱ区T0805、T0806、T0706、T0905四个探方中，开口在第4层下，打破第5层。其周边开口在第4层下的遗迹有F3、G5、红烧土路L、G2、G3、F7。房基平面呈长方形，门向西南，方向203°。房基南北长650~660厘米，东西宽400~420厘米。单室。室内长480~490厘米，宽230~240厘米。

室内居住面为掺黄土夹少量烧土颗粒的硬面，仅一层，厚约10厘米。墙基深48~50厘米，宽40~95厘米，其东、北、西三面墙基围合，南面仅西侧有一宽约50厘米的墙基与西墙基相连，而南面东侧无墙基处可能为门道。墙基填土为黄褐色黏土。东、北、西墙基的中部均匀分布有12个柱洞（编号D1~D12），南面可能系门道处分布有2个柱洞（编号D13和D14）。柱洞多为圆形，剖面呈筒形圜底，直径约40厘米，深50~60厘米。墙基构筑方式为先挖墙基槽，后立柱再填土。室内中部发现两个坑（编号FH1和FH2），未发现使用痕迹和遗物（图二四；彩版四，1；图版三，1）。

房址居住面上保存较多陶器碎片，器类有鼎、罐和豆。

鼎　9件。F2∶1，夹砂厚胎红陶。直口，仰折沿，宽沿面斜直显著外倾，圆唇，直腹较浅，平底，足残。素面。口径17.4、底径13、残高5厘米（图二五，1；图版九，1）。F2∶2，夹砂厚胎红陶。敛口，仰折沿，宽沿面斜直外倾，加厚丰圆唇，直腹残。通体饰红衣但大部分已脱落，唇内外缘加厚棱凸，沿面起两周浅棱。口径36、残高4.4厘米（图二五，2）。F2∶4，泥质磨光黑陶。仰折沿，宽沿面稍弧凸，圆唇。弧腹残。口径10、残高2.6厘米（图二五，3）。F2∶5，泥质薄胎磨光黑陶。仰折沿，沿面斜直外倾，圆唇，鼓腹下残。腹饰一周凹弦纹。口径12、残高3厘米（图二五，4）。F2∶6，泥质薄胎灰陶。仰折沿，沿面外倾，圆唇。弧腹残。上腹外壁稍起棱，中部饰两周凹弦纹。口径12、残高3厘米（图二五，5）。F2∶8，夹砂红陶。宽扁凹板形足残，较高大，截面近心形，外面稍内凹，两侧边圆弧，内面中间竖向棱凸。足根外饰一竖向长水滴状深窝。残高7.2厘米（图二五，6）。F2∶9，夹砂红陶。侧扁圆锥形足，较矮小，截面近椭圆形，尖底稍外撇。残高6.8厘米（图二五，7）。F2∶10，泥质磨光黑陶。近圆锥形凿尖足，较矮，截面近圆形，底端横向捏成锋利凿尖状。残高4.8厘米（图二五，8）。F2∶11，泥质磨光黑陶。凿形足，矮小，上部近圆形，底端凿尖

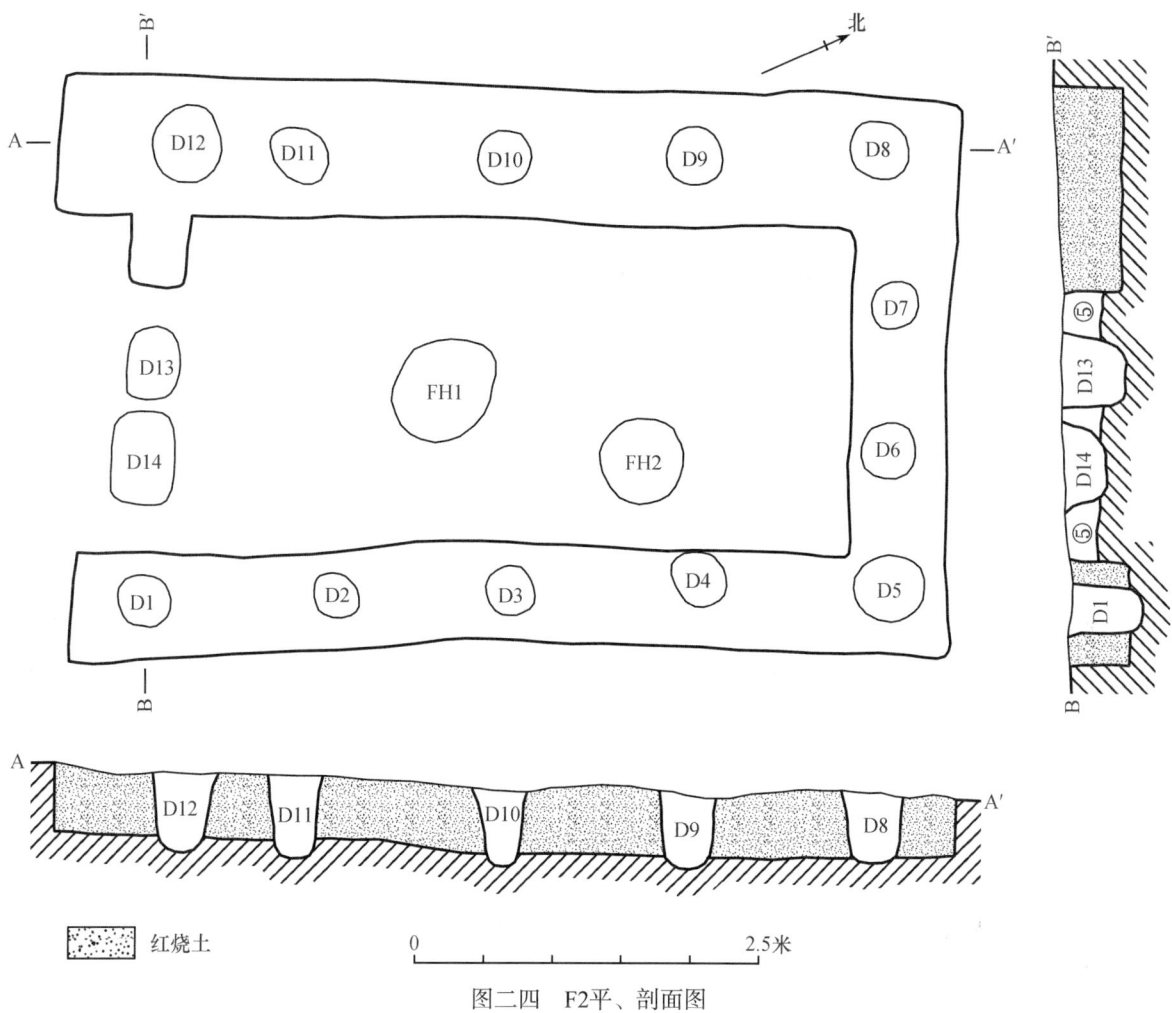

图二四　F2平、剖面图

形。残高4.8厘米（图二五，9）。

罐　1件。F2∶3，泥质磨光黑陶。敛口，仰折沿，宽沿面斜直显著外倾，尖唇。腹残。口径28、残高1.8厘米（图二五，10）。

豆　1件。F2∶7，泥质薄胎磨光红陶。敛口，尖唇，上腹内折，下腹斜弧，残。素面。口径14、残高5厘米（图二五，11）。

F3　位于Ⅱ区T0905、T0906、T0806、T0907、T1005、T1006、T1106等探方中，开口在第4层下，距地表深95～100厘米。其周边开口在第4层下的遗迹有G5、红烧土带L、G2、F2、G3、F7。房基平面呈长方形，门向西南，方向208°。房基东西长1265厘米，南北宽680厘米。分三室。中室内宽450厘米，长585厘米；东室内宽375厘米，长550厘米；西室内宽300厘米（图二六；彩版四，2）。

室内居住面为掺黄土夹少量烧土颗粒的硬面，高低不平，仅一层。F3未完全揭露，东室与中室除南墙基外，其东、北、西三面墙基围合，而东室与中室内隔墙只存在北段墙基。东墙基与北墙基较厚，最厚约100厘米；其余墙基相对较薄，最薄仅为20厘米。东室东墙与南墙之间存在一宽约40厘米的缺口，可能为门道。东室墙基及室内有8个柱洞（编号D1～D8），分布基

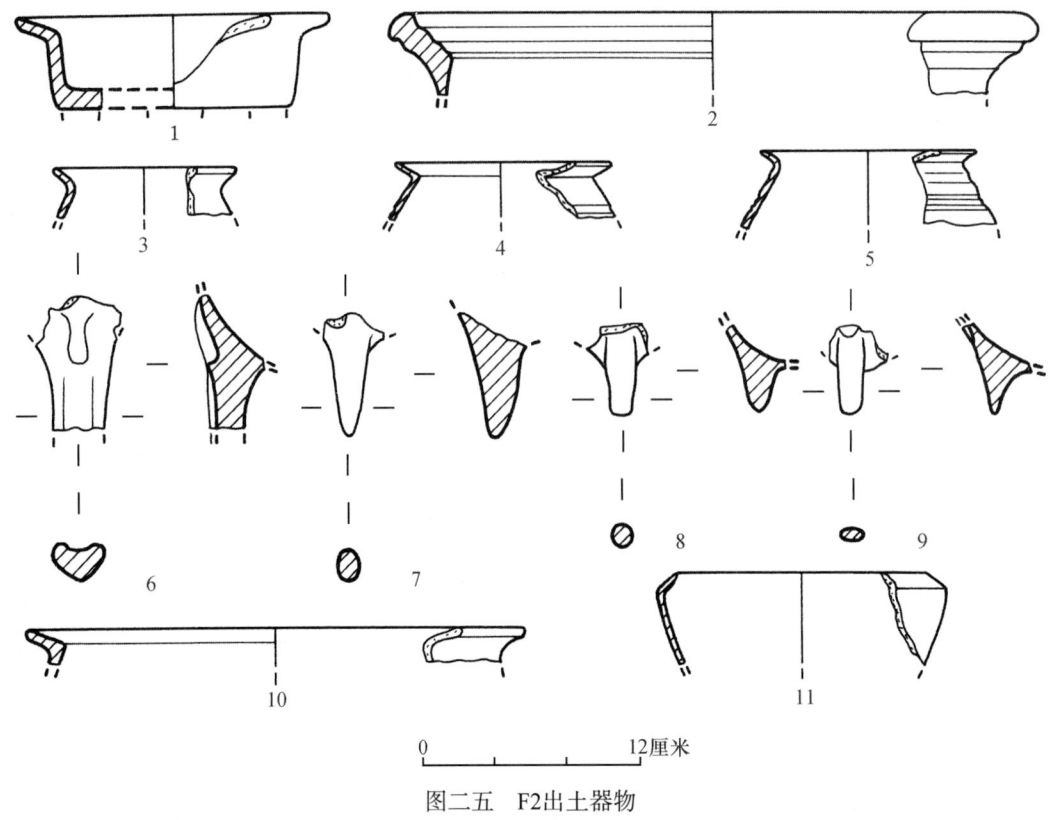

图二五　F2出土器物

1~9.陶鼎（F2：1、F2：2、F2：4、F2：5、F2：6、F2：8、F2：9、F2：10、F2：11）　10.陶罐（F2：3）　11.陶豆（F2：7）

本无序；东室东南角地面置一带盖陶釜。东室东北部残存灶坑1个（编号F3Z），坑口平面近椭圆形，剖面呈筒形平底，长50厘米，宽40厘米；灶壁及灶底皆为烧结面，壁厚3厘米，底厚4厘米（图二七）。中室与东室隔墙墙基南部缺口可能是两者的通道，其中间有1个柱洞（编号D9）；中室西墙基与南墙基之间有一个宽约95厘米的缺口，其东侧有一宽约75厘米的近方形烧土面，可能为门道所在。西室仅揭露出西墙基南段部分，墙基宽约50厘米；未见南墙基。墙基构筑方式为先挖墙基槽，后立柱再填土。

房址居住面上保存较多陶器碎片等，器类有陶罐、盆、釜、盘、器盖。另有1件石斧。

罐　1件。F3：8，泥质磨光黑陶。上部残，深弧腹，近平底，矮圈足。腹饰一周凸弦纹。足径7.6、残高6.4厘米（图二八，1）。

盆　4件。F3：3，泥质厚胎磨光红陶。敛口，圆唇，上折腹，下腹斜直内收，下部残。通体饰黑衣但大部分已脱落。口径40、腹径48、残高7.2厘米（图二八，2）。F3：4，泥质磨光灰陶。敛口，圆唇，上折腹，下腹斜弧内收，下部残。口径32、腹径36、残高6厘米（图二八，3）。F3：5，泥质厚胎磨光红陶。敞口，仰折沿，窄沿面外折近平，斜方唇，斜弧腹向下内收，下部残。口径36、残高4.8厘米（图二八，4）。F3：6，泥质红陶。敛口，丁字形翻沿，宽沿面稍弧凸，圆唇，斜弧腹内收，下部残。口径28、腹径32.4、残高6厘米（图二八，5）。

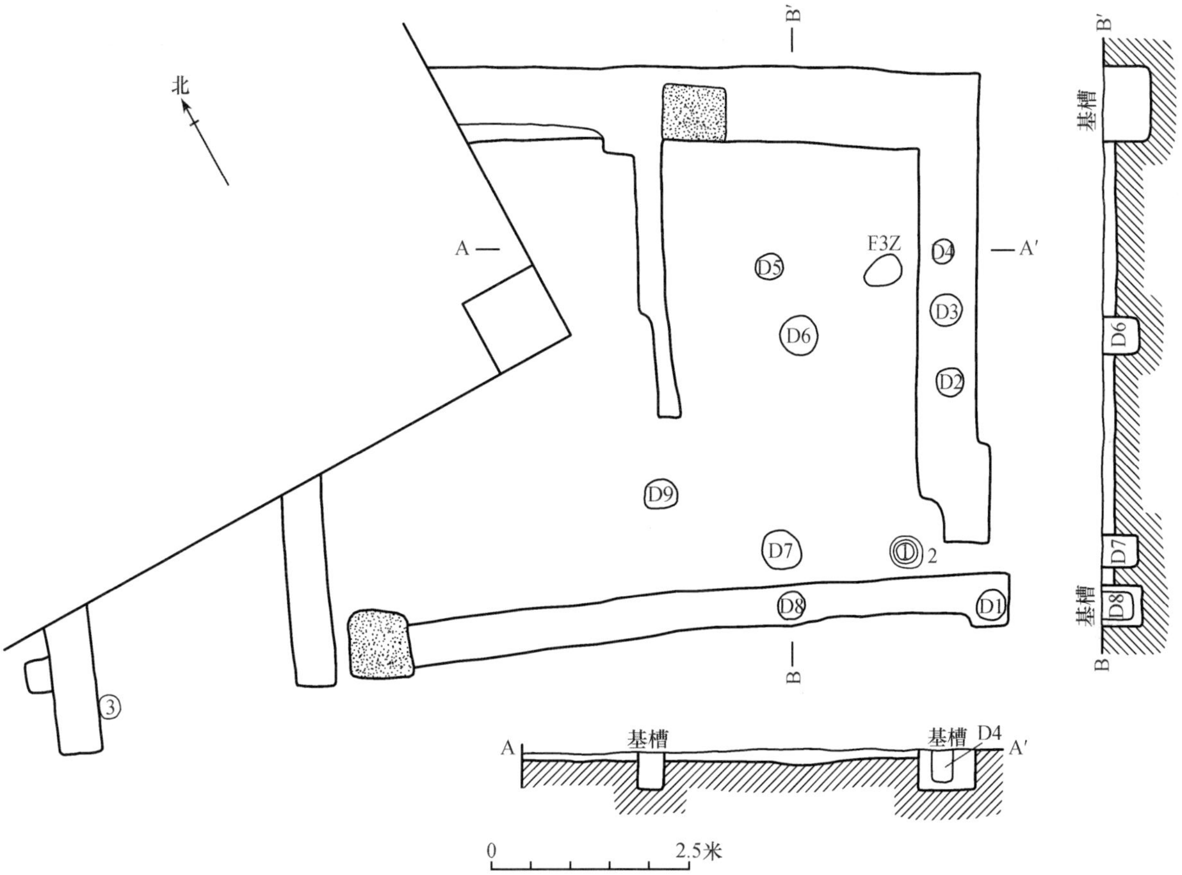

图二六　F3平、剖面图
1.陶器盖　2.陶釜　3.陶盆

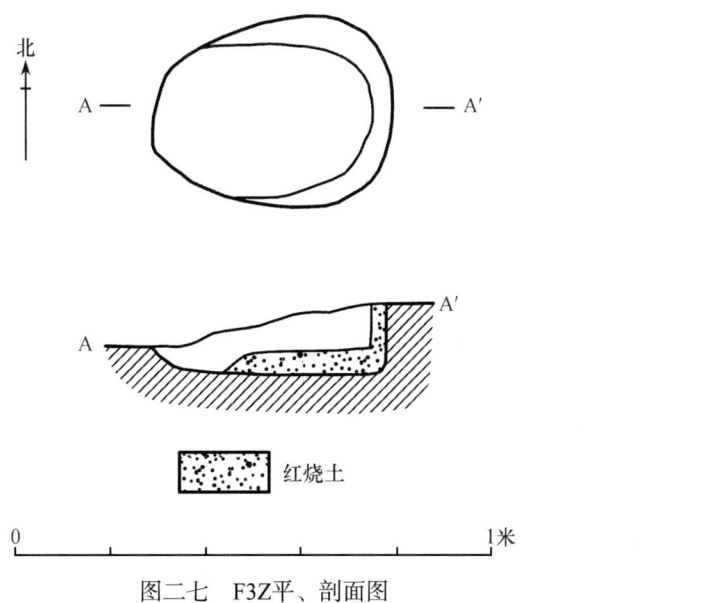

图二七　F3Z平、剖面图

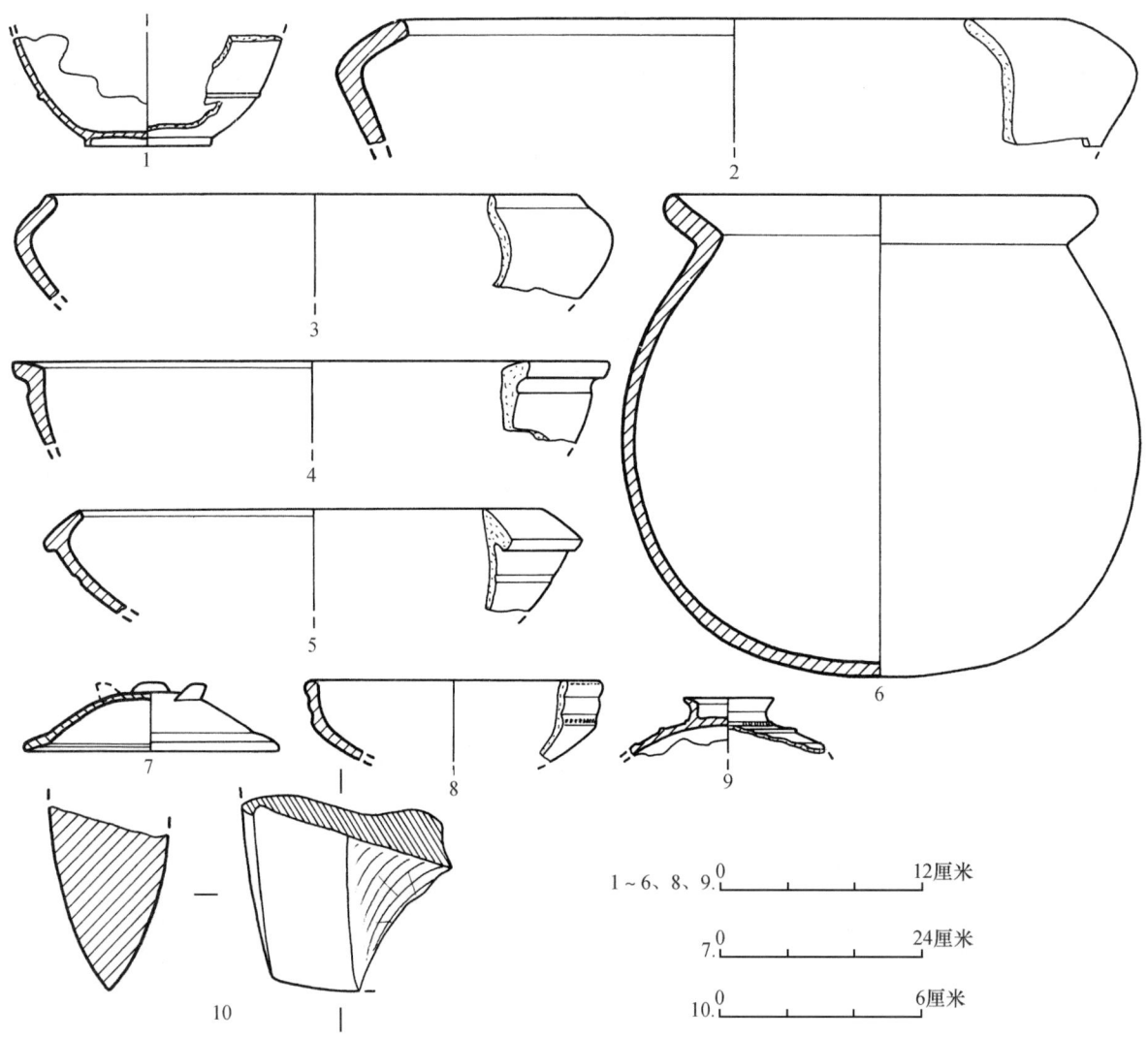

图二八　F3出土器物

1.陶罐（F3:8）　2~5.陶盆（F3:3、F3:4、F3:5、F3:6）　6.陶釜（F3:2）　7、9.陶器盖（F3:1、F3:9）
8.陶盘（F3:7）　10.石斧（F3:10）

釜　1件。F3:2，泥质厚胎红陶。敛口，圆唇，仰折沿，宽沿面，球腹，圜底。素面。口径26、腹径31、高28厘米（图二八，6；图版二一，6）。

盘　1件。F3:7，泥质磨光厚胎黑陶。直敞口，丰圆唇，折腹，上腹斜直微外敞，下腹斜弧内收，下部残。唇外缘及上腹中部凸棱，唇外缘饰多组戳点纹，上腹饰两周凹弦纹、弦纹间饰多组戳点纹。口径18、残高4.6厘米（图二八，8）。

器盖　2件。F3:1，泥质厚胎黑陶。三个宽扁板矮足状盖纽。盖身敞口，丰圆唇，仰折沿，斜弧腹，浅盘，圜底近平，素面。口径30.4、高7.8厘米（图二八，7；图版二九，6）。F3:9，泥质磨光黑陶。矮圈足状盖纽。盖身弧腹，下部残。纽根饰一周凸棱、其上非等距饰三组长短不一的戳印纹，腹上部饰一周凸弦纹，中部饰一周凹弦纹。纽径5.3、残高3.2厘米（图二八，9）。

石斧 1件。F3：10，灰色砂岩。仅存一侧刃角，两面刃，磨光。残长5.6、残宽6.4厘米（图二八，10）。

F4 位于Ⅱ区T0809、T0810、T0710三个探方中，开口在第3层下，打破第4、5层，距地表深95~100厘米。其周边开口在第3层下的遗迹有活动面Ⅰ、黄土Ⅱ和遗迹Ⅰ。房基平面约呈长方形，南部和西部均受破坏，仅存部分北墙基及东墙基，东北—西南方向，整体布局结构不详。

室内地面大部分已经被破坏，仅东部保存有部分红烧土面，长230厘米，宽150厘米，厚10~15厘米。东墙基残长860厘米，北墙基长230厘米，墙基宽约50厘米。东墙基中部存在一块黄褐色黏土，可能为门道所在。室内西北部有三个柱洞（编号D1、D2、D3）（图二九）。其中，D1平面呈圆形，剖面呈筒形平底，填灰黄色土，直径26厘米，深8厘米；D2平面呈圆形，斜壁平底，填黄色沙土，直径28~30厘米，深10厘米；D3平面呈圆形，剖面呈筒形平底，填黄色沙土，直径38~40厘米，深26厘米。墙基填土为褐色和黄色黏质土，褐色为主，呈硬结块状，包含少量陶片和烧土颗粒，基墙槽深约70厘米；墙基构筑方式为先挖墙基槽再填土。

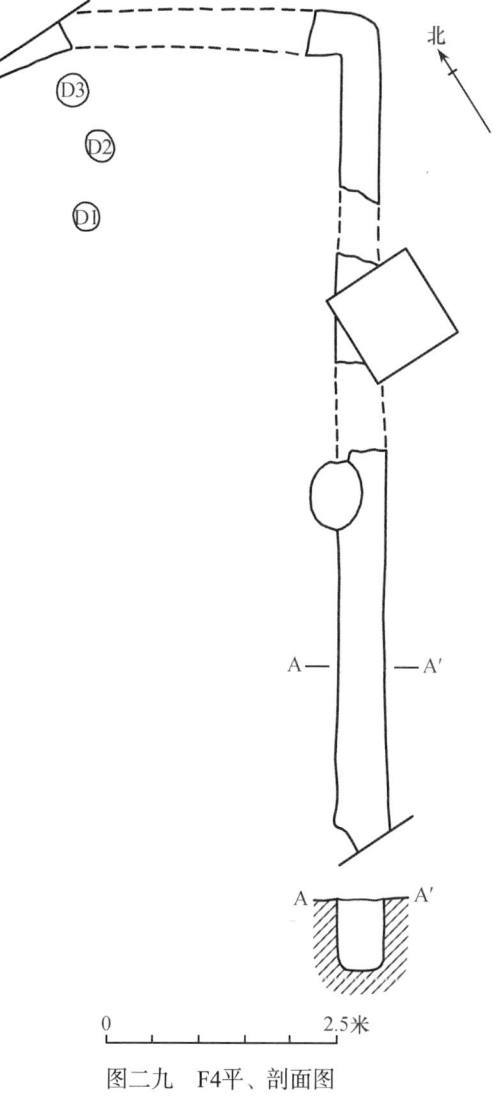

图二九 F4平、剖面图

房址居住面上保存较多陶器碎片，器类有陶鼎、罐、盆、缸。另有1件石杵。

鼎 2件。F4：9，泥质薄胎灰陶。敛口，仰折沿，沿面微下凹，鼓腹残。口径12、残高2厘米（图三〇，8）。F4：10，泥质红陶。宽扁三角形大足，外面弧凸，内面微弧凹，足底稍平展若蹄足状。通体饰红衣但大部分已脱落，足根面部中间饰一穿透小圆孔，内面中间饰一竖向凹槽。宽2.4~10.8、厚1.2~3.2、残高12.4厘米（图三〇，10）。

罐 2件。F4：3，泥质磨光黑陶。大口弧敛，近平折沿，沿面中间弧凸，圆唇，弧腹残。腹饰一周凸弦纹，弦纹上饰横向间断戳点纹。口径44、残高4厘米（图三〇，4）。F4：6，泥质磨光红陶。大口微敛，仰折沿，宽沿面稍弧凹，加厚丰圆唇外缘棱凸，腹残。通体饰红衣但大部分已脱落。口径24、残高3.6厘米（图三〇，2）。

盆 4件。F4：4，泥质磨光黑陶。敛口，丁字形翻沿，宽沿面斜直，沿面外侧较内侧宽，内唇薄尖，外唇丰圆，腹近竖直，下部残。沿面外侧饰平行凹弦纹，腹外壁饰一周浅凸棱。口径44、残高2.6厘米（图三〇，6）。F4：5，泥质磨光黑陶。大直口，折翻沿近平，宽沿面，圆唇，上腹近直，下部残。口径40、残高3.8厘米（图三〇，7）。F4：7，泥质磨光红陶。大

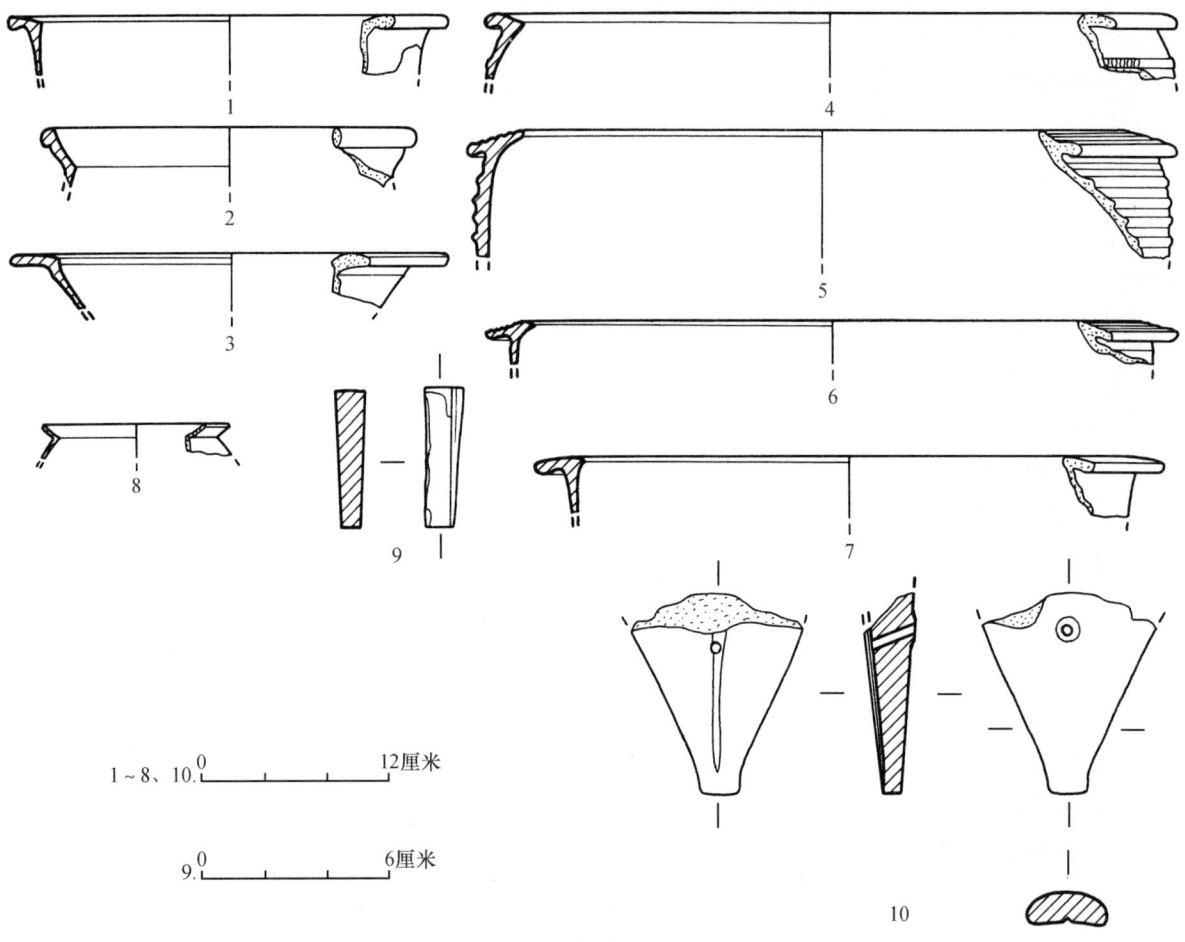

图三〇　F4出土器物

1、3、6、7.陶盆（F4：8、F4：7、F4：4、F4：5）　2、4.陶罐（F4：6、F4：3）　5.陶缸（F4：2）　8、10.陶鼎（F4：9、F4：10）　9.石杵（F4：1）

敞口，平折沿，宽沿面，圆唇，斜直腹，下部残。通体饰红衣但大部分已脱落。口径28、残高3.4厘米（图三〇，3）。F4：8，泥质灰陶。大直口，仰折沿，宽沿面外倾近水平，丰圆唇，斜直腹，下部残。口径28、残高3.6厘米（图三〇，1）。

缸　1件。F4：2，夹砂灰陶。大敛口，丁字形翻沿，宽沿面斜倾，沿面内侧较外侧宽，内唇薄尖，外唇丰圆，弧腹近直，下部残。沿面满饰平行凹弦纹，腹饰平行凸弦纹。口径39.2、腹径45、残高7.8厘米（图三〇，5）。

石杵　1件。F4：1，灰色粉砂岩。长方柱形，一头粗一头细。六面皆磨平，体表光滑，其中一面边缘有损伤，并有一道纵向长切槽。长4.3、宽1.2、厚0.7～1厘米（图三〇，9；图版七五，2）。

F5　位于ⅡT1127探方中，开口在第3层下，打破第4层。仅揭露一段"h"形墙基，平面呈长方形，大部分受破坏或未揭露，西北—东南方向。大致分两室，室内地面为灰白色沙土硬结面，厚约30厘米。西北室仅发现与东南室相连的东墙基，未发现西墙基和北墙基；东南室的东、北及西墙基比较完整，其东墙基较宽，西墙基较窄且南段稍曲折。东南室内长320厘米，宽270厘米。门道不详。

墙基基槽剖面呈筒形平底，宽30～40厘米，深20～35厘米。墙基构筑方式为先挖墙基槽再填土。

与F5有关的坑洞有3个（编号D1、D2、D3）。其中，D1和D2在东南室内，D3在东南室西墙基外。D1平面呈圆形，剖面呈筒形平底，直径60厘米，深55厘米；D2平面呈圆形，剖面呈筒形平底，直径40厘米，深28厘米；D3平面呈圆形，剖面呈筒形平底，直径28厘米，深27厘米（图三一）。

房址居住面上保存较多陶器碎片，器类有鼎、罐、釜、器座和器盖。

鼎　2件。F5∶9，泥质夹炭红陶。侧扁圆足，较高大，上部侧扁呈椭圆形，足底呈横向鸭嘴状。足外侧上部竖向饰三个按窝。残高10.8厘米（图三二，10）。F5∶10，泥质灰陶。侧扁椭圆形截锥足。残高8.4厘米（图三二，9）。

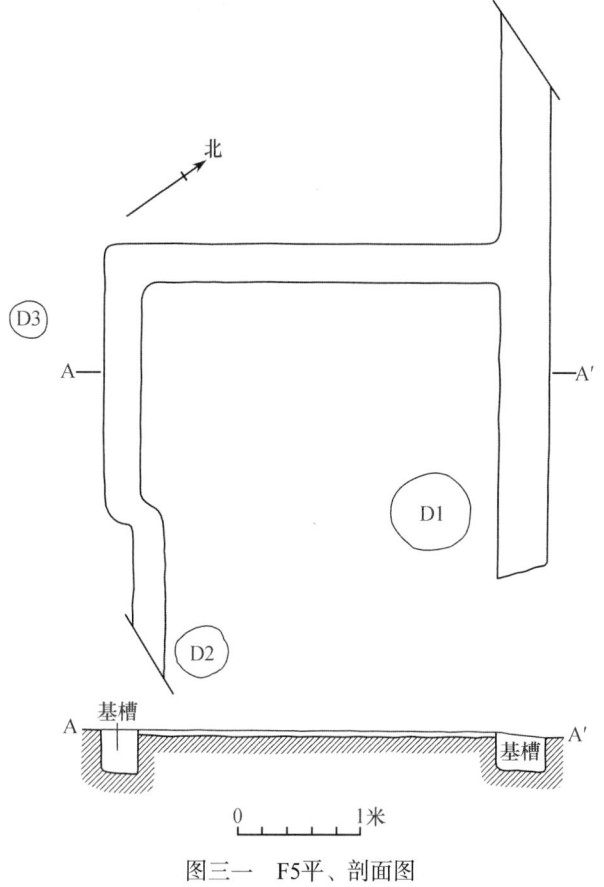

图三一　F5平、剖面图

罐　4件。F5∶4，泥质红陶。微敛口，加厚丰圆唇，弧腹，下部残。唇外缘凸棱，腹饰一周凹弦纹。口径40、残高5.5厘米（图三二，1）。F5∶6，夹砂灰陶。敛口，仰折沿，窄沿面，尖唇，鼓腹，下部残。腹饰一周凸弦纹。口径36厘米、残高3.8厘米（图三二，3）。F5∶7，泥质夹炭红陶。敛口，仰折沿，沿面较宽，丰圆唇，外缘凸棱，弧腹，下部残。口径24、残高5.8厘米（图三二，2）。F5∶8，泥质灰陶。小直口，折沿，窄沿面弧凸，尖唇，短颈，弧腹，下部残。颈部饰两道凸弦纹。口径14、残高4.6厘米（图三二，4）。

釜　1件。F5∶3，夹炭红陶。敛口，仰折沿，宽沿面，尖唇，腹残。口径32、残高4.2厘米（图三二，8）。

器座　1件。F5∶5，夹炭红陶。残存端宽敛口，折沿下垂，尖唇，弧腹，下部残。通体饰红衣但大部分已脱落，腹饰一周凸弦纹。口径40、残高7.6厘米（图三二，5）。

器盖　2件。F5∶1，泥质黑陶。浅盘形圈足纽。纽口直，仰折沿，尖唇，短颈；喇叭形盖面稍外撇，穹顶平且低矮，底唇丰圆。纽颈外壁饰两周凸棱，并绕纽颈等距离饰四个镂孔；盖面外壁中部饰一周凸弦纹，底缘外壁凸棱。纽径6.6、盖面底径11.2、高3.8厘米（图三二，6；图版四二，3）。F5∶2，泥质黑陶。浅盘形圈足纽。纽敞口，仰折沿，尖唇；缓弧盖面稍隆凸，穹顶平，尖底唇微内收。纽颈中下部饰两道阶梯状凸棱，并绕纽颈饰六个圆形镂孔；盖面外壁上部饰一周凸弦纹。纽径6、盖面底径11.7、高4.2厘米（图三二，7）。

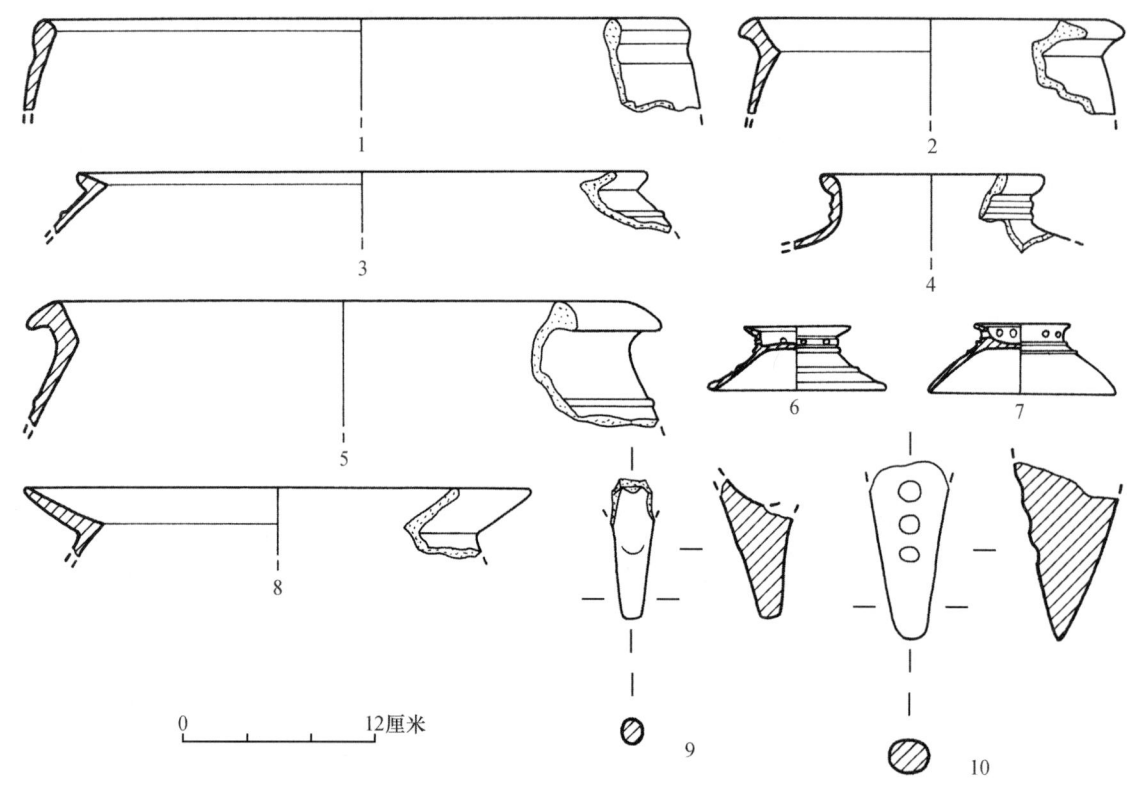

图三二　F5出土器物

1~4. 陶罐（F5:4、F5:7、F5:6、F5:8）　5. 陶器座（F5:5）　6、7. 陶器盖（F5:1、F5:2）　8. 陶釜（F5:3）
9、10. 陶鼎（F5:10、F5:9）

F7　位于Ⅱ区T0807、T0707两个探方中，开口在第4层下，打破第5层。其周边开口在第4层下的遗迹有F2、F3、G3、G9。房基结构基本上与F2相似，平面呈长方形，门向西南，方向203°。房基长约665厘米，宽约400厘米；室内长约500厘米，宽约230厘米。

单室。墙基围合呈长方形，只是南墙基略向室内后退约35厘米。室内填土为夹大量红烧土块的灰褐色土，地面含大量灰烬。墙基基槽剖面呈筒形平底，宽约40~70厘米，深约45厘米。除西墙基中部发现两个圆形柱洞外，未发现其他遗迹（图三三）。

房址居住面上保存陶片均破碎，器类不明。

F8　位于Ⅱ区T0433、T0533两个探方中，开口在第4层下，距地表深55~85厘米。房基平面呈长方形，长轴方向210°，长400~410厘米，宽310~320厘米。

单室，未见墙体及基槽。室内堆积由三部分构成。上部堆积系粉状红烧土夹大量块状红烧土，属于房址的废弃堆积（编号①）；下部堆积是较平整硬结的地面，属于房址的居住面；上、下部之间为一厚约5厘米的黑灰土堆积，可能属于房址废弃前的遗存（编号②）。居住面的边缘存在四个方形红烧土浅坑，用途不明（图三四）。

室内堆积中含有少量动物骨块和较多陶片等。

F8①　器类有鼎、罐、盆、釜、豆、盘、杯、器盖、石斧、砺石。

鼎　4件。F8①:5，泥质红陶。仰折沿，宽沿面，尖唇，垂腹，厚平底，三圆锥足。口径

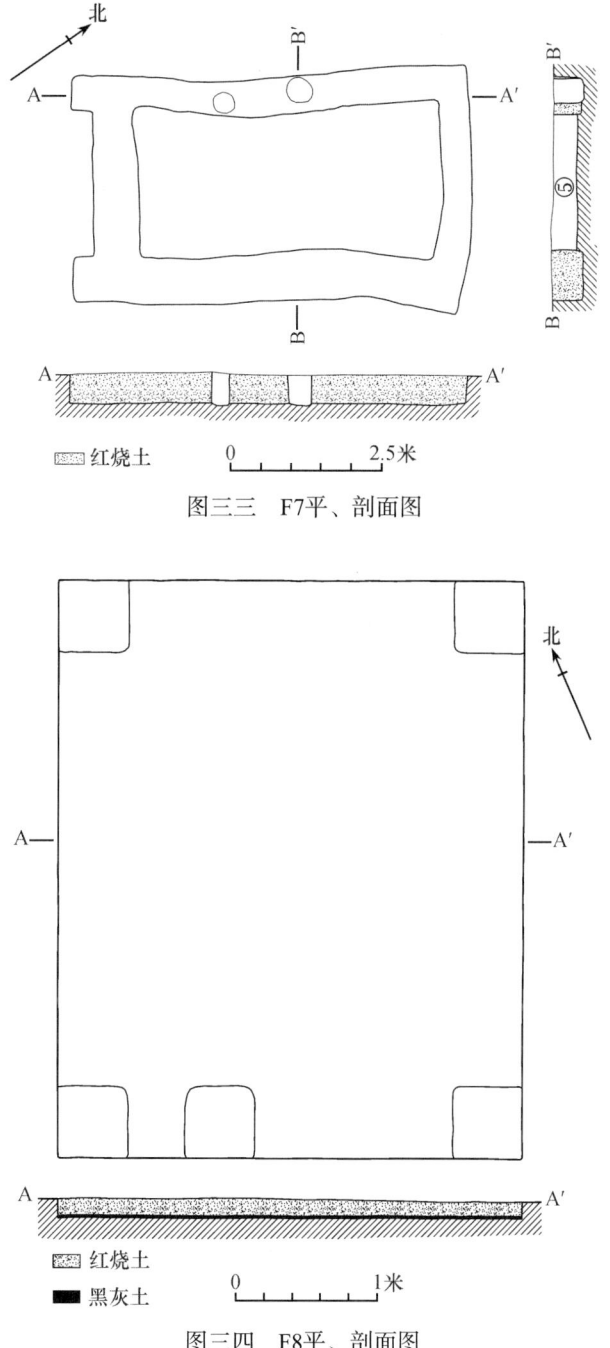

图三三 F7平、剖面图

图三四 F8平、剖面图

5.7、腹径6.4、高5.9厘米（图三五，14；图版九，2）。F8①：24，泥质黑陶，足尖红色。凹凿形矮足，截面近心形，内侧半圆弧，外侧较宽平。外侧面中间饰竖向凹槽，近足根处饰一浅按窝。残高5.6厘米（图三五，25）。F8①：25，泥质磨光红陶。侧扁圆截锥足，截面近侧扁椭圆形，足底削平。素面。残高6.6厘米（图三五，21）。F8①：26，泥质磨光红陶。圆截锥矮足，足底削平。通体饰黄衣部分已脱落。残高6.1厘米（图三五，22）。

罐 5件。F8①：4，泥质红陶。直口，圆唇，直颈，弧腹，平底。绕颈等距离饰四个镂孔。口径4.8、腹径7、高5.2厘米（图三五，15；图版一五，4）。F8①：16，泥质磨光红陶。

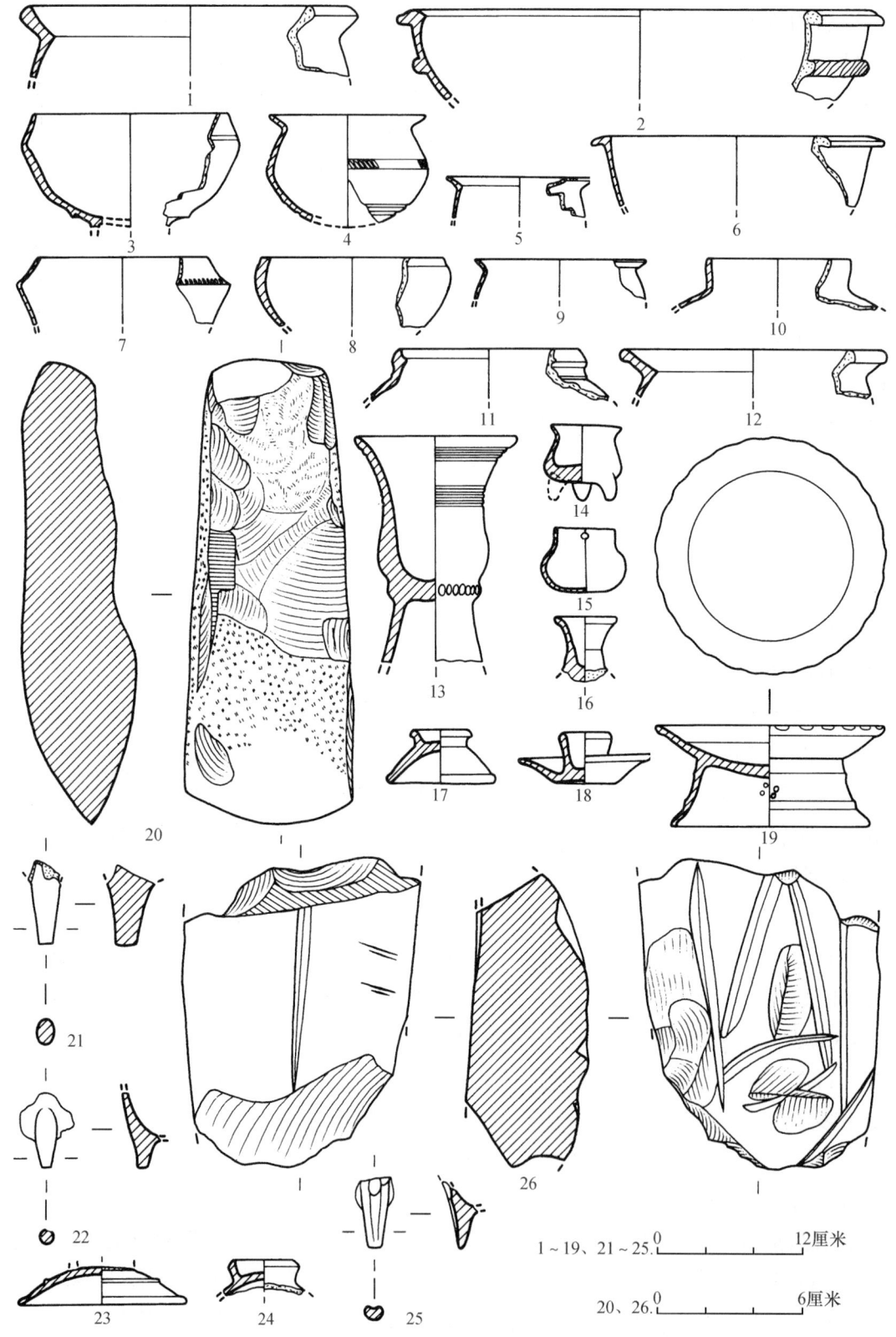

图三五　F8①出土器物

1、4、12.陶釜（F8①：13、F8①：10、F8①：15）　2、6.陶盆（F8①：12、F8①：14）　3、7、8.陶豆（F8①：11、F8①：18、F8①：17）　5、9、10、11、15.陶罐（F8①：21、F8①：19、F8①：20、F8①：16、F8①：4）　13.陶杯（F8①：8）　14、21、22、25.陶鼎（F8①：5、F8①：25、F8①：26、F8①：24）　16~18、23、24.陶器盖（F8①：22、F8①：9、F8①：6、F8①：7、F8①：23）　19.陶盘（F8①：1）　20.石斧（F8①：3）　26.砺石（F8①：2）

敛口，厚唇内缘凹弧，外缘棱凸，短直颈内倾，鼓肩，下部残。口径15、残高4.2厘米（图三五，11）。F8①：19，泥质薄胎灰陶。敛口，仰折沿，尖唇，弧腹，下部残。口径14、残高3.2厘米（图三五，9）。F8①：20，泥质红陶。直口，圆唇，矮领，广肩，下部残。口径12、残高4厘米（图三五，10）。F8①：21，泥质薄胎红陶。敛口，仰折沿，宽沿面，圆唇，弧腹，下部残。唇内缘饰一周浅凹弦纹，唇缘上饰间断戳印纹。口径12、残高3.2厘米（图三五，5）。

盆 2件。F8①：12，泥质红陶。口微敛，平折沿下垂，圆唇，斜弧腹内收，下部残。沿面外侧饰一周浅凹弦纹，腹饰一周绹索状附加堆纹。口径40、残高7.2厘米（图三五，2）。F8①：14，夹细砂灰陶，砂质细匀。微敞口，折沿下垂，圆唇，斜弧腹内收，下部残。口径24、残高5.6厘米（图三五，6）。

釜 3件。F8①：10，泥质磨光红陶。敛口，仰折沿，宽沿面，圆唇，鼓腹中部微折，圜底残。唇内缘饰一周浅凹弦纹，最大腹径上缘饰一周双凹弦纹、弦纹间饰多组斜长戳印纹，下腹中下部饰两道凹弦纹。口径13、腹径13.4、高9厘米（图三五，4；图版二二，1）。F8①：13，泥质夹炭灰陶。敛口，仰折沿，宽沿面，加厚方唇，弧腹，下部残。口径28、残高5.8厘米（图三五，1）。F8①：15，泥质夹炭红陶。敛口，仰折沿，宽沿面，加厚丰圆唇，弧腹，下部残。通体饰红衣但大部分已脱落。口径22、残高3.8厘米（图三五，12）。

豆 3件。F8①：11，泥质磨光黑陶。敛口，尖唇，折肩，下腹微折，圜底，圈足残。折肩上边饰一周双凹弦纹，下腹下部饰一周凸弦纹。口径16、腹径18、残高9厘米（图三五，3；图版二八，3）。F8①：17，泥质磨光黑陶。敛口，厚平唇，弧腹内收，下部残。唇外缘饰一周浅凹弦纹。口径14、残高5.6厘米（图三五，8）。F8①：18，泥质磨光薄胎红陶。敛口，尖唇，折肩，腹斜直下内收，下部残。折肩上缘绕体饰间断戳印纹。口径14、腹径16.8、残高5.4厘米（图三五，7）。

盘 1件。F8①：1，泥质红陶。敞口，圆唇，斜弧腹，浅盘，圜底近平，喇叭形圈足较粗，圈足底缘稍内扣。唇缘呈起伏花瓣状，唇内缘饰一周凹弦纹若子母口状，内壁中部饰一周凹弦纹，圈足上下部饰两道浅凸棱纹，并绕体等距离饰三组四孔菱形镂孔纹。口径18.9、足径16.3、高8.2厘米（图三五，19；图版三〇，1）。

杯 1件。F8①：8，夹砂厚胎红陶。侈口，圆唇，束腹，小圜底，喇叭形圈足残。腹上部饰两组多道凹弦纹，底足结合部棱凸，并饰锯齿状深戳纹。口径13.4、腹径9.1、残高18厘米（图三五，13；彩版一六，6；图版三八，5）。

器盖 5件。F8①：6，泥质红陶。杯形纽，直口稍外敞，尖唇。盖面浅盘状，侈口，尖唇，唇下沿凸棱，平底微凹。纽径4.8、直径11、高4.1厘米（图三五，18；图版四二，4）。F8①：7，泥质磨光黑陶。纽残。弧形盖面，圆唇，唇下沿外壁凸棱。盖面中部饰一周凸弦纹。盖直径14、残高3厘米（图三五，23）。F8①：9，泥质厚胎红陶。矮圈形纽微侈，丰圆唇，外沿尖凸。圆弧形盖面，圆唇，唇外沿凸翘。纽径5、直径9、高4.3厘米（图三五，17；图版四二，5）。F8①：22，泥质红陶。长喇叭形盖纽，侈口，尖纽唇，束颈，下部残。通体饰红衣部分已脱落，唇外缘凸棱，束颈中部饰一周凹弦纹。纽径2.8、残高5.2厘米（图三五，

16）。F8①：23，泥质磨光黑陶。矮圈形盖纽，斜直壁，尖唇，下部残。唇外缘凸棱。纽径6、残高2.8厘米（图三五，24）。

石斧　1件。F8①：3，灰色石英砂岩。长梯形。平顶多天然砾石面，弧刃；两直边，稍磨平；一面布满打击疤，另一面为天然砾石面。长18.6、宽7、厚4.7厘米（图三五，20；图版六七，1）。

砺石　1件。F8①：2，灰色砂岩。一面隆凸，纵横交错多道狭长切槽；另一面弧凹，中间有一道纵向长切槽；两边较直，两端残。残长12.4、宽10、厚5.6厘米（图三五，26；图版七六，3）。

F8②　器类有鼎、罐、盆、釜、器座、豆、盘、杯、碗、器盖、环。

鼎　5件。F8②：10，泥质红陶。口微敛，仰折沿，宽沿面，圆唇，斜直腹下垂，宽底内凹，足残。腹饰细凹弦纹。口径28、直径28、残高18厘米（图三六，1；图版九，3）。F8②：27，泥质磨光黑陶。敛口，仰折沿，宽沿面，圆唇，弧腹，下部残。口径10、残高3.4厘米（图三六，10）。F8②：30，泥质红陶。宽扁铲形足，内面较平坦，外面竖向内凹。宽6~7.6、厚3.2、残高9.6厘米（图三六，2）。F8②：31，泥质夹炭红陶。宽扁凿形足，内面竖向凸棱，外面竖向内凹，两侧边稍内卷。宽6、厚2.4、残高8.8厘米（图三六，3）。F8②：32，泥质夹炭红陶。宽扁板状凿形足，上宽下窄，内面竖向弧凸，外面竖向内凹。宽2~5.6、厚3.2、残高6.8厘米（图三六，5）。

罐　5件。F8②：15，泥质红陶。敛口，圆唇，弧腹，下部残。腹饰一周上内下外错棱。口径30、残高4.5厘米（图三六，4）。F8②：18，泥质灰陶。直口，加厚丰唇若丁字形平沿，短颈，鼓肩，下部残。口径20、残高6厘米（图三六，7）。F8②：21，泥质灰陶。直口微敞，丰圆唇，斜直颈，腹残。短颈外壁饰两周凸弦纹。口径18、残高4.8厘米（图三六，6）。F8②：22，泥质磨光红陶。直口，尖唇，矮领，广肩微鼓，下部残。通体饰红衣但大部分已脱落。口径11、残高4.4厘米（图三六，8）。F8②：25，泥质磨光黑陶。敛口，仰折沿，宽沿面，重唇，弧腹，下部残。唇缘饰一周凹弦纹，腹饰一周凹弦纹。口径14、残高3.8厘米（图三六，9）。

盆　4件。F8②：11，泥质红陶。敛口，尖唇，唇外缘附加一周凸棱若翻沿状，弧腹内收，下部残。腹外壁饰一组三道凸弦纹。口径38、残高4.2厘米（图三六，11）。F8②：12，泥质红陶。敞口，尖唇，唇外缘附加一周凸棱若翻沿状，斜弧腹内收，下部残。口径36、残高6.4厘米（图三六，12）。F8②：14，泥质夹炭红陶。敛口，尖唇，上腹微折，下腹斜弧内收，底部残。通体饰红衣但大部分已脱落，折腹部饰一周凸棱。口径30、残高7.2厘米（图三六，13）。F8②：16，泥质磨光红陶。大口微敛，窄卷沿，圆唇，深弧腹微内收，下部残。通体饰红衣但大部分已脱落。口径32、残高8厘米（图三六，14）。

釜　1件。F8②：17，泥质夹炭红陶。敛口，仰折沿，宽沿面，圆唇，腹残。通体饰红衣但大部分已脱落。口径26、残高5厘米（图三六，15）。

器座　1件。F8②：13，泥质夹炭红陶。敛口，仰折沿，宽沿面斜弧，丰圆唇外缘凸

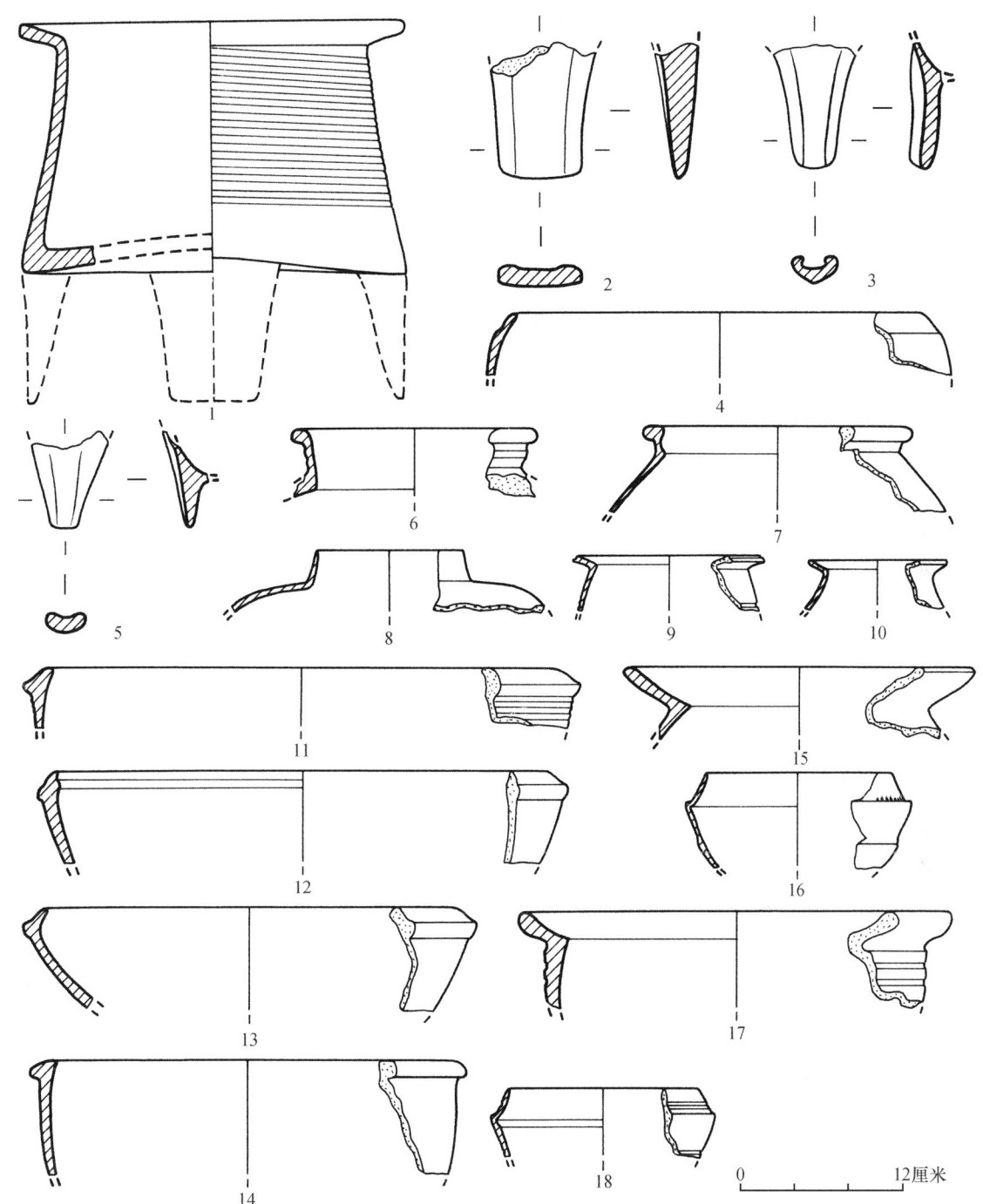

图三六　F8②出土器物

1~3、5、10.陶鼎（F8②：10、F8②：30、F8②：31、F8②：32、F8②：27）　4、6~9.陶罐（F8②：15、F8②：21、F8②：18、F8②：22、F8②：25）　11~14.陶盆（F8②：11、F8②：12、F8②：14、F8②：16）　15.陶釜（F8②：17）　16、18.陶豆（F8②：23、F8②：24）　17.陶器座（F8②：13）

棱，弧腹残。通体饰红衣但大部分已脱落，腹外壁饰两道凹弦纹。口径32、残高6.8厘米（图三六，17）。

豆　2件。F8②：23，泥质磨光黑陶。敛口，尖唇，折肩，斜弧腹残。折肩上缘饰一周双凹弦纹、弦纹间饰间断戳印纹，下腹外壁中部饰一周上内下外错棱。口径14、残高6.6厘米（图三六，16）。F8②：24，泥质磨光红陶。敛口，尖唇，折肩，斜弧腹残。折肩上缘饰一周双凹弦纹，下腹外壁饰一周凹弦纹。口径14、残高4.8厘米（图三六，18）。

盘　7件。F8②：1，泥质红陶。敞口，尖唇，斜弧腹，浅盘，底残，喇叭形粗圈足，圈足底缘稍内收。通体饰红衣但大部分已脱落，唇缘饰按窝呈葵花瓣状，唇内沿饰一周浅凹弦纹，圈足上部绕体等距离饰四组横向双孔镂孔纹。口径19.4、足径16.4、高6.7厘米（图三七，1；图版三〇，2）。F8②：2，泥质红陶。敞口，圆唇，斜弧腹，深盘，圜底，喇叭形粗圈足，圈足底缘外撇。通体饰红衣但大部分已脱落，唇外缘凸棱，圈足饰多道凸棱纹，并绕体等距离饰三组竖向双列六孔镂孔纹。口径22、足径20.6、高11.2厘米（图三七，3；图版三〇，3）。F8②：3，泥质红陶。敞口，圆唇，斜弧腹，深盘，圜底中部下坠，喇叭形粗圈足，圈足底缘外撇。通体饰红衣但大部分已脱落，唇外缘凸棱，圈足饰多道凸棱纹，并绕体等距离饰三组竖向双列六孔镂孔纹。口径19.6、足径18.5、高14.9厘米（图三七，4；图版三〇，4）。F8②：7，泥质黑陶。敞口外侈，窄沿下翻，尖唇，斜弧腹微折，圜底，喇叭形粗圈足，圈足底缘微内收。唇缘饰按窝呈葵花瓣状，圈足上部饰三道凸棱纹，并绕体饰三组横向双孔镂孔纹。口径18.6、足径12.2、高8厘米（图三七，2；图版三〇，5）。F8②：8，泥质黑陶。斜直敞口，圆唇，上腹斜直微内折，下腹斜弧，深盘，圜底，圈足残。唇外缘凸棱、凸棱上间断饰多组戳点纹，折腹上缘饰一周双凹弦纹、弦纹间绕体等距离饰三组竖向狭长戳点纹。口径18、残高5.7厘米（图三七，7；图版三〇，6）。F8②：19，泥质磨光黑陶。敞口，丰圆唇，上腹微折，下腹斜弧，下部残。唇外缘凸棱。口径20、残高3.6厘米（图三七，5）。F8②：20，泥质红陶。喇叭形粗圈足，圈足底部外撇。通体饰红衣但大部分已脱落，饰凸棱纹，且绕体间断饰竖向圆形镂孔纹。足径20、残高5.4厘米（图三七，6）。

杯　1件。F8②：28，泥质磨光黑陶。喇叭形圈足，圈足底缘外撇。足根处饰一周浅凸棱，内壁下缘饰两周凹弦纹。足径8.7、残高5.5厘米（图三七，13）。

碗　1件。F8②：29，泥质磨光黑陶。上部残，斜腹微折，浅圜底，矮圈足底缘外撇。足径7.8、残高5.2厘米（图三七，8）。

器盖　4件。F8②：4，泥质红陶。覆碗形。圈形盖纽，仰折沿，尖纽唇，短直颈；深弧形盖面，圆唇。通体饰红衣但大部分已脱落，盖纽根饰一周凸弦纹，盖面外壁上部饰一周凸弦纹。纽径5.6、盖径12.4、高6.6厘米（图三七，9；图版四二，6）。F8②：5，泥质磨光厚胎黑陶。覆盘形。圈形盖纽，仰折沿，尖纽唇，短束颈；浅弧形盖面，圆唇。盖面外壁上部饰一周凸弦纹，唇外缘凸棱。纽径5.2、盖径10、高5.2厘米（图三七，10）。F8②：6，泥质红陶。覆盘形。纽残。盖面折壁，斜弧腹，尖唇。素面。盖径14、残高4.5厘米（图三七，11）。F8②：26，泥质磨光黑陶。覆盘形。纽部残。浅弧形盖面残，圆唇。外壁饰一周凸弦纹。盖径14、残高3.2厘米（图三七，12）。

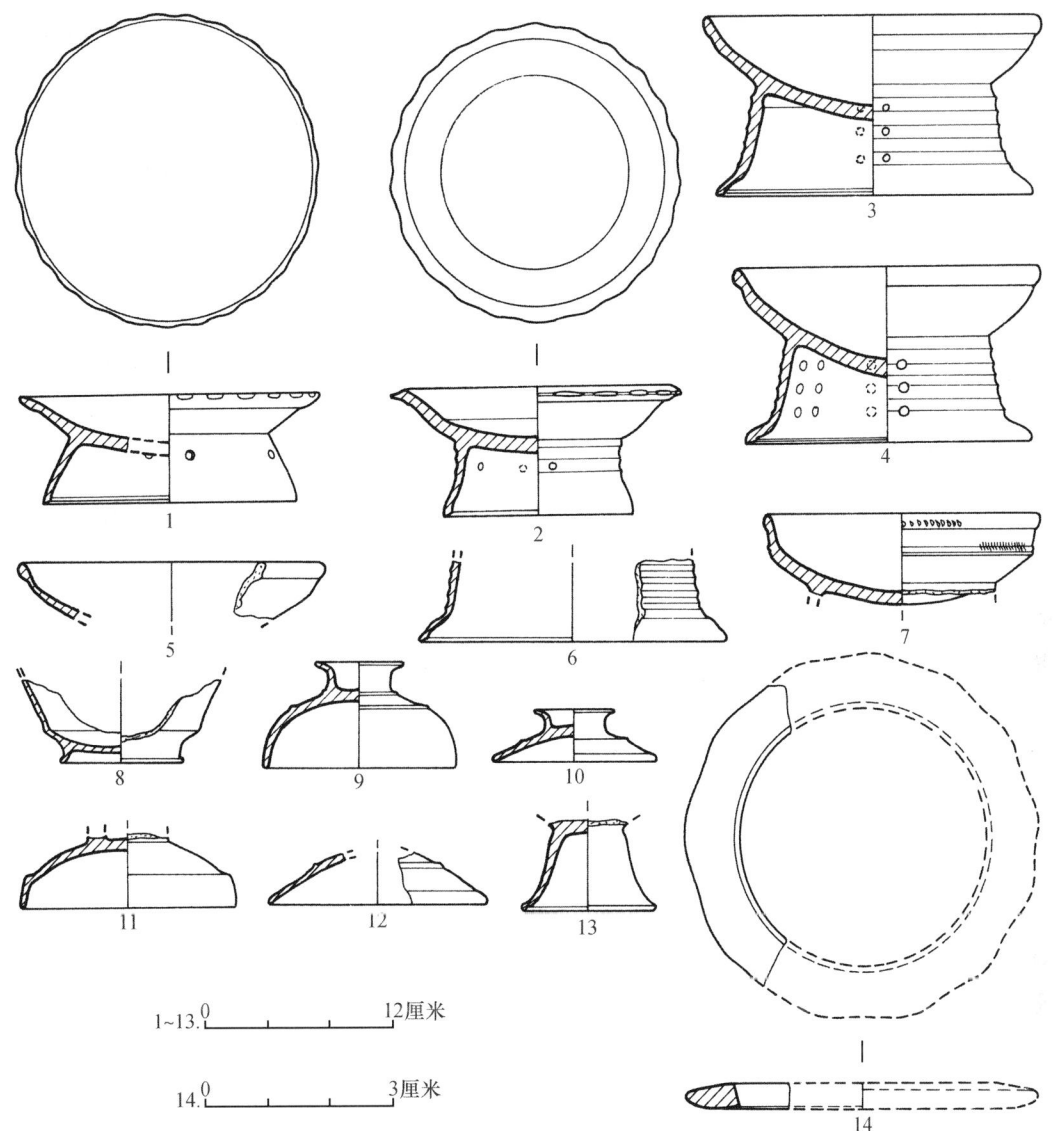

图三七 F8②出土器物

1~7.陶盘（F8②：1、F8②：7、F8②：2、F8②：3、F8②：19、F8②：20、F8②：8） 8.陶碗（F8②：29） 9~12.陶器盖（F8②：4、F8②：5、F8②：6、F8②：26） 13.陶杯（F8②：28） 14.陶环（F8②：9）

环　1件。F8②：9，泥质黑陶。外缘薄尖，呈葵瓣状；内缘稍厚且平。一面微弧凸，另一面近平。外径6、内径4.5、厚0.4厘米（图三七，14；图版六四，2）。

三、灰　坑

共52个。

H1　位于ⅡT0706西部。开口在第3层下，被H2打破，并打破第4层，坑口距地面深约45厘米。平面呈不规则圆形，斜壁，圜底。直径约70厘米，深约35厘米（图三八）。填土为黄褐色夹灰白土块，较疏松，包含少量破碎陶片。器类有鼎、罐、釜、器盖、器座。

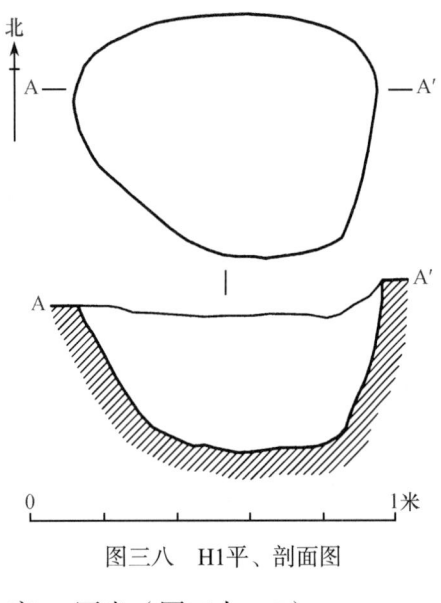

图三八 H1平、剖面图

鼎 2件。H1∶5，泥质磨光黑陶。敛口，仰折沿，圆唇，弧腹残。口径10、残高3厘米（图三九，1）。H1∶6，泥质磨光黑陶。敛口，仰折沿，圆唇，弧腹残。腹饰凹弦纹。口径12、残高3厘米（图三九，2）。

罐 1件。H1∶2，泥质红陶。上部残，下腹斜弧，平底微凹。通体饰红衣但大部分已脱落。底径9、残高4厘米（图三九，3）。

釜 1件。H1∶3，泥质夹炭红陶。敛口，仰折沿，宽沿面，丰圆唇，弧腹残。通体饰红衣但大部分已脱落。口径22.4、残高4.8厘米（图三九，6）。

器座 1件。H1∶4，泥质夹炭红陶。侈口，折沿，圆唇，直腹残。通体饰红衣但大部分已脱落。口径22、残高3.8厘米（图三九，5）。

器盖 1件。H1∶1，泥质磨光黑陶。覆盘形。盖钮残；盖面斜弧，浅盘，平折沿，圆唇。钮根饰一组三道凹弦纹。盖面直径15、残高4.8厘米（图三九，4）。

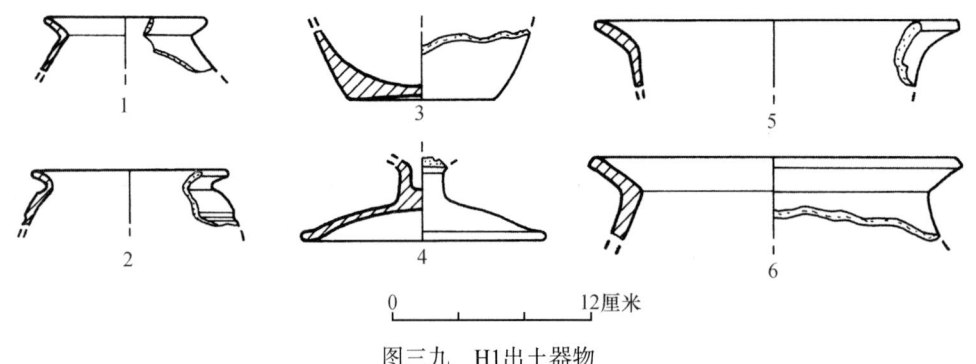

图三九 H1出土器物

1、2.陶鼎（H1∶5、H1∶6） 3.陶罐（H1∶2） 4.陶器盖（H1∶1） 5.陶器座（H1∶4） 6.陶釜（H1∶3）

H2 位于ⅡT0706西部。开口在第3层下，打破H1、第4层，坑口距地面深约45厘米。平面呈不规则圆形，斜壁，圜底，底部西高东低。直径约60厘米，深约40厘米（图四〇）。填土为黄褐色黏土，较疏松，包含陶片。器类有鼎、盆、器盖。

鼎 4件。H2∶1，夹砂红陶。直口微敛，仰折沿，宽沿面，尖唇，直腹下垂，平底残，外底边缘可见一个鼎足附着残痕。腹上部饰平行凹弦纹，残足根饰一按窝。口径12、腹径11、残高6.2厘米（图四一，1；图版九，4）。H2∶5，泥质磨光黑陶。敛口，仰折沿，宽沿面，圆唇，弧腹，下部残。腹饰一组双凹弦纹，弦纹上间断饰戳点纹。口径13、残高4.8厘米（图四一，2）。H2∶8，泥质磨光黑陶。圆锥足，足尖稍下外弧撇。残高5.1厘米（图四一，3）。H2∶9，泥质磨光黑陶，足底红色。侧扁圆锥足较细矮，内外脊凸，两侧扁平。外脊足根处饰一按窝。残高6.5厘米（图四一，4）。

盆 3件。H2∶4，泥质夹炭红陶。敞口微敛，折沿下垂，窄沿面弧凸，尖唇，斜弧腹内收，下部残。沿面饰四道平行凹弦纹，腹饰一周绚索状附加堆纹。口径36、残高5厘米（图四一，7）。H2：6，泥质磨光红陶。敛口，内折沿，方唇，弧腹内收，下部残。通体饰红衣但大部分已脱落，上腹饰一周凸棱。口径44.8、腹径51.2厘米、残高5厘米（图四一，5）。H2：10，泥质夹炭红陶。敞口，卷沿，圆唇，斜弧腹内收，下部残。通体饰红衣但大部分已脱落，沿面饰一周双凹弦纹。口径32、残高5.2厘米（图四一，9）。

器盖　3件。H2：2，泥质磨光红陶。覆盘形。纽残。盖面微弧隆，穹顶较低，口沿外撇，尖唇。通体饰红衣但大部分已脱落，口沿内壁饰一周凹棱纹。盖径14、残高2.8厘米（图四一，6）。H2：3，泥质夹炭厚胎红陶。覆盆形。顶部残。盖面弧隆，平折沿，圆唇。通体饰红衣但大部分已脱落，腹饰一周凸弦纹。盖径28、残高4.8厘米（图四一，8）。H2：7，泥质夹炭红陶。覆碗形。顶部残。盖面斜直壁，丰圆唇。唇外缘凸棱下饰一周凹弦纹。盖径28、残高6.2厘米（图四一，10）。

H3　位于ⅡT0906东部。开口在第3层下，打破第4层，坑口距地面深约17~22厘米。平面呈圆形，斜壁，圜底。直径约60厘米，深约30厘米（图四二）。填土为黄褐色黏土，较疏松，包含少量红烧土颗粒和陶片。器类有鼎、罐、盆、纺轮。

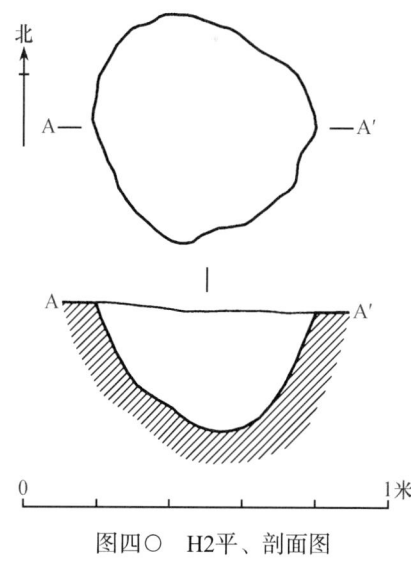

图四〇　H2平、剖面图

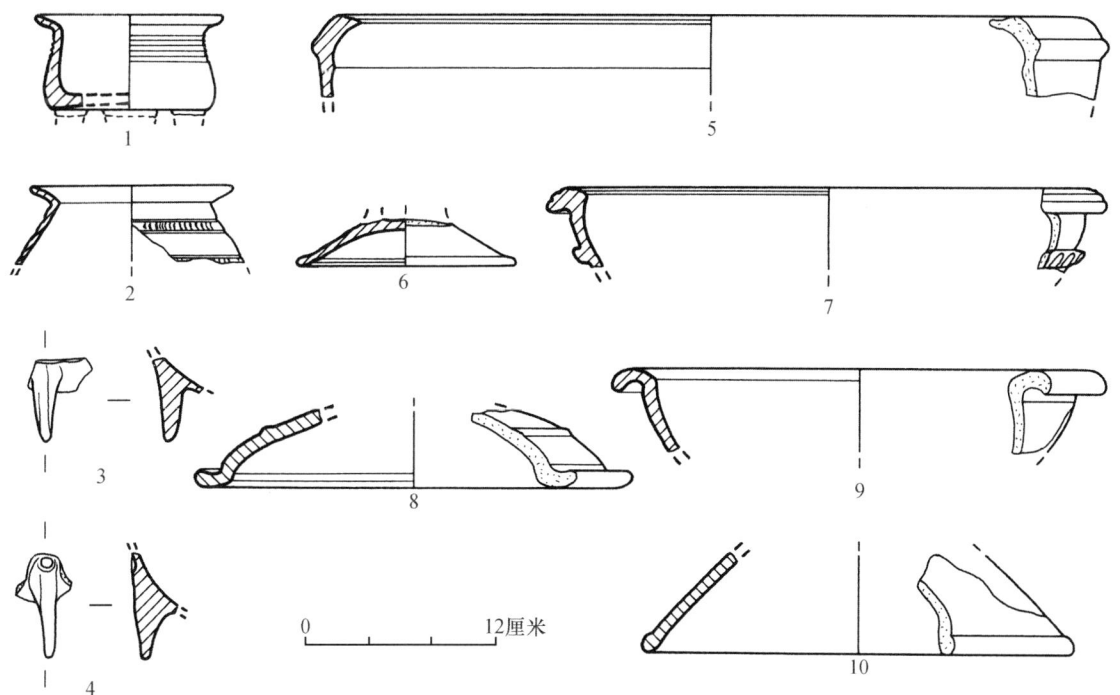

图四一　H2出土器物

1~4.陶鼎（H2：1、H2：5、H2：8、H2：9）　5、7、9.陶盆（H2：6、H2：4、H2：10）　6、8、10.陶器盖（H2：2、H2：3、H2：7）

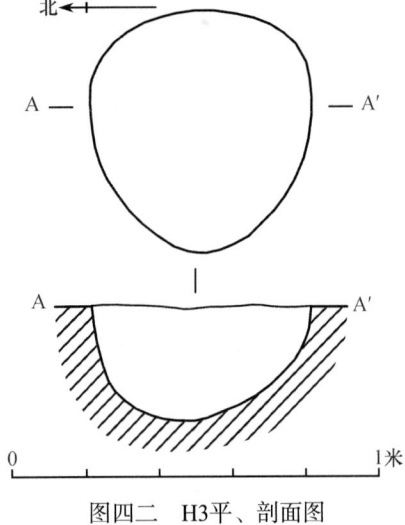

图四二 H3平、剖面图

鼎 2件。H3∶9，泥质磨光黑陶。宽扁形凿足，矮小。两面较平，两侧脊凸，凿足尖宽平。足根饰两个横向圆按窝，若双眼。残高4厘米（图四三，2）。H3∶10，泥质磨光灰陶。圆柱形凿足，矮小。残高4.4厘米（图四三，1）。

罐 4件。H3∶8，泥质红陶。敞口，平折沿，窄沿面，尖唇，深弧腹，下部残。口径14、残高5.6厘米（图四三，3）。H3∶2，泥质灰陶。敛口，仰折沿，沿面微凹弧，尖唇，鼓腹，下部残。口径21、残高10.2厘米（图四三，9）。H3∶3，泥质灰陶。敛口，丁字形折翻沿，宽沿面，方唇，弧腹，下部残。沿面饰一周四道凹弦纹、弦纹上间断饰戳印纹，腹饰一周凸弦纹、弦纹上饰按窝纹。口径46、残高4.6厘米（图四三，7）。H3∶4，泥质黑陶。敛口，丁字形折翻

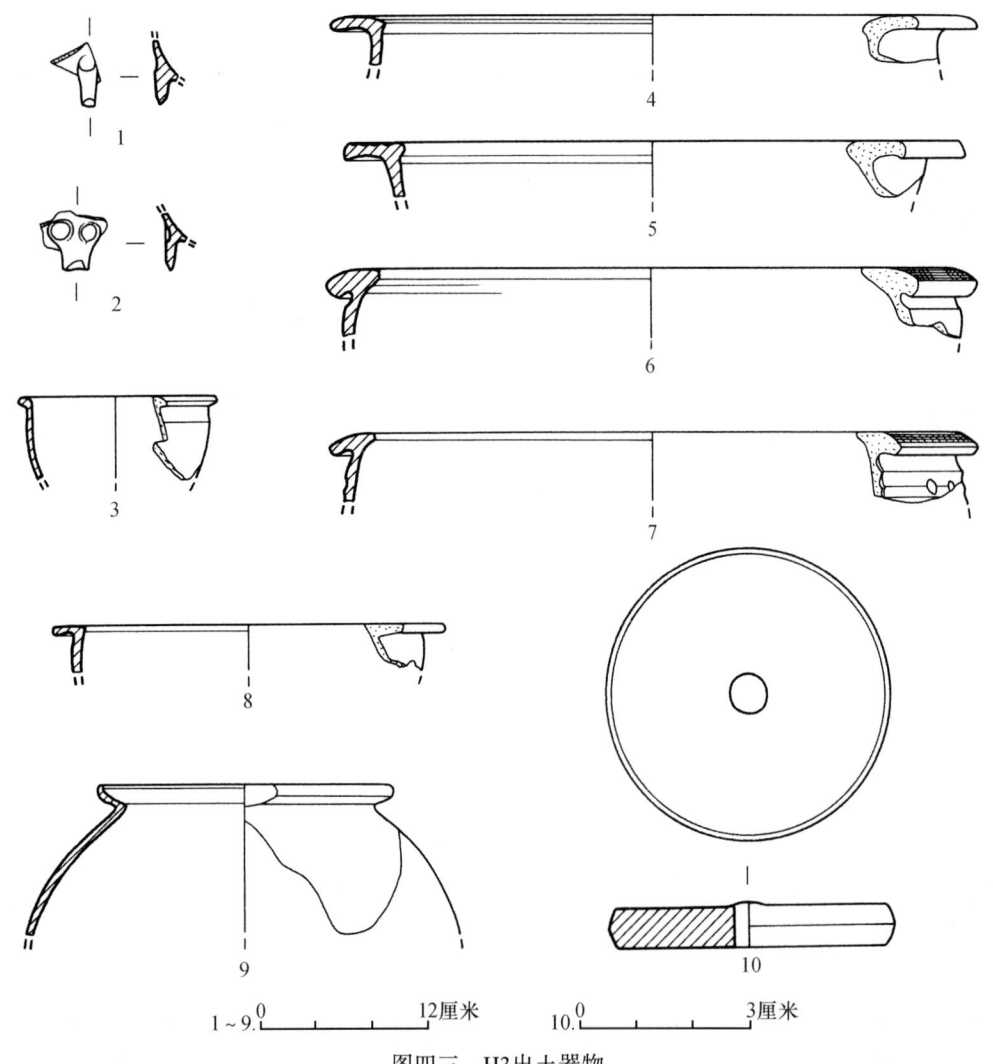

图四三 H3出土器物

1、2.陶鼎（H3∶10、H3∶9） 3、6、7、9.陶罐（H3∶8、H3∶4、H3∶3、H3∶2） 4、5、8.陶盆（H3∶5、H3∶6、H3∶7） 10.陶纺轮（H3∶1）

沿，宽沿面，内唇方，外唇丰圆，弧腹，下部残。沿面饰一周五道凹弦纹，弦纹上间断饰垂直交叉戳印纹。口径46、残高4.6厘米（图四三，6）。

盆　3件。H3：5，泥质灰陶。直口，平折沿，宽沿面微弧凸，圆唇，直腹，下部残。沿面饰多道凹弦纹。口径46、残高3.4厘米（图四三，4）。H3：6，泥质灰陶。敞口，平折沿，宽沿面平，斜方唇，唇下缘凸棱，腹斜直，下部残。沿面饰多道浅凹弦纹。口径44、残高3.8厘米（图四三，5）。H3：7，泥质磨光薄胎黑皮红陶。微敛口，平折沿，宽沿面平，圆唇，弧腹内收，下部残。口径28、残高3.2厘米（图四三，8）。

纺轮　1件。H3：1，泥质黑陶。两面平，周缘中间棱凸，小孔竖直。素面。直径5、孔径0.6、厚0.7~0.8厘米（图四三，10；图版五三，6）。

H4　位于ⅡT0805西北角。开口在第2层下，打破第3、4层和黄土Ⅱ，坑口距地面深约33厘米。平面呈椭圆形，斜壁，圜底，底部西高东低。直径约85厘米，深约30厘米（图四四）。填土为黄褐色黏土，较疏松，包含少量红烧土块、红陶片和黑陶片。陶片较碎小，器类不可辨。

H5　位于ⅡT0805东北部。开口在第3层下，打破黄土Ⅱ和第4层，坑口距地面深约45~65厘米。平面呈不规则方形，三条边平直，另一条边较弯曲，直壁，底凸凹不平且西高东低，坑底东侧角落有一个平面呈扇形的小坑，未见加工痕迹。长130厘米，宽74~114厘米，深40~76厘米，小坑深20厘米（图四五）。填土为黄色黏土，较疏松，包含少量红烧土颗粒与陶片。器类有鼎、罐、盆、盘、器盖、碗、纺轮。

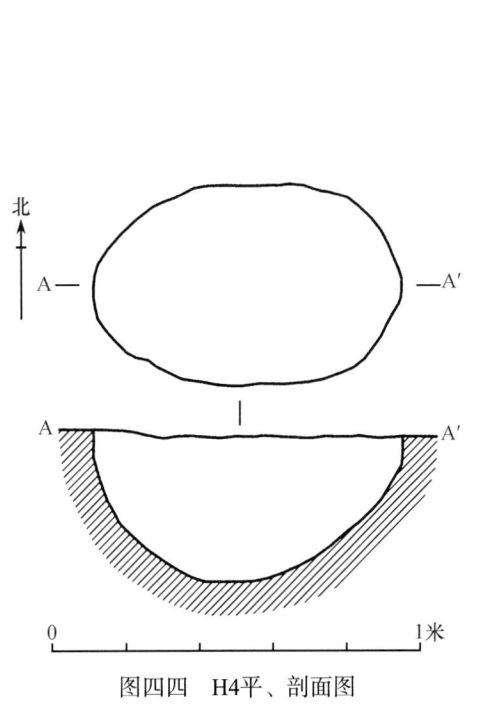

图四四　H4平、剖面图

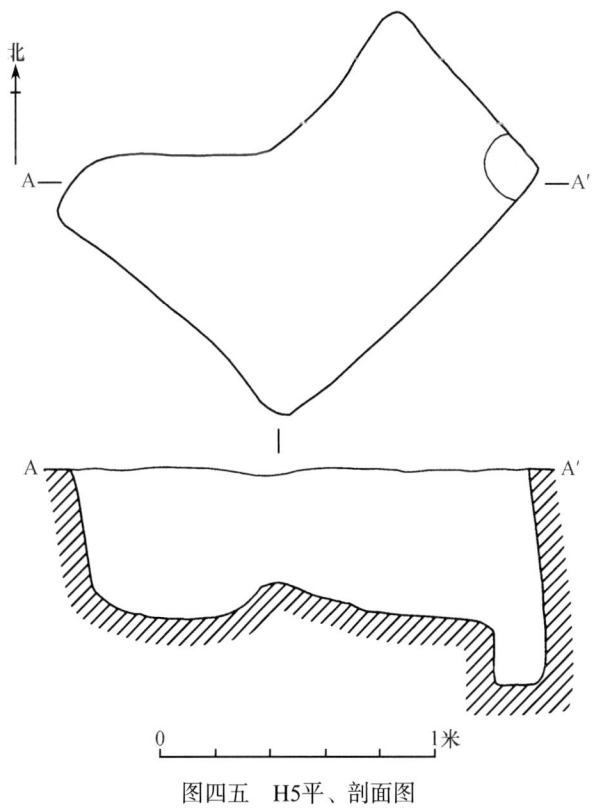

图四五　H5平、剖面图

鼎　3件。H5∶5，泥质薄胎磨光灰陶。敛口，仰折沿，宽沿面，圆唇，鼓腹，下部残。腹外饰一周凹弦纹。口径12、残高3.6厘米（图四六，1）。H5∶9，泥质灰陶。宽扁薄板形凿足，矮小。内面微弧凸，外面内凹，两侧脊凸，凿足尖宽平。足根饰浅按窝。残高4.6厘米（图四六，10）。H5∶10，泥质红陶。宽扁板形足，上宽下窄，内面微弧凸，外面内凹，两侧脊凸，足尖稍残。残高7厘米（图四六，9）。

罐　1件。H5∶4，泥质薄胎灰陶。敛口，仰折沿，窄沿面，圆唇，深弧腹，下部残。腹上部饰一周双凹弦纹，腹中部饰一周凹弦纹。口径10、残高5.8厘米（图四六，4）。

盆　1件。H5∶6，泥质磨光红陶。敞口，折沿下垂，圆唇，弧腹内收，下部残。通体饰红衣但部分已脱落。口径24、残高3.8厘米（图四六，5）。

盘　2件。H5∶7，泥质黑陶。敞口，丰圆唇外缘棱凸，折腹，深盘，下部残。上腹饰平行凹弦纹。口径16、残高3.6厘米（图四六，3）。H5∶8，泥质磨光黑陶。直口，仰折沿，窄沿面，圆唇，折腹，上腹竖直，下腹下内收，下部残。折腹处附加一周凸棱、凸棱上间断饰戳点纹，凸棱下饰一周双凹弦纹。口径14、残高3厘米（图四六，2）。

碗　1件。H5∶3，泥质薄胎红陶。上部残，圜底，矮圈足外撇。通体饰红衣黑彩，外底中部以红底黑线绘一内圆环外逆时针斜弧旋涡线纹图案。足径5.6、残高1.4厘米（图四六，8；图版四〇，6）。

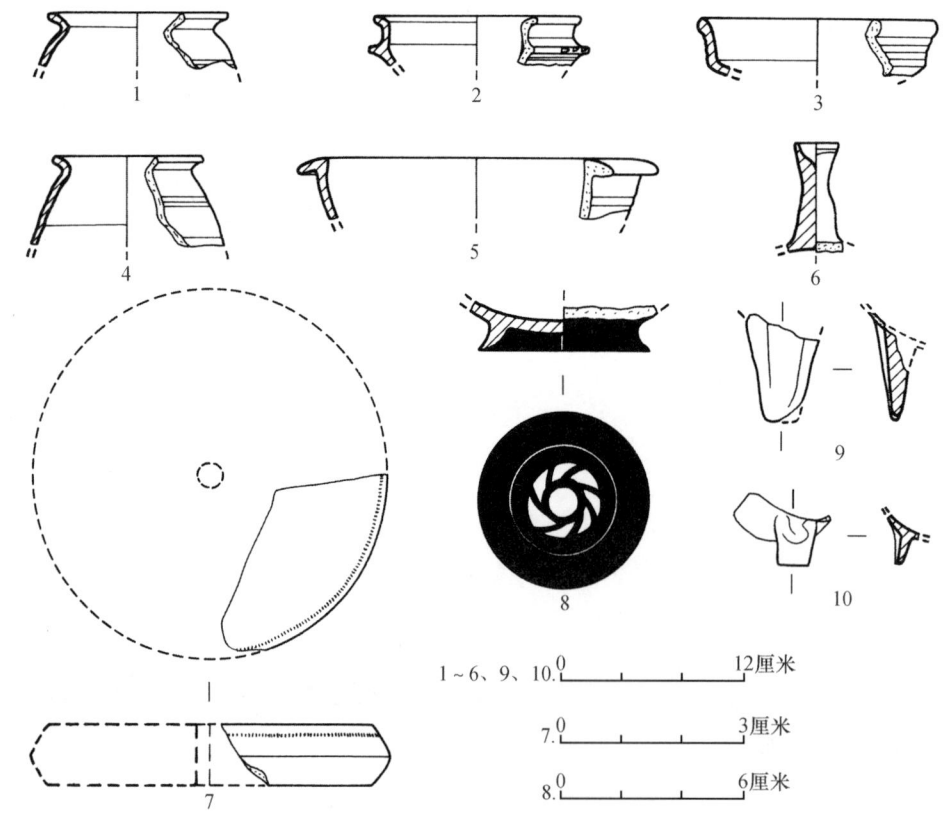

图四六　H5出土器物

1、9、10.陶鼎（H5∶5、H5∶10、H5∶9）　2、3.陶盘（H5∶8、H5∶7）　4.陶罐（H5∶4）　5.陶盆（H5∶6）　6.陶器盖（H5∶1）　7.陶纺轮（H5∶2）　8.陶碗（H5∶3）

器盖　1件。H5∶1，泥质磨光红陶。盖面残。长柄形纽，小喇叭口，细高圆柱柄微束腰，上下粗细不一。通体饰红衣但大部分已脱落，近口处饰两周不平行凹弦纹。纽径1.6～3、残高7厘米（图四六，6）。

纺轮　1件。H5∶2，泥质灰陶。残。两面平整，周缘中间棱凸，中孔不详。缘面饰一周戳点纹。直径6、厚1厘米（图四六，7）。

H7　位于ⅡT0808北部。开口在第2层下，打破第4层，坑口距地面深约35厘米。平面呈不规则椭圆形，壁面西部较陡，东部较缓，近平底。长径64厘米，短径52厘米，深约24厘米（图四七）。填土为灰黄色黏土，较致密坚硬，包含少量陶片。器类有鼎。

鼎　1件。H7∶1，泥质薄胎磨光灰陶。敛口，仰折沿，尖唇，弧腹，下部残。口径12、残高3.2厘米（图四八）。

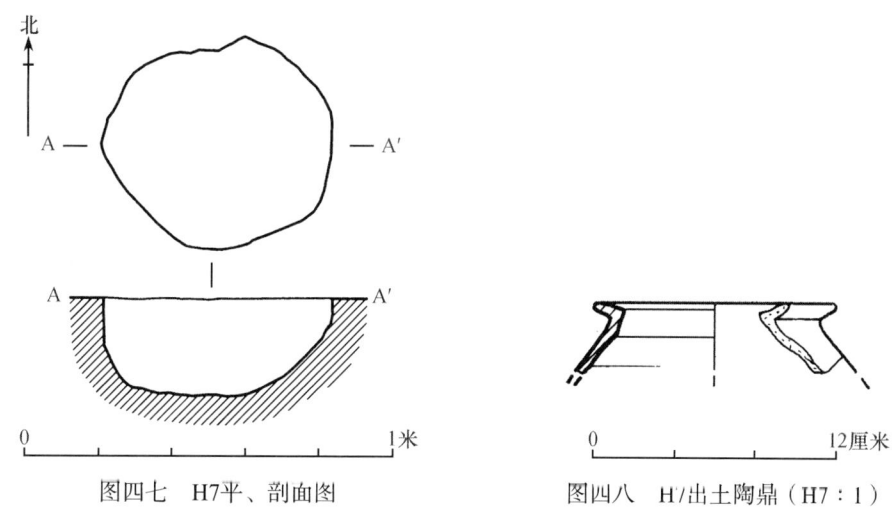

图四七　H7平、剖面图　　　图四八　H7出土陶鼎（H7∶1）

H8　位于ⅡT0906西壁。开口在第4层下，打破H9和第5、6层，坑口距地面深70厘米。平面呈圆形，直壁，圜底。直径65厘米，深40厘米（图四九）。填土为浅黄色黏土，较疏松，包含少量红烧土颗粒和陶片。器类有鼎。

鼎　1件。H8∶1，泥质夹炭红陶。宽扁板状足，矮小。面微弧凸，两侧脊凸，足尖稍内弯。残高4.2厘米（图五〇）。

H9　位于ⅡT0906西北角。开口在第4层下，被H8打破，打破第5、6层，坑口距地面深70厘米。揭露部分平面呈不规则椭圆形，斜壁，平底，底部边缘明显。长100厘米，深40厘米（图五一）。填土为灰黑色，黏土较疏松，包含少量红烧土颗粒和陶片。器类有鼎、罐、球。

鼎　1件。H9∶2，泥质磨光黑陶，足尖灰色。侧扁圆截锥足，矮小。两面脊凸，两侧扁圆。足根处饰一浅按窝。残高5.4厘米（图五二，2）。

罐　1件。H9∶3，泥质磨光黑陶。敛口，丰圆唇，弧腹，下部残。上腹部饰一周凹弦纹。口径34、残高5.8厘米（图五二，1）。

球　1件。H9∶1，泥质磨光黑陶。残。空心圆球形，内外壁均较光滑，圆整度较好。残球面饰交叉戳点线纹，形成双菱形图案。直径5.4、胎厚0.7厘米（图五二，3）。

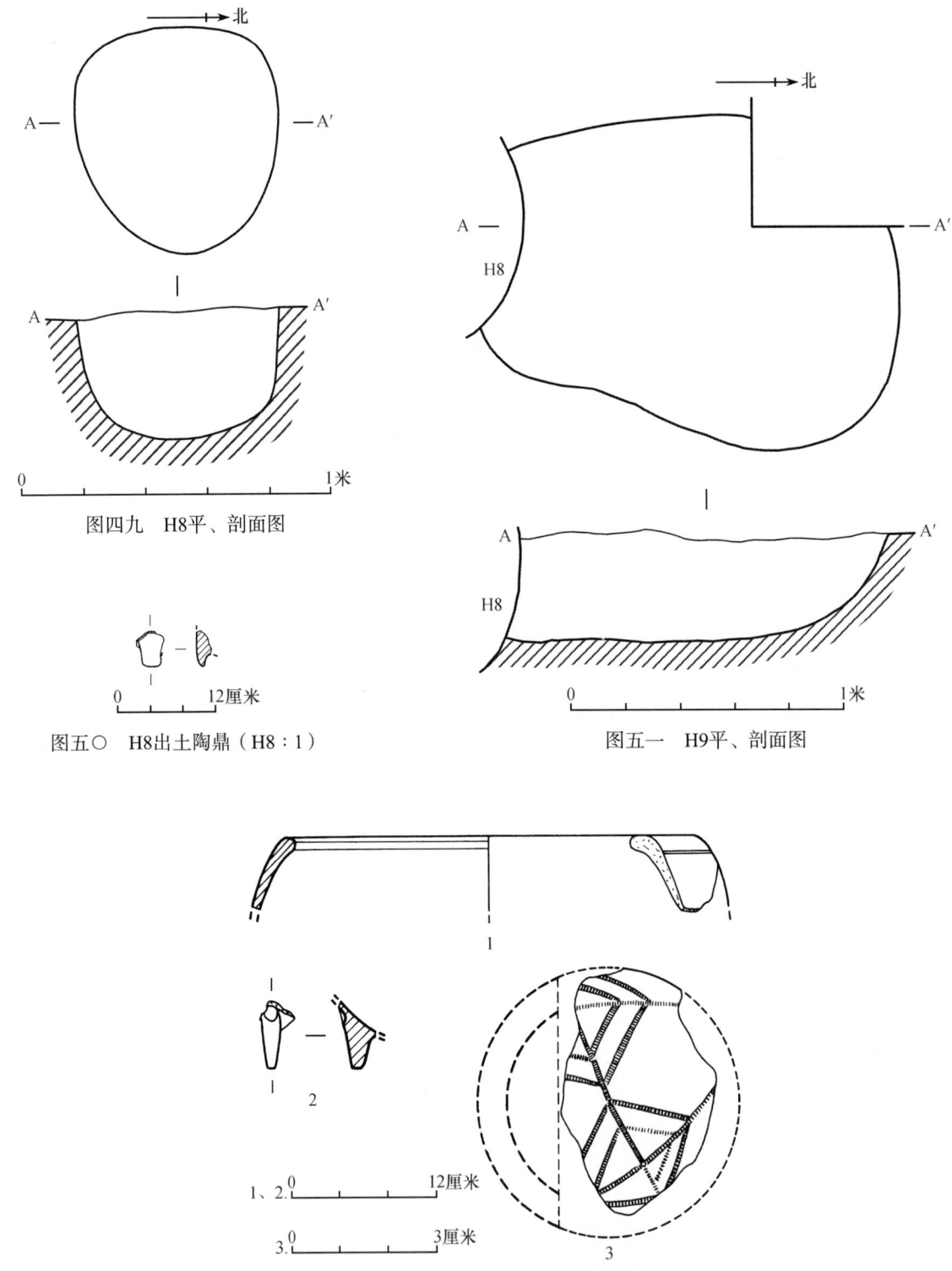

图四九　H8平、剖面图

图五〇　H8出土陶鼎（H8∶1）

图五一　H9平、剖面图

图五二　H9出土器物
1. 陶罐（H9∶3）　2. 陶鼎（H9∶2）　3. 陶球（H9∶1）

H10 位于ⅡT0808西北角。开口在第2层下，打破第3、4层，坑口距地面深17厘米。已经揭露部分平面呈半圆形，壁面坡度较缓且粗糙不平，宽圜底。直径214厘米，深80厘米（图五三）。填土为灰褐夹黄色黏土，较疏松，包含红烧土颗粒和大量陶片。器类有鼎、罐、釜、器座、盆等。

鼎　2件。H10∶8，泥质灰陶。宽扁凿形足，矮小。内面微弧凸，外面为一封闭形竖向深凹槽，宽平足尖。残高4.5厘米（图五四，8）。H10∶9，泥质磨光灰陶。宽扁凿形足，矮小。内面弧凸，外面弧凹，两侧脊凸，宽平足底端内外削尖。残高3.1厘米（图五四，9）。

罐　3件。H10∶2，泥质红陶。敛口，加厚丰圆唇，唇外缘棱凸，弧腹外鼓，下部残。口径18、残高5.6厘米（图五四，7）。H10∶6，泥质磨光黑陶。敛口，方唇，曲颈，弧腹，下部残。口径18、残高4.2厘米（图五四，3）。H10∶7，泥质磨光灰陶。敛口，折翻沿下垂，圆唇，弧腹外鼓，下部残。口径32、残高2.2厘米（图五四，5）。

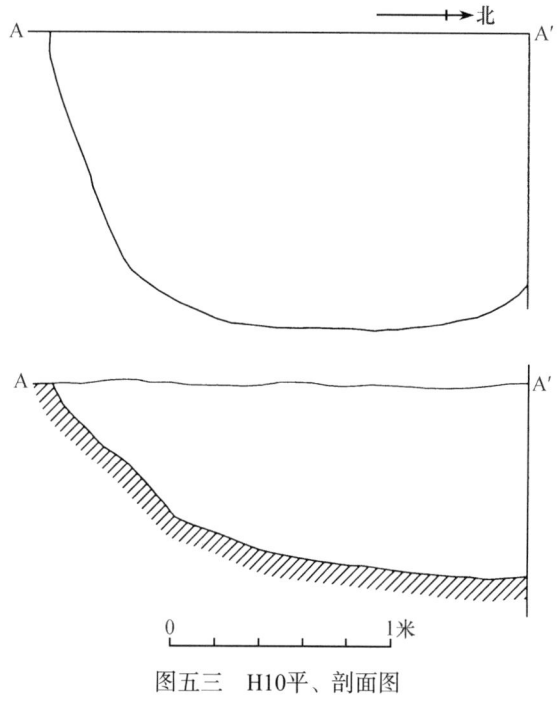

图五三　H10平、剖面图

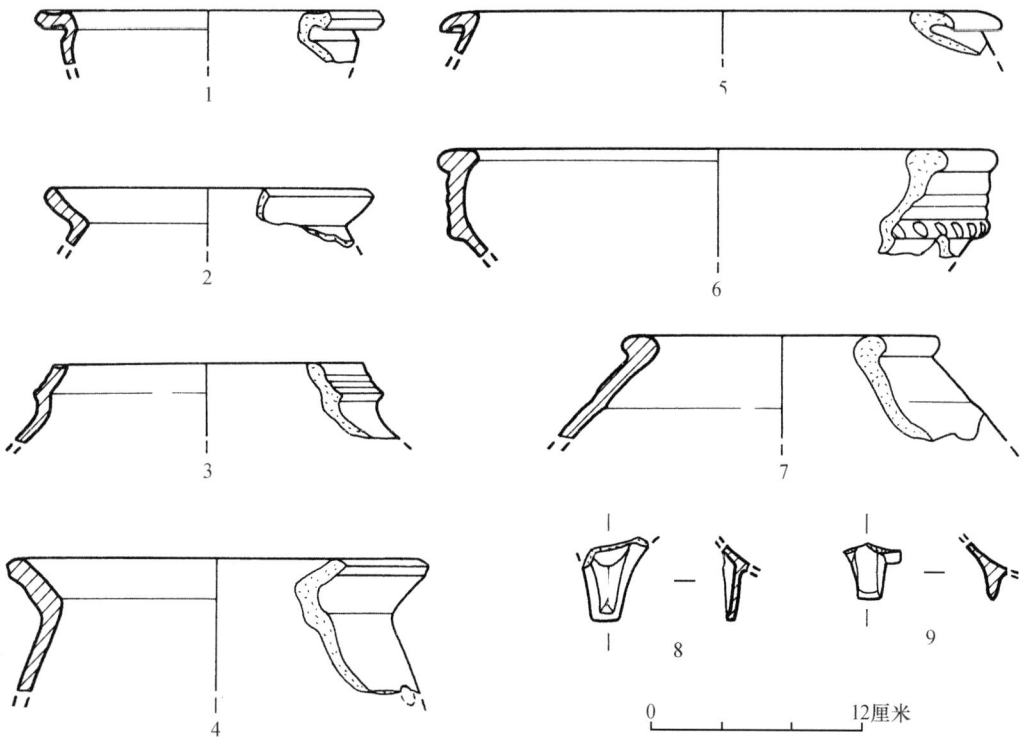

图五四　H10出土器物

1、6.陶盆（H10∶4、H10∶3）　2.陶釜（H10∶5）　3、5、7.陶罐（H10∶6、H10∶7、H10∶2）　4.陶器座（H10∶1）
8、9.陶鼎（H10∶8、H10∶9）

盆　2件。H10∶3，泥质夹炭红陶。敛口，平折沿，窄沿面，丰圆唇，直腹下内收，下部残。通体饰红衣但大部分已脱落，腹上部饰一周双凹弦纹及一周饰按窝附加堆纹。口径32、残高5.8厘米（图五四，6）。H10∶4，泥质红陶。微敛口，平折沿，宽沿面微凹，方唇，弧腹内收，下部残。通体饰红衣但大部分已脱落。口径20、残高2.8厘米（图五四，1）。

釜　1件。H10∶5，泥质夹炭红陶。敛口，仰折沿，宽沿面微凹，斜方唇，弧腹，下部残。通体饰红衣但大部分已脱落。口径19、残高3.2厘米（图五四，2）。

器座　1件。H10∶1，泥质红陶。敛口，仰折沿，宽沿面，尖唇，弧腹，下部残。通体饰红衣但大部分已脱落，腹饰圆形镂孔。口径24、残高7.2厘米（图五四，4）。

H11　位于ⅡT0909西南角。开口在第2层下，打破第3层，坑口距地面深14厘米。已经揭露部分平面呈圆角长方形，直壁，平底，壁面陡直光滑，底部边缘明显。长约100厘米，宽86厘米，深46厘米（图五五）。填土为灰黑色黏土，较疏松，包含少量红烧土颗粒和陶片。器类有鼎、罐、器盖。

鼎　1件。H11∶4，泥质磨光薄胎灰陶。敛口，仰折沿，窄沿面，圆唇，弧腹，下部残。腹饰一周浅凹弦纹。口径12、残高3.4厘米（图五六，4）。

罐　2件。H11∶3，泥质红陶。直口微侈，厚方唇，短颈，弧腹，下部残。口径18、残高4.2厘米（图五六，3）。H11∶2，泥质磨光黑陶。敛口，折翻沿下垂，宽沿面，圆唇，弧腹，下部残。口径36、残高3.2厘米（图五六，1）。

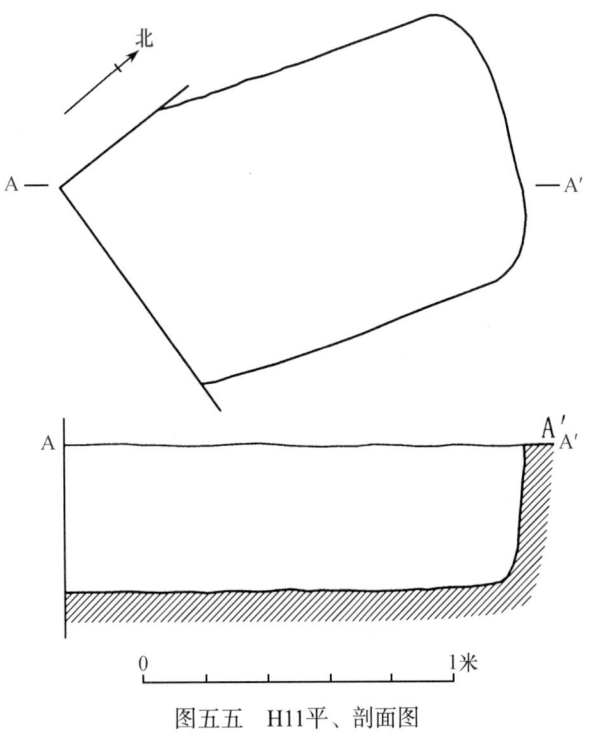

图五五　H11平、剖面图

器盖　1件。H11∶1，泥质红陶。覆盘形。顶部残。盖面弧隆，平折沿，尖唇。沿面饰一周浅双凹弦纹。盖面直径16、残高2.4厘米（图五六，2）。

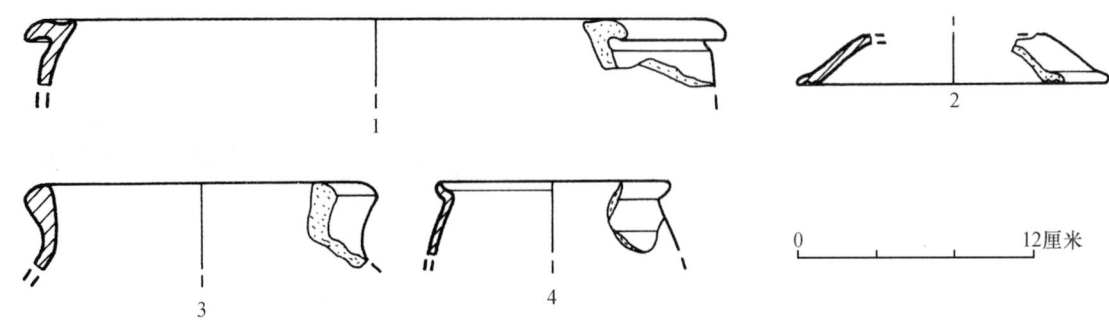

图五六　H11出土器物

1、3.陶罐（H11∶2、H11∶3）　2.陶器盖（H11∶1）　4.陶鼎（H11∶4）

H13 位于ⅡT0710东北部。开口在第2层下，打破第3层。平面呈不规则椭圆形，东壁坡度较缓，西壁斜直，宽圜底近平，未见加工痕迹。坑口东西长100厘米，南北宽40～80厘米；坑底东西长80厘米，深16～20厘米（图五七）。填土为灰黑色黏土，较疏松，包含红烧土颗粒、草木灰和大量陶片。器类有鼎、器盖。

鼎　7件。H13∶1，泥质灰陶。敛口，仰折沿，窄沿面，圆唇，弧腹下垂，宽圜底残，侧扁四棱柱形足下端残。素面。口径12、腹径13.4、残高9.8厘米（图五八，1；图版九，5）。H13∶2，泥质灰陶。敛口，仰折沿，窄沿面，圆唇，弧腹下垂，最大腹径靠下，宽圜底，侧扁四棱柱形足。上腹饰一周双凹弦纹。口径10.6、腹径13、高

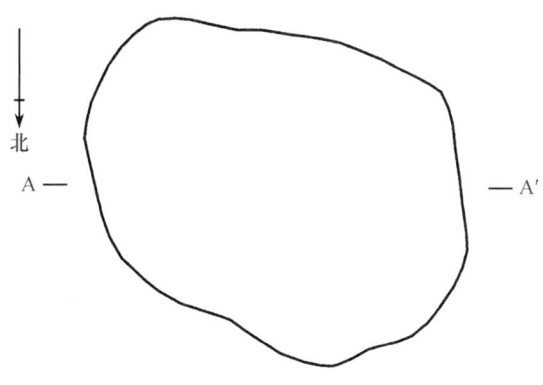

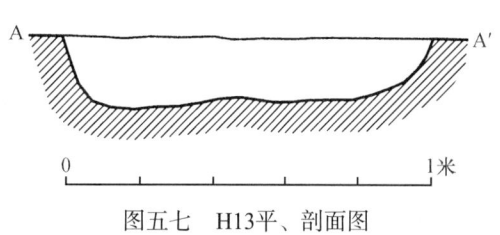

图五七　H13平、剖面图

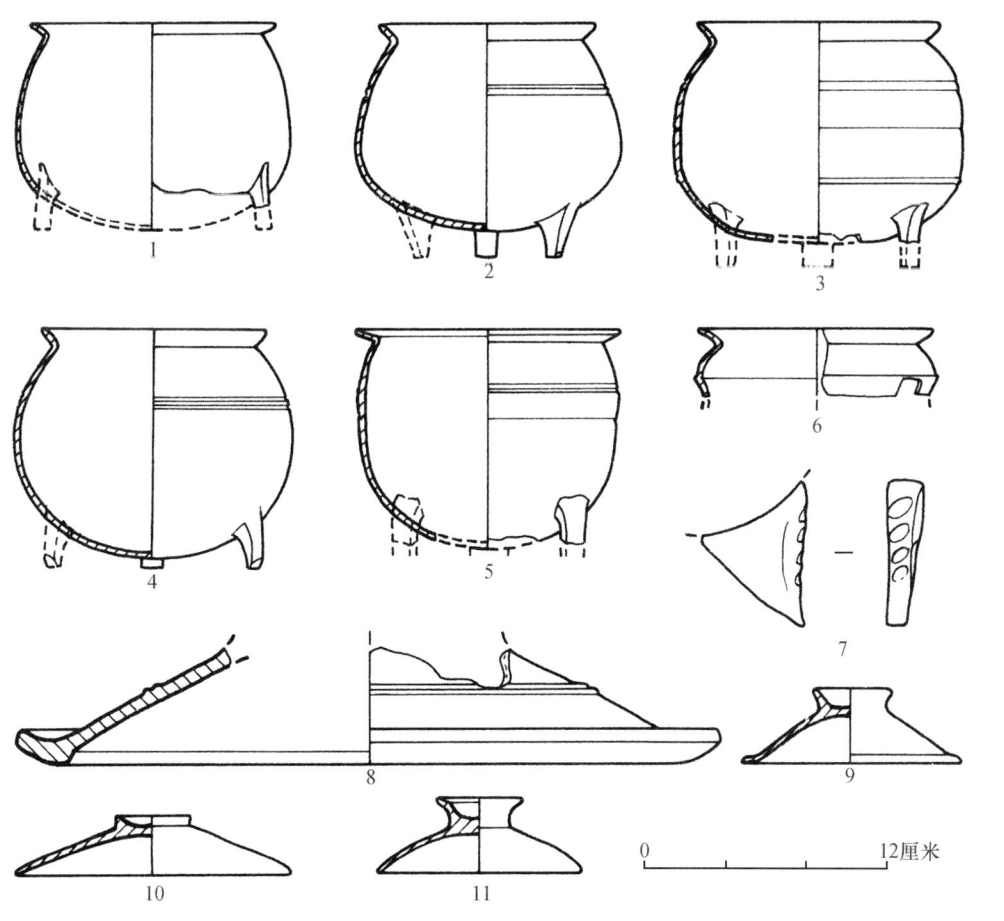

图五八　H13出土器物

1～7.陶鼎（H13∶1、H13∶2、H13∶4、H13∶6、H13∶8、H13∶9、H13∶10）　8～11.陶器盖（H13∶3、H13∶5、H13∶7、H13∶11）

11.1厘米（图五八，2；彩版一二，2；图版九，6）。H13：4，泥质灰黑陶。敛口，仰折沿，沿面较宽，圆唇，上腹斜弧，中腹近竖直，下腹斜弧内收，宽圜底近平，宽扁凿形足残。腹中上部各饰一周凹弦纹，腹下部饰一周凸弦纹。口径12、腹径14.2、高11.6厘米（图五八，3；彩版一二，3；图版一〇，1）。H13：6，泥质灰陶。敛口，仰折沿，窄沿面，圆唇，球形腹，圜底，宽扁柱状凿尖足。上腹饰一周双凹弦纹。口径11、腹径13.8、高11.3厘米（图五八，4；图版一〇，2）。H13：8，泥质灰陶。敛口，仰折沿，宽沿面，圆唇，深腹，圜底残，宽扁板形足残。上腹饰一周双凹弦纹，中腹饰一道浅凹弦纹。口径13、腹径12.8、高10.2厘米（图五八，5；彩版一二，4；图版一〇，3）。H13：9，泥质灰陶。敛口，仰折沿，宽沿面，圆唇，弧腹，下部残。最大腹径处饰一周上内下外错棱。口径11.6、腹径12、残高3.2厘米（图五八，6）。H13：10，泥质夹炭红陶。侧扁三角形足，内外脊凸，两面较平，平足底内外削尖。外脊饰四个连续起伏按窝。厚1~1.8、残高6.9厘米（图五八，7）。

器盖　4件。H13：3，夹砂红陶。覆盆形。顶部残。盖面斜直，折沿，丰圆唇。饰一组双凸弦纹。盖径34.6、残高5.4厘米（图五八，8）。H13：5，泥质灰陶。覆盘形。矮圈形纽，尖唇。盖面斜直，平折沿，尖唇。纽径4、盖径11、高3.5厘米（图五八，9）。H13：7，泥质灰陶。覆盘形。矮圈形纽，尖唇。盖面斜直，圆唇。纽径3.6、盖径13.6、高2.8厘米（图五八，10）。H13：11，泥质灰陶。覆盘形。喇叭形盖纽，仰折沿，尖唇，束颈。盖面斜弧，圆唇。纽径4.2、盖径10、高3.5厘米（图五八，11）。

H14　位于Ⅱ区T0704与T0804之间。开口在第2层下，打破第3层，坑口距地面深20厘米。平面呈不规则长条形，中北部直壁平底，中南部斜壁平底，壁面光滑，底部边缘明显，未见加工痕迹。长282厘米，宽56~90厘米，深50厘米（图五九）。填土为灰黄色黏土，较疏松，包含红烧土颗粒和少量陶片。器类有鼎、罐、盘、盆。

鼎　1件。H14：1，泥质磨光薄胎灰陶。敛口，仰折沿，沿面弧凹，圆唇，鼓腹，下部残。腹饰一圈浅凸棱。口径12、残高3厘米（图六〇，1）。

罐　2件。H14：3，泥质红陶。小口微侈，

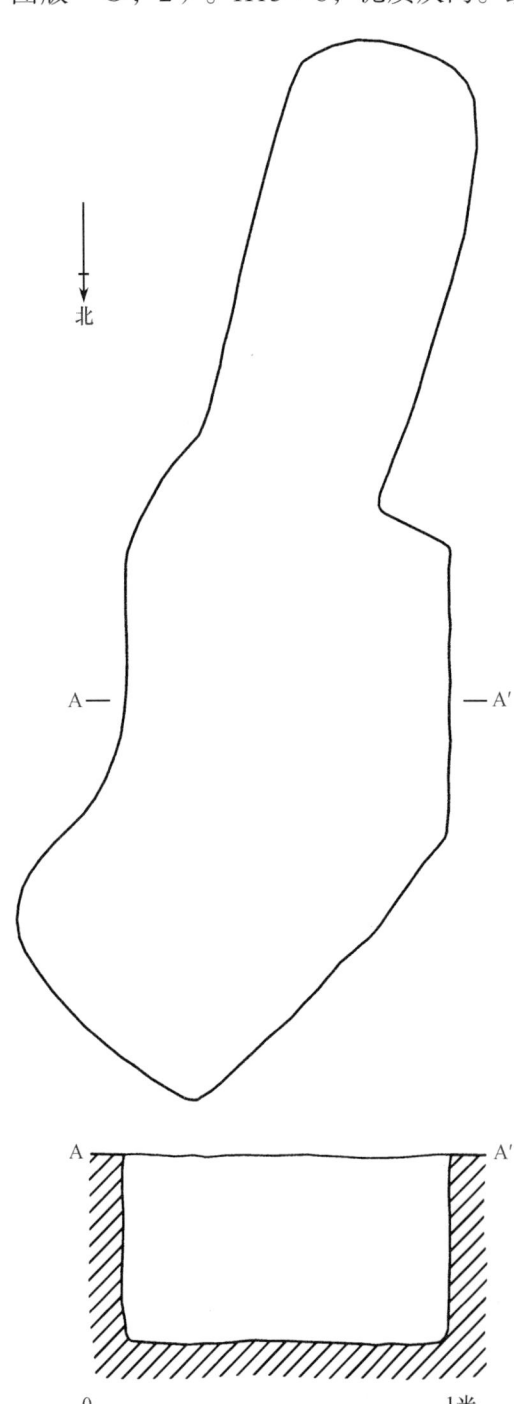

图五九　H14平、剖面图

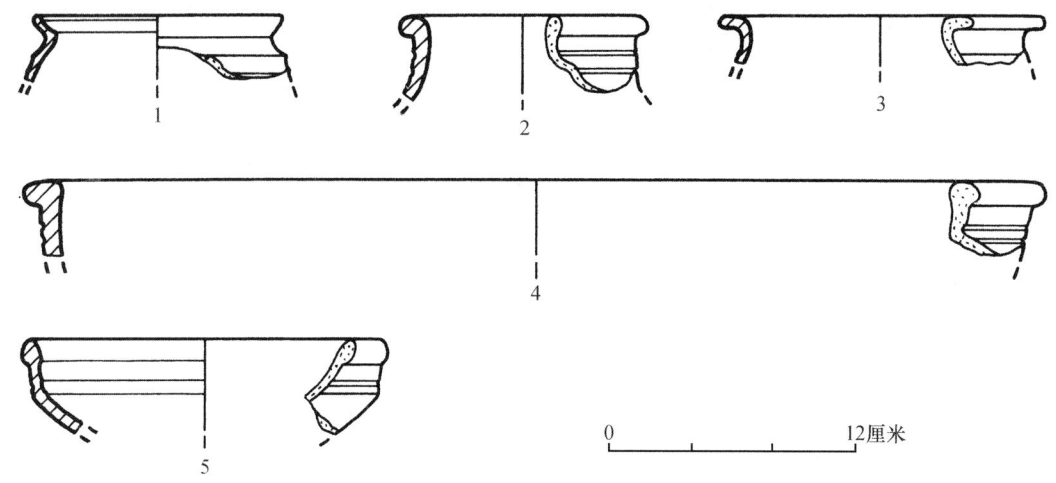

图六〇　H14出土器物

1.陶鼎（H14:1）　2、3.陶罐（H14:3、H14:4）　4.陶盆（H14:5）　5.陶盘（H14:2）

圆唇，矮束颈，腹残。通体饰红衣但大部分已脱落。口径12、残高4厘米（图六〇，2）。H14:4，泥质磨光黑陶。敛口，平折沿，窄沿面，圆唇，短束颈，弧腹，下部残。口径16、残高2.2厘米（图六〇，3）。

盆　1件。H14:5，泥质夹炭红陶。敞口近直，平折沿，窄沿面，圆唇，弧腹内斜，下部残。通体饰红衣但大部分已脱落，腹饰一周双凹弦纹。口径50、残高3.6厘米（图六〇，4）。

盘　1件。H14:2，泥质磨光黑陶。敞口近直，丰圆唇。唇外缘凸棱，折腹，上腹斜直，下腹内收，深盘，底残。折腹上缘饰一周浅双凹弦纹。口径18、残高4.4厘米（图六〇，5）。

H15　位于ⅡT0716西北角。开口在第4层下，打破第5、6层，坑口距地面深20厘米。已经揭露部分平面呈长方形，直壁，底部南深北浅，壁面光滑，底部边缘明显，未见加工痕迹。长115厘米，宽58厘米，深25厘米（图六一）。填土为红色黏土，较致密，多属纯净的红烧土块，包含少量碎屑陶片。器类不明。

H16　位于ⅡT0716中部。开口在第5层下，打破第6、7、8层。平面呈梯形，一侧壁竖直，另一侧壁斜直，壁面光滑，平底，边缘明显，未见加工痕迹。长74厘米，宽38~46厘米，深80厘米（图六二）。填土为黑灰夹红色斑块，黏土较疏松，包含较多红烧土块、草木及少量陶片。器类有器盖等。

器盖　1件。H16:1，泥质红陶。喇叭形矮盖纽，敞口，尖唇。弧穹顶盖面下部残。纽径3、残高2厘米（图六三）。

H17　位于ⅡT0716东北角。开口在第4层下，打破第5、6、7、8层。已揭露部分平面呈半圆形，直壁，圜底，壁面光滑，底部边缘明显，未见加工痕迹。长62厘米，宽36厘米，深76厘米（图六四）。填土分两层：第1层为黄色黏土，较疏松，仅分布于灰坑边缘，未包含陶片；第2层为灰色黏土，较疏松，包含较多陶片。器类有鼎、盆、器盖等。

鼎　1件。H17:3，泥质红陶。宽扁鸭嘴形足，上宽下窄，内面微弧凸，外面弧凹，两侧脊凸，宽平足底端内侧斜向削尖。残高6厘米（图六五，3）。

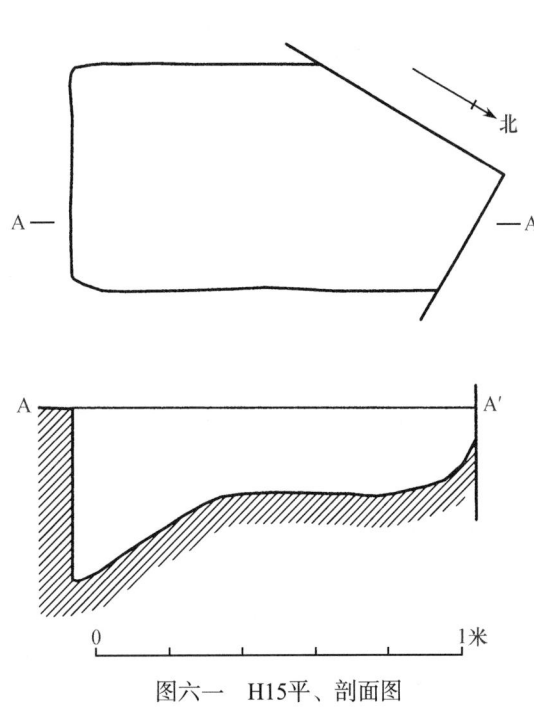

图六一 H15平、剖面图

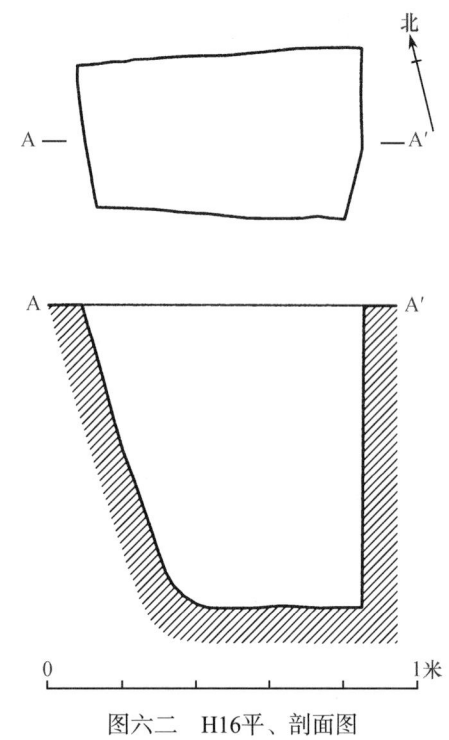

图六二 H16平、剖面图

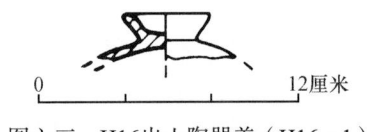

图六三 H16出土陶器盖（H16：1）

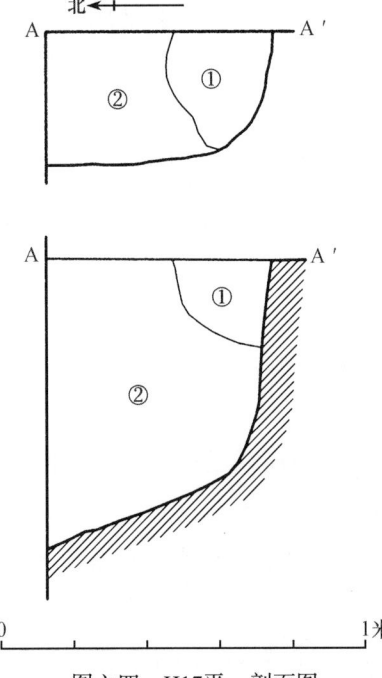

图六四 H17平、剖面图

缸 1件。H17：1，泥质夹炭红陶。大侈口，丰圆唇，束颈，下部残。通体饰红衣但大部分已脱落，唇内缘饰一周凹棱纹。口径40、残高4厘米（图六五，1）。

器盖 1件。H17：2，泥质红陶。覆碗形。顶部残。盖面斜弧，丰圆唇，唇外缘棱凸。饰一道凸弦纹。口径30、残高5.4厘米（图六五，2）。

H18 位于TG2北部。开口在第11层下，打破第12层。平面呈圆角长方形，直壁，平底，壁面光滑，底部边缘明显，未见加工痕迹。长108厘米，宽82厘米，深90厘米（图六六；图版三，2）。填土为灰黑色黏土，较疏松，包含红烧土块、骨骼碎片及陶片。器类有鼎、罐、器座、盘及器盖等。

鼎 1件。H18：8，夹砂红陶。宽扁板形足，上宽下窄，内面中间竖向弧凸，外面弧凹，两侧脊凸，宽平足尖。通体饰红衣但大部分已脱落，足根饰一半月形深窝。残高6.2厘米（图六七，8）。

罐 3件。H18：3，泥质磨光黑陶。上部残，深弧腹，内底弧凸，外底平，矮圈足。腹饰凹弦纹。足径7、残高7.2厘米（图六七，6）。H18：7，泥质红陶。敛口，加厚丰圆

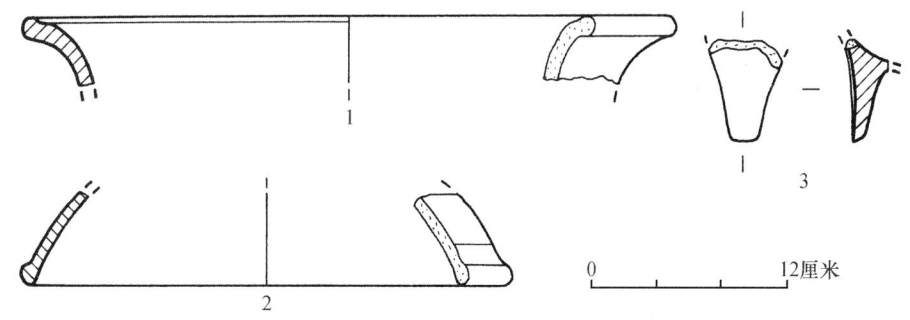

图六五　H17出土器物
1. 陶缸（H17∶1）　2. 陶器盖（H17∶2）　3. 陶鼎（H17∶3）

唇，唇外缘棱凸，弧腹外鼓，下部残。通体饰红衣但大部分已脱落。口径26、残高4.6厘米（图六七，9）。H18∶5，泥质红陶。微敛口，加厚丰圆唇，唇外缘凸棱，弧腹，下部残。通体饰红衣但大部分已脱落，腹内壁近口沿处饰一周浅双凹弦纹。口径46、残高4.6厘米（图六七，7）。

器座　2件。H18∶1，泥质灰陶。亚腰矮梯形，上小下大。仰折沿，丰圆唇，斜直腹，底沿外撇圆唇，唇外缘棱凸。表面饰黑衣但大部分已脱落，上沿面外壁饰两道凸弦纹，下沿面内壁饰多道棱纹。口径19.6、座径20.4、高10.2厘米（图六七，4；彩版一三，5；图版二二，5）。H18∶6，泥质红陶。仰折沿，宽沿面，薄方唇，弧腹，厚胎，下部残。通体饰红衣但大部分已脱落。口径20、残高4.4厘米（图六七，3）。

盘　2件。H18∶2，泥质灰陶。敞口，尖唇，唇外缘棱凸，附耳脱落，折腹，深盘，上腹斜直，下腹弧内收，圜底残，粗圈足外撇。通

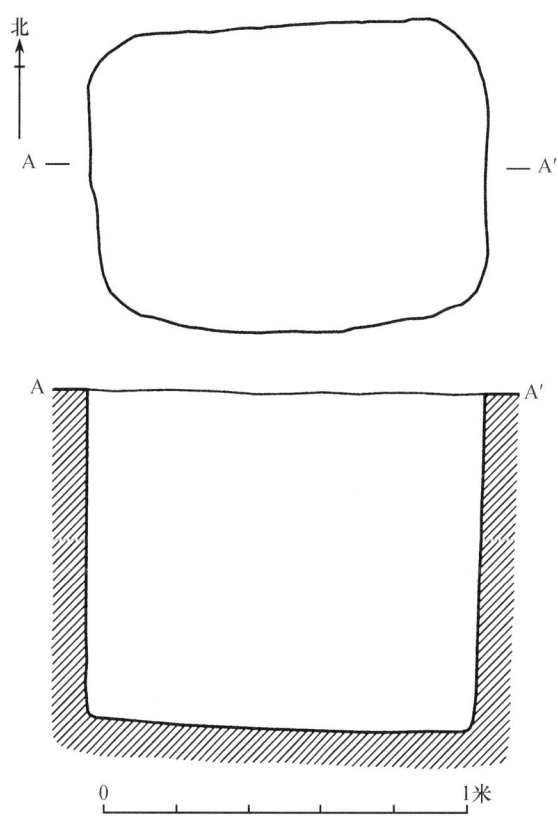

图六六　H18平、剖面图

体饰黑衣但大部分已脱落，折腹处棱凸。口径22.6、足径18、复原高9厘米（图六七，5；图版三一，1）。H18∶4，泥质夹炭红陶。直口微敞，平折沿，丰圆唇，折腹，上腹竖直，下腹弧内收，下部残。通体饰红衣但大部分已脱落。口径24、残高4厘米（图六七，2）。

器盖　1件。H18∶9，泥质灰陶。覆碗形。顶部残。盖面斜弧，尖唇。唇外缘饰一周凸棱。盖径18、残高3.8厘米（图六七，1）。

H19　位于ⅠT2105中南部。开口在第3层下，打破第4层和生土，坑口距地表深35~45厘米。平面呈不规则圆形，口部西高东低，斜壁，平底。壁面较光滑，底部西高东低，未见加工痕迹。口径76~86厘米，底径50~70厘米，深50厘米（图六八）。填土分两层：第

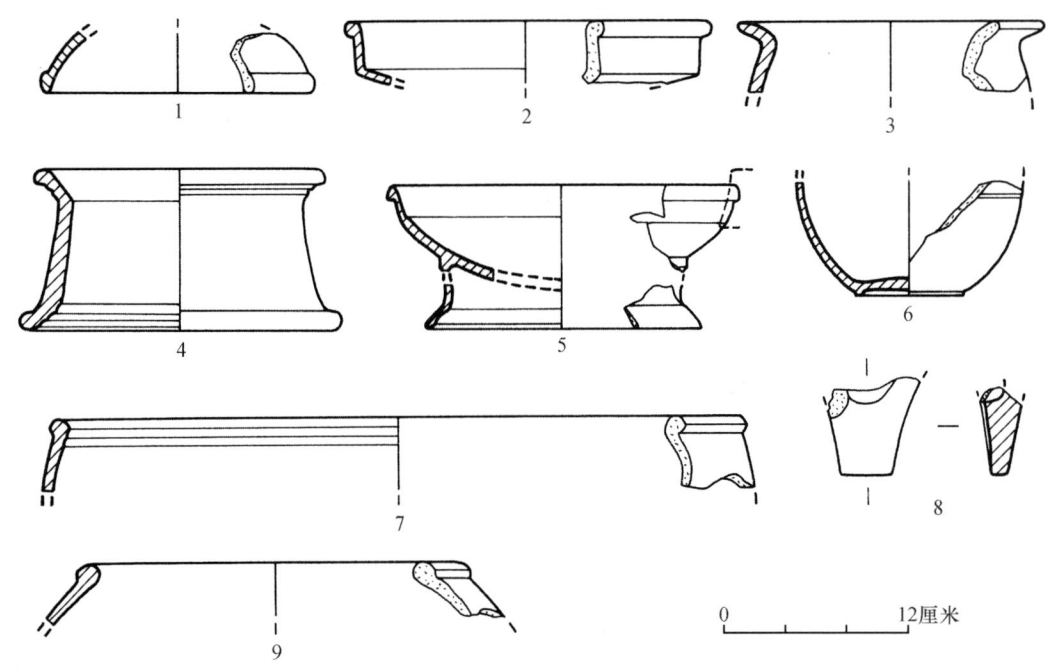

图六七　H18出土器物

1. 陶器盖（H18：9）　2、5. 陶盘（H18：4、H18：2）　3、4. 陶器座（H18：6、H18：1）　6、7、9. 陶罐（H18：3、H18：5、H18：7）　8. 陶鼎（H18：8）

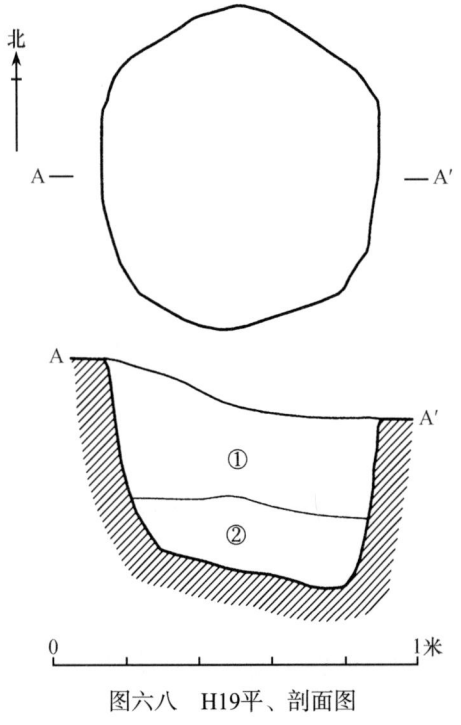

图六八　H19平、剖面图

1层厚22~30厘米，灰黑色黏土，较疏松，坡状堆积，包含大量草木灰和少量烧土块、烧土颗粒以及陶片，器类有罐、器盖等；第2层厚14~20厘米，黄褐色黏土，较疏松，坡状堆积，较纯净，未见文化遗物。

罐　4件。H19：1，泥质夹炭红陶。敛口，加厚丰圆唇，唇外缘棱凸，鼓腹，下部残。通体饰红衣但大部分已脱落。口径26、残高7厘米（图六九，2）。H19：2，泥质红陶。敛口，仰折沿，窄沿面，丰圆唇，鼓腹，下部残。通体饰红衣但大部分已脱落。口径32、残高4.4厘米（图六九，1）。H19：4，泥质磨光薄胎灰陶。上部残，深圜底，喇叭形矮圈足外撇。圈足外壁饰两周凸弦纹。足径11、残高2.6厘米（图六九，4）。H19：5，泥质磨光黑陶。上部残，浅圜底，矮圈足外撇。圈足上缘腹底结合处饰一周锯齿纹，绕圈足中部等距离饰四组横向双孔小镂孔纹。足径8.2、残高2.2厘米（图六九，3）。

器盖　1件。H19：3，泥质夹炭红陶。覆盘形。顶部残，盖面斜弧，加厚丰圆唇。通体饰红衣但大部分已脱落，唇外缘饰一周凸棱。盖径18、残高3.6厘米（图六九，5）。

H20　位于TG2北部。开口在第5层下，打破生土，坑口距地面深60～90厘米。平面近方形，直壁，平底，壁面光滑，底部边缘明显，未见加工痕迹。东西长80厘米，南北宽76厘米，深22厘米（图七〇）。填土为黄色夹灰色黏土，较疏松纯净，未见文化遗物。

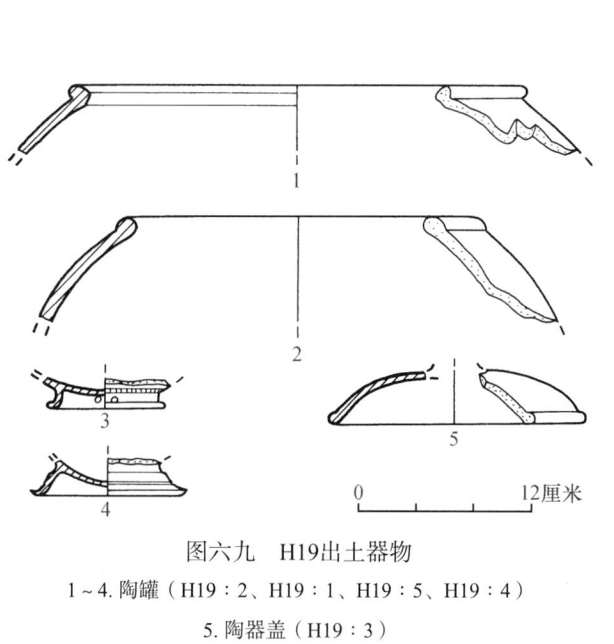

图六九　H19出土器物

1～4.陶罐（H19:2、H19:1、H19:5、H19:4）
5.陶器盖（H19:3）

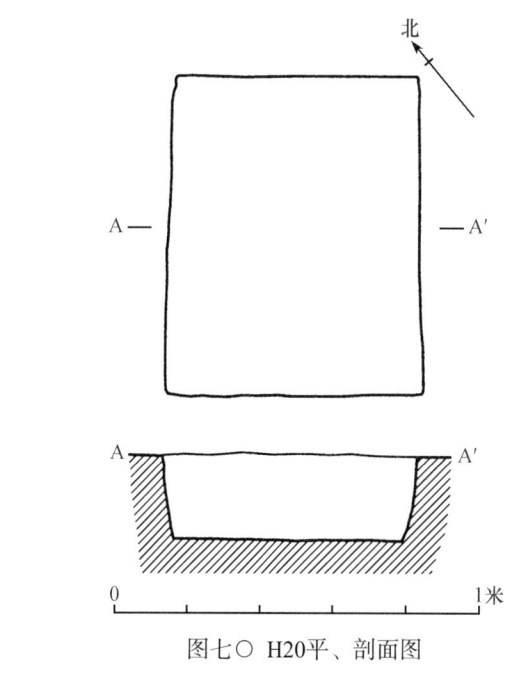

图七〇　H20平、剖面图

H21　位于ⅡT0716中部。开口在第6层下，打破第7层，坑口距地面深60～90厘米。平面呈不规则长方形，西北窄，东南宽，北侧壁斜弧、圜底，东、南及西侧壁竖直、底平缓，坑底西北高东南低，未见加工痕迹。东西长80厘米，南北宽76厘米，深22厘米（图七一）。填土为灰黄色黏土，较疏松，包含大量的红烧土颗粒，出土几块泥质黑陶片和一块泥质红陶片，器类不明。

H22　位于ⅠT2004西部。开口在第2层下，打破生土，坑口距地面深88厘米。已经揭露部分平面呈不规则半圆形，斜壁，平底，壁面较粗糙，未见加工痕迹。南北长140厘米，东西宽86厘米，深38厘米（图七二）。填土为浅黄色黏土，较致密，包含少量草木灰、红烧土颗粒及黑陶、红陶片，器类不明。

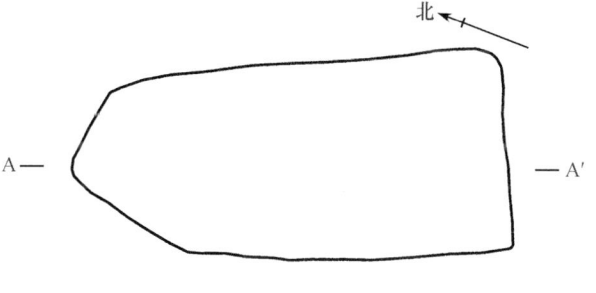

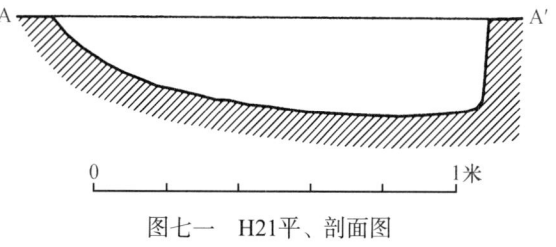

图七一　H21平、剖面图

H23　位于ⅠT2108西部。开口在第2层下，打破生土，坑口距地面深20厘米。平面呈不规则椭圆形，直壁，底近平，壁面较粗糙，未见加工痕迹。东西长74厘米，南北宽55厘米，深30～34厘米（图七三）。填土为灰黄褐色黏土，较疏松，包含少量木炭、红烧土颗粒及陶片。

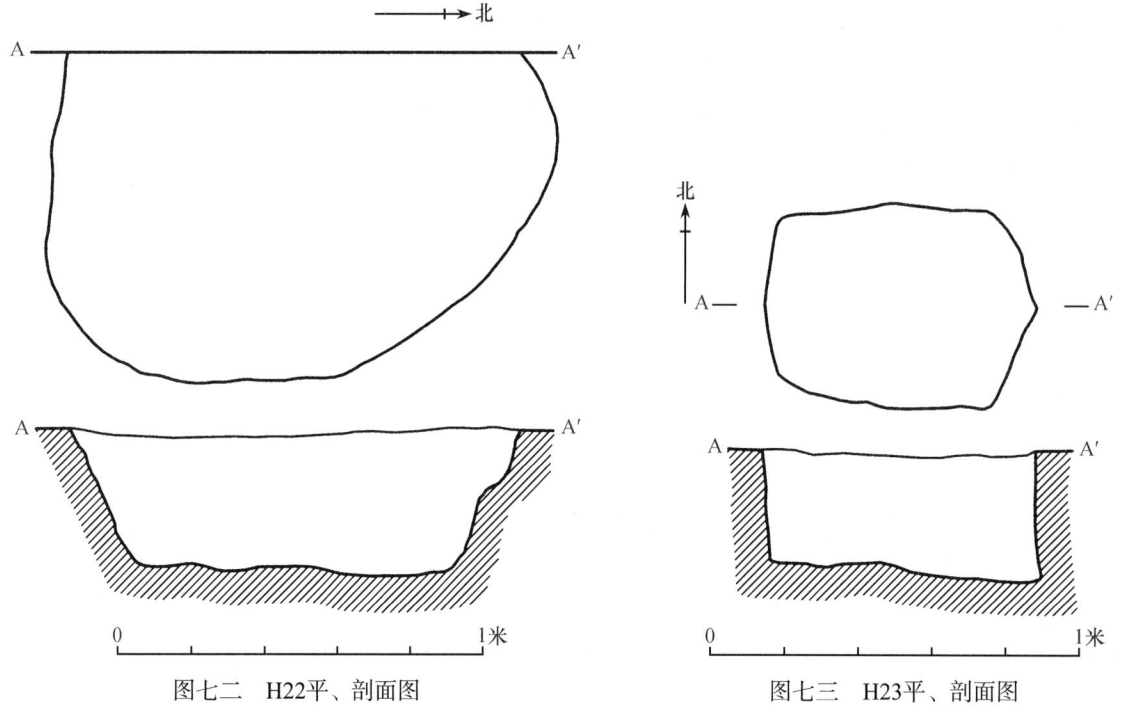

图七二 H22平、剖面图　　　图七三 H23平、剖面图

器类有鼎、豆、罐、盆。

鼎　1件。H23:5，泥质黑陶，足尖红色。圆截锥足，足底削平。足根饰一圆形浅按窝。残高6.5厘米（图七四，5）。

罐　1件。H23:1，泥质夹炭红陶。直口，平折沿，尖唇，短颈微束，广肩，下部残。通体饰红衣但大部分已脱落，颈部饰平行凹弦纹。口径17、残高9厘米（图七四，2）。

盆　2件。H23:2，泥质夹炭红陶。口微敛，丁字形平折沿，沿面弧凸，圆唇，弧腹内收，下部残。通体饰红衣但大部分已脱落。口径30、残高5.6厘米（图七四，1）。H23:3，泥质夹炭红陶。口微敛，丁字形平折沿，沿面弧凸，圆唇，弧腹内收，下部残。通体饰红衣但大

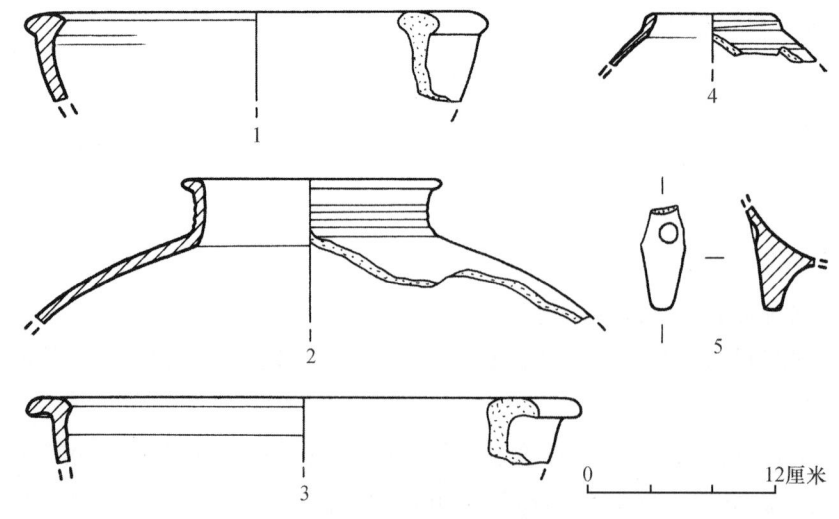

图七四　H23出土器物
1、3. 陶盆（H23:2、H23:3）　2. 陶罐（H23:1）　4. 陶豆（H23:4）　5. 陶鼎（H23:5）

部分已脱落。口径36、残高4厘米（图七四，3）。

豆　1件。H23：4，泥质磨光黑陶。小口微敛，圆唇，弧肩，下部残。口沿外壁饰两道不规整凹弦纹，肩饰一周双凹弦纹。口径8、残高3厘米（图七四，4）。

H24　位于ⅠT2107南部。开口在第3层下，打破第4层，坑口距地面深30厘米。平面呈不规则圆形，斜壁，平底，壁面较粗糙，坑底略有起伏，未见加工痕迹。东西长84厘米，南北宽59厘米，深12～16厘米（图七五）。填土为黑色黏土，较致密，包含大量草木灰及少量陶片。器类有鼎、罐等。

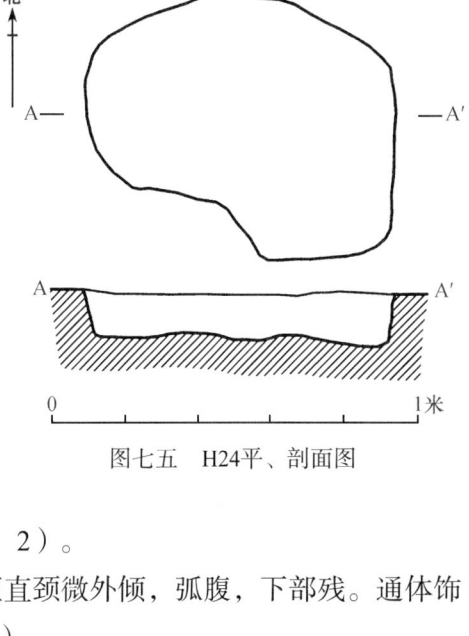

图七五　H24平、剖面图

鼎　1件。H24：2，泥质黑陶，足尖红色。侧扁圆锥足，足尖外撇。足根饰一浅按窝。残高5厘米（图七六，2）。

罐　1件。H24：1，泥质夹炭灰陶。敞口，圆唇，短直颈微外倾，弧腹，下部残。通体饰红衣但大部分已脱落。口径14、残高4.2厘米（图七六，1）。

H25　位于TG5中北部。开口在第5层下，打破生土，坑口距地面深95厘米。平面呈不规则圆形，壁斜直，坑底缓平，未见加工痕迹。直径70～80厘米，底部直径55～58厘米，深10～26厘米（图七七）。填土为浅灰褐色夹红色颗粒黏土，较致密，包含较多红烧土颗粒和少量陶片。器类有鼎、罐、缸、器座、盘等。

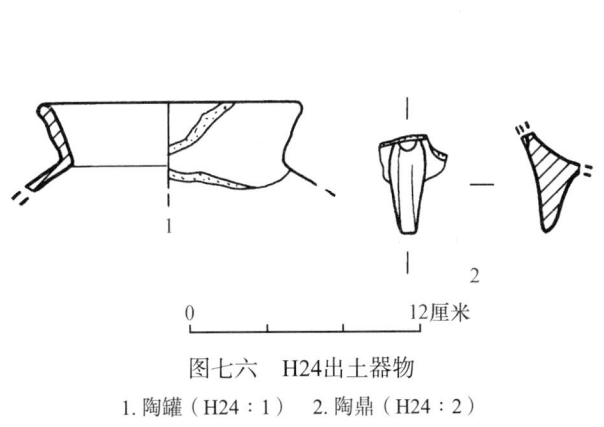

图七六　H24出土器物
1.陶罐（H24：1）　2.陶鼎（H24：2）

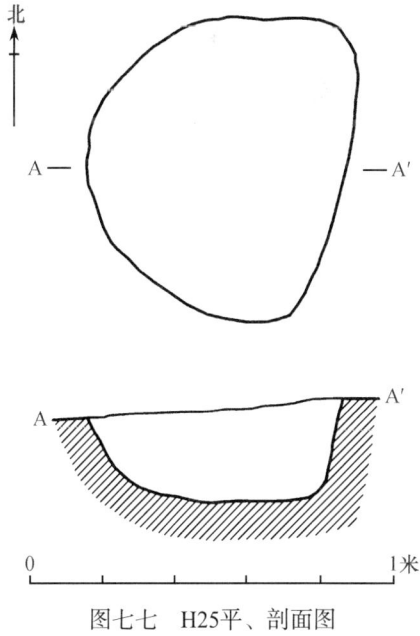

图七七　H25平、剖面图

鼎　2件。H25：7，泥质夹炭红陶。三棱锥形足，截面近圆角三角形，内侧脊凸，外侧稍平。通体饰红衣但大部分已脱落，足根饰一浅按窝。残高6.6厘米（图七八，6）。H25：8，泥质红陶。宽扁板形足，呈上宽下窄倒梯形，内外面扁平，两侧平脊，宽平足尖稍外撇。通体饰

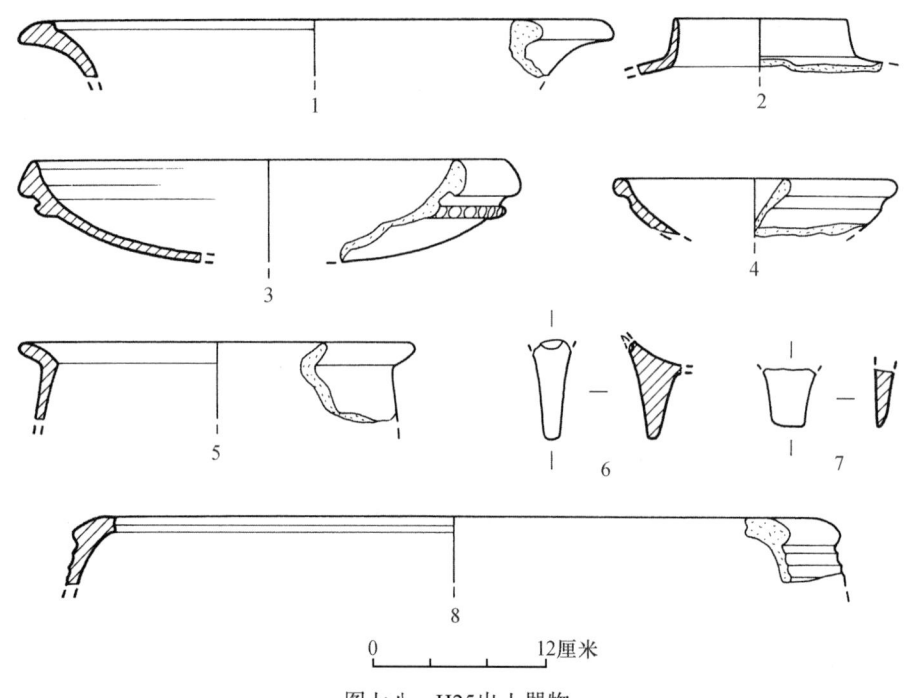

图七八　H25出土器物
1. 陶缸（H25∶6）　2、8. 陶罐（H25∶3、H25∶5）　3、4. 陶盘（H25∶1、H25∶4）　5. 陶器座（H25∶2）
6、7. 陶鼎（H25∶7、H25∶8）

红衣但大部分已脱落。残高4厘米（图七八，7）。

罐　2件。H25∶3，泥质红陶。近直口，矮领，广肩较平，下部残。通体饰红衣但大部分已脱落。口径12、残高3.6厘米（图七八，2）。H25∶5，泥质夹炭红陶。敛口，重唇，弧腹，下部残。通体饰红衣但大部分已脱落，唇缘因饰一道凹弦纹成重唇状，腹饰棱纹。口径54、残高4.4厘米（图七八，8）。

器座　1件。H25∶2，泥质红陶。仰折沿，圆唇，宽沿面，弧腹，下部残。通体饰红衣但大部分已脱落。口径28、残高5.2厘米（图七八，5）。

缸　1件。H25∶6，泥质红陶。大侈口，圆唇，束颈，腹残。通体饰红衣但大部分已脱落，唇内缘因饰一周宽凹弦纹若折沿状。口径42、残高3.8厘米（图七八，1）。

盘　2件。H25∶1，泥质夹炭红陶。器形较大，敞口，尖唇，斜弧腹，浅盘，下部残。通体饰红衣但部分已脱落，唇外下缘饰一周宽棱，腹外饰一周链状附加堆纹。口径34、残高7厘米（图七八，3）。H25∶4，泥质灰陶。敞口，加厚丰圆唇，斜弧腹，盘较深，下部残。内壁上部饰一周浅凹弦纹，外壁上缘近唇处饰一周凹棱纹。口径20、残高4厘米（图七八，4）。

H26　位于TG2南部。开口在第7层下，打破第12层和H28，坑口距地面深30厘米。已经揭露部分平面呈半圆形，壁斜弧，底缓平，未见加工痕迹。长240厘米，宽100厘米，深20厘米（图七九）。填土为褐色黏土，较疏松，包含大量草木灰、烧土颗粒及陶片。器类有鼎、簋、罐、盆、盘、器盖等。

鼎　1件。H26∶12，泥质夹炭红陶。宽扁板形足，宽大。外面宽平，上宽下窄，内面粗糙不平，足尖残。上部饰两个横向按窝若双眼，下部中间饰两个竖向按窝若鼻和嘴。残高7.2厘米（图八〇，12）。

罐　5件。H26∶4，泥质红陶。小口微敛，近平折沿，宽沿面，方唇，短颈微束，腹残。通体饰红衣但大部分已脱落，颈饰多道平行深凹弦纹。口径15、残高3.8厘米（图八〇，8）。H26∶6，夹砂红陶。小直口，加厚丰圆唇，竖直短颈，鼓肩斜弧，下部残。唇外缘贴饰一周凸棱，短颈外壁中部微弧凸。口径14、残高5.2厘米（图八〇，6）。H26∶2，泥质红陶。敛口，圆唇，深弧腹，下部残。唇外缘附加一周宽平棱，腹饰多道平行浅凹弦纹。口径26、残高6厘米（图八〇，7）。H26∶3，泥质红陶。敛口，厚唇面弧凹，鼓腹，下部残。口径22、残高6.6厘米（图八〇，4）。H26∶7，泥质红陶。敛口，平折沿，尖唇，鼓腹，下部残。口径30、残高2.8厘米（图八〇，1）。

盆　1件。H26∶5，泥质红陶。敞口，圆唇，窄平折沿，内折角尖棱，弧腹内收，下部残。腹饰两周平行凹弦纹和一周链状附加堆纹。口径36、残高5.6厘米（图八〇，2）。

簋　1件。H26∶9，泥质磨光黑陶。上部残，圜底，矮圈足外撇。圈足外壁中上部饰一周凸弦纹，弦纹下饰单圆形镂孔。足径10、残高3.2厘米（图八〇，9）。

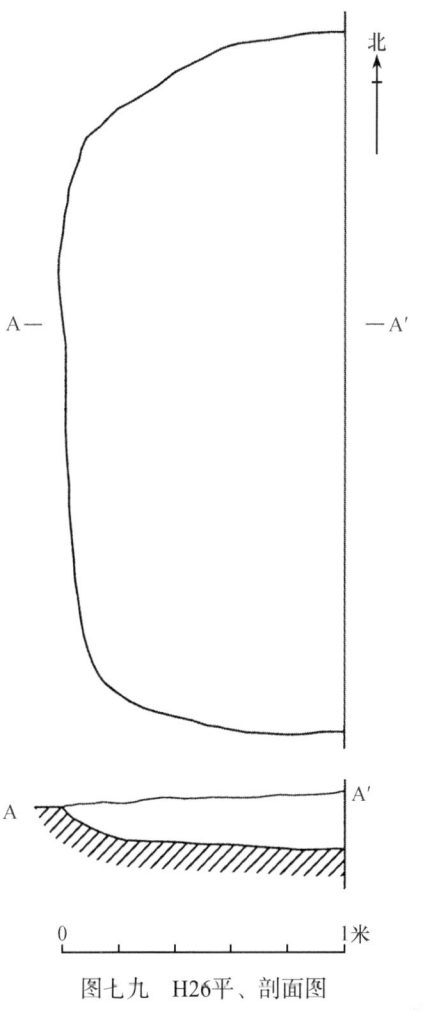

图七九　H26平、剖面图

盘　1件。H26∶1，泥质红陶。敞口，丰圆唇，斜直腹，深盘，平底，喇叭形粗圈足底缘稍内收。通体饰红衣但大部分已脱落，盘内壁中上部饰一周浅凹弦纹，唇外缘贴饰一周凸棱，圈足外壁中上部饰一周凸棱，中下部饰一周凹弦纹。盘口径18.4、足径16.4、高9.6厘米（图八〇，3；图版三一，2）。

器盖　3件。H26∶8，泥质夹炭红陶。覆钵形。顶部残，圆弧形盖面，丰圆唇。通体饰红衣但大部分已脱落，唇外缘凸棱。盖径28、残高5.2厘米（图八〇，5）。H26∶10，泥质磨光黑陶。喇叭形盖纽，较矮，纽壁斜直外倾，穿顶盖面残。纽径5.4、残高2.6厘米（图八〇，11）。H26∶11，泥质磨光黑陶。折盘形盖纽，较矮。纽盘仰折沿，短直颈，弧穿顶盖面残。纽颈中部等距离饰三组横向双孔镂孔纹，纽根等距离饰三组戳点纹。纽径6.4、残高2.8厘米（图八〇，10）。

H27　位于ⅠT2106西北部。开口在第3层下，打破第4、5层和生土，坑口距地面深40～55厘米。平面近方形，直壁，平底，壁面较光滑，未见加工痕迹。长78厘米，宽78厘米，深54～60厘米（图八一；图版四，2）。填土分两层：第1层厚28～50厘米，深灰黑色黏土，较疏

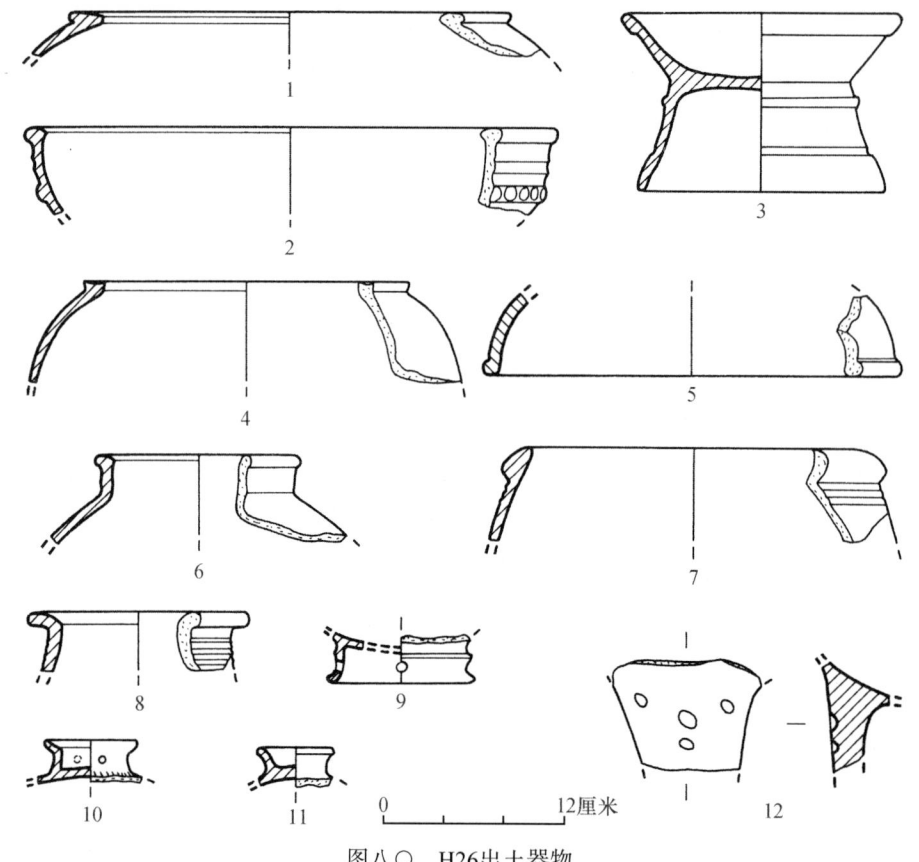

图八〇　H26出土器物

1、4、6~8.陶罐（H26：7、H26：3、H26：6、H26：2、H26：4）　2.陶盆（H26：5）　3.陶盘（H26：1）　5、10、11.陶器座（H26：8、H26：11、H26：10）　9.陶箅（H26：9）　12.陶鼎（H26：12）

松，坡状堆积，包含大量草木灰和烧土颗粒，出土较多陶片，器类有鼎、缸、器盖等；第2层厚10~30厘米，深灰黑色黏土，较疏松，坡状堆积，包含大量草木灰、烧土颗粒、动物骨骼及少量陶片，器类不明。

罐　1件。H27：2，泥质磨光黑陶。微敛口，折沿下垂，尖唇，深弧腹，下部残。口径15、残高4.4厘米（图八二，1）。

豆　1件。H27：3，泥质磨光黑陶。敛口，圆唇，短直颈，折肩，弧腹内收，下部残。口径12、残高3.6厘米（图八二，2）。

器盖　3件。H27①：1，泥质磨光黑陶。覆盘形。折盘形纽，尖唇，仰折沿，矮颈。盖面斜弧，丰圆唇。纽颈饰双凸棱纹，盖面中部饰一周凸弦纹，盖唇外缘凸棱。纽径4.6、底径12、高4厘米（图八二，3；图版四三，1）。H27：4，泥质磨光红陶。覆碗形。顶部残，盖面斜弧，尖唇。通体饰红衣但部分已脱落，盖面上部饰一周凸弦

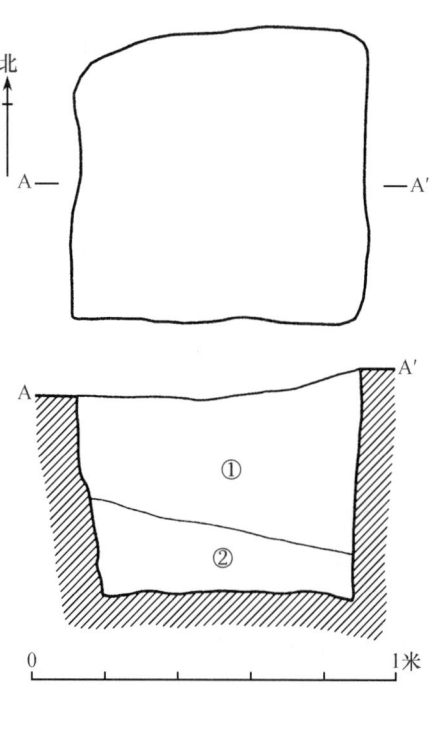

图八一　H27平、剖面图

纹。盖径13、残高4厘米（图八二，4）。H27∶5，泥质磨光黑陶。折盘形纽，圆唇，仰折沿，矮颈微束腹。宽弧穹顶盖面残。纽颈中部饰镂孔纹，纽颈根处饰两周阶梯状凸棱，并饰间断戳点纹。纽径7、残高3.2厘米（图八二，5）。

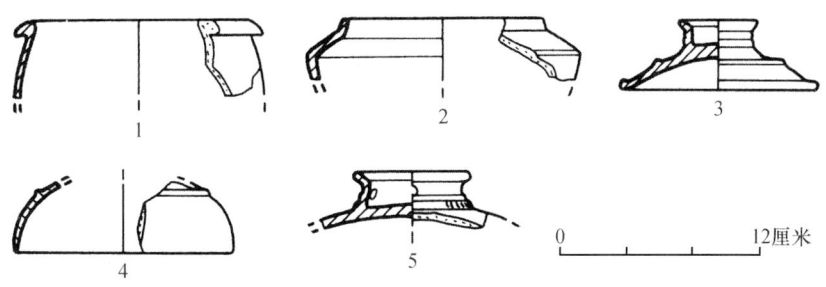

图八二　H27出土器物
1.陶罐（H27∶2）　2.陶豆（H27∶3）　3~5.陶器盖（H27∶1、H27∶4、H27∶5）

H28　位于TG2南部。开口在第12层下，打破城墙，坑口距地面深30厘米。已经揭露部分平面呈圆角长方形，斜壁，平底，壁面较光滑，未见加工痕迹。长240厘米，宽100厘米，深20厘米（图八三；图版四，1）。填土为灰褐色黏土，较疏松，包含大量草木灰、烧土颗粒、碎骨和陶片。器类有鼎、罐、盆、盘、豆、器盖等。

鼎　1件。H28∶8，泥质磨光黑陶，足尖部红色。侧扁圆截锥足，足尖削平。残高6.2厘米（图八四，6）。

罐　3件。H28∶1，泥质红陶。直口，尖唇，矮领，广肩，肩腹转圜处为最大腹径，深弧腹内收，圜底近平，喇叭形矮圈足，圈足底缘微内扣。通体饰红衣但大部分已脱落，腹下部饰一周凸弦纹。口径9.2、腹径22.8、足径11.2、复原高18厘米（图八四，8；图版一五，5）。H28∶5，泥质夹炭红陶。敛口，仰折沿，圆唇，束颈，鼓腹，下部残。通体饰红衣但大部分已脱落。口径16、残高4.8厘米（图八四，2）。H28∶7，泥质磨光红陶。上部残，弧腹，圜底，矮圈足，圈足底缘内扣。足径12、残高3.4厘米（图八四，5）。

盆　1件。H28∶2，泥质红陶。敛口，圆唇，弧腹内收，下部残。通体饰红衣但大部分已脱落；唇外缘贴附一周宽凸棱。口径24、残高4.6厘米（图八四，1）。

盘　1件。H28∶3，泥质磨光黑陶。敞口，丰圆唇，唇外缘凸棱，弧腹微折，深盘，下部残。折腹上缘绕体饰间断戳点纹线段。口径20、残高4.6厘米（图八四，4）。

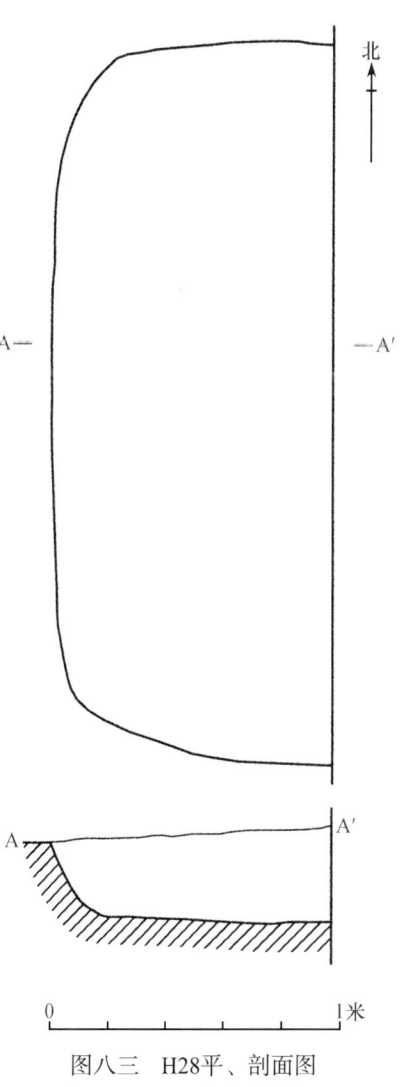

图八三　H28平、剖面图

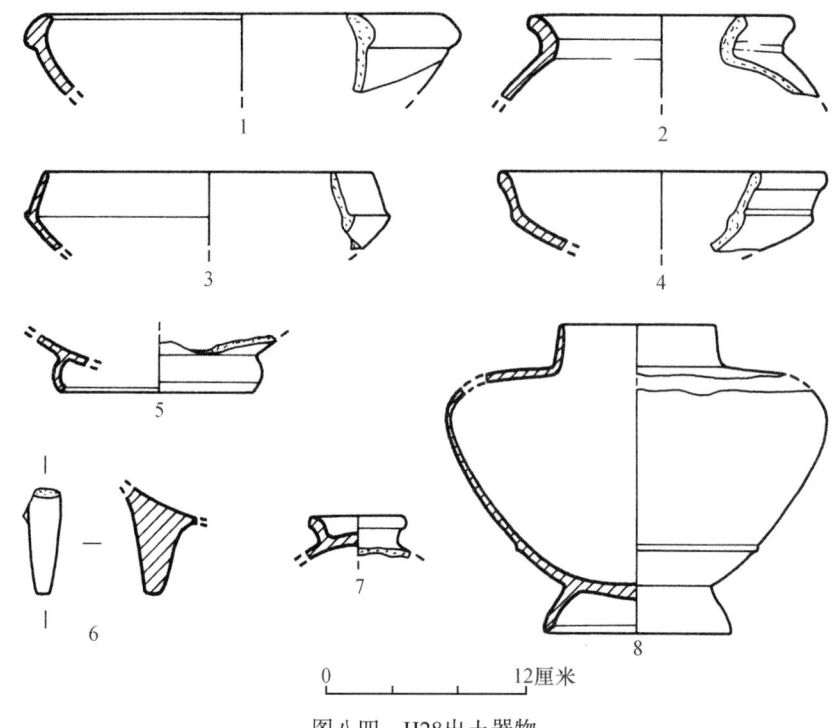

图八四 H28出土器物

1.陶盆（H28：2） 2、5、8.陶罐（H28：5、H28：7、H28：1） 3.陶豆（H28：4） 4.陶盘（H28：3） 6.陶鼎（H28：8） 7.陶器盖（H28：6）

豆 1件。H28：4，泥质灰陶。敛口，尖唇，折腹，折腹下弧内收，深盘，下部残。口径20、残高4.4厘米（图八四，3）。

器盖 1件。H28：6，泥质磨光黑陶。浅盘形盖纽。纽壁斜直外敞，圆唇，纽外缘凸棱，圆穹顶盖面残。纽径5.8、残高2.4厘米（图八四，7）。

H29 位于ⅠT2004北部。开口在第2层下，被M8打破，打破生土，坑口距地面深35～40厘米。平面呈圆角长方形，斜壁，平底，壁面较光滑，未见加工痕迹。长72厘米，宽46厘米，深12～18厘米（图八五）。填土为浅黄色黏土，较致密，包含少量草木灰、红烧土颗粒及陶片。器类有罐、碗等。

罐 1件。H29：1，夹炭红陶。敛口，加厚丰圆唇，球腹，下部残。通体饰红衣但大部分已脱落。口径20、残高18.8厘米（图八六，1）。

碗 1件。H29：2，泥质灰陶。敛口，内折沿呈子母口状，圆唇，斜弧腹内收，下部残。口径20、残高2.3厘米（图八六，2）。

H30 位于TG2北段中南部。开口在第6层下，打破M10和城墙，坑口距地面深90～100厘米（彩版九，1；图版六，2）。已经揭露部分平面呈半圆形，斜壁，平底，壁面较光滑，未见加工痕迹。直径140厘米，深25厘米（图八七）。填土为灰褐色黏土，较疏松，包含大量草木灰及少量陶片、动物碎骨等。器类有鼎、罐、盆、簋。

鼎 1件。H30：5，泥质磨光黑陶，足部红色。圆锥足。残高4.6厘米（图八八，5）。

罐 2件。H30：1，泥质夹炭红陶。敛口，丰圆唇，圆鼓腹，下部残。口径38、残高6厘米

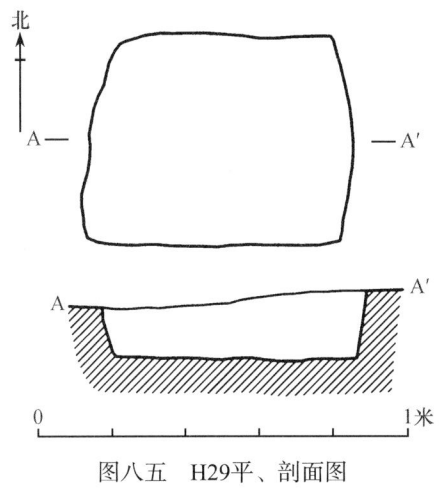

图八五　H29平、剖面图

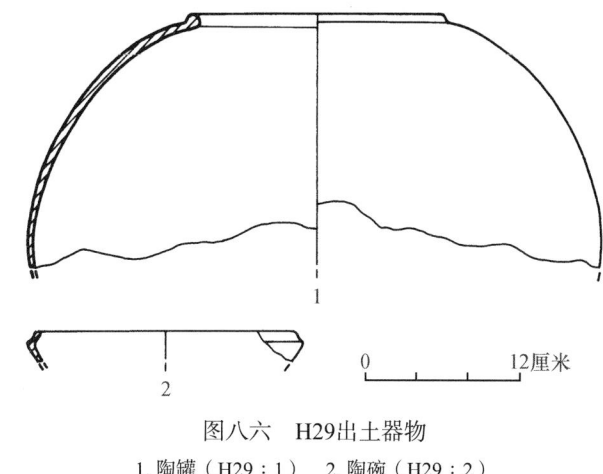

图八六　H29出土器物
1. 陶罐（H29∶1）　2. 陶碗（H29∶2）

（图八八，3）。H30∶3，夹砂红陶。敛口，丰圆唇，唇外缘凸棱，鼓腹，下部残。口径26、残高4.2厘米（图八八，1）。

盆　1件。H30∶2，夹砂红陶。微敛口，丰圆唇，折腹，弧腹内收，下部残。折腹外侧棱凸。口径36、残高4.6厘米（图八八，2）。

簋　1件。H30∶4，泥质磨光黑陶。上部残，深弧腹，圜底，矮圈足中部外折，底缘微外撇。足径9、残高5.2厘米（图八八，4）。

H31　位于ⅢT0154东南部。开口在第1层下，打破第2层。平面近圆角长方形，斜壁，圜底，坑底略起伏，未见加工痕迹。长242厘米，宽132～140厘米，深20厘米（图八九）。填土为浅灰黑色黏土，较疏松，包含大量草木灰、烧土颗粒及陶片，器类有鼎、釜、罐、纺轮等。

鼎　1件。H31∶4，泥质灰陶。宽扁凿形足，内面弧凸，外面中间为竖向封闭型凹槽。残高4.5厘米（图九〇，3）。

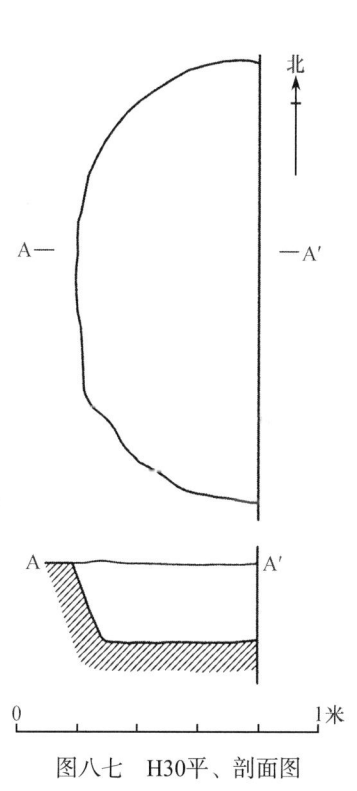

图八七　H30平、剖面图

罐　1件。H31∶2，泥质薄胎灰陶。敛口，仰折沿，宽沿面弧凹，斜方唇，鼓腹，下部残。口径19、残高3.2厘米（图九〇，2）。

釜　1件。H31∶3，泥质灰陶。敛口，仰折沿，宽沿面，尖唇，唇外缘附加一周宽凸棱，腹残。通体饰黑衣但大部分已脱落。口径36、残高6.8厘米（图九〇，1）。

纺轮　1件。H31∶1，泥质红陶。两面平，周缘微弧。素面。直径4.2、孔径0.5、厚0.7厘米（图九〇，4；图版五四，1）。

H32　位于ⅡT0716北部隔梁。开口在第6层下，打破第7、8层和G7。已经揭露部分平面呈不规则形，斜壁，平底，壁面较光滑，未见加工痕迹。长136厘米，宽75厘米，最深50厘米（图九一）。填土为灰红色黏土，较板结致密，包含大量烧土颗粒和少量陶片。器类有罐等。

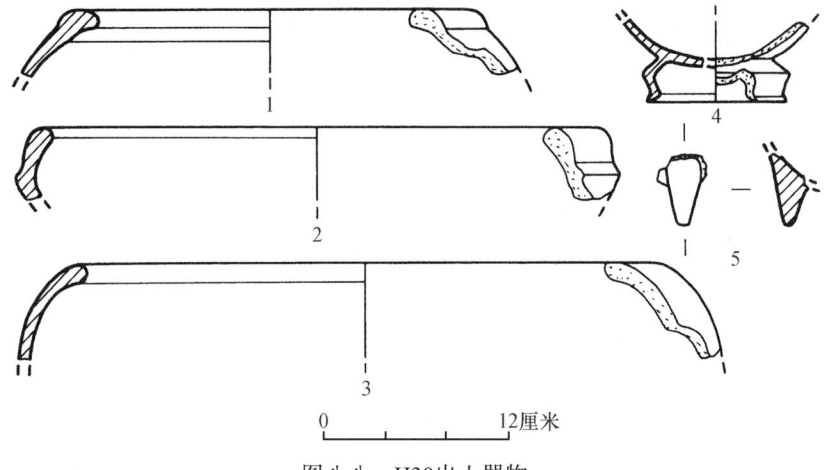

图八八　H30出土器物

1、3. 陶罐（H30：3、H30：1）　2. 陶盆（H30：2）　4. 陶簋（H30：4）　5. 陶鼎（H30：5）

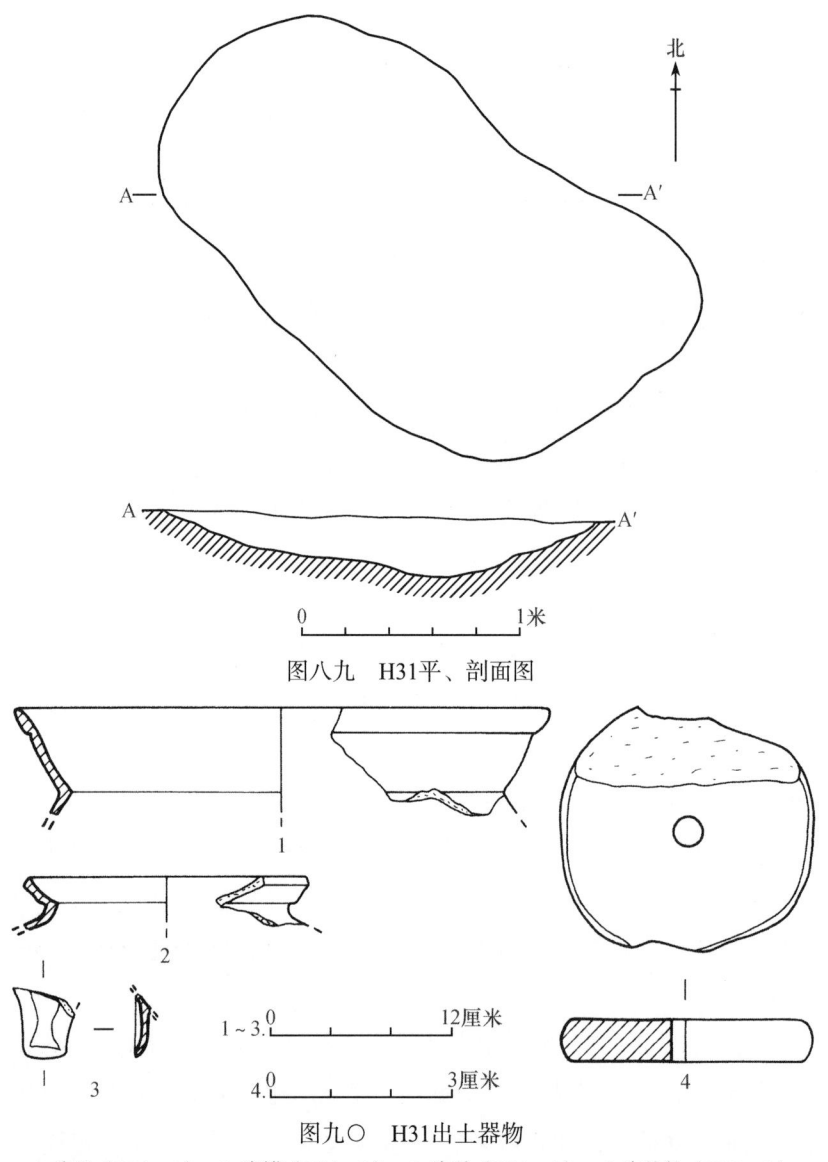

图八九　H31平、剖面图

图九〇　H31出土器物

1. 陶釜（H31：3）　2. 陶罐（H31：2）　3. 陶鼎（H31：4）　4. 陶纺轮（H31：1）

罐　1件。H32:1，泥质夹炭灰陶。敛口，卷沿，圆唇，弧腹，下部残。口径30、残高4.4厘米（图九二）。

H33　位于ⅡT0716中部。开口在第7层下，打破第8层和G7。平面呈不规则长条形，西北宽，东南窄，西北高，东南低，斜壁，坑底起伏不平，壁面较光滑，未见加工痕迹。长220厘米，宽100～64厘米，最深26厘米（图九三）。填土为灰红色黏土，较板结致密，包含少量烧土颗粒和陶片。器类有鼎、釜等。

鼎　1件。H33:2，泥质黑陶，足尖红色。宽扁凿形足，内面不规则弧凸，外面中间竖向凹槽，斜弧两侧脊凸，宽平足尖。残高5.5厘米（图九四，2）。

釜　1件。H33:1，泥质夹炭红陶。敛口，仰折沿，宽沿面，尖唇，弧腹，下部残。通体饰红衣但大部分已脱落。口径36、残高3厘米（图九四，1）。

H34　位于ⅡT0716西北角。开口在第7层下，打破第8层和G7。已经揭露部分平面呈扇形，整体形状不明，斜壁，平底，壁面较光滑，未见加工痕迹。长84厘米，宽80厘米，最深39厘米（图九五）。填土为灰红色黏土，较板结致密，包含少量烧土颗粒和陶片。器类有鼎、罐等。

鼎　1件。H34:2，泥质黑陶，足尖红色。侧扁圆截锥足，内外脊凸，左右两侧扁圆，足尖削平。残高4.3厘米（图九六，2）。

罐　1件。H34:1，泥质磨光黑陶。微侈口，尖唇，唇外缘凸棱，矮颈，鼓肩，下部残。通体饰红衣但大部分已脱落。口径12、残高3.2厘米（图九六，1）。

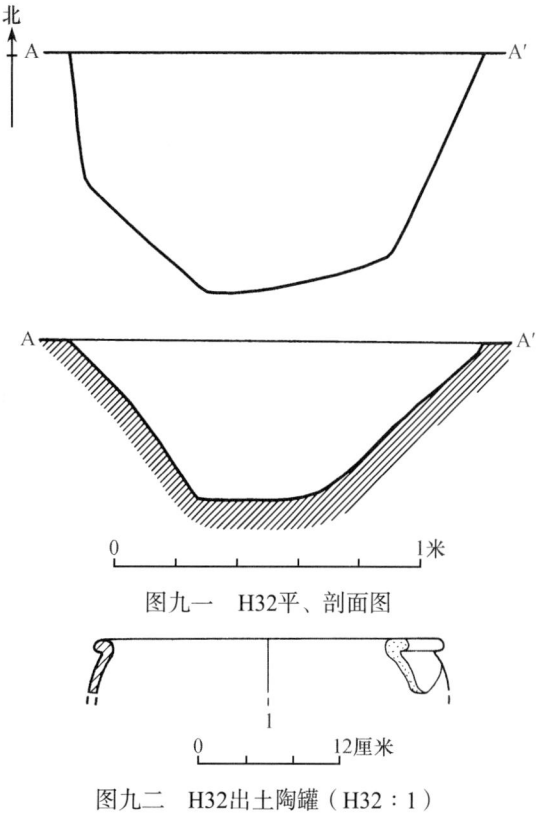

图九一　H32平、剖面图

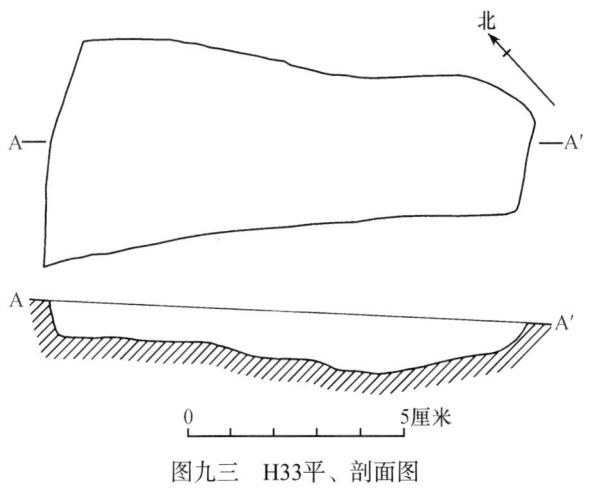

图九三　H33平、剖面图

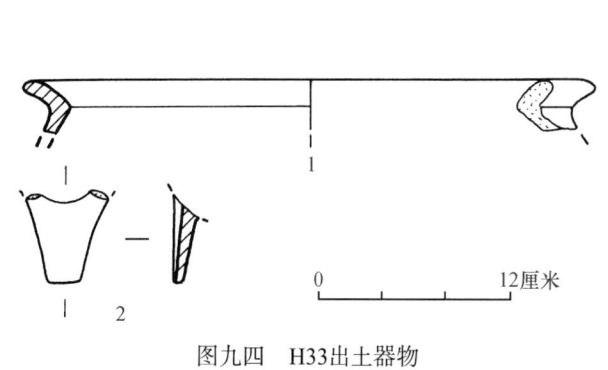

图九四　H33出土器物
1.陶釜（H33:1）　2.陶鼎（H33:2）

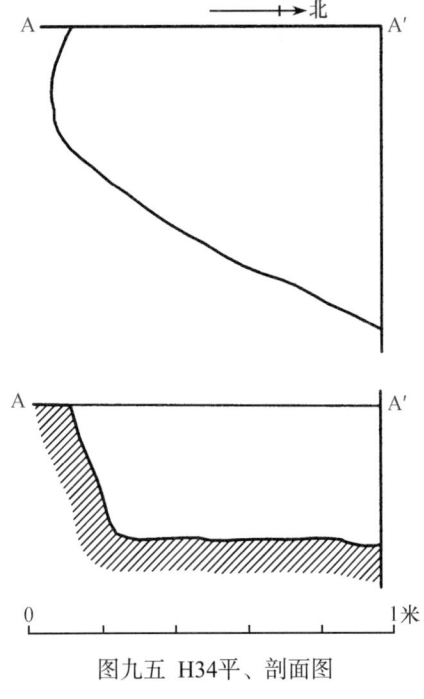

图九五　H34平、剖面图

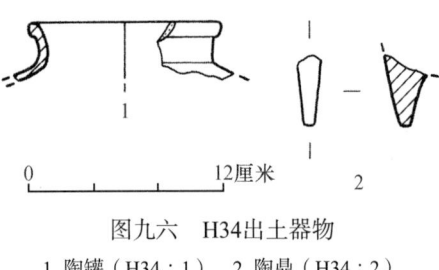

图九六　H34出土器物
1. 陶罐（H34∶1）　2. 陶鼎（H34∶2）

H35　位于ⅡT0809西北角。开口在第3层下，打破F4和第4层，坑口距地面深约55厘米。已经揭露部分平面呈三角形，斜壁，平底，壁面较光滑，未见加工痕迹。长80厘米，宽55厘米，最深35厘米（图九七）。填土为红褐色黏土，较疏松，包含大量草木灰、烧土颗粒和陶片。器类有鼎、罐、簋、盘、器盖等。

鼎　3件。H35∶3，泥质磨光黑陶。敛口，仰折沿，宽沿面，圆唇，微束颈，弧腹，下部残。口径16、残高2.6厘米（图九八，2）。H35∶6，泥质红陶。宽扁凿形足，内面竖向弧凸，外面竖向弧凹，两侧脊凸，宽足尖微弧凸外撇。残高6.2厘米（图九八，6）。H35∶7，鼎足，泥质红陶。侧扁圆锥形足，左右两面侧扁，内外脊凸，平足尖微外撇。残高4.7厘米（图九八，5）。

罐　1件。H35∶4，泥质磨光黑陶。微敛口，折沿下垂，尖唇，弧腹，下部残。口径16、残高2.4厘米（图九八，3）。

簋　1件。H35∶5，泥质磨光黑陶。上部残，圜底，矮圈足外撇。圈足中部起一周凸棱，凸棱下绕体间断饰横向双孔镂孔纹，近底缘饰一周浅凹弦纹。足径11、残高3.2厘米（图九八，4）。

盘　1件H35∶2，泥质磨光红陶。敞口，尖唇，斜弧腹内收，深盘，下部残。通体饰红衣但部分已脱落，内壁上部饰一周浅凹弦纹，唇外缘贴饰一周宽凸棱。口径20、残高3.6厘米（图九八，1）。

器盖　1件。H35∶1，泥质磨光黑陶。覆盘形。盖纽残，圆弧盖面，穹顶，平折沿，尖唇。盖面饰一周凸弦纹，折沿沿面饰两周凹弦纹。盖径11、残高2.8厘米（图九八，7）。

H36　位于ⅠT1707东部。开口在第2层下，被扰坑打破，打破第3层和M14。平面呈不规则形，坑边或曲或直，斜壁，坑底起伏不平，壁面较光滑，未见加工痕迹。最长260厘米，最宽146厘米，最深10~30厘米（图九九）。填土为灰白色黏土，较板结致密，包含大量烧土块、烧土颗粒、碎骨和陶片等。器类有鼎、簋、罐、釜、盘、盆、圈足、器盖、石斧、石凿。

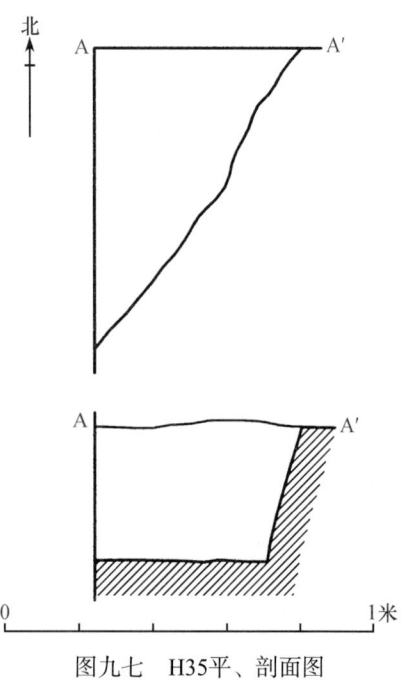

图九七　H35平、剖面图

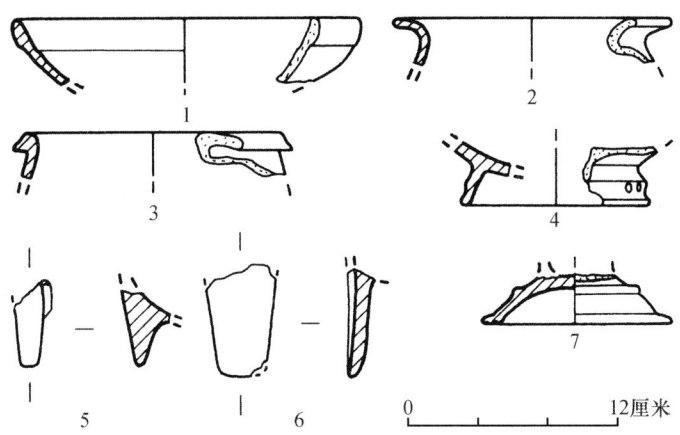

图九八　H35出土器物

1. 陶盘（H35：2）　2、5、6. 陶鼎（H35：3、H35：7、H35：6）　3. 陶罐（H35：4）　4. 陶簋（H35：5）
7. 陶器盖（H35：1）

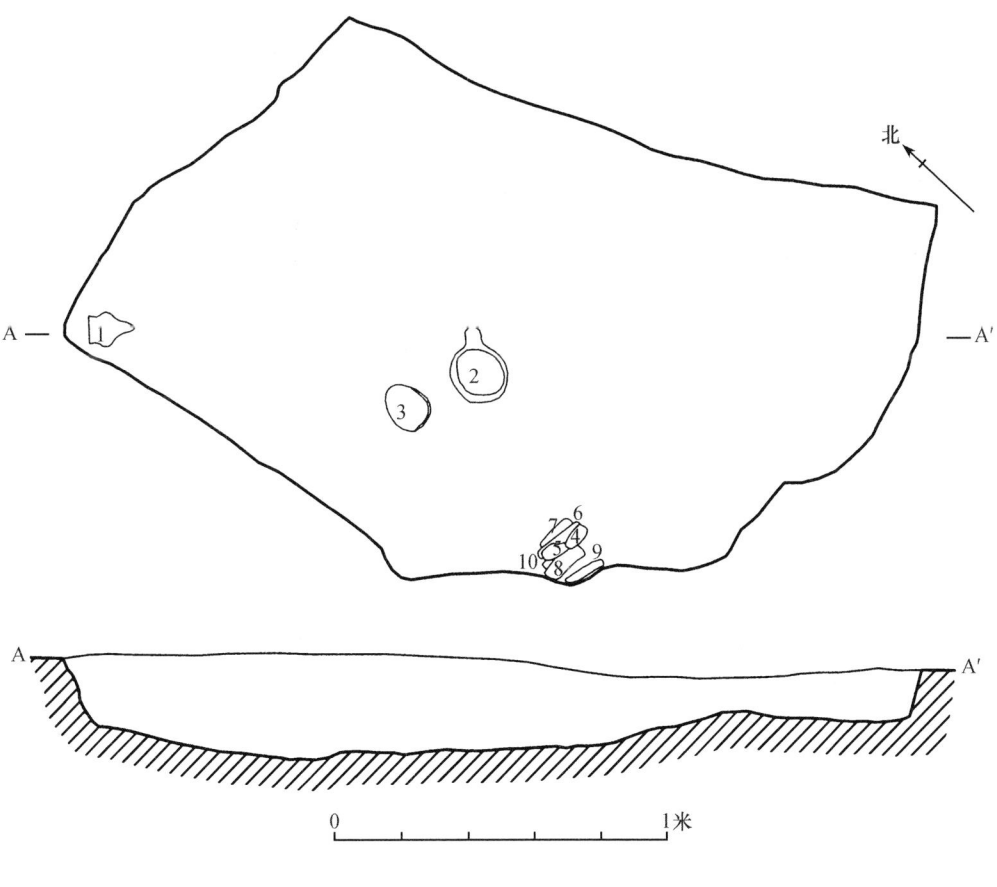

图九九　H36平、剖面图

1. 陶器盖　2. 陶盘　3. 陶簋　4. 石凿　5~10. 石斧

鼎　1件。H36：15，泥质磨光黑陶。敛口，仰折沿，圆唇，鼓腹，下部残。口径12、残高3.4厘米（图一〇〇，17）。

罐　2件。H36：11，泥质夹炭红陶。敛口，仰折沿，宽沿面下垂，丰圆唇，束颈，深鼓腹，下部残。口径12、残高8厘米（图一〇〇，3）。H36：17，夹炭红陶。敛口，加厚丰圆唇，鼓腹，下部残。通体饰红衣但大部分已脱落，唇外缘饰一周凸棱。口径24、残高3.6厘米（图一〇〇，9）。

盆　4件。H36：13，泥质夹炭红陶。敛口，方唇，弧腹内收，下部残。方唇唇面饰一周浅凹弦纹，外壁上缘近唇处饰一周凸棱。口径45、残高6.2厘米（图一〇〇，8）。H36：14，泥质灰陶。微敛口，丰圆唇，神弧腹，下部残。唇外缘饰一周凸棱，凸棱下饰一周浅双凹弦纹。口径28、腹径28.8、残高6厘米（图一〇〇，11）。H36：16，夹炭灰陶。敞口近直，平折沿，沿面窄，圆唇，深弧，下部残。口径20、残高7.6厘米（图一〇〇，2）。H36：18，夹炭灰陶。微敛口，仰折沿，沿面窄，尖唇，深弧腹，下部残。口径18、残高5.2厘米（图一〇〇，1）。

釜　2件。H36：20，夹炭红陶。敛口，仰折沿，宽沿面，圆唇，弧腹，下部残。口径22、残高5.2厘米（图一〇〇，6）。H36：21，夹炭红陶。敛口，仰折沿，宽沿面，尖唇，弧腹，下部残。唇外缘饰一周凸棱。口径24、残高4.2厘米（图一〇〇，5）。

簋　4件。H36：3，泥质磨光黑陶。钵形；敛口，圆凸唇，深弧腹，圜底中央稍下坠，矮圈足，圈足壁曲折内收，折角棱凸。唇缘饰间断戳点纹，腹饰一周凹弦纹。口径13.5、腹径16.4、足径10、高11.5厘米（图一〇〇，4；图版二四，5）。H36：22，泥质磨光黑陶。上部残，圜底，矮圈足外撇。足径10.8、残高3.2厘米（图一〇〇，14）。H36：23，泥质磨光黑陶。上部残，圜底，矮圈足外撇。圈足外壁中部饰一周凸棱。足径9.8、残高4厘米（图一〇〇，15）。H36：24，泥质磨光黑陶。上部残，圜底中央稍下坠，矮圈足。圈足中部曲折，底缘外撇。足径9、残高3.2厘米（图一〇〇，16）。

盘　1件。H36：2，泥质磨光黑陶。敞口，圆唇，折腹，深盘，上腹斜直，下腹斜弧内收，圜底中央稍下坠，粗圈足，圈足壁曲折，底缘外撇。盘口边缘附设一个深窝斗形纽。折腹外壁饰一周凸弦纹。盘口径20.4、足径14、高9.8厘米（图一〇〇，10；图版三一，3）。

圈足　2件。H36：12，泥质红陶。直筒形高圈足上部残，底缘外撇。通体饰红衣但大部分已脱落，圈足外壁中部饰一周凸棱，凸棱之下饰平行凹弦纹。足径13、残高6.4厘米（图一〇〇，7）。H36：19，夹炭红陶。直筒形高圈足上部残，圈足底缘加厚外折。圈足外壁饰棱纹。足径16、残高4.4厘米（图一〇〇，12）。

器盖　1件。H36：1，泥质红陶。塔形纽，盖面残。通体饰红衣但大部分已脱落，纽中部饰一周宽平凸棱。直径7.3、残高10.5厘米（图一〇〇，13；图版四三，2）。

石凿　1件。H36：4，灰色砂岩。长梯形。微弧顶，弧凸刃非对称磨刃，两边斜直，两面磨平，边缘有崩疤，形制较规整。长9.3、宽4.3、厚1.6厘米（图一〇一，1；图版七四，1）。

石斧　6件。刃部磨光。H36：5，灰色砂岩。圆角梯形。打制弧顶，圆凸刃，两边斜直，两面微弧凸磨光。长9.5、宽4.8、厚2.3厘米（图一〇一，3；图版六七，2）。H36：6，灰色砂岩。长方形。不规则顶均为崩疤；弧凸刃两面磨刃，有两块崩疤；两边较直；两面微弧凸

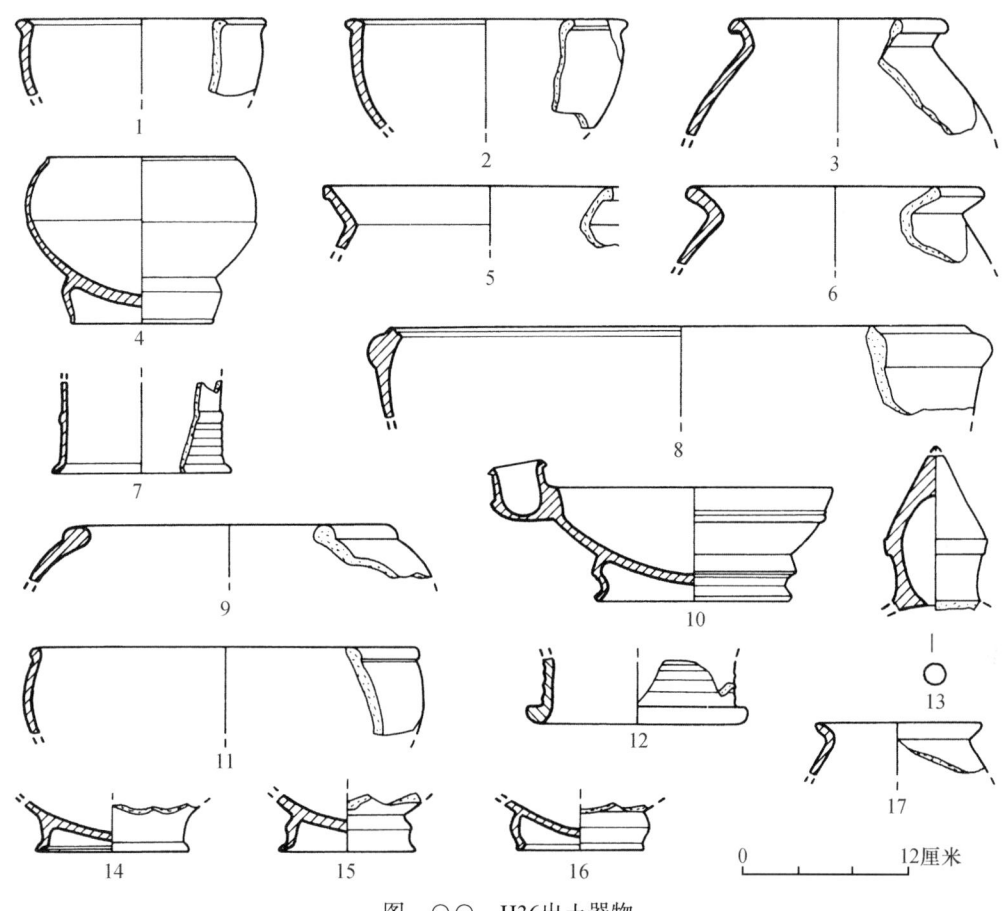

图一〇〇 H36出土器物

1、2、8、11.陶盆（H36：18、H36：16、H36：13、H36：14） 3、9.陶罐（H36：11、H36：17） 4、14~16.陶簋（H36：3、H36：22、H36：23、H36：24） 5、6.陶釜（H36：21、H36：20） 7、12.陶圈足（H36：12、H36：19） 10.陶盘（H36：2） 13.陶器盖（H36：1） 17.陶鼎（H36：15）

有多处崩疤；厚大于宽，形制较规整。长14.4、宽3.6、厚3.9厘米（图一〇一，6；图版六七，3）。H36：7，灰色砂岩。长梯形。平顶，刃微弧凸布满崩疤，两边较直，两面微弧凸有大块崩疤，厚宽相仿近方柱体。长9.8、宽3、厚3厘米（图一〇一，2；图版六七，4）。H36：8，灰色砂岩。长梯形。残顶，刃较平布满崩疤，两面微弧，较厚。长16、宽6、厚4.3厘米（图一〇一，4；图版六七，5）。H36：9，灰色砂岩。长梯形。顶圆弧，平刃微弧凸，两边较直，两面较平，有多处崩疤，较厚。长16.2、宽6.2、厚4.1厘米（图一〇一，5；图版六七，6）。H36：10，灰色砂岩。长方形。残顶，平刃微弧凸，两边较直，两面较平，有多处崩疤，较厚。长16.3、宽7、厚3.9厘米（图一〇一，7）。

H37 位于ⅠT1707西北部。开口在第2层下，打破第3层和生土。平面呈不规则形，坑边或曲或直，斜壁，圜底起伏不平，壁面较光滑，未见加工痕迹。直径最长110厘米，最深36厘米（图一〇二；彩版六，1）。填土为灰黑色黏土，较板结致密，包含大量草木灰、烧土块、烧土颗粒、碎骨及少量陶片等。器类有陶簋、玉玦。

簋 1件。H37：2，泥质磨光黑陶。敛口，平唇，圆鼓肩，深弧腹内收，最大腹径靠上，

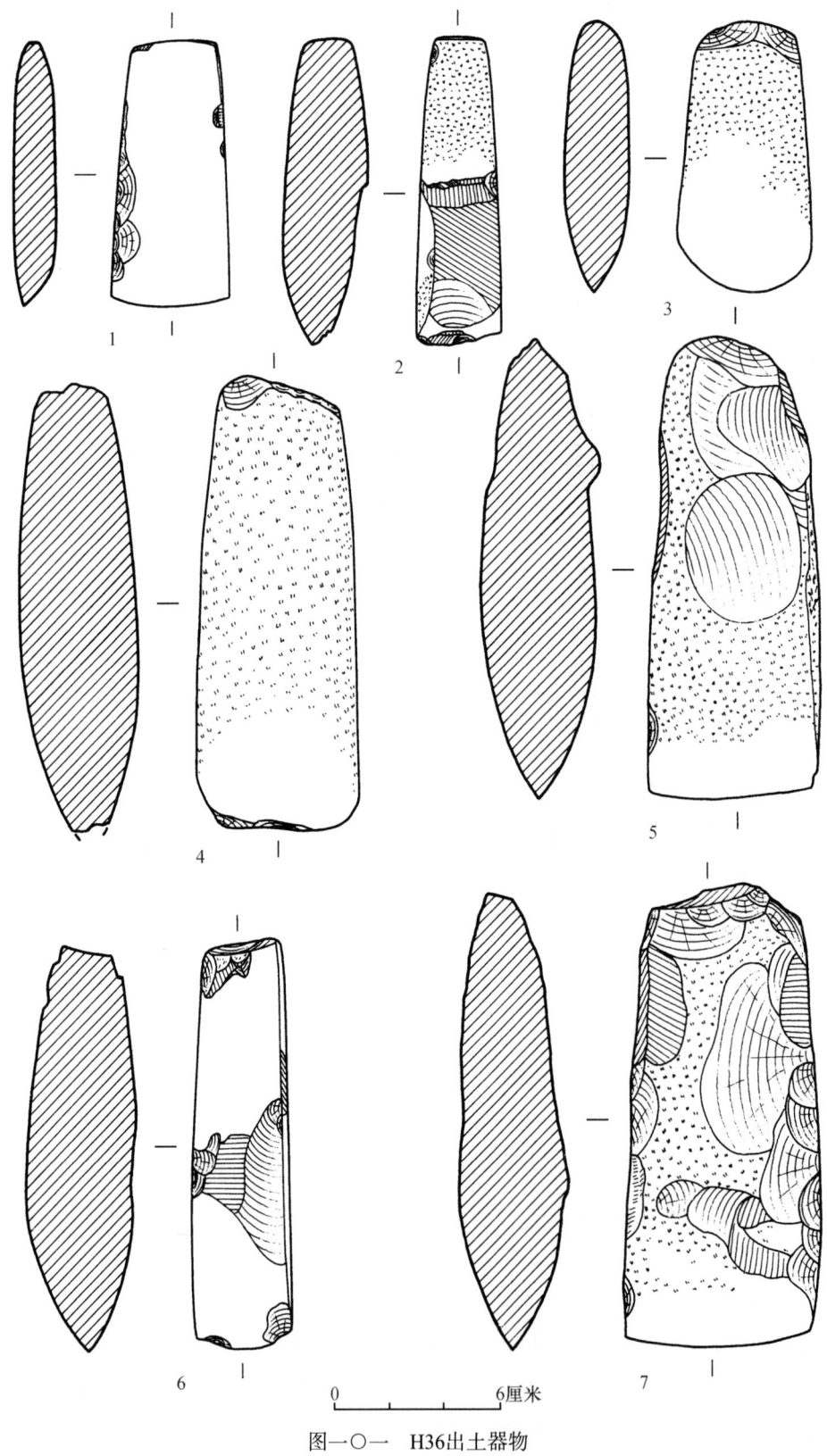

图一〇一 H36出土器物

1. 石凿（H36：4） 2~7. 石斧（H36：7、H36：5、H36：8、H36：9、H36：6、H36：10）

圜底中央稍下坠，矮圈足外撇。腹中下部饰一周凸弦纹。口径11.3、腹径15.4、足径10、高9.8~10.3厘米（图一〇三，2；图版二四，6）。

玉玦 1件。H37：1，浅绿色岫玉。内外缘皆圆弧，一面较平，另一面微弧凸。存两圆形穿孔。外径4~4.7、内径1.95、缺口宽0.2、厚0.5厘米（图一〇三，1；彩版二〇，5）。

H38 位于ⅢT1009中南部。开口在第2层下，被近代墓打破，打破第3层，坑口距地面深30~35厘米。平面呈长条形，坑边或曲或直，斜壁，平底略起伏，壁面较光滑，未见加工痕迹。长250厘米，宽100~125厘米，最深25厘米（图一〇四）。填土为黑灰色黏土，较疏松，包含少量烧土及较多陶片。器类有罐、盘、碗、器盖。

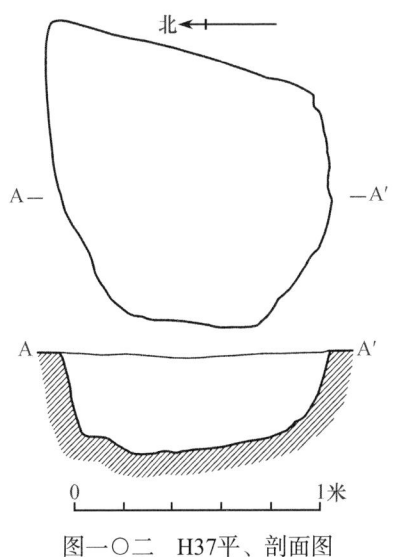

图一〇二 H37平、剖面图

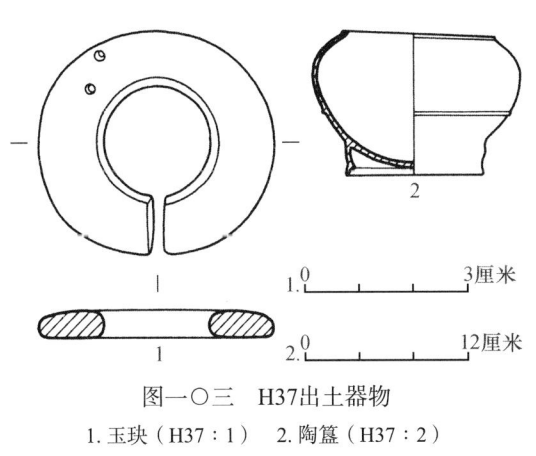

图一〇三 H37出土器物
1. 玉玦（H37：1） 2. 陶簋（H37：2）

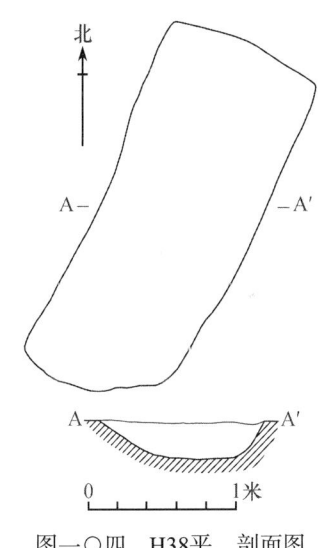

图一〇四 H38平、剖面图

罐 5件。H38：2，夹砂红陶。直口，卷沿，丰圆唇，短直颈，弧腹，下部残。饰红衣但大部分已脱落。口径13、残高3.8厘米（图一〇五，1）。H38：3，夹砂灰陶。微侈口，丰圆唇，束颈，弧腹，下部残。颈饰竖绳纹。口径12、残高39厘米（图一〇五，3）。H38：4，泥质黑陶。上部残，弧腹，凹底。底径7.2、残高4.9厘米（图一〇五，4）。H38：5，泥质黑陶。直口，尖唇，矮领，弧腹，下部残。唇外缘饰间断戳点纹，领部近唇处饰一周双凹弦纹。口径11、残高3.8厘米（图一〇五，2）。H38：6，泥质黑陶。敛口，仰折沿，窄沿面，近尖唇，深弧腹，下部残。唇缘饰间断戳点纹，腹上部饰一周双凹弦纹，中部饰一周单凹弦纹。口径18、腹径18.2、残高5.7厘米（图一〇五，7）。

盘 1件。H38：1，泥质红陶。敞口近直，圆唇，折腹，深盘，圜底，粗圈足，圈足曲折外撇。绕圈足等距离饰四组四孔镂孔纹。口径22.8、足径18、高9.2厘米（图一〇五，5；图版三一，4）。

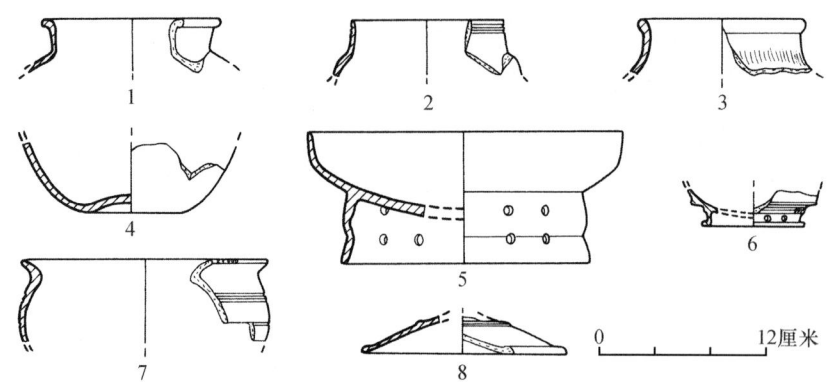

图一〇五　H38出土器物
1~4、7.陶罐（H38：2、H38：5、H38：3、H38：4、H38：6）　5.陶盘（H38：1）　6.陶碗（H38：8）
8.陶器盖（H38：7）

碗　1件。H38：8，泥质黑陶。上部残，弧腹，圜底，矮圈足底缘水平外折。腹底转角棱凸，绕圈足根部饰间断戳点纹，圈足中部饰横向双圆形镂孔。足径7.4、残高2.5厘米（图一〇五，6）。

器盖　1件。H38：7，泥质黑陶。覆盘形。盖纽残，盖面斜弧，丰圆唇，外缘棱凸。盖面饰一周凸弦纹。底径15、残高2.6厘米（图一〇五，8）。

H39　位于ⅢT1008东北部。开口在第3层下，打破生土，坑口距地面深65厘米。平面呈长方形，口部边缘明显，斜壁，平底，壁面较光滑，未见加工痕迹。长95~100厘米，宽80厘米，深50厘米（图一〇六）。填土为灰黄褐花色黏土，较板结致密，较纯净，包含少量陶片。器类有器盖、盘。

盘　1件。H39：2，泥质红陶。敞口，丰圆唇，弧腹内收，下部残。通体饰红衣但大部分已脱落。口径28、残高3.2厘米（图一〇七，1）。

器盖　1件。H39：1，泥质黑陶。覆盘形。顶部残，盖面斜弧壁，底缘微外撇，圆唇。盖径12、残高2厘米（图一〇七，2）。

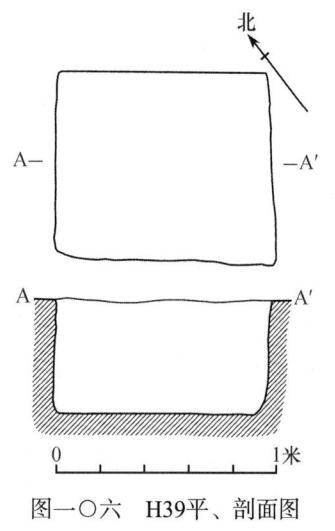

图一〇六　H39平、剖面图

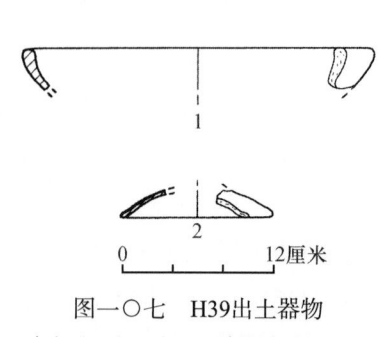

图一〇七　H39出土器物
1.陶盘（H39：2）　2.陶器盖（H39：1）

H40　位于ⅡT0433南部。开口在第2层下，打破第3、4层。平面呈不规则形，斜壁，底缓平，壁面较光滑，未见加工痕迹。长150厘米，宽130厘米，深30厘米（图一〇八）。填土为红色烧土，较板结致密，包含少量陶片。器类有纺轮等。

纺轮　1件。H40：1，泥质灰陶。两面微内凹，周缘中间棱凸，中孔外凸。素面。直径4.6、孔径0.2～0.5、厚0.8～1厘米（图一〇九）。

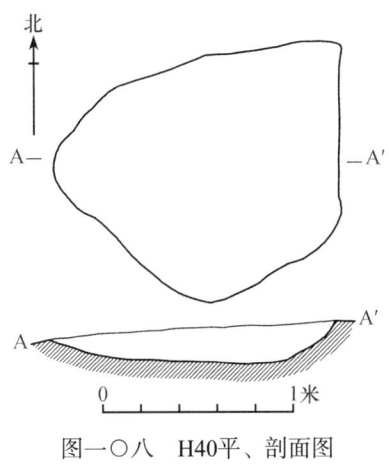

图一〇八　H40平、剖面图

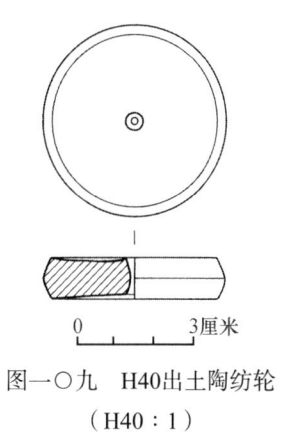

图一〇九　H40出土陶纺轮
（H40：1）

H41　位于ⅡT1126西部。开口在第3层下，打破第4、5、6层和H47，坑口距地面深60厘米。已经揭露部分平面呈圆角梯形，壁斜直，坑底略起伏且西高东低，壁面较光滑，未见加工痕迹。坑口长134厘米，宽66～70厘米；坑底长128厘米，宽60～65厘米；深45～67厘米（图一一〇）。填土为灰黑色黏土，较板结致密，包含大量草木灰、红烧土及少量陶片。器类有鼎、罐、盆。

鼎　1件。H41：4，夹炭红陶。上部残，圜底，宽扁板形足。足内面微弧凹，外面弧凸，两侧脊凸，宽平足尖。残高3.5厘米（图一一一，4）。

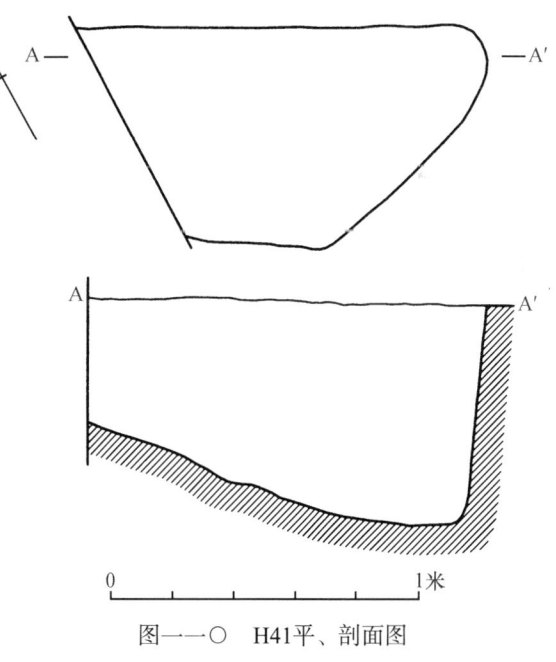

图一一〇　H41平、剖面图

罐　1件。H41：2，泥质红陶。敛口，仰折沿下垂，宽沿面弧凸，丰圆唇，鼓腹，下部残。口径34、残高5.2厘米（图一一一，1）。

盆　2件。H41：1，泥质红陶。敞口，丰圆唇，弧腹内收，下部残。腹外壁中上部饰一周绚索状附加堆纹，附加堆纹与唇缘之间饰一周双凹弦纹。口径37、残高6厘米（图一一一，2）。H41：3，夹炭灰陶。微敞口，折沿，窄沿面，圆唇，弧腹内收，下部残。腹饰多组双凹弦纹。口径28、残高5.4厘米（图一一一，3）。

H42 位于ⅢT1108东南角。开口在第2层下，打破生土，坑口距地面深50~60厘米。已揭露部分平面呈扇形，圜底，坑底略起伏且西高东低，未见加工痕迹。长260厘米，宽150厘米，最深95厘米（图一一二）。填土为灰褐色黏土，较板结致密，包含大量红烧土和少量陶片。器类有罐、器盖、钵。

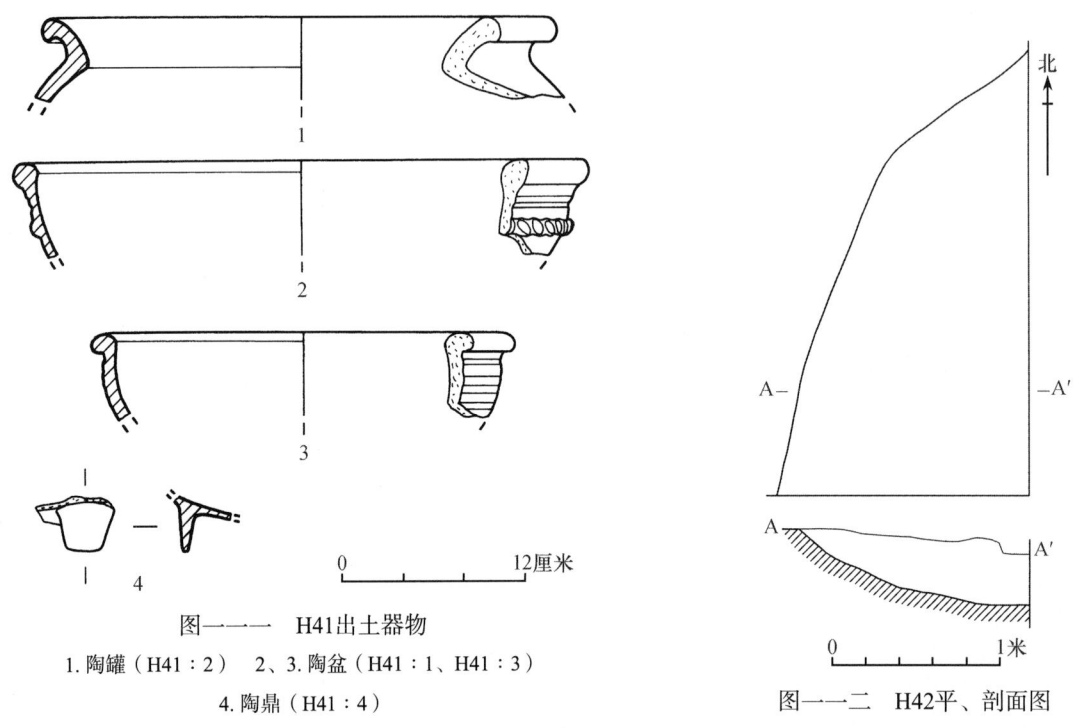

图一一一 H41出土器物
1.陶罐（H41：2） 2、3.陶盆（H41：1、H41：3）
4.陶鼎（H41：4）

图一一二 H42平、剖面图

罐 2件。H42：2，泥质黑陶。敛口，仰折沿，宽沿面，圆唇，深弧腹，下部残。唇缘饰间断戳点纹，下沿面饰一周凸棱，腹饰一周双凹弦纹。口径17、残高5.8厘米（图一一三，2）。H42：5，泥质红陶。敛口，厚方唇，鼓腹，下部残。饰红衣但大部分已脱落。口径15.4、残高3.6厘米（图一一三，3）。

钵 1件。H42：4，夹砂红陶。敛口，内折沿，宽沿面，圆唇，弧腹内收，下部残。口径24、残高5.6厘米（图一一三，1）。

器盖 2件。H42：1，泥质红陶。杯形矮盖纽，略低于盖面，尖唇，矮颈。盖面呈盘状，斜方唇，斜直腹，平底。纽颈上饰横向双孔镂孔纹，纽颈根部横向绕体饰间断戳点纹；盖面上部饰一周棱凸。盖径7.4、残高2.5厘米（图一一三，5；图版四三，3）。H42：3，泥质黑

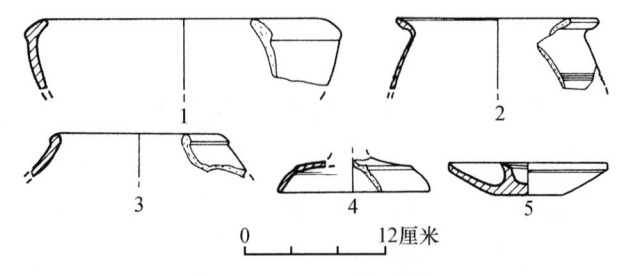

图一一三 H42出土器物
1.陶钵（H42：4） 2、3.陶罐（H42：2、H42：5） 4、5.陶器盖（H42：3、H42：1）

陶。覆盘形。盖纽残，盖面折腹，圆唇。盖面饰一周棱凸弦纹。盖径13、残高2.6厘米（图一一三，4）。

H43 位于ⅡT0933中部。开口在第5层下，打破第6层，坑口距地面深90厘米。平面呈不规则长条形，直壁，近平底，坑底略起伏且北高南低，壁面较光滑，未见加工痕迹。长140厘米，最宽78厘米，深14～23厘米（图一一四；彩版六，2）。填土为黄褐色黏土，较疏松，包含少量红烧土颗粒和陶片。器类有鼎、罐、盆、器盖。

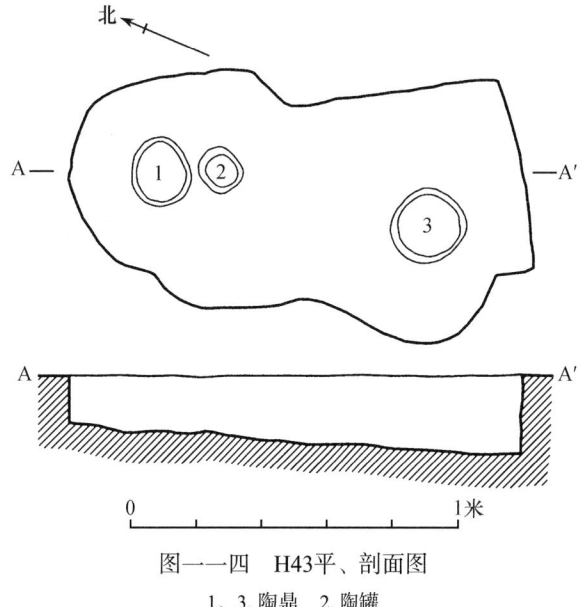

图一一四 H43平、剖面图
1、3.陶鼎 2.陶罐

鼎 2件。H43：1，泥质磨光黑陶。口沿残，敛口，仰折沿，圆鼓腹，圜底，侧扁圆锥形足。足根处饰一浅按窝。复原口径16.4、腹径19.6、复原高18.8厘米（图一一五，2；图版一〇，4）。H43：3，夹炭红陶。口部残，圆鼓腹，圜底，宽扁凹板形足残。腹中部饰两周凸弦纹。腹径24、残高21厘米（图一一五，1）。

罐 1件。H43：2，泥质磨光黑陶。口沿残。敛口，仰折沿，圆鼓腹，腹较深，圜底，矮圈足外撇。腹饰一周双凹弦纹，弦纹间饰间断斜长戳点纹。复原口径14.2、腹径17、足径7.4、复原高12.5厘米（图一一五，3；图版一五，6）。

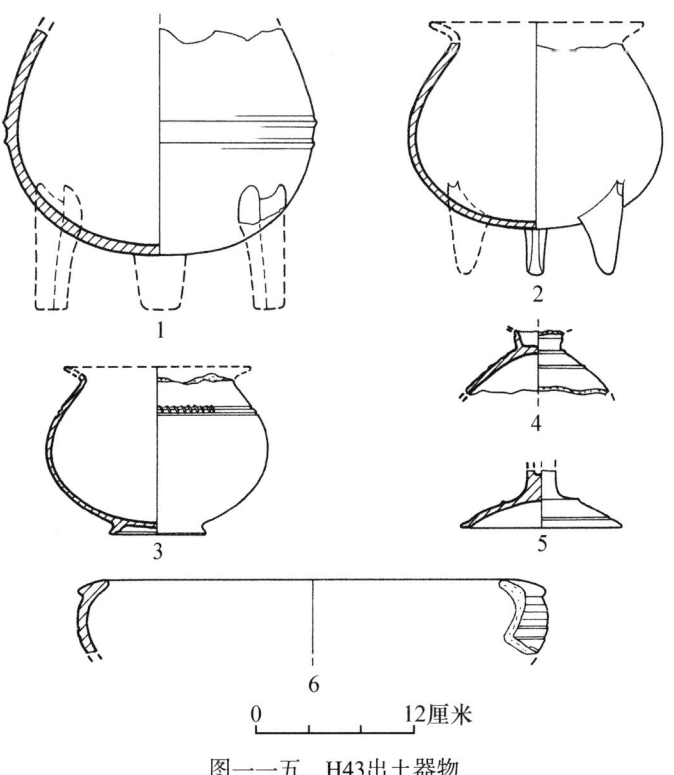

图一一五 H43出土器物
1、2.陶鼎（H43：3、H43：1） 3.陶罐（H43：2） 4、5.陶器盖（H43：6、H43：5） 6.陶盆（H43：4）

盆　1件。H43∶4，夹砂黑陶。敛口，尖唇，唇外缘抹平呈宽沿状棱凸，弧腹内收，下部残。腹饰凹弦纹。口径36、残高5.4厘米（图一一五，6）。

器盖　2件。H43∶5，磨光黑陶。覆盘形。实心细柄盖纽上部残，盖面斜弧，平折沿圆唇。盖面上部饰一周凸弦纹，下部饰一周凹弦纹。盖径12.6、残高4.2厘米（图一一五，5）。H43∶6，磨光黑陶。盖纽上部残，杯形纽较细。盖面斜弧，下部残。纽饰一周凸弦纹，盖面饰一周凸弦纹。残高4.8厘米（图一一五，4）。

H44　位于ⅡT1126北部。开口在第5层下，打破第6层和生土，坑口距地面深93厘米。已揭露部分平面呈圆角长方形，口部边缘明显，直壁，圜底，坑底略起伏，壁面较光滑，未见加工痕迹。长100厘米，残宽70厘米，深30厘米（图一一六）。填土为黄褐色黏土，较疏松，包含大量草木灰、红烧土颗粒及少量陶片。器类不明。

H45　位于ⅡT1036中部。开口在第3层下，打破第4层，坑口距地面深40～45厘米。平面呈圆形，口部边缘明显，斜壁，平底，壁面较光滑，未见加工痕迹。坑口直径88～92厘米，坑底直径70厘米，深20厘米（图一一七）。填土为红褐色黏土，较板结致密，包含红烧土颗粒和少量陶片。器类有鼎、罐、器盖、簋。

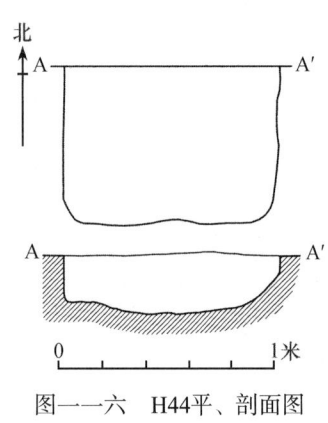

图一一六　H44平、剖面图

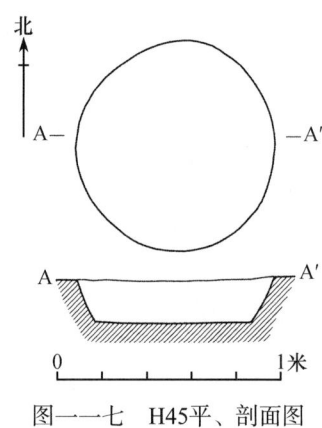

图一一七　H45平、剖面图

鼎　4件。H45∶2，磨光黑陶。敛口，仰折沿，宽沿面，圆唇，深弧腹近直，圜底，宽扁板状矮足残。沿面饰一道凹弦纹，腹上部饰凹弦纹，腹下部饰凸弦纹。口径15、腹径14.6、高12厘米（图一一八，3；图版一〇，5）。H45∶4，夹砂红陶。残存足部。宽扁鸭嘴形足，上宽下窄，内面竖向弧凸，外面弧凹，两侧脊凸，圆凸足尖。残高8.8厘米（图一一八，7）。H45∶5，泥质磨光灰陶。敛口，仰折沿，尖唇，深弧腹，下部残。腹饰一周阶梯状双凸弦纹。口径16、残高4.8厘米（图一一八，4）。H45∶7，泥质磨光灰陶。敛口，仰折沿，尖唇，深弧腹曲折，下部残。唇内缘饰一周浅凹弦纹，上曲腹上缘饰一周四道凹弦纹，下曲腹上缘饰两道凹弦纹。口径16、残高7.4厘米（图一一八，1）。

罐　1件。H45∶6，夹炭红陶。敛口，圆唇，唇上缘附一周宽凸棱若平折沿状，鼓腹，下部残。通体饰红衣但大部分已脱落。口径20、残高3.2厘米（图一一八，6）。

簋　1件。H45∶3，磨光黑陶。敛口，仰折沿，宽沿面，尖唇，深弧腹，圜底，筒形圈足底缘外撇。沿面饰一道凹弦纹，腹上部饰一道凹弦纹，腹中部饰一道凹弦纹，腹下部饰一

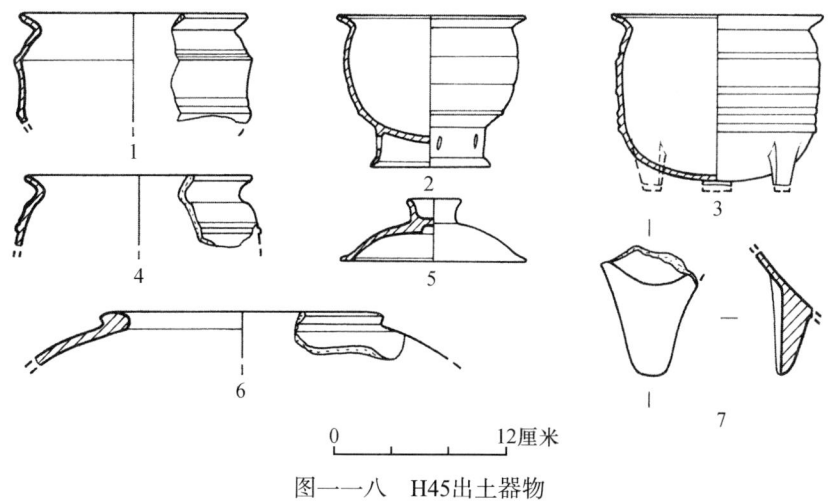

图一一八　H45出土器物
1、3、4、7.陶鼎（H45：7、H45：2、H45：5、H45：4）　2.陶簋（H45：3）　5.陶器盖（H45：1）　6.陶罐（H4：6）

道凸弦纹，绕圈足等距离饰九个竖长镂孔。口径13.2、腹径12.2、足径8.4、高10.3厘米（图一一八，2；图版二五，1）。

器盖　1件。H45：1，磨光黑陶。覆盘形。矮杯形盖纽，尖纽唇。盖面斜，穿顶中部内凹，底缘平折，圆唇。盖唇面饰两道凸弦纹。盖径12.6、高4.2厘米（图一一八，5）。

H46　位于ⅡT0933中部。开口在第6层下，打破第7层，坑口距地面深102厘米。平面呈不规则椭圆形，口部边缘明显，斜壁，平底，壁面较光滑，未见加工痕迹。长径84厘米，短径58厘米，深20厘米（图一一九）。填土为黄褐色黏土，较疏松，包含红烧土颗粒和少量陶片。器类有鼎、罐、钵、盘、器座。

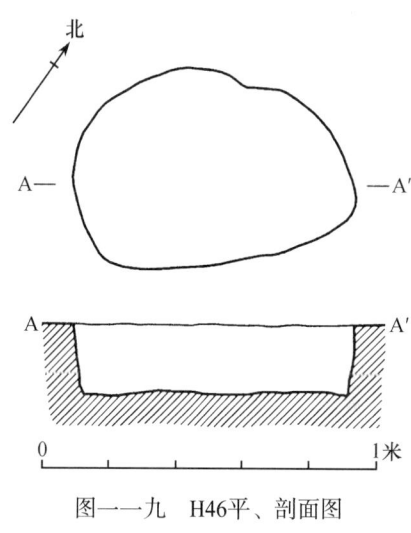

图一一九　H46平、剖面图

鼎　1件。H46：8，泥质灰陶，足尖红色。圆锥形凿形足，宽平足底端内外削尖。残高5.3厘米（图一二〇，9）。

罐　4件。H46：3，泥质夹炭红陶。直口微敞，尖唇，矮直颈，广肩，下部残。通体饰红衣但大部分已脱落，唇外缘下附一周宽棱若外翻沿状，沿面饰两周凹弦纹。口径28、残高5.8厘米（图一二〇，1）。H46：4，泥质红陶。直口微敞，丰圆唇，矮直颈，鼓肩，下部残。通体饰红衣但部分已脱落，唇外缘下饰一周凸棱。口径12、残高6.2厘米（图一二〇，2）。H46：6，泥质夹炭红陶。直口，平折沿，窄沿面微凹，圆唇，矮直颈，鼓肩，下部残。通体饰红衣但大部分已脱落，颈饰一道浅凸弦纹。口径30、残高4厘米（图一二〇，3）。H46：7，泥质磨光黑陶。口微敛，平折沿，尖唇，深弧腹，下部残。口径20、残高3.6厘米（图一二〇，8）。

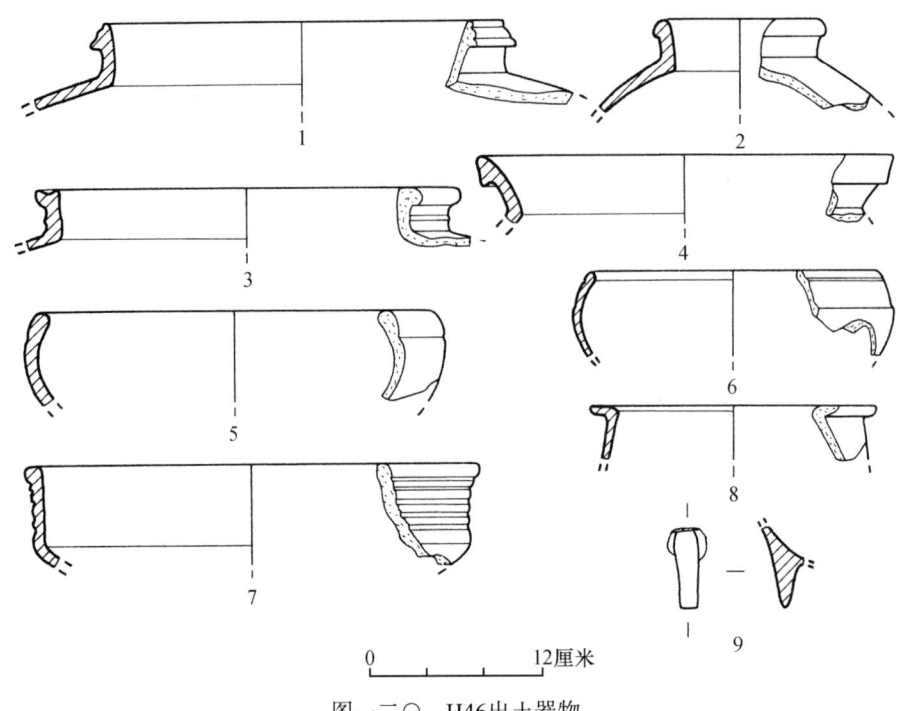

图一二〇　H46出土器物

1~3、8.陶罐（H46：3、H46：4、H46：6、H46：7）　4.陶器座（H46：2）　5、6.陶钵（H46：5、H46：1）
7.陶盘（H46：9）　9.陶鼎（H46：8）

钵　2件。H46：1，泥质磨光黑陶。敛口，圆唇，弧腹内收，下部残。唇外缘下饰一周凹弦纹，腹上部饰一周上内下外错棱。口径20、腹径21.6、残高5.8厘米（图一二〇，6）。H46：5，夹炭红陶。敛口，丰圆唇，弧腹内收，下部残。腹饰一周凹棱纹。口径28、残高6.2厘米（图一二〇，5）。

器座　1件。H46：2，泥质夹炭红陶。敛口，仰折沿，宽沿面，尖唇，弧腹，下部残。通体饰红衣但大部分已脱落，唇外缘下饰一周下坠宽棱。口径29、残高4.4厘米（图一二〇，4）。

盘　1件。H46：9，泥质红陶。直口，丰圆唇，折腹，上腹近竖直，下腹弧内收，下部残。上腹饰平行凹弦纹。口径32、残高6.8厘米（图一二〇，7）。

H47　位于ⅡT1126西部。开口在第5层下，被H41打破，打破第6层和生土，坑口距地面深100厘米。平面近椭圆形，直壁，底平缓，壁面较光滑，未见加工痕迹。长径126厘米，短径100厘米，深30厘米（图一二一）。填土为灰黄色黏土，较疏松，包含大量红烧土颗粒和少量草木灰、陶片。器类有釜、器座等。

釜　1件。H47：2，夹炭厚胎红陶。敛口，仰折沿，宽沿面，加厚丰圆唇，弧腹，下部残。通体饰红衣但大部分已脱落，唇外缘附一周凸棱。口径24、残高4厘米（图一二二，1）。

器座　1件。H47：1，夹炭厚胎红陶。敛口，仰折沿，宽沿面，加厚丰圆唇，弧腹，下部残。口径24、残高5.4厘米（图一二二，2）。

H48　位于ⅡT1126东北部。开口在第5层下，打破第6层和生土，坑口距地面深100厘米。已揭露部分平面呈不规则长条形，西北出现转角，口部边缘明显，斜壁，二级阶状平底，壁面

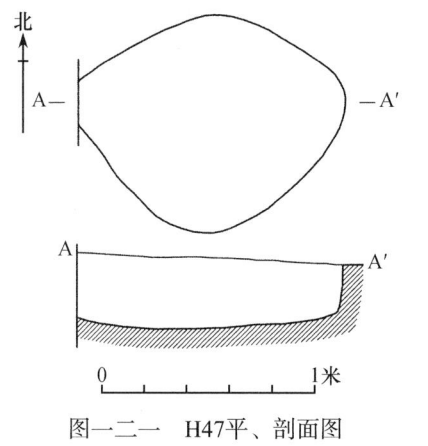

图一二一　H47平、剖面图

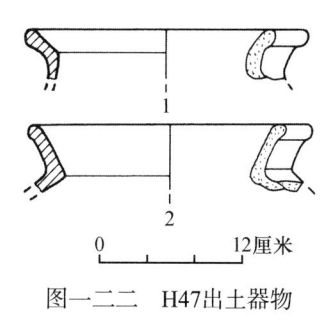

图一二二　H47出土器物
1. 陶釜（H47∶2）　2. 陶器座（H47∶1）

较光滑，未见加工痕迹。长210厘米，宽140厘米，深30～56厘米（图一二三）。填土为灰褐色黏土，较疏松，包含大量红烧土颗粒、草木灰和少量陶片。陶片以夹砂红陶为主，泥质红陶次之，少量磨光黑陶和灰陶，可能为罐、器座类残片。

H49　位于ⅡT1036西北部。开口在第3层下，打破第4层，坑口距地面深40厘米。已揭露部分平面呈不规则长条形，坑口边线较曲折，直壁，平底略起伏，壁面较光滑，未见加工痕迹。长200厘米，最宽68厘米，深40～50厘米（图一二四）。填土为灰黑色黏土，较致密，包含少量红烧土颗粒和陶片。器类有鼎、盘等。

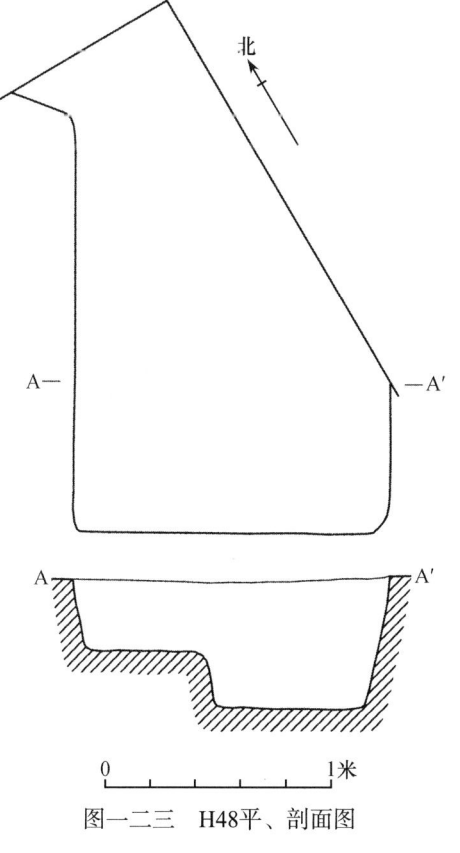

图一二三　H48平、剖面图

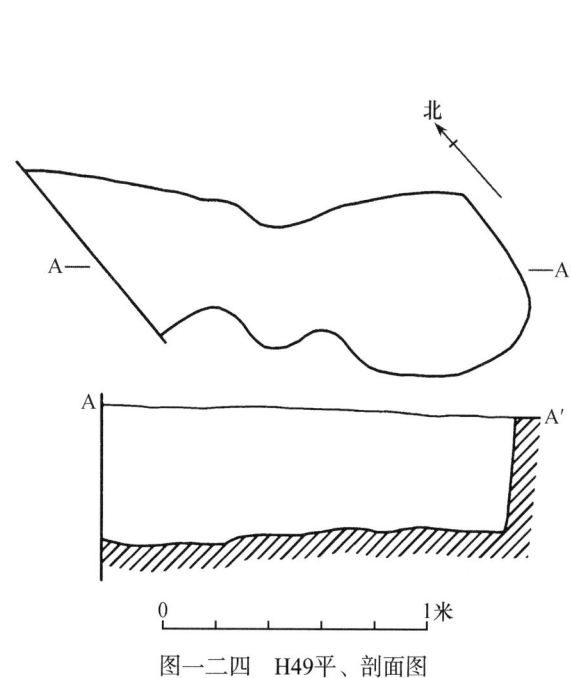

图一二四　H49平、剖面图

鼎　2件。H49：1，泥质磨光黑陶。微敛口，仰折沿，沿面近平，尖唇，深弧腹，下部残。内壁近口缘处饰一道浅凹弦纹，外壁沿腹折角处饰一道凹弦纹，腹饰一周双凹弦纹。口径16、残高5.2厘米（图一二五，2）。H49：2，泥质磨光黑陶。敛口，仰折沿，丰圆唇，鼓腹，下部残。口径11、残高3厘米（图一二五，4）。

盘　2件。H49：3，泥质红陶。敞口，丰圆唇下缘凸棱，折腹，浅盘，弧腹内收，下部残。通体饰红衣但部分已脱落，唇缘饰一周较稀疏的浅按窝纹呈葵瓣状。口径18、残高3厘米（图一二五，3）。H49：4，泥质红陶。敞口，斜方唇，唇外缘凸棱，弧腹微折，浅盘，下部残。通体饰红衣。口径18、残高2.6厘米（图一二五，1）。

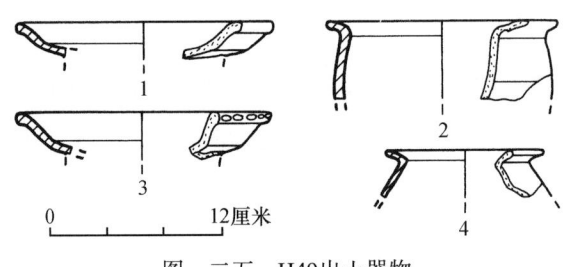

图一二五　H49出土器物
1、3.陶盘（H49：4、H49：3）　2、4.陶鼎（H49：1、H49：2）

H50　位于ⅡT1034西部。开口在第6层下，打破生土，坑口距地面深115厘米。已揭露部分平面呈长方形，口部边缘明显，斜壁，平底，壁面较光滑，未见加工痕迹。长54厘米，宽42厘米，深40厘米（图一二六）。填土为灰黑色黏土，较疏松，包含少量红烧土颗粒和陶片。陶片有红陶、黑陶，可能为钵、碗类残片。

H51　位于ⅡT1034中西部。开口在第6层下，打破第7层和生土，坑口距地面深120厘米。平面呈长方形，口部边缘明显，斜壁，平底，壁面较光滑，未见加工痕迹。长55厘米，宽40厘米，深40～51厘米（图一二七）。填土分两层：第1层厚约5厘米，深灰黑色黏土，较疏松，坡

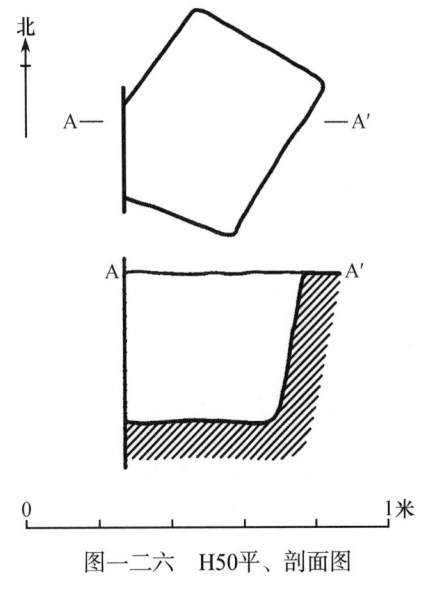

图一二六　H50平、剖面图

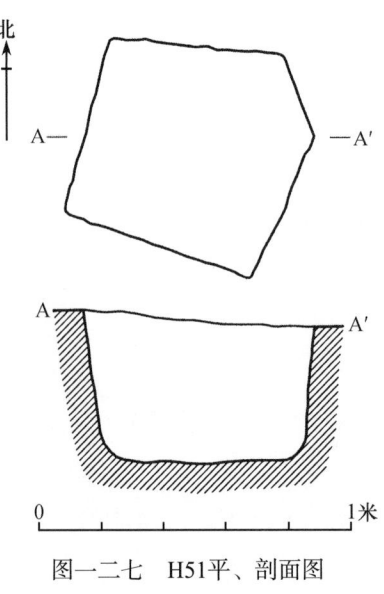

图一二七　H51平、剖面图

状堆积，包含大量烧土颗粒和少量碎骨渣、陶片，器类有釜、盆；第2层厚约42厘米，浅褐夹黄斑花色黏土，较致密坚硬，坡状堆积，包含大量烧土颗粒和少量碎骨渣、陶片，器类有釜、盆等。

盆　1件。H51：2，夹砂厚胎红陶。大口微敛，平折沿，宽沿面，丰圆唇，弧腹，下部残。口径34、残高2厘米（图一二八，1）。

釜　1件。H51：1，夹砂红陶。敛口，仰折沿，宽沿面，尖唇，微鼓腹，下部残。唇外缘附一周凸棱，凸棱上饰一周双凹弦纹。口径17、残高4.8厘米（图一二八，2）。

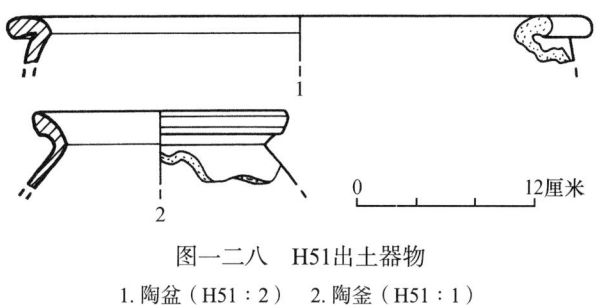

图一二八　H51出土器物
1.陶盆（H51：2）　2.陶釜（H51：1）

H52　位于ⅡT1034西部偏北。开口在第6层下，打破第7层和生土，坑口距地面深132厘米。平面近圆角方形，口部边缘明显，斜壁，平底，壁面较光滑，未见加工痕迹。长75厘米，宽63厘米，深30~35厘米（图一二九）。填土为浅褐夹黄斑花色黏土，较致密坚硬，包含大量烧土颗粒、草木灰和少量陶片。器类有鼎、盘、器盖等。

鼎　1件。H52：3，泥质磨光灰陶。敛口，仰折沿，宽沿面，尖唇，唇外下缘起一周浅凸棱，微鼓腹，下部残。唇缘饰锯齿状戳点纹。口径18、残高3厘米（图一三〇，2）。

盘　1件。H52：2，泥质磨光黑陶。敞口近直，方唇，折腹，上腹斜直，下腹弧内收，下部残。素面。口径12、残高2.6厘米（图一三〇，3）。

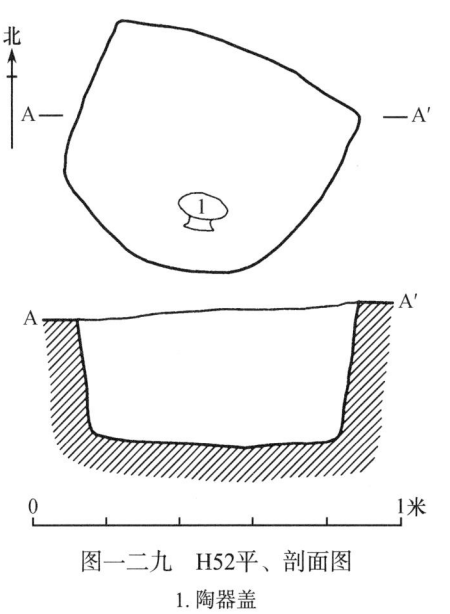

图一二九　H52平、剖面图
1.陶器盖

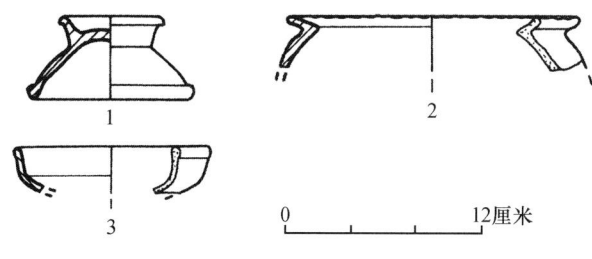

图一三〇　H52出土器物
1.陶器盖（H52：1）　2.陶鼎（H52：3）　3.陶盘（H52：2）

器盖　1件。H52∶1，泥质黑陶。覆碗形。喇叭状圈形纽，圆唇。盖面斜弧，圆唇外缘附加一周凸棱。素面。纽径6.4、盖径10、高4.8厘米（图一三〇，1；图版四三，4）。

四、灰　　沟

共10条。

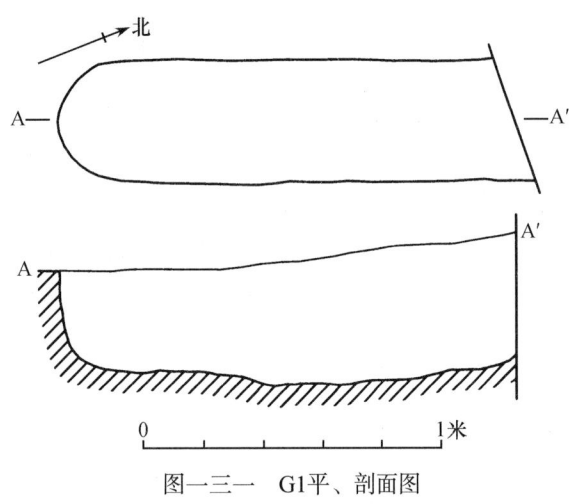

图一三一　G1平、剖面图

G1　位于ⅡT0908北部，东北延伸入北隔梁。开口在第2层下，打破第3层，沟口距地面深97厘米。已揭露部分平面呈圆头长条形，直壁，底平缓。残长150厘米，宽40厘米，深28～40厘米。填土为棕黄色黏土，较疏松，夹少量炭粒和碎陶片（图一三一）。

G2　位于Ⅱ区T1005、T0905、T0804、T0704四个探方内，西北—东南走向，西北延伸入T1005西北角，东南延伸入T0704东壁。开口在第4层下，打破第5层，沟口距地面深97厘米。与G5分别位于红烧土带L的两侧，三者并行。已揭露部分平面呈宽窄不一的长条形，沟较浅，斜壁，平底。残长2000厘米，宽30～90厘米，深28～40厘米（图一三二）。填土为棕黄色黏土，较疏松，夹少量炭粒和陶片。器类有鼎、罐、盆、器座、簋、盘。

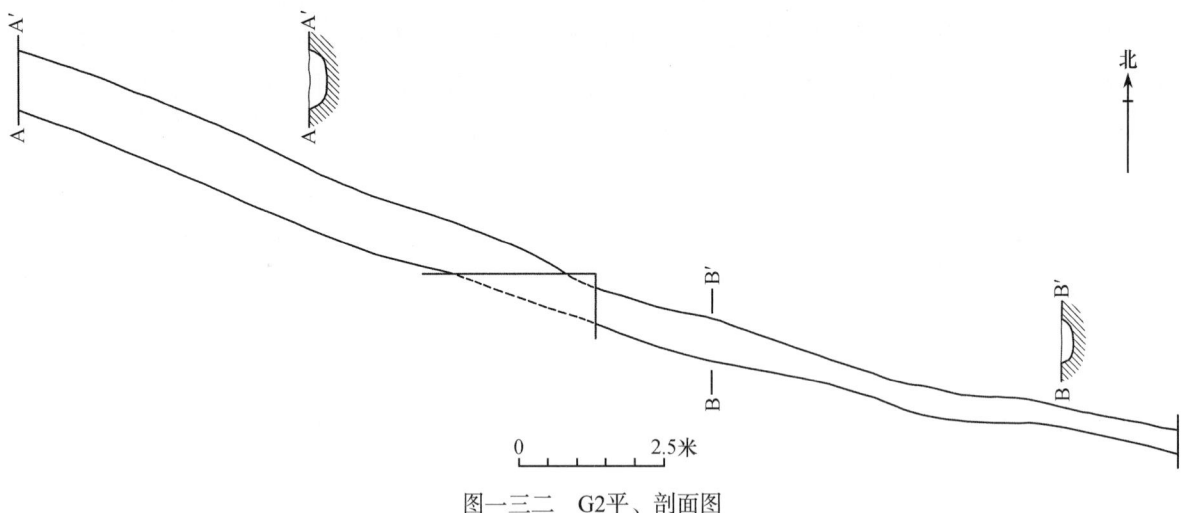

图一三二　G2平、剖面图

鼎　1件。G2∶7，泥质夹炭红陶。上部残，鼎足与器身的附着面水平。宽扁三角形足，内面中间竖向棱凸，外面较平，两侧棱凸，足底残。外面饰菱形划纹，足根两边饰两个按窝。残高6.4厘米（图一三三，7）。

罐　1件。G2∶5，泥质夹草木屑红陶。小口微敛，仰折沿，窄沿面，丰圆唇，矮颈斜直，腹残。口径14、残高4.4厘米（图一三三，2）。

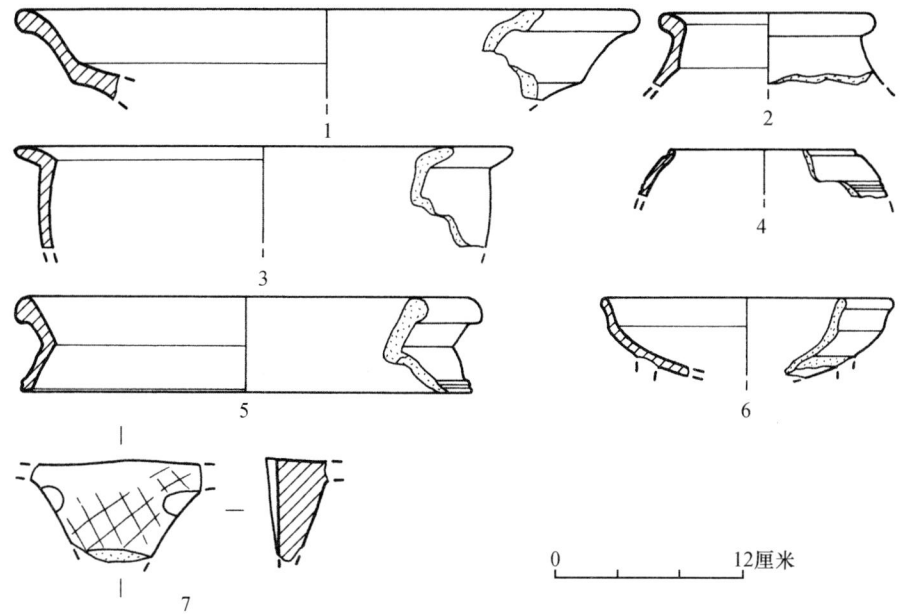

图一三三 G2出土器物
1、6.陶盘（G2:3、G2:2） 2.陶罐（G2:5） 3.陶盆（G2:1） 4.陶簋（G2:6） 5.陶器座（G2:4）
7.陶鼎（G2:7）

盆 1件。G2:1，泥质磨光黑陶。大口微敛，仰折沿，尖唇，深弧腹内收，下部残。素面。口径32、残高6.2厘米（图一三三，3）。

器座 1件。G2:4，泥质夹炭磨光红陶。上部斜直外敞，加厚丰圆唇下垂，内折腰，下部斜直外撇，斜方唇。口径30、底径29厘米、高6厘米（图一三三，5）。

簋 1件。G2:6，泥质磨光黑陶。敛口，圆唇，弧腹外鼓，下部残。唇外缘饰一周凹弦纹，腹饰一周双凹弦纹。口径12、残高2.8厘米（图一三三，4）。

盘 2件。G2:2，泥质磨光红陶。敞口，圆唇外缘凸棱，弧腹微折内收，深盘，圜底，下部残。通体饰红衣但大部分已脱落。口径19、残高5厘米（图一三三，6）。G2:3，泥质夹炭厚胎红陶。敞口，丰圆唇，折腹，上腹外侈，下腹弧内收，下部残。口径40、残高5.6厘米（图一三三，1）。

G3 位于ⅡT0705中北部，向东北延伸入ⅡT0706南部，东北—西南走向，与G5、红烧土带L、F2相邻。开口在第4层下，打破第5层，沟口距地面深75厘米。平面呈略弯曲长条形，一端圆凸，一端弧凹，宽窄不一，斜壁，平底。沟口长540厘米，宽95～140厘米；沟底长440厘米，宽75～95厘米；深85厘米（图一三四）。填土为灰黄色黏土，较疏松，夹少量炭粒和烧土，出土较多陶片。器类有鼎、罐、盆、钵、釜、豆、盘、器盖、纺轮等。

鼎 3件。G3:5，夹炭厚胎红陶。仰折沿，宽沿面，丰圆唇，斜直腹下垂，宽平底中央微内凹，底径为最大腹径，足残。腹饰三组四弦波浪纹，波浪纹间以两组四弦平行凹弦纹分隔。口径36、底径33.6、残高18厘米（图一三五，14；图版一〇，6）。G3:19，泥质磨光薄胎黑陶。敛口，仰折沿，窄沿面，圆唇，深弧腹，下部残。腹饰一周三凹弦纹。口径12、腹径12.8、残高4.4厘米（图一三五，17）。G3：20，泥质磨光薄胎黑陶。敛口，仰折沿，窄沿面，圆唇，鼓腹，下部残。腹饰一周双凹弦纹。口径13、残高4.6厘米（图一三五，19）。

罐 5件。G3：6，泥质红陶。敛口，尖唇，鼓腹，下部残。通体饰红衣但大部分已脱落，唇外缘附一周宽凸棱若宽沿状。口径23、残高4.6厘米（图一三五，3）。G3：7，泥质红陶。敛口，尖唇，鼓腹，下部残。唇外缘附一周宽凸棱若宽沿状，腹饰多道深浅不一平行凸弦纹，下部的弦纹上绕体饰较细的斜长篮纹与较粗的斜向篮纹。口径26、残高6.4厘米（图一三五，1）。G3：8，泥质磨光黑陶。敛口，仰折沿，圆唇上下两侧棱凸，鼓腹，下部残。口径18、残高5厘米（图一三五，2）。G3：9，泥质磨光红陶。敛口，圆唇，鼓腹，下部残。通体饰红衣但大部分已脱落，腹外壁上部饰一周上外下内折棱，内壁饰一周宽凹棱。口径18、残高3.6厘米（图一三五，10）。G3：14，泥质红陶。直口，仰折沿，窄沿面，尖唇，矮直颈，下部残。唇缘饰粗绹索纹，颈腹交接处饰一周粗绹索纹。口径18、残高6.2厘米（图一三五，6）。

盆 2件。G3：12，泥质夹炭红陶。敞口近直，折沿下垂，宽沿面，圆唇，弧腹内收，下部残。通体饰红衣但大部分已脱落，沿面饰平行浅凹弦纹。口径24、残高5厘米（图一三五，5）。G3：18，泥质磨光黑陶。敞口近直，仰折沿，圆唇，弧腹内收，下部残。口径15、残高5厘米（图一三五，16）。

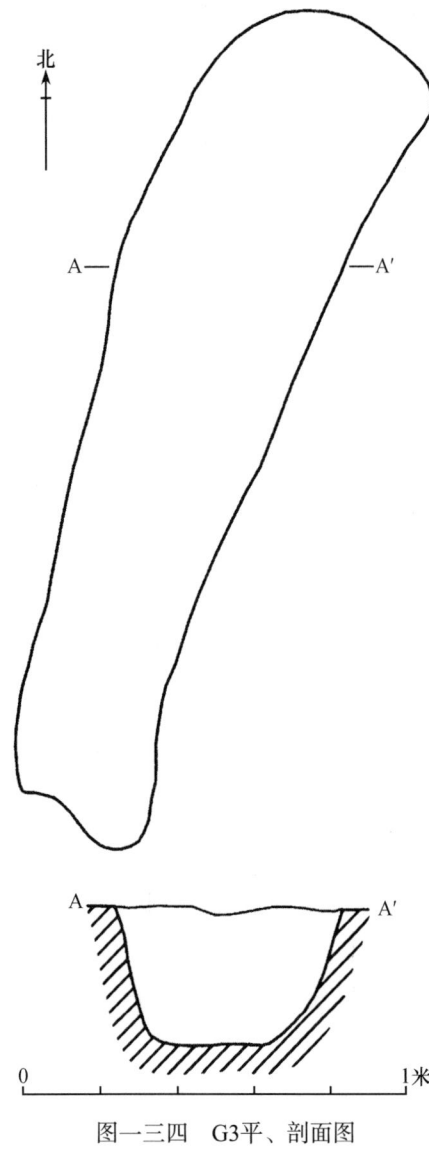

图一三四 G3平、剖面图

钵 1件。G3：22，泥质磨光黑陶。敛口，圆唇，折腹，上腹斜直内敛，下腹斜直内收，下部残。下腹上部饰一周双凹弦纹，下部饰一周单凹弦纹。口径20、残高4.6厘米（图一三五，8）。

釜 4件。G3：10，泥质夹炭厚胎红陶。敛口，仰折沿，宽沿面，尖唇，鼓腹，下部残。口径24、残高6.4厘米（图一三五，7）。G3：11，泥质夹炭红陶。敛口，仰折沿，宽沿面，圆唇，弧腹，下部残。通体饰红衣但大部分已脱落。口径24、残高4.8厘米（图一三五，9）。G3：13，泥质夹炭红陶。敛口，仰折沿，宽沿面，圆唇，弧腹，下部残。通体饰红衣但大部分已脱落。口径18、残高5.2厘米（图一三五，4）。G3：15，泥质夹炭红陶。敛口，仰折沿，宽沿面，圆唇，鼓腹，下部残。通体饰红衣但大部分已脱落，沿面外壁中部棱凸。口径22、残高5.2厘米（图一三五，13）。

豆 1件。G3：21，泥质磨光黑陶。敛口，圆唇，折腹，上腹敛若短束颈状，下腹弧内

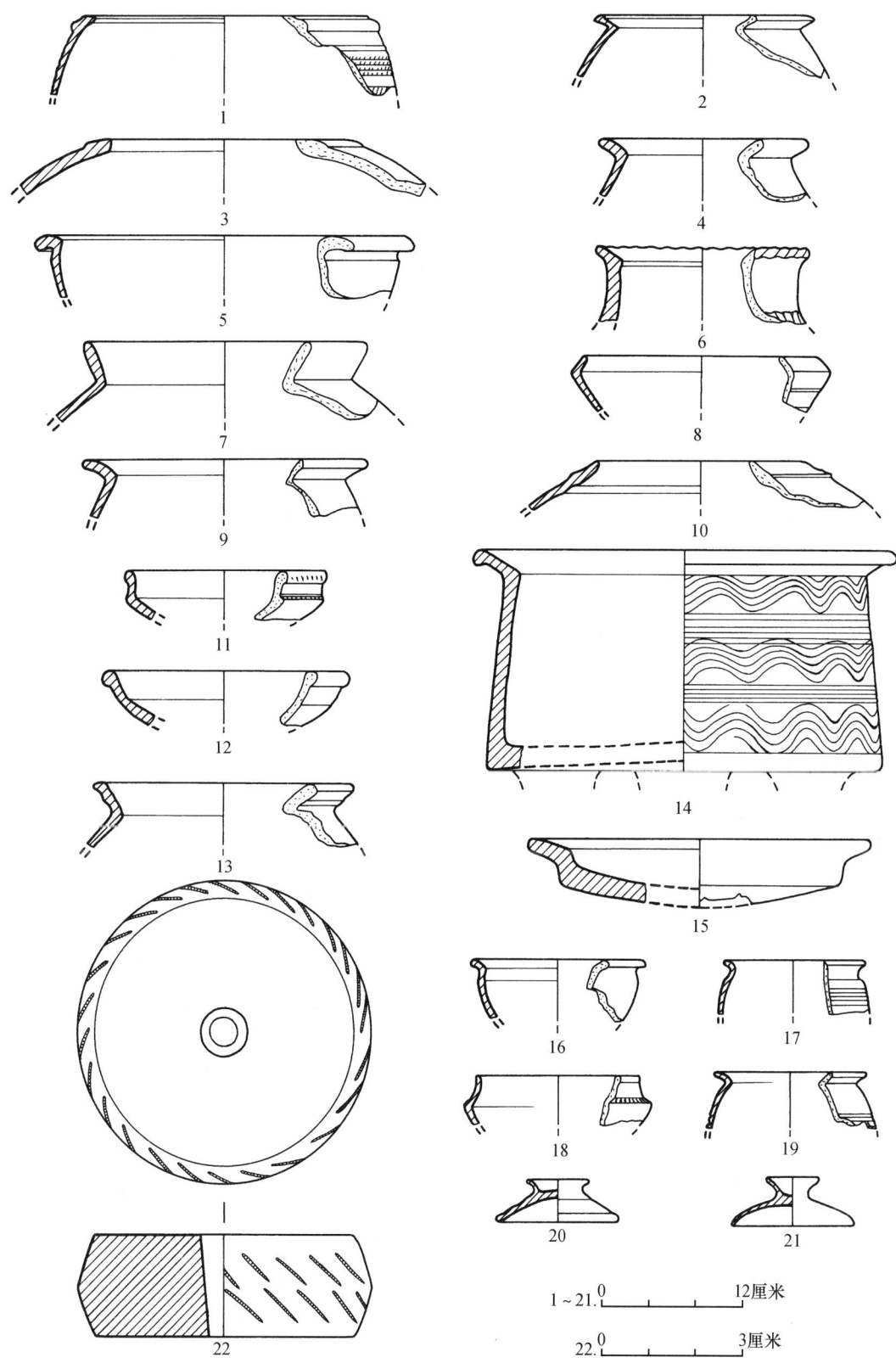

图一三五　G3出土器物

1~3、6、10. 陶罐（G3：7、G3：8、G3：6、G3：14、G3：9）　4、7、9、13. 陶釜（G3：13、G3：10、G3：11、G3：15）　5、16. 陶盆（G3：12、G3：18）　8. 陶钵（G3：22）　11、12、15. 陶盘（G3：17、G3：16、G3：4）　14、17、19. 陶鼎（G3：5、G3：19、G3：20）　18. 陶豆（G3：21）　20、21. 陶器盖（G3：1、G3：2）　22. 陶纺轮（G3：3）

收，下部残。唇外缘饰一周凹弦纹，折腹上缘饰一周双凹弦纹，弦纹间饰戳点纹。口径14、残高4厘米（图一三五，18）。

盘　3件。G3∶4，夹炭厚胎红陶。敞口，仰折沿，宽沿面，圆唇，折腹，上腹矮直，下腹斜弧，浅盘，圜底，下部残。内壁饰红衣但大部分已脱落。口径29、残高5.6厘米（图一三五，15；图版三一，5）。G3∶16，泥质磨光厚胎红陶。敞口，加厚丰圆唇，弧腹微折内收，下部残。通体饰红衣但大部分已脱落，唇外缘凸棱。口径21、残高4.4厘米（图一三五，12）。G3∶17，泥质磨光黑陶。直口，丰圆唇，折腹，上腹竖直，下腹弧内收，深盘，下部残。唇外缘凸棱上饰间断戳印线纹，折腹处饰一周双凹弦纹，弦纹之间饰间断戳点线纹。口径17、残高4厘米（图一三五，11）。

器盖　2件。G3∶1，泥质黑陶。覆盘形。喇叭状圈形纽，圆唇。盖面近斜直，圆唇。盖面外壁上下各饰一道浅凹弦纹。纽径5.2、盖径10.4、高3.4厘米（图一三五，20；图版四三，5）。G3∶2，泥质黑皮灰陶。覆钵形。喇叭形纽，尖唇。盖面斜弧，尖唇。表面饰黑衣但大部分已脱落。纽径4.4、盖径10.5、高3.9厘米（图一三五，21；图版四三，6）。

纺轮　1件。G3∶3，泥质黑皮灰陶。两面平整，周缘中间棱凸成两斜面，中孔斜直。周缘两斜面饰规整斜长戳线纹。直径6.2、孔径0.6～1、厚2.1厘米（图一三五，22）。

G4　位于ⅡT0717西部，东南—西北走向。开口在第4层下，打破第5层。已揭露部分平面呈长条形，斜壁，平底。残长140厘米，宽58厘米，深10～12厘米。填土为灰黑色黏土，较疏松，夹大量草木灰、炭粒和少量烧土颗粒，有稻谷壳痕迹。出土少量碎陶片，器类不明。

G5　位于Ⅱ区T1005、T0905、T0805、T0804、T0705、T0704六个探方内，西北—东南走向，西北止于T1005西北角，东南延伸入T0704东壁。开口在第4层下，打破第5层和生土，沟口开口距地面深65～80厘米。与G2分别位于红烧土带L两侧，三者并行，沟底较红烧土带L和G2的底更深一些，可能为F2和F3的排水沟。已揭露部分平面呈宽窄不一的长条形，总体上呈东窄西宽、东浅西深。斜弧壁，平底。在沟的中段，即T0805西南正对F2的东南面，有一个二级生土台阶直达沟底，台阶边角明显。沟残长1900厘米，宽40～120厘米，深50～75厘米（图一三六）。填土为棕黄色花黏土，较疏松，夹少量炭粒和较多陶片。器类有鼎、罐、盆、釜、盘、器盖、纺轮、球、柄形器。

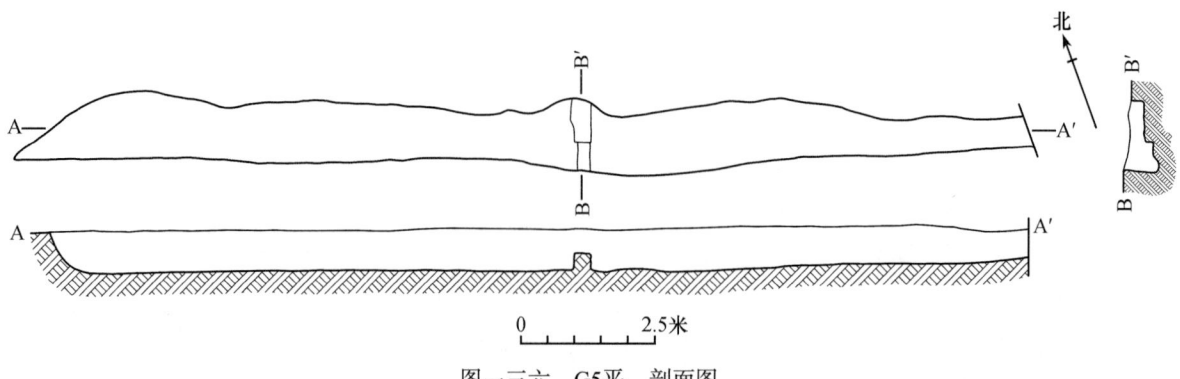

图一三六　G5平、剖面图

鼎 5件。G5∶10，泥质夹炭红陶。上部残，深弧腹，圜底，宽扁梯形矮足，足外面微竖向内凹，足内面中间稍竖向弧凸。腹饰一周附加堆纹，足根两侧饰两个按窝。残高11.2厘米（图一三七，1）。G5∶11，夹炭红陶。宽扁凹板形高足，内面中间竖向弧凸，外面竖向内凹，宽平足尖。通体饰红衣但大部分已脱落，近足根中间饰一按窝。残高11.4厘米（图一三七，8）。G5∶13，夹炭红陶。侧扁锥形足，横截面近侧扁圆角长方形。素面。残高8.2厘米（图一三七，3）。G5∶14，泥质磨光黑陶，底端灰色。侧扁凿形矮足。外脊近足根处饰一按窝。残高5.2厘米（图一三七，5）。G5∶15，泥质磨光灰陶。宽扁方板形铲足，上厚下薄，内外面皆较平坦，足底横向宽平且薄锐。足根处横向饰满小按窝。足宽2.7、残高3.7厘米（图一三七，7）。

罐 5件。G5∶6，泥质红陶。敛口，仰折沿，窄沿面，尖唇，鼓腹，下部残。通体饰红衣但大部分已脱落。口径20、残高4.4厘米（图一三八，4）。G5∶7，夹草木屑红陶。敛口，仰折沿，宽沿面，深弧腹，下部残。口径16、残高4.6厘米（图一三八，3）。G5∶9，泥质磨光红陶。直口，圆唇，矮领竖直，鼓腹，下部残。通体饰红衣但大部分已脱落，腹外壁凸棱。口径10、残高2.8厘米（图一三八，10）。G5∶17，泥质磨光黑陶。上部残，深弧腹微折，圜

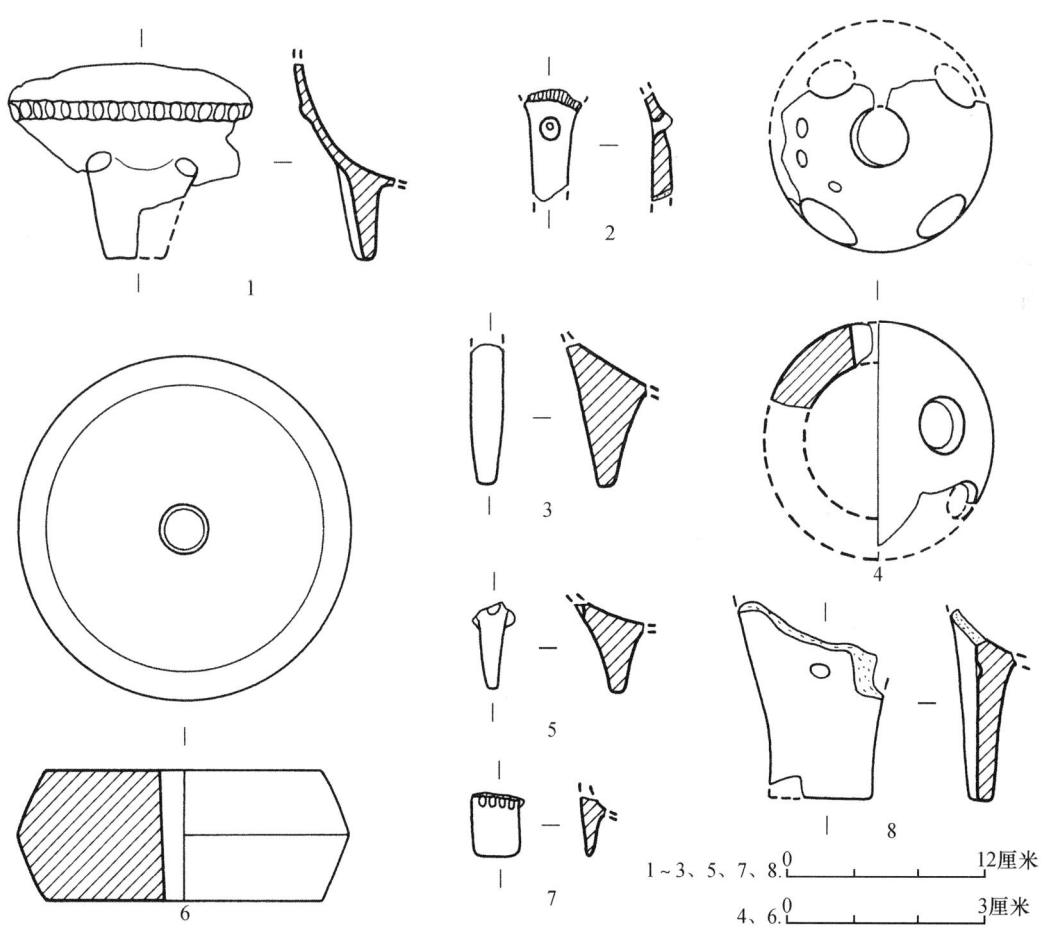

图一三七　G5出土器物

1、3、5、7、8.陶鼎（G5∶10、G5∶13、G5∶14、G5∶15、G5∶11）　2.陶柄形器（G5∶12）　4.陶球（G5∶3）
6.陶纺轮（G5∶1）

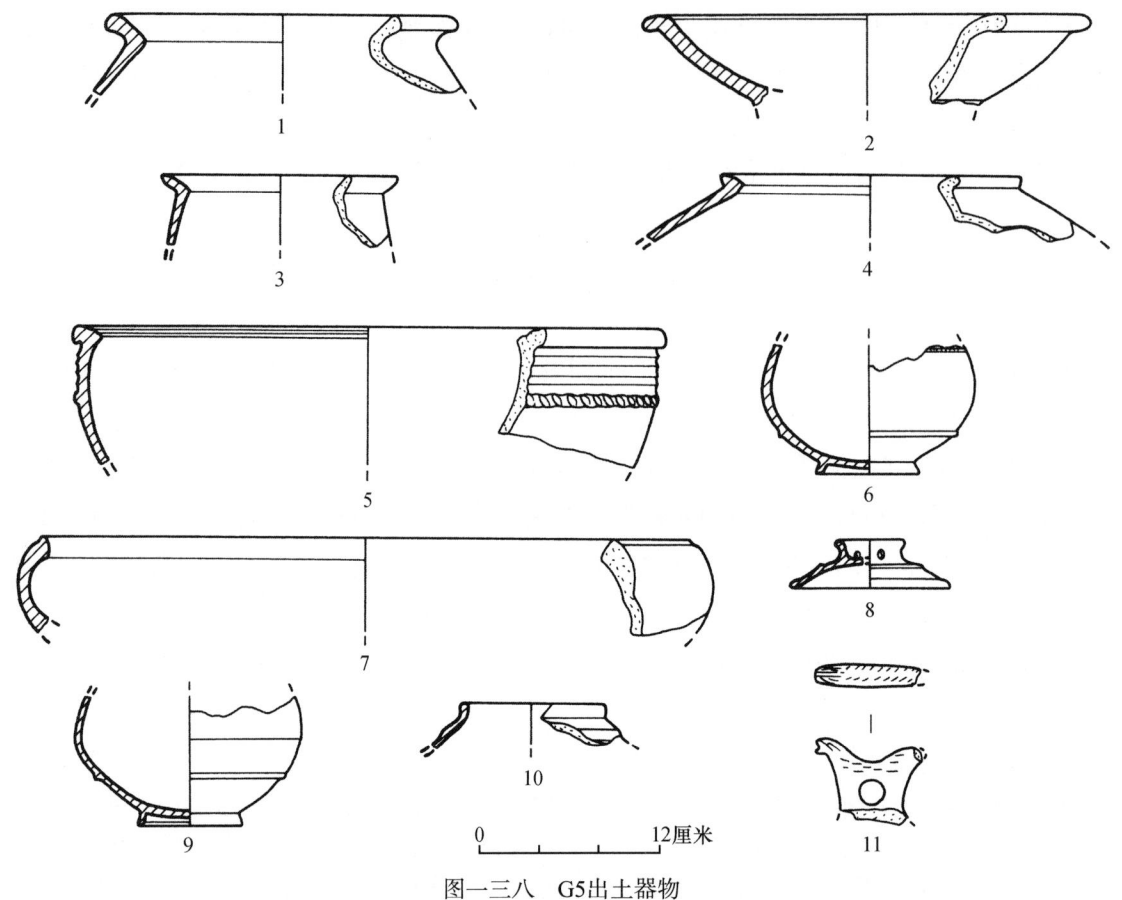

图一三八　G5出土器物

1. 陶釜（G5：8）　2. 陶盘（G5：19）　3、4、6、9、10. 陶罐（G5：7、G5：6、G5：18、G5：17、G5：9）　5、7. 陶盆（G5：4、G5：5）　8、11. 陶器盖（G5：2、G5：16）

底，矮圈足微外撇。最大腹径处饰一周凹弦纹，下腹饰一周凸弦纹。腹径15.2、足径7.2、残高8.4厘米（图一三八，9）。G5：18，泥质磨光黑陶。上部残，鼓腹，圜底，矮圈足微外撇。上腹部饰一周凹弦纹与戳点纹，下腹饰一周凸弦纹。腹径14、足径7、残高8.4厘米（图一三八，6）。

盆　2件。G5：4，泥质红陶。敛口，仰折沿，窄沿面，尖唇，深弧腹内收，下部残。沿面饰平行浅凹弦纹，腹饰凸弦纹和一周粗绹索状附加堆纹。口径40、残高9厘米（图一三八，5）。G5：5，泥质红陶。敛口，厚方唇，弧腹内收，下部残。通体饰红衣但大部分已脱落。口径42.8、腹径44.2、残高6.2厘米（图一三八，7）。

釜　1件。G5：8，泥质夹炭红陶。敛口，仰折沿，宽沿面，丰圆唇，鼓腹，下部残。口径24、残高5厘米（图一三八，1）。

盘　1件。G5：19，泥质磨光厚胎红陶。敞口，折翻沿，窄沿面，圆唇，斜弧腹内收，下部残。通体饰红衣但大部分已脱落。口径30、残高5.8厘米（图一三八，2）。

器盖　2件。G5：2，泥质磨光黑陶。覆盘形。喇叭形矮圈纽，仰折沿，束颈，圆唇。盖面斜弧，圆唇。绕纽颈对称饰两组双孔镂孔纹，盖面饰一道凸弦纹，盖底缘凸棱。纽径4.6、盖径10.8、高3.1厘米（图一三八，8）。G5：16，泥质磨光黑陶。立兽形盖纽，盖面残。侧扁立兽张嘴翘尾，前后足以一较大圆孔区分，饰顺向斜长戳点若毛纹。首尾残长7.3、厚1.4、残高5.6厘米（图一三八，11）。

纺轮　1件。G5：1，泥质磨光灰陶。厚。两面平整，周缘中间棱凸成两斜面，中孔竖直。素面。直径5、孔径0.6～0.7、厚1.9厘米（图一三七，6）。

球　1件。G5：3，泥质红陶。空心球形，表面布满大镂孔和少量未钻透小圆坑。直径3.4厘米（图一三七，4；图版五九，1）。

柄形器　1件。G5：12，泥质夹草木灰红陶。两端皆残，一端为较长的宽扁三棱柱柄，一端为斜向扇形面。扇面边缘残端布满细小圆孔，柄中部饰一对钻圆孔。用途不明。残长6.4、宽3.4、厚1.4厘米（图一三七，2）。

G6　位于ⅡT0716西南部，西南—东北走向。开口在第8层下，打破G7。已揭露部分平面呈长条形，两边略弧，宽窄不一，斜直壁，平底略有起伏。残长200厘米，最宽76厘米，深30～36厘米（图一三九）。填土为灰红色黏土，较疏松，夹较多烧土块和陶片。器类有盘、罐、杯等。

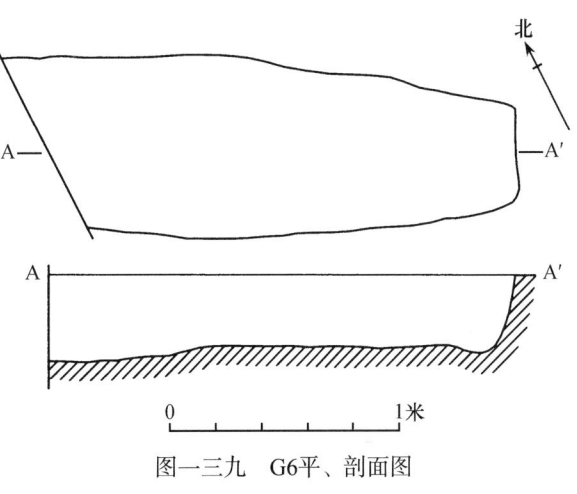

图一三九　G6平、剖面图

罐　1件。G6：2，泥质夹炭红陶。口残，仰折沿，丰圆唇，下部残。通体饰红衣但大部分已脱落。口径24、残高3.2厘米（图一四〇，1）。

盘　1件。G6：1，泥质红衣红陶。敞口，尖唇，微折腹，上腹斜弧外侈，下腹弧内收，下部残。通体饰红衣但大部分已脱落，折腹处饰一道凹弦纹，唇外缘棱凸。口径20、残高2.8厘米（图一四〇，2）。

杯　1件。G6：3，泥质薄胎灰陶。近直口，尖唇微外卷，深腹近直，下部残。口径12、残高3厘米（图一四〇，3）。

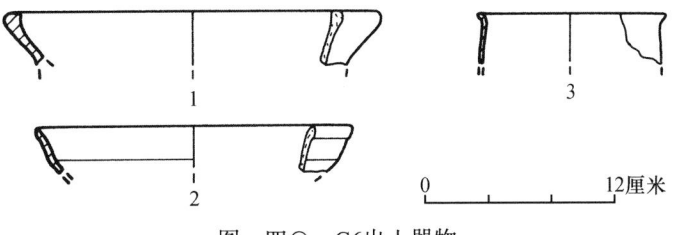

图一四〇　G6出土器物
1. 陶罐（G6：2）　2. 陶盘（G6：1）　3. 陶杯（G6：3）

G7 位于ⅡT0716西南角，东北—西南走向，两端延伸探方外未发掘。开口在第9层下，打破生土，沟口距地面深1.4~1.6米。已揭露部分平面呈长条形，宽窄不一，越近西南越宽，直壁，平底。残长610厘米，宽200~300厘米，深40~76厘米（图一四一）。填土为灰黑色黏土，较疏松，夹大量黑色灰烬、草木灰和少量红烧土颗粒、陶片。器类有鼎、盆、盘等。

鼎　1件。G7：3，泥质磨光黑陶。侧扁锥形足，内侧宽凸脊，外侧尖棱，左右扁平。残高5.6厘米（图一四二，3）。

盘　1件。G7：1，泥质夹炭红陶，局部烧黑。口沿残，敞口，仰折沿，折腹，圜底，下部残。通体饰红衣但大部分已脱落。底径23、残高5.6厘米（图一四二，1）。

盆　1件。G7：2，泥质夹炭红陶。敞口，厚圆唇，弧腹内收，下部残。腹饰粗细不一的平行凹弦纹。残高5.6厘米（图一四二，2）。

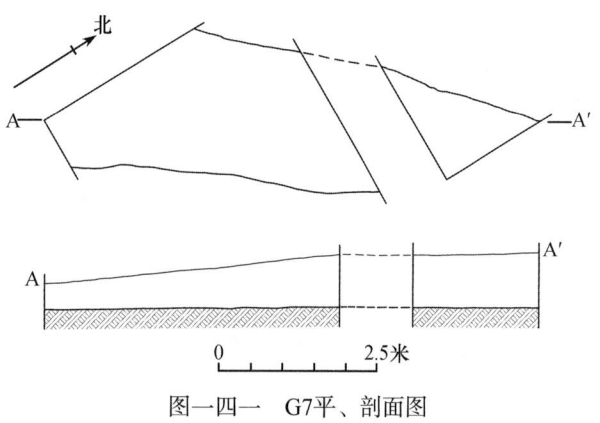

图一四一　G7平、剖面图

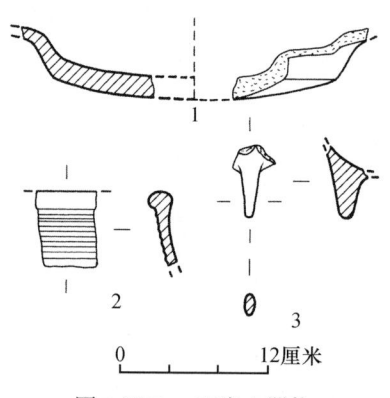

图一四二　G7出土器物
1.陶盘（G7：1）　2.陶盆（G7：2）　3.陶鼎（G7：3）

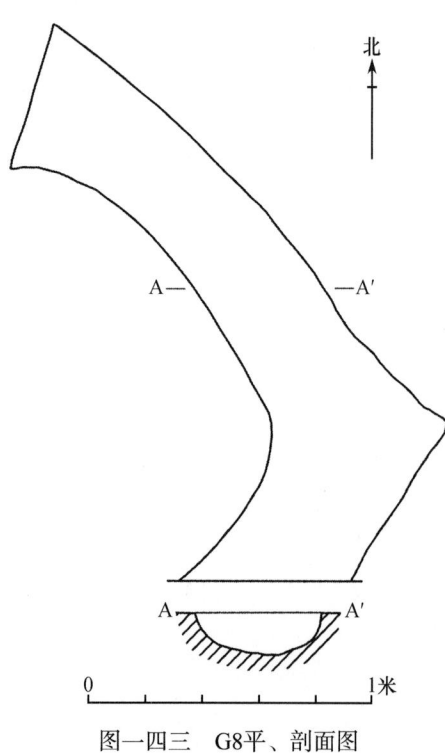

图一四三　G8平、剖面图

G8　位于ⅡT0833南部。开口在第6层下，打破第7层，沟口距地面深109厘米。已揭露部分平面呈转折长条形，两边略弧，宽窄不一，转角接近直角，弧壁，圜底。残长145厘米，最宽22厘米，深14厘米（图一四三）。填土为灰黑色黏土，较疏松，夹大量草木灰和少量红烧土颗粒、陶片。器类有罐、盆、器座、器盖。

罐　3件。G8：3，泥质夹草木灰红陶，陶片断面上呈两层贴合状。小直口，丰圆唇，矮直颈，鼓腹，下部残。唇外侧棱凸。口径12、残高5.6厘米（图一四四，1）。G8：4，泥质灰陶。敛口，仰折沿，窄沿面，尖唇，鼓腹，下部残。口径18、残高3.2厘米（图一四四，2）。G8：5，泥质磨光黑陶。上部残，鼓腹，圜底中央稍下坠，矮圈足底缘外撇。腹饰一道凸弦纹。腹径15、底径8.8、残高8.8厘米（图一四四，3）。

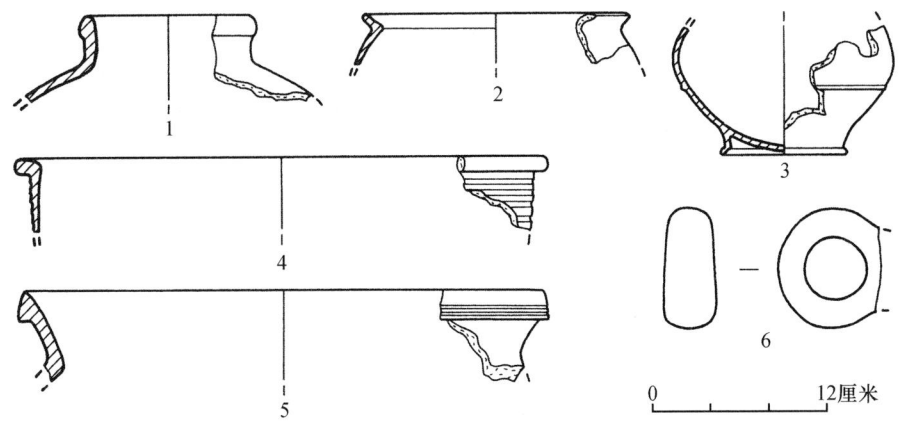

图一四四　G8出土器物

1~3.陶罐（G8∶3、G8∶4、G8∶5）　4.陶盆（G8∶2）　5.陶器座（G8∶1）　6.陶器盖（G8∶6）

盆　1件。G8∶2，泥质夹草木灰红陶。大直口，平折沿，沿面较窄，丰圆唇，深腹近竖直，下部残。通体饰红衣但大部分已脱落，腹饰棱纹。口径36、残高4.8厘米（图一四四，4）。

器座　1件。G8∶1，泥质夹草木灰红陶。残存端敛口，仰折沿，宽沿面，尖唇，腹残。唇外缘附一周下坠宽棱凸，棱面上饰一周浅双凹弦纹。口径36、残高6厘米（图一四四，5）。

器盖　1件。G8∶6，泥质夹炭红陶。圆环形盖纽，外缘圆弧，内缘近平，外缘下部存附着断面，下部残。通体饰红衣但大部分已脱落。内径4.2、外径8、厚3.6厘米（图一四四，6）。

G9　位于ⅡT0709南部，东北—西南走向。开口在第4层下，打破第5层和生土，沟口距地面深105厘米。已揭露部分平面呈不规则长条形，两边略弯曲，宽窄不一，斜壁，平底略有起伏。残长400厘米，宽80~100厘米，深70厘米（图一四五）。填土为灰黑夹黄色花黏土，较疏松，含少量陶片。器类有罐、釜、碗等。

罐　2件。G9∶1，泥质夹炭红陶。敛口，丰圆唇，鼓腹，下部残。通体饰红衣但大部分已脱落。口径34、残高4厘米（图一四六，1）。G9∶3，夹草木灰红陶。侈口，斜方唇，下部残。唇面饰平行凹弦纹。残宽6.4、厚约1、残高4.8厘米（图一四六，3）。

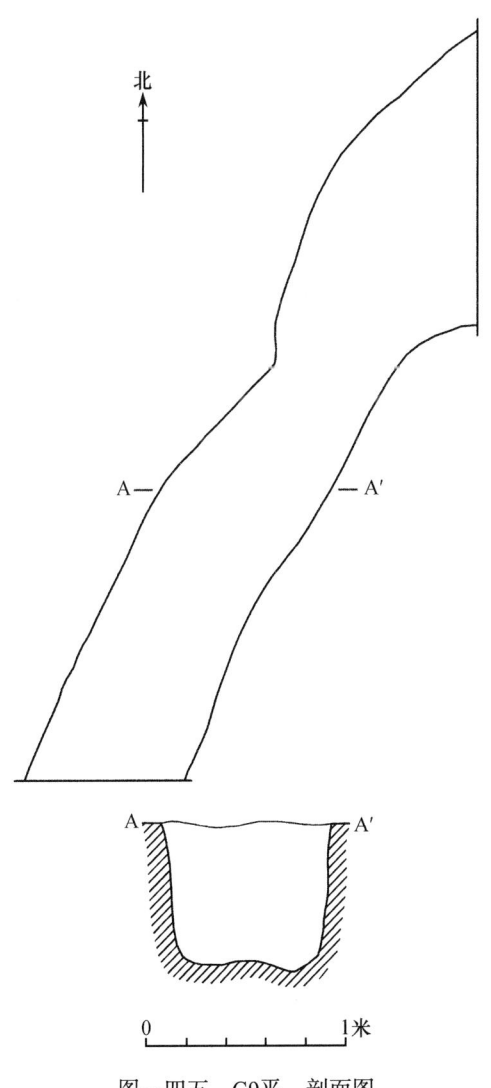

图一四五　G9平、剖面图

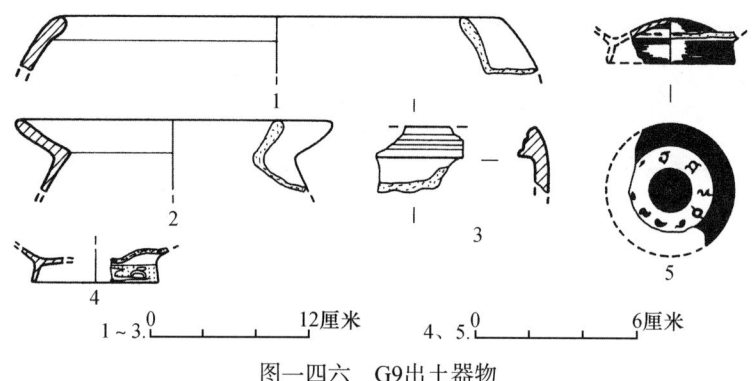

图一四六 G9出土器物
1、3.陶罐（G9∶1、G9∶3） 2.陶釜（G9∶2） 4、5.陶碗（G9∶4、G9∶5）

釜 1件。G9∶2，泥质夹炭红陶。敛口，仰折沿，宽沿面，圆唇，弧腹，下部残。通体饰红衣但大部分已脱落。口径24、残高5厘米（图一四六，2）。

碗 2件。G9∶4，泥质薄胎红陶。上部残，弧腹，底内凹，矮圈足微外撇。内底及外壁饰满红褐彩，彩色深浅渐变，脱落严重。圈足径4.8、残高1.1厘米（图一四六，4）。G9∶5，泥质薄胎灰陶，部分区域红色。上部残，底内凹，矮圈足微外撇。除外底中央，其余皆涂满黑彩，富有光泽；外底中央图案为黑彩圆心外围饰一圈红胎底黑彩蚁形纹，各个蚁形纹脱落较严重，近"R"形。圈足径5、残高1.6厘米（图一四六，5）。

G12 位于TG1中北部，西南—东北走向，西南延伸入探沟西壁。开口在第6C层下，打破第7A层。已揭露部分平面呈长条形，头端弧凸，两边略弯曲，宽窄不一，弧壁，平底略有起伏。残长340厘米，宽80~126厘米，最深38厘米（图一四七）。填土为灰黑色黏土，较疏松，夹较多烧土颗粒和草木灰，含少量陶片。器类有器盖等。

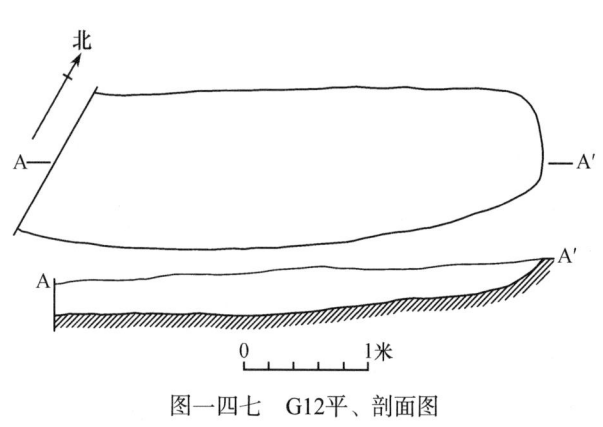

图一四七 G12平、剖面图

五、其他生活类遗迹

其他生活类遗迹共7处，编号为活动面Ⅰ、黄土Ⅰ、黄土Ⅱ、遗迹Ⅰ、Z1、柱础Ⅰ、红烧土路L。

活动面Ⅰ 主要位于Ⅱ区T0607、T0707、T0708、T0807、T0808五个探方内。开口在第3层下，其西南角叠压同为第3层下的黄土Ⅱ，距地表深约15~35厘米。平面近正方形，边缘明显且较直，剖面呈水平状。长1000厘米，宽900厘米（图一四八；彩版五，1）。堆积分两层。

上层为粉状烧土夹大量块状烧土，其表面凸凹不平，且所有红烧土块的下面都有规律地粘满黑灰，未发现上下颠倒等扰动现象，属于坍塌废弃所致。该层厚10厘米左右，含较多陶片，

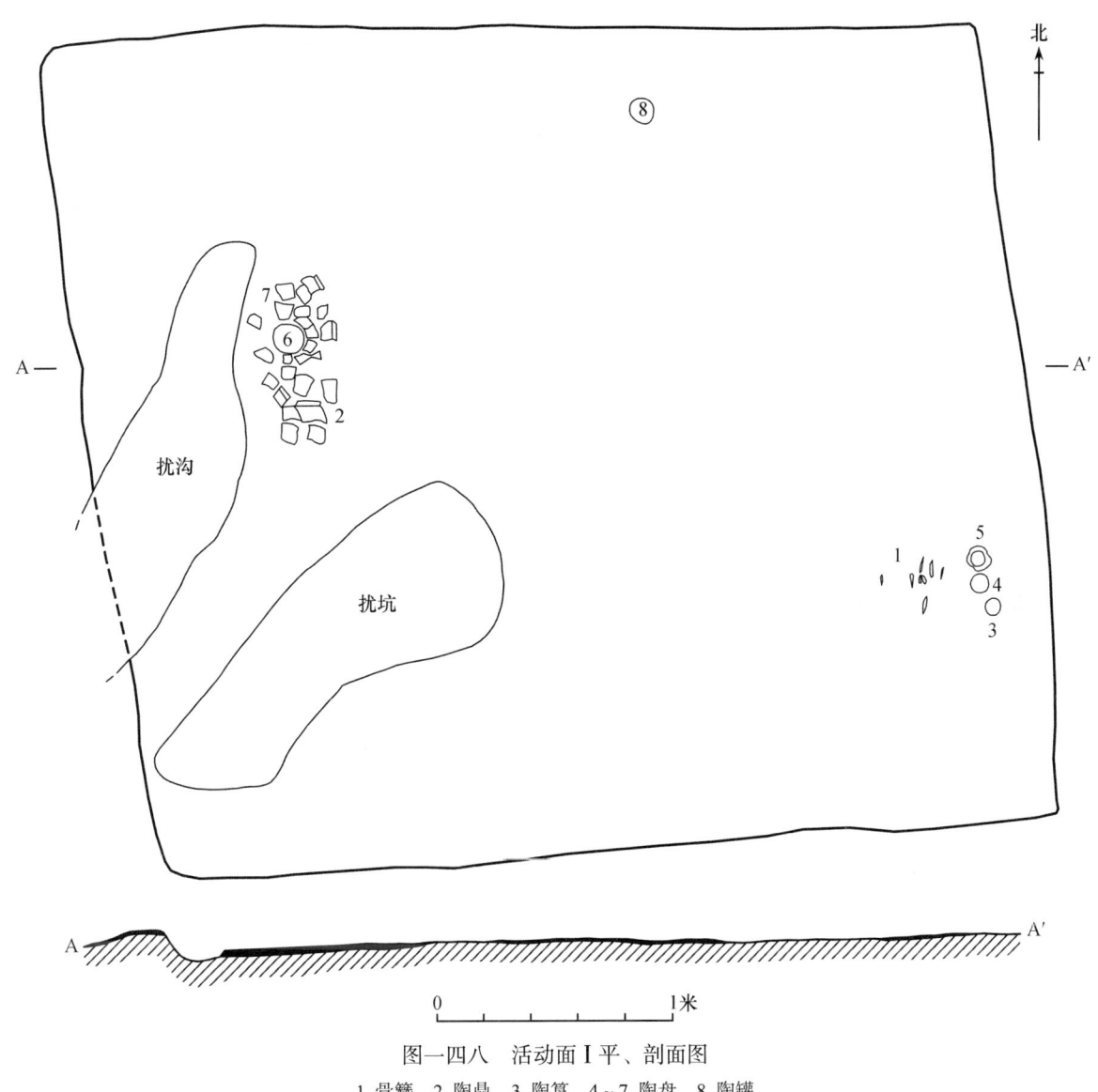

图一四八　活动面Ⅰ平、剖面图
1. 骨簪　2. 陶鼎　3. 陶簋　4～7. 陶盘　8. 陶罐

有红陶、黑陶、灰陶等。

下层为黑色灰烬，厚3～5厘米。灰烬面平整硬实，灰烬面上局部区域存在较多平摊的破碎陶器、石器和碎骨。在灰烬面范围内未发现其他墙基、柱洞等与房址有关的遗迹，可能是人们进行室外活动的场所。

器类有鼎、罐、盆、簋、盘、器盖、纺轮、石斧、骨簪。

鼎　2件。活动面Ⅰ:2，泥质磨光黑陶。敛口，仰折沿，窄沿面，圆唇，斜直肩，竖直中腹，斜弧下腹内收，圜底，侧扁矮凿形足。肩下部折棱上缘饰三周凹弦纹，中下腹结合处饰一周双凹弦纹，足根饰一个浅按窝。口径12、腹径13.8、高11.6厘米（图一四九，11；图版一一，1）。活动面Ⅰ:22，泥质灰陶。宽扁凿形足，内面竖向弧凸，外面竖向弧凹，斜直两侧脊凸，足尖残。足根中间饰一个按窝。残高6.2厘米（图一四九，13）。

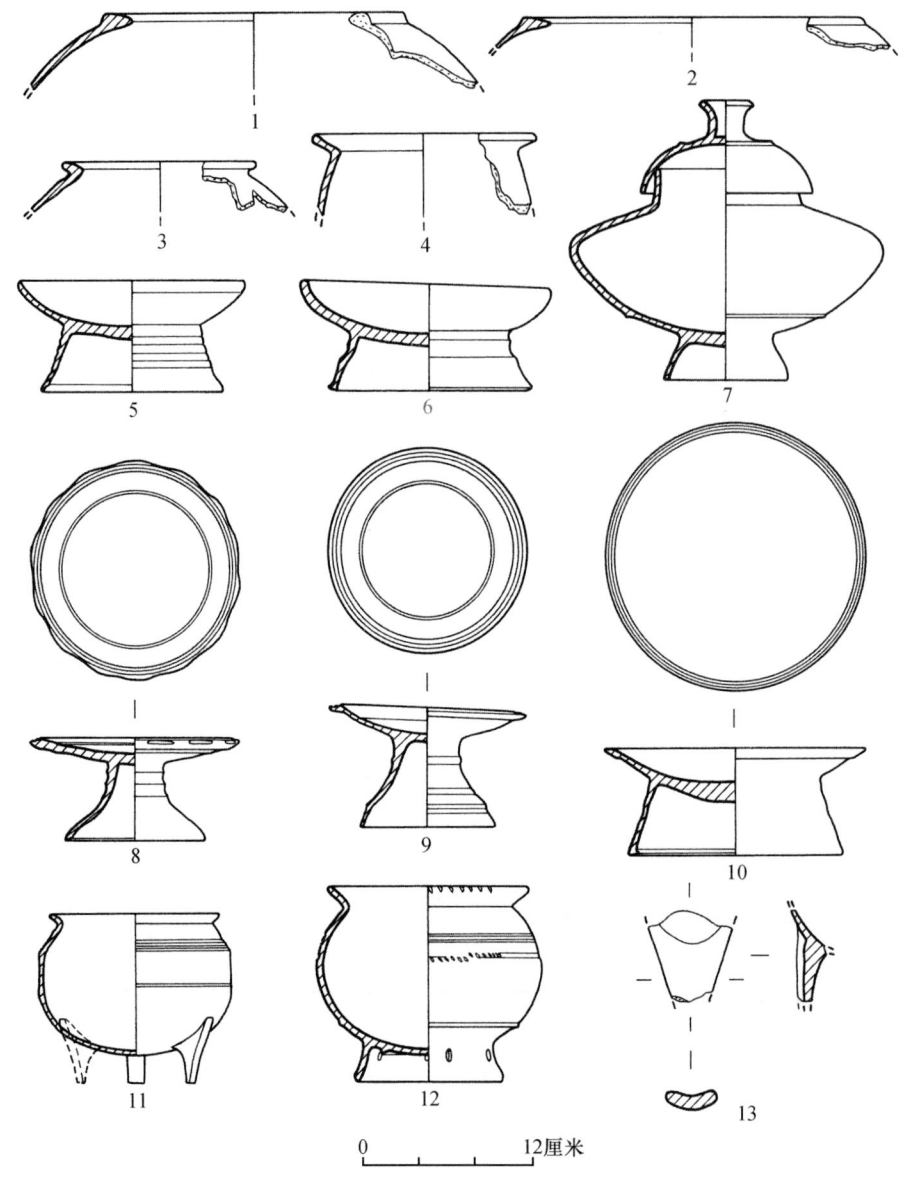

图一四九　活动面Ⅰ出土器物

1~4、7. 陶罐（活动面Ⅰ:21、活动面Ⅰ:20、活动面Ⅰ:19、活动面Ⅰ:18、活动面Ⅰ:8）　5、6、8~10. 陶盘（活动面Ⅰ:6、活动面Ⅰ:14、活动面Ⅰ:7、活动面Ⅰ:5、活动面Ⅰ:4）　11、13. 陶鼎（活动面Ⅰ:2、活动面Ⅰ:22）　12. 陶簋（活动面Ⅰ:3）

罐　5件。活动面Ⅰ:8，泥质磨光黑陶。带盖罐。喇叭形盖纽细高，圆唇，束颈。盖面斜弧，圆唇。盖面饰一周凸弦纹。罐直口，直领，广折肩，肩面平阔，斜弧腹内收，圜底，喇叭形圈足外撇。腹饰一周凸弦纹。纽径3.6、纽高6.4、盖径12.4厘米；罐口径9.8、腹径22、足径8.8、高14.4厘米；通高19.2厘米（图一四九，7；图版一六，1）。活动面Ⅰ:18，泥质灰陶。敛口，仰折沿，宽沿面，方唇，深弧腹，下部残。口径16、残高5.6厘米（图一四九，4）。活动面Ⅰ:19，泥质灰陶。敛口，仰折沿，窄沿面，尖唇，鼓腹，下部残。口径14、残高3.4厘米（图一四九，3）。活动面Ⅰ:20，泥质灰陶。敛口，尖唇外抹成平沿状，鼓腹，下部残。

口径24、残高2.2厘米（图一四九，2）。活动面Ⅰ：21，口沿，泥质灰陶。敛口，尖唇外抹成平沿状，鼓腹，下部残。口径22、残高5.2厘米（图一四九，1）。

盆　1件。活动面Ⅰ：16，泥质红陶。直口，丰圆唇稍外折，折腹，上腹竖直，下腹弧内收，深腹，平底。折腹凸棱上等距离饰戳点纹。口径32～34、底径9、高14～14.4厘米（图一五〇，1；图版一九，4）。

簋　1件。活动面Ⅰ：3，泥质磨光黑陶。敛口，仰折沿，宽沿面，圆唇，圆鼓腹，圜底，矮圈足微外撇。唇缘等距离饰三组戳点纹，腹上部饰两周双凹弦纹，腹中部饰双凹弦纹并等距离饰三组小戳点纹，圈足中部等距离饰六个竖向长镂孔。口径14.2、腹径16、足径10.4、高13.4厘米（图一四九，12；图版二五，2）。

盘　5件。活动面Ⅰ：4，泥质灰陶。敞口，尖唇微折，斜弧腹，浅盘，圜底近平，喇叭形粗圈足较高，圈足壁斜直微外撇。通体饰黑衣但大部分已脱落，唇沿面饰三道浅凹弦纹。口径18.4、足径15.2、高7.3厘米（图一四九，10）。活动面Ⅰ：5，泥质灰陶。敞口，窄翻沿，尖唇，斜弧腹，浅盘，圜底，喇叭形高圈足，圈足下部外撇。通体饰黑衣但大部分已脱落，窄翻沿面上饰两道凹弦纹，内腹中部饰一道若凹弦纹状浅折棱，圈足上部饰一周宽凸弦纹，下部饰两周双凹弦纹。口径14、足径9.6、高7.8～8.4厘米（图一四九，9；图版三一，6）。活动面Ⅰ：6，泥质灰陶。敞口，尖唇，斜弧腹，深盘，圜底，喇叭形粗圈足外撇。通体饰黑衣但大部分已脱落，唇外沿棱凸，圈足饰多道弦纹。口径16、足径13、高7.6厘米（图一四九，5；图版三二，1）。活动面Ⅰ：7，泥质灰陶。敞口，窄翻沿，尖唇，近斜直腹，浅盘，圜底近平，喇叭形高圈足外撇，底缘稍内扣。通体饰黑衣但大部分已脱落，唇缘饰按窝呈葵瓣状，窄沿面饰三道凹弦纹，内腹中部饰一周凹弦纹，圈足上部饰三道凸弦纹。口径15、足径10、高7厘米（图一四九，8；图版三二，2）。活动面Ⅰ：14，泥质红陶。敞口，圆唇，弧腹，圜底，喇叭形粗圈足外撇。通体饰红衣但大部分已脱落，圈足中上部饰一周宽凹棱纹。口径18、足径14.4、高7～7.6厘米（图一四九，6；图版三二，3）。

器盖　5件。活动面Ⅰ：9，泥质红陶。喇叭形盖纽细高，尖唇，束颈。盘状盖面，翻折沿，沿面较宽，尖唇，斜直腹，底内凹。盖沿沿面饰两周凹弦纹。纽径4.6、盖径12.6、高4.9厘米（图一五〇，3；图版四四，1）。活动面Ⅰ：10，泥质灰陶。喇叭形盖纽，尖唇。盖面斜弧，弧穹顶近平，圆唇。素面。纽径4.2、盖径10、高3.8厘米（图一五〇，8）。活动面Ⅰ：11，泥质灰陶。喇叭形盖纽，尖唇。盖面斜弧，尖唇。素面。纽径3.6、盖径10、高2.6厘米（图一五〇，7）。活动面Ⅰ：13，泥质黑衣红陶。实心圆锥塔形盖纽，尖顶残。盘状盖面，翻折沿，尖唇，斜直腹，小平底。盖底面中部饰一周凹弦纹。纽径2.2、盖径11、高5.8厘米（图一五〇，6；图版四四，2）。活动面Ⅰ：15，泥质磨光黑陶。喇叭圈形盖纽，尖唇外缘凸棱。盖面斜弧，弧穹顶，圆唇。盖面上部饰一周双凹弦纹，盖面下部饰一周凹弦纹。纽径3.6、盖径10、高2.6厘米（图一五〇，4；图版四四，3）。

纺轮　1件。活动面Ⅰ：12，泥质灰陶。一面平整，一面中间外凸，周缘中间弧凸成两斜面，中孔竖直。素面。直径5.2、孔径0.35、厚0.5～0.6厘米（图一五〇，2）。

石斧　1件。活动面Ⅰ：17，灰色砂岩。长梯形，平顶微弧凸，弧刃两面对称磨光较锋

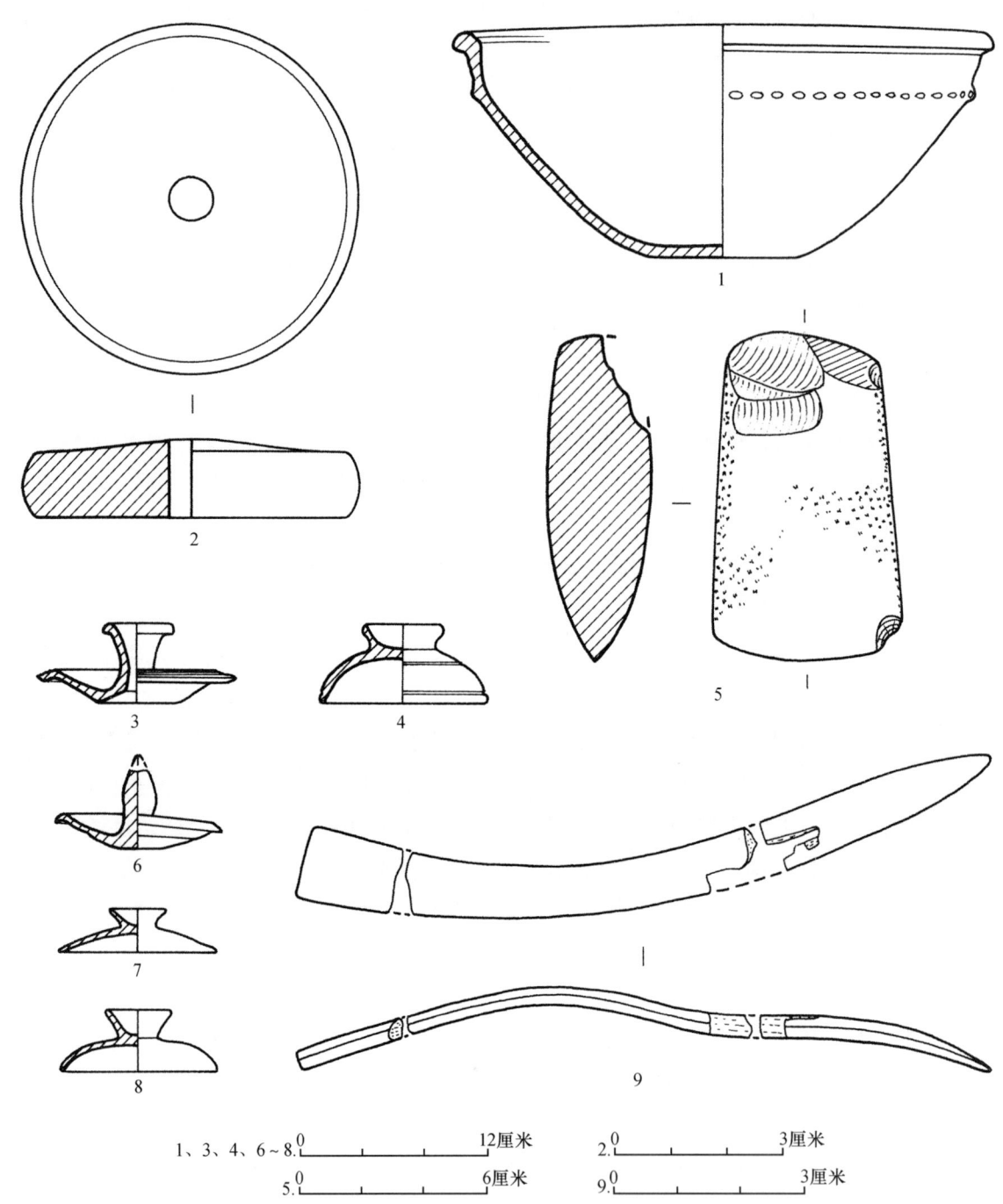

图一五〇　活动面Ⅰ出土器物

1.陶盆（活动面Ⅰ：16）　2.陶纺轮（活动面Ⅰ：12）　3、4、6~8.陶器盖（活动面Ⅰ：9、活动面Ⅰ：15、活动面Ⅰ：13、活动面Ⅰ：11、活动面Ⅰ：10）　5.石斧（活动面Ⅰ：17）　9.骨簪（活动面Ⅰ：1）

利，两边斜直，两面稍弧凸，顶有多处崩疤。长10.1、宽6、厚3.3厘米（图一五〇，5；图版六八，1）。

骨簪　1件。活动面Ⅰ:1，灰白色。薄扁长条形，弯曲变形，断成三截。尖头平尾。长11.1、宽0.8~1.15、厚0.3厘米（图一五〇，9；图版六六，5）。

黄土Ⅰ　位于ⅡT0905西南角。开口在第3层下，打破第4层和G2。已揭露部分平面近长条形，边缘稍曲，边缘剖面呈坡状。残长230厘米，残宽72厘米，厚0~18厘米（图一五一）。黄花土，板结，夹少量红烧土颗粒和碎陶片。

黄土Ⅱ　位于Ⅱ区T0805、T0806、T0706、T0905、T0906五个探方中。开口在第3层下，被同为第3层下的H5、遗迹Ⅰ、活动面Ⅰ打破，打破第4层和F2，距地表深约15~35厘米。平面近不规则方形，部分边缘较曲折。最长720厘米，宽300~550厘米，最厚约60厘米（图一五二）。堆积分两层。

第1层分布范围较小，厚0~30厘米。黄色土，较板结，呈条形分布于黄土遗迹中部，含少量陶片，器类有盘、器盖、纺轮。

第2层厚10~45厘米。黄花土，板结，夹少量红烧土颗粒和少量陶片等，器类有鼎、罐、盆、釜、缸、豆、纺轮、球、饼、石斧。

黄土Ⅱ的西北角分布有遗迹Ⅰ，均开口在第3层下并打破第4层，尽管遗迹Ⅰ打破黄土Ⅱ，但不排除它们是同一时期甚或一体的遗迹。

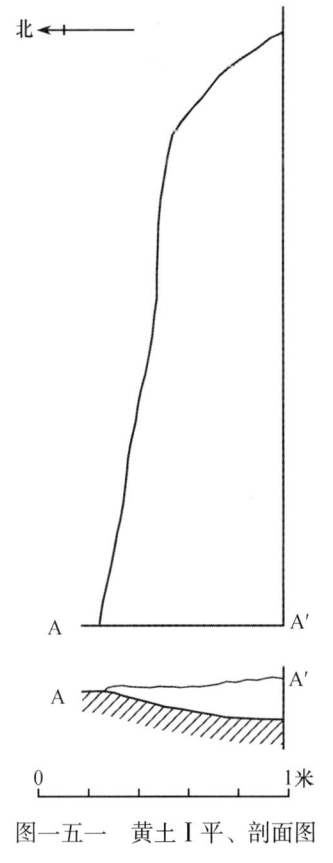

图一五一　黄土Ⅰ平、剖面图

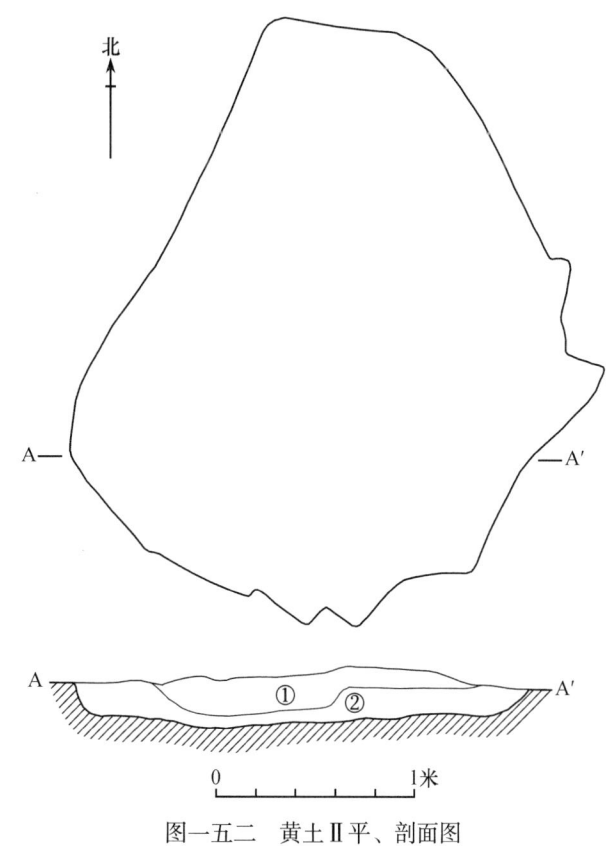

图一五二　黄土Ⅱ平、剖面图

黄土Ⅱ①　器类有盘、器盖、纺轮。

盘　1件。黄土Ⅱ①：1，泥质红陶。斗形盘耳。微侈口，斜方唇，竖直深腹，圜底。通体饰红衣但大部分已脱落。耳口径3.4、高4.8厘米（图一五三，7）。

器盖　1件。黄土Ⅱ①：2，泥质灰陶。喇叭形盖纽，尖唇，矮束颈。盖面斜弧，弧穹顶，圆唇。纽径4.2、盖径10、高4.1厘米（图一五三，12）。

纺轮　1件。黄土Ⅱ①：3，泥质红陶。两面平整，周缘中间弧凸；中孔竖直，其中一端周缘外凸。素面。直径4.1、孔径0.4、厚1.4～1.5厘米（图一五三，14；图版五四，2）。

黄土Ⅱ②　器类有鼎、罐、盆、釜、缸、豆、纺轮、球、饼、石斧。

鼎　3件。黄土Ⅱ②：6，泥质黑陶。敛口，仰折沿，圆唇，鼓腹，下部残。口径12、残高3厘米（图一五三，1）。黄土Ⅱ②：7，泥质灰陶。敛口，仰折沿，圆唇，弧腹，下部残。口径12、残高2.2厘米（图一五三，2）。黄土Ⅱ②：14，泥质灰陶。圆锥形矮凿足，足尖内外捏薄成凿尖。足根饰一按窝纹。残高4.8厘米（图一五三，10）。

罐　1件。黄土Ⅱ②：10，夹砂红陶。直口，厚圆唇，矮颈，腹残。口径16、残高4.6厘米（图一五三，5）。

盆　1件。黄土Ⅱ②：9，泥质磨光黑陶。敞口近直，折沿下垂，窄沿面，圆唇，腹斜直，下部残。腹饰一周凹弦纹。口径18、残高3厘米（图一五三，4）。

釜　1件。黄土Ⅱ②：11，泥质夹炭红陶。敛口，仰折沿，宽沿面，鼓腹，下部残。口径24、残高4.8厘米（图一五三，9）。

缸　2件。黄土Ⅱ②：12，口沿，泥质夹炭灰陶。大口，仰折沿，宽沿面，丰圆唇，腹残。口径32、残高3.6厘米（图一五三，8）。黄土Ⅱ②：13，泥质夹炭红陶。大口，仰折沿，宽沿面内折，尖唇，腹残。腹饰圆圈纹。口径48、残高6.4厘米（图一五三，6）。

豆　1件。黄土Ⅱ②：8，泥质红陶。敛口，圆唇，矮领斜直，鼓腹，下部残。口径8、残高3.4厘米（图一五三，3）。

纺轮　1件。黄土Ⅱ②：3，泥质红陶。两面平整，周缘中间棱凸成两斜面；中孔竖直，其中一端抹角成不对称喇叭形。素面。直径4.6、孔径0.6、厚1厘米（图一五三，16）。

饼　1件。黄土Ⅱ②：4，夹砂红陶。扁圆饼状，圆整度一般，周缘近平，一面稍内凹，另一面微弧凸。弧凸面饰一道附加堆纹。利用陶器碎腹片再加工而成。直径4.8、厚0.6～0.7厘米（图一五三，15；图版六五，5）。

球　2件。黄土Ⅱ②：1，泥质黑陶。空心圆球体，圆整度较好，空心内密封多粒小芯珠。球面以戳点弦纹不规则交叉绕体装饰。直径3.4厘米（图一五三，17；图版五九，2）。黄土Ⅱ②：5，泥质红陶。实心圆球形。素面。直径2.9～3厘米（图一五三，11；图版五九，3）。

石斧　1件。黄土Ⅱ②：2，青色砂岩。近梯形；残顶近平，刃部残断，两侧边斜直，两面稍弧凸。残长11.4、宽8、厚3.5厘米（图一五三，13；图版六八，2）。

遗迹Ⅰ　位于ⅡT0806中部。开口在第3层下，打破第4层，距地表深约30厘米。平面呈两条并排平行的长方形沟，其中南部被破坏。剖面皆近"U"字形筒形平底。口部及底部边缘明

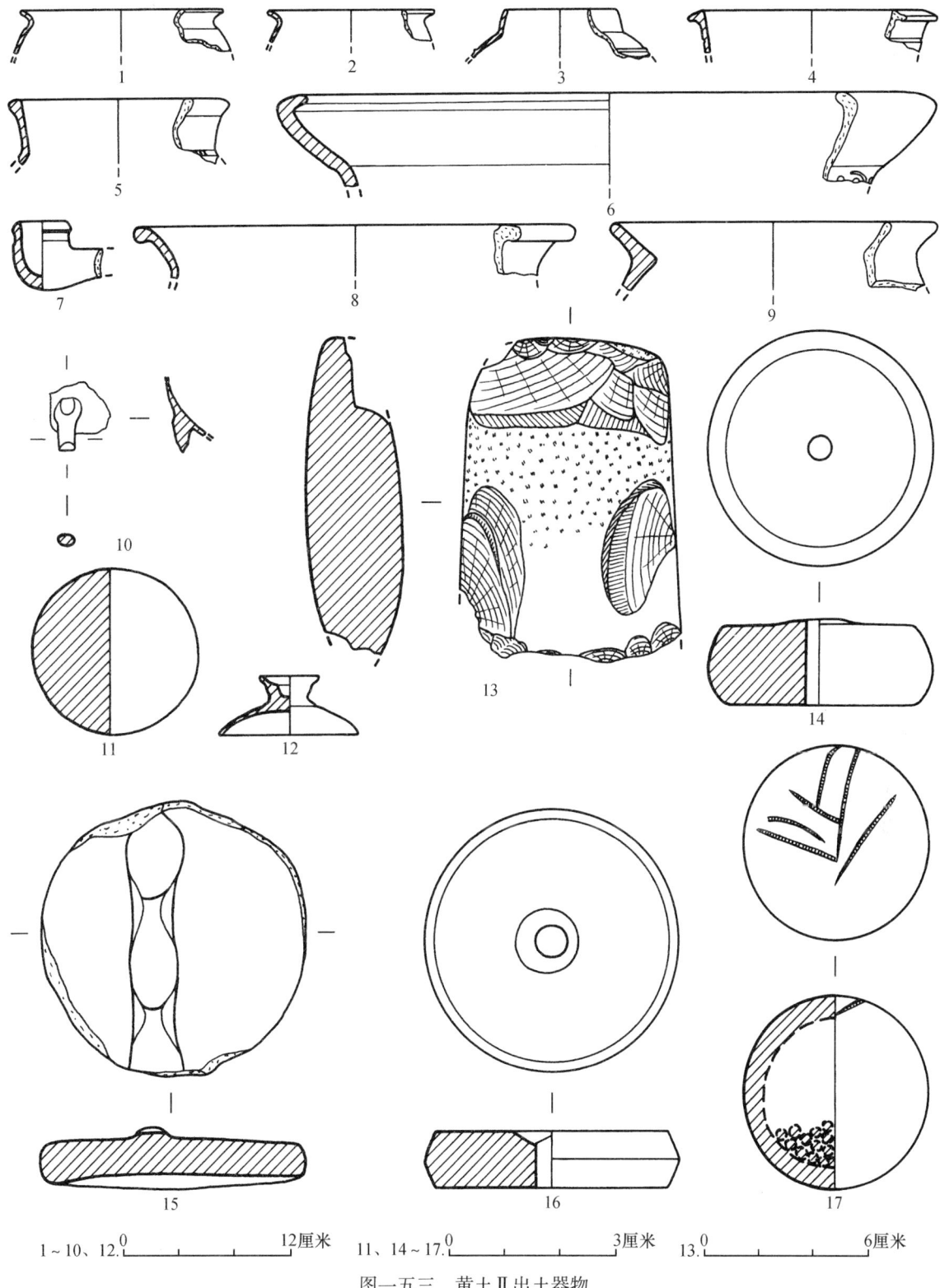

图一五三 黄土Ⅱ出土器物

1、2、10.陶鼎（黄土Ⅱ②：6、黄土Ⅱ②：7、黄土Ⅱ②：14） 3.陶豆（黄土Ⅱ②：8） 4.陶盆（黄土Ⅱ②：9） 5.陶罐（黄土Ⅱ②：10） 6、8.陶缸（黄土Ⅱ②：13、黄土Ⅱ②：12） 7.陶盘（黄土Ⅱ①：1） 9.陶釜（黄土Ⅱ②：11） 11、17.陶球（黄土Ⅱ②：5、黄土Ⅱ②：1） 12.陶器盖（黄土Ⅱ①：2） 13.石斧（黄土Ⅱ②：2） 14、16.陶纺轮（黄土Ⅱ①：3、黄土Ⅱ②：3） 15.陶饼（黄土Ⅱ②：4）

显，西侧沟的西南部有一近扇形的不完整烧土界线，两沟的内壁及底皆为烧结面，烧结面的烧土厚度均匀，厚约4厘米。东侧沟残长150厘米，两条沟宽度均约28厘米，沟深约8厘米，两沟之间相距约38厘米（图一五四）。该遗迹显然与用火有关，但具体功能不明。考虑到遗迹Ⅰ与黄土Ⅱ均开口在第3层下并打破第4层，尽管遗迹Ⅰ打破黄土Ⅱ，但不排除它们是同一时期甚或一体的遗迹。

沟内填土为红褐色土，硬结，夹红烧土块，含较多陶片。器类有鼎、罐、器座、器盖等。

罐　1件。遗迹Ⅰ∶1，泥质黑陶。敛口，仰折沿，窄沿面，尖唇，鼓腹，下部残。腹饰一周凸弦纹。口径20、残高2.2厘米（图一五五，1）。

器座　1件。遗迹Ⅰ∶2，泥质夹炭红陶。上部残，下部斜弧外撇，外缘棱凸。底径20、残高3.8厘米（图一五五，2）。

器盖　1件。遗迹Ⅰ∶3，泥质灰陶。喇叭形圈纽，尖唇。盖面斜弧，穹顶，下部残。纽径3.6、残高2.6厘米（图一五五，4）。

鼎　1件。遗迹Ⅰ∶4，泥质灰陶。宽扁凹形矮足，内面竖向弧凸，外面竖向弧凹。足根两侧脊上饰两个小按窝。残高2.6厘米（图一五五，3）。

Z1　位于ⅡT0908北部。开口在第2层下，打破第3层，并被第2层下的一条扰沟打破。平面近不规则形，中间为近圆角菱形灶膛，外围为红烧土灶壁。灶膛剖面呈弧形圜底。残长120厘米，残宽约60厘米（图一五六）。灶膛内填土为黄色黏土，结构疏松，含少量炭灰和陶片。红烧土灶壁含少量陶片。器类不明。

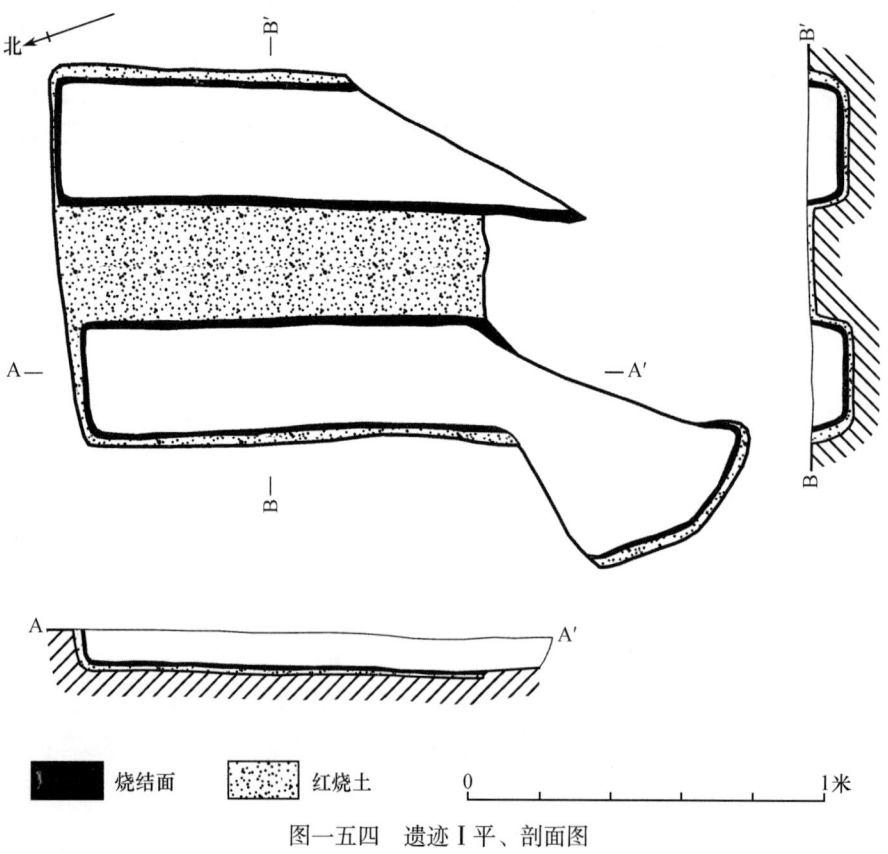

图一五四　遗迹Ⅰ平、剖面图

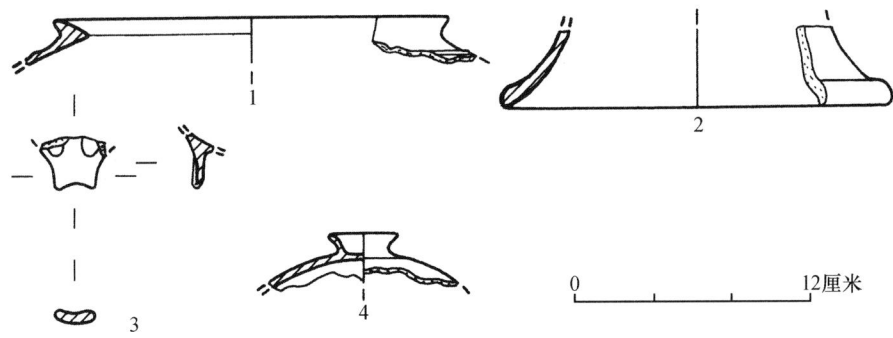

图一五五 遗迹Ⅰ出土器物

1. 陶罐（遗迹Ⅰ∶1） 2. 陶器座（遗迹Ⅰ∶2） 3. 陶鼎（遗迹Ⅰ∶4） 4. 陶器盖（遗迹Ⅰ∶3）

柱础Ⅰ 位于ⅡT0907中南部。开口在第2层下，打破第3层。柱础平面近圆角正方形，口部和底部边缘明显，斜壁，平底。柱础中有一圆形柱洞，直壁，圜底（图一五七）。柱础东西宽70～76厘米，深25厘米，填土为褐灰色黏土，较硬结，夹较多红烧土块。柱洞直径20厘米，深13厘米，洞内填土为较纯的灰褐色土，较松软。周围无其他相关遗迹。

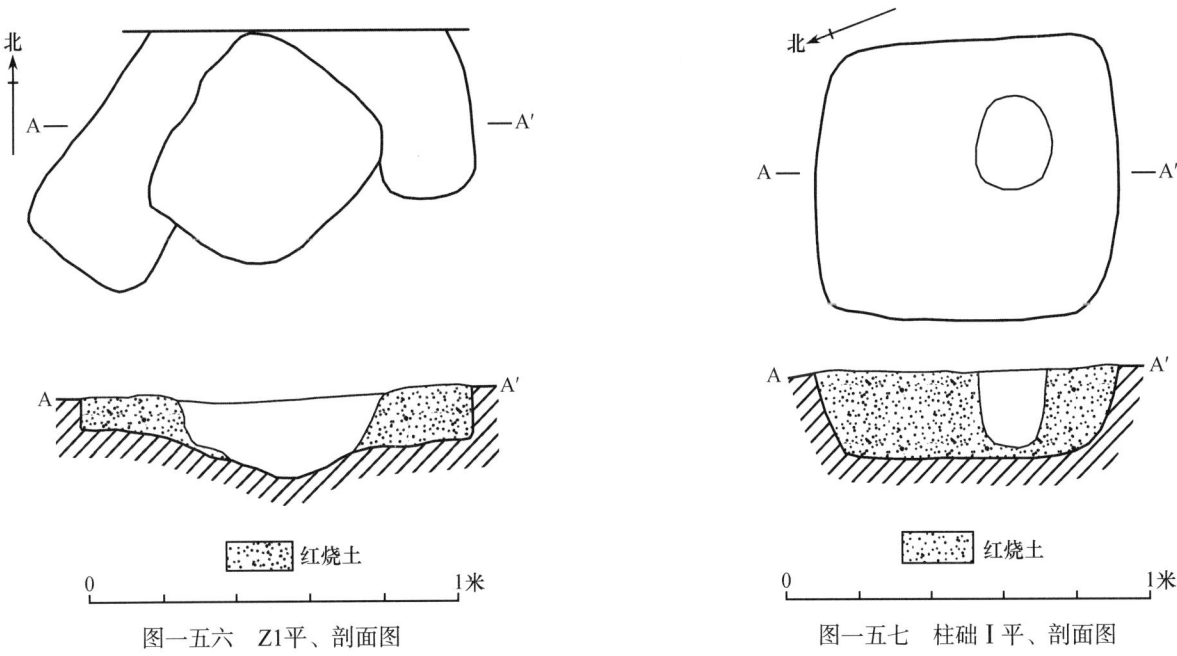

图一五六 Z1平、剖面图　　　　　　图一五七 柱础Ⅰ平、剖面图

红烧土路L 位于Ⅱ区T1106、T1005、T0905、T0805、T0804、T0704六个探方内，西北—东南走向，西北起于T1106中同为第4层下的F3西室南侧，经过F3和F2南部，西南延伸入T0704东壁。开口在第4层下，打破第5层，南北两侧分布层位关系一致的G5和G2，三者并行。已揭露部分平面呈长条形，西北端圆凸，两侧边缘较平直，剖面呈底部平整面上微弧的凸镜状。残长2240厘米，宽约120厘米，厚0～40厘米（图一五八；彩版五，2）。由非常纯的红烧土堆积而成，红烧土粉状夹细颗粒，较硬实，含少量碎陶片。该遗迹正好位于F2、F3的南侧，可能为当时的道路。

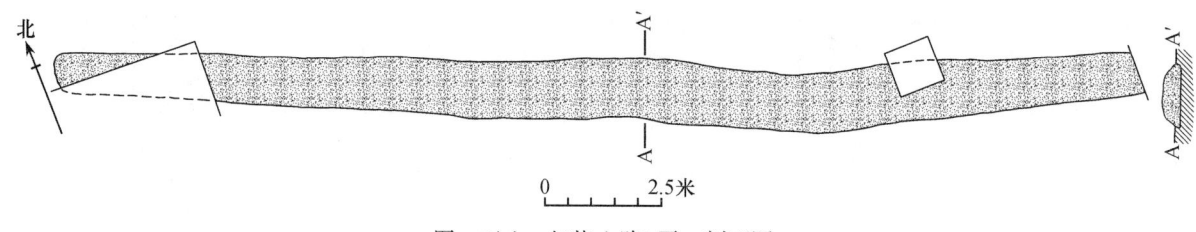

图一五八　红烧土路L平、剖面图

六、墓　　葬

分长方形土坑竖穴墓和瓮棺葬两类。

（一）长方形土坑竖穴墓

共12座。

M1　位于ⅠT2008西北角，与M2、M3相邻（图版六，1）。开口在第2层下，距地面深15～20厘米，打破生土。近长方形土坑竖穴墓，北壁较南壁稍长一些，直壁，平底。墓口已经被破坏。墓口长182～186厘米，宽72厘米；墓底长180厘米，宽70厘米；墓深约10厘米。方向270°。人骨保存状况较差，两上肢摆于身体两侧，下肢稍向右侧位移，头向西，仰身直肢葬，性别、年龄不详。未见葬具痕迹。随葬10件陶器，位于身体左侧即墓坑北侧，器类组合为鼎、豆、簋、罐、盘、碗、器盖。填土为灰黄色五花土（图一五九；彩版七，1；图版五，1）。

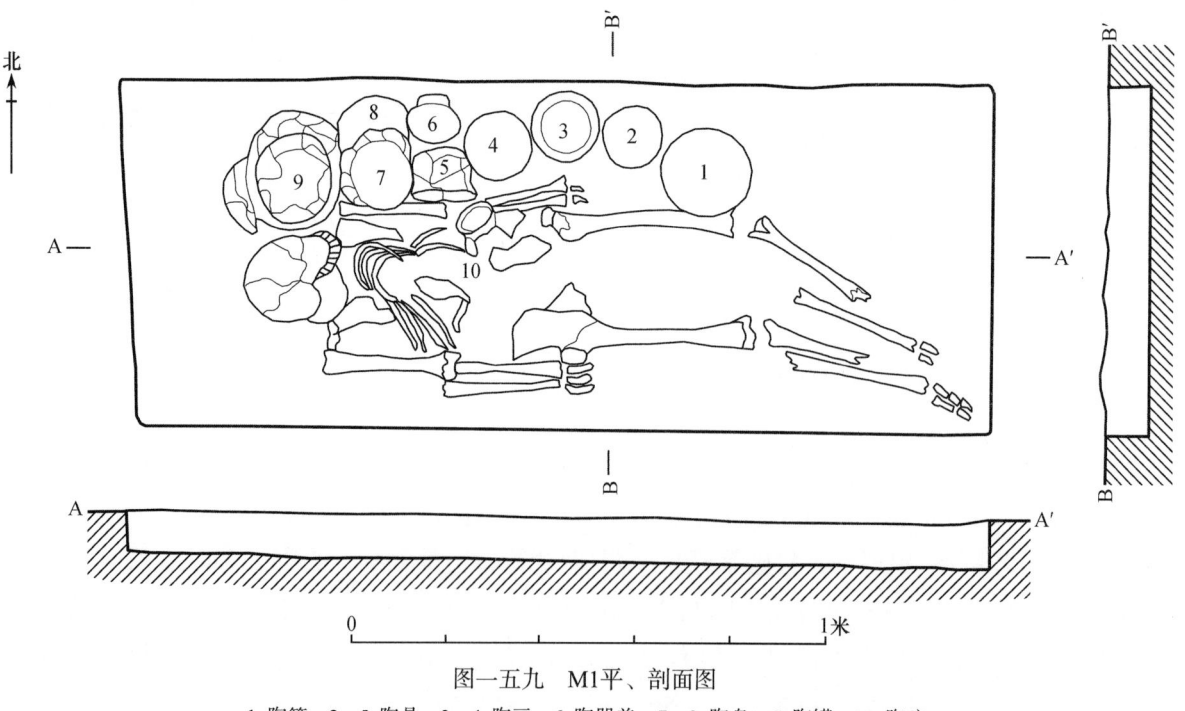

图一五九　M1平、剖面图
1.陶簋　2、5.陶鼎　3、4.陶豆　6.陶器盖　7、9.陶盘　8.陶罐　10.陶碗

鼎　2件。M1∶2，泥质磨光黑陶。口部残，圆腹下垂，圜底，圆锥足。足根饰一按窝。腹径13、残高9.6厘米（图一六〇，1）。M1∶5，泥质磨光黑陶。敛口，仰折沿，宽沿面，尖唇，圆腹下垂，最大腹径靠下，圜底，侧扁圆截锥足。足内外脊凸，两侧扁圆，足尖截平。上腹饰一周双凹弦纹、弦纹间等距离饰三组戳点纹，足根饰一按窝。口径10.2、腹径12、通高12厘米（图一六〇，2；彩版一二，5；图版一一，2）。

罐　1件。M1∶8，泥质红陶。领部以上残，广肩，深弧腹内收，最大腹径靠上，圜底，矮圈足底缘稍内扣。通体饰红衣但大部分已脱落，下腹部饰一周凸弦纹。腹径21.2、足径8.4、残高13.4厘米（图一六〇，3；图版一六，2）。

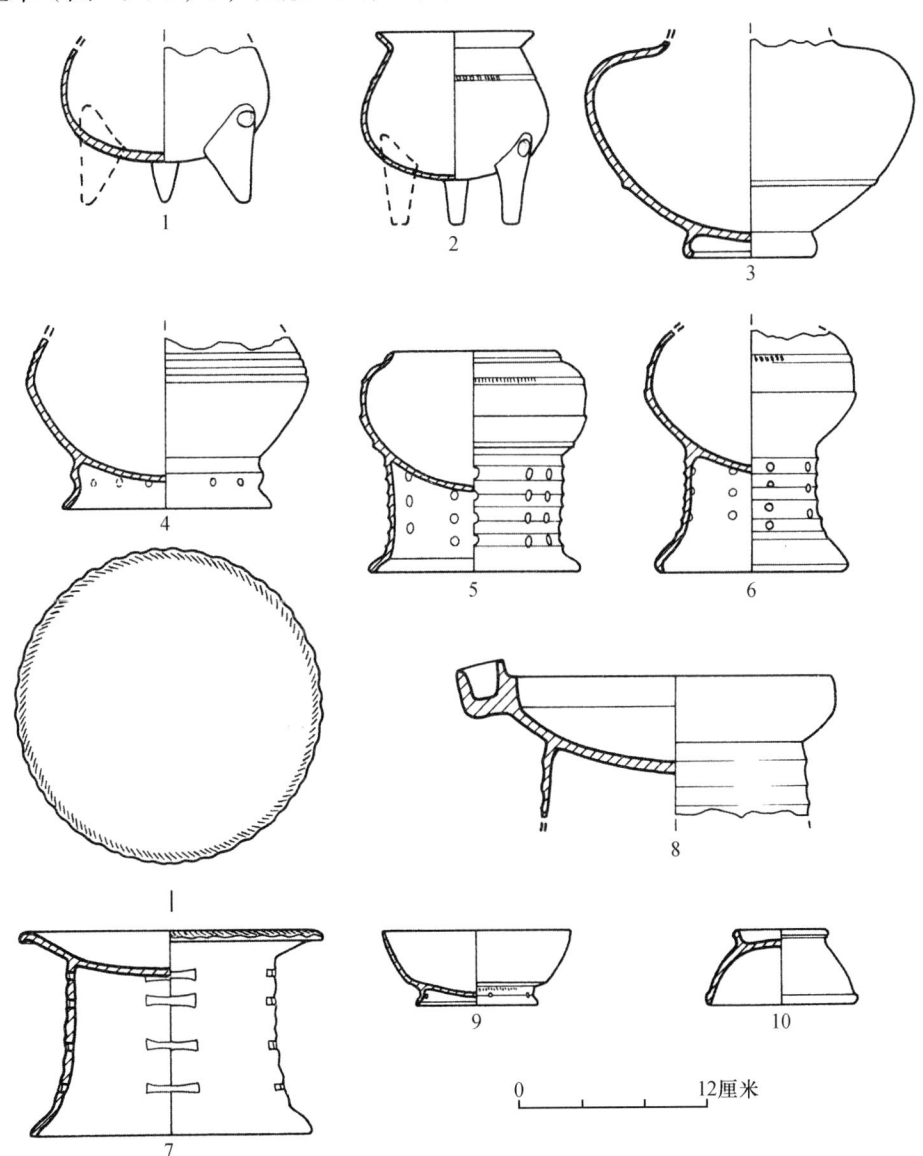

图一六〇　M1随葬品组合
1、2.陶鼎（M1∶2、M1∶5）　3.陶罐（M1∶8）　4.陶簋（M1∶1）　5、6.陶豆（M1∶3、M1∶4）　7、8.陶盘（M1∶7、M1∶9）　9.陶碗（M1∶10）　10.陶器盖（M1∶6）

簋　1件。M1：1，泥质黑陶。口部残，弧腹微折，圜底，矮圈足中部棱凸下部外撇。上腹饰多道凹弦纹，圈足棱凸下部绕体等距离饰四组横向双孔小圆形镂孔。腹径18、足径13.2、残高10.5厘米（图一六〇，4；图版二五，3）。

豆　2件。M1：3，泥质黑陶。敛口，圆唇，鼓肩，深弧腹内收，圜底中央稍下坠，直筒形高圈足外撇。腹肩处饰一周双凹弦纹、弦纹间等距离饰三组戳点纹，中腹饰一周上内下外错棱，下腹饰一周凸弦纹，圈足饰浅瓦棱纹并绕体等距离间饰六组单列三孔和双列八孔小圆形镂孔。口径10.4、腹径14.4、足径13.6、高13.6厘米（图一六〇，5；图版二八，4）。M1：4，泥质黑陶。口部残，弧腹微折，圜底中央稍下坠，直筒形高圈足外撇，底缘内扣。上腹饰一周双凹弦纹、弦纹间绕体等距离饰三组戳点纹，折腹处饰一周上内下外错棱，圈足饰瓦棱纹并绕体等距离饰四组双列八孔小圆形镂孔夹盲孔。腹径13.6、足径12.2、残高15厘米（图一六〇，6；图版二八，5）。

盘　2件。M1：7，泥质红陶。侈口，窄折沿下垂，尖唇，斜弧腹近底处微折，浅盘，浅圜底近平，直筒形粗圈足底部外撇。通体饰红衣但大部分已脱落，唇缘饰细密葵瓣纹，窄沿面饰一周绚索状戳点纹，圈足饰浅棱纹并绕体等距离饰四组单列四个长方形镂孔。口径18.8、足径18、残高12.6厘米（图一六〇，7；彩版一四，3；图版三二，4）。M1：9，泥质红陶。近直口，圆唇，折腹，上腹近竖直，下腹弧内收，深盘，宽圜底，喇叭形粗圈足，下部已残。盘口边缘附设一个深窝斗形耳，附斗口沿明显高于盘口沿，微侈口，深腹，外壁斜直。通体饰红衣但大部分已脱落，圈足饰瓦棱纹。口径20.4、残高9.8、斗形耳径3.2厘米（图一六〇，8；彩版一四，4；图版三二，5）。

碗　1件。M1：10，泥质磨光黑陶。敞口，尖唇，斜直腹近底部内折，浅圜底中央稍下坠，矮圈足底缘外撇。圈足上部绕体等距离饰三组戳点纹，中部等距离饰四组横向双孔小圆形镂孔。口径12、足径7.8、高4.6厘米（图一六〇，9；彩版一六，2；图版三九，6）。

器盖　1件。M1：6，泥质磨光黑陶。覆碗形。浅圈形纽，丰圆唇。盖面斜弧，圆唇，唇外缘棱凸。纽径6.2、盖径9.8、高4.6厘米（图一六〇，10；图版四四，4）。

M2　位于ⅠT2008西北角，与M1、M3相邻（图版六，1）。开口在第2层下，距地面深15~20厘米，打破生土。长方形土坑竖穴墓，四个角稍做圆角处理，直壁，平底。墓口已经被破坏。墓口长118厘米，宽57厘米；墓底长116厘米，宽56厘米；墓深约10厘米。方向274°。人骨保存状况极差，头向西，仰身直肢葬，性别、年龄不详。未见葬具痕迹。随葬7件陶器，置于身体头侧即墓坑西侧，器类组合为鼎、豆、罐、盘、碗、器盖。填土为灰黄褐色花土（图一六一；彩版七，2；图版五，2）。

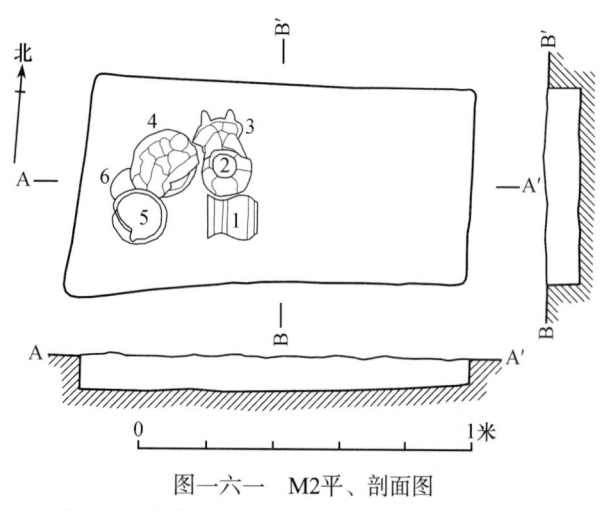

图一六一　M2平、剖面图
1.陶豆　2.陶器盖　3.陶鼎　4、5.陶盘　6.陶罐　7.陶碗

鼎 1件。M2：3，泥质磨光黑陶。敛口，仰折沿，宽沿面，圆唇，圆垂腹，最大腹径靠下，深腹，圜底，圆截锥足。足根饰一按窝。口径10、腹径13.6、通高13.2厘米（图一六二，1；图版一一，3）。

罐 1件。M2：6，泥质红陶。上部残，深弧腹内收，最大腹径靠上，圜底，矮圈足底缘内扣。通体饰红衣但部分已脱落，下腹饰一周凸弦纹。腹径20、足径、残高10.4厘米（图一六二，2）。

豆 1件。M2：1，泥质黑陶。敛口，圆唇，鼓肩，深弧腹内收，圜底中央下坠，直筒形圈足底部外撇，底缘稍内扣。肩腹处饰一周双凹弦纹、弦纹间等距离饰三组戳点纹，中腹饰一周上内下外错棱，下腹饰一周凸弦纹，圈足饰三道凸棱纹并等距离饰多组上下双镂孔。口径10、腹径13.6、足径11.2、通高11.6厘米（图一六二，3；图版二八，6）。

盘 2件。M2：5，泥质红陶。敞口，折沿下垂，窄沿面，尖唇，弧腹中部微折，浅盘，圜底，近直筒形高圈足底缘外撇。通体饰红衣但大部分已脱落，沿面饰一周戳点纹，盘内壁饰一周凹弦纹，圈足饰瓦棱纹并等距离饰三组双列镂孔。口径17.5、足径16、高11.6厘米（图一六二，4；图版三三，1）。M2：4，泥质红陶。近直口，圆唇，折腹，上腹直，下腹弧内

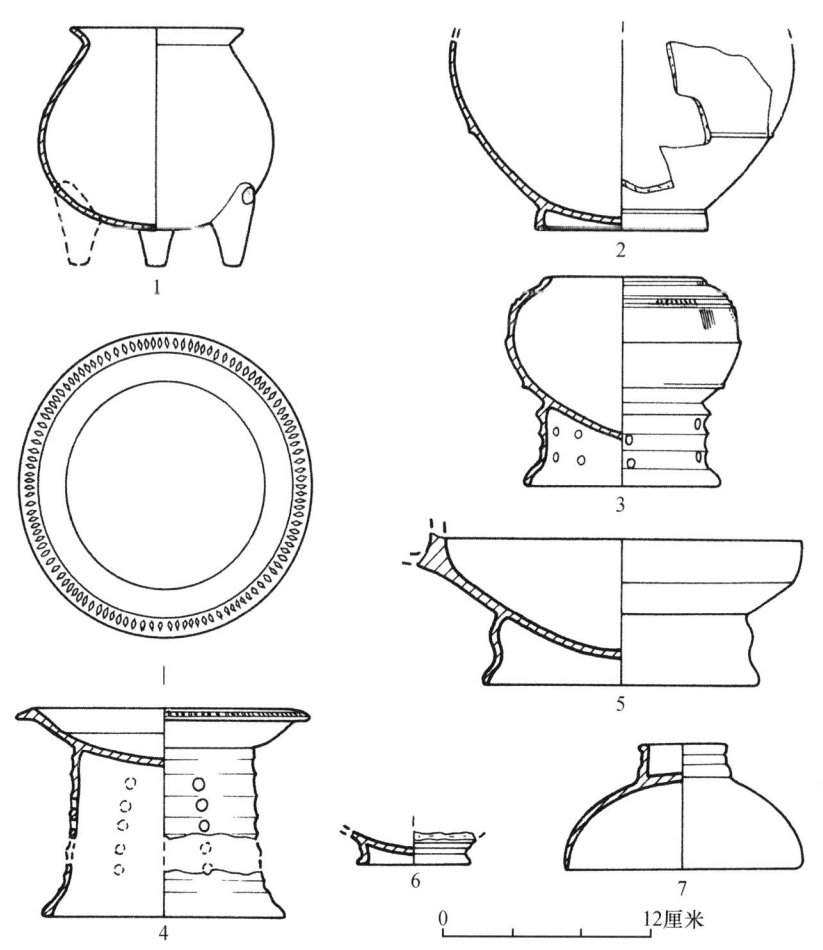

图一六二 M2随葬品组合
1.陶鼎（M2：3） 2.陶罐（M2：6） 3.陶豆（M2：1） 4、5.陶盘（M2：5、M2：4） 6.陶碗（M2：7）
7.陶器盖（M2：2）

收，圜底中央下坠，矮圈足曲壁外撇。盘口边缘加附的斗形耳残缺。通体饰红衣但大部分已脱落。口径20.8、足径16、高8.8厘米（图一六二，5；图版三二，6）。

碗　1件。M2：7，泥质红陶。上部残，圜底，矮圈足底缘外撇。通体饰红衣但部分已脱落，圈足上部饰一周凹弦纹。足径6.6、残高1.8厘米（图一六二，6）。

器盖　1件。M2：2，泥质红陶。覆钵形。圈形纽，尖唇。盖面斜弧，尖唇。通体饰红衣但大部分已脱落，纽饰两道棱纹。纽径5.3、盖径13.6、高6.8厘米（图一六二，7；图版四四，5）。

M3　位于ⅠT2008西北角，与M1、M3相邻（图版六，1）。开口在第2层下，距地面深25厘米，被一扰坑打破，打破生土。近长方形土坑竖穴墓，四个角稍做圆角处理，墓边不甚规整，直壁，平底。墓口已经被破坏。墓口长188~200厘米，宽66~80厘米；墓底长186厘米，宽64~86厘米；墓深10厘米。方向278°。人骨保存状况极差，头向西，上肢放在身体两侧，右股骨远端稍向外位移，仰身直肢葬，性别、年龄不详。未见葬具痕迹。随葬5件陶器，头侧放置3件，脚侧放置2件，器类组合为鼎、豆、罐、盘。填土为灰黄褐色五花土（图一六三）。

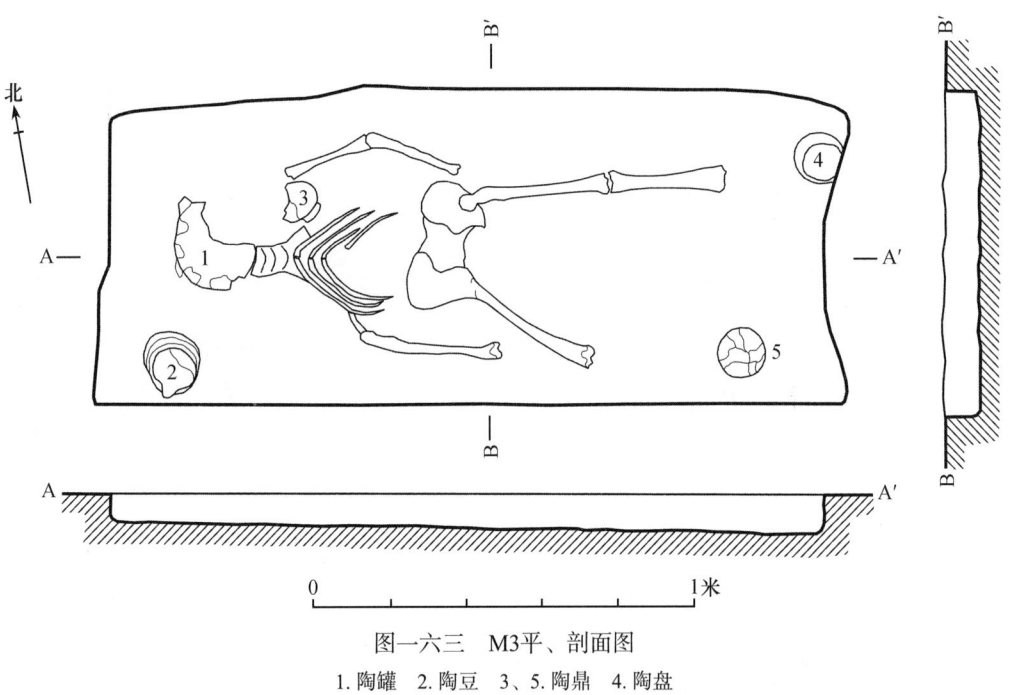

图一六三　M3平、剖面图
1. 陶罐　2. 陶豆　3、5. 陶鼎　4. 陶盘

鼎　2件。M3：3，泥质磨光黑陶。敛口，仰折沿，沿面较宽，圆唇，圆垂腹，最大腹径靠下，深腹，下部残。素面。口径8、腹径9.4、残高7.5厘米（图一六四，1）。M3：5，泥质磨光黑陶。敛口，仰折沿，沿面较宽，近方唇，圆鼓腹，下部残。内壁上部饰两组三道细弦纹，外壁上腹饰一周双凹弦纹、弦纹间等距离饰三组戳点纹，中上腹饰一周上内下外错棱，下腹饰一周凸弦纹。口径12、腹径15、残高8.6厘米（图一六四，2）。

罐　1件。M3：1，泥质红陶。上部残，深弧腹内收，最大腹径靠上，圜底，矮圈足底缘内扣。通体饰红衣但部分已脱落，下腹部饰一周凸弦纹。腹径19、足径9.2、残高10.2厘米（图一六四，3）。

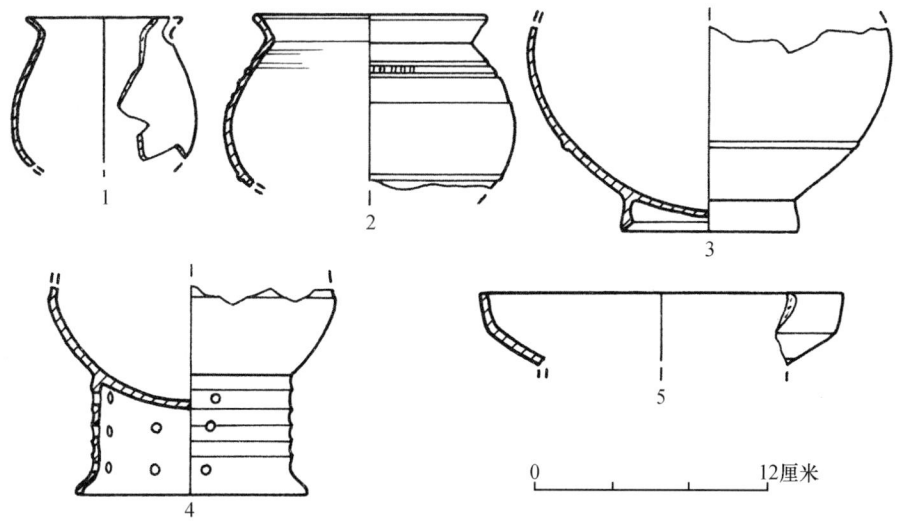

图一六四　M3随葬品组合
1、2.陶鼎（M3：3、M3：5）　3.陶罐（M3：1）　4.陶豆（M3：2）　5.陶盘（M3：4）

豆　1件。M3：2，泥质黑陶。口部残，斜弧腹内收，圜底，竖直筒形高圈足底缘外撇。最大腹径处饰一周弦纹，圈足饰多道凸棱纹并饰四组双列三圆形镂孔。腹径15、足径12、残高10.4厘米（图一六四，4）。

盘　1件。M3：4，泥质红陶。敞口近直，圆唇，折腹，上腹斜直，下腹斜弧内收，下部残。口径19、残高3.6厘米（图一六四，5）。

M6　位于TG2中南部，与M9、M10、M11相邻。开口在第3层下，距地面深40厘米，打破第6层。长方形土坑竖穴墓，墓边较规整，直壁，平底。墓口长140厘米，宽80厘米；墓底长140厘米，宽80厘米；墓深24厘米。方向293°。未见人骨痕迹，葬式、头向、性别、年龄不详。未见葬具痕迹。随葬1件陶罐，放置于中部偏南。填土为灰黄褐色五花土（图一六五）。

罐　1件。M6：1，泥质磨光灰陶。口部残，敛口，仰折沿，鼓腹略扁，圜底近平，矮圈足。上腹饰一周三凹弦纹、弦纹间等距离饰三组戳点纹，下腹饰一周凸弦纹。腹径15.4、足径7.2、残高10.2厘米（图一六六）。

M7　位于ⅠT2006西南。开口在第2层下，距地面深25厘米，打破生土。近长方形土坑竖穴墓，西北角圆弧，边缘稍曲折，斜壁，平底略起伏。墓口已经被破坏。墓口长116厘米，宽50～66厘米；墓底长106厘米，宽60厘米；墓深22～32厘米。方向346°。人骨无存。未见葬具和随葬品。填土为灰白色五花土（图一六七）。

M8　位于ⅠT2004北部，与H22、H29相邻。开口在第2层下，距地面深25～30厘米，打破H29及生土。不规则长方形土坑竖穴墓，西壁较长，东壁较短，北壁斜长，边缘稍曲，斜壁，平底略起伏。墓口已经被破坏。墓口长62～86厘米，宽62厘米；墓底长82厘米，宽58厘米；墓深10～15厘米。方向20°。人骨保存极差，墓主为幼儿。未见葬具和随葬品。填土为灰白色五花土（图一六八）。

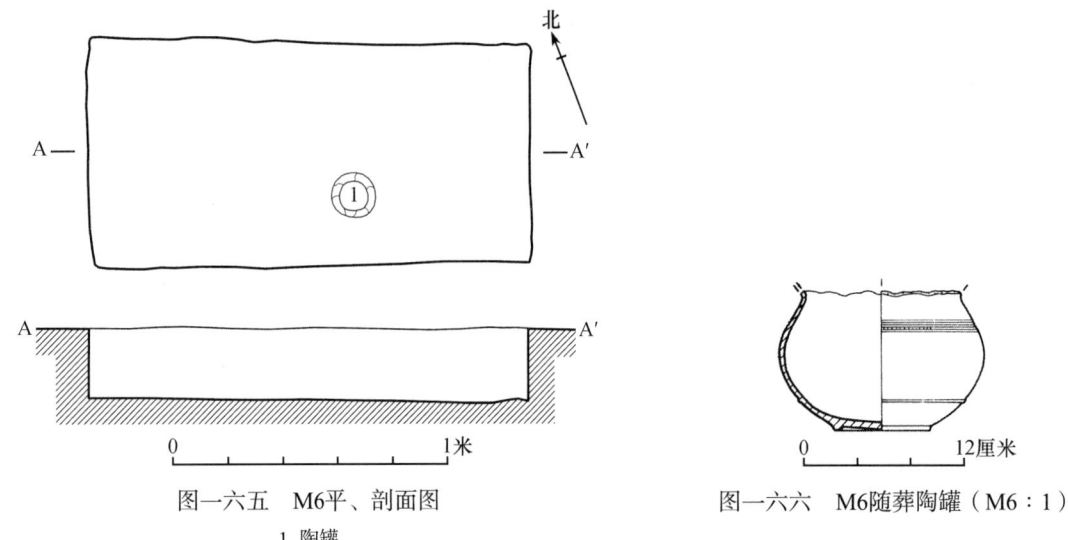

图一六五 M6平、剖面图
1. 陶罐

图一六六 M6随葬陶罐（M6∶1）

M9 位于TG2中南部，与M6、M10、M11相邻（彩版九，2；图版六，2）。开口在第6层下，距地面深110厘米，打破城墙。长方形土坑竖穴墓，直壁，平底。墓口长140厘米，宽76厘米；墓底长140厘米，宽76厘米；墓深20厘米。方向303°。人骨保存状况极差，头向西，葬式、性别不详，骨架较细小，可能为小孩的骨骸。未见葬具痕迹。随葬17件陶器，分别放置于墓坑中部的头脚两侧，头侧放置10件，脚侧放置7件，器类组合为鼎、豆、簋、罐、盘、碗、器盖。填土呈灰褐夹黄色花土，土质较硬（图一六九；彩版八，1；图版七，1）。

鼎 3件。M9∶5，泥质磨光黑陶。带盖鼎。喇叭形盖纽，侈口，束颈。盖面斜弧形尖唇，盖面饰一周凸弦纹。鼎体敛口，仰折沿，较宽沿面，圆唇，圆垂腹，最大腹径靠下，圜底，侧扁锥形凿尖足，凿形足尖宽平。鼎上腹饰一周双凹弦纹，最大腹径处饰一周上内下外错棱，足根饰一按窝。盖纽径4、盖径10.6、高4.3厘米；鼎口径11.6、腹径12.8、高11.3厘米；通高15.2厘米（图一七〇，1；彩版一二，6；图版一一，4）。M9∶6，泥质磨光黑陶。敛口，仰折沿，宽沿面，尖唇，弧腹下垂，最大腹径靠下，圜底，侧扁锥形凿尖足，凿形足尖宽平。上腹饰一周较深双凹弦纹，最大腹径处饰一周上内下外错棱，足根饰一按窝。口径11.5、腹径12.8、高11.8厘米（图一七〇，2；彩版一三，1；图版一一，5）。M9∶7，泥质磨光黑陶。带盖鼎。覆碗形盖纽喇叭形，斜方唇。盖面斜弧，穹顶，圆唇。鼎体敛口，仰折沿，圆唇，圆垂腹，最大腹径靠下，圜底，侧扁锥形足。鼎上腹饰一周较浅的双凹弦纹、弦纹间绕体等距离饰三组斜向戳点纹，绕最大腹径处等距离饰三组狭长斜向戳印纹，足根饰一个浅按窝。盖纽径4.8、盖径9.2、高5.2厘米；鼎口径9.8、腹径10.8、高9.6厘米；通高14.8厘米（图一七〇，3；彩版一三，2；图版一一，6）。

罐 3件。M9∶3，泥质红陶。带盖罐。喇叭形盖纽，侈口，束颈。盖面斜弧，方唇。罐体直口，矮领，广肩，深弧腹内收，最大腹径靠上，圜底，喇叭形矮圈足底缘内扣。通体饰红衣但大部分已脱落，盖面饰一周凸弦纹，罐体最大腹径处饰一周浅凸弦纹，下腹饰一周凸弦纹。盖纽径5.6、盖径13.8、高6厘米；罐口径10.4、腹径19.2、足径10、高17厘米；通高22.4厘米（图一七〇，7；彩版一三，3；图版一六，3）。M9∶9，泥质磨光红陶。带盖罐。喇叭

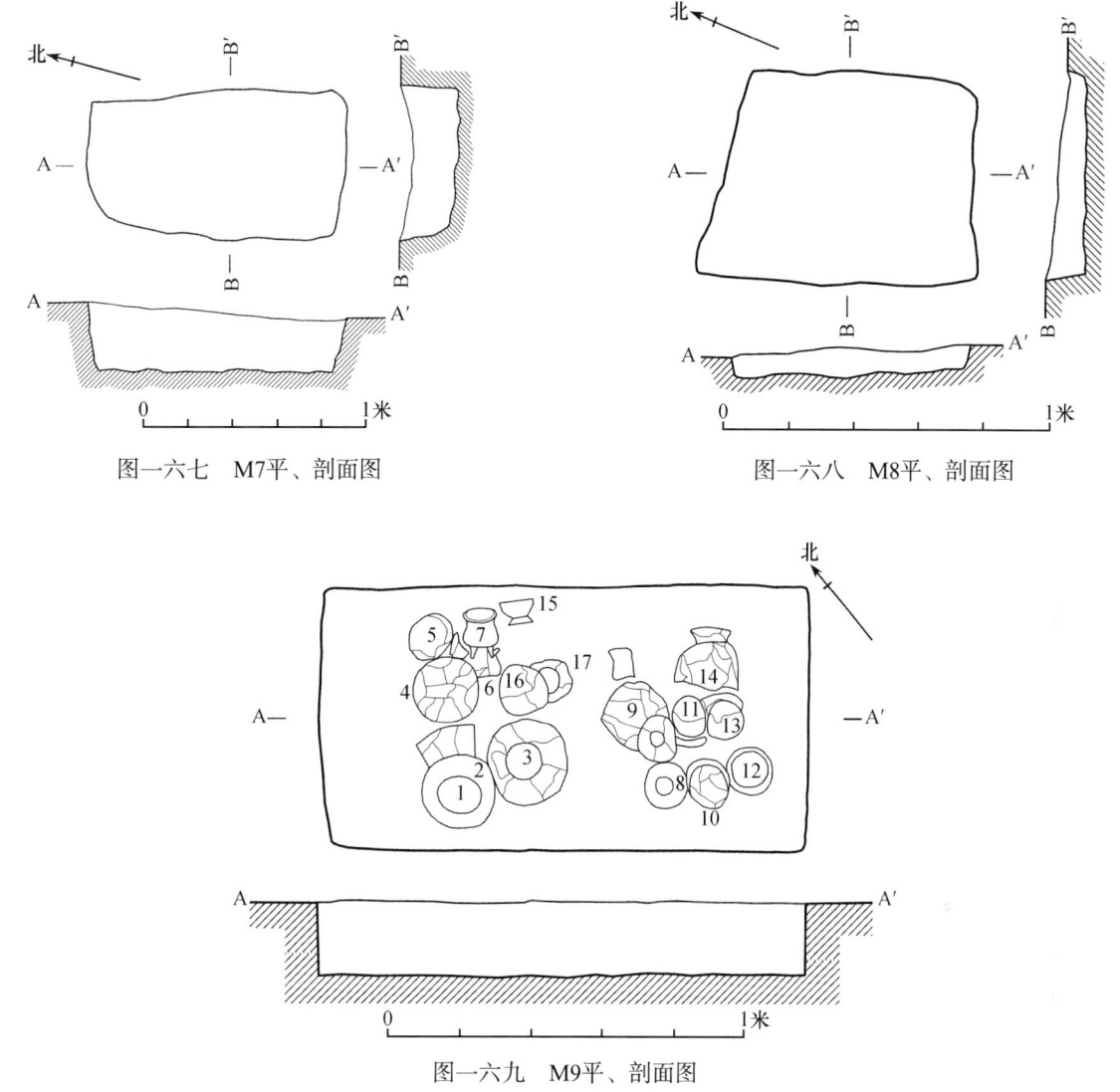

图一六七 M7平、剖面图

图一六八 M8平、剖面图

图一六九 M9平、剖面图

1、15.陶碗　2、4、14.陶盘　3、9、16.陶罐　5~7.陶鼎　8.陶豆　10~13.陶簋　17.陶器盖

状细高盖纽，尖唇，束颈。盖面浅盘状，折平沿，尖唇，平底。罐体敛口，仰折沿，宽沿面，圆唇，深弧腹微折，平底，矮圈足外撇。通体饰红衣但大部分已脱落，罐上腹饰一周较浅双凹弦纹、弦纹间绕体等距离饰三组戳点纹，罐下腹饰一周凸弦纹。盖纽径5.3、盖径13.4、高5.7厘米；罐口径13、腹径20、足径8.4、高15.2厘米；通高19厘米（图一七〇，8；彩版一三，4；图版一六，4）。M9：16，泥质磨光黑陶。微敛口，仰折沿，圆唇，深弧腹，圜底，矮圈足外撇。素面。口径16、腹径15.4、足径8.8、高12.4厘米（图一七〇，9）。

簋　4件。M9：10，泥质磨光黑陶。带盖簋。喇叭形盖纽敞口，圆唇。盖面斜弧，圆唇。簋体敛口，仰折沿，沿面较宽，圆唇，上腹斜直，下腹弧折，最大腹径靠下，圜底，喇叭形圈足外撇。簋上腹饰一周较浅双凹弦纹、弦纹间绕体等距离饰三组戳点纹，中腹饰一周上内下外错棱，最大腹径处饰一周较浅双凹弦纹并绕体等距离饰三组戳点纹，圈足两凸棱间绕体等距离饰三组四小圆形镂孔。盖纽径6、盖径11.2、高4.8厘米；簋口径11.2、腹径13、足径10.8、高13.7厘米；通高19.2厘米（图一七〇，11；彩版一三，6；图版二五，4）。M9：11，泥质磨光

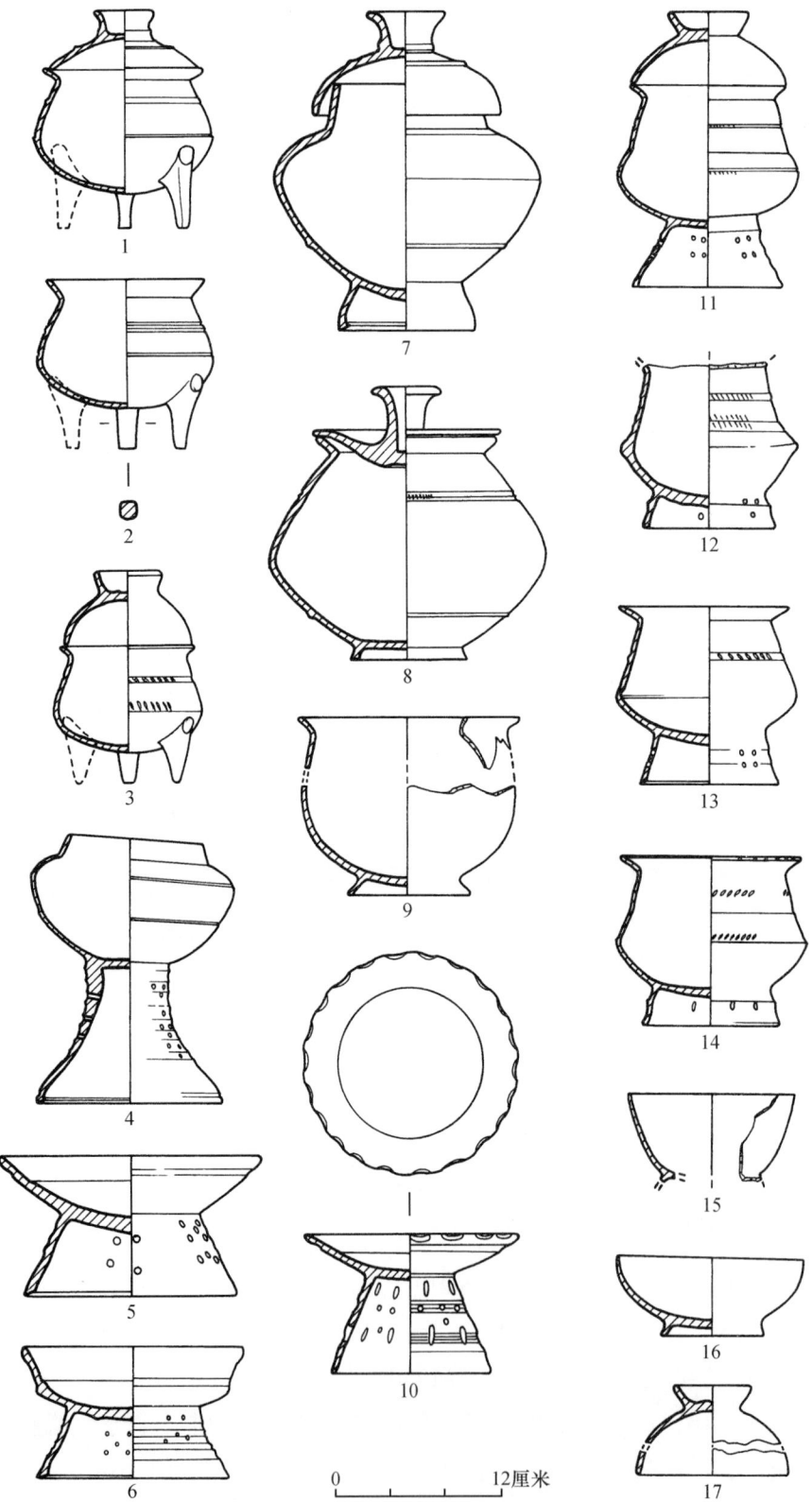

图一七〇　M9随葬品组合

1~3.陶鼎（M9:5、M9:6、M9:7）　4.陶豆（M9:8）　5、6、10.陶盘（M9:2、M9:14、M9:4）　7~9.陶罐（M9:3、M9:9、M9:16）　11~14.陶簋（M9:10、M9:11、M9:12、M9:13）　15、16.陶碗（M9:1、M9:15）　17.陶器盖（M9:17）

黑陶。口部残，敛口，仰折沿，上腹壁较斜直，下折腹，圜底，喇叭形矮圈足外撇。上腹中上部饰一周较浅双凹弦纹、弦纹间绕体间断饰戳点纹，上腹中下部绕体间断饰双平行戳点纹，最大腹径处饰一周凸弦纹，圈足上部饰一周凸棱纹并绕体非等距饰三组三小圆形镂孔。腹径12.8、足径9.6、残高11.6厘米（图一七〇，12；图版二五，5）。M9∶12，泥质磨光黑陶。敛口，仰折沿，宽沿面，圆唇，上腹斜直，下折腹，圜底，喇叭形圈足外撇。上腹中上部饰一周双凹弦纹、弦纹间绕体饰间断戳点纹，圈足绕体饰四组四小圆形镂孔夹盲孔。口径12.2、腹径13、足径10、高12.4厘米（图一七〇，13；彩版一四，1；图版二五，6）。M9∶13，泥质磨光黑陶。敛口，仰折沿，宽沿面，圆唇，上腹斜直壁，下折腹，圜底，喇叭形圈足外撇。唇缘饰稀疏锯齿纹，上腹上部绕体等距离饰三组狭长斜向戳点纹，上腹中部饰一周凹弦纹，上腹下部最大腹径上缘绕体饰多组戳点纹，最大腹径处饰一周凸弦纹，圈足饰一周凸棱纹，棱纹下边绕体非等距饰三组横向双长镂孔。口径13、腹径13.8、足径10、高11.7厘米（图一七〇，14；彩版一四，2；图版二六，1）。

豆　1件。M9∶8，泥质磨光黑陶。敛口，圆唇，矮领，鼓肩下折，深弧腹内收，圜底近平，喇叭形高圈足弧撇，底缘稍内扣。最大腹径处饰一周凹弦纹，下腹中部饰一周上内下外错棱，圈足上部等距离饰三组葡萄串状小圆形镂孔夹盲孔，圈足棱纹起伏不明显。口径9.8、腹径14.8、足径13.6、高18～18.7厘米（图一七〇，4；彩版一六，1；图版二九，1）。

盘　3件。M9∶2，泥质红陶。敞口，圆唇，斜弧腹，圜底，喇叭形粗圈足外撇。通体饰红衣但大部分已脱落，唇沿下饰一周浅凹弦纹，圈足饰三组数目不一小圆形镂孔夹盲孔。口径19.2、足径15.6、高9.8厘米（图一七〇，5；图版三三，2）。M9∶4，泥质红陶。敞口，圆唇，斜弧腹，圜底，喇叭形高圈足壁斜直外撇。通体饰红衣但大部分已脱落，葵瓣形唇缘，唇沿下饰一周凹弦纹，内壁中部饰一周浅凹弦纹，圈足饰凹弦纹及上下四组平行镂孔。口径15.6、足径11.6、高9.8厘米（图一七〇，10；彩版一四，5；图版三三，3）。M9∶14，泥质磨光黑陶。敞口，丰圆唇，折腹，上腹斜直，下腹斜弧内收，深盘，圜底，喇叭形粗圈足外撇。圈足饰多道浅棱纹，并绕体非等距饰三组梅花状五孔小圆形镂孔。口径16.2、足径14、高9.1厘米（图一七〇，6；彩版一四，6；图版三三，4）。

碗　2件。M9∶1，泥质薄胎红陶。敞口，尖唇，深腹斜弧，圈足残。饰红底黑彩，大部分已脱落。口径12、残高6.2厘米（图一七〇，15；图版四一，1）。M9∶15，泥质磨光黑陶。敞口，尖唇，斜弧腹，圜底，矮圈足外撇。素面。口径13.5、足径7.3、高5.3～6.5厘米（图一七〇，16；图版四〇，1）。

器盖　M9∶17，泥质磨光黑皮陶。覆碗形。喇叭形圈纽，敞口，圆唇。盖面斜弧，圆唇。纽径5.6、盖径11、高6.2厘米（图一七〇，17）。

M10　位于TG2中南部，与M6、M9、M11相邻（彩版九，1；图版六，2）。开口在第6层下，距地面深110厘米，被H30打破，打破城墙。长方形土坑竖穴墓，直壁，平底。墓口长140厘米，宽80厘米；墓底长140厘米，宽80厘米；墓深20厘米。方向290°。人骨保存状况极差，头向西，葬式、性别不详，骨架较细小，可能为小孩的骨骸。未见葬具痕迹。随葬12件陶器，放置于墓坑中部身体右侧，器类组合为鼎、簋、罐、盘、杯、碗、器盖。填土为灰褐夹黄色花

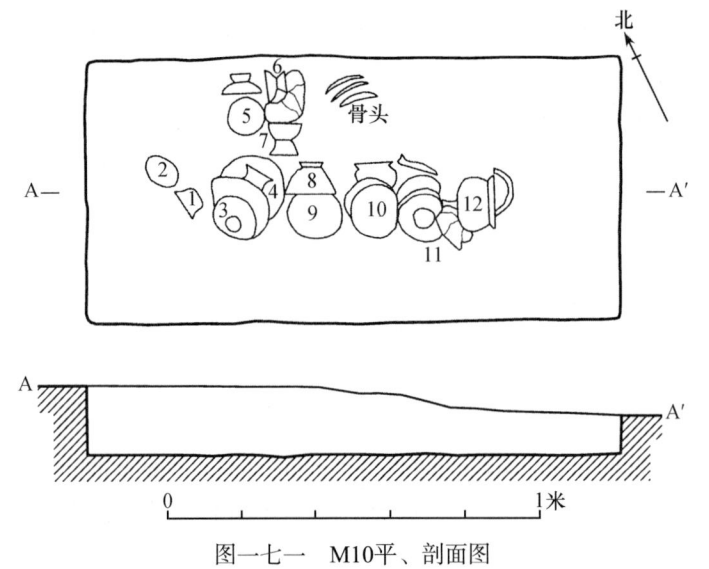

图一七一　M10平、剖面图
1、6、7.陶杯　2.陶器盖　3.陶罐　4、9.陶盘　5、12.陶鼎　8.陶碗　10、11.陶簋

土（图一七一）。

鼎　2件。M10：5，泥质磨光黑陶。带盖鼎。圈形盖纽敞口。盖面斜弧，穹顶，尖唇。盖面饰一周凹弦纹。鼎体敛口，仰折沿，较宽沿面，圆唇，圆垂腹，最大腹径稍下，圜底，侧扁圆角四棱锥形凿尖足。鼎体上腹饰一周三凹弦纹。盖纽径5.2、盖径11.1、高4.7厘米；鼎口径11.8、腹径13.8、高11.4厘米；通高16厘米（图一七二，1；图版一二，1）。M10：12，泥质磨光黑陶。带盖鼎。喇叭状盖纽敞口，圆唇。盖面斜弧，穹顶，尖唇。盖面近底缘处饰一周凹弦纹。鼎体敛口，仰折沿，宽沿面，圆唇，圆垂腹，最大腹径稍下，圜底，侧扁圆锥足。鼎上腹饰一周三凹弦纹、弦纹间绕体等距离饰三组戳点纹，足根饰一按窝。盖纽径4.8、盖径10.8、高4.4厘米；鼎口径12、腹径13.6、高12.8厘米；通高17厘米（图一七二，2；图版一二，2）。

罐　1件。M10：3，泥质红陶。带盖罐。喇叭状盖纽细高，侈口，圆唇，束颈。盖面圆弧，尖唇。罐体直口微敛，矮领，广肩，深弧腹内收，圜底，喇叭形矮圈足底缘内扣。通体饰红衣但大部分已脱落，盖面饰一周凸弦纹，罐腹饰一周凸弦纹。盖纽径4.8、盖径12.8、高7.2厘米；罐口径10、腹径20、足径9.2、高16厘米；通高20.4厘米（图一七二，3；图版一六，5）。

簋　2件。M10：10，泥质磨光黑陶。带盖簋。喇叭状盖纽细高，侈口，圆唇，束颈。盖面缓弧，穹顶，平折沿，圆唇。盖纽根饰两道阶梯状凸棱，盖腹饰一周凸弦纹。簋体敛口，仰折沿，宽沿面，圆唇，弧腹下垂，圜底，喇叭形圈足外撇。簋上腹饰一周三凹弦纹，中腹饰一周凹弦纹，绕圈足等距离饰三组菱形四小圆形镂孔。盖纽径4.6、盖径13.2、高4.6厘米；簋口径13.6、腹径14.4、足径9.8、高12.4厘米；通高17厘米（图一七二，4；图版二六，2）。M10：11，泥质磨光黑陶。带盖簋。覆盘形喇叭状盖纽细高，侈口，圆唇，束颈。盖面缓弧，穹顶，平折沿，圆唇。盖纽根凸棱，盖腹饰一周凸弦纹，沿面饰双凹弦纹。簋体敛口，仰折

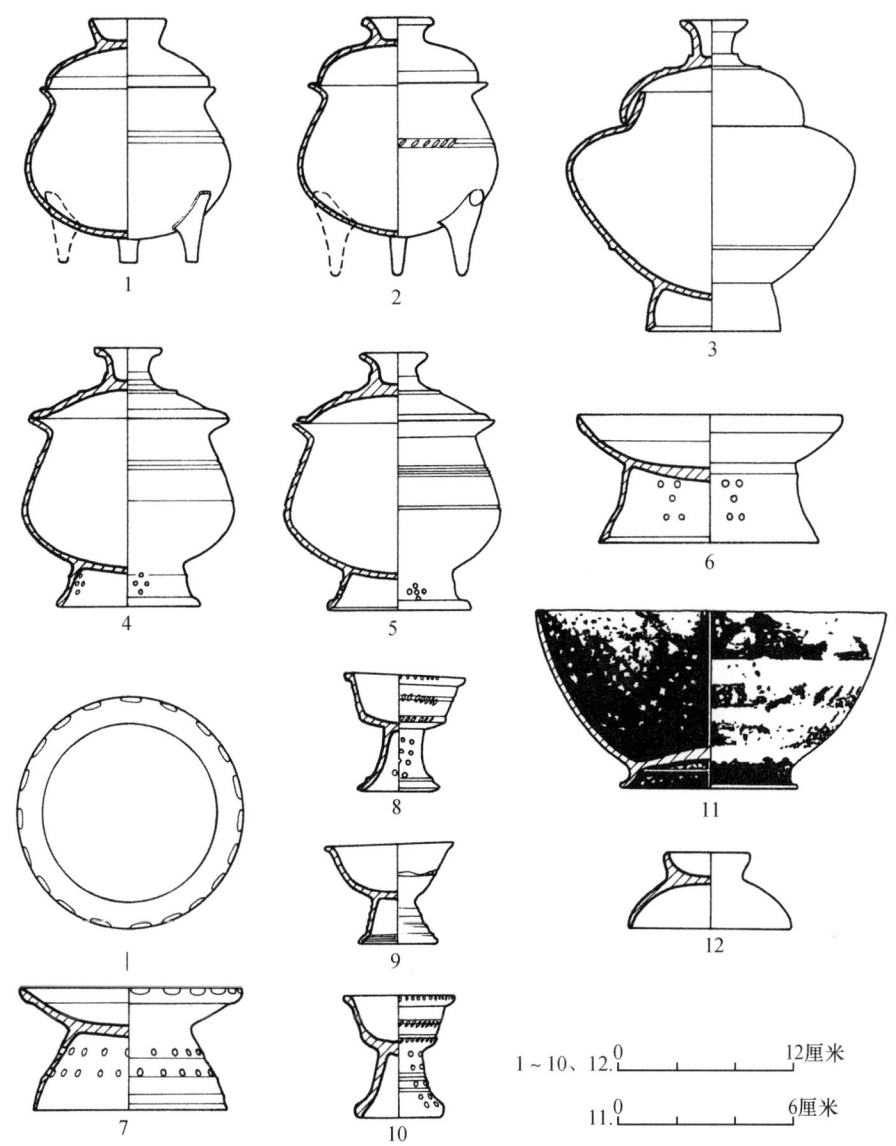

图一七二　M10随葬品组合

1、2.陶鼎（M10：5、M10：12）　3.陶罐（M10：3）　4、5.陶簋（M10：10、M10：11）　6、7.陶盘（M10：4、M10：9）　8～10.陶杯（M10：1、M10：6、M10：7）　11.陶碗（M10：8）　12.陶器盖（M10：2）

沿，宽沿面，圆唇，弧腹下垂，圜底，喇叭形圈足外撇。簋上腹饰一周三凹弦纹，最大腹径上缘饰一周凹弦纹，绕圈足等距离饰三组梅花状五小圆形镂孔，圈足底缘附加一周凸棱。盖纽径4.4、盖径13.4、高4.6厘米；簋口径13.7、腹径14.8、足径9.8、高12.2厘米；通高16.9厘米（图一七二，5；图版二六，3）。

盘　2件。M10：4，泥质红陶。敞口，尖唇，斜弧腹，圜底近平，喇叭形粗圈足外撇。通体饰红衣但大部分已脱落，内壁中腹饰一周浅凹弦纹，圈足上部饰一周凸弦纹，绕圈足中部等距离饰三组竖向五小圆形镂孔。口径18、足径15.2、高8.4厘米（图一七二，6；图版三三，5）。M10：9，泥质红陶。敞口，圆唇，斜弧腹，圜底近平，喇叭形粗圈足。通体饰红衣但大部分已脱落，内壁中腹饰一周浅凹弦纹，唇缘饰等距按窝，圈足中部饰上下两周平行小圆形镂孔。口径15.2、足径13.2、高8厘米（图一七二，7；图版三三，6）。

杯　3件。M10∶1，泥质磨光黑陶。敞口近直，窄平折沿，尖唇，折腹，上腹斜直，深腹，圜底近平，喇叭形细圈足外撇。唇缘对称饰两组戳点纹，上腹饰一周双凹弦纹、弦纹间绕体饰两组戳点纹，折腹处饰一周凹弦纹及两组戳点纹，圈足下部饰一道凸棱纹，绕圈足饰三组竖向双列八小圆形镂孔。口径8.1、足径5.6、高7.4~7.8厘米（图一七二，8；图版三八，6）。M10∶6，泥质磨光黑陶。敞口，尖唇，斜弧腹，圜底，喇叭形细圈足外撇。圈足饰棱纹。口径8.6、足径5.4、高6.3~6.6厘米（图一七二，9；图版三九，1）。M10∶7，泥质磨光黑陶。敞口近直，窄平折沿，尖唇，折腹，上腹斜直，深腹，圜底，喇叭形细圈足外撇。唇缘饰一周戳点纹，上腹饰一周双凹弦纹、弦纹间绕体饰两组戳点纹，折腹处绕体饰三分之二戳点纹，圈足中部饰浅凹弦纹，绕圈足饰三组竖向双列小圆形镂孔。口径7.6、足径5.8、高8厘米（图一七二，10；彩版一六，5；图版三九，2）。

碗　1件。M10∶8，泥质薄胎红陶。敞口，尖唇，深弧腹内收，圜底内凹，矮圈足外撇。内壁饰黑彩，外壁饰多组黑彩但大部分已脱落不可辨。口径12、足径6、高5.9厘米（图一七二，11；彩版一六，3；图版四一，2）。

器盖　1件。M10∶2，泥质磨光黑陶。覆碗形。圈形钮，盖面斜弧，尖唇。钮径6、盖径11.2、高5厘米（图一七二，12；图版四四，6）。

M11　位TG2中南部，与M6、M10、M9相邻（彩版九，2）。开口在第6层下，距地面深110厘米，打破城墙。长方形土坑竖穴墓，直壁，平底。墓口长120厘米，宽70厘米；墓底长120厘米，宽70厘米；墓深25厘米。方向300°。人骨保存状况极差，头向西，葬式、性别不详，骨架较细小，可能为小孩的骨骸。未见葬具痕迹。随葬11件陶器和1件石器，都放置于墓坑中部，器类组合为鼎、豆、罐、盘、簋、碗、器盖、石斧。填土为灰褐夹黄色花土（图

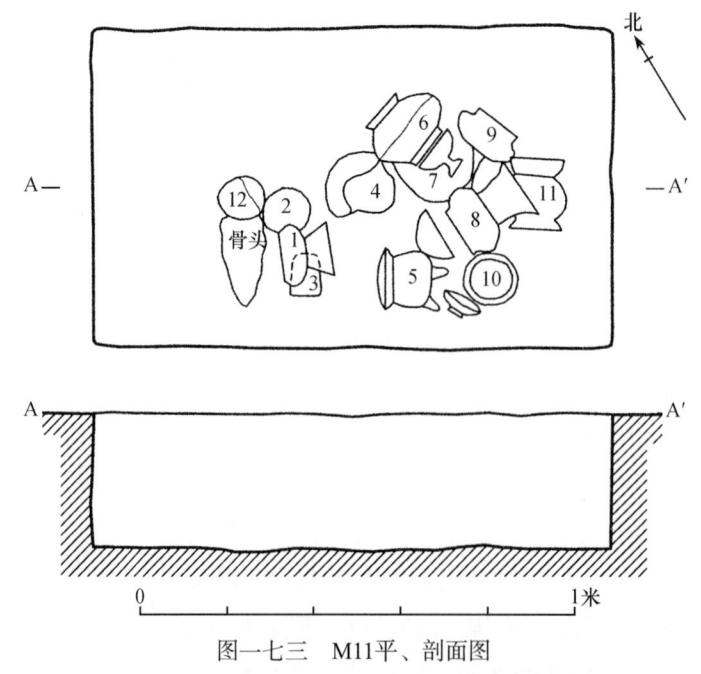

图一七三　M11平、剖面图
1、9.陶豆　2.陶碗　3.石斧　4、7、8.陶盘　5、10.陶鼎　6.陶罐　11.陶簋　12.陶器盖

一七三；彩版八，2；图版七，2）。

鼎 2件。M11：5，泥质磨光黑陶。敛口，仰折沿，宽沿面，圆唇，圆垂腹，最大腹径偏下，圜底，侧扁圆锥形足，足尖残。唇缘饰多组戳点纹和一周细弦纹，上腹中部饰一周双凹弦纹、弦纹间非对称饰两组戳点纹，最大腹径处饰一周双凹弦纹、弦纹间非对称饰两组戳点纹，足根饰一浅按窝。口径12.2、腹径13.6、残高11.9厘米（图一七四，1；图版一二，3）。M11：10，泥质磨光黑陶。敛口，仰折沿，宽沿面，圆唇，圆垂腹，最大腹径偏下，圜底，侧扁圆锥形凿尖足。上腹饰一周双凹弦纹，足根饰一浅按窝。口径11、腹径13.6、高13厘米（图一七四，2；图版一二，4）。

罐 1件。M11：6，泥质红陶。带盖罐。喇叭状细长盖纽，平折沿，圆唇，矮直颈。盖面

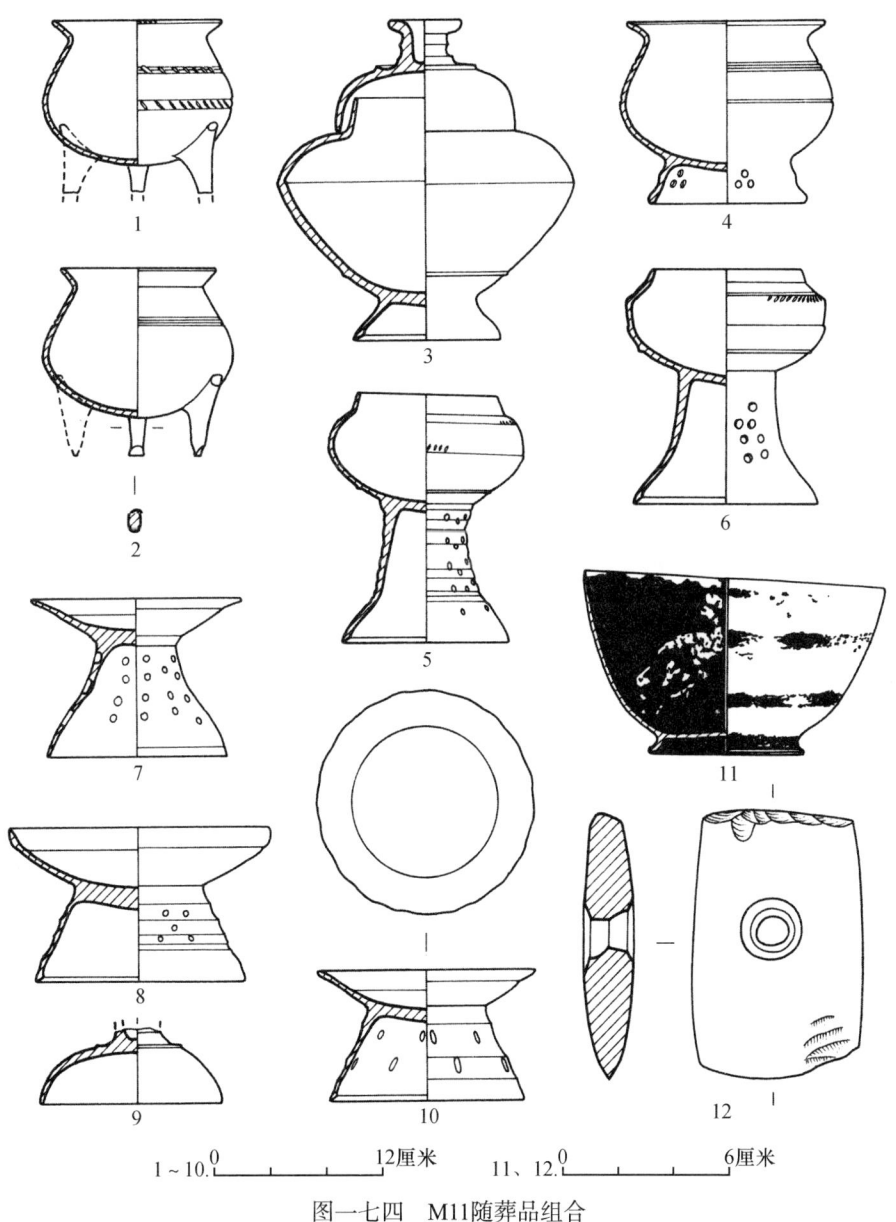

图一七四 M11随葬品组合

1、2.陶鼎（M11：5、M11：12） 3.陶罐（M11：6） 4.陶簋（M11：11） 5、6.陶豆（M11：1、M11：9） 7、8、10.陶盘（M11：4、M11：7、M11：8） 9.陶器盖（M11：12） 11.陶碗（M11：2） 12.石斧（M11：3）

圆弧，穹顶，尖唇。罐体直口，矮领，广肩，深弧腹内收，圜底，喇叭形矮圈足外撇。通体饰红衣但大部分已脱落；盖纽饰两周凸棱纹，盖面饰一周凸弦纹；罐肩腹折角处饰一周凸弦纹，腹下部饰一周凸弦纹。盖纽径5.2、盖径12.8、高8厘米；罐口径10、腹径21、足径9.7、高16.8厘米；通高22.2厘米（图一七四，3；图版一六，6）。

簋　1件。M11：11，泥质磨光黑陶。敛口，仰折沿，宽沿面，圆唇，圆垂腹，圜底，喇叭形圈外撇。上腹中部饰一周双凹弦纹，最大腹径处饰一周凹弦纹，圈足中部棱凸，绕圈足等距离饰三组三孔小圆形镂孔。口径14.4、腹径15.4、足径11.2、高12.6厘米（图一七四，4；图版二六，4）。

豆　2件。M11：1，泥质磨光黑陶。敛口，圆唇，矮领，鼓肩，深弧腹内收，圜底，喇叭形高圈足外撇。上腹绕体饰两组戳点纹，最大腹径处饰一周凹弦纹、凹弦纹上缘绕体对称饰两组戳点纹，下腹饰一周凸弦纹，圈足饰不规整凸棱纹，绕圈足饰三组竖向多孔小圆形镂孔夹盲孔。口径10.4、腹径14、足径12、高17～17.3厘米（图一七四，5；图版二九，2）。M11：9，泥质磨光黑陶。敛口，圆唇，矮领，折腹，上腹竖直，下腹弧内收，圜底中央微下坠，喇叭形高圈足外撇。领腹交接处饰一周双凹弦纹并绕体等距离饰三组戳点纹，折腹下缘饰一周上内下外错棱，下腹中部饰一周凸弦纹，绕圈足非等距饰三组竖向多孔小圆形镂孔夹盲孔。口径10.8、腹径14.4、足径13.4、高16.2厘米（图一七四，6；图版二九，3）。

盘　3件。M11：4，泥质红陶。敞口，尖唇，斜弧腹，浅盘，圜底近平，喇叭形高圈足外撇。通体饰红衣但大部分已脱落，内壁中腹饰一周浅凹弦纹，外壁上腹饰一周浅凹弦纹，圈足根部饰一周凹弦纹，绕圈足非等距饰三组竖向多孔镂孔，镂孔组合为多孔小圆形镂孔夹盲孔、三孔狭长镂孔、多孔小圆形镂孔夹盲孔。口径15、足径13、高10.9厘米（图一七四，7；图版三四，1）。M11：7，泥质红陶。敞口，圆唇，斜弧深腹，圜底近平，喇叭形高圈足外撇。通体饰红衣但大部分已脱落，唇外沿附一周宽凸棱，内壁中上部饰一周凹弦纹，圈足饰多道浅棱纹并绕体非等距饰三组五孔小圆形镂孔。口径18.6、足径15、高10.6厘米（图一七四，8；图版三四，2）。M11：8，泥质红陶。敞口，尖唇，斜弧浅腹，圜底近平，喇叭形高圈足外撇。通体饰红衣但大部分已脱落，唇缘按压呈葵瓣状，内壁中部饰一周凹弦纹，外壁上部饰一周凹弦纹，圈足饰三道浅棱纹并绕体饰两周上下平行的狭长镂孔。口径15.6、足径14、高9厘米（图一七四，10；图版三四，3）。

碗　1件。M11：2，泥质薄胎红陶。敞口，尖唇，深腹斜弧，底微内凹，矮圈足外撇。内壁通体饰黑彩但部分已脱落，外壁可见三周环带状残黑彩，外底黑彩脱落严重。口径11、足径5.6、高5.8～6.4厘米（图一七四，11；图版四一，3）。

器盖　1件。M11：12，泥质黑陶。覆钵形。纽残。盖面圆弧，圆唇。盖面上部近纽处饰一周凸弦纹。盖径13、残高5.2厘米（图一七四，9）。

石斧　1件。M11：3，灰色细砂岩。平面呈长方形，平顶有打击疤，两侧微弧凸，弧凸刃磨光。中间对钻穿孔。长9.3、宽6.2、厚1.8厘米（图一七四，12；图版六八，3）。

M12　位于ⅠT1707中北部，与M14、M13、W3、W4、W5相邻。开口在第2层下，距地面深30厘米，打破第3层。不规则长方形土坑竖穴墓，两侧边较直，两端不规则，其中东端弧凸，西端弧凹，斜壁，平墓略起伏。墓口已经被破坏。墓口长84厘米，宽47厘米；墓底长80厘米，宽45厘米；墓深16厘米。方向302°。人骨保存状况极差，头向、葬式、性别不详，从墓坑大小判断，墓主可能为小孩。未见葬具痕迹。随葬3件陶器，均置于墓坑中部，器类组合为罐和盘。填土为灰褐夹黄色花土（图一七五）。

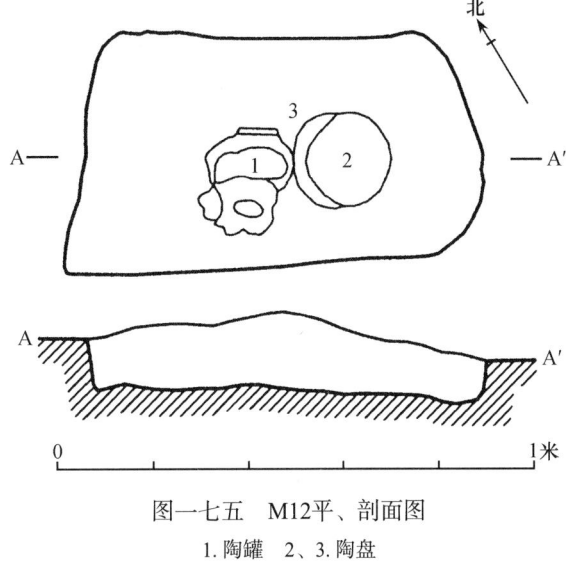

图一七五　M12平、剖面图
1.陶罐　2、3.陶盘

罐　1件。M12：1，泥质红陶。带盖罐。喇叭形细长盖纽，折沿，圆唇。浅盘状盖面，圆唇，斜直壁，平底。罐体敛口，仰折沿，沿面较宽，圆唇，深圆腹略扁，最大腹径居中，圜底，矮圈足外撇。通体饰红衣大部分已脱落，盖唇及罐唇皆按压呈葵瓣状唇，罐上腹饰戳点纹，下腹饰一周凸弦纹。盖纽径6.4、盖径12.8、高5.2厘米；罐口径13.8、腹径20.4、足径10.2、高17.6厘米；通高20.4厘米（图一七六，1；图版一七，1）。

盘　2件。M12：2，泥质红陶。敞口，圆唇，斜直上腹微内折，下腹斜弧，深盘，圜底，喇叭形粗圈足外撇，底缘内扣。通体饰红衣但大部分已脱落，唇外沿附饰一周凸棱，内壁折角处饰一周凹弦纹，圈足饰三道浅凸棱纹并绕体饰三组六孔小圆形镂孔。口径19.2、足径18.8、高10.7厘米（图一七六，2；图版三四，4）。M12：3，泥质红陶。敞口，尖唇，斜弧腹，浅盘，圜底残，喇叭形圈足外撇。通体饰红衣但部分已脱落，唇外沿饰一周宽凸棱。口径17.4、足径15.4、高6.6厘米（图一七六，3；图版三四，5）。

M13　位于ⅠT1707中西部，与M12、M14、W3、W4、W5相邻。开口在第2层下，距地面深25厘米，被D11打破，打破第3层。不规则方形土坑竖穴墓，长宽相仿近正方形，四边稍弧凸，直壁，平底。墓口已经被破坏。墓口长76～88厘米，宽82厘米；墓底长80厘米，宽45厘

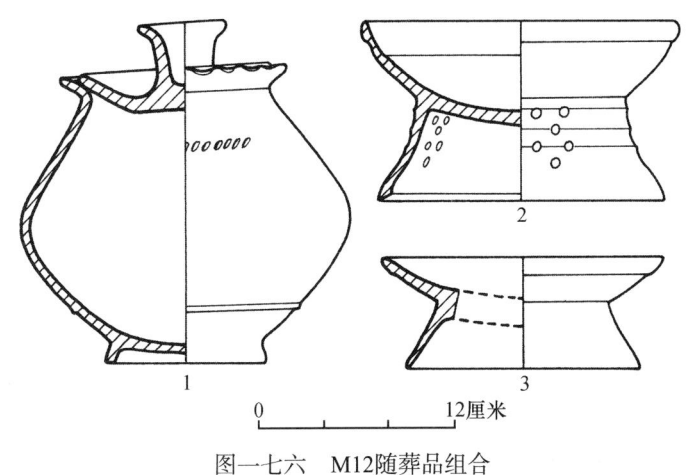

图一七六　M12随葬品组合
1.陶罐（M12：1）　2、3.陶盘（M12：2、M12：3）

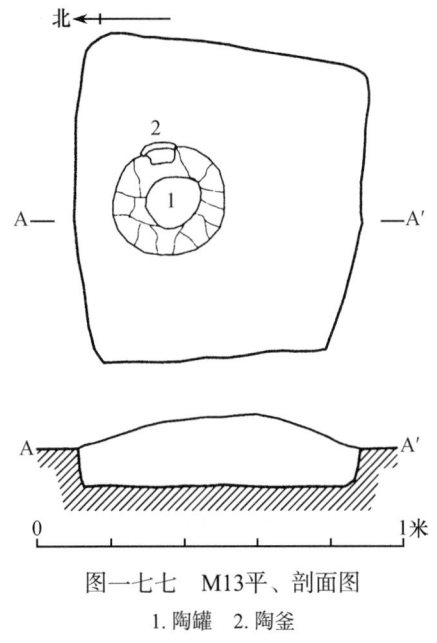

图一七七 M13平、剖面图
1. 陶罐 2. 陶釜

米；墓深10厘米。方向302°。人骨保存状况极差，头向、葬式、性别不详，从墓坑大小判断，墓主可能为小孩。未见葬具痕迹。随葬2件陶器，都放置于墓坑中部，器类组合为罐和釜。填土为灰褐夹黄色花土（图一七七）。

罐 1件。M13：1，泥质黑陶。敛口，仰折沿，宽沿面，圆唇，圆腹略扁，腹较深，凹底近平。素面。口径15、腹径17.4、底径7.5、高13厘米（图一七八，1；图版一七，2）。

釜 1件。M13：2，泥质夹炭红陶。敛口，仰折沿，宽沿，圆唇，鼓腹，下部残。口径21、残高4.9厘米（图一七八，2）。

M14 位于ⅠT1707中北部，与M12、W3、W4、W5、M13相邻。开口在第3层下，距地面深46~60厘米，被H36打破，打破第4层和生土。长方形土坑竖穴墓，四条边不甚平直，直壁，平底略起伏。墓口局部被破坏。墓口长206厘米，宽70~76厘米；墓底长202厘米，宽68~72厘米；墓深10~24厘米。方向278°。人骨保存状况极差，头向西，仰身直肢葬，性别、年龄不详。未见葬具痕迹。随葬15件陶器，置于墓坑中部的头、胸、脚三处，器类组合为鼎、罐、簋、盘、碗、器盖。填土为灰褐夹黄色花土（图一七九；彩版一〇，1；图版八，1）。

鼎 2件。M14：4，泥质磨光黑陶。敛口，仰折沿，宽沿面，圆唇，圆垂腹，最大腹径靠下，圜底，侧扁圆锥形足。上腹饰一周双凹弦纹。口径10.6、腹径12.6、残高12.5厘米（图一八〇，1；图版一二，5）。M14：11，泥质磨光黑陶。敛口，仰折沿，宽沿面，圆唇，圆垂腹，圜底，侧扁圆锥形足。上腹饰一周双凹弦纹，足根饰一按窝。口径10.8、腹径13、高12.8厘米（图一八〇，2；图版一二，6）。

罐 2件。M14：12，泥质红陶。带盖罐。喇叭状盖纽较高，折沿，圆唇，束颈。盖面圆弧，穹顶，圆唇。罐体直口，平唇，矮领，广肩，最大腹径靠上，深弧腹内收，圜底，喇叭形矮圈足外撇。通体饰红衣但大部分已脱落，纽颈对称饰两组双孔小圆形镂孔，盖面饰一周凸弦纹，罐腹饰一周凸弦纹。盖纽径6.4、盖径12.6、高7.4厘米；罐口径10.6、腹径20.6、复原足径10、复原高19厘米；通高22.8厘米（图一八〇，3；图版一七，4）。M14：13，泥质红陶。上部残，斜弧腹内收，底微内凹，喇叭形矮圈足外撇。足径6.2、残高4厘米（图一八〇，14）。

簋 5件。M14：2，泥质磨光黑陶。敛口，仰折沿，宽沿面，圆唇，折腹，最大腹径靠下，上腹近斜直，下腹缓斜弧，圜底中央稍下坠，喇叭形粗圈足外撇。唇缘非等距离饰三组戳点纹，沿面饰一周凹弦纹若子母口状，上腹饰一周双凹弦纹、弦纹间非等距离饰三组戳点纹，最大腹径上缘饰一周凹弦纹，圈足饰三道凸棱纹，绕圈足等距离饰三组梅花状五孔小圆形镂孔。口径11.2、腹径12.6、足径11.8、高13.5厘米（图一八〇，6；图版一七，3）。M14：3，

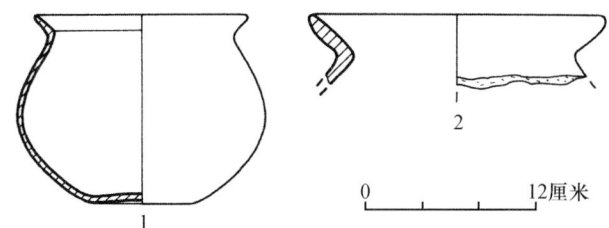

图一七八 M13随葬品组合
1. 陶罐（M13∶1） 2. 陶釜（M13∶2）

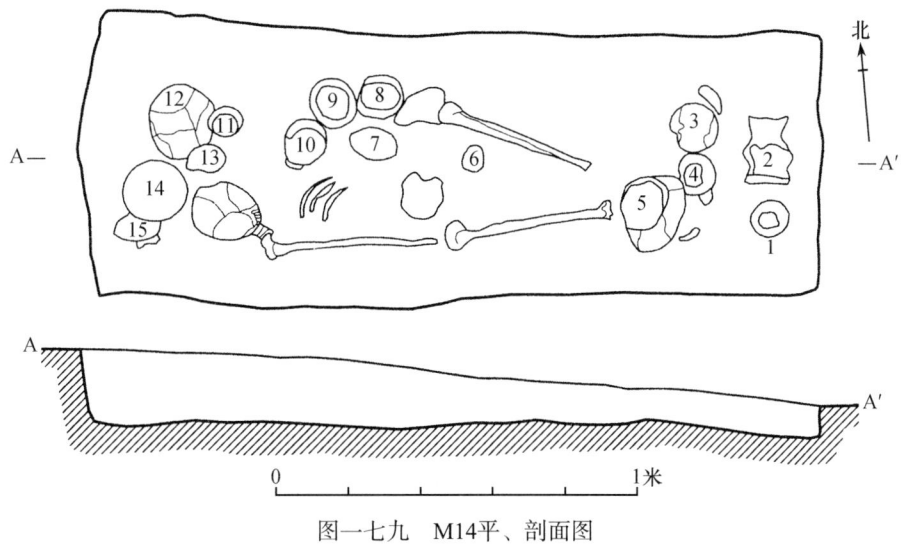

图一七九 M14平、剖面图
1、6、15. 陶器盖 2、3、8~10. 陶簋 4、11. 陶鼎 5、14. 陶盘 7. 陶碗 12、13. 陶罐

泥质磨光黑陶。上部残，圜底，喇叭形粗圈足外撇。圈足饰多道不规整凸棱纹，绕圈足等距离饰三组竖向双列六孔小圆形镂孔。足径13.8、高7.2厘米（图一八〇，10）。M14∶8，泥质磨光黑陶。敛口，仰折沿，宽沿面，圆唇，圆腹略扁，圜底，喇叭形粗圈足外撇。最大腹径处饰一周双凹弦纹，圈足饰两道凸弦纹，绕圈足等距离饰三组横向三孔小圆形镂孔。口径12.3、腹径14.4、足径13.4、高16.2厘米（图一八〇，7）。M14∶9，泥质磨光黑陶。带盖簋。喇叭状圈纽，折沿，尖唇，束颈。盖面斜弧，底缘上翘，尖唇。盖面饰一周凸弦纹。簋体敛口，仰折沿，宽沿面，圆唇，折腹，最大腹径偏下，上腹曲壁，下腹斜弧内收，圜底，喇叭形粗圈足外撇。唇缘非等距饰三组戳点纹，沿面饰一周凹弦纹若子母口状，上腹饰一周双凹弦纹、弦纹间等距离饰三组斜长戳印纹，下腹饰一周凸弦纹，圈足饰凸棱纹，绕圈足等距离饰三组横向双孔小圆形镂孔。盖纽径5.6、盖径12.6、高4.4厘米；簋口径12.8、腹径14.4、足径12.8、高12.6厘米；通高17厘米（图一八〇，4；图版二六，5）。M14∶10，泥质磨光黑陶。敛口，仰折沿，沿宽面，圆唇，折腹，最大腹径偏下，上腹斜直，下腹斜弧内收，圜底，喇叭形粗圈足外撇。唇缘非等距饰三组戳点纹，沿面饰一周凹弦纹若子母口状，上腹饰一周双凹弦纹、弦纹间等距离饰三组斜长戳印纹，最大腹径处饰一周凹弦纹，圈足饰多道凸棱纹，绕圈足等距离饰三组梅花状五孔小圆形镂孔。口径12.8、腹径12.9、足径12.1、高13.6厘米（图一八〇，5；图版

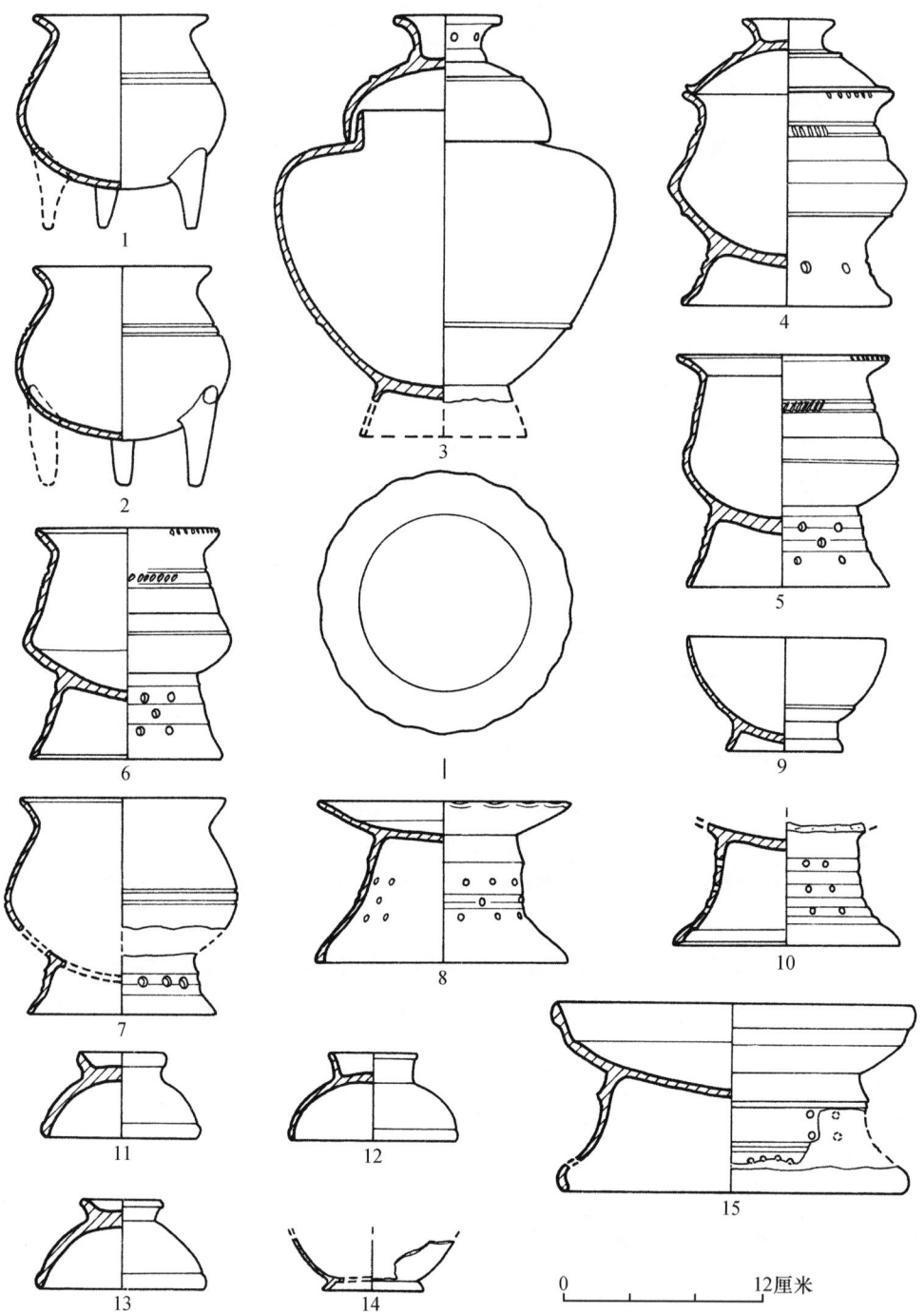

图一八〇　M14随葬品组合

1、2.陶鼎（M14∶4、M14∶11）　3、14.陶罐（M14∶12、M14∶13）　4~7、10.陶簋（M14∶9、M14∶10、M14∶2、M14∶8、M14∶3）　8、15.陶盘（M14∶14、M14∶5）　9.陶碗（M14∶7）　11~13.陶器盖（M14∶6、M14∶15、M14∶1）

二六，6）。

盘 2件。M14：5，泥质红陶。敞口，丰圆唇，折腹，上腹斜直，下腹斜弧内收，深盘，圜底中央稍下坠，喇叭形粗圈足外撇，底缘内扣。通体饰红衣但大部分已脱落，唇外缘附饰一周宽凸棱，圈足饰一周阶状双凸弦纹，绕圈足饰多组形状不同的小圆形镂孔。口径21.4、足径20.6、高11厘米（图一八〇，15）。M14：14，泥质红陶。敞口，圆唇，斜弧浅腹，圜底近平，喇叭形高圈足外撇，底缘内扣。通体饰红衣但大部分已脱落，唇缘按压呈葵瓣状，腹内壁饰一周凹弦纹，圈足饰多道浅棱纹并绕体等距离饰三组梅花状五孔小圆形镂孔。口径15.4、足径15.3、高9.4厘米（图一八〇，8；图版三四，6）。

碗 1件。M14：7，泥质薄胎磨光黑陶。敞口，尖唇，深腹斜弧，圜底中央下坠，矮圈足外撇。腹下部饰一周上内下外错棱，圈足底缘凸棱。口径12、足径7、高6.6厘米（图一八〇，9；图版四〇，2）。

器盖 3件。M14：1，泥质磨光厚胎黑陶。覆碗形。矮圈形纽，盖面圆弧，圆唇。盖唇外缘棱凸。纽径5.2、盖径10、高5.2厘米（图一八〇，13）。M14：6，泥质磨光厚胎黑陶。覆碗形。矮圈形纽，盖面圆弧，穹顶，圆唇。唇外缘棱凸。纽径5.6、盖径9.5、高5厘米（图一八〇，11；图版四五，1）。M14：15，泥质磨光黑陶。覆碗形。矮圈形纽，盖面圆弧，穹顶，圆唇。唇外缘棱凸。纽径5.4、盖径10、高5.1厘米（图一八〇，12；图版四五，2）。

（二）瓮棺葬

共9座。

W1 位于ⅡT1005南壁中部。开口在第3层下，打破第4层。平面近长方形，北壁圆弧，东西两侧及南壁皆直，斜壁，平底。墓口长70厘米，宽42～44厘米，深18厘米。葬具为两件陶釜口对口放置于坑内，均为粉碎的夹炭红陶，无法修复。在西侧中部随葬一件陶罐。填土为灰黄色黏土，含少量烧土颗粒（图一八一）。

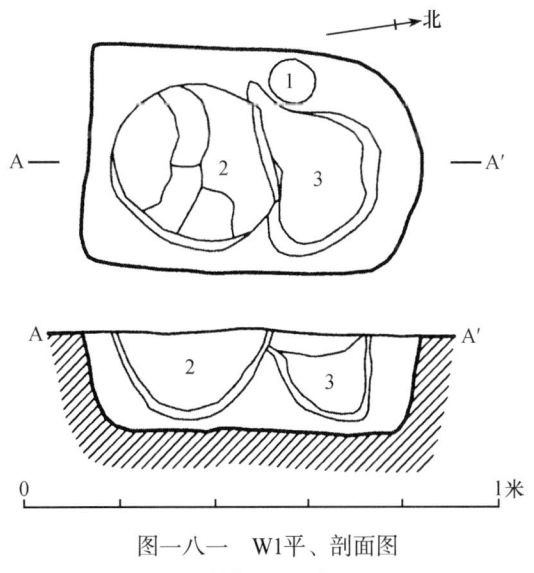

图一八一 W1平、剖面图
1.陶罐 2、3.陶釜

罐 1件。W1：1，泥质薄胎灰陶。敛口，仰折沿，窄沿面，微鼓腹，下部残。口径12、残高2.8厘米（图一八二，3）。

釜 2件。W1：2，泥质夹炭红陶。依残痕可辨器形为：敛口，仰折沿，宽沿面，尖唇，圆鼓腹，圜底。口径24、残高3.2厘米（图一八二，2）。W1：3，泥质夹炭红陶。依残痕可辨器形为：敛口，仰折沿，宽沿面，尖唇，圆鼓腹，圜底。口径28、残高4.6厘米（图一八二，1）。

W2 位于TG5中南部。开口在第3层下，打破第4、5层，墓口距地面深56厘米。平面呈圆形，斜壁，平底。墓口直径47～50厘米，墓底直径40～44厘米，深35厘米。葬具为带盖陶釜，竖放于坑内。填土为浅黄褐色黏土，含少量烧土颗粒（图一八三；彩版一〇，2；图版八，2）。

釜 1件。W2：1，夹炭红陶。依残痕可辨器形为：敛口，仰折沿，圆鼓腹，圜底。

器盖 1件。W2：2，泥质黑陶。喇叭状圈形纽，仰折沿，圆唇，束颈。盖面圆弧，圆唇。绕纽颈上部等距离饰六个小圆形镂孔，绕纽根处饰三组戳点纹，盖面饰一道凸弦纹。纽径5.7、盖径17.6、高6厘米（图一八四；图版四五，3）。

W3 位于ⅠT1707东南部，与W4、W5相邻。开口在第2层下，打破第3、4层及红烧土，墓口距地面深20~25厘米。平面呈不规则四边形，斜壁，平底。墓口长64厘米，宽40~56厘米；墓底长60厘米，宽38~52厘米；墓深12~18厘米。葬具为一件夹炭红陶釜。填土为灰黄色黏土，含少量烧土颗粒（图一八五）。

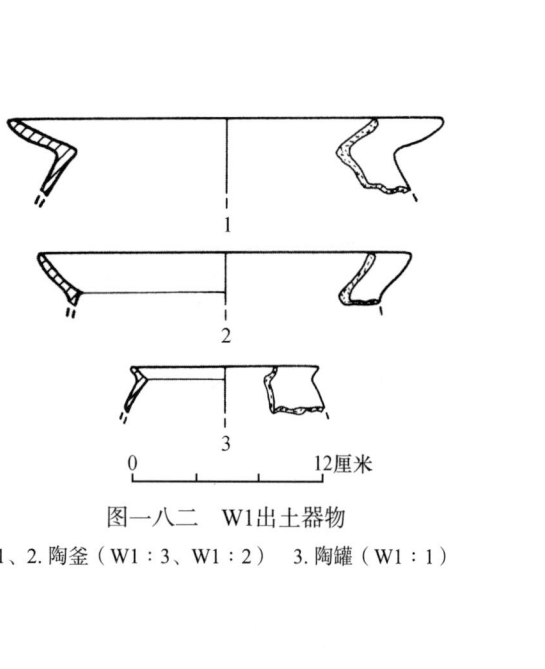

图一八二 W1出土器物
1、2.陶釜（W1：3、W1：2） 3.陶罐（W1：1）

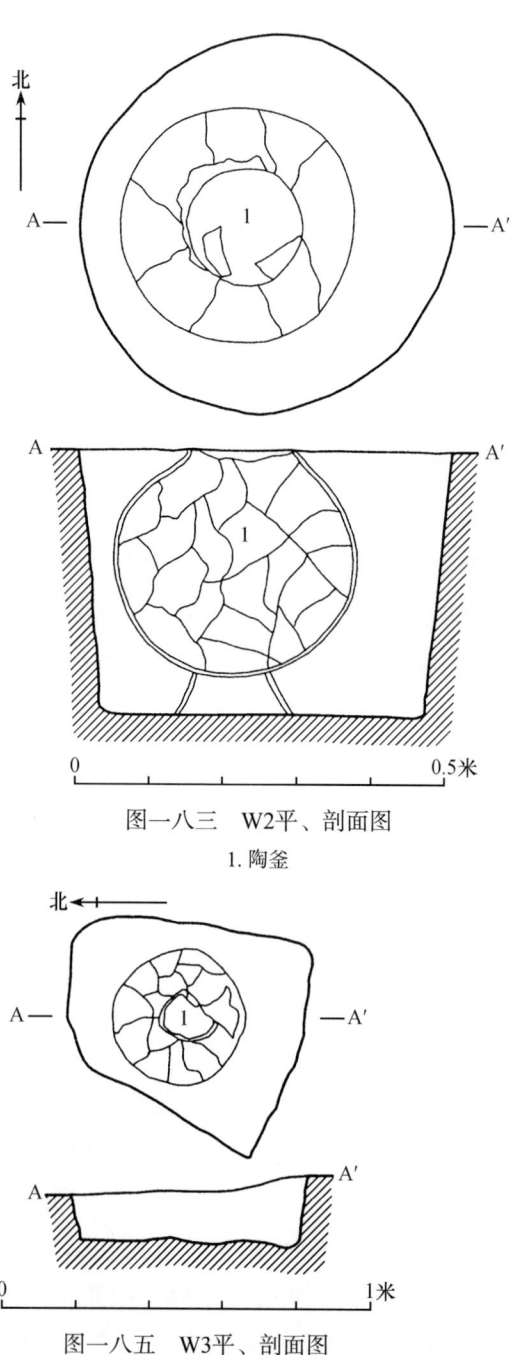

图一八三 W2平、剖面图
1.陶釜

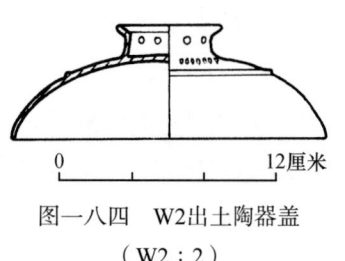

图一八四 W2出土陶器盖
（W2：2）

图一八五 W3平、剖面图
1.陶釜

釜　1件。W3:1，泥质夹炭红陶。口部残，敛口，仰折沿，圆腹较深，圜底。通体饰红衣但大部分已脱落。腹径28、残高25.2厘米（图一八六）。

W4　位于ⅠT1707东南部，与W3、W5相邻。开口在第2层下，打破第3层及红烧土，墓口距地面深20厘米。平面呈不规则圆形，斜壁，平底。墓口已经被破坏。直径58厘米，深15厘米。葬具为一件带盖红陶釜。填土为灰黄色黏土，含少量烧土颗粒（图一八七）。

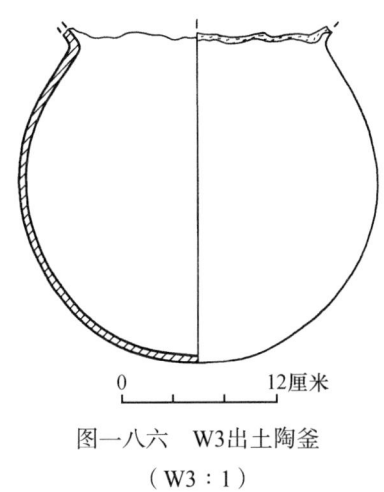
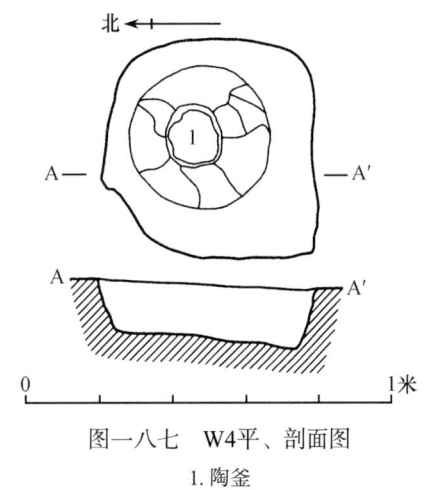

图一八六　W3出土陶釜
（W3:1）

图一八七　W4平、剖面图
1.陶釜

釜　1件。W4:1，泥质夹炭红陶。上部残，腹斜弧，圜底。素面。残高14.2厘米（图一八八，2）。

器盖　1件。W4:2，泥质夹炭红陶。顶部残，盖面圆弧，尖唇。盖面饰一周双凸弦纹，底唇外缘饰一周凸棱。盖径25、残高6.8厘米（图一八八，1）。

W5　位于ⅠT1707东南部，与W3、W4相邻。开口在第2层下，打破第3、4层及红烧土，墓口距地面深20厘米。平面呈不规则椭圆形，斜弧壁，平底。墓口已经被破坏。长径60厘米，短径50厘米，深14厘米。葬具为一件夹炭红陶罐。填土为灰黄色黏土，含少量烧土颗粒（图一八九）。

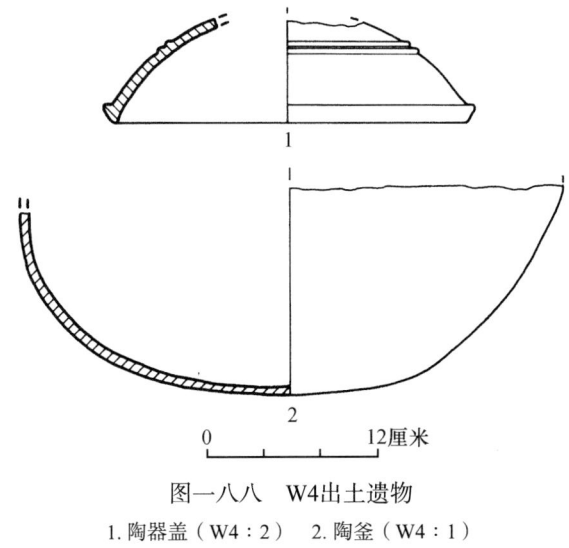
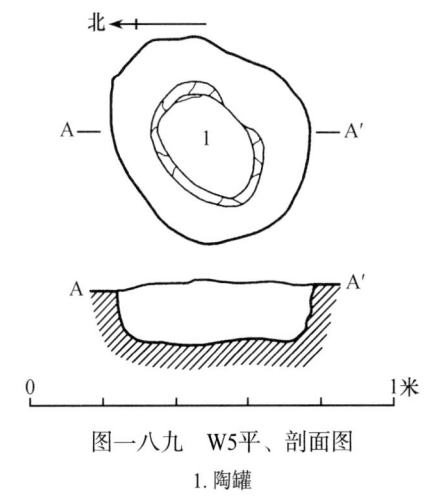

图一八八　W4出土遗物
1.陶器盖（W4:2）　2.陶釜（W4:1）

图一八九　W5平、剖面图
1.陶罐

罐　1件。夹炭红陶。依残痕可辨器形为：敛口，丰圆唇，鼓腹。

W6　位于ⅡT1126北部。开口在第3层下，打破第4层，墓口距地面深42厘米。平面呈圆形，直壁，平底。墓口已经被破坏。直径50厘米，深20厘米。葬具为带盖红陶釜。填土为灰黄色黏土，含少量烧土颗粒（图一九〇）。

釜　1件。W6：1，夹砂厚胎红陶。上部残，球腹，圜底。腹饰两道凹弦纹。残高15.6厘米（图一九一，2）。

器盖　1件。W6：2，泥质夹炭厚胎红陶。矮圈形纽，敞口，圆唇。盖面缓弧，丰圆唇。素面。纽径8、盖径18.8、高6厘米（图一九一，1；图版四五，4）。

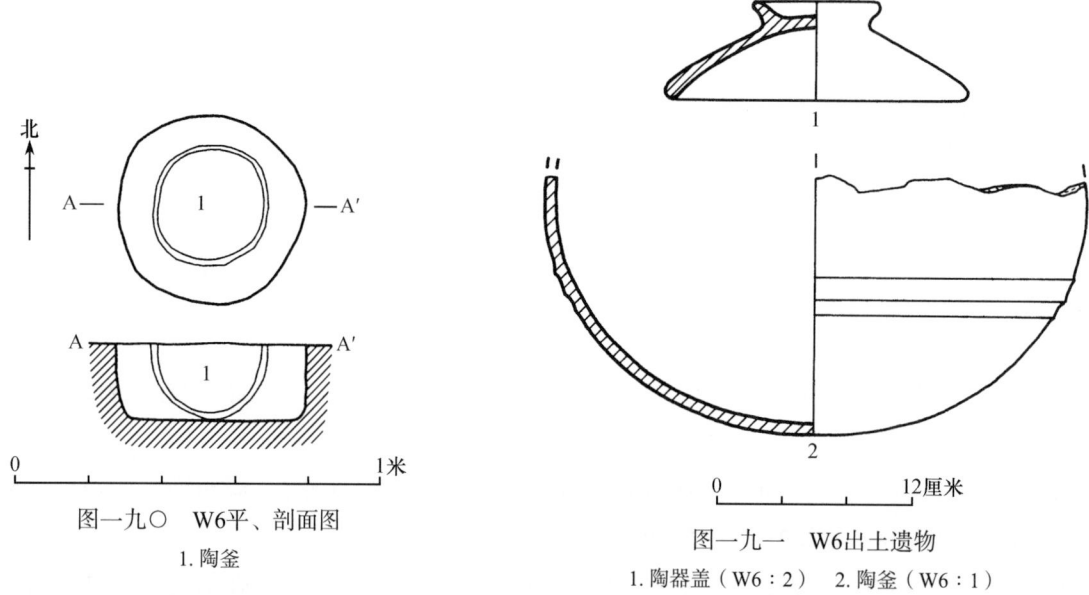

图一九〇　W6平、剖面图
1. 陶釜

图一九一　W6出土遗物
1. 陶器盖（W6：2）　2. 陶釜（W6：1）

W7　位于ⅡT0933西北部。开口在第5层下，打破第6层，墓口距地面深94厘米。平面呈不规则圆形，直壁，平底。直径48厘米，深17~19厘米。葬具为一带盖黑陶罐。填土为红色烧土，较致密坚硬，含少量陶片（图一九二）。

罐　1件。W7：1，泥质黑陶。带盖罐。矮圈形盖纽，敞口，圆唇。盖面圆弧，穹顶，圆唇。罐体敛口，仰折沿，较宽沿面，尖唇，圆腹下垂，最大腹径偏下，上腹微内束，下腹弧内收，圜底近平，矮圈足。上腹饰一周双凹弦纹。纽径5.4、盖径10.6、高4厘米；罐口径11.8、腹径14.6、足径8、高13.6厘米；通高17.3厘米（图一九三；图版一七，5）。

W8　位于ⅡT1033东北角。开口在第5层下，打破第6层，墓口距地面深97厘米。平面呈椭圆形，斜直壁，平底。长径52厘米，短径40厘米，深30~42厘米。葬具为一带盖釜形鼎。填土为灰黑色黏土，夹少量烧土，较疏松，含少量碎陶片（图一九四）。

鼎　1件。W8：1，夹砂厚胎红陶。敛口，仰折沿，宽沿面，圆唇，鼓腹略扁，圜底，宽扁凹板形足，足尖残。通体饰红衣但大部分已脱落，下腹饰一周附加堆纹。口径21、腹径27、残高22.6厘米（图一九五，1）。

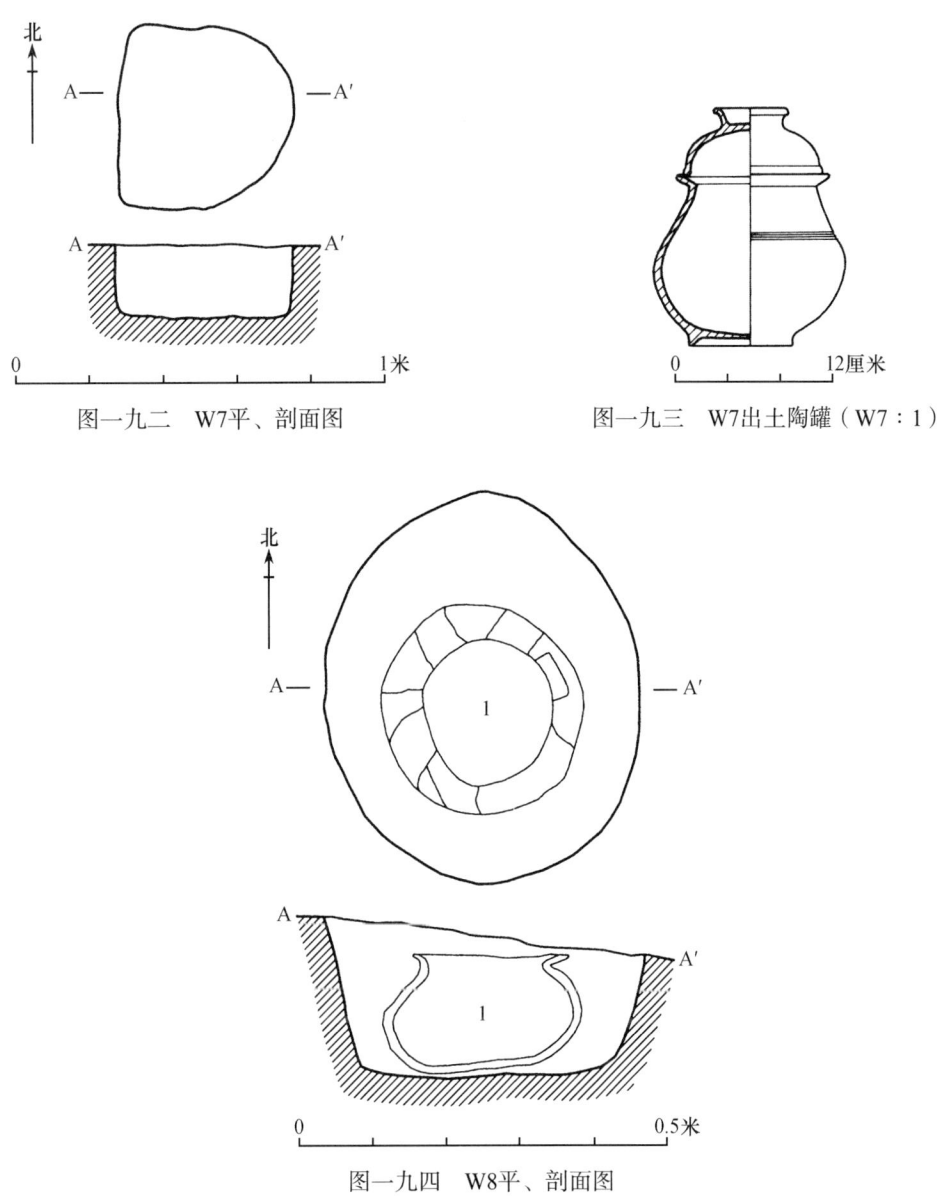

图一九二 W7平、剖面图　　图一九三 W7出土陶罐（W7∶1）

图一九四 W8平、剖面图
1. 陶鼎

器盖（圈足盘）　1件。W8∶2，泥质红陶。直敞口，圆唇，浅腹微折，上腹斜直，下腹壁斜弧，圜底，喇叭形粗圈足外撇。通体饰红衣但大部分已脱落，唇缘按压呈葵瓣状，内壁折腹处饰一周凹弦纹，绕圈足中部等距离饰三组横向双孔小圆形镂孔。口径17.3、足径13.3、高5.9厘米（图一九五，2；图版四五，5）。

W9　位于ⅡT0933中东部。开口在第5层下，打破第6层，墓口距地面深82厘米。平面呈圆形，斜直壁，平底。直径100厘米，深50厘米。葬具为一带盖釜。填土为灰红色黏土，夹大量烧土，较疏松，含少量陶片（图一九六）。

釜　1件。W9∶1，夹砂厚胎红陶。敛口，仰折沿，宽沿面，圆唇，球腹深，圜底。素面。口径23、腹径30、残高26.8厘米（图一九七；图版二二，2）。

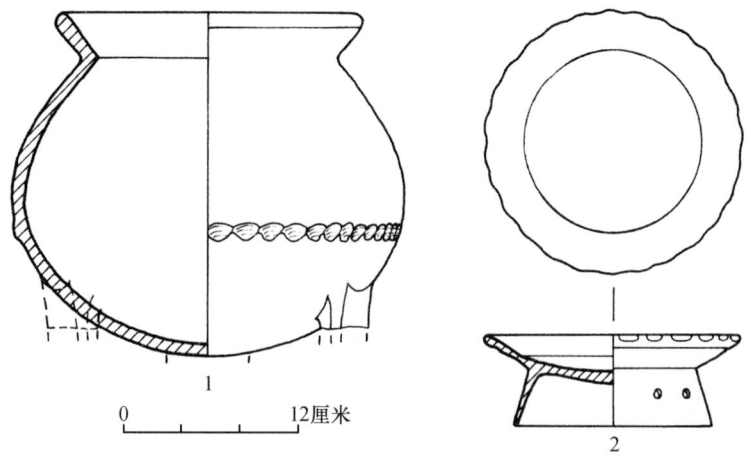

图一九五　W8出土器物
1. 陶鼎（W8∶1）　2. 陶盘（W8∶2）

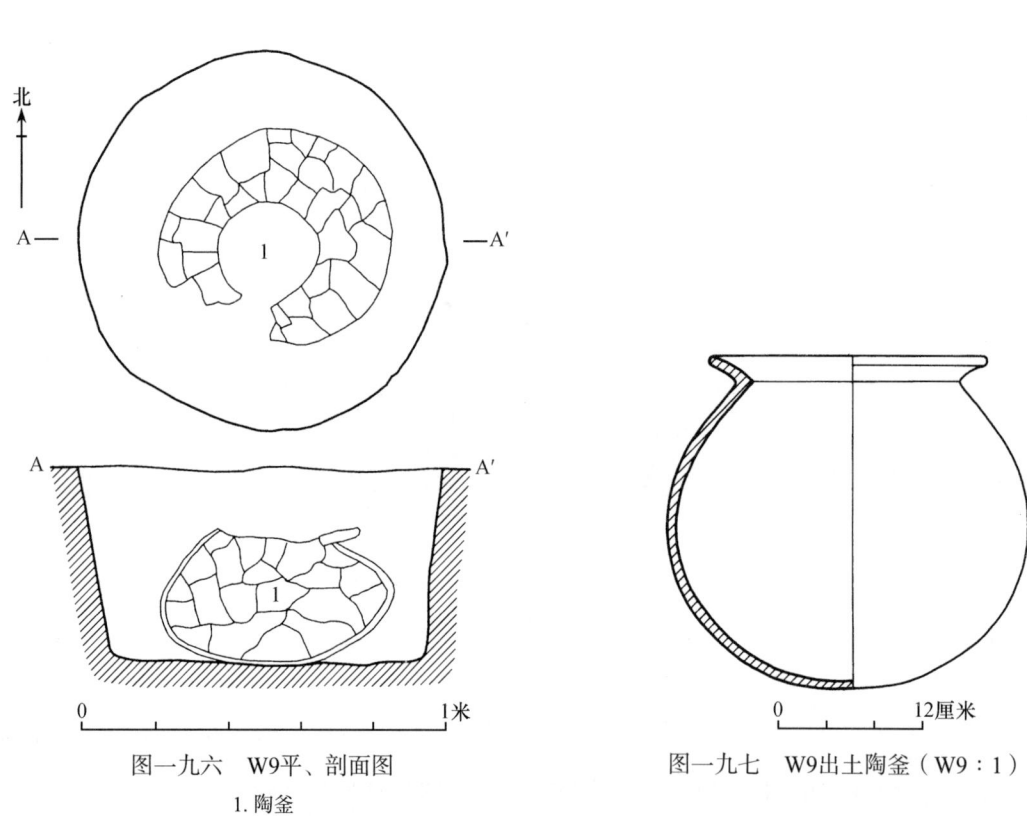

图一九六　W9平、剖面图
1. 陶釜

图一九七　W9出土陶釜（W9∶1）

器盖（圈足盘）　1件。W9∶2，泥质红陶。敞口，丰圆唇，微折腹，上腹斜直，下腹斜弧，盘较深，圜底，喇叭形圈足外撇，底缘微内收。通体饰红衣但大部分已脱落，唇缘等距离饰三组戳点纹，绕圈足中部等距离饰三组横向双孔小圆形镂孔。口径17.4、足径13.4、高5.8厘米（图版四五，6）。

七、文 化 层

遗址内不同区域的文化层堆积厚薄不一，但所含遗物丰富，主要出土于ⅠT1707、ⅠT2008、ⅠT2105、ⅠT2106、ⅠT2107、ⅡT0433、ⅡT0434、ⅡT0435、ⅡT0533、ⅡT0605、ⅡT0606、ⅡT0607、ⅡT0704、ⅡT0705、ⅡT0706、ⅡT0707、ⅡT0708、ⅡT0709、ⅡT0710、ⅡT0804、ⅡT0805、ⅡT0806、ⅡT0807、ⅡT0808、ⅡT0809、ⅡT0810、ⅡT0905、ⅡT0906、ⅡT0907、ⅡT0909、ⅡT1005、ⅡT1006、ⅡT1106、ⅡT0716、ⅡT0717、ⅡT0833、ⅡT0933、ⅡT1033、ⅡT1034、ⅡT1035、ⅡT1036、ⅡT1126、ⅡT1127、ⅢT1008、ⅢT1009、ⅢT1108、ⅢT1208等探方。另外，城垣的不同堆积层中所含的遗物也在此一并介绍。

ⅠT1707③ 器类有鼎、罐、盆、缸、盘、器盖、纺轮、石镰、石斧。

鼎 1件。ⅠT1707③：12，泥质磨光黑陶。上部残，圆弧腹，圜底，圆截锥足。足根饰一圆按窝。腹径12、残高8厘米（图一九八，1）。

罐 7件。ⅠT1707③：7，泥质厚胎白陶。侈口，加厚斜方唇，长颈微束，鼓肩，最大腹径偏上，斜弧腹内收，下部残。唇外缘饰一周宽平棱，绕颈饰间断戳印纹，腹饰不规则篮纹。口径30、腹径31、残高17.2厘米（图一九八，2）。ⅠT1707③：9，夹砂红陶。敛口，仰折沿，宽沿面，丰圆唇，鼓腹，下部残。口径22、残高5.3厘米（图一九八，3）。ⅠT1707③：10，泥质红陶。直口，丰圆唇，长束颈，下部残。唇外缘饰宽凸棱。口径16、残高5.6厘米（图一九八，16）。ⅠT1707③：11，夹砂红陶。敛口，仰折沿，宽沿面，圆唇，圆弧腹，下部残。上腹饰一周双凹弦纹，最大腹径处饰一周凹弦纹。口径13.6、腹径16、残高8厘米（图一九八，17）。ⅠT1707③：14，泥质磨光黑陶。上部残，弧腹，平底，矮圈足外撇。圈足径9.4、残高5厘米（图一九八，4）。ⅠT1707③：15，泥质磨光黑陶。上部残，弧腹，圜底，矮圈足底缘水平外折。下腹饰一道凸弦纹。圈足径10.8、残高7厘米（图一九八，5）。ⅠT1707③：16，泥质磨光黑陶。上部残，弧腹，底内凹。底径8、残高4.4厘米（图一九八，6）。

盆 1件。ⅠT1707③：6，泥质夹炭红陶。敛口，内折沿，尖唇，深弧腹内收，下部残。通体饰红衣但大部分已脱落，腹附一短鸡冠横耳，耳缘饰连续起伏按窝。口径34、残高14.8厘米。耳弧长13.5、宽0.9厘米（图一九八，8）。

缸 1件。ⅠT1707③：8，泥质夹炭红陶。直口微敛，仰折沿，丰圆唇，深弧腹，下部残。通体饰红衣但大部分已脱落，上腹饰两凹弦纹。口径28、残高5.2厘米（图一九八，7）。

盘 2件。ⅠT1707③：5，泥质红衣灰陶。稍变形。敞口，折腹，深盘，上腹斜直，下腹斜弧内收，圜底中央下坠，粗矮圈足，圈足壁曲折。盘口边缘附加一个深窝斗形耳，斗形耳稍外倾。上腹饰一周宽凸弦纹，绕圈足饰横向双孔小圆形镂孔。口径20、足径16、高9.7厘米。斗形纽口径3.8厘米（图一九八，9；图版三五，1）。ⅠT1707③：17，泥质夹炭红陶。残存

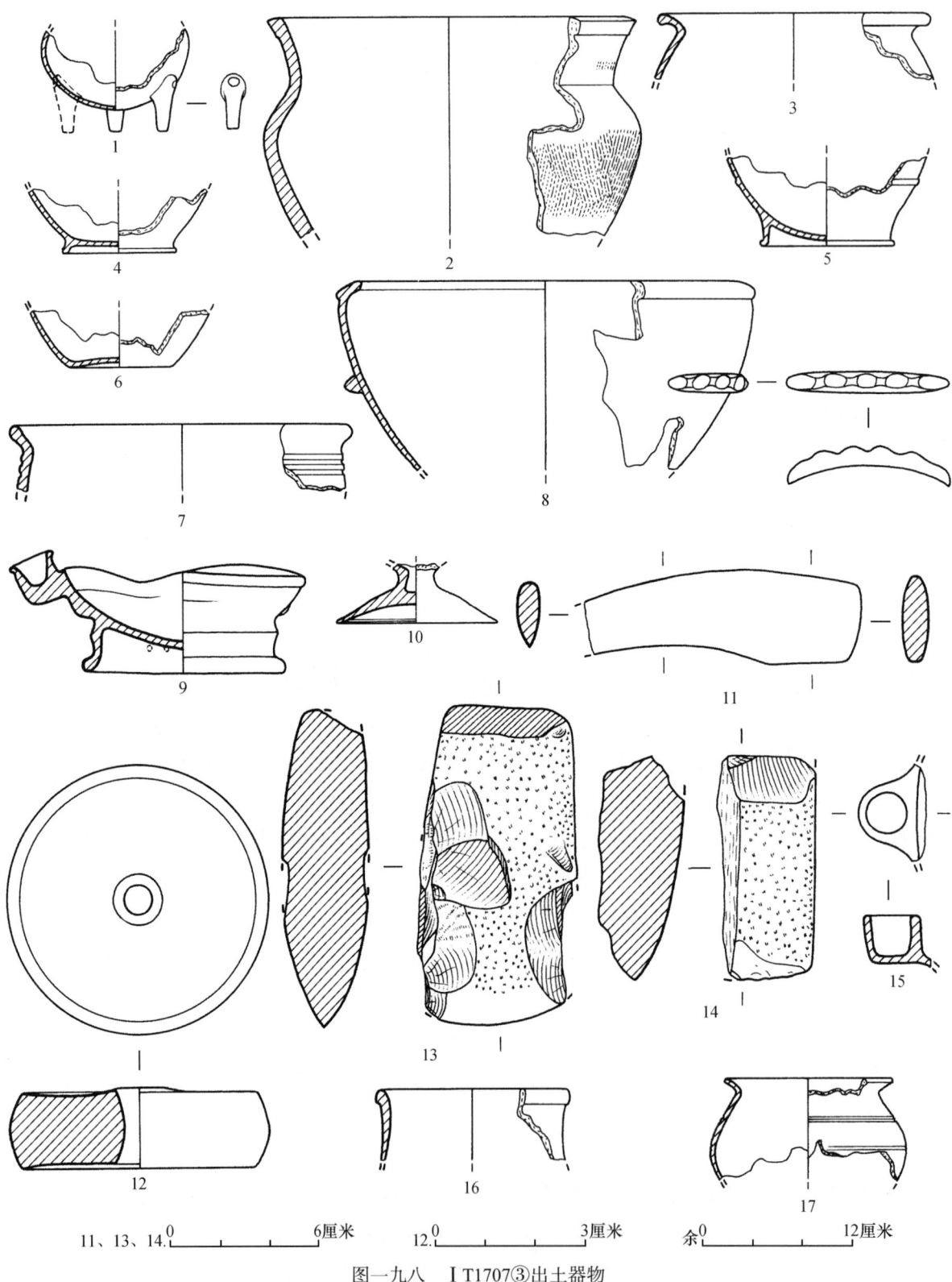

图一九八　ⅠT1707③出土器物

1. 陶鼎（ⅠT1707③：12）　2~6、16、17. 陶罐（ⅠT1707③：7、ⅠT1707③：9、ⅠT1707③：14、ⅠT1707③：15、ⅠT1707③：16、ⅠT1707③：10、ⅠT1707③：11）　7. 陶缸（ⅠT1707③：8）　8. 陶盆（ⅠT1707③：6）
9、15. 陶盘（ⅠT1707③：5、ⅠT1707③：17）　10. 陶器盖（ⅠT1707③：13）　12. 陶纺轮（ⅠT1707③：4）
11. 石镰（ⅠT1707③：1）　13、14. 石斧（ⅠT1707③：2、ⅠT1707③：3）

腹盘斗形耳。斗直口，直腹较深，平底。通体饰红衣但大部分已脱落。斗口径3.2、高3.8厘米（图一九八，15）。

器盖　1件。ⅠT1707③：13，泥质磨光黑陶。柄形纽盖残。盖面缓弧，穹顶，尖唇。唇内缘饰两道凹弦纹。盖径13.2、残高4.6厘米（图一九八，10）。

纺轮　1件。ⅠT1707③：4，泥质红陶。两面微内凹，周缘中间弧凸；中孔对穿而成，其中一端周缘外凸。素面。直径5.3、孔径0.6～1、厚0.9～2.05厘米（图一九八，12；图版五四，3）。

石镰　1件。ⅠT1707③：1，灰色砂岩。侧扁长条形微弯曲，刃部较长，握柄较短；头部残断，镰背圆钝微弧凸，长刃部微弧凹且两面对称磨光较锋利，短尾柄上下均圆钝，尾端微弧凸近平。通体磨制。残长11.1、刃部残长7.3、握柄长3.8、宽3.7、厚1.1厘米（图一九八，11；图版七四，3）。

石斧　2件。ⅠT1707③：2，灰色砂岩。近长方形，平顶，弧凸刃两面对称磨光较锋利，两边较直，两面微弧凸，有多处崩疤。长12.6、宽6.4、厚3.6厘米（图一九八，13；图版六八，4）。ⅠT1707③：3，灰色砂岩。近长方形，残顶近平，平刃两面对称磨光，一侧边平直另一侧边断裂，两面微弧凸，其中一面布满崩疤。残长8.8、残宽4、厚3.5厘米（图一九八，14；图版六八，5）。

ⅠT1707④　器类有盆、器座、豆、器盖。

盆　1件。ⅠT1707④：1，泥质夹炭红陶。敛口，加厚丰圆唇，深弧腹内收，下部残。通体饰红衣但大部分已脱落，腹饰一周锯齿状附加堆纹。口径47、残高17.6厘米（图一九九，1）。

器座　1件。ⅠT1707④：4，泥质夹炭红陶。喇叭圈形矮器座。上端敛口，平唇。下端外撇，尖唇内扣。口径14.4、底径20、高3.4厘米（图一九九，4）。

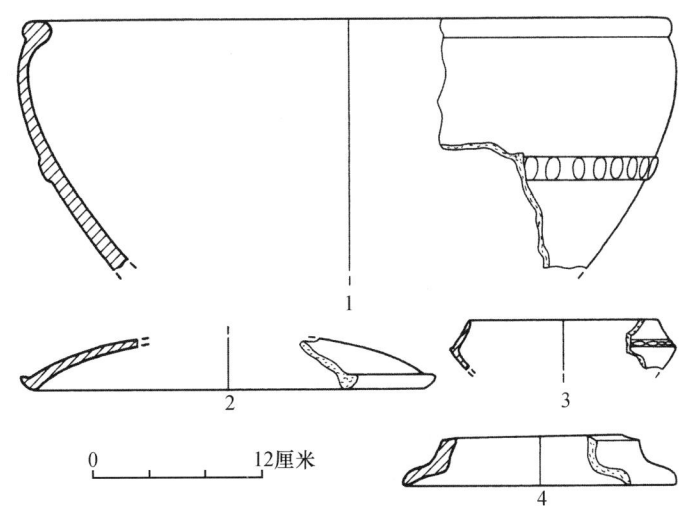

图一九九　ⅠT1707④出土器物
1.陶盆（ⅠT1707④：1）　2.陶器盖（ⅠT1707④：2）　3.陶豆（ⅠT1707④：3）　4.陶器座（ⅠT1707④：4）

豆　1件。ⅠT1707④：3，泥质磨光黑陶。敛口，尖唇，折腹，上腹斜直内敛，下腹弧内收，下部残。折棱上缘饰双凹弦纹，弦纹间饰戳点纹。口径14、残高3.4厘米（图一九九，3）。

器盖　1件。ⅠT1707④：2，泥质夹炭红陶。纽残。盖面缓弧，尖唇上折。盖径30、残高3.6厘米（图一九九，2）。

ⅠT2008③　器类有罐、盆。

罐　1件。ⅠT2008③：1，泥质磨光黑陶。敛口，仰折沿，宽沿面，圆唇，深鼓腹，下部残。唇缘饰多组戳点纹。口径13、腹径16、残高13厘米（图二〇〇，1）。

盆　1件。ⅠT2008③：2，泥质夹炭红陶。敛口，丰圆唇，深弧腹内收，下部残。口径28、残高8.4厘米（图二〇〇，2）。

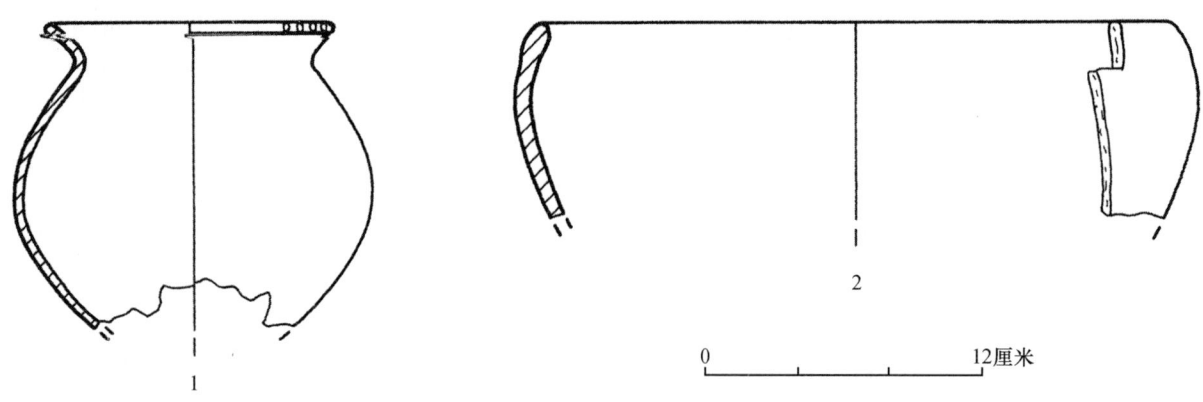

图二〇〇　ⅠT2008③出土器物
1.陶罐（ⅠT2008③：1）　2.陶盆（ⅠT2008③：2）

ⅠT2105③　器类有罐、盆、石斧。

罐　2件。ⅠT2105③：4，泥质夹炭红陶。直口，折沿，圆唇，束颈，下部残。口径16、残高3.5厘米（图二〇一，4）。ⅠT2105③：5，泥质夹炭红陶。大敛口，尖唇，折肩，弧腹残。通体饰红衣但大部分已脱落，唇外缘饰一周宽凸棱。口径40、残高5.2厘米（图二〇一，5）。

盆　2件。ⅠT2105③：2，泥质磨光灰陶。敞口，折沿下垂，窄沿面，尖唇，深弧腹内收，下部残。口径18、残高6.6厘米（图二〇一，2）。ⅠT2105③：3，泥质薄胎灰陶。敛口，仰折沿，宽沿面，圆唇，弧腹内收，下部残。素面。口径18、残高5厘米（图二〇一，3）。

石斧　1件。ⅠT2105③：1，灰色砂岩。长方形，仅存刃部。弧凸刃两面对称磨光较锋利，两边较直。残长6.5、宽6.5、厚2.7厘米（图二〇一，1）。

ⅠT2105④　器类有石杵。

石杵　1件。ⅠT2105④：1，灰色砂岩。近圆角正四棱锥形，六面磨光。两端较弧凸，一头粗一头略细，四面较平整。长10.5、宽5.2～5.6、厚4～5.6厘米（图二〇一，6；图版七五，3）。

ⅠT2106③　器类有罐、盆、簋、器盖、玉牌饰、石锤。

罐　1件。ⅠT2106③：6，泥质磨光黑陶。敛口，仰折沿，宽沿面，尖唇，深弧腹，下部残。绕沿面外缘饰多组戳点纹，最大腹径上缘饰一周三凹弦纹、其上两道弦纹间绕体饰多组戳

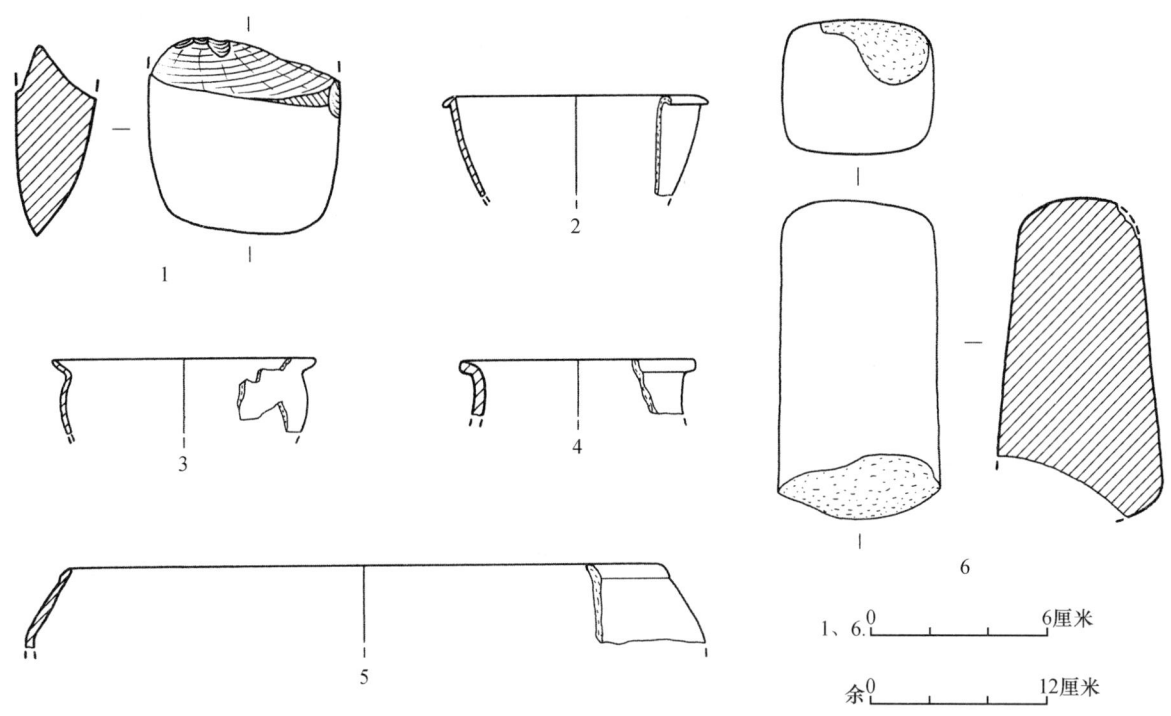

图二〇一　ⅠT2105③、④出土器物
1.石斧（ⅠT2105③∶1）　2、3.陶盆（ⅠT2105③∶2、ⅠT2105③∶3）　4、5.陶罐（ⅠT2105③∶4、ⅠT2105③∶5）
6.石杵（ⅠT2105④∶1）

点纹。口径14、腹径15.2、残高7.8厘米（图二〇二，5）。

盆　3件。ⅠT2106③∶3，泥质夹炭红陶。敛口，附沿面较宽，圆唇，深弧腹内收，下部残。口径34、残高5.6厘米（图二〇二，2）。ⅠT2106③，4，泥质灰陶。敞口近直，折沿下垂，宽沿面，圆唇，弧腹内收，下部残。沿面饰一周双弦纹。口径30、残高2.8厘米（图二〇二，3）。ⅠT2106③∶5，泥质夹炭红陶。敛口近直，仰折沿，宽沿面，圆唇，弧腹内收，下部残。通体饰红衣但大部分已脱落。口径24、残高5厘米（图二〇二，4）。

簋　1件。ⅠT2106③∶9，泥质磨光黑陶。敛口，平唇，圆鼓腹，下部残。口径10、腹径12.8、残高3.6厘米（图二〇二，9）。

器盖　2件。ⅠT2106③∶7，泥质磨光黑陶。喇叭形矮圈纽，尖纽唇下折。盖面圆弧，穹顶，下部残。纽径5.6、残高3.3厘米（图二〇二，7）。ⅠT2106③∶8，泥质磨光黑陶。覆盘形。纽部残。盖面折腹，尖唇。盖面近纽根处饰一周凸弦纹，盖面外壁中部饰一周凸弦纹。盖径14、残高4厘米（图二〇二，8）。

玉牌饰　1件。ⅠT2106③∶1，青色泛黄岫玉。近圆饼形，一面平整，另一面弧凸，周缘两侧平脊，上下凸脊。弧凸面两侧各饰两组尖头对外的"V"字形切槽，下端中间为稍内缩龟头形槽，上端饰横向两穿孔，穿孔对钻而成。纵径4.6、横径5.1、最厚1厘米（图二〇二，1；彩版二〇，1、2）。

石锤　1件。ⅠT2106③∶2，泛红灰色砂岩。圆角长方体，短粗。两端弧凸，周缘为天然砾石面，一角较尖凸，余角较圆钝。长5、宽4～4.4厘米（图二〇二，6；图版七六，1）。

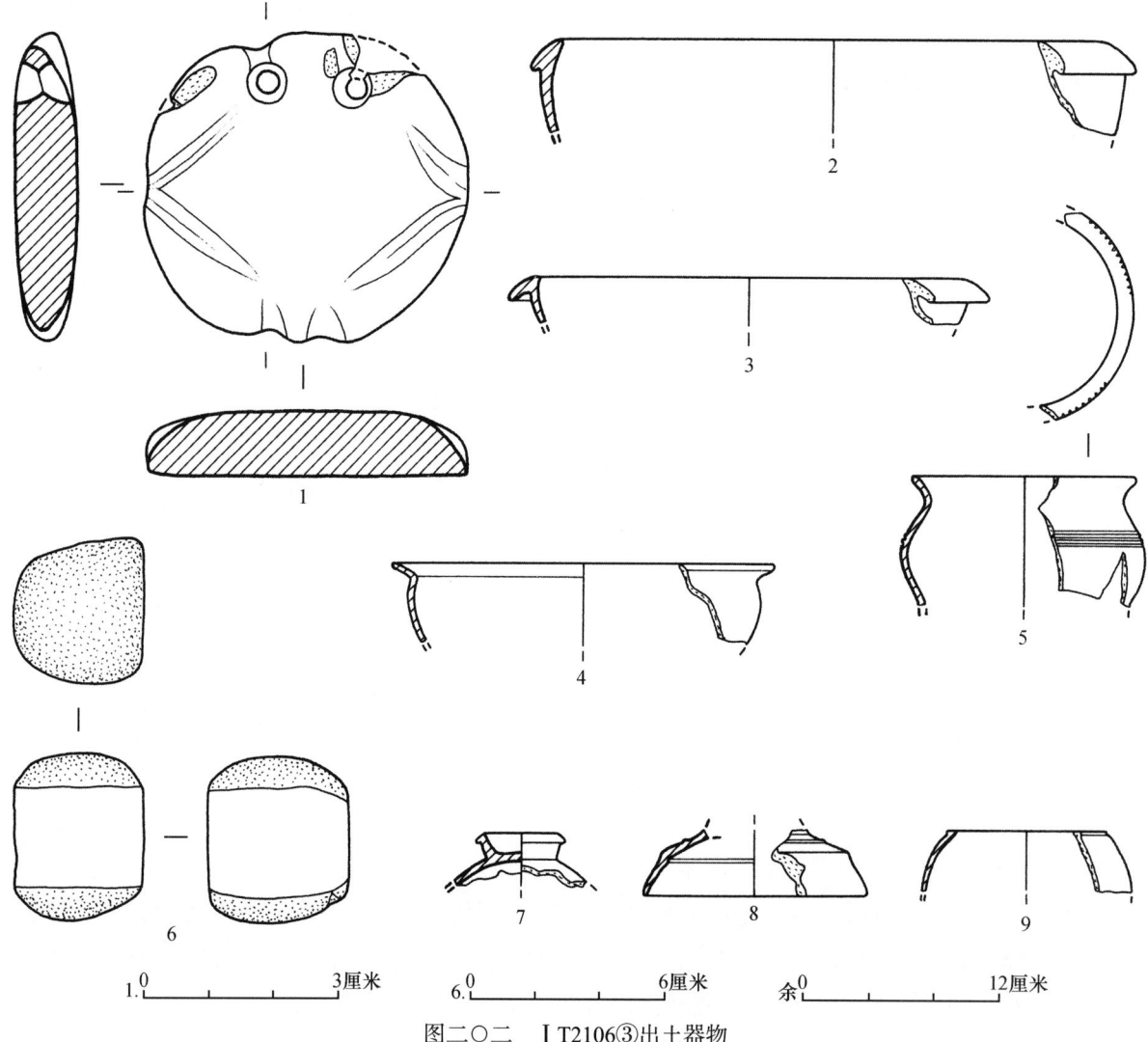

图二〇二　ⅠT2106③出土器物

1. 玉牌饰（ⅠT2106③：1）　2~4. 陶盆（ⅠT2106③：3、ⅠT2106③：4、ⅠT2106③：5）　5. 陶罐（ⅠT2106③：6）　6. 石锤（ⅠT2106③：2）　7、8. 陶器盖（ⅠT2106③：7、ⅠT2106③：8）　9. 陶簋（ⅠT2106③：9）

ⅠT2106④　器类有罐、簋、盘、器盖。

罐　2件。ⅠT2106④：2，泥质夹炭红陶。敛口，仰折沿，宽沿面，丰圆唇，鼓腹，下部残。口径16、残高5.8厘米（图二〇三，2）。ⅠT2106④：8，泥质磨光黑陶。上部残。弧腹，圜底，矮圈足底唇外撇。腹饰一周凸弦纹。足径10.5、残高5.6厘米（图二〇三，8）。

簋　4件。ⅠT2106④：5，泥质磨光黑陶。敛口，圆唇微折，鼓腹，下部残。唇外缘饰间断戳点纹，腹饰一周三凹弦纹。口径12、残腹径16.2、残高3.6厘米（图二〇三，5）。ⅠT2106④：6，泥质磨光黑陶。敛口，圆唇微折，鼓腹，下部残。腹饰一周上内下外错棱。口径12、残腹径16.8、残高4.4厘米（图二〇三，6）。ⅠT2106④：7，泥质磨光黑陶。上部残。矮圈足中部外折。足径16、残高4.6厘米（图二〇三，7）。ⅠT2106④：9，器底，泥质磨光黑陶。上部残，圜底，曲壁矮圈足。足径10、残高3.2厘米（图二〇三，9）。

盘　2件。ⅠT2106④：3，泥质夹炭红陶。敞口，尖唇，弧腹内收，下部残。口部外壁饰

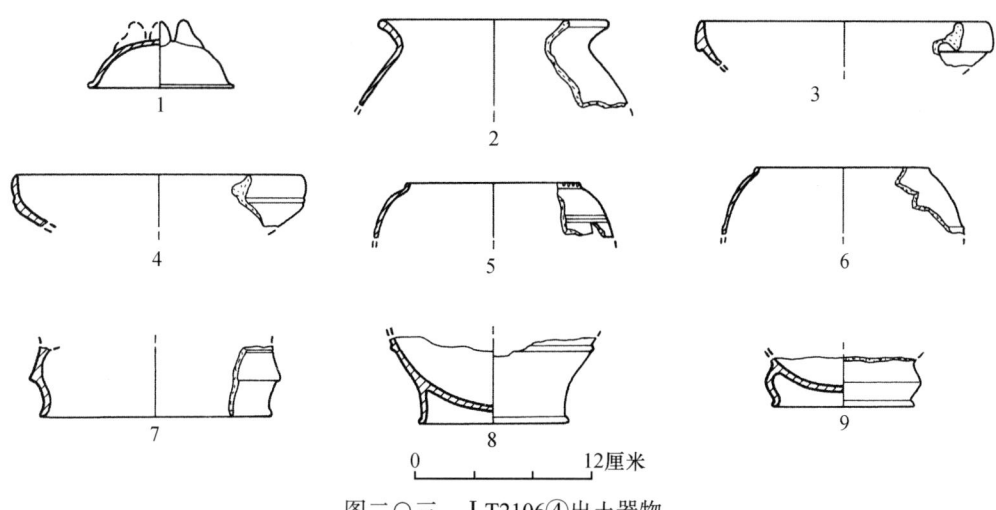

图二〇三　ⅠT2106④出土器物
1.陶器盖（ⅠT2106④：1）　2、8.陶罐（ⅠT2106④：2、ⅠT2106④：8）　3、4.陶盘（ⅠT2106④：3、ⅠT2106④：4）　5~7、9.陶簋（ⅠT2106④：5、ⅠT2106④：6、ⅠT2106④：7、ⅠT2106④：9）

一周宽棱，宽棱下缘棱凸。口径20、残高3厘米（图二〇三，3）。ⅠT2106④：4，泥质夹炭红陶。敞口近直，尖唇，折腹，上腹近直，下腹弧内收，下部残。通体饰红衣但大部分已脱落，折腹上缘饰一周双凹弦纹。口径20、残高3.4厘米（图二〇三，4）。

器盖　1件。ⅠT2106④：1，泥质红陶。三个锥形矮纽。盖面圆弧，穿顶，底缘平折沿，尖唇。盖径10、高4.4厘米（图二〇三，1；图版四六，1）。

ⅠT2107③　器类有盆、缸、器盖。

盆　1件。ⅠT2107③：3，泥质夹炭红陶。敞口，折沿下垂，宽沿面，尖唇，斜弧腹，下部残。口径41、残高5.6厘米（图二〇四，3）。

缸　1件。ⅠT2107③：1，泥质夹炭红陶。大敛口，丁字形内折沿，宽沿面，内斜方唇，外侧尖唇，直腹，下部残。腹饰棱纹。口径44、腹径48、残高5.8厘米（图二〇四，1）。

器盖　1件。ⅠT2107③：2，泥质磨光黑陶。覆碗形。纽部残。盖面斜弧，尖唇。盖面饰一周凸弦纹，底缘外壁饰一周宽凸棱。盖径17、残高5.6厘米（图二〇四，2）。

ⅠT2107④　器类有钵、盘、器盖。

钵　2件。ⅠT2107④：3，泥质夹炭灰陶。口微敛，丰圆唇，弧腹内收，下部残。通体饰红衣但大部分已脱落，唇外缘棱凸。口径20、残高4厘米（图二〇四，6）。ⅠT2107④：4，泥质磨光黑陶。直口，尖唇，弧腹内收，下部残。唇外缘饰一周宽平棱，腹上部饰一周三凹弦纹，腹下部饰一周凹弦纹。口径16、残高4.4厘米（图二〇四，7）。

盘　1件。ⅠT2107④：2，泥质灰陶。敞口，圆唇，折腹，上腹微内束，下腹弧内收，下部残。口径20、残3.6厘米（图二〇四，5）。

器盖　1件。ⅠT2107④：1，泥质夹炭红陶。上部残。盖面斜弧，加厚斜方唇。唇外缘棱凸。盖径24、残高3.6厘米（图二〇四，4）。

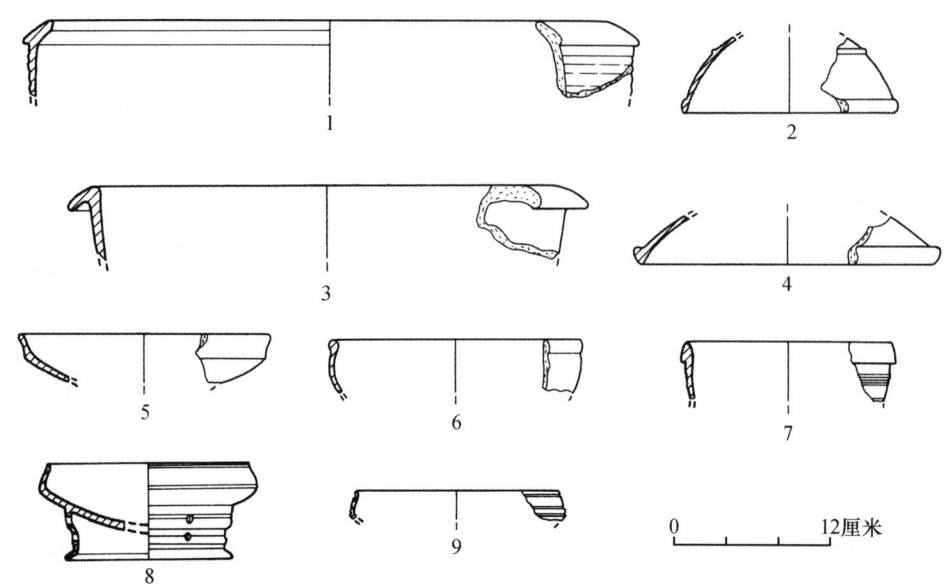

图二〇四　ⅠT2107③、④、⑤出土器物

1.陶缸（ⅠT2107③：1）　2、4.陶器盖（ⅠT2107③：2、ⅠT2107④：1）　3.陶盆（ⅠT2107③：3）　5、8、9.陶盘（ⅠT2107④：2、ⅠT2107⑤：1、ⅠT2107⑤：2）　6、7.陶钵（ⅠT2107④：3、ⅠT2107④：4）

ⅠT2107⑤　器类有盘。

盘　2件。ⅠT2107⑤：1，泥质红陶。敛口，尖唇，折腹，上腹斜直内倾，下腹斜弧内收，圜底，粗圈足曲折。通体饰红衣但大部分已脱落，唇外缘饰一周双凹弦纹，折腹处饰一周凹弦纹，圈足上部饰一周凹弦纹，中下部饰一周宽凸弦纹，绕圈足中上部等距离饰三组竖向双孔镂孔纹。口径16、足径13.1、高7.2厘米（图二〇四，8；图版三五，2）。ⅠT2107⑤：2，泥质磨光红陶。敛口，尖唇，折腹，上腹微弧内敛，下腹斜弧，下部残。唇外缘饰一周双凹弦纹，折腹上缘饰一周双凹弦纹。口径16、残高2.2厘米（图二〇四，9）。

ⅡT0433③　器类有鼎、罐、盆、器盖、杯、球、石斧、石杵、石饰品。

鼎　2件。ⅡT0433③：13，泥质薄胎灰陶。敛口，仰折沿，窄沿面，鼓腹，下部残。口径11、残高2.8厘米（图二〇五，12）。ⅡT0433③：15，泥质灰陶。敛口，仰折沿，宽沿面，深弧腹，下部残。唇内缘饰一周浅凹弦纹。口径12、残高3.2厘米（图二〇五，20）。

罐　5件。ⅡT0433③：9，泥质薄胎灰陶。敛口，仰折沿，沿面微弧凸，圆唇，微折肩，折角显著棱凸，深弧近直，下部残。折腹上缘饰一周双凹弦纹，腹中部饰一周深凹弦纹。口径12、腹径12.8、残高6.8厘米（图二〇五，6）。ⅡT0433③：12，泥质磨光黑陶。敛口，仰折沿，圆唇，深弧腹，下部残。唇缘饰间断戳点纹，腹饰一周凸弦纹。口径12、残高3.2厘米（图二〇五，17）。ⅡT0433③：14，泥质薄胎灰陶。敛口，仰折沿，宽沿面，斜方唇，鼓腹，下部残。口径20、残高2.8厘米（图二〇五，13）。ⅡT0433③：20，泥质灰陶。上部残，弧腹，圜底近平，矮圈足外撇。底径9.6、残高3.2厘米（图二〇五，19）。ⅡT0433③：7，夹砂灰黄陶。敛口，丁字形仰折沿，宽沿面，外唇圆，内唇尖，鼓腹，下部残。口径32、残高4.4厘米（图二〇五，8）。

盆　5件。ⅡT0433③：5，泥质夹炭红陶。敞口，折沿下垂，宽沿面弧凸，尖唇，

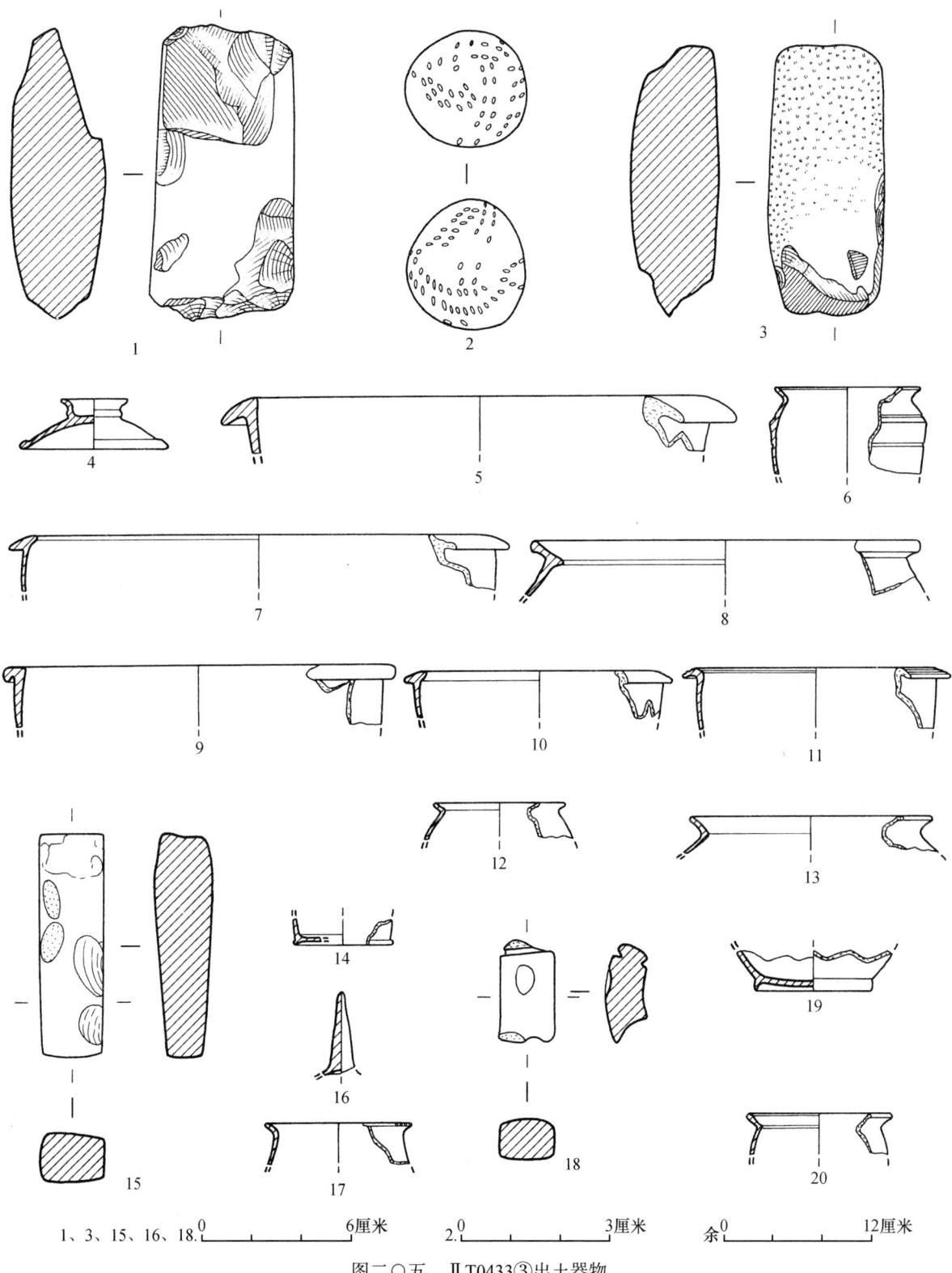

图二〇五　ⅡT0433③出土器物

1、3.石斧（ⅡT0433③：1、ⅡT0433③：2）　2.陶球（ⅡT0433③：3）　4、16.陶器盖（ⅡT0433③：4、ⅡT0433③：19）　5、7、9~11.陶盆（ⅡT0433③：5、ⅡT0433③：6、ⅡT0433③：8、ⅡT0433③：10、ⅡT0433③：11）　6、8、13、17、19.陶罐（ⅡT0433③：9、ⅡT0433③：7、ⅡT0433③：14、ⅡT0433③：12、ⅡT0433③：20）　12、20.陶鼎（ⅡT0433③：13、ⅡT0433③：15）　14.陶杯（ⅡT0433③：17）　15.石杵（ⅡT0433③：16）　18.石饰品（ⅡT0433③：18）

弧腹内收，下部残。口径44、残高4.4厘米（图二〇五，5）。ⅡT0433③：6，泥质夹炭灰陶。大敛口，折沿下垂，尖唇，弧腹内收。口径41、残高4.4厘米（图二〇五，7）。ⅡT0433③：8，泥质夹炭红陶。大敛口近直，折沿下垂，窄沿面，丰圆唇，弧腹近直，下部残。通体饰红衣但大部分已脱落。口径32、残高4.8厘米（图二〇五，9）。ⅡT0433③：10，泥质磨光黑陶。敛口，折沿下垂，沿面微弧凸，外唇圆，内唇尖，弧腹，下部残。口径22、残高4厘米（图二〇五，10）。ⅡT0433③：11，泥质磨光黑陶。大口微敛，卷沿，较宽沿面，尖唇，深弧腹内收，下部残。沿面饰同心凹弦纹。口径22、残高4.8厘米（图二〇五，11）。

器盖　2件。ⅡT0433③：4，泥质磨光黑陶。喇叭状圈形纽，斜直壁外敞。盖面斜弧，底缘外撇，圆唇。纽饰一周凸棱，底缘外棱凸。纽径5.4、底径12、高3.9厘米（图二〇五，4）。ⅡT0433③：19，泥质灰陶。尖锥形盖纽，细高。盖面残。残高6.6厘米（图二〇五，16）。

杯　1件。ⅡT0433③：17，泥质薄胎灰黑陶。上部残，下腹斜直，平底，矮圈足外撇。底径8、残高2厘米（图二〇五，14）。

球　1件。ⅡT0433③：3，泥质红陶。实心圆球体，非标准圆。球面以双弦戳点纹不规则交叉绕体装饰。直径2.4~2.6厘米（图二〇五，2；图版五九，4）。

石斧　2件。ⅡT0433③：1，灰色砂岩。磨制。长方形。顶部和刃部皆残断，两边直，两面弧凸，有多处崩疤。长11.7、宽5.9、厚3.8厘米（图二〇五，1；图版六八，6）。ⅡT0433③：2，红色砂岩。磨制。长方形。顶部近平，刃部残断近平，两边直，一面弧凸，另一面较平整。长10.7、宽4.7、厚3.6厘米（图二〇五，3；图版六九，1）。

石杵　1件。ⅡT0433③：16，土黄色砂岩。四棱方锥体。两端及四面皆较平整，一头粗一头细，两面较宽，两侧稍窄。较粗的一端存烧瘤痕。长8.8、宽2.4~2.6、厚1.4~2.4厘米（图二〇五，15；图版七五，4）。

石饰品　1件。ⅡT0433③：18，灰黑色细泥岩。弧曲圆角四棱条形。两端皆残，一端为未完成的切割断面，另一端为凹窝残面。表面极光滑，富有光泽。原始器类不明。残长4、宽2.3、厚1.6厘米（图二〇五，18）。

ⅡT0433④　器类有罐、釜、盆、钵、盘、器盖、纺轮、球等。

罐　1件。ⅡT0433④：8，泥质磨光黑陶。直口，卷窄沿，尖唇，矮颈，鼓腹，下部残。沿面饰同心凹弦纹。口径21、残高2.8厘米（图二〇六，8）。

釜　1件。ⅡT0433④：4，泥质夹炭红陶。敛口，仰折沿，宽沿面，丰圆唇，鼓腹，下部残。通体饰红衣但大部分已脱落。口径32、残高6.4厘米（图二〇六，3）。

盆　1件。ⅡT0433④：6，泥质磨光黑陶。敛口近直，折沿下垂，圆唇，深弧腹内收，下部残。沿面饰同心凹弦纹。口径22、残高5厘米（图二〇六，6）。

钵　1件。ⅡT0433④：5，泥质红陶。敞口近直，加厚丰圆唇，深弧腹内收，下部残。通体饰红衣但大部分已脱落，唇外缘凸棱。口径24、残高5.6厘米（图二〇六，10）。

盘　2件。ⅡT0433④：2，泥质磨光黑陶。敞口近直，仰折沿，沿面较窄，尖唇，深弧腹，圜底近平，直筒形高圈足。沿面饰一周浅双凹弦纹，唇缘按压呈花瓣状，腹上部饰一周双凹弦纹，腹中部饰一周凸弦纹，圈足中部棱凸，饰一周凸弦纹。口径15.6、足径10、高10.6

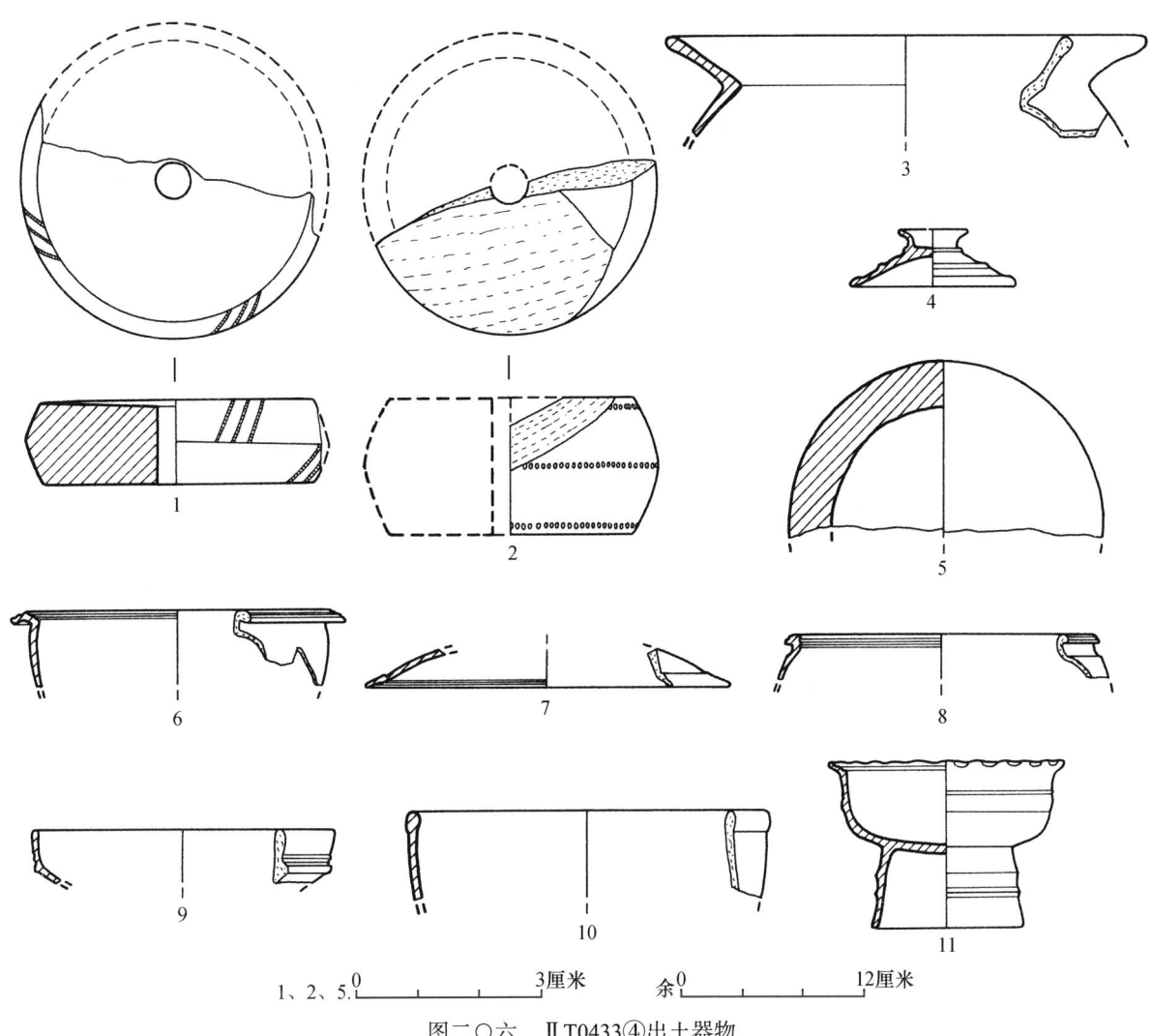

图二〇六 ⅡT0433④出土器物
1、2.陶纺轮（ⅡT0433④：1、ⅡT0433④：11） 3.陶釜（ⅡT0433④：4） 4、7.陶器盖（ⅡT0433④：3、ⅡT0433④：7）
5.陶球（ⅡT0433④：10） 6.陶盆（ⅡT0433④：6） 8.陶罐（ⅡT0433④：8） 9、11.陶盘（ⅡT0433④：9、
ⅡT0433④：2） 10.陶钵（ⅡT0433④：5）

厘米（图二〇六，11；图版二九，4）。ⅡT0433④：9，泥质磨光黑陶。直敞口，丰圆唇，折腹，上腹斜直，下腹弧内收，下部残。折腹棱凸，凸棱上缘饰一周双凹弦纹。口径20、残高3.4厘米（图二〇六，9）。

器盖 2件。ⅡT0433④：3，泥质红陶。喇叭状圈形纽，沿折，矮颈。盖面斜直壁，底缘微外撇，圆唇。纽根饰一周凸弦纹，盖面饰一周凸弦纹，底缘外侧凸棱。纽径4.6、盖径11、高3.6厘米（图二〇六，4）。ⅡT0433④：7，泥质磨光黑陶。顶部残。盖面缓弧，折沿，尖唇。沿面饰同心凹弦纹。盖径24、残高2.4厘米（图二〇六，7）。

纺轮 2件。ⅡT0433④：1，泥质红陶。一面平整，另一面稍内凹，周缘中间棱凸成两斜面，中孔竖直。表面饰红衣但大部分已脱落，周缘两斜面等距离相错饰多组三弦斜长戳纹。直径5、孔径0.6、厚1.35厘米（图二〇六，1）。ⅡT0433④：11，泥质磨光黑陶。厚。两面平整，周缘中间弧凸，中孔竖直。周缘中间及两侧各饰一道细密戳点纹。直径4.8、孔径0.6、厚2.2厘米（图二〇六，2）。

球　1件。ⅡT0433④∶10，泥质磨光黑陶。仅存半部。空心圆球形，内壁粗糙不平，外壁圆整光滑。素面。直径5.2、厚约0.7厘米（图二〇六，5）。

ⅡT0434③　器类有鼎、罐、器盖。

鼎　2件。ⅡT0434③∶5，泥质黑陶。侧扁锥形矮足，内外脊凸，两侧扁平，足尖微外撇。足根饰一个按窝。残高4厘米（图二〇七，3）。ⅡT0434③∶6，泥质黑陶。宽扁凿形矮足，内外扁平，两侧脊凸，足尖宽凸。足根处饰一个按窝。残高4.8厘米（图二〇七，4）。

罐　2件。ⅡT0434③∶1，泥质夹炭薄胎红陶。敛口，加厚方唇，鼓腹，下部残。通体饰红衣但大部分已脱落，唇外缘附一周宽平棱。口径20、残高2厘米（图二〇七，1）。ⅡT0434③∶2，泥质红陶。大敛口，加厚丰圆唇，鼓腹，下部残。通体饰红衣但大部分已脱落，唇内缘棱凸。口径38、残高4.4厘米（图二〇七，2）。

器盖　2件。ⅡT0434③∶3，泥质黑陶。覆碗形。顶部残，盖面圆弧，圆唇。盖面饰一周细凹弦纹。盖径12、残高2.8厘米（图二〇七，5）。ⅡT0434③∶4，泥质黑陶。喇叭状圈形盖纽，仰折沿，圆唇，直颈中部凸棱。穿顶，下部残。纽径4、残高3.2厘米（图二〇七，6）。

ⅡT0434④　器类有器盖。

器盖　1件。ⅡT0434④∶1，泥质黑陶。覆盘形。喇叭状圈形纽，仰折沿，圆唇，矮直颈。盖面折腹，穿顶，下壁弧直，尖唇。纽中部绕体等距离饰三组横向双孔镂孔纹，纽根处绕体等距离饰三组戳点纹，盖面饰一周凸弦纹，折腹处凸棱。纽径5.8、底径12、高5.5厘米（图二〇七，7）。

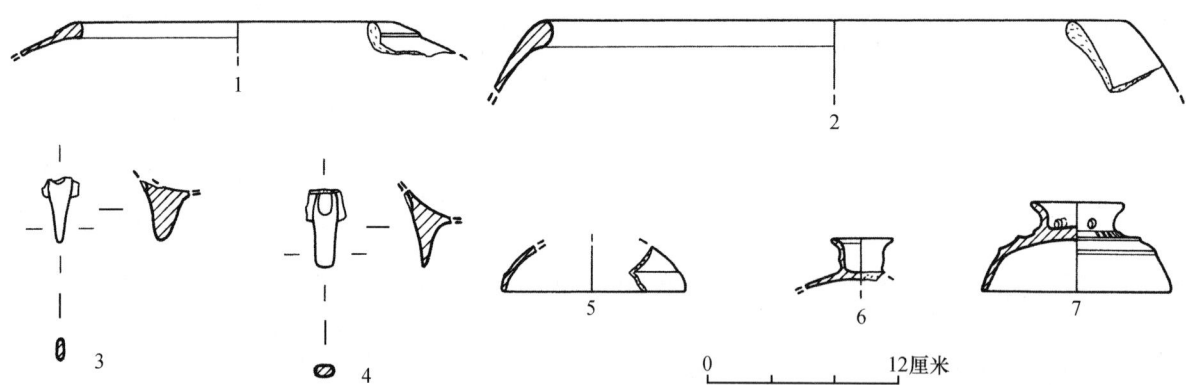

图二〇七　ⅡT0434③、④出土器物

1、2.陶罐（ⅡT0434③∶1、ⅡT0434③∶2）　3、4.陶鼎（ⅡT0434③∶5、ⅡT0434③∶6）　5~7.陶器盖（ⅡT0434③∶3、ⅡT0434③∶4、ⅡT0434④∶1）

ⅡT0435④　器类有鼎、罐、盆、釜、豆、盘、碗、器盖。

鼎　5件。ⅡT0435④∶2，泥质磨光黑陶。敛口，仰折沿，宽沿面，尖唇，圆垂腹，最大腹径偏下，圜底，扁圆锥足。上腹部饰一周双凹弦纹、弦纹间绕体等距离饰三组戳点纹，下腹饰一周凸弦纹，足根饰一浅按窝。口径11、腹径14、高16.5厘米（图二〇八，2；图版一三，

1）。ⅡT0435④：20，泥质红陶。宽扁凿形高足，内面弧凸，外面弧凹，两侧脊凸，宽平足尖微外撇。外面中上部饰一小圆形按窝。足宽5.6～11、厚0.4～5.2、残高14厘米（图二〇八，22）。ⅡT0435④：43，泥质黑陶。宽扁凿形矮足，附着面斜弧，内外面扁平，两侧脊凸，足尖弧凸。近足根中间饰一深按窝。残高6.8厘米（图二〇九，17）。ⅡT0435④：44，泥质黑陶。侧扁锥形矮足，附着面斜弧，内外面脊凸，两侧扁平，足尖薄尖。足根中间饰一按窝。残高6.8厘米（图二〇九，18）。ⅡT0435④：45，泥质黑陶。宽扁凿形高足，附着面斜弧，内面微弧凸，外面弧凹，两侧脊凸，宽扁足尖微弧凸。足宽2.8～6.4、厚1.2～2.8、残高9.6厘米（图二〇九，19）。

罐　13件。ⅡT0435④：21，泥质磨光黄陶。敛口，仰折沿，宽沿面，丰圆唇，鼓腹，下部残。口径12、残高3.4厘米（图二〇八，16）。ⅡT0435④：23，泥质夹炭红陶。敛口，仰折沿，宽沿面，尖唇，弧腹，下部残。口径17、残高6厘米（图二〇八，21）。ⅡT0435④：24，泥质红陶。敛口，仰折沿，宽沿面，尖唇，弧腹，下部残。口径16、残高5.4厘米（图二〇八，24）。ⅡT0435④：38，泥质磨光黑陶。敛口，仰折沿面近平，圆唇，深弧腹，下部残。口径10、残高4.4厘米（图二〇九，13）。ⅡT0435④：42，泥质磨光黑陶。敛口，仰折沿，尖唇，鼓腹，下部残。唇缘按压呈细密葵瓣状，唇内缘饰一道浅凹弦纹，腹饰一周双凹弦纹、弦纹间绕体饰多组戳点纹。口径12、残高4.6厘米（图二〇九，15）。ⅡT0435④：31，泥质薄胎灰黑陶。上部残，弧腹，平底，矮圈足。腹饰一周凸弦纹。足径7.3、残高5厘米（图二〇九，6）。ⅡT0435④：33，泥质薄胎磨光黑陶。上部残，弧腹，平底，矮圈足。腹饰一周凸弦纹。足径8、残高6.4厘米（图二〇九，8）。ⅡT0435④：22，泥质红陶。直口微敛，斜方唇外缘棱凸，矮直颈，广肩，下部残。口径11、残高4.4厘米（图二〇八，20）。ⅡT0435④：27，泥质红陶。小口直，斜方唇，矮领，腹残。口径12、残高4.2厘米（图二〇九，2）。ⅡT0435④：28，泥质夹灰厚胎红陶。直口，平折沿，丰圆唇，矮直颈，鼓肩，下部残。颈饰平行凸棱纹。口径24、残高6.8厘米（图二〇九，3）。ⅡT0435④：15，泥质红陶。敛口，仰折沿，宽沿面，加厚丰圆唇外缘棱凸，鼓腹，下部残。腹饰平行凹弦纹。口径28、残高5.4厘米（图二〇八，18）。ⅡT0435④：19，泥质红陶。敛口，阶状双内唇，唇外缘贴附一周凸棱，鼓腹，下部残。口径18、残高4.8厘米（图二〇八，23）。ⅡT0435④：29，泥质红陶。敛口，斜方唇，矮领，鼓腹，下部残。口径30、残高5厘米（图二〇九，4）。

盆　6件。ⅡT0435④：11，泥质夹炭红陶。大口微敛，仰折沿，宽沿面，圆唇，弧腹内收，下部残。腹饰平行凹弦纹。口径32、残高7.6厘米（图二〇八，12）。ⅡT0435④：13，泥质夹炭红陶。大口微敛，平折沿，窄沿面，圆唇，深弧腹，下部残。口径36、残高5.2厘米（图二〇八，7）。ⅡT0435④：17，泥质红陶。大敛口，平折沿，窄沿面，尖唇，深腹上部略鼓，下部残。腹饰细密的平行凹弦纹。口径40、残高12厘米（图二〇八，14）。ⅡT0435④：18，泥质红陶。大敛口，口沿内折，外折角棱凸，圆唇，弧腹内收，下部残。口径32、残高4.4厘米（图二〇八，8）。ⅡT0435④：25，泥质薄胎红陶。大口微敛，仰折沿，弧凸宽沿面，尖唇，弧腹内收，下部残。口径26、残高4.4厘米（图二〇八，25）。ⅡT0435④：32，泥质夹炭黑陶。敛口，仰折沿，宽沿面，尖唇，深弧腹，下部残。口径20、

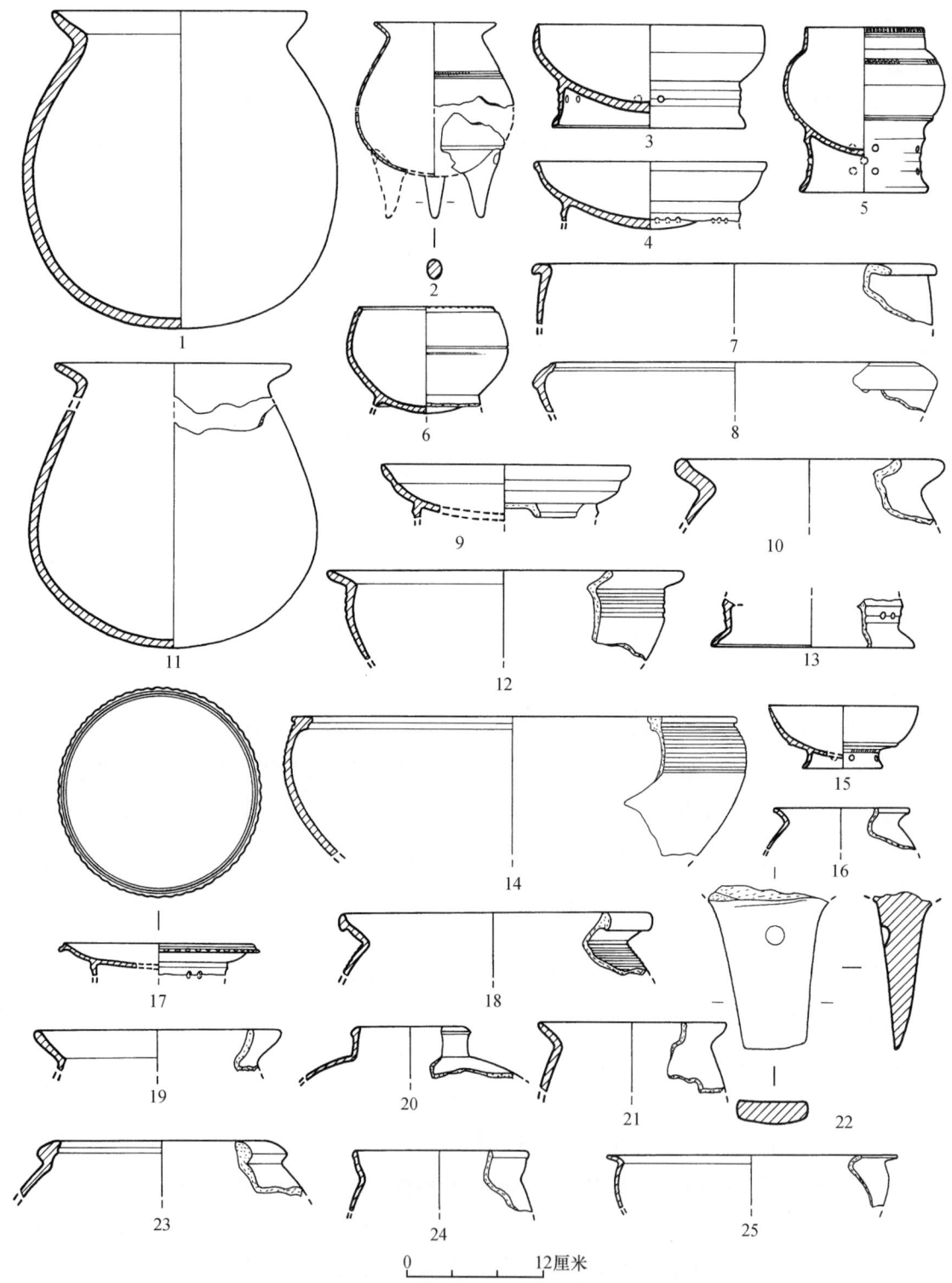

图二〇八　ⅡT0435④出土器物

1、10、11、19.陶釜（ⅡT0435④：3、ⅡT0435④：14、ⅡT0435④：4、ⅡT0435④：16、）　2、22.陶鼎（ⅡT0435④：2、ⅡT0435④：20）　16、18、20、21、23、24.陶罐（ⅡT0435④：21、ⅡT0435④：15、ⅡT0435④：22、ⅡT0435④：23、ⅡT0435④：19、ⅡT0435④：24）　7、8、12、14、25.陶盆（ⅡT0435④：13、ⅡT0435④：18、ⅡT0435④：11、ⅡT0435④：17、ⅡT0435④：25）　5、6、13.陶豆（ⅡT0435④：1、ⅡT0435④：5、ⅡT0435④：12）　3、4、9、17.陶盘（ⅡT0435④：7、ⅡT0435④：8、ⅡT0435④：10、ⅡT0435④：9）　15.陶碗（ⅡT0435④：6）

残高6.8厘米（图二〇九，7）。

釜 5件。ⅡT0435④：3，泥质夹炭红陶。敛口，仰折沿，宽沿面，圆唇，球形腹较深，圜底。素面。口径23、腹径28、高27.5厘米（图二〇八，1；图版二二，3）。ⅡT0435④：4，泥质夹炭红陶。敛口，仰折沿，沿面较宽，圆唇，圆垂腹较深，圜底。素面。口径21、腹径25.6、高24.6厘米（图二〇八，11；图版二二，4）。ⅡT0435④：14，泥质夹炭红陶。敛口，仰折沿，宽沿面，丰圆唇，鼓腹，下部残。通体饰红衣但大部分已脱落。口径24、残高5.6厘米（图二〇八，10）。ⅡT0435④：16，泥质红陶。敛口，仰折沿，宽沿面，丰圆唇，腹残。通体饰红衣但大部分已脱落。口径22、残高3.4厘米（图二〇八，19）。ⅡT0435④：26，泥质灰陶。敛口，仰折沿，宽沿面，尖唇，鼓腹，下部残。口径22、残高4.8厘米（图二〇九，1）。

豆 9件。ⅡT0435④：1，泥质磨光黑陶。直口，尖唇，矮领，鼓肩，深弧腹，圜底，喇叭状圈足较高。领部饰一周戳点纹、戳点纹下饰一周双凹弦纹，肩部饰一周双凹弦纹、弦纹间等距离饰三组戳点纹，腹饰一道凸弦纹，圈足中部绕体等距离饰四组梅花状五孔镂孔纹。口径10.4、腹径14.2、足径11、高14.2厘米（图二〇八，5；图版二七，1）。ⅡT0435④：5，泥质磨光黑陶。敛口，方唇，圆鼓腹，圜底，圈足残。锯齿状唇缘下饰一周凹弦纹，腹饰双凹弦纹。口径12、腹径14.2、残高9.1厘米（图二〇八，6；图版二七，2）。ⅡT0435④：36，泥质磨光黑陶。敛口，尖唇，圆鼓腹，下部残。绕唇缘饰间断戳点纹，腹饰一周双凹弦纹、弦纹间凸棱饰戳点纹。口径10、腹径16、残高5厘米（图二〇九，11）。ⅡT0435④：37，泥质磨光灰陶。敛口，尖唇，圆鼓腹，下部残。绕唇饰间断戳点纹线段，腹饰一周双凹弦纹、弦纹间凸棱饰多组戳点纹，最大腹径处饰一周上内下外错棱。口径9、腹径13.6、残高4.8厘米（图二〇九，12）。ⅡT0435④：39，泥质磨光黑陶。敛口，尖唇，折腹，上腹斜直，下腹斜弧内收，下部残。折腹上缘饰一周双凹弦纹、弦纹间绕体饰多组戳点纹。口径12、腹径15.2、残高4.6厘米（图二〇九，14）。ⅡT0435④：40，泥质磨光黑陶。敛口，尖唇，折腹，上腹斜直，下腹斜弧内收，下部残。折腹上缘饰一周双凹弦纹、弦纹间绕体饰多组戳点纹，下腹饰一道凸弦纹。口径12、腹径15.2、残高5.1厘米（图二〇九，20）。ⅡT0435④：12，泥质磨光红陶。喇叭形粗矮圈足，圈足上部斜直，下部外撇。通体饰红衣但大部分已脱落，圈足上部饰三道凸棱纹，绕圈足饰横向双孔小圆形镂孔。足径18、残高4.2厘米（图二〇八，13）。ⅡT0435④：34，泥质黑陶。上部残，圜底，喇叭形圈足。圈足上部近竖直，底缘外撇。圈足饰棱纹，并绕体间饰多组单列双孔和双列六孔小圆形镂孔。足径14、残高6.4厘米（图二〇九，5）。ⅡT0435④：35，泥质磨光黑陶。上部残，斜弧腹，圜底，矮直圈足底缘外撇。绕圈足中部饰单个方形镂孔。足径13、残高4.6厘米（图二〇九，9）。

盘 5件。ⅡT0435④：7，泥质红陶。直口，尖唇，折腹，深盘，上腹竖直，下腹斜弧，圜底中央微下坠，近直筒形粗圈足，圈足底缘外撇。通体饰红衣但大部分已脱落，圈足饰三道凸棱纹，并绕体等距离饰三组横向双孔镂孔纹。口径20、足径17.2、高8.8厘米（图二〇八，3；图版三五，3）。ⅡT0435④：8，泥质红陶。敞口，圆唇，弧腹，圜底中央下坠，粗圈足残。通体饰红衣但大部分已脱落，唇外缘饰一周凸棱，圈足饰凸棱纹并绕体约等距离饰七组横

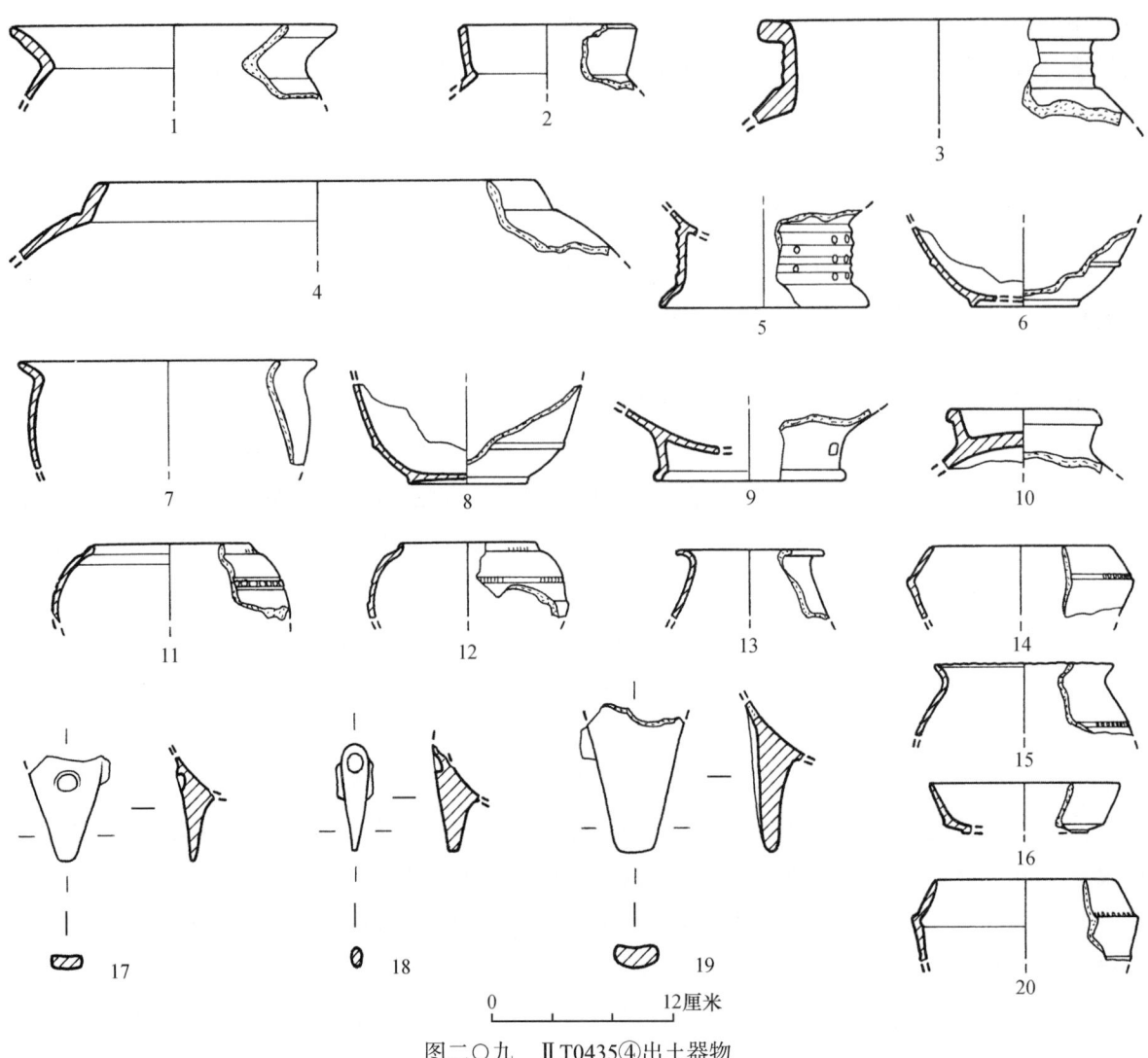

图二〇九 ⅡT0435④出土器物

1.陶釜（ⅡT0435④：26） 2～4、6、8、13、15.陶罐（ⅡT0435④：27、ⅡT0435④：28、ⅡT0435④：29、ⅡT0435④：31、ⅡT0435④：33、ⅡT0435④：38、ⅡT0435④：42） 5、9、11、12、14、20.陶豆（ⅡT0435④：34、ⅡT0435④：35、ⅡT0435④：36、ⅡT0435④：37、ⅡT0435④：39、ⅡT0435④：40） 7.陶盆（ⅡT0435④：32） 10.陶器盖（ⅡT0435④：30） 16.陶盘（ⅡT0435④：41） 17～19.陶鼎（ⅡT0435④：43、ⅡT0435④：44、ⅡT0435④：45）

向三孔镂孔纹。口径20.6、残高5.8厘米（图二〇八，4；图版三五，4）。ⅡT0435④：9，泥质红陶。敞口，折沿下垂，尖唇，斜弧腹，浅盘，圜底近平，粗圈足残。唇缘按压呈锯齿状，沿面饰一周双凹弦纹，圈足绕体等距离饰三组横向双孔镂孔纹。口径18、残高2.7厘米（图二〇八，17；图版三五，5）。ⅡT0435④：10，泥质红陶。敞口，尖唇，折腹，上腹斜直，下腹斜弧，圜底，粗圈足残。通体饰红衣但大部分已脱落，唇外缘饰一周宽凸棱，圈足上部棱凸。口径22、残高4.8厘米（图二〇八，9；图版三五，6）。ⅡT0435④：41，泥质磨光黑陶。敞口，尖唇，折腹，上腹斜直，下腹斜弧内收，下部残。腹饰一周凸弦纹。口径13、残高3.2厘米（图二〇九，16）。

碗 1件。ⅡT0435④：6，泥质磨光黑陶。敞口，尖唇，斜弧腹，圜底中央下坠，喇叭形矮圈足外撇。腹饰一周凸弦纹，圈足根处绕体等距离饰四组戳点纹，圈足中部绕体等距离饰四组横向双孔镂孔纹。口径13.2、足径7、高5.3厘米（图二〇八，15）。

器盖　1件。ⅡT0435④：30，泥质夹炭灰黑陶。喇叭状圈形盖纽，穹顶，下部残。纽径10.4、残高4厘米（图二〇九，10）。

ⅡT0533③　器类有鼎、罐、盆、器座、器盖、球、石斧。

鼎　2件。ⅡT0533③：6，泥质红陶。直口，仰折沿，内折角棱凸，宽沿面，加厚丰圆唇，直腹，腹底明显转折，下部残。通体饰红衣但大部分已脱落，唇缘饰一道浅凹弦纹，腹饰两道凸弦纹。口径25、残高9.6厘米（图二一〇，4）。ⅡT0533③：11，鼎足，泥质红陶。侧扁圆截锥足，内外脊凸，两侧扁圆，足尖纵向弧凹。残高6.8厘米（图二一〇，11）。

罐　3件。ⅡT0533③：8，泥质灰陶。上部残，深弧腹内收，平底微内凹。最大腹径处饰一道双凹弦纹，下腹饰一道凹弦纹，腹底折角处饰一道凹弦纹若假圈足状（图二一〇，5）。ⅡT0533③：7，泥质灰陶。敛口，仰折沿，窄沿面，尖唇，鼓腹，下部残。沿面饰同心细凹弦纹，腹饰两道平行凸弦纹和间断按窝纹。口径30、残高5.4厘米（图二一〇，8）。ⅡT0533③：10，泥质夹炭红陶。敛口，加厚丰圆唇，鼓腹，下部残。外壁通体饰红衣但部分

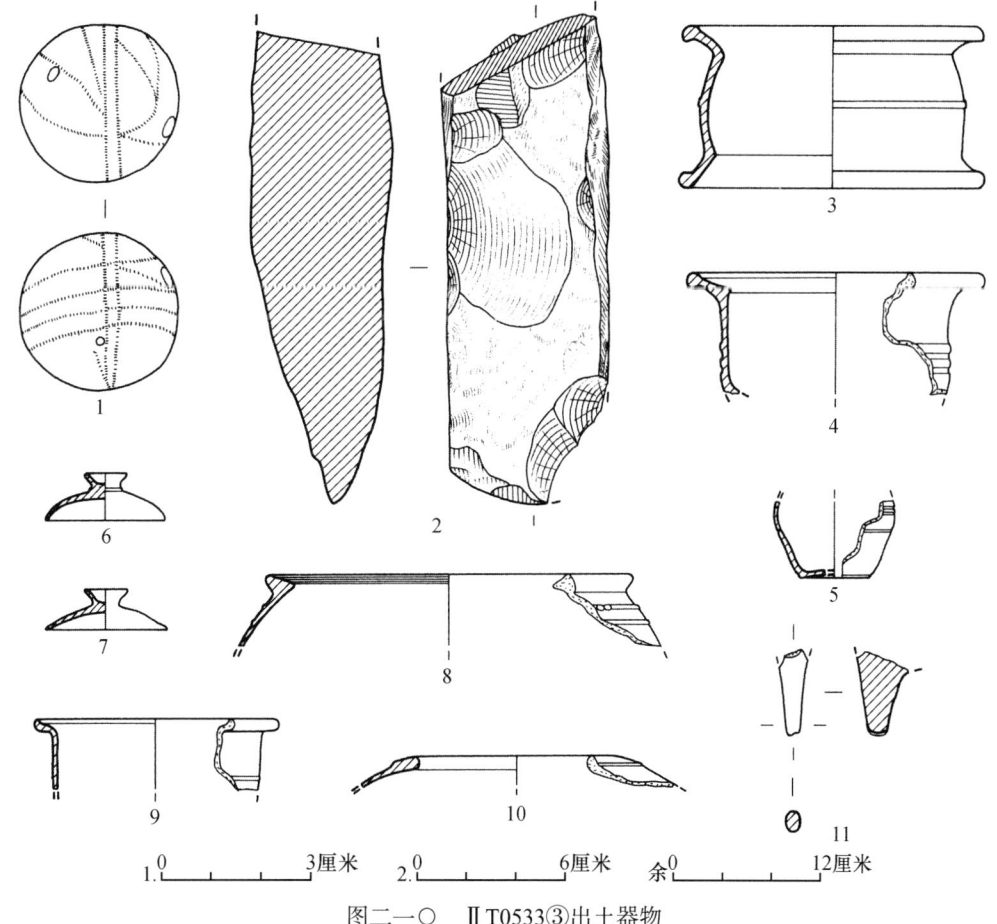

图二一〇　ⅡT0533③出土器物

1. 陶球（ⅡT0533③：1）　2. 石斧（ⅡT0533③：2）　3. 陶器座（ⅡT0533③：3）　4、11. 陶鼎（ⅡT0533③：6、ⅡT0533③：11）　5、8、10. 陶罐（ⅡT0533③：8、ⅡT0533③：7、ⅡT0533③：10）　6、7. 陶器盖（ⅡT0533③：4、ⅡT0533③：5）　9. 陶盆（ⅡT0533③：9）

已脱落，唇外缘饰一周宽平棱。口径16、残高2.4厘米（图二一〇，10）。

盆　1件。ⅡT0533③：9，泥质薄胎红陶。直口，仰折沿，宽沿面上卷，尖唇，深直腹，下部残。腹饰凸弦纹。口径20、残高5.6厘米（图二一〇，9）。

器座　1件。ⅡT0533③：3，夹砂灰陶。近上下对称腰鼓形。仰折沿，丰圆唇，鼓腹。腹饰一周宽平凸弦纹。头径24.8、座径25、高12.8厘米（图二一〇，3；图版二二，6）。

器盖　2件。ⅡT0533③：4，泥质磨光灰陶。覆钵形。喇叭状圈形纽，敞口，尖唇。盖面斜弧，尖唇。纽根饰一周凸弦纹。纽径3.5、盖径9.8、高3.7厘米（图二一〇，6；图版四六，2）。ⅡT0533③：5，泥质磨光灰陶。覆盘形。喇叭状圈形纽，敞口，尖唇。盖面斜弧，尖唇。纽径3.6、盖径10、高3.2厘米（图二一〇，7）。

球　1件。ⅡT0533③：1，泥质黑陶。实心圆球体。球面以双弦或单弦细戳点弦纹不规则交叉绕体装饰。直径3.1～3.2厘米（图二一〇，1；图版五九，5）。

石斧　1件。ⅡT0533③：2，赭色砂岩。残体呈长方形。残顶斜平，残刃部弧凸，两边较直，两面弧凸。通体崩疤。长19.3、宽6.6、厚5.8厘米（图二一〇，2；图版六九，2）。

ⅡT0533④　器类有罐、碗、器盖、球。

罐　2件。ⅡT0533④：3，泥质红陶。敛口，仰折沿，较宽沿面，尖唇，鼓腹，下部残。通体饰红衣但大部分已脱落。口径16、残高6.2厘米（图二一一，7）。ⅡT0533④：4，泥质磨光黑陶。敛口，尖唇，矮领内敛，鼓腹，下部残。口径14、残高3.6厘米（图二一一，6）。

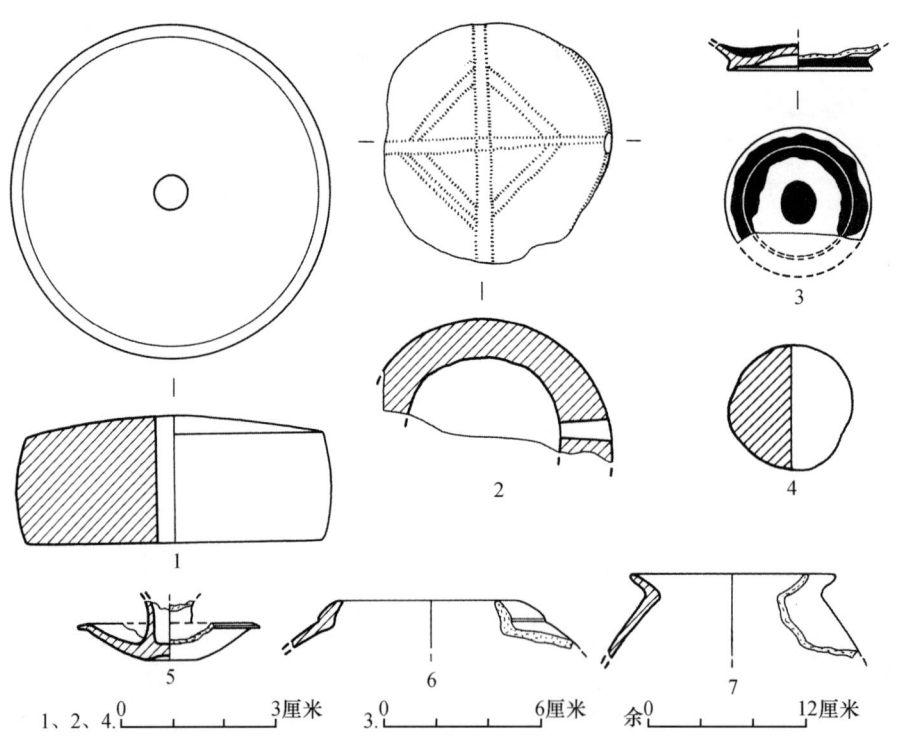

图二一一　ⅡT0533④出土器物
1.陶纺轮（ⅡT0533④：2）　2、4.陶球（ⅡT0533④：6、ⅡT0533④：1）　3.陶碗（ⅡT0533④：7）
5.陶器盖（ⅡT0533④：5）　6、7.陶罐（ⅡT0533④：4、ⅡT0533④：3）

碗　1件。ⅡT0533④：7，泥质薄胎红陶。上部残，斜弧腹，凹圜底，矮圈足外撇。内壁、外壁及外底外圈涂满黑彩，外底中央以红陶胎色为底饰一个带四道链状旋涡纹的黑圆心图案，旋涡纹脱落严重。足径5.6、残高1厘米（图二一一，3）。

器盖　1件。ⅡT0533④：5，泥质红陶。细圈形盖纽残。盖盘敞口，折沿，窄沿面，尖唇，斜弧腹，凹窝状底。通体饰红衣但大部分已脱落，盖沿面饰两道同心凹弦纹，唇缘按压呈葵瓣状。盖径14.4、残高4.4厘米（图二一一，5）。

纺轮　1件。ⅡT0533④：2，泥质磨光黑陶。较厚。一面平整，另一面弧凸，周缘中间微弧凸，中孔竖直。素面。直径6.2、孔径0.7、厚2~2.4厘米（图二一一，1）。

球　2件。ⅡT0533④：1，泥质红陶。实心圆球体，非标准圆。素面。直径2.4厘米（图二一一，4；图版五九，6）。ⅡT0533④：6，泥质黑陶。残。空心圆球形，内壁粗糙不平，外壁圆整光滑。球面饰以双弦或三弦细密戳点线纹经纬相交图案，相交点饰小圆形镂孔。直径约5厘米（图二一一，2）。

ⅡT0605③　器类有器盖。

器盖　1件。ⅡT0605③：1，泥质磨光黑陶。覆盘形。喇叭状圈形盖纽残，束柄。盖面斜弧，穹顶，尖唇。盖面饰一周凸弦纹。盖径12.4、残高4.4厘米（图二一二，1）。

ⅡT0606②　器类有器盖。

器盖　1件。ⅡT0606②：1，泥质红陶。尖塔状盖纽残。盖面盘状，折沿，尖唇，斜直腹，底内凹。通体饰红衣但大部分已脱落，盖纽饰凹弦纹，盖唇缘按压呈锯齿状。盖径12、底径3.8、残高4厘米（图二一二，2）。

ⅡT0606③　器类有鼎、罐、盆、钵、盘、器盖、塑品。

鼎　1件。ⅡT0606③：12，泥质磨光黑陶。敛口，仰折沿，宽沿面，圆唇，鼓腹，下部残。唇内缘饰一道凹弦纹，腹内壁饰一道凹弦纹。口径14、残高3厘米（图二一二，18）。

罐　4件。ⅡT0606③：5，泥质灰陶。口近直，仰折沿，弧凸宽沿面，圆唇，深弧腹近直，下部残。腹饰横向篮纹。口径21、残高7厘米（图二一二，6）。ⅡT0606③：6，泥质夹炭红陶。直口，平折沿，矮直颈，鼓腹，下部残。通体饰褐衣但大部分已经脱落。口径18.6、残高4.8厘米（图二一二，7）。ⅡT0606③：8，泥质磨光灰陶。直口，加厚丰圆唇，矮颈，鼓腹，下部残。唇外缘贴附一周宽凸棱，颈饰三周平行双凹弦纹。口径20、残高7厘米（图二一二，8）。ⅡT0606③：13，泥质夹灰红陶。近牛鼻状桥形耳，附着内面圆弧。半圆拱形耳面较宽，内外面弧凸，椭圆形穿孔。耳根两端各饰两个小按窝。跨径约8、拱高约3.7、宽约3.6厘米（图二一二，14）。

盆　1件。ⅡT0606③：11，泥质夹炭红陶。大口微敛，仰折沿，弧凸窄沿面，圆唇，斜弧腹，下部残。腹饰一道附加堆纹和两道棱纹。口径34、残高5.2厘米（图二一二，10）。

钵　1件。ⅡT0606③：7，泥质灰陶。敛口，丰圆唇，弧腹内收，下部残。唇外缘饰一周宽凸棱。口径17、残高5.2厘米（图二一二，9）。

盘　1件。ⅡT0606③：10，泥质灰陶。敞口，窄沿下垂，斜弧腹，圜底近平，矮圈足。唇缘按压呈葵瓣状。口径18、底径12、高3厘米（图二一二，17）。

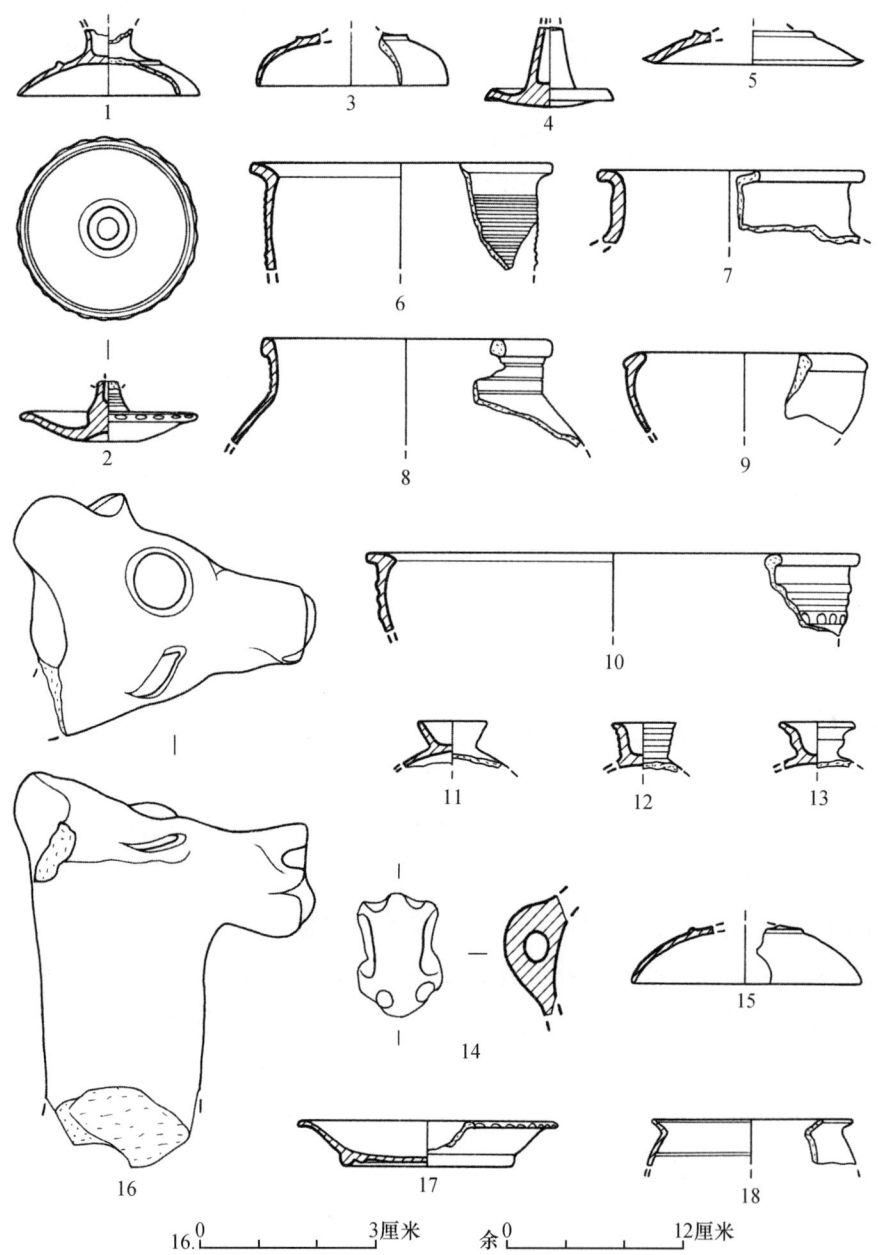

图二一二　ⅡT0605③、ⅡT0606②、③出土器物

1~5、11~13、15.陶器盖（ⅡT0605③：1、ⅡT0606②：1、ⅡT0606③：2、ⅡT0606③：3、ⅡT0606③：4、ⅡT0606③：14、ⅡT0606③：15、ⅡT0606③：16、ⅡT0606③：9）　6~8、14.陶罐（ⅡT0606③：5、ⅡT0606③：6、ⅡT0606③：8、ⅡT0606③：13）　9.陶钵（ⅡT0606③：7）　10.陶盆（ⅡT0606③：11）　16.陶塑品（ⅡT0606③：1）　17.陶盘（ⅡT0606③：10）　18.陶鼎（ⅡT0606③：12）

器盖　7件。ⅡT0606③：2，泥质磨光黑陶。覆盘形。盖纽残，盖面斜弧，尖唇。盖面饰一周凸弦纹。底径13、残高3.4厘米（图二一二，3）。ⅡT0606③：3，泥质厚胎红陶。圆锥柱状纽残。盖面浅盘状，窄折沿下垂，尖唇，圜底。素面。盖径8.8、残高5.3厘米（图二一二，4；图版四六，4）。ⅡT0606③：4，泥质磨光黑陶。覆盘形。纽残。盖面斜弧，尖唇上翘。盖面饰一周凸弦纹。盖径15.2、高2.2厘米（图二一二，5；图版四六，5）。ⅡT0606③：9，泥质薄胎黑陶。覆钵形。纽残。盖面斜弧，穹顶，尖唇。盖面饰一周凸弦纹。盖径16、残高3.8厘米（图二一二，15）。ⅡT0606③：14，泥质磨光黑陶。喇叭状矮圈形盖纽，敞口，尖唇，斜直壁。盖面穹顶，下部残。纽径4.9、残高3厘米（图二一二，11）。ⅡT0606③：15，泥质磨光黑陶。喇叭状圈形盖纽，敞口，尖唇，直壁。穹顶残。纽饰棱纹。纽径4.4、残高3.2厘米（图二一二，12）。ⅡT0606③：16，泥质磨光黑陶。喇叭状圈形盖纽，仰折沿，尖唇，纽壁棱凸。穹顶残。纽径5.2、残高3厘米（图二一二，13）。

塑品　1件。ⅡT0606③：1，泥质黑陶。狗头形。仅存头颈。三角形歪脸，一目圆睁一目半闭，双孔凸鼻，半张嘴，半吐舌，瘦长脖向右歪，残立耳。残长6.5、残宽5.2厘米（图二一二，16；图版六六，4）。

ⅡT0606④　器类有鼎、盘、器盖。

鼎　2件。ⅡT0606④：7，泥质磨光黑陶，足尖红色。上部残。附着鼎壁弧折腹，圜底，矮锥形足。足内侧脊凸，外侧平脊，两侧扁平。足根饰一圆按窝。残高8厘米（图二一三，6）。ⅡT0606④：8，泥质磨光黑陶。侧扁圆锥足，内外脊凸，两侧扁圆，足尖微损。足根饰一圆按窝。残高5.8厘米（图二一三，7）。

盘　3件。ⅡT0606④：1，泥质磨光灰陶。敞口，折沿下垂，尖唇，斜弧腹微折，浅盘，圜底，粗高圈足外撇。唇缘按压呈葵瓣状，沿面饰一周双凹弦纹、弦纹间饰一周戳点纹，腹内壁饰一道凹弦纹，圈足饰浅棱纹，绕圈足等距离间饰六组镂孔纹，分别为三组单列三孔狭长方形镂孔和三组双列十孔小圆形镂孔。口径17、足径17、高11.3厘米（图二一三，1；图版三六，1）。ⅡT0606④：2，泥质磨光灰陶。敞口，丰圆唇，弧腹微折，深盘，圜底，粗矮圈足外撇。唇外沿饰一周凸棱纹，绕圈足中部饰多组四孔菱形镂孔纹。口径19、足径17.4、高8.4厘米（图二一三，8；图版三六，2）。ⅡT0606④：4，泥质磨光灰陶。敞口，折沿下垂，尖唇，斜弧腹微折，浅盘，圜底近平，近直筒形高圈足残。唇缘按压呈葵瓣状，沿面饰一周凹弦纹，腹内壁中间饰一周凹弦纹，圈足饰浅棱纹，绕圈足饰多组竖向小圆镂孔纹。口径18、残高9.6厘米（图二一三，2；图版三六，3）。

器盖　3件。ⅡT0606④：3，泥质灰陶。圈形矮纽，敞口，方唇，斜直壁。盖盘敞口，圆唇，斜直壁，底微凹。盖唇周缘按压呈葵瓣状。纽径4、盖口径10、盖底径4、高2.5～2.7厘米（图二一三，3；图版四六，6）。ⅡT0606④：5，泥质磨光黑陶。覆盘形。盖纽上部残。盖面斜弧，平沿状，圆唇。盖面饰一周凸弦纹，沿面饰同心凹弦纹。盖径14.1、残高4.2厘米（图二一三，5；图版四七，1）。ⅡT0606④：6，泥质磨光黑陶。覆盘形。盖纽上部残。盖面斜弧，穹顶，尖唇。盖面饰一道凸弦纹，唇外缘凸棱。盖径12、残高3.4厘米（图二一三，4）。

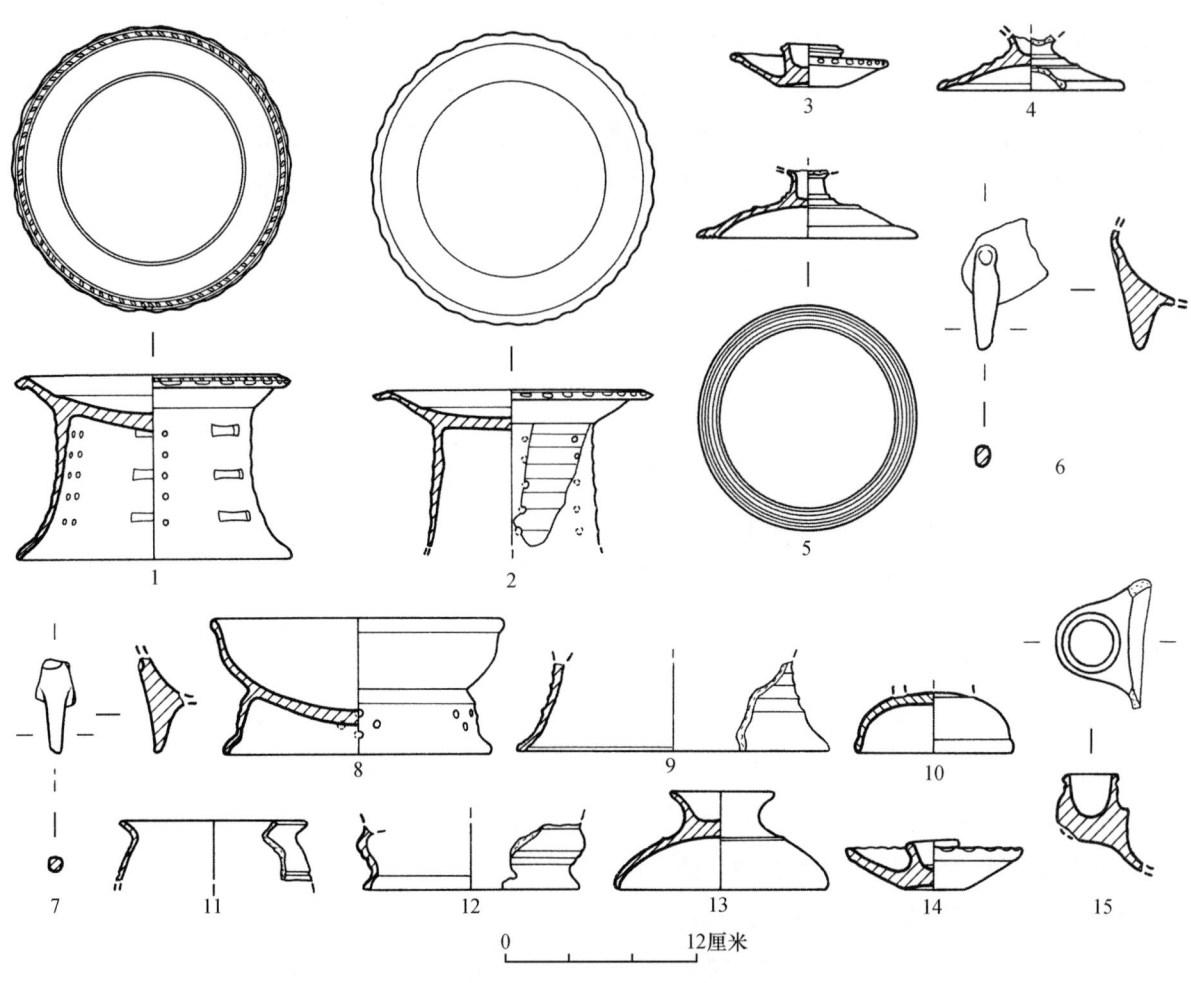

图二一三 ⅡT0606④、⑤出土器物

1、2、8、9、15. 陶盘（ⅡT0606④：1、ⅡT0606④：4、ⅡT0606④：2、ⅡT0606⑤：4、ⅡT0606⑤：7） 3~5、13、14、10. 陶器盖（ⅡT0606④：3、ⅡT0606④：6、ⅡT0606④：5、ⅡT0606⑤：1、ⅡT0606⑤：2、ⅡT0606⑤：3） 6、7、11. 陶鼎（ⅡT0606④：7、ⅡT0606④：8、ⅡT0606⑤：5） 12. 陶簋（ⅡT0606⑤：6）

ⅡT0606⑤ 器类有鼎、簋、盘、器盖。

鼎 1件。ⅡT0606⑤：5，泥质磨光黑陶。敛口，仰折沿，宽沿面，弧腹，下部残。腹饰一周双凹弦纹。口径12、残高3.6厘米（图二一三，11）。

簋 1件。ⅡT0606⑤：6，泥质磨光黑陶。上部残。曲壁粗矮圈足外撇。圈足饰一周浅双凹弦纹。足径14、残高14厘米（图二一三，12）。

盘 2件。ⅡT0606⑤：4，泥质红陶。上部残。喇叭形粗圈足外撇。通体饰红衣但大部分已脱落，饰棱纹。足径20、残高5.4厘米（图二一三，9）。ⅡT0606⑤：7，泥质红陶。附斗形盘耳，附盘内壁弧折腹，余部残。斗形耳口沿高于盘口沿，直口，尖唇，唇外缘贴附一周凸棱，圜底。通体饰红衣但大部分已脱落。附斗口径3.6、残高6厘米（图二一三，15）。

器盖 3件。ⅡT0606⑤：1，泥质红陶。矮圈形纽，盖盘敞口，尖唇，斜直壁，底微凹。盖唇周缘按压呈葵瓣状。纽径3.4、盖径11.2、底径3.8、高3.1厘米（图二一三，14；图版四七，2）。ⅡT0606⑤：2，泥质红陶。覆钵形。喇叭状圈形纽，敞口，圆唇。盖面圆弧，尖唇。盖面饰一周凸弦纹。纽径6.6、盖径13.6、高6厘米（图二一三，13；图版四七，3）。ⅡT0606⑤：3，泥质磨光黑陶。覆碗形。盖纽残。盖面圆弧，穿顶近平，圆唇。唇外缘饰一周宽凸棱。盖径10、残高3.7厘米（图二一三，10）。

ⅡT0607③ 器类有罐、盆、豆、盘、器盖。

罐 1件。ⅡT0607③：7，泥质薄胎灰陶受热不均，陶色斑驳。上部残。弧腹鼓，圜底，喇叭状矮圈足外撇。腹饰一道凸弦纹和一组三凸弦纹。足径8、残高10.4厘米（图二一四，2）。

盆 1件。ⅡT0607③：5，泥质薄胎灰陶。大口微敛，折沿下垂，宽沿面，尖唇，弧腹，下部残。沿面饰同心凹弦纹。口径24、残高3厘米（图二一四，5）。

豆 1件。ⅡT0607③：6，泥质磨光黑陶。敛口，尖唇，折腹，上腹斜弧内敛，下腹近斜直内收，下部残。折腹处饰一周双凹弦纹。口径10、腹径13、残高4.4厘米（图二一四，4）。

盘 2件。ⅡT0607③：2，泥质磨光红陶。敞口，丰圆唇，斜弧腹，圜底近平，喇叭状粗矮圈足微外撇。通体饰黑衣但大部分已脱落，唇外缘凸棱，圈足饰三道棱纹。口径16.8、足径12、高6厘米（图二一四，3；图版三六，4）。ⅡT0607③：3，泥质磨光红陶。敞口，窄折沿下垂，尖唇，斜弧腹，圜底近平，粗矮喇叭形圈足外撇。通体饰黑衣但大部分已脱落，唇缘按压呈葵瓣状，腹内壁饰三周同心凹弦纹，圈足饰三道棱纹。口径20、足径13.6、高7.5厘米（图二一四，1；图版三六，5）。

器盖 2件。ⅡT0607③：1，泥质磨光红陶。喇叭状柄形盖纽，仰折沿，斜方唇，矮束柄。盖面圆弧内扣，尖唇。表面饰黑衣但大部分已脱落，盖面饰一周凸弦纹。纽径4.2、盖径12.6、高6.4厘米（图二一四，7；图版四七，4）。ⅡT0607③：4，泥质磨光红陶。圆塔形盖纽，锥形顶较圆钝，束颈，下部残。通体饰红衣但大部分已脱落，最大纽径处饰一周小按窝，按窝内饰小戳点纹。纽径6.7、残高6.2厘米（图二一四，6；图版四七，5）。

ⅡT0607④ 器类有鼎、罐、器座、器盖。

鼎 1件。ⅡT0607④：3，泥质薄胎灰陶。敛口，仰折沿，宽沿面，方唇，深弧腹，下部残。沿面饰一道凹弦纹，腹上部饰一周双凹弦纹，腹中部饰一道细凹弦纹。口径14、腹径15、残高5.2厘米（图二一四，9）。

罐 2件。ⅡT0607④：2，泥质夹炭红陶。口近直，仰折沿，宽沿面，尖唇，腹残。通体饰红衣但大部分已脱落，沿面饰同心凹弦纹。口径26、残高3.2厘米（图二一四，8）。ⅡT0607④：4，泥质红陶。敛口，斜方唇，鼓腹，下部残。唇外贴附一周宽平棱。口径19、残高2.4厘米（图二一四，11）。

器座 1件。ⅡT0607④：6，泥质夹炭红陶。敛口，仰折沿，宽沿面，尖唇，弧腹，下部残。通体饰红衣但大部分已脱落。口径26、残高4.8厘米（图二一四，13）。

器盖 3件。ⅡT0607④：1，泥质磨光黑陶。覆碗形。喇叭状圈形纽，敞口，尖唇。盖面斜弧，圆唇。盖唇外缘饰一周宽凸棱。纽径5.2、盖径10.4、高5.4厘米（图二一四，10；图版四七，6）。ⅡT0607④：5，泥质磨光黑陶。覆盘形。顶部残。盖面斜弧外撇，

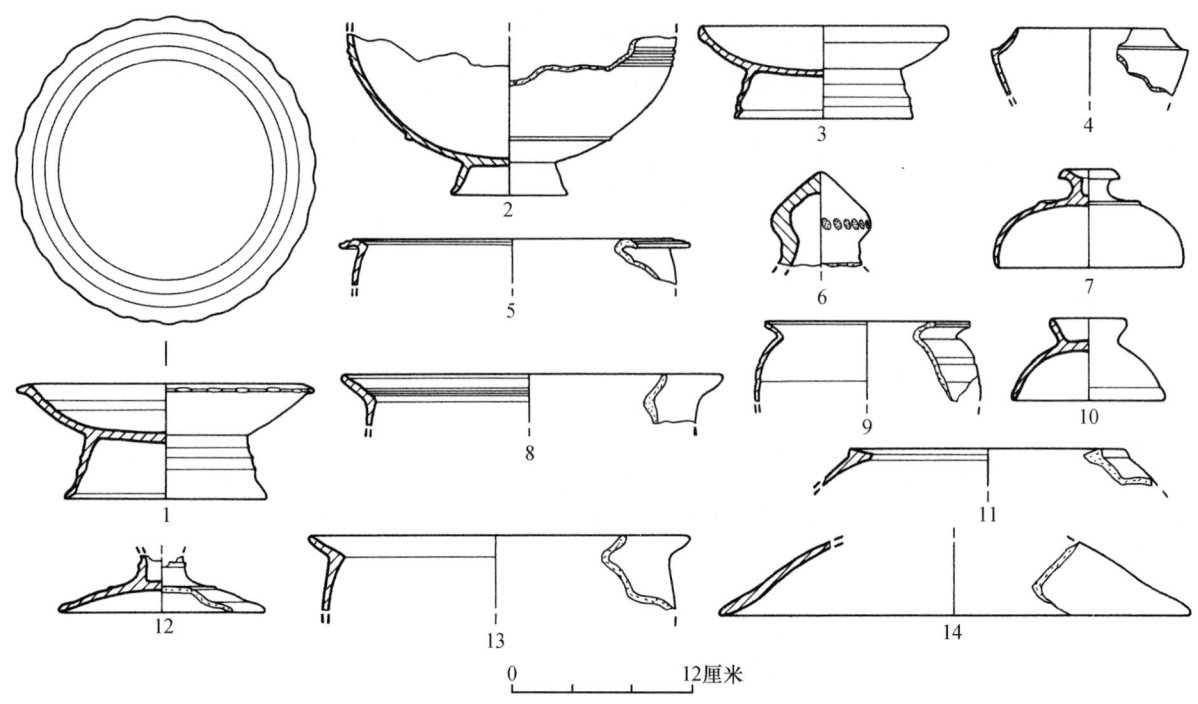

图二一四 ⅡT0607③、④出土器物

1、3.陶盘（ⅡT0607③：3、ⅡT0607③：2） 2、8、11.陶罐（ⅡT0607③：7、ⅡT0607③：2、ⅡT0607④：4） 4.陶豆（ⅡT0607③：6） 5.陶盆（ⅡT0607③：5） 6、7、10、12、14.陶器盖（ⅡT0607③：4、ⅡT0607③：1、ⅡT0607④：1、ⅡT0607④：7、ⅡT0607④：5） 9.陶鼎（ⅡT0607④：3） 13.陶器座（ⅡT0607④：6）

尖唇。盖径32、残高4.8厘米（图二一四，14）。ⅡT0607④：7，泥质磨光黑陶。覆盘形。盖纽残。盖面斜弧，穹顶，尖唇。纽饰一道凸棱，盖饰一道凸弦纹。盖径14、残高3.6厘米（图二一四，12）。

ⅡT0704③ 器类有鼎、罐、器座、器盖。

鼎 1件。ⅡT0704③：7，泥质夹炭红陶。侧扁板形足。附着内面斜弧，侧视呈弧边三角形，内外脊凸，两侧扁平，足尖残损。内外脊上饰按窝纹。残高6.2厘米（图二一五，7）。

罐 2件。ⅡT0704③：3，泥质灰陶。敛口，仰折沿，宽沿面，尖唇，深弧腹，下部残。沿面饰一周凹弦纹，腹饰一周三凹弦纹。口径14.4、残高5.2厘米（图二一五，5）。ⅡT0704③：4，泥质夹炭红陶。敛口，仰折沿，宽沿面，斜方唇，唇内缘棱凸，鼓腹，下部残。口径18.5、残高4.4厘米（图二一五，2）。

器座 1件。ⅡT0704③：2，泥质红陶。腰鼓形。上下形态相似。折沿下垂，丰圆唇，微鼓腹。腹饰一周凸弦纹。口径24、腹径23.2、足径25.6、高15.4厘米（图二一五，1；图版二三，1）。

器盖 3件。ⅡT0704③：1，泥质灰陶。喇叭状圈形纽，敞口，尖唇外折。盖面近斜弧，尖唇。素面。纽径4.6、盖径10.6、高4厘米（图二一五，6；图版四八，1）。ⅡT0704③：5，泥质磨光黑陶。喇叭状圈形纽，仰折沿，尖唇，矮颈。盖面缓弧，下部残。纽径4.4、残高3.2厘米（图二一五，3）。ⅡT0704③：6，泥质磨光灰陶。纽盘残。盖面饰一道显著凸弦纹。残

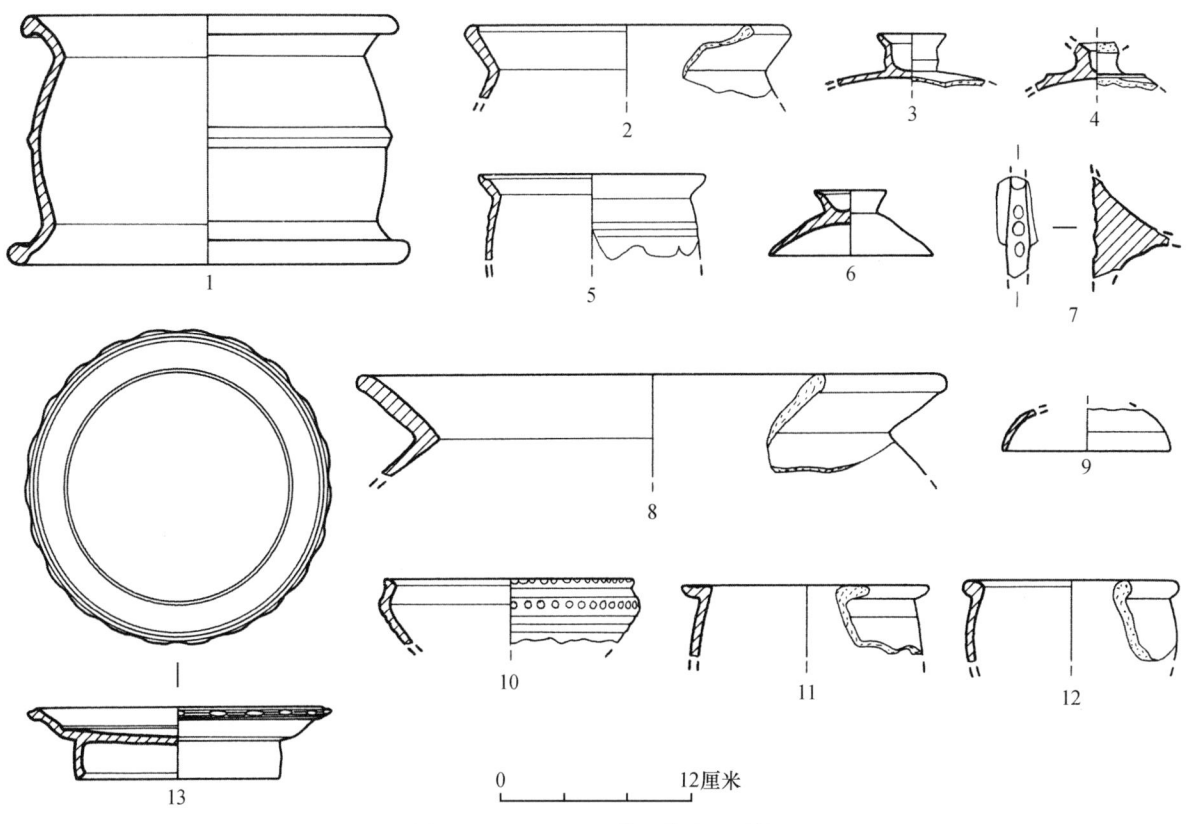

图二一五 ⅡT0704③、④出土器物

1.陶器座（ⅡT0704③：2） 2、5、11、12.陶罐（ⅡT0704③：4、ⅡT0704③：3、ⅡT0704④：5、ⅡT0704④：6）
3、4、6、9.陶器盖（ⅡT0704③：5、ⅡT0704③：6、ⅡT0704③：1、ⅡT0704④：4） 7.陶鼎（ⅡT0704③：7）
8.陶釜（ⅡT0704④：2） 10.陶钵（ⅡT0704④：3） 13.陶盘（ⅡT0704④：1）

高3厘米（图二一五，4）。

ⅡT0704④ 器类有罐、釜、钵、盘、器盖。

罐 2件。ⅡT0704④：5，泥质红陶。敛口近直，平折沿，宽沿面微弧凹，圆唇，深弧腹，下部残。通体饰红衣但大部分已脱落。口径16、残高4.4厘米（图二一五，11）。ⅡT0704④：6，泥质磨光黑陶。微敛口，加厚折沿，窄沿面弧凸，圆唇，深弧腹，下部残。口径14、残高5厘米（图二一五，12）。

釜 1件。ⅡT0704④：2，泥质夹炭红陶。敛口，仰折沿，宽沿面，鼓腹，下部残。通体饰褐衣，大部分已脱落。口径38、残高6厘米（图二一五，8）。

钵 1件。ⅡT0704④：3，泥质灰陶。敛口，仰折窄沿，尖唇，弧腹微折，下部残。唇缘按压呈葵瓣状，折腹处饰戳印纹，下腹饰三道浅凹弦纹。口径16、腹径16.8、残高4厘米（图二一五，10）。

盘 1件。ⅡT0704④：1，泥质红陶。敞口，折沿下垂，尖唇，折腹，腹斜直，浅盘，圜底近平，粗矮圈足。通体饰红衣但大部分已脱落，唇缘按压呈葵瓣状，沿面饰一周凹弦纹，折腹内壁饰一周凹弦纹。口径19.4、足径13、高4.4厘米（图二一五，13；图版三六，6）。

器盖 1件。ⅡT0704④：4，泥质磨光黑陶。顶部残。盖面圆弧，圆唇。盖面饰一周浅凹弦纹。盖径11、残高2.6厘米（图二一五，9）。

ⅡT0705③ 器类有鼎、罐、盆、缸、器盖、环、彩陶片。

鼎 3件。ⅡT0705③：6，泥质灰陶。仰折沿，窄沿面，尖唇，圆鼓腹，圜底，宽扁形矮足。上腹部饰多道凹弦纹。口径11.6、腹径13.6、高10厘米（图二一六，2；图版一三，2）。ⅡT0705③：5，泥质黑陶。仰折沿，沿面较窄，圆唇，圆垂腹，圜底残，近方锥形足残。素面。口径12、腹径13.6、残高11厘米（图二一六，3；图版一三，3）。ⅡT0705③：15，泥质夹炭红陶。侧扁厚板形高足，附着面斜弧。侧视呈三角形，内外脊凸，左右扁平，扁锥形足尖。通体饰红衣但大部分已脱落，外脊上部饰连续起伏按窝，左右两面饰多个小圆形对穿孔。残高17.6厘米（图二一六，15）。

罐 1件。ⅡT0705③：13，泥质夹炭红陶。敛口，丰圆唇，鼓腹，下部残。通体饰红衣但大部分已脱落，唇外缘贴附一周宽平棱。口径24、残高7厘米（图二一六，14）。

盆 3件。ⅡT0705③：8，泥质灰陶。近直口，平沿微下垂，宽沿面，丰圆唇，深弧腹内收，残底内凹。腹饰一周三凸弦纹，其下部的两道凸弦纹饰多组戳点纹。口径36.8、残高16.4厘米（图二一六，4；图版一九，5）。ⅡT0705③：7，夹砂灰陶。敞口近直，折沿下垂，窄沿面，尖唇，深弧腹内收，残底内凹。素面。口径15.4、底径5、高9.6厘米（图二一六，13；图版二〇，4）。ⅡT0705③：12，夹砂灰陶。敞口近直，加厚平折沿，圆唇，深弧腹内收，下部残。口径20、残高6厘米（图二一六，11）。

缸 2件。ⅡT0705③：9，夹砂灰陶。近直口微敞，圆唇，斜直深腹内收，圜底残。绕口外沿饰多道凹弦纹，凹弦纹以下饰较细斜篮纹。口径39、复原高35.2厘米（图二一六，1；图版二三，6）。ⅡT0705③：11，泥质灰陶。大口微敛，丁字形折沿下垂，宽沿面，内唇尖外唇厚方，深弧腹，下部残。沿面饰同心凹弦纹、弦纹上饰斜长戳印纹，腹饰平行凸弦纹、弦纹上绕体饰间断压印纹。口径51、残高13厘米（图二一六，5）。

器盖 4件。ⅡT0705③：2，泥质灰陶。喇叭状圈形钮，圆唇，斜壁。盖面斜弧，尖唇上翘。钮饰一周凹弦纹。钮径5、盖径13.8、高4.6厘米（图二一六，6）。ⅡT0705③：3，泥质灰陶。喇叭状圈形钮，圆唇。盖面斜弧，尖唇。钮饰一周凹弦纹。钮径4.8、盖径11、高5.2厘米（图二一六，7）。ⅡT0705③：4，泥质灰陶。喇叭状圈形钮残。盖面斜弧，圆唇。素面。钮盖面直径12、高3.8厘米（图二一六，8；图版四八，2）。ⅡT0705③：14，泥质红陶。圆锥形盖钮残。盖盘敞口，尖唇，斜直壁，平底。通体饰红衣但大部分已脱落。盖径8.6、残高3.4厘米（图二一六，12）。

环 1件。ⅡT0705③：10，泥质黑陶。实心圆环，截面近圆角方形。素面。外径5.4、内径4.3、厚0.7厘米（图二一六，9；图版六四，3）。

彩陶片 1件。ⅡT0705③：1，泥质红陶。红衣黑彩，由黑色直条带和弧条带构成，整体图案不详（图二一六，10；彩版一七，4）。

ⅡT0705④ 器类有鼎、罐、盆、钵、器座、簋、盘、碗、器盖、纺轮、饼。

鼎 5件。ⅡT0705④：12，泥质夹炭红陶。敛口，仰折沿，宽沿面，圆唇，鼓腹，下部残。通体饰红衣但大部分已脱落。口径22、残高4厘米（图二一七，12）。ⅡT0705④：25，

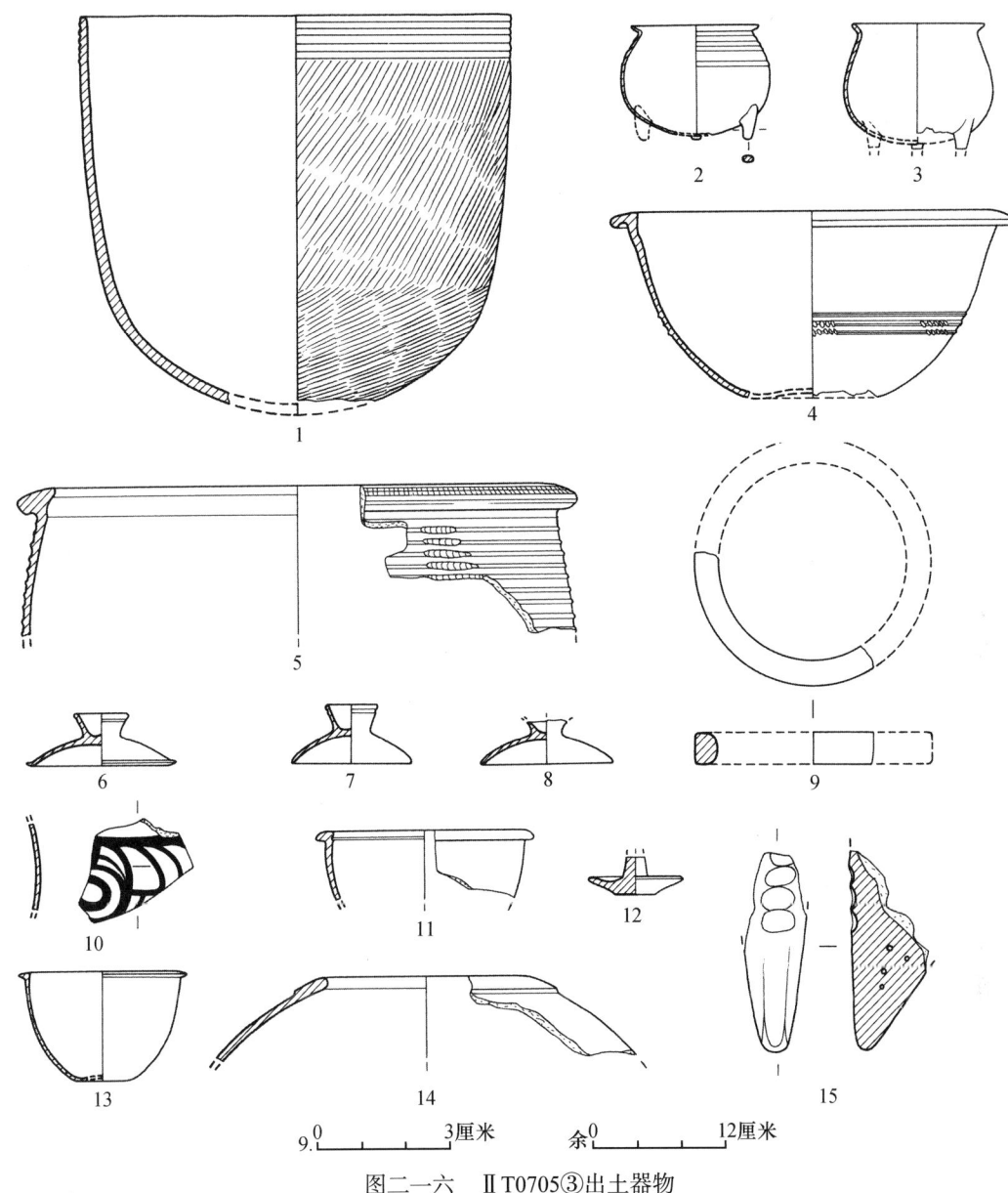

图二一六　ⅡT0705③出土器物

1、5. 陶缸（ⅡT0705③：9、ⅡT0705③：11）　2、3、15. 陶鼎（ⅡT0705③：6、ⅡT0705③：5、ⅡT0705③：15）
4、11、13. 陶盆（ⅡT0705③：8、ⅡT0705③：12、ⅡT0705③：7）　6～8、12. 陶器盖（ⅡT0705③：2、ⅡT0705③：3、
ⅡT0705③：4、ⅡT0705③：14）　9. 陶环（ⅡT0705③：10）　10. 彩陶片（ⅡT0705③：1）　14. 陶罐（ⅡT0705③：13）

泥质磨光黑陶。敛口，仰折沿，宽沿面，尖唇，弧腹，下部残。唇缘饰间断戳点纹，沿面饰两道同心凹弦纹。口径16、残高3.4厘米（图二一七，32）。ⅡT0705④：26，泥质磨光灰陶。敛口，仰折沿，圆唇，鼓腹，下部残。口径12、残高3.2厘米（图二一七，16）。ⅡT0705④：30，泥质灰陶。宽扁板形足，附着内壁折角。残腹壁竖直，残底近平。足内面扁平，外面稍弧凸，斜直两侧平脊，足尖宽平。厚1.3～2、宽3.5～4.5、高3.6～6.5厘米（图二一七，24）。ⅡT0705④：31，泥质红陶。宽扁板形足。足正视呈长方形，内外对称棱凸，斜直两侧薄尖，横截面呈菱形，足尖宽平。足宽约4.2、厚约1.5、残高6.7厘米（图二一七，25）。

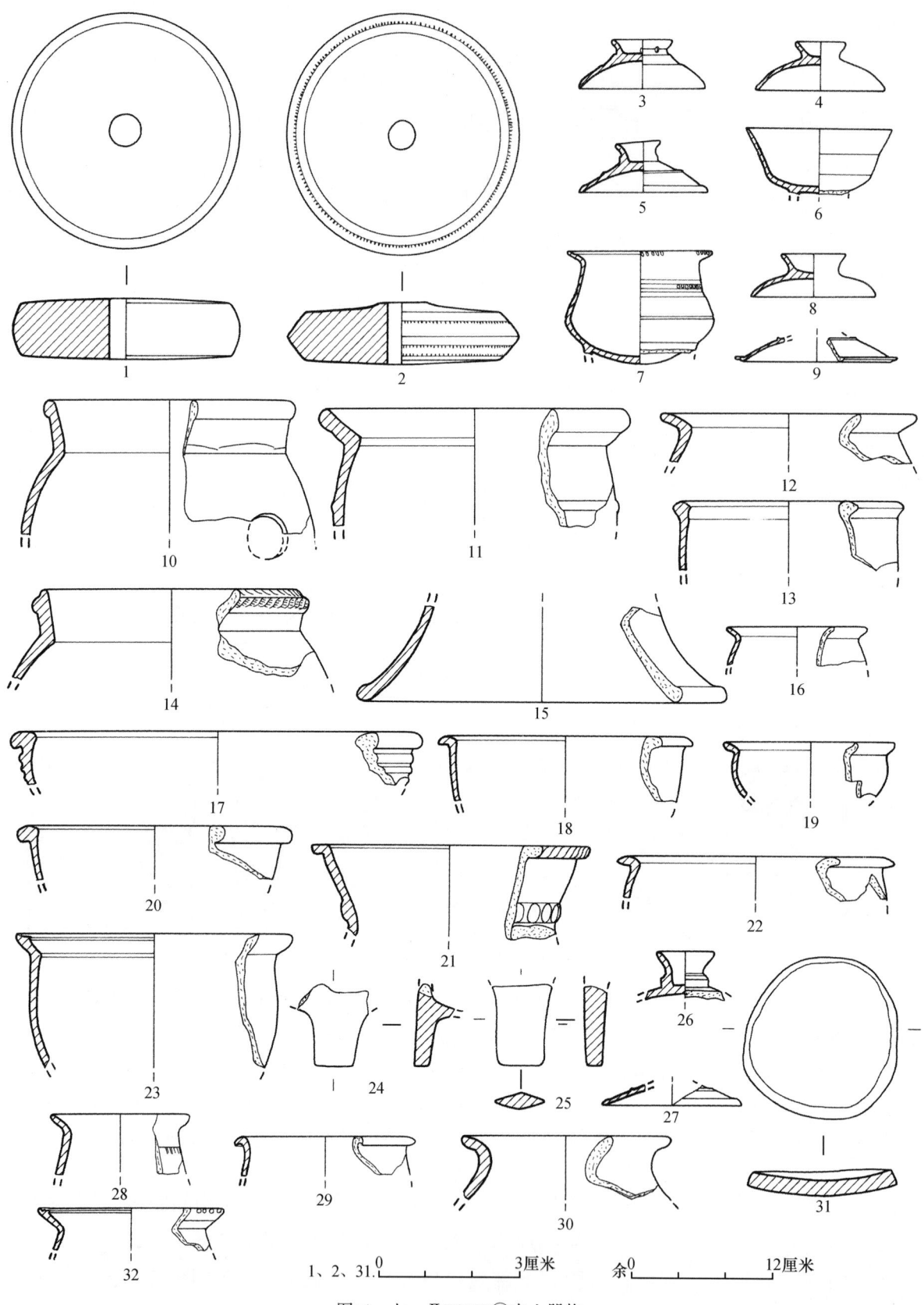

图二一七 ⅡT0705④出土器物

1、2.陶纺轮（ⅡT0705④：1、ⅡT0705④：2） 3~5、8、9、26、27.陶器盖（ⅡT0705④：3、ⅡT0705④：4、ⅡT0705④：5、ⅡT0705④：8、ⅡT0705④：28、ⅡT0705④：29、ⅡT0705④：27） 6.陶碗（ⅡT0705④：6） 7.陶簋（ⅡT0705④：7） 10、11、15.陶器座（ⅡT0705④：9、ⅡT0705④：10、ⅡT0705④：13） 12、16、24、25、32.陶鼎（ⅡT0705④：12、ⅡT0705④：26、ⅡT0705④：30、ⅡT0705④：31、ⅡT0705④：25） 13.陶钵（ⅡT0705④：16） 14、21、22、28~30.陶罐（ⅡT0705④：11、ⅡT0705④：19、ⅡT0705④：20、ⅡT0705④：24、ⅡT0705④：23、ⅡT0705④：21） 17、18、20、23.陶盆（ⅡT0705④：14、ⅡT0705④：15、ⅡT0705④：17、ⅡT0705④：18） 19.陶盘（ⅡT0705④：22） 31.陶饼（ⅡT0705④：32）

罐 6件。ⅡT0705④：11，泥质厚胎灰陶。敞口近直，贴沿双圆唇，矮颈，鼓腹，下部残。沿面饰麦穗状压印纹。口径24、残高7厘米（图二一七，14）。ⅡT0705④：19，泥质灰白陶。敞口，平折沿，窄沿面，斜方唇，长颈斜直，腹残。唇缘饰绚索状锯齿纹，颈饰一周凸棱，凸棱上饰连续按窝。口径24、残高7.6厘米（图二一七，21）。ⅡT0705④：20，泥质夹炭红陶。大口微弧敛，折沿，沿面稍弧凸，尖唇，弧腹，下部残。通体饰红衣但部分已脱落。口径24、残高3.6厘米（图二一七，22）。ⅡT0705④：21，泥质红陶。直口，仰折沿，圆唇，矮束颈，鼓腹，下部残。通体饰褐衣但大部分已脱落。口径18、残高5厘米（图二一七，30）。ⅡT0705④：23，泥质磨光黑陶。直口微敛，卷沿下垂，尖唇，束颈，腹残。口径13.4、残高3.2厘米（图二一七，29）。ⅡT0705④：24，泥质红陶。敛口，仰折沿，圆唇，深弧腹，下部残。通体饰红衣但大部分已脱落，腹绕体饰间断戳点纹线段。口径12、残高3厘米（图二一七，28）。

盆 4件。ⅡT0705④：14，泥质夹炭红陶。大口微敛，加厚折沿下垂，窄沿面，丰圆唇，深弧腹内收，下部残。通体饰红衣但大部分已脱落，腹饰多道粗凹弦纹。口径36、残高4.4厘米（图二一七，17）。ⅡT0705④：15，泥质夹炭红陶。敞口近直，折沿微下垂，尖唇，深弧腹内收，下部残。通体饰红衣但大部分已脱落。口径22、残高5.4厘米（图二一七，18）。ⅡT0705④：17，泥质夹炭红陶。敞口近直，折沿下垂，窄沿面，圆唇，深弧腹内收，下部残。通体饰红衣但大部分已脱落。口径24、残高4.4厘米（图二一七，20）。ⅡT0705④：18，泥质夹炭红陶。敞口，仰折沿，宽沿面，尖唇，深弧腹内收，下部残。通体饰红衣但大部分已脱落，沿面凸棱。口径24、残高10.8厘米（图二一七，23）。

钵 1件。ⅡT0705④：16，泥质夹炭红陶。直口，厚折沿，窄沿面，圆唇，深弧残腹近直，下部残。通体饰红衣但大部分已脱落。口径20、残高5.6厘米（图二一七，13）。

器座 3件。ⅡT0705④：9，泥质夹炭红陶。敞口，圆唇，短颈，鼓腹，下部残。通体饰红衣但大部分已脱落，唇外缘棱凸，腹饰一个大圆形镂孔。口径22、残高11.2厘米（图二一七，10）。ⅡT0705④：10，泥质夹炭厚胎红陶。敛口，仰折沿，宽沿面，弧腹，下部残。通体饰红衣但大部分已脱落，腹饰一周附加堆纹。口径27、残高9.8厘米（图二一七，11）。ⅡT0705④：13，泥质红陶。上部残。下端喇叭形斜弧，圆唇外缘凸棱。通体饰红衣但大部分已脱落。底径32、残高8厘米（图二一七，15）。

簋 1件。ⅡT0705④：7，泥质磨光灰陶。敛口，仰折沿，圆唇，垂腹，圜底，圈足残。唇缘饰多段压印纹，沿面饰一周凹弦纹，上腹饰凹弦纹及多段戳点纹，垂腹处饰一周上内下外错棱。口径12.4、腹径12.8、残高9.4厘米（图二一七，7；图版二七，3）。

盘 1件。ⅡT0705④：22，泥质磨光黑陶。口微敛，仰折沿，宽沿面，弧腹内收，下部残。口径15、残高4.6厘米（图二一七，19）。

碗 1件。ⅡT0705④：6，泥质磨光黑陶。敞口，尖唇，折腹，上腹斜弧，下腹内收，圜底，圈足残。上腹中部饰一周浅凹弦纹，折腹处饰一周浅凹弦纹。口径12.4、残高5.4厘米（图二一七，6；图版四〇，3）。

器盖 7件。ⅡT0705④：3，泥质灰陶。喇叭状圈形纽，尖唇。盖面斜弧，尖唇。绕纽非等距离饰三个圆形镂孔。纽径5.2、盖径11、高4.1厘米（图二一七，3；图版四八，3）。ⅡT0705④：4，泥质灰陶。喇叭状圈形纽，尖唇。盖面斜弧，圆唇。纽径4.3、盖径11、高4厘米（图二一七，4）。ⅡT0705④：5，泥质黑陶。微变形。喇叭状圈形纽，圆唇，束颈。盖面斜弧，圆唇。盖面饰一周凸弦纹，底外缘附加一周宽凸棱。纽径4、盖径11、高4～4.3厘米（图二一七，5）。ⅡT0705④：8，泥质黑陶。喇叭状圈形纽，尖唇。盖面斜弧，圆唇。素面。纽径5.4、盖径10.6、高3.6厘米（图二一七，8）。ⅡT0705④：27，泥质磨光黑陶。顶部残。盖面斜直，圆唇。盖面饰一道凸弦纹，底缘凸棱。盖径12、残高1.7厘米（图二一七，27）。ⅡT0705④：28，泥质磨光黑陶。顶部残。盖面斜弧，折沿上翘，尖唇。盖面饰一道凸弦纹，沿面饰三道同心凹弦纹。盖径14、残高2厘米（图二一七，9）。ⅡT0705④：29，泥质磨光厚胎黑陶。喇叭状圈形纽，尖唇，束颈。盖面穹顶，下部残。纽颈饰一周双凹弦纹。纽径5、残高4厘米（图二一七，26）。

纺轮 2件。ⅡT0705④：1，泥质红陶。两面微弧凸，周缘中间弧凸，中孔竖直。两面平整对称。素面。直径4.9、孔径0.7、厚1.1～1.3厘米（图二一七，1；图版五四，4）。ⅡT0705④：2，泥质灰陶。两面微弧凸，其中一面中孔边缘平凸，周缘中间棱凸形成两斜面，中孔竖直。周缘一斜面饰一周细密戳点纹，另一面饰两周平行细密戳点纹。直径5、孔径0.6、厚1～1.3厘米（图二一七，2；图版五四，5）。

饼 1件。ⅡT0705④：32，泥质磨光黑陶。陶片打制而成。周缘稍磨平但不圆整，面弧。厚约0.35、直径约3.4厘米（图二一七，31）。

ⅡT0705⑤ 器类有罐、釜、豆、石锤。

罐 1件。ⅡT0705⑤：3，泥质夹炭红陶。敛口，仰折沿，宽沿面，斜方唇，腹残。通体饰红衣但大部分已脱落，腹饰凸弦纹。口径26、残高5.2厘米（图二一八，4）。

釜 1件。ⅡT0705⑤：2，泥质夹炭红陶。敛口，仰折沿，宽沿面，鼓腹，下部残。通体饰红衣但大部分已脱落。口径30、残高7.4厘米（图二一八，2）。

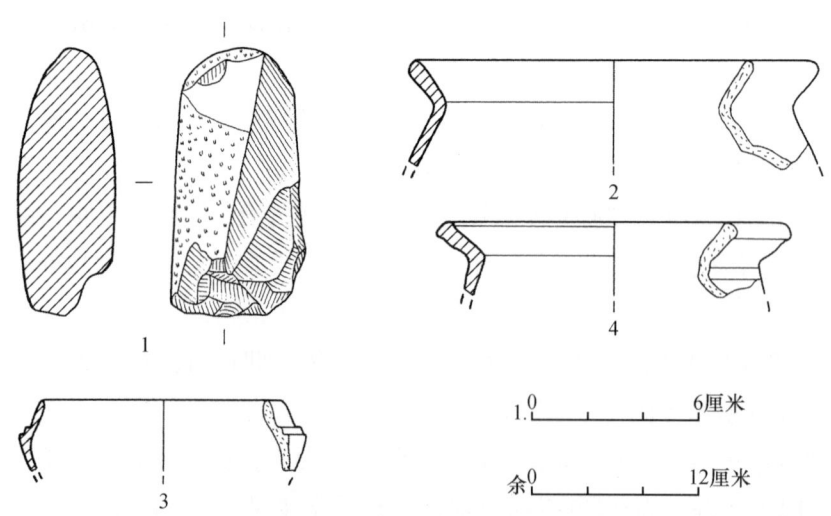

图二一八　ⅡT0705⑤出土器物
1. 石锤（ⅡT0705⑤：1） 2. 陶釜（ⅡT0705⑤：2） 3. 陶豆（ⅡT0705⑤：4） 4. 陶罐（ⅡT0705⑤：3）

豆　1件。ⅡT0705⑤：4，泥质磨光黑陶。敛口，尖唇，折腹，上腹内敛，下腹斜弧内收，下部残。腹饰一周双凹弦纹。口径18、残高5厘米（图二一八，3）。

石锤　1件。ⅡT0705⑤：1，灰色砂岩。不规则长条形，未经加工而直接使用的天然砾石，两端锤击痕迹显著，锤体约三分之一布满崩疤，其余皆为较光滑砾石面。长9.4、残宽5、厚3.6厘米（图二一八，1；图版七六，2）。

ⅡT0706③　器类有鼎、器盖、球、器底。

鼎　1件。ⅡT0706③：4，泥质薄胎灰陶。敛口，仰折沿，宽沿面，尖唇，鼓腹，下部残。口径14、残高3厘米（图二一九，3）。

器盖　5件。ⅡT0706③：3，泥质厚胎红陶。细高柱状纽残。浅盘状盖面平折沿，尖唇，斜弧壁，平底。盖径10.2、残高3.6厘米（图二一九，5；图版四八，4）。ⅡT0706③：5，泥质磨光黑陶。盖纽残。盖面斜弧，折沿上翘，尖唇。盖沿面饰同心凹弦纹。盖径12.6、残高1.8厘米（图二一九，4）。ⅡT0706③：6，泥质灰陶。盖纽残。盖面斜弧，穹顶，圆唇。素面。盖径10.8、残高2.9厘米（图二一九，6）。ⅡT0706③：7，泥质磨光黑陶。喇叭状柄形盖纽，方唇，束实心柄，下部残。纽径4、残高2.6厘米（图二一九，7）。ⅡT0706③：8，泥质灰陶。喇叭状圈形盖纽，侈口，尖唇，下部残。纽径3.6、残高3.2厘米（图二一九，8）。

球　1件。ⅡT0706③：1，泥质灰陶。空心圆球体，非标准圆。素面。直径4.8～5.2厘米（图二一九，1；图版六〇，1）。

器底　1件。ⅡT0706③：2，泥质红陶。厚胎。上部残。弧腹，圜底。素面。残高7.4厘米（图二一九，2）。

ⅡT0706④　器类有鼎、罐、盆、釜、器座、盘、器盖、环、球。

鼎　1件。ⅡT0706④：16，泥质夹炭红陶。上部残。宽扁板形高足。上宽下窄，内面弧凹，外面弧凸，微斜弧两侧脊凸，宽平足尖。通体饰红衣但大部分已脱落。残高18厘米（图二二〇，9）。

罐　4件。ⅡT0706④：1，泥质磨光黑陶。上部残，弧腹，圜底，喇叭形矮圈足外撇。腹饰两周凹弦纹。足径10、残高5.7厘米（图二二〇，1）。ⅡT0706④：9，泥质夹炭红陶。敛口，仰折沿，圆唇，鼓腹，下部残。通体饰红衣但大部分已脱落。口径21、残高5.6厘米（图二二〇，13）。ⅡT0706④：10，泥质磨光黑陶。直口，加厚丰圆唇，微束颈，微折肩，弧腹下内收，下部残。唇缘饰同心凹弦纹，绕唇缘外侧饰间断戳点纹，折肩上缘饰一周双凹弦纹、弦纹间绕体饰多组戳点纹。口径11、残高6.8厘米。ⅡT0706④：11，泥质夹炭红陶。敛口，加厚丰圆唇，鼓腹，下部残。通体饰红衣但大部分已脱落，腹饰一道深凹弦纹。口径26、残高4厘米（图二二〇，10）。

盆　1件。ⅡT0706④：12，泥质红陶。敞口，平折沿，宽沿面，圆唇，深弧腹内收，下部残。通体饰红衣但部分已脱落。口径24、残高5.6厘米（图二二〇，12）。

釜　1件。ⅡT0706④：8，泥质夹炭红陶。敛口，仰折沿，宽沿面，丰圆唇外缘棱凸，鼓腹，下部残。通体饰红衣但大部分已脱落。口径34、残高6.8厘米（图二二〇，11）。

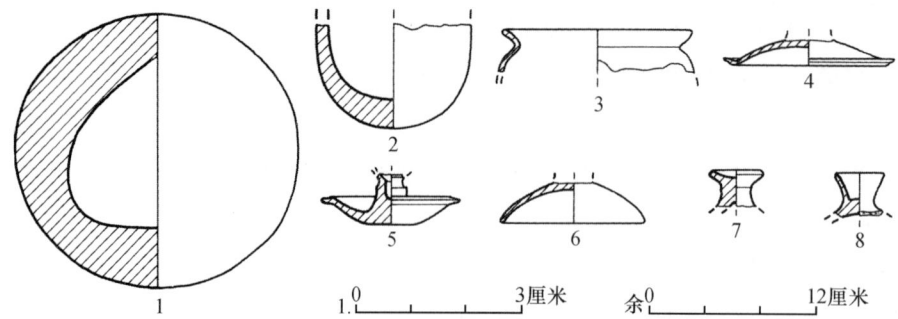

图二一九　ⅡT0706③出土器物

1. 陶球（ⅡT0706③：1）　2. 陶器底（ⅡT0706③：2）　3. 陶鼎（ⅡT0706③：4）　4~8. 陶器盖（ⅡT0706③：5、ⅡT0706③：3、ⅡT0706③：6、ⅡT0706③：7、ⅡT0706③：8）

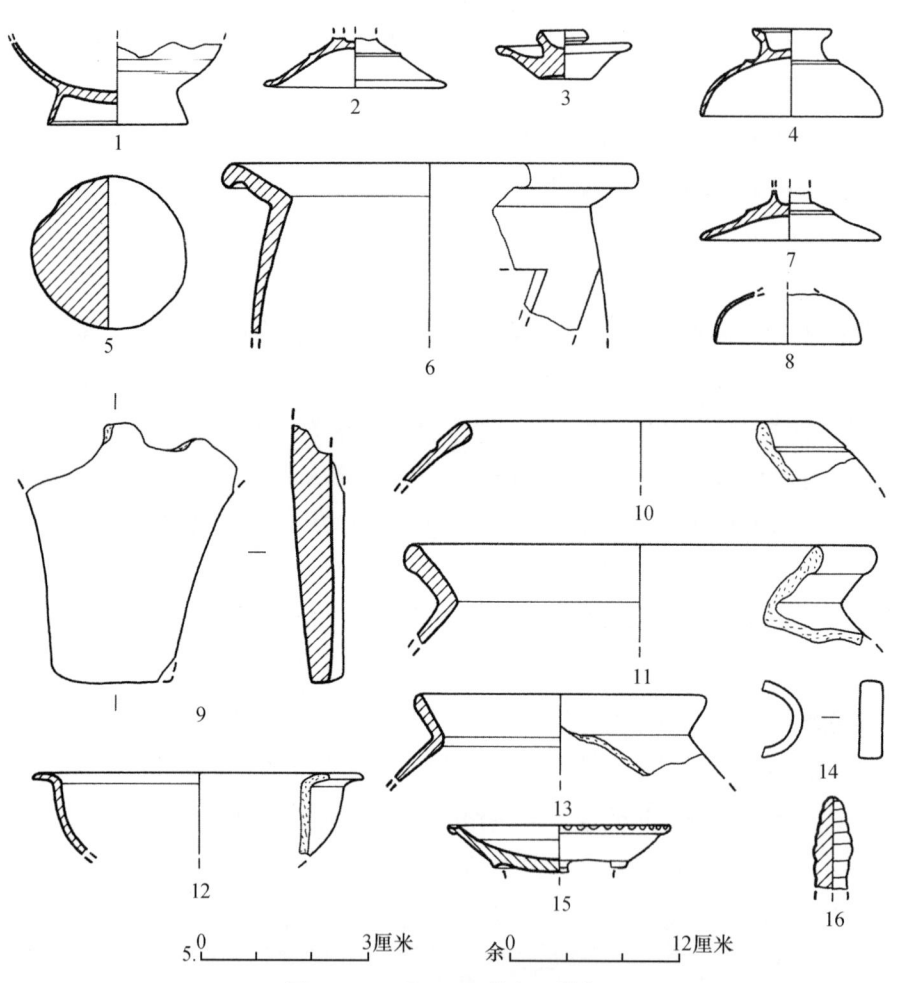

图二二〇　ⅡT0706④出土器物

1、10、13. 陶罐（ⅡT0706④：1、ⅡT0706④：11、ⅡT0706④：9）　2~4、7、8、16. 陶器盖（ⅡT0706④：3、ⅡT0706④：4、ⅡT0706④：5、ⅡT0706④：14、ⅡT0706④：15、ⅡT0706④：17）　5. 陶球（ⅡT0706④：2）　6. 陶器座（ⅡT0706④：7）　9. 陶鼎（ⅡT0706④：16）　11. 陶釜（ⅡT0706④：8）　12. 陶盆（ⅡT0706④：12）　14. 陶环（ⅡT0706④：6）　15. 陶盘（ⅡT0706④：13）

器座　1件。ⅡT0706④：7，泥质红陶。敛口，仰折沿下垂，宽沿面，加厚丰圆唇，深弧腹，下部残。通体饰红衣但大部分已脱落，腹饰方形镂孔。口径30、残高11.6厘米（图二二〇，6）。

盘　1件。ⅡT0706④：13，泥质红陶。敞口，外折，尖唇，斜弧腹，圜底，圈足残。通体饰红衣但大部分已脱落，唇缘按压呈葵瓣状，盘内壁中部饰一道浅凹弦纹。口径16、残高3.2厘米（图二二〇，15）。

器盖　6件。ⅡT0706④：3，泥质磨光黑陶。盖钮残。盖面斜直壁，平折沿，尖唇。盖面饰一周凸弦纹。盖径13.2、高3.4厘米（图二二〇，2）。ⅡT0706④：4，泥质磨光黑陶。喇叭状圈形钮，侈口，圆唇。浅盘状盖面敞口，丰圆唇，斜直壁，厚平底微凹。钮唇外缘凸棱。钮径3.6、盖径9.7、高3.4厘米（图二二〇，3；图版四八，6）。ⅡT0706④：5，泥质灰陶。圈形盖钮，近平折沿，尖唇，矮颈。盖面圆弧，尖唇。盖面饰一周凸弦纹。钮径5.6、盖径12.8、高6厘米（图二二〇，4）。ⅡT0706④：14，泥质磨光黑陶。细柄形盖钮残。盖面斜弧，圆唇。盖面饰一道凸弦纹。盖径12.8、残高3.4厘米（图二二〇，7）。ⅡT0706④：15，泥质薄胎红陶。顶部残。盖面圆弧，尖唇。盖径10.8、残高3.4厘米（图二二〇，8）。ⅡT0706④：17，泥质红陶。圆锥塔形盖钮，根部及盖面残。通体饰黑衣但大部分已经脱落，盖钮饰平行宽凸棱纹。最大钮径2.8、残高6.4厘米（图二二〇，16；图版四九，1）。

环　1件。ⅡT0706④：6，泥质磨光黑陶。仅存半部。宽扁形圆环，截面近圆角长方形。内面平整，外面弧凸不平，两侧平脊。素面。外径4.2、内径3.7、宽1.6、厚0.8厘米（图二二〇，14）。

球　1件。ⅡT0706④：2，泥质灰陶。实心球体，表面稍凹凸不平。素面。直径2.6~2.8厘米（图二二〇，5；图版六〇，2）。

ⅡT0706⑤　器类有罐、盆、豆、杯、缸、盘、碗、器盖、球。

罐　4件。ⅡT0706⑤：20，泥质磨光黑陶。敛口，仰折沿，圆唇，鼓腹下垂，下部残。唇缘间断饰戳点纹线段。口径14、腹径16、残高7.8厘米（图二二一，17）。ⅡT0706⑤：19，泥质磨光黑陶。上部残。弧腹，圜底，矮圈足外撇。腹饰一周凸弦纹，圈足中上部至足根处饰浅凸棱，绕圈足中部等距离饰三组横向双孔小圆形镂孔。足径8.8、残高4厘米（图二二一，14）。ⅡT0706⑤：9，泥质红陶。大口微敛，厚圆唇，深弧腹，下部残。通体饰红衣但大部分已脱落。口径33、残高8.4厘米（图二二一，9）。ⅡT0706⑤：10，泥质红陶。敛口，加厚丰圆唇，深弧腹，下部残。通体饰红衣但大部分已脱落。口径28.8、残高7.4厘米（图二二一，4）。

盆　2件。ⅡT0706⑤：12，泥质红陶。大口微敛，尖唇，弧腹内收，下部残。通体饰红衣但大部分已脱落，唇外缘附饰一周宽平棱、棱外缘棱凸，腹饰一道浅凹弦纹、一道凸弦纹和一周粗附加堆纹。口径50、残高7.8厘米（图二二一，1）。ⅡT0706⑤：8，泥质红陶。敛口，仰折沿，宽沿面，尖唇，弧腹内收，底部残。口径20.8、腹径16.4、残高9.2厘米（图二二一，19）。

豆　1件。ⅡT0706⑤：21，泥质磨光黑陶。敛口，圆唇微外折，折腹，上腹斜直内敛，下

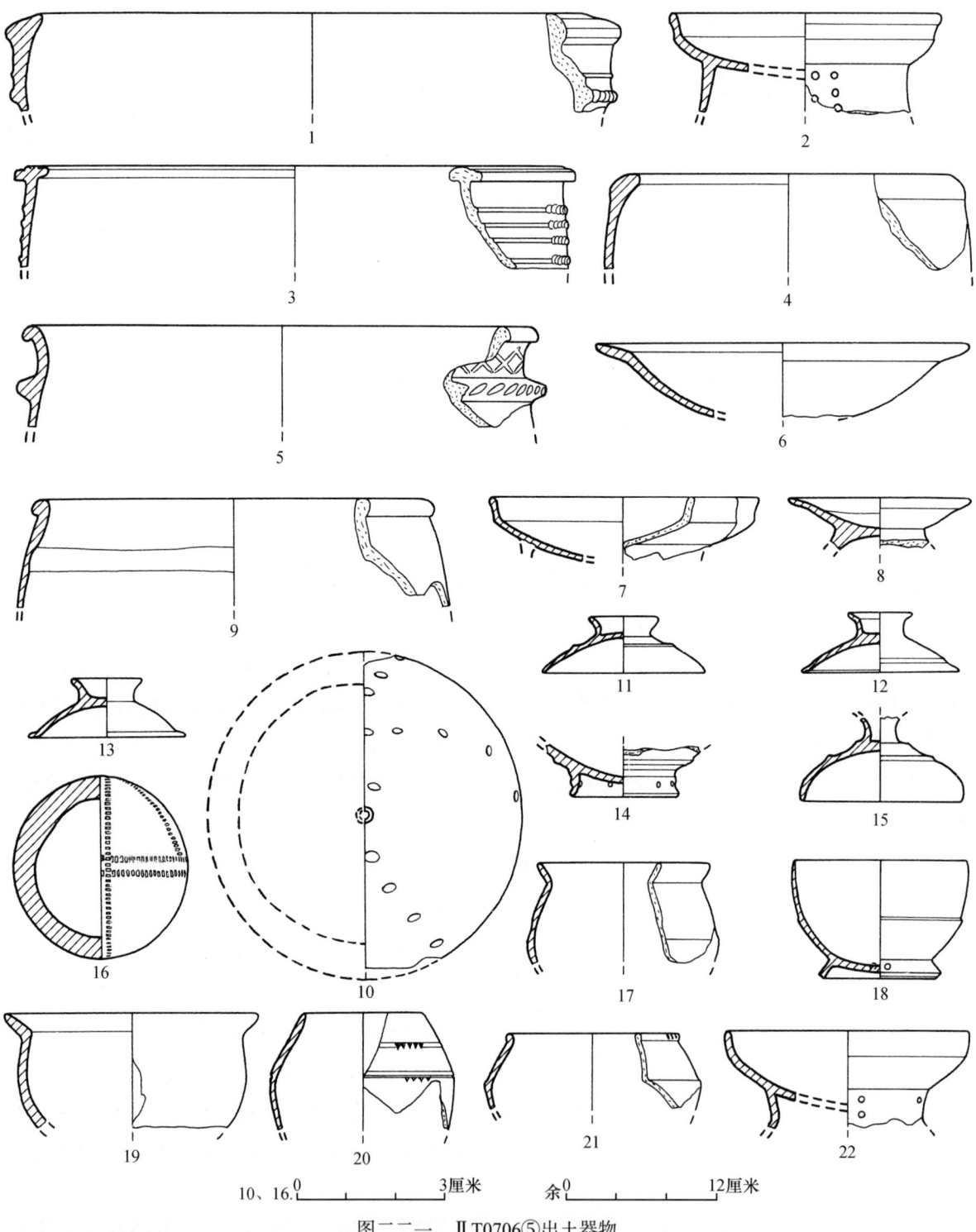

图二二一　ⅡT0706⑤出土器物

1、19. 陶盆（ⅡT0706⑤：12、ⅡT0706⑤：8）　2、6~8、22. 陶盘（ⅡT0706⑤：15、ⅡT0706⑤：7、ⅡT0706⑤：17、ⅡT0706⑤：14、ⅡT0706⑤：18）　3、5. 陶缸（ⅡT0706⑤：11、ⅡT0706⑤：13）　4、9、14、17. 陶罐（ⅡT0706⑤：10、ⅡT0706⑤：9、ⅡT0706⑤：19、ⅡT0706⑤：20）　10、16. 陶球（ⅡT0706⑤：3、ⅡT0706⑤：2）　11~13、15. 陶器盖（ⅡT0706⑤：4、ⅡT0706⑤：5、ⅡT0706⑤：1、ⅡT0706⑤：16）　18. 陶碗（ⅡT0706⑤：6）　20. 陶杯（ⅡT0706⑤：22）　21. 陶豆（ⅡT0706⑤：21）

腹斜弧内收，下部残。唇缘饰间断戳点纹线段，折腹处饰一道浅凹弦纹。口径14、腹径17.6、残高6厘米（图二二一，21）。

杯 1件。ⅡT0706⑤：22，泥质磨光黑陶。敛口，尖唇，弧折腹，上腹斜直内敛，下腹斜弧内收，下部残。上腹饰一周双凹弦纹、弦纹间绕体饰多组戳点纹，折腹处饰一周双凹弦纹、下部的凹弦纹绕体饰多组戳点纹。口径10、腹径15.2、残高9.4厘米（图二二一，20）。

缸 2件。ⅡT0706⑤：11，泥质灰陶。大口微直敛，丁字形折沿，宽沿面，内斜方唇外方唇，深腹斜直，下部残。沿面饰多道同心凹弦纹、弦纹上间断饰斜长戳印纹段，腹饰多道平行凸弦纹、弦纹上绕体间断饰连续小按窝纹。口径46、残高8厘米（图二二一，3）。ⅡT0706⑤：13，泥质夹炭红陶。大口微敞，折沿下垂，丰圆唇，微束颈，深弧腹，下部残。通体饰红衣但大部分已脱落，束颈饰一周阴刻连续"×"形纹，束颈下缘饰一周较粗的绚索状附加堆纹。口径42、残高8厘米（图二二一，5）。

盘 5件。ⅡT0706⑤：7，泥质磨光灰陶。敞口，仰折沿，宽沿面，圆唇，弧腹内收，下部残。口径30、残高5.8厘米（图二二一，6）。ⅡT0706⑤：14，泥质磨光红陶。敞口，尖唇，浅弧腹，圜底，圈足残。通体饰红衣但大部分已脱落，腹内壁中部饰一道浅凹弦纹，圈足残壁可见半个小圆形盲孔。口径15、残高4厘米（图二二一，8）。ⅡT0706⑤：15，泥质磨光红陶。敞口近直，圆唇，折腹，上腹微斜直，下腹斜弧内收，圜底，喇叭形粗圈足残。通体饰红衣但部分已脱落，绕圈足可见一组双列多个小圆形镂孔。口径22、残高7.6厘米（图二二一，2）。ⅡT0706⑤：17，泥质磨光红陶。敞口近直，圆唇，折腹，上腹微斜直，下腹斜弧内收，圜底，圈粗足残。通体饰红衣但部分已脱落。口径22、残高5厘米（图二二一，7）。ⅡT0706⑤：18，泥质磨光红陶。敞口，圆唇，弧折腹，深腹，下腹斜弧内收，圜底，粗圈足残。通体饰红衣但部分已脱落，绕圈足可见两组单列多个小圆形镂孔。口径20、残高7.4厘米（图二二一，22）。

碗 1件。ⅡT0706⑤：6，泥质磨光黑陶。敞口，尖唇，深弧腹，圜底，矮圈足外撇。腹饰一周上内下外深凹弦纹，圈足饰小圆镂孔。口径14、足径9.4、高9.2厘米（图二二一，18；图版四〇，4）。

器盖 4件。ⅡT0706⑤：1，泥质磨光黑陶。喇叭状圈形纽，侈口，圆唇。盖面斜弧，平折沿，圆唇。纽径5.8、盖径12.8、高4.6厘米（图二二一，13；图版四八，5）。ⅡT0706⑤：4，泥质黑陶。喇叭状圈形纽，侈口，圆唇，束颈。盖面斜弧，圆唇。盖面饰一周凸弦纹。纽径4.6、盖径13、高4.4厘米（图二二一，11）。ⅡT0706⑤：5，泥质磨光黑陶。喇叭状圈形纽，仰折沿，尖唇，直颈。盖面斜弧，窄折沿，尖唇。盖面饰一周浅凹弦纹，盖折沿面饰一周凹弦纹。纽径5.2、盖径13、高4.6厘米（图二二一，12；图版四九，2）。ⅡT0706⑤：16，泥质磨光红陶。喇叭形盖纽残。盖面圆弧，圆唇。通体饰红衣但大部分已脱落，纽根处饰一周凸棱，盖面饰一道凸弦纹。口径13、残高6.6厘米（图二二一，15）。

球 2件。ⅡT0706⑤：2，泥质黑陶。空心圆球体。表面饰多道双线细密戳点纹线经纬相交。直径2.6~2.8厘米（图二二一，16；图版六〇，3）。ⅡT0706⑤：3，泥质黑陶。空心圆球体。表面饰稀疏戳点纹及镂孔。直径6.4厘米（图二二一，10；图版六〇，4）。

ⅡT0707③ 器类有罐、盆、器座、球、石斧。

罐 1件。ⅡT0707③：4，泥质红陶。敛口，仰折沿，宽沿面，斜方唇，圆鼓腹，下部残。腹饰一周粗附加堆纹。口径28、残高7.2厘米（图二二二，3）。

盆 1件。ⅡT0707③：5，泥质灰陶。大口微敛，折沿下垂，宽沿面，尖唇，弧腹，下部残。沿面饰五道同心凹弦纹，弦纹间饰戳印纹线段。口径50、残高3.6厘米（图二二二，5）。

器座 1件。ⅡT0707③：3，泥质红陶。敛口，仰折沿，丰圆唇，深弧腹，下部残。通体饰红衣但大部分已脱落，最大腹径处饰一周凸弦纹和圆形镂孔。口径25、残高13.6厘米（图二二二，4）。

球 1件。ⅡT0707③：1，泥质黑陶。空心圆球体。表面饰多道双凹弦纹经纬相交，相交点饰浅圆窝。直径4.6厘米（图二二二，1；图版六〇，5）。

石斧 1件。ⅡT0707③：2，灰色砂岩。四棱锥体。不规则弧凸顶，两面弧凸，斜直两侧较平整，弧凸刃两面对称磨光，刃部一侧残。长11、宽4、厚3.4厘米（图二二二，2；图版六九，3）。

ⅡT0707④ 器类有鼎、罐、钵、器座、缸、盘、器盖、球、石斧。

鼎 3件。ⅡT0707④：14，泥质薄胎灰陶。口沿残，深弧腹下垂，圜底，宽扁四棱柱状矮足。上腹饰一周三凹弦纹，最大腹径处饰一周上内下外错棱。腹径13、残高11厘米（图二二三，12）。ⅡT0707④：19，泥质夹炭红陶。宽扁凿形足，附着面斜弧。足内面弧凹，外面平整，微束腰两侧面较平整，薄足尖横向加宽。残高7.5厘米（图二二三，15）。ⅡT0707④：20，泥质夹炭红陶。宽扁凹板形高足，附着内面斜弧。足内面弧凸，外面弧凹，

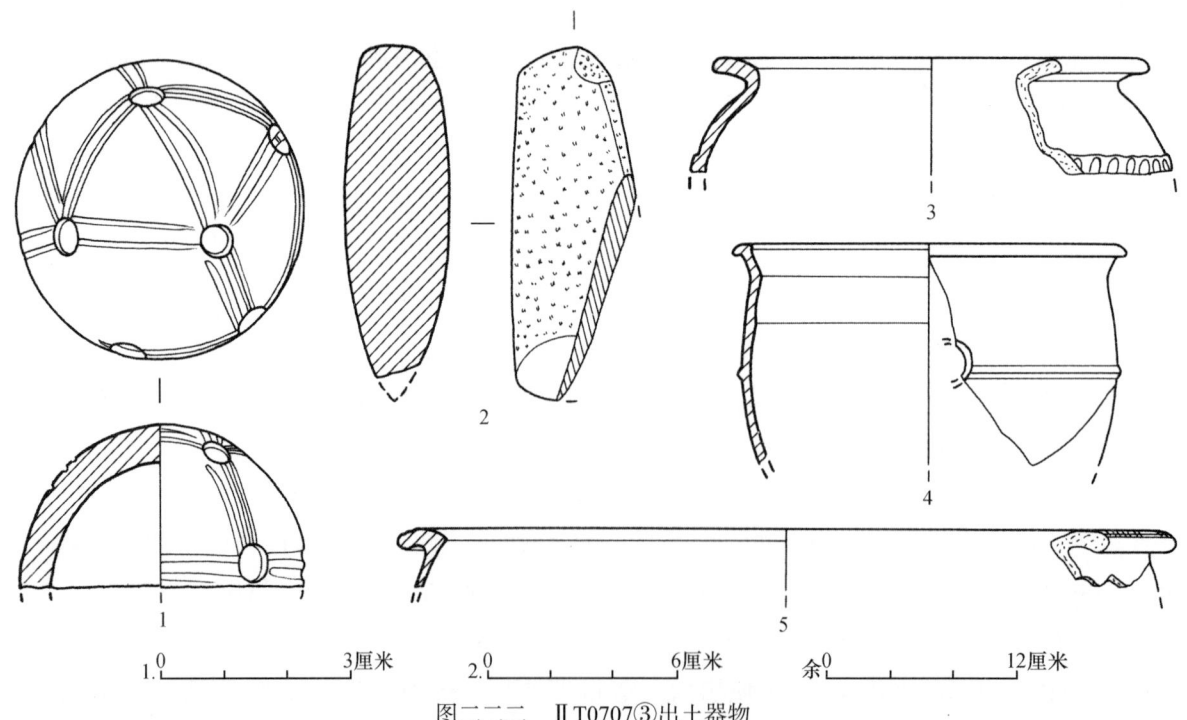

图二二二 ⅡT0707③出土器物
1.陶球（ⅡT0707③：1） 2.石斧（ⅡT0707③：2） 3.陶罐（ⅡT0707③：4） 4.陶器座（ⅡT0707③：3）
5.陶盆（ⅡT0707③：5）

斜直两侧脊凸，宽平足尖。足根饰两按窝。残高10.4厘米（图二二三，14）。

罐 7件。ⅡT0707④：2，泥质磨光黑陶。敛口，仰折沿，沿面宽，圆唇，圆垂腹，圜底近平，矮圈足外撇。唇缘饰多组间断戳点纹，上腹饰一周双凹弦纹、弦纹间绕体非等距离饰四组长短不一的戳点纹，下腹饰一周凸弦纹。口径12.2、腹径14、足径8.2、高11.8厘米（图二二三，2；图版一七，6）。ⅡT0707④：4，泥质磨光黑陶。敛口，仰折沿残，圆垂腹，平底，矮圈足外撇。上腹饰一周双凹弦纹、弦纹间绕体非等距离饰四组长短不一的戳点纹，下腹饰一周凸弦纹。复原口径12.2、腹径14.8、足径7.2、复原高11.8厘米（图二二三，3；图版一八，1）。ⅡT0707④：6，泥质磨光灰陶。口微敞，丰圆唇，矮直颈，鼓肩，下部残。肩饰两道平行浅凹弦纹。口径20、残高3.4厘米（图二二三，7）。ⅡT0707④：7，泥质灰陶。小口微敞，厚方唇，矮颈，鼓腹，下部残。口径20、残高6厘米（图二二三，8）。ⅡT0707④：18，泥质红陶。小口敞直，圆唇，高领，弧腹，下部残。领饰三道褐彩带。口径10、残高5.2厘米（图二二三，16）。ⅡT0707④：9，泥质红陶。敛口，斜方唇，鼓腹，下部残。唇外缘棱凸。口径20、残高9.4厘米（图二二三，13）。ⅡT0707④：10，泥质红陶。敛口，圆唇，鼓腹，下部残。腹近口沿处微内束。口径16、残高7.8厘米（图二二三，9）。

钵 1件。ⅡT0707④：8，泥质夹炭红陶。敛口，仰折沿，尖唇，弧腹内收，下部残。通体饰红衣但大部分已脱落。口径24、残高7厘米（图二二三，11）。

器座 1件。ⅡT0707④：1，泥质红陶。腰鼓形。仰折沿，丰圆唇，深弧腹，底沿外撇。器形规整，上下对称。腹饰大圆镂孔。口径24、腹径24.4、底径24、高16.5厘米（图二二三，1；图版二三，2）。

缸 1件。ⅡT0707④：13，夹砂含云母片灰陶。直口，圆唇，直腹，下部残。腹饰竖向篮纹。口径32、残高10.4厘米（图二二三，17）。

盘 1件。ⅡT0707④：17，泥质红陶。敞口，窄折沿，尖唇，折腹，上腹斜直，下腹斜弧内收，圜底残，喇叭形粗圈足残。通体饰红衣但大部分已脱落，圈足凸棱上绕体饰横向双孔小圆形镂孔。口径22、残高5.4厘米（图二二三，18）。

器盖 5件。ⅡT0707④：3，泥质磨光黑陶。喇叭状圈形纽，丰圆唇。盖面圆弧，丰圆唇。纽唇和盖唇外缘皆凸棱。纽径5.8、盖径10、高4.8厘米（图二二三，4；图版四九，3）。ⅡT0707④：11，泥质夹炭红陶。顶部残。盖面斜弧，丰圆唇外缘棱凸。通体饰红衣但大部分已脱落。盖径32、残高6.6厘米（图二二三，20）。ⅡT0707④：12，泥质夹炭红陶。顶部残。盖面缓斜弧，底缘微外撇，圆唇。通体饰红衣但大部分已脱落。盖径29、残高3.4厘米（图二二三，19）。ⅡT0707④：15，泥质磨光黑陶。圈形纽残。盖面圆弧，穿顶，尖唇。纽饰一周凸弦纹，盖面饰一周凸弦纹。盖径13.6、残高7.6厘米（图二二三，6）。ⅡT0707④：16，泥质薄胎红陶。盖纽残。盖面圆弧，穿顶，尖唇。盖面饰一周凸弦纹、弦纹上饰戳点纹。盖径12.6、残高4厘米（图二二三，5）。

球 1件。ⅡT0707④：21，泥质黄陶。空心圆球形，仅存半块。内壁粗糙不平，外壁圆整光滑。素面。直径4厘米（图二二三，21）。

石斧 1件。ⅡT0707④：5，红褐色砂岩。长方形。平顶微弧凸，两面微弧凸，竖直两侧

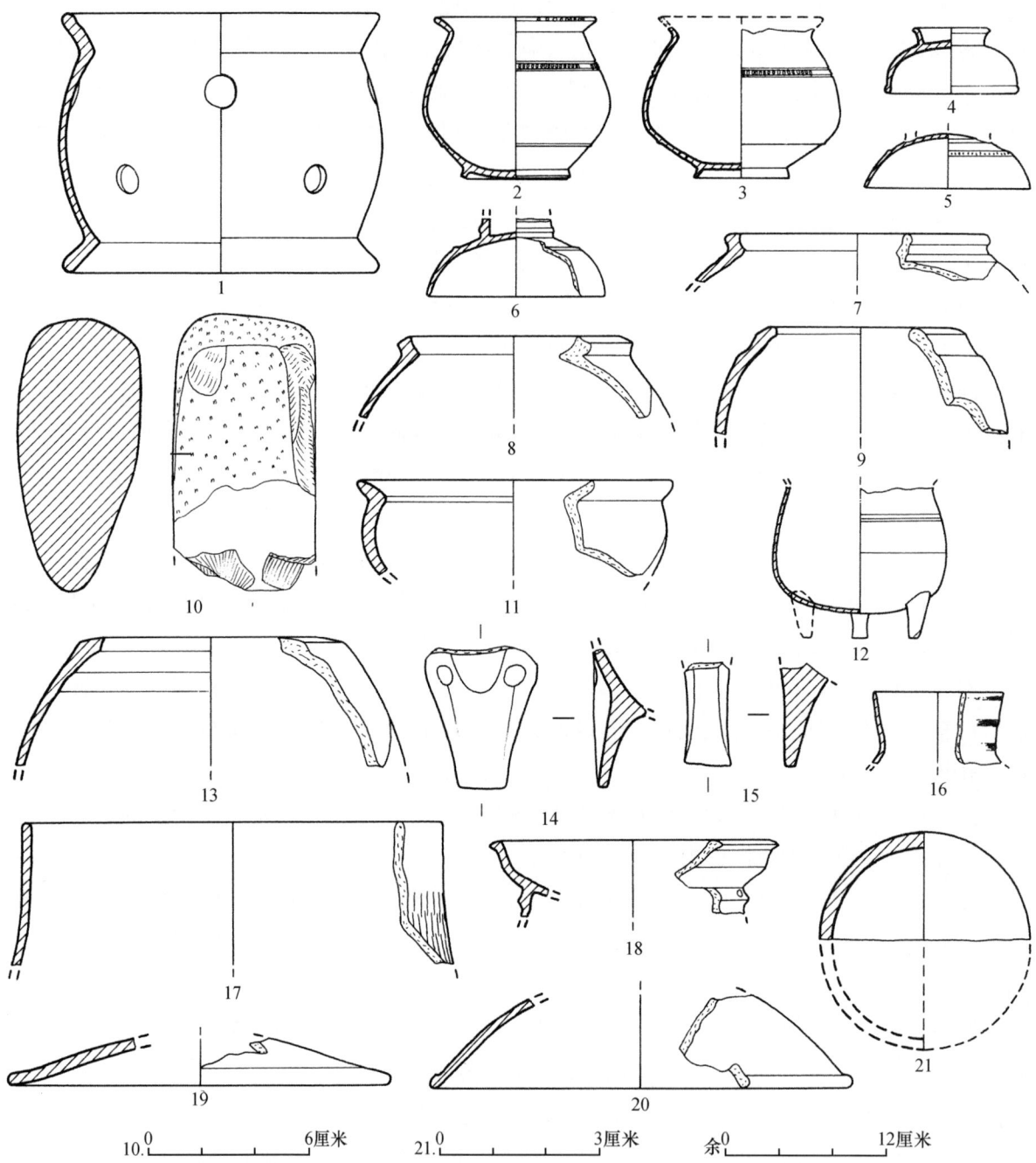

图二二三 ⅡT0707④出土器物

1.陶器座（ⅡT0707④：1） 2、3、7~9、13、16.陶罐（ⅡT0707④：2、ⅡT0707④：4、ⅡT0707④：6、ⅡT0707④：7、ⅡT0707④：10、ⅡT0707④：9、ⅡT0707④：18） 4~6、19、20.陶器盖（ⅡT0707④：3、ⅡT0707④：16、ⅡT0707④：15、ⅡT0707④：12、ⅡT0707④：11） 11.陶钵（ⅡT0707④：8） 10.石斧（ⅡT0707④：5） 12、14、15.陶鼎（ⅡT0707④：14、ⅡT0707④：20、ⅡT0707④：19） 17.陶缸（ⅡT0707④：13） 18.陶盘（ⅡT0707④：17） 21.陶球（ⅡT0707④：21）

平整，刃部两面对称磨光。器身较圆钝，布满崩疤，可能也作石锤使用。残长10.1、宽5.4、厚4.7厘米（图二二三，10；图版六九，4）。

ⅡT0707⑤ 器类有鼎、罐、盆、钵、豆、碗、器盖、球。

鼎 2件。ⅡT0707⑤：1，泥质磨光黑陶。敛口，仰折沿，宽沿面，圆唇，圆垂腹，圜底，圆锥足。腹饰一周双凹弦纹、弦纹间饰多组戳点纹，足根饰一浅按窝。口径12、腹径15、高14.3厘米（图二二四，8；图版一三，4）。ⅡT0707⑤：10，泥质磨光黑陶。敛口，仰折沿，宽沿面，圆腹，下部残。腹饰一道深凹弦纹。口径13.6、残高5厘米（图二二四，10）。

罐 1件。ⅡT0707⑤：7，泥质红陶。敛口，仰折沿，宽沿面，圆唇，鼓腹，下部残。口径14、残高4.4厘米（图二二四，7）。ⅡT0707⑤：9，泥质夹炭红陶。直口，窄折沿，丰圆唇，矮颈，鼓腹，下部残。通体饰红衣但大部分已脱落，唇内缘斜抹角，腹饰一周双凹弦纹。口径26、残高4.2厘米（图二二四，9）。

盆 1件。ⅡT0707⑤：2，夹砂红陶。盆体严重变形。直口微敞，圆唇外缘附设一下坠宽凸棱，曲腹，底内凹。素面。口径35.2、底径14、高15厘米（图二二四，2；图版一九，6）。

钵 2件。ⅡT0707⑤：3，泥质红陶。敛口，圆唇，斜弧腹内收，平底。素面。口径22、底径7.4、高8.8厘米（图二二四，6；图版二〇，5）。ⅡT0707⑤：8，泥质夹炭红陶。敛口近直，仰折沿，丰圆唇，弧腹微折，下部残。通体饰红衣但大部分已脱落。口径24、残高6.4厘米（图二二四，12）。

豆 1件。ⅡT0707⑤：5，泥质红陶。上部残。喇叭形细高圈足下部残。圈足饰平行凸棱纹，并绕体等距离饰三组单列多孔小圆形盲孔。残高4.6厘米（图二二四，5）。

碗 1件。ⅡT0707⑤：12，泥质薄胎红陶。上部残。弧腹，底残，矮圈足外撇。内底涂满黑彩，圈足外壁及残腹底缘也涂满黑彩。圈足径6、残高1.2厘米（图二二四，4）。

器盖 2件。ⅡT0707⑤：4，泥质磨光黑陶。喇叭状矮圈形纽，圆唇。盖面圆弧，尖唇。腹饰一周凸弦纹和一周凹弦纹。纽径6.6、盖径13、高6厘米（图二二四，3）。ⅡT0707⑤：11，泥质夹炭红陶。纽残。盖面缓弧，穹顶，圆唇。通体饰红衣但大部分已脱落。盖径26、残高5.4厘米（图二二四，11）。

球 1件。ⅡT0707⑤：6，泥质黑陶。空心圆球形。内壁粗糙不平，外壁圆整光滑。器表被四道平行双弦细密戳点纹经线四等分，经线相交于两极，极点处饰一小圆坑，围绕极点饰两个同心正方形细密戳点纹图案。直径5.5厘米（图二二四，1）。

ⅡT0708③ 器类有盆、碗、器盖。

盆 1件。ⅡT0708③：2，泥质夹炭红陶。大敛口，仰折沿，窄沿面，丰圆唇，弧腹内收，下部残。腹上部饰两道凹棱纹，腹下部饰一周附加堆纹。口径34、腹径33.6、残高7.6厘米（图二二五，4）。

碗 1件。ⅡT0708③：3，泥质磨光黑陶。敛口，圆唇，弧腹内收，下部残。唇缘饰一道细凹弦纹，腹饰一道深凹弦纹。口径13、残高4.2厘米（图二二五，1）。

器盖 4件。ⅡT0708③：1，泥质磨光黑陶。覆碗形。喇叭状矮圈形纽，尖唇。盖

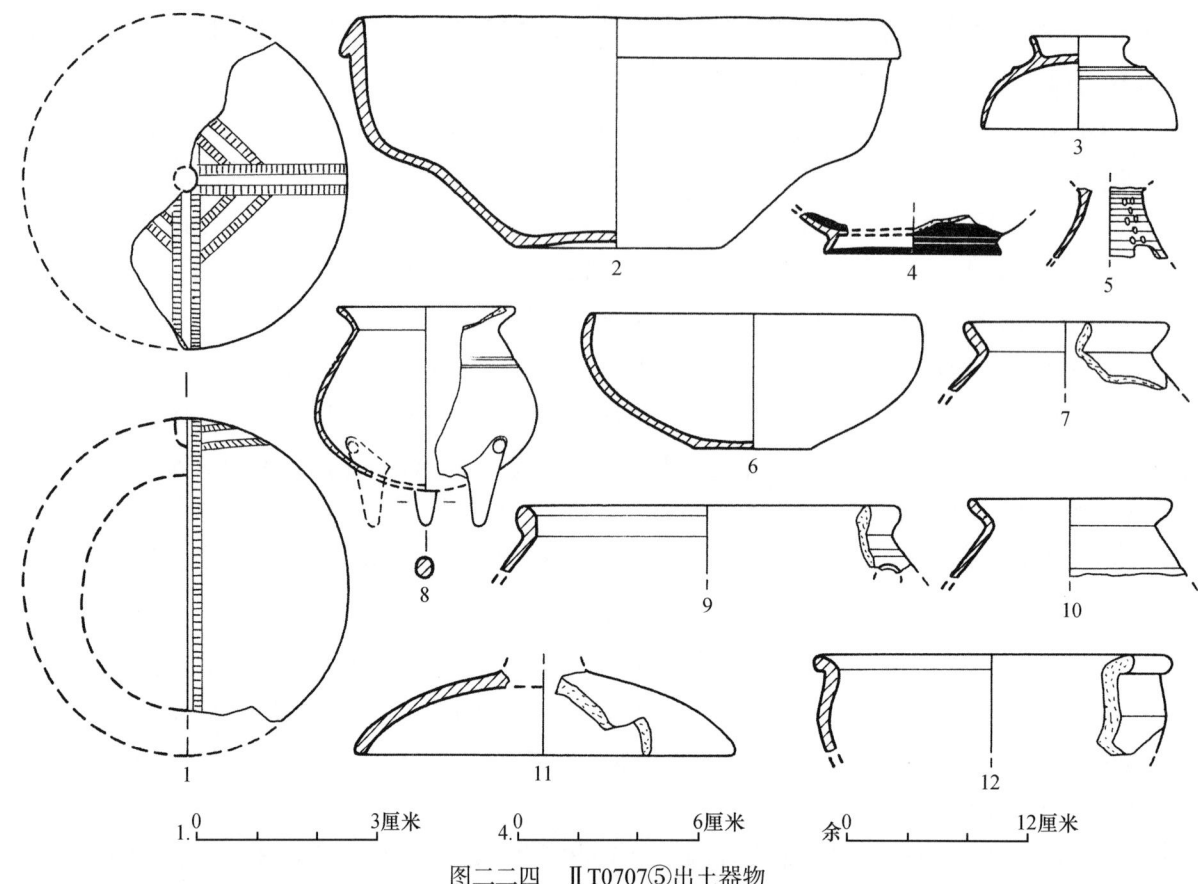

图二二四　ⅡT0707⑤出土器物
1. 陶球（ⅡT0707⑤：6）　2. 陶盆（ⅡT0707⑤：2）　3、11. 陶器盖（ⅡT0707⑤：4、ⅡT0707⑤：11）　4. 陶碗（ⅡT0707⑤：12）　5. 陶豆（ⅡT0707⑤：5）　6、12. 陶钵（ⅡT0707⑤：3、ⅡT0707⑤：8）　7、9. 陶罐（ⅡT0707⑤：7、ⅡT0707⑤：9）　8、10. 陶鼎（ⅡT0707⑤：1、ⅡT0707⑤：10）

面斜弧，尖唇。盖面饰一周凹弦纹。纽径4.2、盖径10.2、高4.8厘米（图二二五，5）。ⅡT0708③：4，泥质磨光黑陶。细圈形纽残。盖面近斜直，穿顶，尖唇。纽根处饰两道细凸棱，盖唇外缘宽凸棱。盖径12.6、残高4厘米（图二二五，2）。ⅡT0708③：5，泥质灰陶。盖纽残。盖面圆弧，尖唇。盖面底缘外壁微内束。盖径10.4、残高3.5厘米（图二二五，6）。ⅡT0708③：6，泥质夹炭红陶。实心细柄形纽残。盖盘敞口，尖唇，折腹，上腹斜弧，下腹斜直，平底。通体饰红衣但大部分已脱落，盖面饰一周双凹弦纹。盖径9.4、残高2.8厘米（图二二五，3）。

ⅡT0708④　器类有鼎、罐、釜、器座、缸、簋、豆、器盖。

鼎　1件。ⅡT0708④：7，泥质磨光黑陶。敛口，仰折沿，宽沿面，圆唇，鼓腹，下部残。腹饰一周多道粗细不一凹弦纹。口径14、残高5.2厘米（图二二五，9）。

罐　1件。ⅡT0708④：1，泥质磨光黑陶。敛口，仰折沿，宽沿面，圆唇，鼓腹略扁，圜底，矮圈足外撇。上腹饰三周凹弦纹，下腹饰一周凸弦纹。口径16、腹径17、足径8.3、高12.4厘米（图二二五，12；图版一八，2）。

釜　1件。ⅡT0708④：3，泥质夹炭红陶。敛口，仰折沿下垂，宽沿面，丰圆唇，鼓腹，

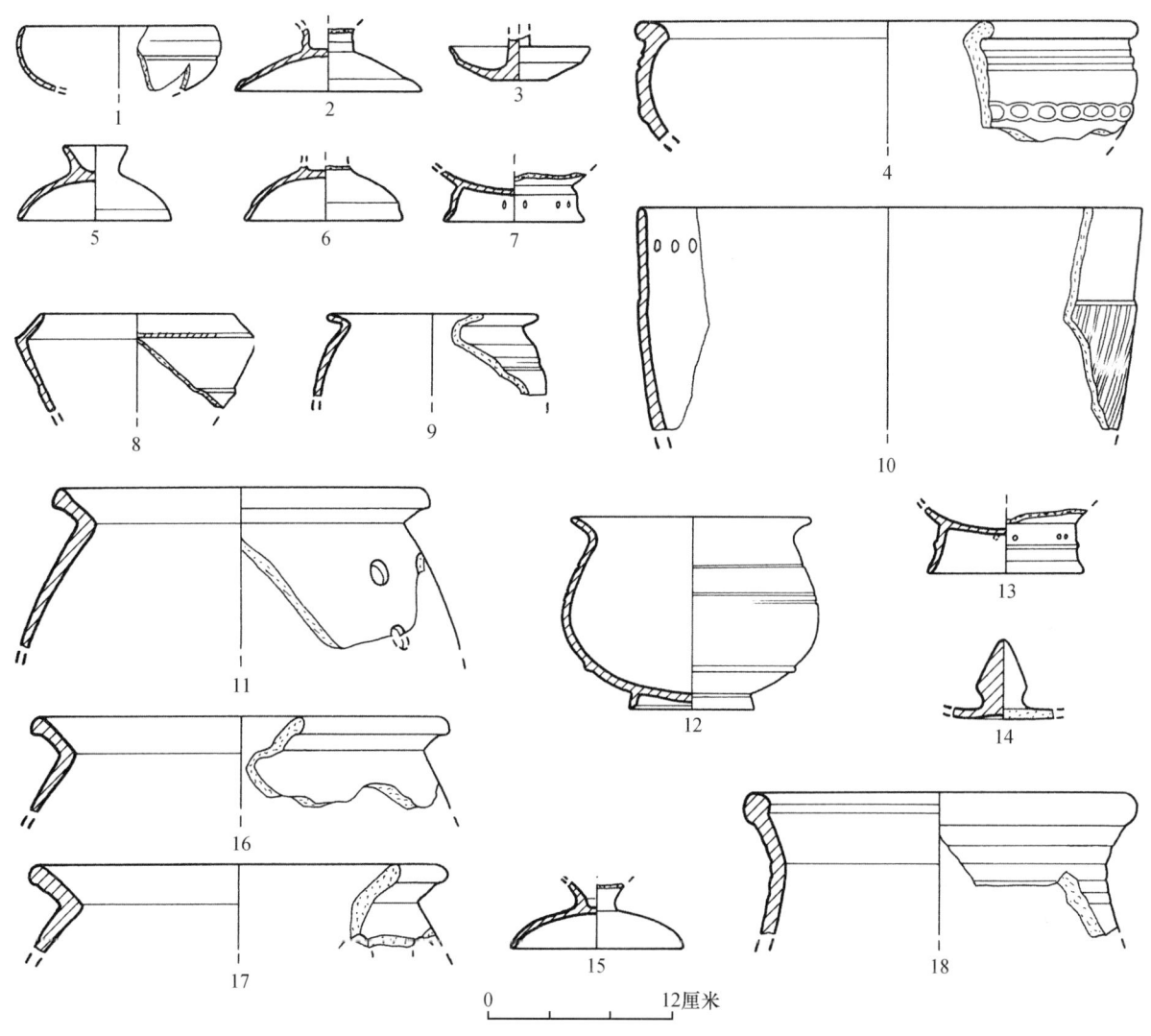

图二二五 ⅡT0708③、④出土器物

1.陶碗（ⅡT0708③：3） 2、3、5、6、14、15.陶器盖（ⅡT0708③：4、ⅡT0708③：6、ⅡT0708③：1、ⅡT0708③：5、ⅡT0708④：12、ⅡT0708④：11） 4.陶盆（ⅡT0708③：2） 7、13.陶簋（ⅡT0708④：10、ⅡT0708④：9）
8.陶豆（ⅡT0708④：8） 9.陶鼎（ⅡT0708④：7） 10、18.陶缸（ⅡT0708④：5、ⅡT0708④：4）
11、17.陶器座（ⅡT0708④：2、ⅡT0708④：6） 12.陶罐（ⅡT0708④：1） 16.陶釜（ⅡT0708④：3）

下部残。通体饰红衣但大部分已脱落。口径28、残高6厘米（图二二五，16）。

器座 2件。ⅡT0708④：2，泥质夹炭红陶。敛口，仰折沿，宽沿面，斜方唇，鼓腹，下部残。腹饰多个大圆形镂孔。口径25.2、残高10.4厘米（图二二五，11）。ⅡT0708④：6，泥质夹炭厚胎红陶。敛口，仰折沿，宽沿面，丰圆唇，鼓腹，下部残。通体饰红衣但大部分已脱落，唇外缘棱凸，腹饰镂孔。口径28、残高5.6厘米（图二二五，17）。

缸 2件。ⅡT0708④：4，泥质夹炭厚胎红陶。敛口，仰折沿，宽沿面，加厚丰圆唇，弧腹，下部残。通体饰红衣但大部分已脱落，唇缘棱凸，腹饰平行凸棱纹。口径27、残高9.2厘米（图二二五，18）。ⅡT0708④：5，夹砂含云母白陶。大直口，圆唇，直腹，下部残。内壁近口沿处绕体饰多个小圆圈压印纹，腹饰斜篮纹。口径34、残高14.4厘米（图二二五，10）。

簋　2件。ⅡT0708④：9，泥质磨光黑陶。上部残。弧腹，圜底，喇叭形圈足外撇。圈足外壁中部棱凸，凸棱上缘绕体非等距离饰四组横向双孔小圆形镂孔。足径10.4、残高4.2厘米（图二二五，13）。ⅡT0708④：10，泥质磨光黑陶。上部残。弧腹，圜底，喇叭形圈足外撇。圈足上部棱凸，凸棱下缘绕体非等距离饰四组横向双孔竖长镂孔。足径9.6、残高3.2厘米（图二二五，7）。

豆　1件。ⅡT0708④：8，泥质磨光黑陶。敛口，尖唇，折腹，上腹斜直内敛，下腹斜直内收，下部残。折腹处饰一周双凹弦纹、弦纹间饰间断斜长戳点纹，下腹饰一周上内下外错棱。口径13、腹径16、残高6.2厘米（图二二五，8）。

器盖　2件。ⅡT0708④：11，泥质黑陶。喇叭形细高盖纽残。盖面斜弧，穹顶，圆唇。纽根饰一周细凸弦纹。盖径11.6、残高4.2厘米（图二二五，15）。ⅡT0708④：12，泥质红陶。圆锥塔形盖纽，上部呈上尖下粗圆锥形顶，下部束颈。盖面残，浅凹底。通体饰红衣但部分已脱落。最大纽径2.8、残高5.2厘米（图二二五，14）。

ⅡT0709③　器类有罐、器座、缸、盘、器盖。

罐　3件。ⅡT0709③：7，泥质薄胎红陶。直口，仰折沿，宽沿面，丰圆唇，深弧腹近直，下部残。口径16、残高8.6厘米（图二二六，7）。ⅡT0709③：8，泥质灰陶。敛口，仰折沿，尖唇，鼓腹，下部残。口径14、残高6.4厘米（图二二六，8）。ⅡT0709③：12，泥质夹炭红陶。敛口，厚圆唇，鼓腹，下部残。腹上部饰红底黑彩，黑彩均为卷带状，整体图案不明。腹下部饰一周凹弦纹。口径46、残高10.4厘米（图二二六，11）。

器座　1件。ⅡT0709③：6，泥质红陶。敛口，仰折沿下垂，尖唇，深弧腹，下部残。唇外缘贴附一周凸棱，腹饰一周较细附加堆纹。口径29、残高8.8厘米（图二二六，6）。

缸　1件。ⅡT0709③：5，夹砂夹炭红陶。侈口，尖唇，束颈，深弧腹，下部残。束颈处饰一道凹弦纹，腹饰竖向篮纹。口径26、残高10厘米（图二二六，5）。

盘　3件。ⅡT0709③：9，泥质黑陶。微敛口，窄折沿，方唇，折腹，上腹微内敛，下腹斜直内收，下部残。唇缘和折腹处饰锯齿状戳印纹。口径24、残高3.2厘米（图二二六，9）。ⅡT0709③：10，泥质外红内灰陶。敞口，平折沿下垂，圆唇，斜弧腹，圜底，高圈足，下部残。通体饰红衣但大部分已脱落，圈足饰多个镂孔。口径20、残高4.2厘米（图二二六，10）。ⅡT0709③：11，泥质磨光黑陶。附斗形盘耳。附着盘内面微侈口，折腹。斗形耳口部显著高于盘口，直口，丰圆唇，深腹，平底中央穿一小孔。盘耳口径4.8、高4、残高4.8厘米（图二二六，12）。

器盖　4件。ⅡT0709③：1，泥质灰陶。喇叭状圈形纽，纽壁斜直，尖唇。盖面斜弧，尖唇。纽饰多道瓦棱纹。纽径4.8、盖径10.4、高4.4厘米（图二二六，1）。ⅡT0709③：2，泥质灰陶。喇叭状细高圈形纽，仰折沿，纽壁斜直，尖唇。盖面斜弧，底缘外折，尖唇。盖沿面饰双凹弦纹。纽径4.5、盖径14.1、高4.9厘米（图二二六，2）。ⅡT0709③：3，泥质灰陶。喇叭状矮圈形纽，尖唇。盖面斜弧，尖唇。素面。纽径3.2、盖径8.4、高3.3厘米（图二二六，3）。ⅡT0709③：4，泥质夹炭红陶。纽残。盖面近斜直，丰圆唇外折。通体饰红衣但部分已脱落。盖面饰双凸弦纹。盖径32、残高6厘米（图二二六，4）。

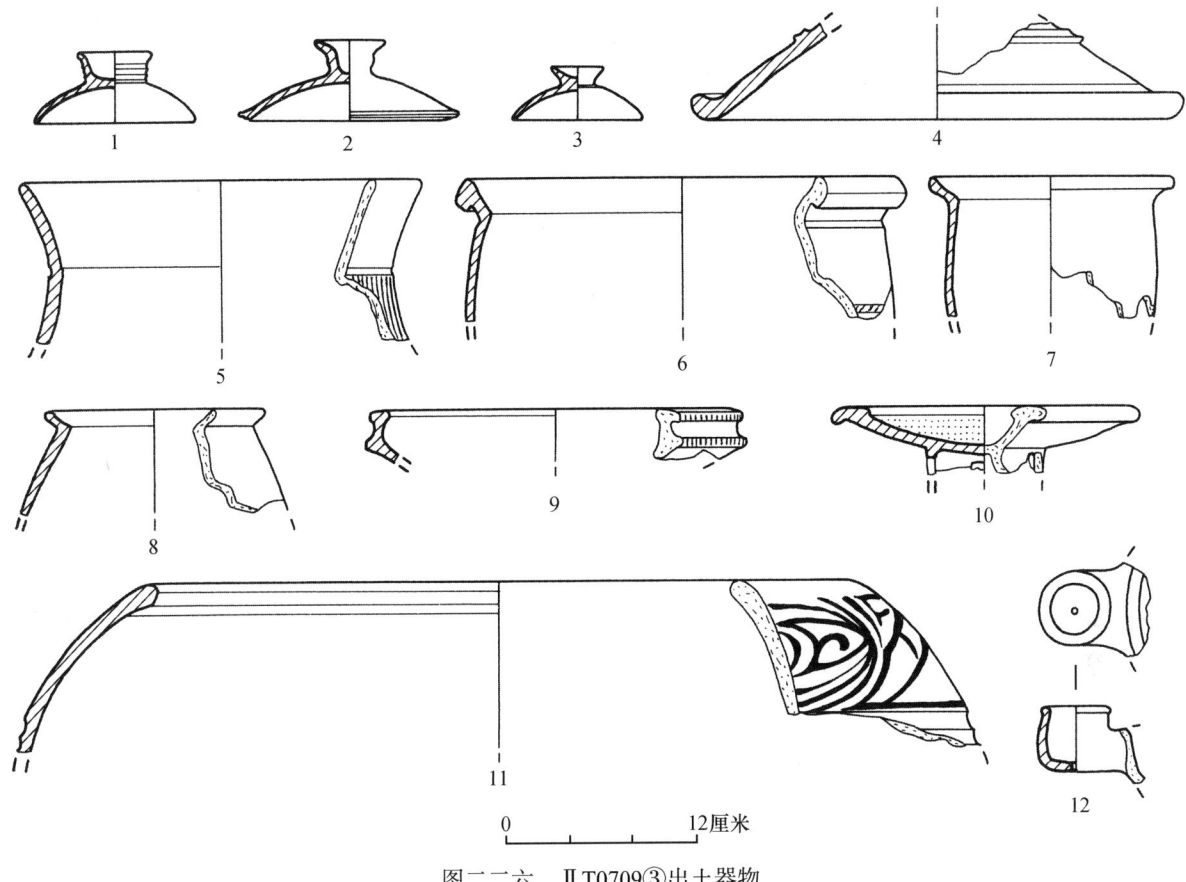

图二二六　ⅡT0709③出土器物

1~4.陶器盖（ⅡT0709③：1、ⅡT0709③：2、ⅡT0709③：3、ⅡT0709③：4）　5.陶缸（ⅡT0709③：5）　6.陶器座（ⅡT0709③：6）　7、8、11.陶罐（ⅡT0709③：7、ⅡT0709③：8、ⅡT0709③：12）　9、10、12.陶盘（ⅡT0709③：9、ⅡT0709③：10、ⅡT0709③：11）

ⅡT0709④　器类有罐、器盖、石钺。

罐　2件。ⅡT0709④：2，泥质夹炭红陶。敛口，仰折沿，宽沿面，加厚丰圆唇外缘棱凸，鼓腹，下部残。通体饰红衣但大部分已脱落，腹饰一周浅附加堆纹。口径36、残高12.4厘米（图二二七，2）。ⅡT0709④：4，泥质黑陶。敛口，仰折沿，斜方唇，鼓腹，下部残。沿面饰四道同心凹弦纹，弦纹上间断饰多组向心戳印纹。口径42、残高2.8厘米（图二二七，3）。

器盖　1件。ⅡT0709④：3，泥质夹炭红陶。圆尖塔形高盖纽，中空。塔帽呈较细长的尖锥形，其下部出檐。塔身呈粗矮筒形，下部残。通体饰红衣但大部分已脱落。残高10.4厘米（图二二七，6；图版四九，4）。

石钺　1件。ⅡT0709④：1，青色砂岩。残存上半部，平面呈梯形。圆角平顶，斜直两侧，两面弧凸，中部对钻穿孔，下部残，器形规整光滑。残长5、宽5.6~6.6、最厚2厘米（图二二七，1；图版七四，4）。

ⅡT0709⑤　器类有器耳、杯。

器耳　1件。ⅡT0709⑤：1，泥质夹炭红陶。附着内面圆弧，牛鼻形桥形耳。附着两端宽，耳面中间束窄，耳孔呈半圆拱形。通体饰红衣但大部分已脱落。耳跨5、拱高2厘米、厚0.8厘米（图二二七，4）。

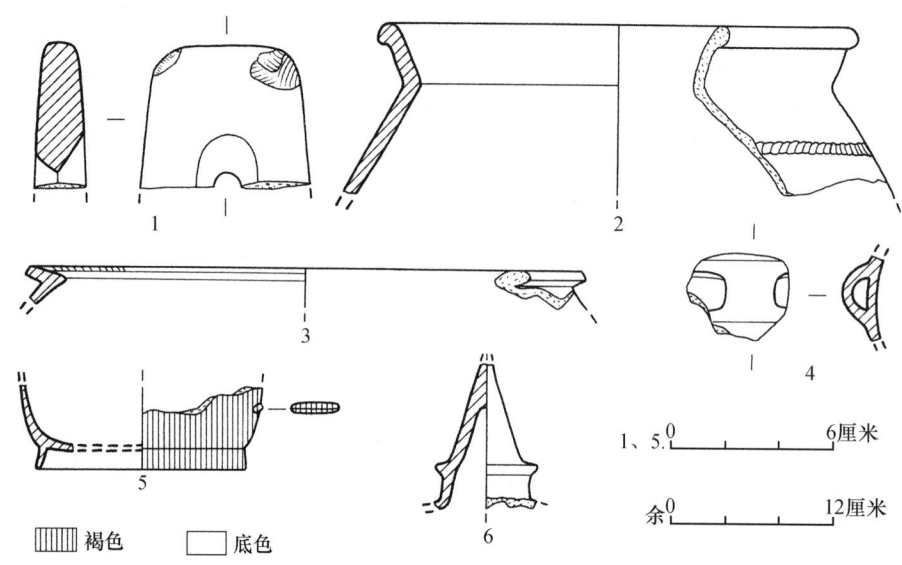

图二二七　ⅡT0709④、⑤出土器物
1. 石钺（ⅡT0709④：1）　2、3. 陶罐（ⅡT0709④：2、ⅡT0709④：4）　4. 陶器耳（ⅡT0709⑤：1）
5. 陶杯（ⅡT0709⑤：2）　6. 陶器盖（ⅡT0709④：3）

杯　1件。ⅡT0709⑤：2，泥质薄胎红陶。上部残。下腹斜直，平底，矮圈足外撇。腹部存一宽扁桥形耳残痕。腹内外壁及圈足外壁饰黑彩。残耳壁宽1.8、厚0.3、足径8、残高3厘米（图二二七，5）。

ⅡT0710③　器类有罐、盆、器座、盘、器盖、球、璧、环、石钺。

罐　3件。ⅡT0710③：23，泥质薄胎灰陶。敛口，仰折沿，圆唇，鼓腹，下部残。腹饰多道平行凸棱纹。口径11、残高6.2厘米（图二二九，7）。ⅡT0710③：14，夹砂灰陶。敛口，丁字形仰折沿，外唇圆内唇尖，鼓腹，下部残。腹饰横向篮纹。口径40、残高5.8厘米（图二二九，6）。ⅡT0710③：22，泥质红陶。敛口，圆唇，鼓腹，下部残。通体饰红衣但部分已脱落，唇外缘贴饰一周极浅宽平棱。口径22、残高2.4厘米（图二二九，11）。

盆　7件。ⅡT0710③：12，夹砂灰陶。敞口，丁字形平折沿，宽沿面，外唇圆内唇尖，弧腹内收，下部残。沿面饰同心凹弦纹、弦纹上间断饰多组向心戳印纹。口径50.8、残高3.8厘米（图二二八，5）。ⅡT0710③：13，泥质磨光灰陶。大直口，平折沿内角棱凸，尖唇，深弧腹内收，下部残。口径34、残高9.8厘米（图二二八，6）。ⅡT0710③：16，泥质灰陶。大直口，丁字形折沿下垂，宽沿面，外唇圆内唇尖，深弧腹，下部残。沿面饰多道同心凹弦纹、弦纹上间断饰多组向心长戳印纹，腹饰多道平行凸弦纹、弦纹上绕体间断饰多组锯齿状戳印纹。口径52、残高7.2厘米（图二二八，9）。ⅡT0710③：18，泥质红陶。敞口，折沿下垂，宽沿面，尖唇，斜弧腹内收，下部残。通体饰红衣但大部分已脱落。口径39、残高6.2厘米（图二二八，11）。ⅡT0710③：21，泥质夹炭红陶。大口微敛，加厚丁字形折沿，窄沿面，尖唇，弧腹内收，下部残。通体饰红衣但大部分已脱落，腹饰平行凹弦纹。口径42.2、残高6.6厘米（图二二九，9）。ⅡT0710③：15，泥质灰陶。大敞口，斜方唇，斜弧残腹内收，下部残。腹饰一周附加堆纹。口径26、残高5.2厘米（图二二八，12）。ⅡT0710③：19，泥质红陶。敞

第三章 遗 存

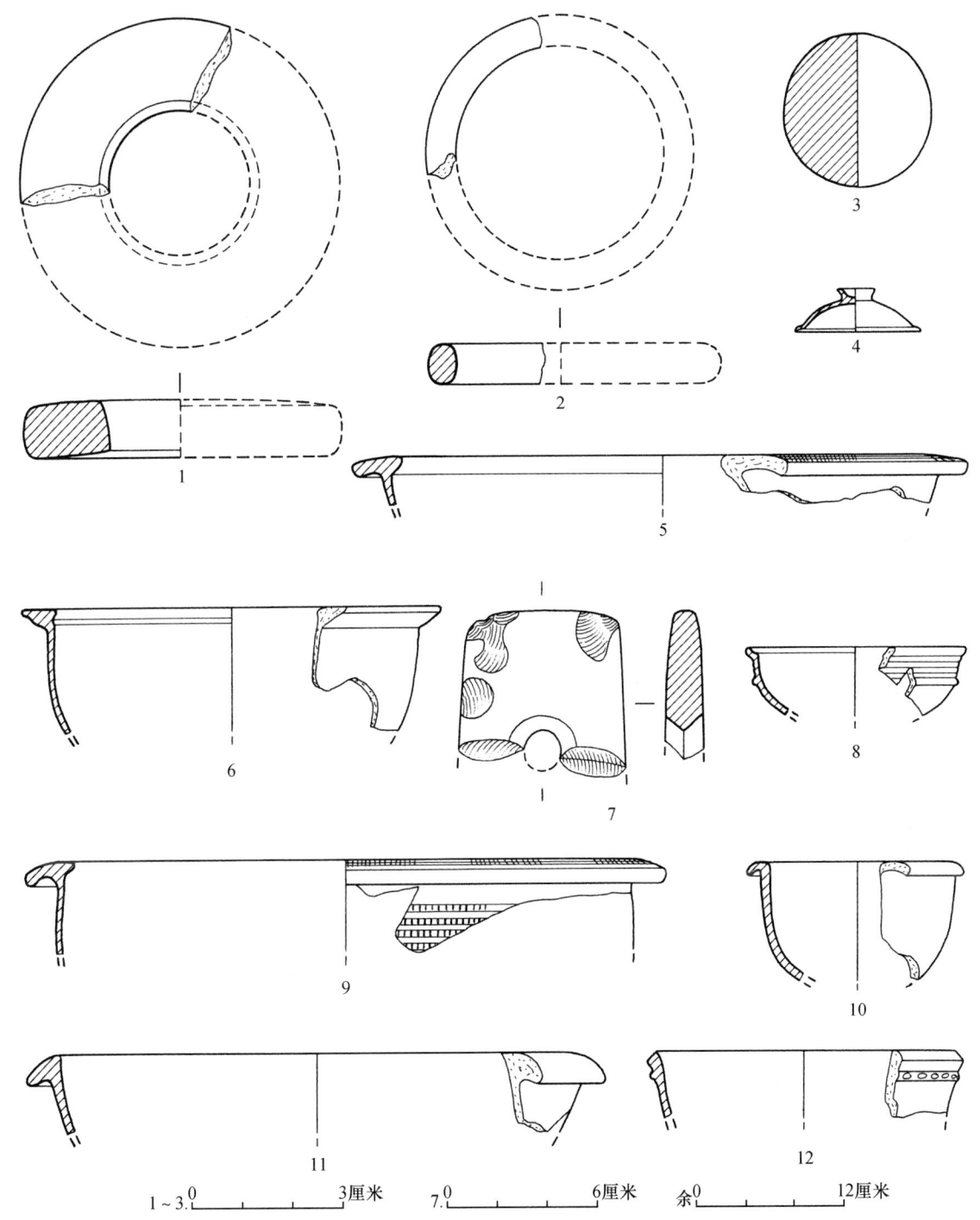

图二二八　ⅡT0710③出土器物

1.陶壁（ⅡT0710③:7）　2.陶环（ⅡT0710③:8）　3.陶球（ⅡT0710③:6）　4.陶器盖（ⅡT0710③:10）　5、6、9~12.陶盆（ⅡT0710③:12、ⅡT0710③:13、ⅡT0710③:16、ⅡT0710③:19、ⅡT0710③:18、ⅡT0710③:15）　7.石钺（ⅡT0710③:11）　8.陶盘（ⅡT0710③:17）

口近直，折沿下垂，尖唇，深弧腹内收，下部残。通体饰红衣但大部分已脱落。口径18、残高7.2厘米（图二二八，10）。

器座　1件。ⅡT0710③：20，泥质夹炭红陶。敛口，仰折沿，宽沿面，加厚丰圆唇，深弧腹，下部残。通体饰红衣但大部分已脱落，唇缘棱凸。口径28、残高6.8厘米（图二二九，12）。

盘　3件。ⅡT0710③：17，泥质磨光黑陶。敞口，窄折沿，尖唇，折腹，上腹斜直，下腹斜弧内收，下部残。唇内缘饰一周凹弦纹，上腹饰平行凹弦纹，折腹处饰一周凸弦纹。口径18、残高5.2厘米（图二二八，8）。ⅡT0710③：24，泥质磨光灰黑陶。直口，窄折沿，尖唇，折腹，上腹斜直，下腹斜弧内收，下部残。口径16、残高5厘米（图二二九，8）。ⅡT0710③：25，泥质夹炭红陶。敞口，圆唇，深弧腹，圜底，圈足残。通体饰红衣但大部分已脱落，圈足饰镂孔。口径24、残高4.6厘米。

器盖　6件。ⅡT0710③：1，泥质灰陶。喇叭状圈形纽，平折沿，斜直壁，尖唇。盖面斜弧，底缘外折成窄平沿，尖唇。素面。纽径5.2、盖径14、高4.4厘米（图二二九，1）。ⅡT0710③：2，泥质灰陶。喇叭状矮圈形纽，斜直壁，尖唇。盖面斜弧，圆唇。盖面内壁饰两道凹弦纹。纽径4.1、盖径12.4、高3.6厘米（图二二九，2）。ⅡT0710③：3，泥质黑陶。喇叭状矮圈形纽，斜直壁，圆唇。盖面斜弧，底缘外折成窄折沿，尖唇。素面。纽径3.3、盖径10.2、高3.4厘米（图二二九，3）。ⅡT0710③：4，泥质灰陶。喇叭状矮圈形纽，圆唇。盖面斜弧，底缘外折成窄平沿，尖唇。窄底沿面饰一周凹弦纹。纽径4、盖径11.4、高3.1厘米（图二二九，4）。ⅡT0710③：5，泥质灰陶。矮圈形纽外侈，圆唇。盖面斜弧，圆唇。素面。纽径4.8、盖径12、高3.4厘米（图二二九，5）。ⅡT0710③：10，泥质灰陶。喇叭状矮圈形盖纽，尖唇。盖面圆弧形，底缘窄折沿，尖唇。纽径3、盖径10.2、高3.4厘米（图二二八，4；图版四九，5）。

球　1件。ⅡT0710③：6，泥质灰陶。实心圆球，较圆整。素面。直径3厘米（图二二八，3；图版六〇，6）。

璧　1件。ⅡT0710③：7，夹砂红陶。较厚。一面弧凸，一面内凹，外缘微弧凸，内缘斜直，中孔较大。素面。外径6.4、孔径2.8～3.2、厚1厘米（图二二八，1；图版六六，3）。

环　2件。ⅡT0710③：8，泥质磨光黑陶。宽扁实心圆环，截面近宽椭圆形，内缘近宽平微弧凸，外缘圆弧。素面。外径5.4、内径4.2、厚0.8厘米（图二二八，2；图版六四，4）。ⅡT0710③：9，泥质磨光黑陶。侧扁实心圆环，内缘较窄微弧凸，外缘尖弧凸。素面。外径7.5、内径5.6、厚0.8厘米（图二二九，10；图版六四，5）。

石钺　1件。ⅡT0710③：11，青色砂岩。残存上半部，平面呈梯形，圆角平顶，两侧斜直，两面平整。对钻一喇叭形孔。器形规整，器表光滑。残长6.5、最宽6.8、厚1.6厘米（图二二八，7；图版七四，5）。

ⅡT0710④　器类有鼎、罐、盆、器座、盘、碗、器盖、环。

鼎　3件。ⅡT0710④：10，泥质薄胎灰陶。敛口，仰折沿，宽沿面，尖唇，鼓腹，下部残。唇内缘饰一道凹弦纹，腹饰一周双凹弦纹。口径14、残高5.8厘米（图二三〇，21）。ⅡT0710④：18，泥质红陶。侧扁板形高足，附着内面斜弧。足侧视呈三角形，内外脊凸，

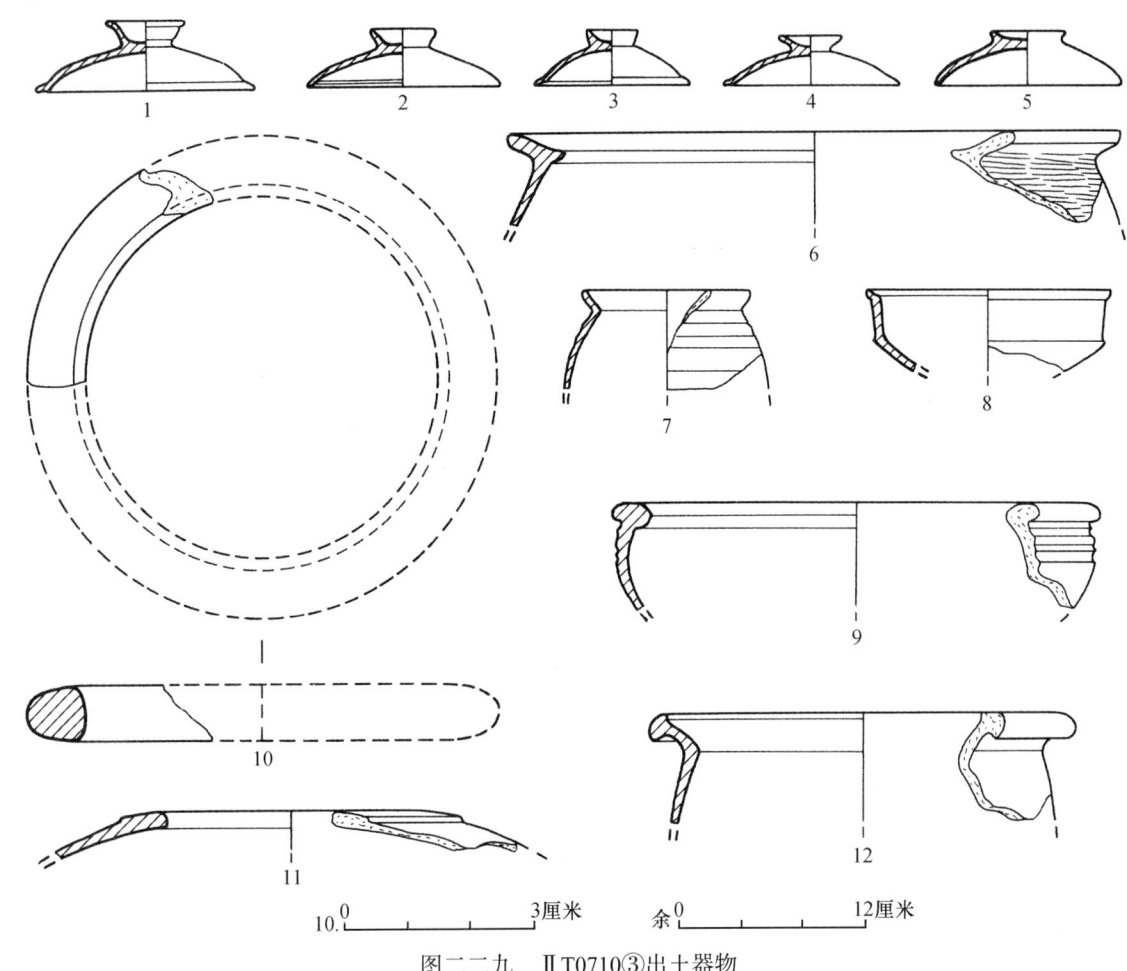

图二二九　ⅡT0710③出土器物
1~5.陶器盖（ⅡT0710③：1、ⅡT0710③：2、ⅡT0710③：3、ⅡT0710③：4、ⅡT0710③：5）　6、7、11.陶罐
（ⅡT0710③：14、ⅡT0710③：23、ⅡT0710③：22）　8.陶盘（ⅡT0710③：24）　9.陶盆（ⅡT0710③：21）
10.陶环（ⅡT0710③：9）　12.陶器座（ⅡT0710③：20）

左右两面扁平，凿形足尖。通体饰红衣但大部分已脱落，内外脊皆饰按窝纹。残高7厘米（图二三〇，20）。ⅡT0710④：19，泥质红陶。侧扁板形高足，附着内面斜弧。足侧视呈三角形，内外脊凸，左右两面扁平，凿形足尖。通体饰红衣但大部分已脱落，内外脊皆饰按窝纹。残高7.6厘米（图二三〇，19）。

罐　2件。ⅡT0710④：13，泥质薄胎灰陶。敛口，仰折沿，宽沿面，丰圆唇，弧腹微折，下部残。折腹上缘饰一周双凹弦纹，下腹饰一周双凹弦纹。口径14、残高6.2厘米（图二三〇，15）。ⅡT0710④：14，泥质磨光黑陶。敛口，仰折沿，宽沿面，双唇，鼓腹，下部残。双唇缘饰斜长戳印纹若麦穗状。口径19、残高4厘米（图二三〇，10）。

盆　5件。ⅡT0710④：9，泥质磨光灰陶。大敞口，平折沿，尖唇，腹斜弧内收，下部残。沿面饰一周浅凹弦纹。口径42、残高4.4厘米（图二三〇，11）。ⅡT0710④：16，泥质灰陶。大敞口，丁字形折沿下垂，宽沿面，圆唇，弧腹，下部残。口径52、残高2.8厘米（图

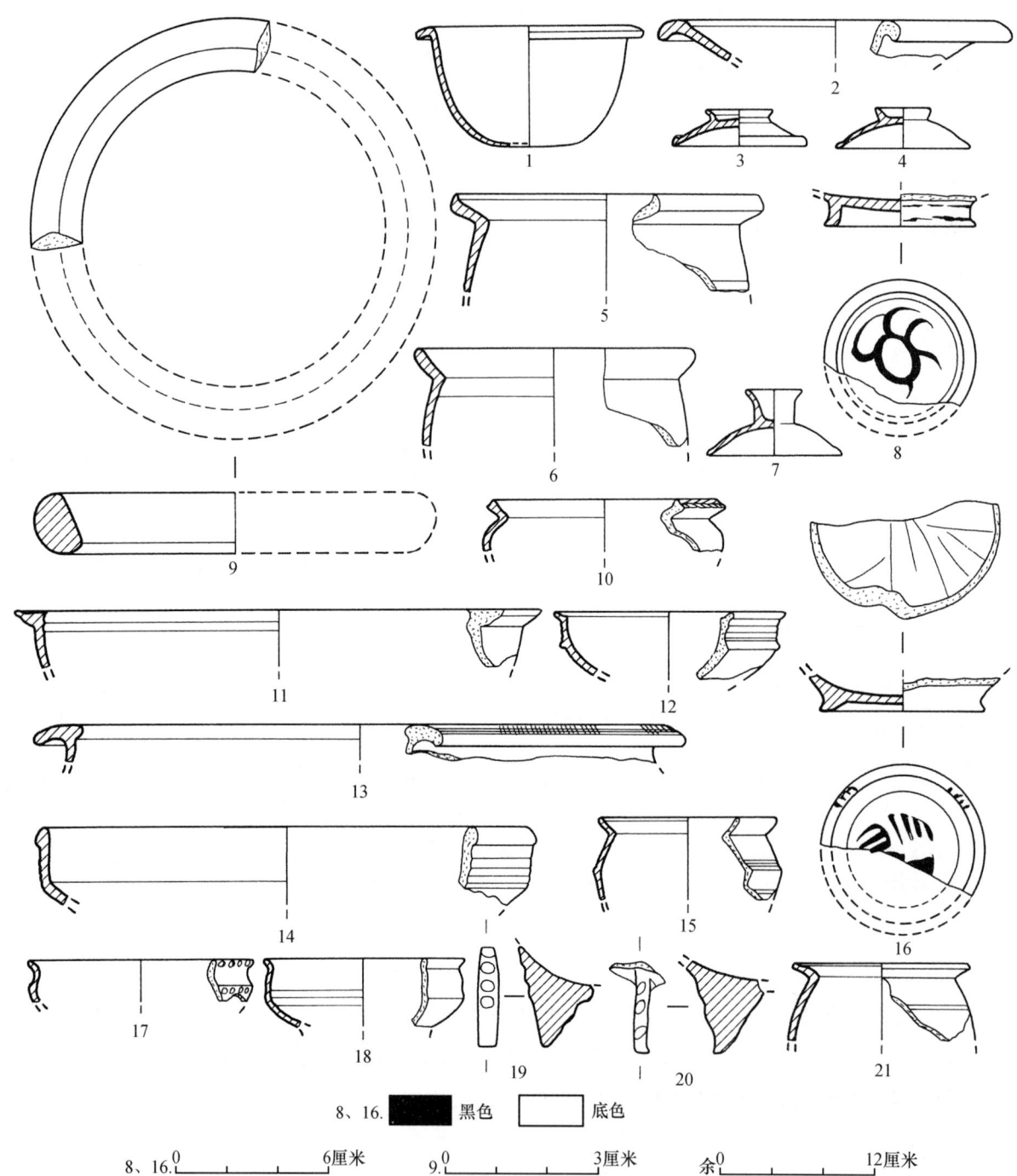

图二三〇　ⅡT0710④出土器物

1、11、13、14、17.陶盆（ⅡT0710④：1、ⅡT0710④：9、ⅡT0710④：16、ⅡT0710④：17、ⅡT0710④：15）　2、12、18.陶盘（ⅡT0710④：8、ⅡT0710④：12、ⅡT0710④：11）　3、4、7.陶器盖（ⅡT0710④：2、ⅡT0710④：4、ⅡT0710④：3）　5、6.陶器座（ⅡT0710④：6、ⅡT0710④：7）　8、16.陶碗（ⅡT0710④：20、ⅡT0710④：21）　9.陶环（ⅡT0710④：5）　10、15.陶罐（ⅡT0710④：14、ⅡT0710④：13）　19~21.陶鼎（ⅡT0710④：19、ⅡT0710④：18、ⅡT0710④：10）

二三〇，13）。ⅡT0710④：17，泥质夹炭红陶。直口，尖唇，折腹，上腹竖直，下腹斜弧内收，下部残。通体饰褐衣但大部分已脱落，唇外缘凸棱，上腹饰平行凹弦纹。口径40、残高6厘米（图二三〇，14）。ⅡT0710④：1，泥质红陶。敞口，折沿下垂，圆唇，深弧腹，平底残。素面。口径18、底径6、高9.2厘米（图二三〇，1；图版二〇，6）。ⅡT0710④：15，泥质灰陶。敛口，折沿，尖唇，束颈，弧腹内收，下部残。唇缘按压呈锯齿状，腹饰一周戳印纹。口径18、残高3.2厘米（图二三〇，17）。

器座 2件。ⅡT0710④：6，泥质夹炭红陶。敛口，仰折沿，宽沿面，斜方唇内缘棱凸，深弧腹，下部残。通体饰红衣但大部分已脱落，腹饰一道凸棱纹。口径24、残高7.4厘米（图二三〇，5）。ⅡT0710④：7，泥质夹炭红陶。敛口，仰折沿，宽沿面，深弧腹，下部残。通体饰红衣但大部分已脱落，内壁饰一周浅凹弦纹。口径22、残高7.4厘米（图二三〇，6）。

盘 3件。ⅡT0710④：8，泥质夹炭红陶。敞口，折沿下垂，丰圆唇，斜弧内收，下部残。通体饰红衣但大部分已脱落。口径28、残高3厘米（图二三〇，2）。ⅡT0710④：11，泥质灰陶。直口，窄折沿，尖唇，折腹，上腹近竖直，下腹斜弧内收，下部残。内壁同心制作痕迹明显。口径16、残高5.2厘米（图二三〇，18）。ⅡT0710④：12，泥质磨光灰黑陶。直敞口，窄折沿，尖唇，折腹，上腹斜直，下腹斜弧内收，下部残。上腹饰凹弦纹，折腹处棱凸。口径16、残高5厘米（图二三〇，12）。

碗 2件。ⅡT0710④：20，泥质红陶。上部残，圜底，矮圈足外撇。内壁及圈足外壁皆饰红底黑彩，脱落严重；外底饰红底黑彩，黑彩图案为逆时针旋涡纹（图二三〇，8）。ⅡT0710④：21，泥质灰陶。上部残。圜底，矮圈足外撇。内壁及外壁皆饰黑彩；内底饰不规则枝杈状放射阴刻细弦纹；外底饰黑彩，外圈近足尖底缘等距离饰多组向心辐射线、每组四道若耙齿状，中央图案为多组平行直线段围着中心组合成圆形图案。足径6.6、残高1.3厘米（图二三〇，16；图版四一，4）。

器盖 3件。ⅡT0710④：2，泥质磨光黑陶。喇叭状矮圈形纽，仰折沿，尖唇。盖面斜弧壁，尖唇。底唇外凸棱。纽径5.2、盖径10.5、高2.7厘米（图二三〇，3）。ⅡT0710④：3，泥质灰陶。喇叭状高圈形纽，尖唇。盖面斜弧，圆唇。素面。纽径4.4、盖径10.5、高5厘米（图二三〇，7）。ⅡT0710④：4，泥质灰陶。矮圈形纽外侈，尖唇。盖面斜弧微外撇，圆唇。素面。纽径4.4、盖径10.6、高3.1厘米（图二三〇，4）。

环 1件。ⅡT0710④：5，泥质灰陶。宽扁实心圆环，截面近倾斜半圆形，内缘斜直，外缘圆弧。素面。外径8、内径6~6.9、厚1厘米（图二三〇，9；图版六四，6）。

ⅡT0710⑤ 器类有罐、盆、缸、簋、盘、碟、器盖、纺轮。

罐 2件。ⅡT0710⑤：10，泥质磨光黑陶。敛口，平折沿，窄沿面，丰圆唇，深弧腹，下部残。口径16、残高3.6厘米（图二三一，5）。ⅡT0710⑤：9，泥质夹炭红陶。敛口，折沿下垂，圆唇，鼓腹，下部残。通体饰红衣但大部分已脱落。口径47.2、残高6厘米（图二三一，10）。

盆 2件。ⅡT0710⑤：6，泥质夹炭红陶。敞口，折沿下垂，宽沿面，圆唇，斜弧腹内收，下部残。通体饰红衣但部分已脱落。口径42、残高4.2厘米（图二三一，7）。

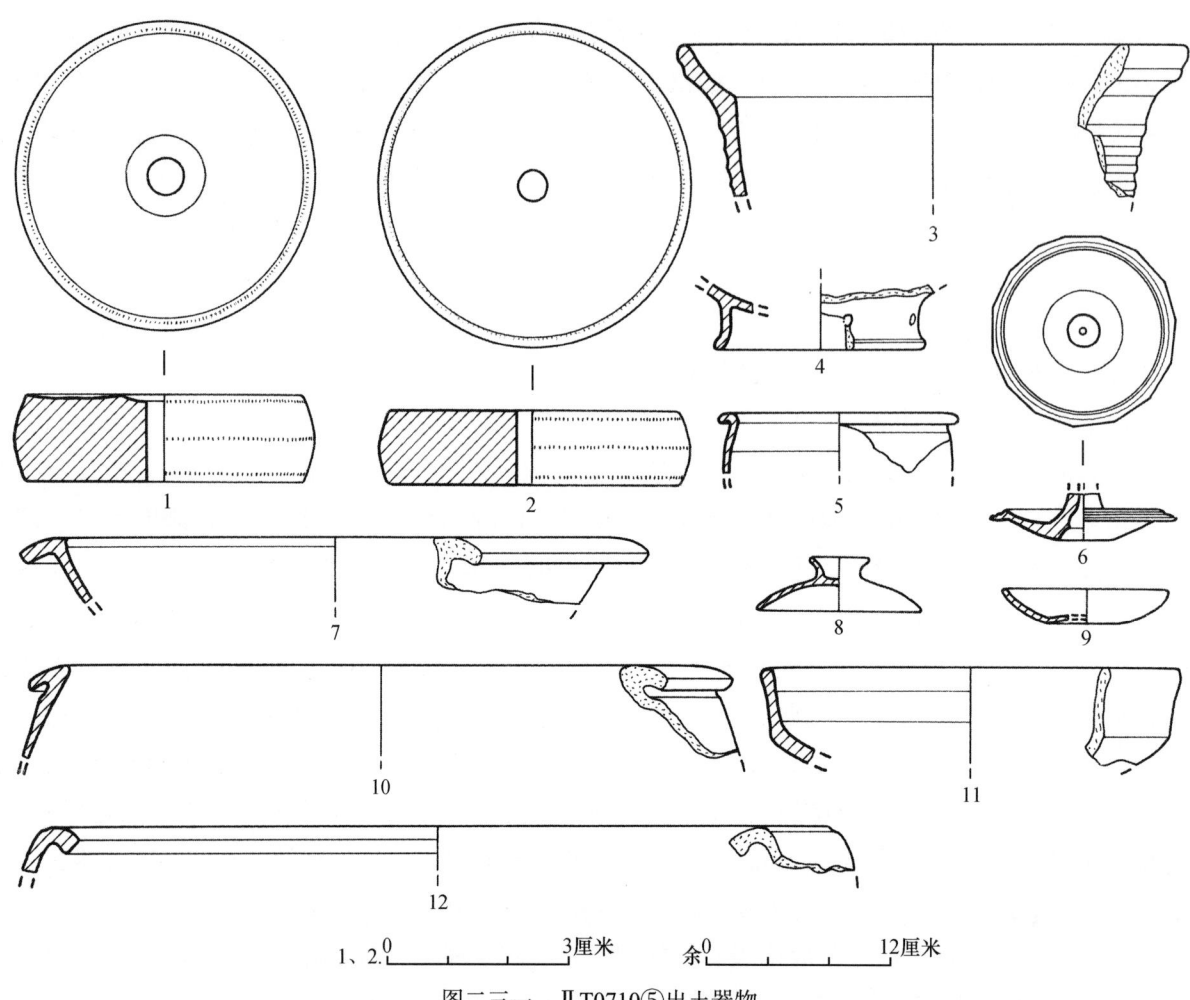

图二三一 ⅡT0710⑤出土器物

1、2. 陶纺轮（ⅡT0710⑤：1、ⅡT0710⑤：2） 3. 陶缸（ⅡT0710⑤：5） 4. 陶簋（ⅡT0710⑤：12） 5、10. 陶罐（ⅡT0710⑤：10、ⅡT0710⑤：9） 6、8. 陶器盖（ⅡT0710⑤：11、ⅡT0710⑤：3） 7、12. 陶盆（ⅡT0710⑤：6、ⅡT0710⑤：8） 9. 陶碟（ⅡT0710⑤：4） 11. 陶盘（ⅡT0710⑤：7）

ⅡT0710⑤：8，泥质夹炭红陶。大敛口，内卷沿，加厚斜方唇，弧腹，下部残。通体饰红衣但大部分已脱落。口径52、残高2.8厘米（图二三一，12）。

缸 1件。ⅡT0710⑤：5，泥质夹草木灰红陶。敞口，仰折沿，宽沿面，圆唇，深弧腹内收，下部残。通体饰褐衣但大部分已脱落，宽沿外壁饰一周凸棱纹，腹饰平行瓦棱纹。口径34、残高9.8厘米（图二三一，3）。

簋 1件。ⅡT0710⑤：12，泥质磨光黑陶。上部残。圜底，矮圈足外撇。圈足饰多个小圆形镂孔，底缘外饰一周凸棱。足径14、残高4.2厘米（图二三一，4）。

盘 1件。ⅡT0710⑤：7，泥质夹炭红陶。敞口近直，丰圆唇，折腹，上腹斜直，下腹斜弧内收，下部残。通体饰红衣但大部分已脱落。口径28、残高6.2厘米（图二三一，11）。

碟 1件。ⅡT0710⑤：4，泥质灰陶。敞口，斜弧浅腹，凹底。口径11、底径4.8、高2.2厘米（图二三一，9；图版五三，4）。

器盖　2件。ⅡT0710⑤：3，泥质灰陶。喇叭状圈形纽，尖唇，束颈。盖面斜弧，圆唇。素面。纽径4、盖面直径11、高3.4厘米（图二三一，8）。ⅡT0710⑤：11，泥质红陶。塔形纽残。盖盘敞口，折沿下垂，尖唇，斜弧腹，深窝底。通体饰红衣但大部分已脱落，盖唇缘按压呈葵瓣状，沿面饰多道同心凹弦纹。盖径12.2、残高3厘米（图二三一，6）。

纺轮　2件。ⅡT0710⑤：1，泥质灰陶。一面平整，另一面微凹，周缘中间棱凸成两斜面，中孔竖直、但微凹面孔口边缘内凹。周缘的两边和中间凸棱处各饰一周细密戳点纹。直径5、孔径0.6、厚1.4厘米（图二三一，1；图版五四，6）。ⅡT0710⑤：2，泥质灰陶。两面平整，周缘中间棱凸成两斜面，中孔竖直。周缘的两边和中间凸棱处各饰一周细密戳点纹。直径5.2、孔径0.5、厚1.2厘米（图二三一，2；图版五五，1）。

ⅡT0804②　器类有石杵。

石杵　1件。ⅡT0804②：1，灰色砂岩。圆角方柱形。四面平整，顶端平，尖端残。体表为粗糙的侵蚀痕，尖部磨光。残长7.5、宽厚均为3厘米（图二三二，1；图版七五，5）。

ⅡT0804③　器类有罐、盆。

罐　4件。ⅡT0804③：3，泥质夹炭灰陶。敛口，仰折沿，方唇，鼓腹，下部残。素面。口径16、残高4.4厘米（图二三二，6）。ⅡT0804③：4，泥质夹炭红陶。直口微敛，仰折沿，宽沿面，尖唇，深弧腹，下部残。通体饰红衣但大部分已脱落。口径20.4、残高5.4厘米（图二三二，5）。ⅡT0804③：5，泥质磨光黑陶。大口微敛，仰折沿，加厚宽沿面，丰圆唇，深弧腹，下部残。口径26、残高5厘米（图二三二，3）。ⅡT0804③：2，泥质红陶。敛口，仰折沿，宽沿面，加厚丰圆唇内外缘棱凸，鼓腹，下部残。通体饰红衣，部分已脱落。口径26、残高5.8厘米（图二三二，4）。

盆　1件。ⅡT0804③：1，泥质夹炭红陶。敛口，仰折沿，宽沿面，丰圆唇，深弧腹内收，下部残。通体饰红衣但大部分已脱落，最大腹径处饰一周凸弦纹。口径24、腹径21、残高6.8厘米（图二三二，2）。

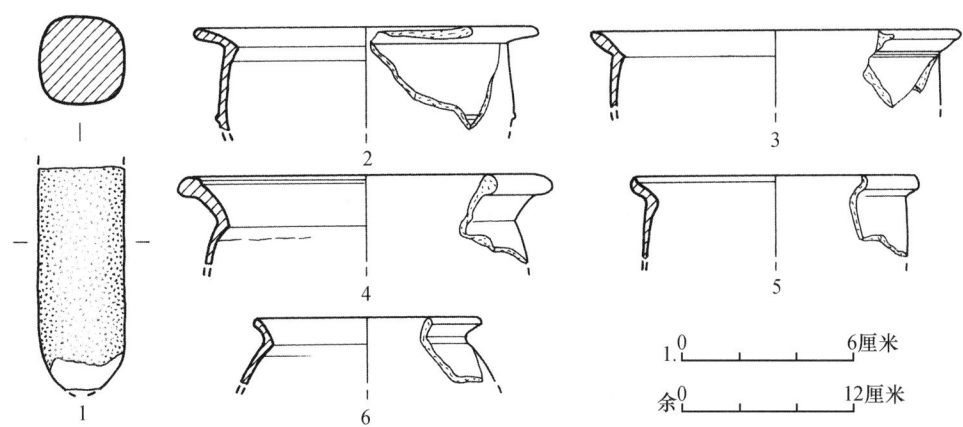

图二三二　ⅡT0804②、③出土器物

1.石杵（ⅡT0804②：1）　2.陶盆（ⅡT0804③：1）　3~6.陶罐（ⅡT0804③：5、ⅡT0804③：2、ⅡT0804③：4、ⅡT0804③：3）

ⅡT0804④ 器类有鼎、罐、盆、釜、缸、盘、器盖、纺轮、球、石杵、石凿。

鼎 8件。ⅡT0804④：12，泥质灰陶。敛口，仰折沿，圆唇，鼓腹，下部残。口径14、残高2.3厘米（图二三三，4）。ⅡT0804④：15，泥质灰陶。敛口，仰折沿，圆唇，鼓腹，下部残。口径11、残高2.8厘米（图二三三，15）。ⅡT0804④：16，泥质磨光黑陶。敛口，仰折沿，宽沿面，圆唇，鼓腹，下部残。腹饰一周双凹弦纹，弦纹间饰戳点纹。口径14、残高3.6厘米（图二三三，16）。ⅡT0804④：22，泥质黑陶。侧扁圆锥足，内外脊凸，两侧扁圆，足尖残。足根饰一按窝。残高6.6厘米（图二三三，22）。ⅡT0804④：23，泥质夹炭红陶。圆形柱足，足尖截平。直径0.9～2.1、残高4.9厘米（图二三三，23）。ⅡT0804④：24，泥质灰陶。宽扁凹形矮足，内面竖向弧凸，外面竖向弧凹，竖直两侧脊凸，凹足尖。足根两侧脊上饰两个小按窝。残高3.8厘米（图二三三，24）。ⅡT0804④：25，泥质黑陶。宽扁凿形足，内面竖向弧凸，外面竖向弧凹，斜直两侧脊凸，横向平足尖。足根中间饰一个月牙形小按窝。残高4.8厘米（图二三三，26）。ⅡT0804④：26，泥质黑陶。宽扁锥形矮足，内面竖向弧凸，外面弧凹，竖直两侧脊凸。残高4.5厘米（图二三三，25）。

罐 6件。ⅡT0804④：17，泥质磨光灰陶。直口，平折沿，尖唇，直颈较高，下部残。颈饰多道平行凹弦纹。口径12、残高3.6厘米（图二三三，12）。ⅡT0804④：20，泥质磨光黑陶。小直口，折沿下垂，圆唇，直颈较高，下部残。唇缘饰一周双凹弦纹，颈饰一周双凹弦纹、弦纹间饰戳点纹。口径16、残高3.2厘米（图二三三，18）。ⅡT0804④：21，泥质夹炭红陶。小口微敞，窄折沿，圆唇，矮束颈，鼓腹，下部残。通体饰红衣但大部分已脱落。口径12、残高4.6厘米（图二三三，19）。ⅡT0804④：10，泥质夹炭红陶。敛口，加厚丰圆唇外缘棱凸，鼓腹，下部残。口径26.4、残高4.2厘米（图二三三，9）。ⅡT0804④：13，泥质灰陶。敛口，仰折沿，窄沿面，尖唇，鼓腹，下部残。口径24、残高2.3厘米（图二三三，11）。ⅡT0804④：14，泥质磨光厚胎灰陶。小口内敛，尖唇，矮领，鼓腹，下部残。腹饰凹弦纹。口径17、残高3.7厘米（图二三三，10）。

盆 1件。ⅡT0804④：9，泥质夹炭红陶。敛口，仰折沿，宽沿面，丰圆唇，深弧腹内收，余部残。通体饰红衣但部分已脱落，上沿面饰一道浅凹弦纹，下沿面饰细密同心凹弦纹，腹饰一周凹弦纹。口径23、腹径21、残高5.6厘米（图二三三，6）。

釜 1件。ⅡT0804④：11，泥质夹炭红陶。敛口，仰折沿，宽沿面，圆唇，鼓腹，下部残。口径18、残高5.4厘米（图二三三，8）。

缸 1件。ⅡT0804④：8，泥质夹炭红陶。大敛口近直，仰折沿，宽沿面，加厚丰圆唇棱凸，腹斜直，下部残。通体饰红衣但部分已脱落，沿面饰多道同心凹弦纹，腹饰多道阴刻平行线纹。口径32、残高4.8厘米（图二三三，5）。

盘 2件。ⅡT0804④：4，泥质磨光黑陶。敞口，丰圆唇外缘棱凸，折腹，深盘，上腹斜直，下腹斜弧，圜底，喇叭形粗圈足残。唇外缘饰多组粗戳点纹，折腹上缘饰一周双凹弦纹、弦纹间绕体等距离饰三组小戳点纹。口径21、残高5.7厘米（图二三三，3；图版三七，1）。ⅡT0804④：18，泥质灰陶。直口微敞，平唇，折腹，上腹近竖直，下腹斜弧内收，下部残。

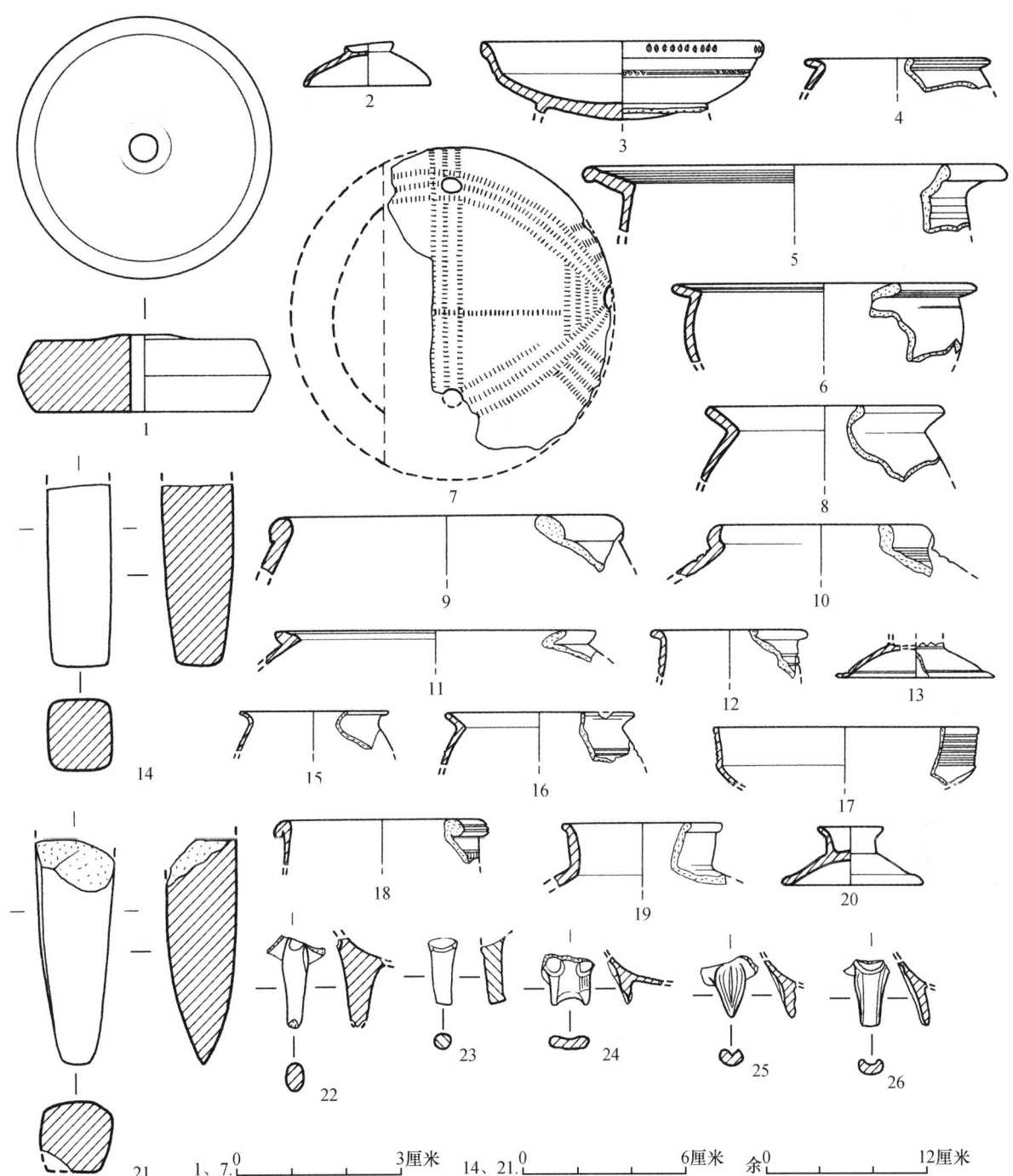

图二三三　ⅡT0804④出土器物

1.陶纺轮（ⅡT0804④：1）　2、13、20.陶器盖（ⅡT0804④：2、ⅡT0804④：19、ⅡT0804④：3）　3、17.陶盘（ⅡT0804④：4、ⅡT0804④：18）　4、15、16、22～26.陶鼎（ⅡT0804④：12、ⅡT0804④：15、ⅡT0804④：16、ⅡT0804④：22、ⅡT0804④：23、ⅡT0804④：24、ⅡT0804④：26、ⅡT0804④：25）　5.陶缸（ⅡT0804④：8）　6.陶盆（ⅡT0804④：9）　7.陶球（ⅡT0804④：7）　8.陶釜（ⅡT0804④：11）　9~12、18、19.陶罐（ⅡT0804④：10、ⅡT0804④：14、ⅡT0804④：13、ⅡT0804④：17、ⅡT0804④：20、ⅡT0804④：21）　14.石杵（ⅡT0804④：5）　21.石凿（ⅡT0804④：6）

上腹饰平行凹弦纹。口径20、残高4.2厘米（图二三三，17）。

器盖　3件。ⅡT0804④：2，泥质灰陶。严重变形。矮圈纽，圆唇。盖面斜弧内扣，圆唇。素面。纽径3.5、盖面直径9.4、高2.8~3.2厘米（图二三三，2；图版四九，6）。ⅡT0804④：3，泥质磨光黑陶。喇叭状圈形纽，仰折沿，圆唇，直颈。盖面斜直壁，底缘稍外撇，丰圆唇。素面。纽径4.8、盖径10.8、高4.2厘米（图二三三，20）。ⅡT0804④：19，泥质灰陶。圈形盖纽残。盖面斜弧，穹顶，平折沿，尖唇。盖径12、残高2.6厘米（图二三三，13）。

纺轮　1件。ⅡT0804④：1，泥质灰陶。两面平，周缘中间棱凸成两斜面，竖直小孔一端边缘凸起。素面。直径4.7、孔径0.5、厚1.3~1.4厘米（图二三三，1；图版五五，2）。

球　1件。ⅡT0804④：7，泥质黑陶。空心圆球形，较圆整。球面饰经纬相交细密戳点线纹；经线为三线戳点线纹和单线戳点线纹相交于两极，经纬相交处饰盲孔或镂孔，围绕极点处饰四线戳点线纹图案。复原直径6厘米（图二三三，7）。

石杵　1件。ⅡT0804④：5，灰色砂岩。正方柱形，平顶及四面平整，残断一端稍粗。残长6.6、宽及厚1.6~2.4厘米（图二三三，14）。

石凿　1件。ⅡT0804④：6，灰色细砂岩。柄端残断。两面弧凸，两侧磨平，近凿尖处稍内收，凿尖两面对称磨光。最厚2.6、最宽2.9、刃宽1、残长8.2厘米（图二三三，21）。

ⅡT0805③　器类有鼎、罐、盆、碗、器盖、饼、石斧。

鼎　5件。ⅡT0805③：1，泥质灰陶。小口微敛，仰折沿，窄沿面，尖唇，直颈较长，圆鼓腹，圜底，侧扁方形足残。口径9、腹径14.6、复原高14.7厘米（图二三四，5；图版一三，5）。ⅡT0805③：8，泥质灰陶。敛口，仰折沿，宽沿面，微鼓腹，下部残。腹饰一周浅双凹弦纹。口径16、残高2.6厘米（图二三四，7）。ⅡT0805③：13，泥质磨光黑陶。宽扁板形矮足，内外面较平，竖直两侧脊凸，宽平底。足高2.4、足宽2.4、残高4.1厘米（图二三四，15）。ⅡT0805③：14，泥质夹炭红陶。宽扁板形足，正视呈截尖三角形，内面竖向弧凸，外面为封闭倒三角弧凹，斜弧两侧脊凸，足尖截平。残高5.2厘米（图二三四，13）。ⅡT0805③：15，泥质黑陶。宽扁凿形足，内面竖向弧凸，外面竖向弧凹，两侧脊凸，足尖宽平。残高4厘米（图二三四，14）。

罐　1件。ⅡT0805③：6，泥质夹炭红陶。大口微敛，折沿近平，宽沿面，圆唇，深弧腹，下部残。口径24、残高4.5厘米（图二三四，17）。

盆　3件。ⅡT0805③：7，泥质灰陶。直口，平折沿下垂，宽沿面，尖唇，腹竖直，下部残。口径36、残高3.1厘米（图二三四，6）。ⅡT0805③：10，泥质夹炭红陶。大口微敛，仰折沿，宽沿面，圆唇，深弧腹内收，下部残。通体饰红衣但大部分已脱落。口径38、腹径26.4、残高6.3厘米（图二三四，10）。ⅡT0805③：9，泥质磨光黑陶。口微敛，折沿下垂，宽沿面，弧腹内收，下部残。腹饰一周浅凹弦纹。口径18、残高3.9厘米（图二三四，8）。

碗　1件。ⅡT0805③：11，泥质红陶红底黑彩。上部残，斜弧腹，圜底近平，矮圈足外弧撇。内底涂满黑彩，外壁及外底存少量黑彩斑。底径5、残高2.4厘米（图二三四，11）。

器盖　2件。ⅡT0805③：12，泥质红衣红陶。喇叭形细高盖纽，尖唇，长束颈上细下粗。

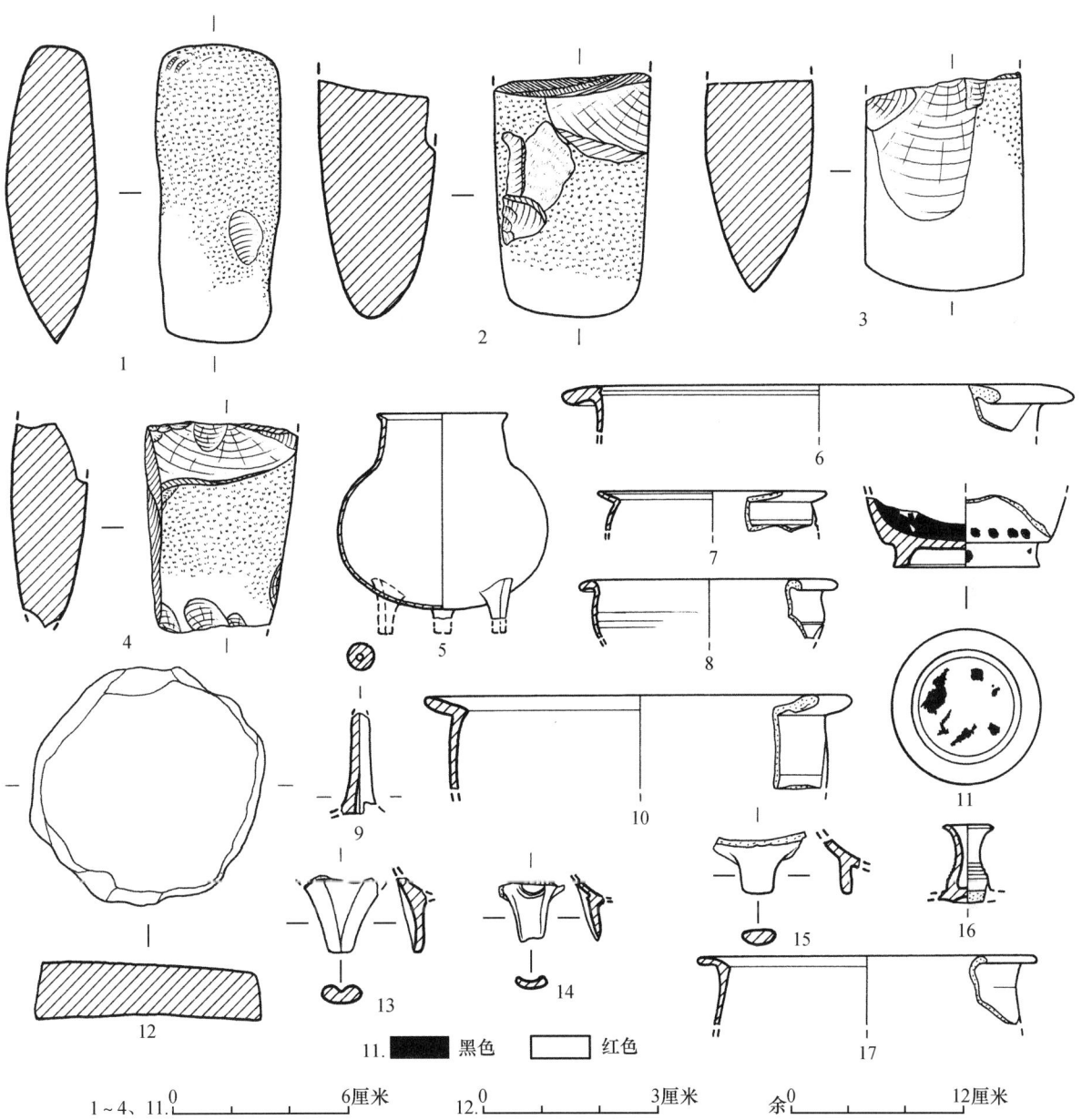

图二三四　ⅡT0805③出土器物

1~4.石斧（ⅡT0805③∶2、ⅡT0805③∶5、ⅡT0805③∶4、ⅡT0805③∶3）　5、7、13~15.陶鼎（ⅡT0805③∶1、ⅡT0805③∶8、ⅡT0805③∶14、ⅡT0805③∶15、ⅡT0805③∶13）　6、8、10.陶盆（ⅡT0805③∶7、ⅡT0805③∶9、ⅡT0805③∶10）　11.陶碗（ⅡT0805③∶11）　12.陶饼（ⅡT0805③∶16）　9、16.陶器盖（ⅡT0805③∶17、ⅡT0805③∶12）　17.陶罐（ⅡT0805③∶6）

下部残。通体饰红衣但部分已脱落。纽径3.6、纽高4.5、残高5.2厘米（图二三四，16；图版四六，3）。ⅡT0805③：17，泥质红陶。圆锥形细高纽，顶尖残，下部残。残高6.8厘米（图二三四，9；图版五〇，1）。

饼　1件。ⅡT0805③：16，泥质红衣红陶。圆饼形，较薄，用陶片打制而成。周缘粗糙，一面弧凸，一面弧凹，厚薄不均。凸面饰红衣。直径4、厚0.8～1厘米（图二三四，12）。

石斧　4件。ⅡT0805③：2，灰色砂岩。长方形，平顶微弧凸，平刃微弧凸，两边近直，两面微弧凸。磨制规整。长10、宽4.3、厚3.1厘米（图二三四，1；图版六九，5）。ⅡT0805③：3，灰色砂岩。梯形。顶、刃皆残断，两边斜直，一边磨平，一边为较平的疤面，两面微弧凸。残长7.1、残宽5.3、厚2.6厘米（图二三四，4；图版六九，6）。ⅡT0805③：4，红色砂岩。长方形。上部残断。弧凸刃两面磨光，两边斜直，两面较平整。残长7.3、宽5.5、厚3.7厘米（图二三四，3；图版七〇，1）。ⅡT0805③：5，灰色砂岩。梯形。上部残断。弧凸刃两面磨光，两边微弧，两面较平整。残长8.2、宽5.4、厚4厘米（图二三四，2；图版七〇，2）。

ⅡT0805④　器类有鼎、罐、盆、器座、盘、器盖、球、饼。

鼎　3件。ⅡT0805④：12，泥质夹炭红陶。四棱锥足，足尖横向薄平。残高8.8厘米（图二三五，15）。ⅡT0805④：13，泥质磨光黑陶，足尖红色。侧扁凿形矮足，内侧脊凸，外侧平脊，两面扁平，足尖横向平尖。足根饰一圆按窝。残高5.2厘米（图二三五，11）。ⅡT0805④：14，泥质磨光黑陶。侧扁薄板形矮足，内外脊凸，两侧扁平，足尖宽平。足根饰一圆按窝。残高3.6厘米（图二三五，9）。

罐　1件。ⅡT0805④：8，泥质磨光黑陶。敛口，仰折沿，尖唇，圆垂腹，圜底残，矮圈足外撇。沿面饰一周凹弦纹，腹上部饰一周凹弦纹、弦纹下绕体等距离饰三组双弦戳点纹，腹下部饰一周凹弦纹、弦纹下绕体等距离饰三组双弦戳点纹。口径13、腹径16、足径8、高12.6厘米（图二三五，13；图版一八，3）。

盆　1件。ⅡT0805④：10，泥质夹炭红陶。敛口，平折沿，宽沿面，圆唇，弧腹内收，下部残。通体饰红衣但大部分已脱落，腹饰一周凹弦纹。口径22、腹径20.4、残高5.2厘米（图二三五，10）。

器座　1件。ⅡT0805④：9，泥质夹炭红陶。敛口近直，仰折沿，宽沿面，丰圆唇，深弧腹，下部残。通体饰红衣但大部分已脱落，腹饰较大的斜长方形镂孔。口径26、残高9.6厘米（图二三五，14）。

盘　1件。ⅡT0805④：2，泥质红陶。敞口，斜直壁，浅盘，喇叭形圈足残。通体饰红衣但大部分已脱落，唇缘按压呈葵瓣状，唇外缘下饰一周浅凹弦纹，圈足饰棱纹。口径15、残高4.1厘米（图二三五，2；图版三七，2）。

器盖　3件。ⅡT0805④：3，泥质磨光黑陶。喇叭状细高圈形纽，仰折沿，圆唇，束颈。盖面斜弧内扣，圆唇。纽根饰两道凸弦纹，腹饰一周凸弦纹。纽径5.6、盖径14.4、高5.5厘米（图二三五，7；图版五〇，2）。ⅡT0805④：7，泥质磨光黑陶。喇叭状圈形纽，仰折沿，尖唇，矮颈。盖面斜直壁外撇，圆唇。盖饰一周凸弦纹，底唇外缘凸棱。纽径5、盖径13.6、高3.9厘米（图二三五，8）。ⅡT0805④：11，泥质磨光黑陶。盖纽残。盖面斜弧，尖唇。纽根饰一周细凸棱纹、棱纹上饰戳点纹，盖面饰一道凸弦纹，盖唇外缘宽凸棱。口径10.6、残高3.1厘米（图二三五，3）。

球 4件。ⅡT0805④：1，泥质红陶。实心圆球，较圆整。表面纹饰不清。直径3厘米（图二三五，1；图版六一，1）。ⅡT0805④：4，泥质红陶。空心球形。空心密封多粒小珠芯。球面饰两道双细密戳点纹线经纬相交。直径4.5厘米（图二三五，4；图版六一，2）。

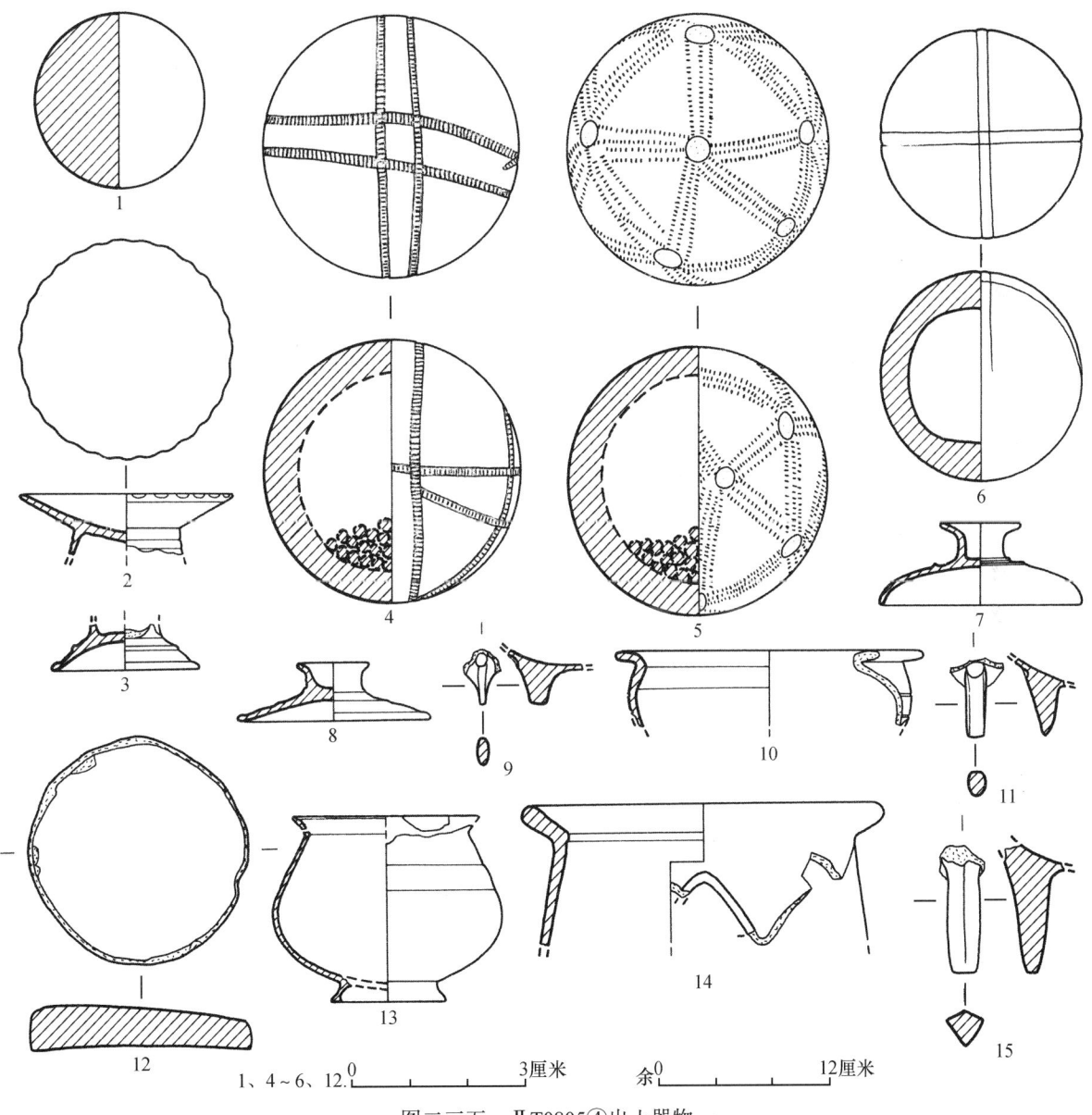

图二三五　ⅡT0805④出土器物

1、4~6.陶球（ⅡT0805④：1、ⅡT0805④：4、ⅡT0805④：5、ⅡT0805④：6） 2.陶盘（ⅡT0805④：2） 3、7、8.陶器盖（ⅡT0805④：11、ⅡT0805④：3、ⅡT0805④：7） 9、11、15.陶鼎（ⅡT0805④：14、ⅡT0805④：13、ⅡT0805④：12） 10.陶盆（ⅡT0805④：10） 12.陶饼（ⅡT0805④：15） 13.陶罐（ⅡT0805④：8） 14.陶器座（ⅡT0805④：9）

ⅡT0805④：5，泥质黑陶。空心球形。空心密封多粒小珠芯。球面饰三弦细密戳点纹线五五相交，相交点饰浅圆窝。直径4.6厘米（图二三五，5；图版六一，3）。ⅡT0805④：6，泥质红陶。空心球形，不太圆整。球面饰两道双凹弦经纬相交。直径3.6厘米（图二三五，6；图版六一，4）。

饼　1件。ⅡT0805④：15，泥质夹炭红陶。圆形薄饼形，陶片加工制成。厚薄不均，周缘磨光。弧凸面饰红衣。直径3.9、厚0.5～0.8厘米（图二三五，12）。

ⅡT0806③　器类有鼎、罐、盘。

鼎　1件。ⅡT0806③：3，夹炭红陶。侧扁三角形大锥足。斜弧附着面，内外平脊，两侧面平整，残足尖。外脊上部饰连续长条按纹。残高11厘米（图二三六，5）。

罐　1件。ⅡT0806③：1，泥质夹炭红陶。小直口，平折沿，丰圆唇，矮直颈，鼓腹，下部残。通体饰红衣但大部分已脱落，颈饰两周凹弦纹。口径18、残高5厘米（图二三六，1）。

盘　1件。ⅡT0806③：2，泥质灰陶。敞口，折沿下垂，窄沿面，尖唇，斜弧腹内收，下部残。沿面饰同心凹弦纹。口径19.6、残高5.5厘米（图二三六，2）。

ⅡT0806④　器类有盆、钵、缸、豆、杯、器盖、器耳、纺轮、球、环、锥形器、塑品。

盆　2件。ⅡT0806④：3，夹砂红陶。敛口，仰折沿，圆唇，深弧腹内收，凹底。素面。口径22、腹径21.2、底径9.2、高12厘米（图二三六，6；图版二一，1）。ⅡT0806④：16，泥质夹炭红陶。敞口，加厚丰圆唇，斜弧腹内收，腹附一个宽短舌形鸡冠横耳，下部残。通体饰红衣但大部分已脱落，唇外缘凸棱，横耳饰按窝纹。残高7.2厘米（图二三六，7）。

钵　1件。ⅡT0806④：10，泥质磨光黑陶。直口微敛，丰圆唇，折腹，上腹近竖直，下腹斜弧内收，下部残。唇缘呈锯齿状，上腹饰多道凹弦纹。口径19.2、残高4.4厘米（图二三六，10）。

缸　1件。ⅡT0806④：8，泥质夹炭红陶。大口微敛，仰折沿，加厚丰圆唇内外缘凸棱，弧腹，下部残。通体饰红衣但大部分已脱落，腹饰多道凸弦纹。口径42、残高10.8厘米。

豆　1件。ⅡT0806④：9，泥质磨光黑陶。敛口，尖唇，折腹，上腹斜直内敛，下腹斜弧内收，下部残。折腹上缘饰一周双凹弦纹。口径14.5、残高4.1厘米（图二三六，4）。

杯　2件。ⅡT0806④：11，泥质薄胎灰陶。上部残。斜直腹，平底，矮圈足。底径6.2、残高2.4厘米（图二三六，11）。ⅡT0806④：13，泥质磨光黑陶。敞口，平折沿，窄沿面，圆唇，斜弧深腹，圜底，细圈足下部残。腹饰一周宽平棱。口径10、残高7.9厘米（图二三六，8）。

器盖　5件。ⅡT0806④：1，泥质磨光黑陶。喇叭状圈形细高纽，仰折沿，圆唇，直颈。盖面斜弧，底缘平折，尖唇。纽颈中部凸棱，盖面饰一周浅凹弦纹，底沿面饰一周浅凹弦纹。纽径4.8、盖径13.6、高5厘米（图二三六，3）。ⅡT0806④：7，泥质灰陶。喇叭状圈形纽，圆唇，束颈。盖面斜弧，圆唇。素面。纽径4、盖径11.2、高3.8厘米（图二三六，9）。ⅡT0806④：12，泥质磨光黑陶。纽残。盖面斜弧，底缘微外撇，圆唇。盖面饰一道凸弦纹，底缘外壁凸棱。盖径14、残高3.1厘米（图二三六，16）。ⅡT0806④：14，泥质夹炭红陶。圆仓形纽，中空，顶尖残，圆锥形顶盖微出檐，下部残。通体饰红衣但大部分已脱落，绕顶盖

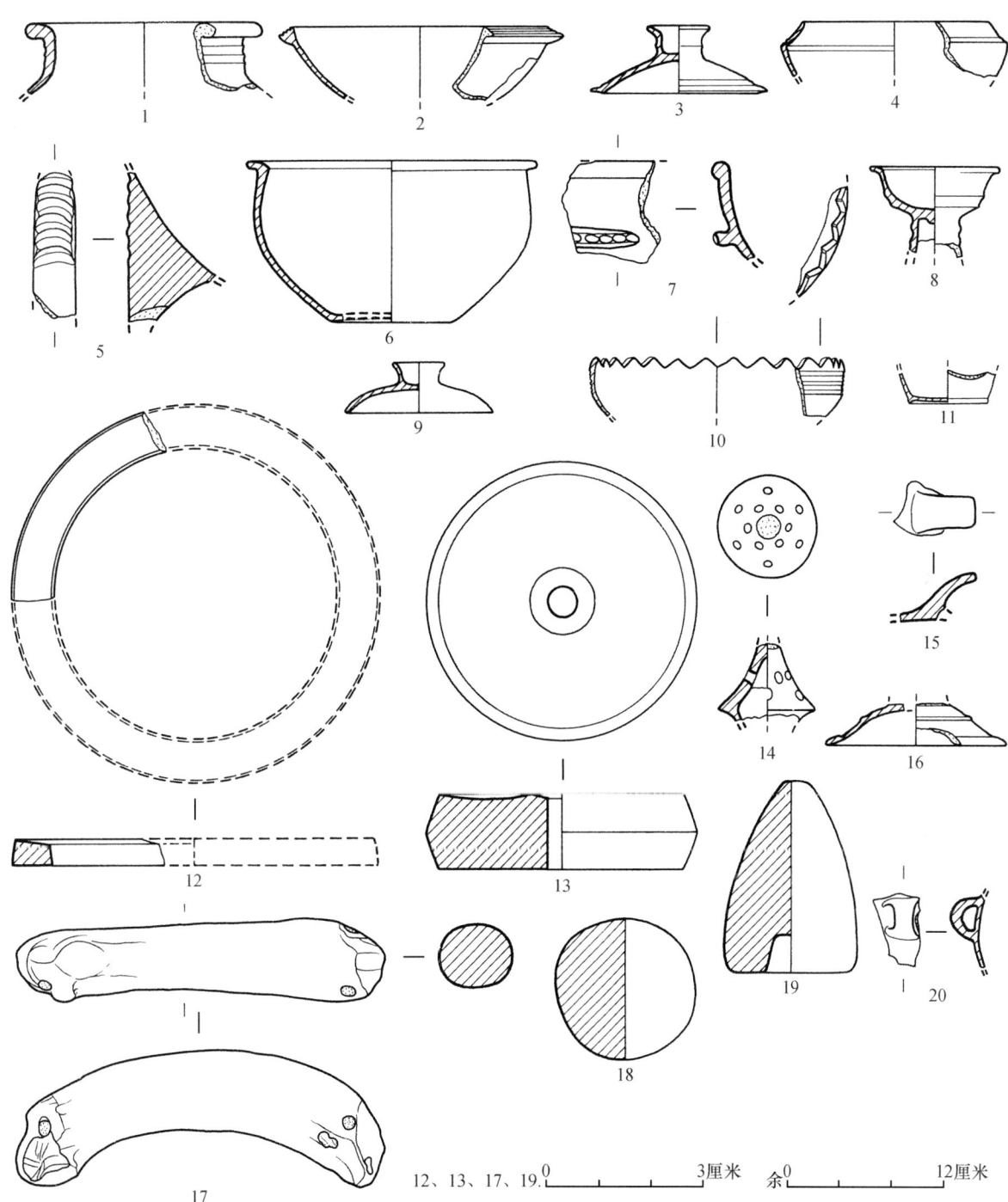

图二三六　ⅡT0806③、④出土器物

1.陶罐（ⅡT0806③:1）　2.陶盘（ⅡT0806③:2）　3、9、14~16.陶器盖（ⅡT0806④:1、ⅡT0806④:7、ⅡT0806④:14、ⅡT0806④:15、ⅡT0806④:12）　4.陶豆（ⅡT0806④:9）　5.陶鼎（ⅡT0806③:3）　6、7.陶盆（ⅡT0806④:3、ⅡT0806④:16）　8、11.陶杯（ⅡT0806④:13、ⅡT0806④:11）　10.陶钵（ⅡT0806④:10）　12.陶环（ⅡT0806④:4）　13.陶纺轮（ⅡT0806④:6）　17.陶塑品（ⅡT0806④:18）　18.陶球（ⅡT0806④:2）　19.陶锥形器（ⅡT0806④:5）　20.陶器耳（ⅡT0806④:17）

中部饰上下两周小圆孔，上面为六个对称盲孔，下面为六个对称镂孔。直径7.6、残高5.6厘米（图二三六，14）。ⅡT0806④：15，泥质夹炭红陶。宽扁条形盖鋬，由尖至根渐粗厚，稍弯曲，下部残。通体饰红衣但大部分已脱落。长5.6、宽2~2.8、高3.6厘米（图二三六，15）。

器耳　1件。ⅡT0806④：17，泥质夹炭灰陶。圆拱桥形耳，耳面及穿孔皆呈半圆形，附着内面微弧。宽1.6~1.8、拱跨4、拱高1.5厘米（图二三六，20）。

纺轮　1件。ⅡT0806④：6，泥质灰陶。一面平整，一面环凹，周缘中间棱凸成两斜面，中孔竖直，环凹面孔口边缘内凹。素面。直径5.2、孔径0.6、厚1.3~1.4厘米（图二三六，13；图版五五，3）。

球　1件。ⅡT0806④：2，泥质灰陶。实心圆球体，非标准圆。表面较粗糙，素面。直径2.7厘米（图二三六，18；图版六一，5）。

环　1件。ⅡT0806④：4，泥质黑陶。侧扁实心圆环，截面呈侧扁长方形。素面。外径7、内径5.4、厚0.4~0.5厘米（图二三六，12；图版六五，1）。

锥形器　1件。ⅡT0806④：5，泥质灰陶。吊坠状圆锥体。尖端较圆钝，尾端平整，中部有一个平底圆窝。素面。最大直径2.6、高3.6厘米（图二三六，19；图版五三，5）。

塑品　1件。ⅡT0806④：18，泥质黑陶。双钝头，一头有一个对穿小圆孔，另一头有一个不规则小圆窝。直径1.2~1.4、弧长8.7厘米（图二三六，17）。

ⅡT0806⑤　器类有鼎、盆、缸、盘、碗、器鋬。

鼎　1件。ⅡT0806⑤：7，泥质夹炭红陶。上部残。宽扁板形高足，附着内面腹底转角呈锐角状，鼎腹斜直，底内凹。足内面平整，外面弧凸，斜弧两侧脊凸，足底弧凸。通体饰红衣但大部分已脱落，腹饰两道凹弦纹，足饰横向三个按窝。宽6.4~11.6、残高10.4厘米（图二三七，7）。

盆　1件。ⅡT0806⑤：1，泥质红陶。大敛口，仰折沿，宽沿面，圆唇，斜弧腹内收，下部残。通体饰红衣但大部分已脱落。口径24、残高6.4厘米（图二三七，1）。

缸　1件。ⅡT0806⑤：4，泥质夹炭厚胎红陶。大敛口近直，仰折沿，宽沿面，丰圆唇，弧腹斜直，下部残。通体饰红衣但大部分已脱落，腹饰连续阴刻"╳"形纹。口径27、残高5.5厘米（图二三七，4）。

盘　4件。ⅡT0806⑤：2，泥质夹炭黑陶。敞口，仰折沿，内折角棱凸，宽沿面，斜方唇，斜弧腹内收，下部残。口径26、残高4.8厘米（图二三七，2）。ⅡT0806⑤：3，泥质红陶。敞口，窄折沿，尖唇，微折腹，下腹斜弧内收，下部残。通体饰红衣但大部分已脱落，沿面饰两道同心凹弦纹，弦纹间绕体饰多组戳点纹。口径18、残高2.4厘米（图二三七，3）。ⅡT0806⑤：5，泥质夹炭红陶。敞口，窄折沿下垂，尖唇，折腹，上腹斜直，下腹斜弧内收，下部残。通体饰红衣但部分已脱落。口径22、残高3.6厘米（图二三七，5）。ⅡT0806⑤：6，泥质磨光黑陶。敛口，圆唇，折腹，上腹斜直内敛，下腹斜弧内收，深盘，下部残。唇外缘饰一周双凹弦纹、弦纹间绕体饰多组戳点纹，折腹上缘饰一周深凹弦纹。口径16、腹径16.8、残高3.8厘米（图二三七，6）。

碗　1件。ⅡT0806⑤：9，泥质红陶。上部残，平底微内凹，矮圈足外撇。饰红底黑彩，大部分已经脱落不可辨。足径6、残高1.2厘米（图二三七，12）。

器鏊 1件。ⅡT0806⑤：8，泥质夹炭红陶。舌形鏊较短宽，上面弧凸，下面弧凹，斜直两侧平脊，外缘宽平。宽6.4～11.6、厚1厘米（图二三七，8）。

ⅡT0806⑥ 器类有盆、盘、器盖。

盆 1件。ⅡT0806⑥：2，泥质红陶。大口微敛，折沿下垂，宽沿面，圆唇，弧腹内收，下部残。口径27、残高6.2厘米（图二三七，10）。

盘 1件。ⅡT0806⑥：3，泥质红陶。附着内面盘壁折腹，直口。斗形附耳口部高于盘口，直口，圆唇，直壁深腹，平底。通体饰红衣但大部分已脱落。附耳口径3.6、高4.8厘米（图二三七，9）。

器盖 1件。ⅡT0806⑥：1，泥质夹炭红陶。上部残。盖面圆弧，厚唇。通体饰红衣但部分已脱落，唇缘棱凸。盖径21、残高4.7厘米（图二三七，11）。

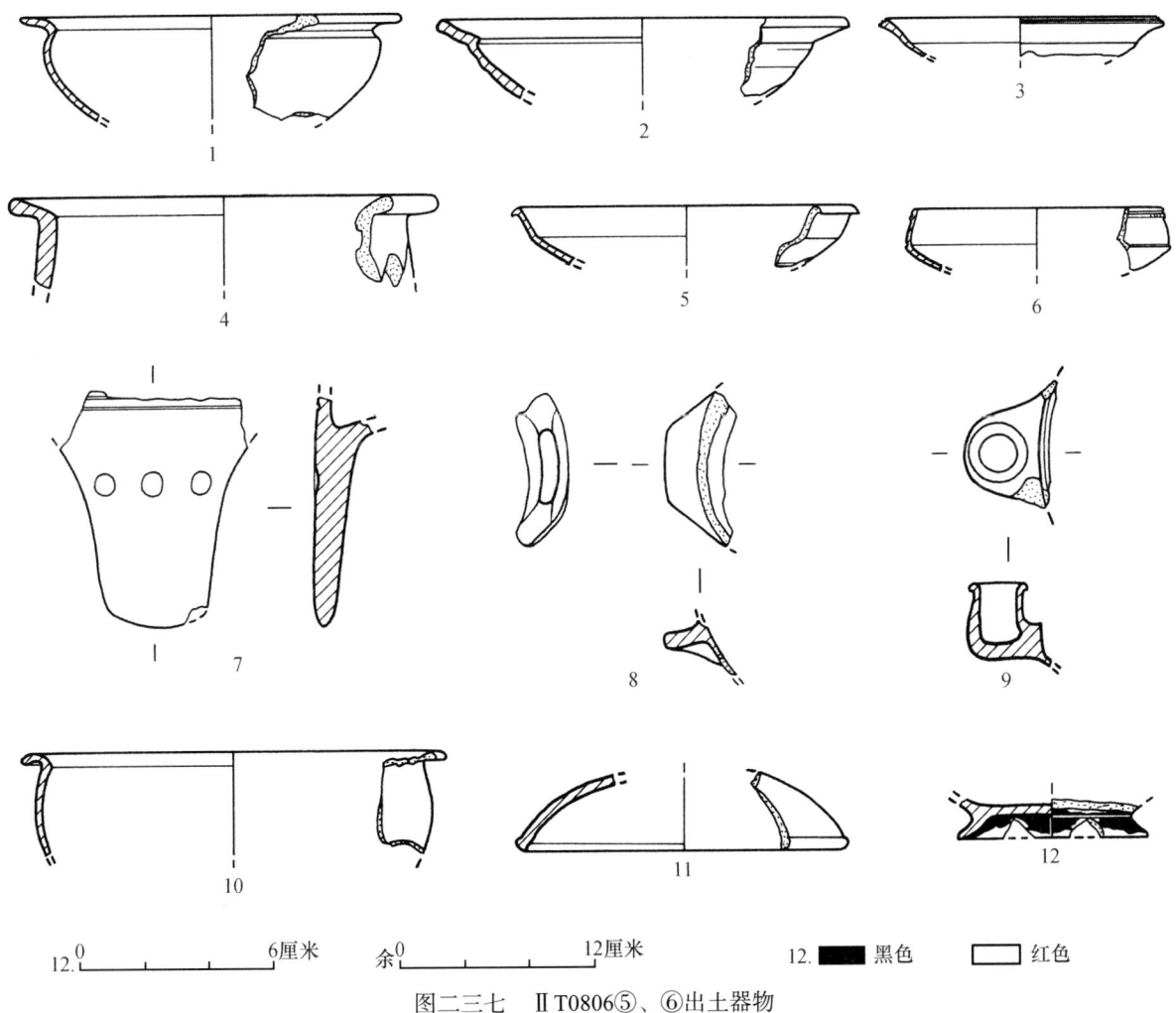

图二三七　ⅡT0806⑤、⑥出土器物

1、10. 陶盆（ⅡT0806⑤：1、ⅡT0806⑥：2）　2、3、5、6、9. 陶盘（ⅡT0806⑤：2、ⅡT0806⑤：3、ⅡT0806⑤：5、ⅡT0806⑤：6、ⅡT0806⑥：3）　4. 陶缸（ⅡT0806⑤：4）　7. 陶鼎（ⅡT0806⑤：7）　8. 陶器鏊（ⅡT0806⑤：8）　11. 陶器盖（ⅡT0806⑥：1）　12. 陶碗（ⅡT0806⑤：9）

ⅡT0807③　器类有鼎、盆、釜、器座、器盖。

鼎　3件。ⅡT0807③：7，泥质夹炭红陶。上部残。侧扁三角板形凿尖足，内外平脊，两侧扁平，足尖截平且外撇。外脊饰按窝，侧面饰淤塞小穿孔。残高8.6厘米（图二三八，6）。ⅡT0807③：8，泥质磨光黑陶，足尖红色。侧扁锥形足，内外平脊，两侧扁平，足尖外撇。高4.8厘米（图二三八，9）。ⅡT0807③：9，泥质磨光黑陶，足尖红色。宽扁鸭嘴形足，内面弧凸，外面竖向弧凹，斜弧两侧脊凸，足尖稍残。残高5.6厘米（图二三八，8）。

盆　1件。ⅡT0807③：2，泥质夹炭厚胎红陶。敛口，丰圆唇，鼓腹弧内收，下部残。通体饰红衣但大部分已脱落。口径40、残高4.6厘米（图二三八，2）。

釜　1件。ⅡT0807③：6，泥质夹炭黑陶。敛口，仰折沿，宽沿面，圆唇，鼓腹，下部残。口径16、残高4.4厘米（图二三八，7）。

器座　3件。ⅡT0807③：3，泥质夹炭红陶。敞口，折沿下垂，尖唇，束腰，下部残。通体饰红衣但部分已脱落，沿面饰凹弦纹。口径26、残高5.4厘米（图二三八，3）。ⅡT0807③：4，泥质夹炭红陶。敛口，仰折沿，宽沿面，斜方唇外缘棱凸，弧腹，下部残。通体饰红衣但大部分已脱落。口径24、残高5.4厘米（图二三八，4）。ⅡT0807③：5，泥质红陶。敛口，仰折沿，斜方唇，深弧腹，下部残。通体饰红衣但大部分已脱落。口径24、残高6.8厘米（图二三八，5）。

器盖　1件。ⅡT0807③：1，泥质灰陶。喇叭状矮圈形纽，尖唇。盖面斜弧，圆唇。素面。纽径3.5、盖径9.6、高3.4厘米（图二三八，1；图版五〇，3）。

ⅡT0807④　器类有鼎、罐、钵、釜、器座、簋、盘、碗、器盖、器耳、石镞。

鼎　7件。ⅡT0807④：1，泥质磨光黑陶。敛口，仰折沿，沿面较宽，圆唇，扁鼓腹，圜底，宽扁内凹板形足残。唇外缘下饰一周浅凹弦纹，上腹饰一周双凹弦纹，最大腹径处饰一周浅凹弦纹。口径16、腹径15.6、残高9.7厘米（图二三九，2；图版一三，6）。ⅡT0807④：14，泥质磨光黑陶。敛口，仰折沿，宽沿面，深弧腹，下部残。腹饰棱凸。口径15、残高4.4厘米（图二三九，16）。ⅡT0807④：22，泥质夹炭红陶。宽扁鸭嘴形矮宽足，内面弧凸，外面弧凹，斜直两侧脊凸，足尖横向宽平。通体饰红衣但大部分已脱落，足根处饰一横向月牙形按窝，其左右两侧各饰一个小按窝。残高5.6厘米（图二三九，22）。ⅡT0807④：23，泥质磨光黑陶。侧扁截锥足，内外脊凸，两侧较扁平，足尖截平。足根处饰一个小按窝。残高5.2厘米（图二三九，23）。ⅡT0807④：24，泥质夹炭红陶。三棱锥形凿尖足，外面较宽，两外角圆弧，内侧棱凸，足尖稍外撇。外面饰不规则竖向浅凹槽。残高7.2厘米（图二三九，24）。ⅡT0807④：25，泥质磨光红陶。宽扁薄板形宽矮足，内面弧凹，外面弧凸，斜弧两侧抹平，足尖宽平薄锐。通体饰红衣但大部分已脱落。残高4.8厘米（图二三九，25）。ⅡT0807④：26，泥质磨光黑陶，足尖红色。圆锥足残。足根处饰一个小按窝。残高4.8厘米（图二三九，26）。

罐　5件。ⅡT0807④：6，泥质夹炭红陶。敛口，仰折沿，宽沿面，丰圆唇，深弧腹，下部残。通体饰红衣但大部分已脱落，腹饰两组多弦凹弦纹，两组弦纹间饰连续同心双弦三角形纹。口径40、残高11.6厘米（图二三九，10）。ⅡT0807④：9，泥质夹炭红陶。敛口，圆唇外缘凸棱，鼓腹，下部残。通体饰红衣但大部分已脱落。口径20、残高8.4厘米（图

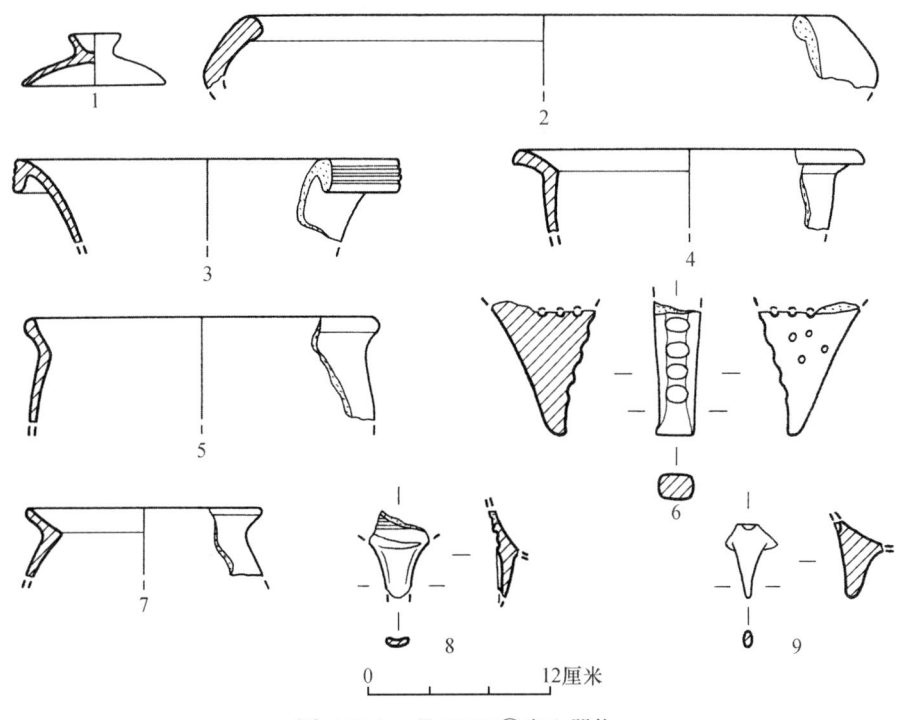

图二三八　ⅡT0807③出土器物
1.陶器盖（ⅡT0807③：1）　2.陶盆（ⅡT0807③：2）　3~5.陶器座（ⅡT0807③：3、ⅡT0807③：4、ⅡT0807③：5）
6、8、9.陶鼎（ⅡT0807③：7、ⅡT0807③：8、ⅡT0807③：9）　7.陶釜（ⅡT0807③：6）

二三九，17）。ⅡT0807④：10，泥质夹炭红陶。敛口，尖唇，唇缘棱凸，鼓腹，下部残。通体饰红衣但大部分已脱落。口径20、残高6.8厘米（图二三九，7）。ⅡT0807④：11，泥质红陶。敛口，内折沿，圆唇，矮领，鼓腹，下部残。口径20、残高6.2厘米（图二三九，9）。ⅡT0807④：20，泥质夹炭灰陶。敛口，尖唇外缘凸棱，鼓腹，下部残。口径20、残高7.2厘米（图二三九，20）。

钵　1件。ⅡT0807④：5，泥质夹炭厚胎红陶。直口，丰圆唇外缘凸棱，弧腹内收，下部残。通体饰红衣但大部分已脱落。口径28、残高4.6厘米（图二三九，3）。

釜　1件。ⅡT0807④：12，泥质红陶。敛口，仰折沿，宽沿面，圆唇，鼓腹，下部残。口径20、残高16.4厘米（图二三九，11）。

器座　2件。ⅡT0807④：8，泥质红陶。敛口，仰折沿，宽沿面，厚方唇，弧腹，下部残。腹饰大圆形镂孔。口径32、残高8.4厘米（图二三九，6）。ⅡT0807④：13，泥质夹炭厚胎灰陶。敛口，仰折沿，宽沿面，圆唇，鼓腹，下部残。腹饰圆镂孔。口径20、残高5.2厘米（图二三九，15）。

簋　1件。ⅡT0807④：18，泥质磨光黑陶。上部残。圜底，矮圈足，圈足弧曲，底缘近直。足径11、残高4.4厘米（图二三九，19）。

盘　1件。ⅡT0807④：15，泥质磨光红陶。敞口，尖唇外缘凸棱，斜弧腹，圜底，圈足下部残。通体饰红衣但部分已脱落，圈足饰凸棱纹。口径18、残高6厘米（图二三九，18）。

碗　1件。ⅡT0807④：19，泥质红陶。上部残。底内凹，矮圈足外撇。红底黑彩但大部分

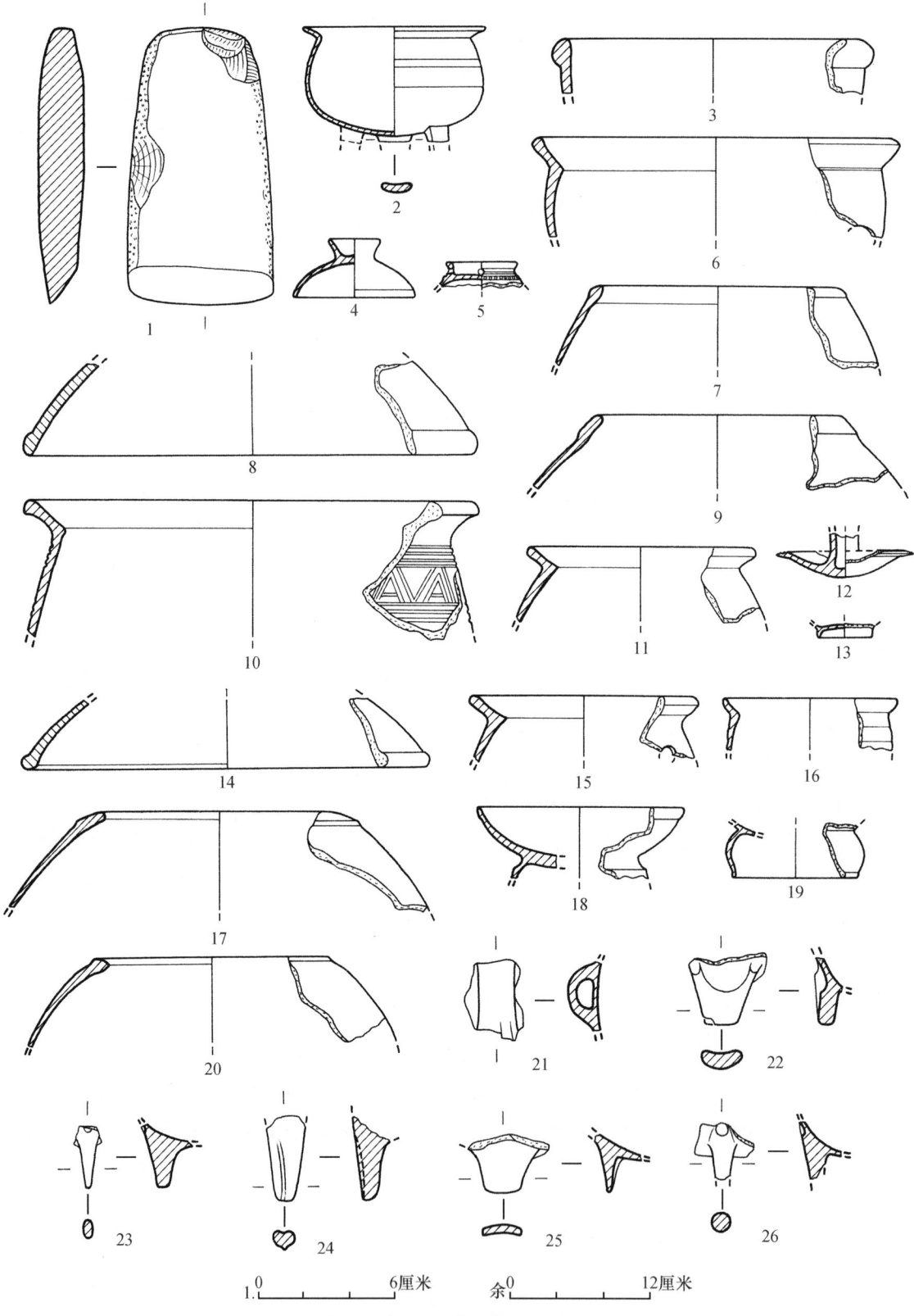

图二三九　ⅡT0807④出土器物

1.石锛（ⅡT0807④：2）　2、16、22~26.陶鼎（ⅡT0807④：1、ⅡT0807④：14、ⅡT0807④：22、ⅡT0807④：23、ⅡT0807④：24、ⅡT0807④：25、ⅡT0807④：26）　3.陶钵（ⅡT0807④：5）　4、5、8、12、14.陶器盖（ⅡT0807④：3、ⅡT0807④：17、ⅡT0807④：4、ⅡT0807④：16、ⅡT0807④：7）　6、15.陶器座（ⅡT0807④：8、ⅡT0807④：13）　7、9、10、17、20.陶罐（ⅡT0807④：10、ⅡT0807④：11、ⅡT0807④：6、ⅡT0807④：9、ⅡT0807④：20）　11.陶釜（ⅡT0807④：12）　13.陶碗（ⅡT0807④：19）　18.陶盘（ⅡT0807④：15）　19.陶簋（ⅡT0807④：18）　21.陶器耳（ⅡT0807④：21）

已脱落，图案不可辨。足径4.8、残高1厘米（图二三九，13）。

器盖　5件。ⅡT0807④：3，泥质灰陶。喇叭状圈形纽，尖唇。盖面斜弧，圆唇。盖面饰一周浅凹弦纹。纽径4.4、盖径10.8、高4.9厘米（图二三九，4）。ⅡT0807④：4，泥质夹炭厚胎红陶。上部残。盖面斜弧，丰圆唇外缘棱凸。通体饰红衣但大部分已脱落。盖径40、残高7.8厘米（图二三九，8）。ⅡT0807④：7，泥质夹炭红陶。上部残。盖面斜弧，加厚丰圆唇外缘棱凸。通体饰红衣但大部分已脱落。盖径36、残高5.8厘米（图二三九，14）。ⅡT0807④：16，泥质磨光红陶。盖纽残。盖盘平折沿，尖唇，斜直壁，小平底。通体饰红衣但大部分已脱落，沿面饰一周双凹弦纹。盖径12、残高3.6厘米（图二三九，12）。ⅡT0807④：17，泥质红陶。矮圈形盖纽，直口，窄折沿，矮颈。穹顶，下部残。纽颈饰四个小圆孔，纽根饰双凸棱，下边一圈凸棱上饰戳点纹。纽径6.2、残高2厘米（图二三九，5）。

器耳　1件。ⅡT0807④：21，泥质夹炭灰陶。半圆拱形桥耳，耳面及耳孔皆呈半圆形。耳面宽3.2、拱高2.4、跨径5.6厘米（图二三九，21）。

石锛　1件。ⅡT0807④：2，青色砂岩。长梯形。弧凸顶稍窄，弧凸刃较宽、一侧磨平，两边稍斜弧，两面较平。磨制规整。长11.7、宽6.4、厚2厘米（图二三九，1；图版七三，6）。

ⅡT0807⑤　器类有鼎、罐、盆、豆、器盖、圈足、饼。

鼎　5件。ⅡT0807⑤：14，泥质磨光黑陶。敛口，仰折沿，宽沿面，圆唇，鼓腹，下部残。口径14、残高4厘米（图二四〇，8）。ⅡT0807⑤：15，泥质磨光黑陶。敛口，仰折沿，宽沿面，圆唇，深弧腹，下部残。口径11、残高5厘米（图二四〇，10）。ⅡT0807⑤：20，泥质夹炭黑陶。宽扁板形矮足，内面弧凸，外面弧凹，斜直两侧脊凸，足尖横向宽平。足根处饰一横向月牙状按窝。残高5.2厘米（图二四〇，21）。ⅡT0807⑤：21，泥质磨光黑陶，足尖红色。宽扁凿形高足，内面弧凸，外面弧凹，缓斜弧两侧抹平，足尖横向宽平。足根处两侧各饰一按窝，其中一个残缺。残高6.4厘米（图二四〇，22）。ⅡT0807⑤：22，泥质磨光红陶。宽扁圆锥形足残，内外稍扁圆，横截面呈椭圆形，足尖斜抹外撇。残高4厘米（图二四〇，20）。

罐　6件。ⅡT0807⑤：16，泥质磨光黑陶。口微敛，折沿下垂，宽沿面，圆唇，深弧腹，下部残。口径15、残高3.4厘米（图二四〇，18）。ⅡT0807⑤：3，泥质夹炭红陶。直口微敛，平折沿，丰圆唇，短颈，鼓腹，下部残。通体饰红衣但大部分已脱落，颈饰浅棱纹。口径20、残高5.6厘米（图二四〇，2）。ⅡT0807⑤：4，泥质夹炭红陶。小口敛，加厚丰圆唇，矮领，鼓腹，下部残。通体饰红衣但大部分已脱落。口径20、残高4.8厘米（图二四〇，5）。ⅡT0807⑤：5，泥质红陶。敛口，窄折沿，尖唇，鼓腹，下部残。通体饰红衣但大部分已脱落。口径17、残高4.8厘米（图二四〇，4）。ⅡT0807⑤：13，泥质磨光黑陶。敛口，仰折沿，窄沿面，尖唇，鼓腹，下部残。腹饰一周双凹弦纹。口径16、残高4厘米（图二四〇，6）。ⅡT0807⑤：7，口沿，泥质夹炭红陶。敛口，仰折沿，宽沿面，圆唇，鼓腹，下部残。通体饰红衣但大部分已脱落。口径28、残高6.8厘米（图二四〇，7）。

盆　4件。ⅡT0807⑤：10，泥质夹炭厚胎红陶。敛口，平折沿，尖唇，弧腹内收，下部

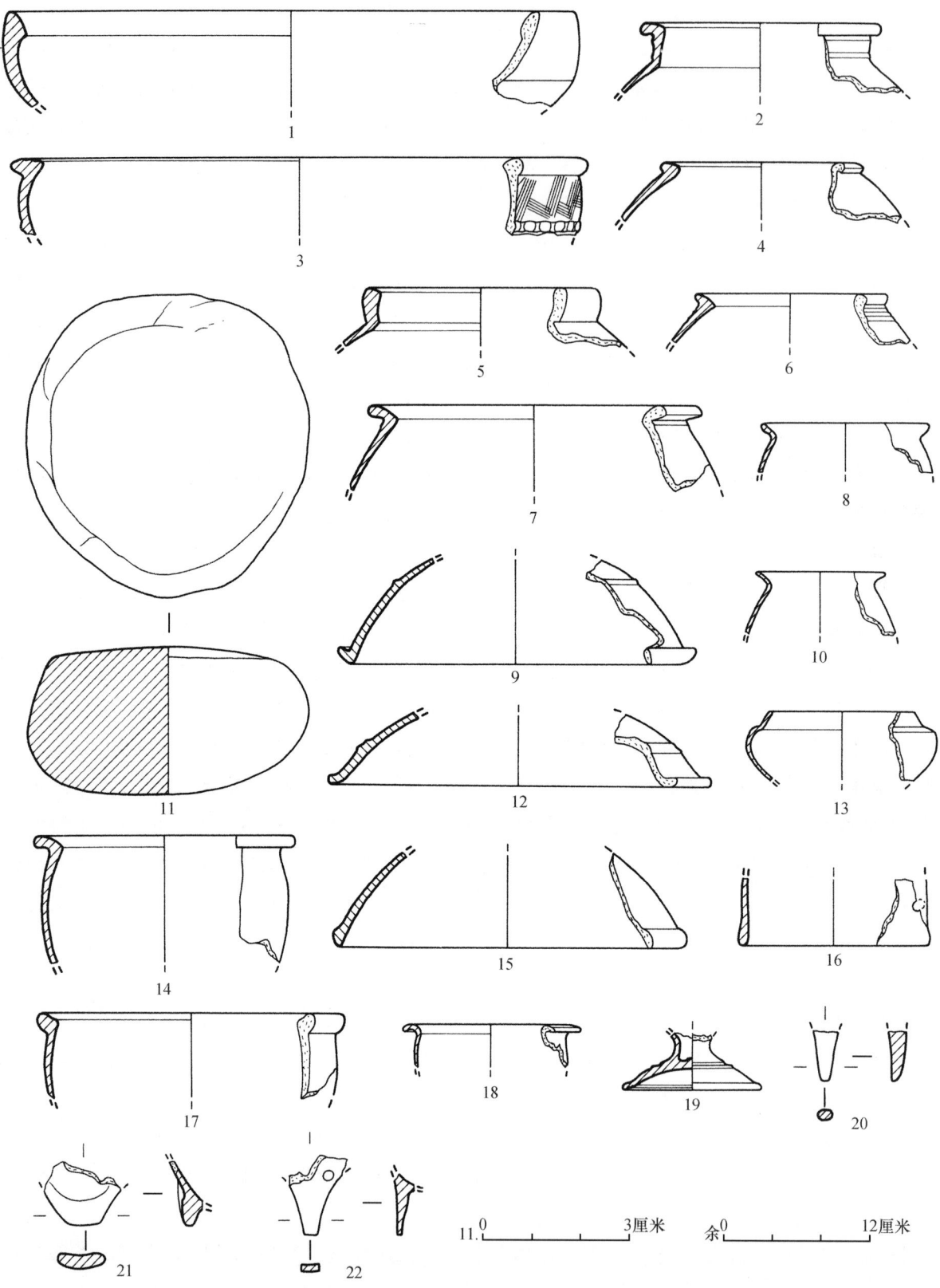

图二四〇　ⅡT0807⑤出土器物

1、3、14、17.陶盆（ⅡT0807⑤：11、ⅡT0807⑤：10、ⅡT0807⑤：2、ⅡT0807⑤：6）　2、4~7、18.陶罐（ⅡT0807⑤：3、ⅡT0807⑤：5、ⅡT0807⑤：4、ⅡT0807⑤：13、ⅡT0807⑤：7、ⅡT0807⑤：16）　8、10、20~22.陶鼎（ⅡT0807⑤：14、ⅡT0807⑤：15、ⅡT0807⑤：22、ⅡT0807⑤：20、ⅡT0807⑤：21）　9、12、15、19.陶器盖（ⅡT0807⑤：8、ⅡT0807⑤：12、ⅡT0807⑤：9、ⅡT0807⑤：18）　11.陶饼（ⅡT0807⑤：1）　13.陶豆（ⅡT0807⑤：17）　16.陶圈足（ⅡT0807⑤：19）

残。通体饰红衣但大部分已脱落，沿面饰三道同心凹弦纹，上腹饰连续多弦勾纹，下腹饰一周附加堆纹。口径48、残高6.2厘米（图二四〇，3）。ⅡT0807⑤：11，泥质夹炭厚胎红陶。敛口，斜方唇，唇内缘凸棱，弧腹内收，下部残。通体饰红衣但大部分已脱落。口径48、残高7.6厘米（图二四〇，1）。ⅡT0807⑤：2，泥质夹炭红陶。敛口，仰折沿，宽沿面，圆唇，深弧腹，下部残。通体饰红衣但大部分已脱落。口径22、腹径20.8、残高10.4厘米（图二四〇，14）。ⅡT0807⑤：6，泥质夹炭厚胎红陶。敛口近直，仰折沿，极窄面，丰圆唇，深弧腹，下部残。通体饰红衣但部分已脱落。口径26、残高6.8厘米（图二四〇，17）。

豆　1件。ⅡT0807⑤：17，泥质磨光黑陶。敛口，圆唇，矮领内敛，鼓肩，斜弧腹内收，下部残。口径12、残高5.6厘米（图二四〇，13）。

器盖　4件。ⅡT0807⑤：8，泥质夹炭红陶。上部残。盖面圆弧，尖唇上翘。通体饰红衣但大部分已脱落，盖面饰一道凸弦纹。口径30、残高8.4厘米（图二四〇，9）。ⅡT0807⑤：9，泥质夹炭红陶。上部残。盖面圆弧，斜方唇外缘棱凸。通体饰红衣但大部分已脱落。口径30、残高7.6厘米（图二四〇，15）。ⅡT0807⑤：12，泥质夹炭红陶。上部残。盖面斜弧，底缘外撇，圆唇。通体饰红衣但大部分已脱落，盖面饰一周宽凹棱。口径30、残高7.6厘米（图二四〇，12）。ⅡT0807⑤：18，泥质磨光黑陶。喇叭形盖纽残，颈微束。盖面斜弧，底缘微外撇。盖面饰一道凸弦纹，唇内缘饰一周双弦纹。口径12、残高4.6厘米（图二四〇，19）。

圈足　1件。ⅡT0807⑤：19，泥质夹炭红陶。上部残。筒形圈足。圈足饰圆镂孔。足径16、残高5.4厘米（图二四〇，16）。

饼　1件。ⅡT0807⑤：1，泥质灰陶。实心扁圆饼形。器形不太规整，周缘弧凸厚薄不一，两面弧凸。素面。直径5.9～6.1、厚2.8～3厘米（图二四〇，11；图版六五，6）。

ⅡT0808②　器类有器盖。

器盖　2件。ⅡT0808②：1，泥质灰陶。矮圈形纽，尖唇，束颈。盖面斜弧，圆唇。素面。纽径4、盖径12、高3厘米（图二四一，1）。ⅡT0808②：2，泥质灰陶。圆柱形纽上部残。盖盘浅，斜壁，斜方唇。唇面饰一周凹弦纹。盖径8.8、残高2.8厘米（图二四一，2）。

ⅡT0808③　器类有鼎、罐、盆、钵、豆、盘、碗、器盖。

鼎　2件。ⅡT0808③：13，泥质夹炭红陶。侧扁三角形足，内外脊凸，两侧较扁平，足尖截平。外脊近足根处饰两个横向按窝。残高11.4厘米（图二四一，14）。ⅡT0808③：14，泥质磨光黑陶，足尖红色。宽扁鸭嘴形矮足，内面弧凸，外面竖向弧凹，宽平足尖横向薄锐。足根左右两侧饰两个小按窝。残高4.6厘米（图二四一，17）。

罐　3件。ⅡT0808③：5，泥质红陶。小口近直，丰圆唇外缘棱凸，矮直颈，鼓腹，下部残。口径12、残高4.4厘米（图二四一，7）。ⅡT0808③：7，泥质磨光灰陶。敛口，仰折沿，宽沿面，深弧腹，下部残。腹饰两道凹弦纹。口径13、残高6.8厘米（图二四一，15）。ⅡT0808③：11，泥质夹炭红陶。上部残。圜底，矮圈足外撇。通体饰红衣但大部分已脱落。足径12.5、残高3.2厘米（图二四一，12）。

盆　5件。ⅡT0808③：1，泥质薄胎红陶。口微敛，折沿下垂，宽沿面，圆唇，弧腹内收，下部残。口径44、残高3厘米（图二四一，4）。ⅡT0808③：2，泥质灰陶。口微敛，折沿下垂，宽沿面，丰圆唇下缘棱凸，弧腹内收，下部残。口径26、残高5.2厘米（图二四一，5）。ⅡT0808③：3，泥质灰陶。口微敛，折沿下垂，宽沿面，尖唇，弧腹内收，下部残。口径28、残高3厘米（图二四一，6）。ⅡT0808③：6，夹砂灰陶。微敛口，仰折沿，窄沿面，尖唇，深弧腹内收，下部残。口径24、残高5.8厘米（图二四一，16）。ⅡT0808③：9，泥质磨光黑陶。微敛口，平折沿，窄沿面，圆唇，深弧腹内收，下部残。口径16、残高3.8厘米（图二四一，10）。

钵　1件。ⅡT0808③：8，泥质夹炭红陶。敞口，丰圆唇外缘凸棱，斜直腹内收，下部残。口径20、残高5.6厘米（图二四一，9）。

豆　1件。ⅡT0808③：10，泥质磨光黑陶。敛口，圆唇，折沿若子母口状，弧腹内收，下部残。折沿饰一道凹弦纹。口径14、残高3.6厘米（图二四一，11）。

盘　1件。ⅡT0808③：4，泥质薄胎灰陶。敞口，平折沿，宽沿面稍弧凹，斜直腹内收，深盘，下部残。口径28、残高3厘米（图二四一，8）。

碗　1件。ⅡT0808③：15，泥质薄胎红陶。上部残。弧腹，底内凹，浅圈足外撇。饰红底黑衣。足径6、残高1.2厘米（图二四一，3）。

器盖　1件。ⅡT0808③：12，泥质红陶。长喇叭形盖纽，长束颈。盖面微上折，小凹底。

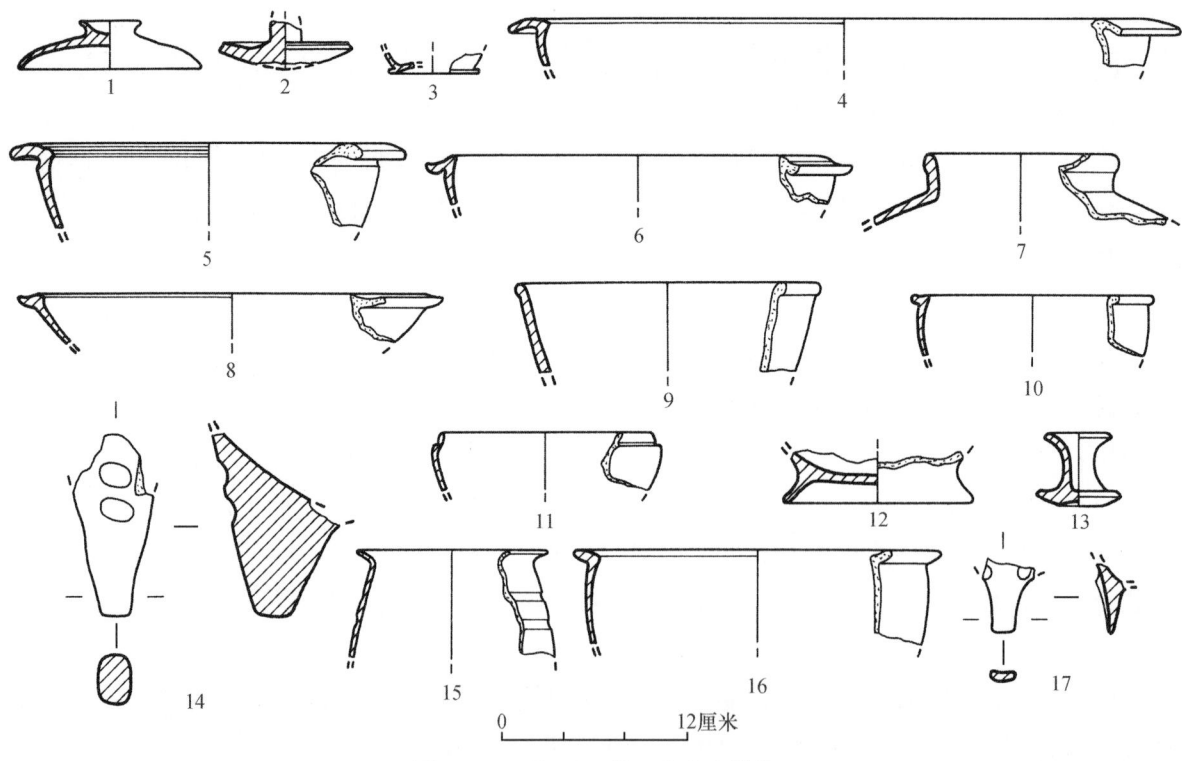

图二四一　ⅡT0808②、③出土器物

1、2、13. 陶器盖（ⅡT0808②：1、ⅡT0808②：2、ⅡT0808③：12）　3. 陶碗（ⅡT0808③：15）　4～6、10、16. 陶盆（ⅡT0808③：1、ⅡT0808③：2、ⅡT0808③：3、ⅡT0808③：9、ⅡT0808③：6）　7、12、15. 陶罐（ⅡT0808③：5、ⅡT0808③：11、ⅡT0808③：7）　8. 陶盘（ⅡT0808③：4）　9. 陶钵（ⅡT0808③：8）　11. 陶豆（ⅡT0808③：10）　14、17. 陶鼎（ⅡT0808③：13、ⅡT0808③：14）

通体饰黑衣但大部分已脱落。纽径4.4、高4.6厘米（图二四一，13；图版五〇，4）。

ⅡT0808④ 器类有鼎、罐、盆、釜、器座、缸、盘、碗、器盖、纺轮、环。

鼎 3件。ⅡT0808④：32，泥质磨光黑陶，足尖红色。宽扁鸭嘴形足，内面扁平，外面弧凹，束腰形斜弧两侧较平，宽足尖向外抹平。足根处左右两侧饰小按窝。残高7.2厘米（图二四三，18）。ⅡT0808④：33，泥质夹炭红陶。宽扁鸭嘴形足，内面弧凸，外面弧凹，斜直两侧脊凸，宽平足尖。通体饰红衣但大部分已脱落，足根处中间饰月牙状小按窝。残高7.2厘米（图二四三，19）。ⅡT0808④：34，泥质夹炭红陶。宽扁鸭嘴形足，内面弧凸，外面弧凹，斜直两侧脊凸，宽平足尖。通体饰红衣但大部分已脱落。残高7.2厘米（图二四三，20）。

罐 8件。ⅡT0808④：21，泥质夹炭厚胎红陶。直口，仰折沿，窄沿面，方唇，矮颈，鼓腹，下部残。通体饰红衣但大部分已脱落，颈饰平行弦纹。口径18、残高5.4厘米（图二四三，10）。ⅡT0808④：23，泥质厚胎红陶。敛口，仰折沿，宽沿面，圆唇，深弧腹，下部残。通体饰红衣但大部分已脱落。口径14、残高4.8厘米（图二四三，12）。ⅡT0808④：24，泥质磨光黑陶。敛口，仰折沿，窄沿面，斜方唇内抹，鼓腹，下部残。口径20、残高4厘米（图二四三，14）。ⅡT0808④：26，泥质磨光黑陶。宽敛口，仰折沿，窄沿面，圆唇，鼓腹，下部残。口径16、残高4.6厘米（图二四三，15）。ⅡT0808④：28，泥质磨光黑陶。上部残，腹斜弧，平底，矮圈足外撇。腹饰一周凸弦纹。足径9、残高3.2厘米（图二四三，23）。ⅡT0808④：13，泥质红陶。敛口，丁字形平沿，内外尖唇，束颈，鼓腹，下部残。通体饰红衣但大部分已脱落，腹饰两道凸弦纹。口径40、残高7.2厘米（图二四二，9）。ⅡT0808④：18，泥质夹炭厚胎红陶。敛口，丰圆唇，唇外缘凸棱，鼓腹，下部残。通体饰红衣但部分已脱落。口径30、残高4厘米（图二四三，5）。ⅡT0808④：22，泥质厚胎灰陶。敛口，窄折沿，丰圆唇，鼓腹，下部残。腹饰多道平行凹弦纹。口径20、残高3.8厘米（图二四三，11）。

盆 7件。ⅡT0808④：12，泥质夹炭厚胎红陶。敛口，尖唇，唇外缘棱凸，弧腹内收，下部残。通体饰红衣但大部分已脱落，凸棱下缘饰一道凹弦纹。口径32、残高5.4厘米（图二四二，8）。ⅡT0808④：14，泥质夹炭厚胎红陶。敞口，平折沿，宽沿面，圆唇，弧腹内收，下部残。通体饰红衣，大部分已脱落。口径44、残高2.8厘米（图二四二，11）。ⅡT0808④：15，泥质夹炭厚胎红陶。敞口，丁字形折沿下垂，窄沿面，圆唇，弧腹内收，下部残。通体饰红衣但大部分已脱落，沿面饰三道同心凹弦纹，腹上部饰一周凸棱，腹下部饰一周附加堆纹。口径32、残高5.2厘米（图二四三，1）。ⅡT0808④：16，泥质夹炭厚胎红陶。敛口，仰折沿，沿面较宽，圆唇，弧腹内收，下部残。通体饰红衣但大部分已脱落。口径28、残高4.2厘米（图二四三，2）。ⅡT0808④：20，泥质夹炭厚胎红陶。敛口，平折沿，沿面较宽，丰圆唇，弧腹内收，腹外壁附一横耳，下部残。通体饰红衣但大部分已脱落。口径36、残高5.6厘米（图二四三，8）。ⅡT0808④：5，泥质黑陶。直口，折沿下垂，沿面较宽，深弧腹，平底。素面。口径23、底径8、高13厘米（图二四二，10；图版二一，2）。ⅡT0808④：25，泥质磨光黑陶。直口，圆唇，唇外缘附加一周宽凸棱，深弧腹内收，下部

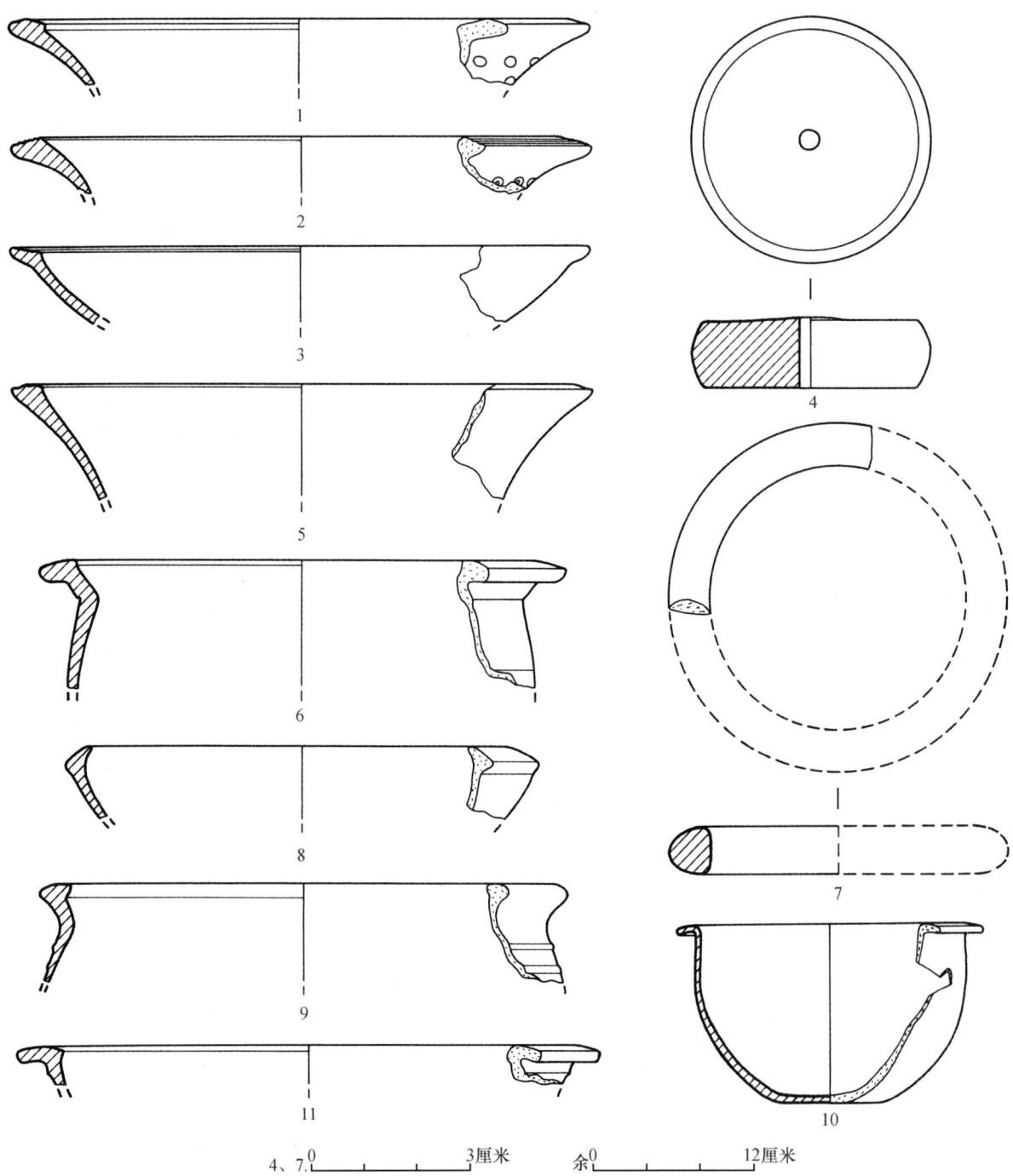

图二四二　ⅡT0808④出土器物

1、2、5.陶缸（ⅡT0808④：8、ⅡT0808④：7、ⅡT0808④：10）　3.陶盘（ⅡT0808④：9）　4.陶纺轮（ⅡT0808④：3）
6.陶器座（ⅡT0808④：11）　7.陶环（ⅡT0808④：6）　8、10、11.陶盆（ⅡT0808④：12、ⅡT0808④：5、ⅡT0808④：14）　9.陶罐（ⅡT0808④：13）

残。唇外缘凸棱上饰三道平行凹弦纹，腹饰一周双凹弦纹、弦纹间饰多组斜戳印纹。口径20、残高7厘米（图二四三，21）。

釜　1件。ⅡT0808④：17，泥质夹炭厚胎红陶。敛口，仰折沿，宽沿面，圆唇，鼓腹，下部残。口径28、残高6.8厘米（图二四三，4）。

器座　2件。ⅡT0808④：11，泥质厚胎红陶。敛口，仰折沿下垂，圆唇，弧腹，下部残。通体饰红衣但部分已脱落，腹饰一周浅凹弦纹。口径40、残高9.2厘米（图二四二，6）。ⅡT0808④：19，夹炭厚胎红陶。敛口，仰折沿下垂，宽沿面，斜方唇，弧腹，下部残。通体饰红衣但部分已脱落，腹饰圆镂孔。口径28、残高6.8厘米（图二四三，7）。

缸　3件。ⅡT0808④：7，泥质夹炭厚胎红陶。敞口，平折沿，尖唇，束颈，下部残。通体饰红衣但大部分已脱落，沿面饰同心凹弦纹，颈饰小圆圈纹。口径44、残高4.2厘米（图二四二，2）。ⅡT0808④：8，泥质夹炭厚胎红陶。敞口，平折沿，尖唇，束颈，下部残。通体饰红衣但大部分已脱落，颈饰小圆圈纹。口径44、残高4.8厘米（图二四二，1）。ⅡT0808④：10，泥质夹炭厚胎红陶。敞口，假平沿，尖唇，束颈，下部残。通体饰红衣但大部分已脱落。口径44、残高8.5厘米（图二四二，5）。

盘　3件。ⅡT0808④：4，泥质黑陶。敞口，丰圆唇，斜直腹，浅盘，平底，高圈足斜直外撇。圈足根部饰一周浅凸棱。口径12.4、足径8.4、高5厘米（图二四三，3；图版三七，3）。ⅡT0808④：9，泥质红陶。敞口，仰折沿近平，尖唇，弧腹内收，下部残。口径44、残高5.6厘米（图二四二，3）。ⅡT0808④：31，泥质夹炭红陶。附斗形盘耳，附斗口沿与盘口平齐，深腹，底平。通体饰红衣但大部分已脱落。斗径2.8厘米（图二四三，17）。

碗　1件。ⅡT0808④：27，泥质灰陶。敞口，尖唇，腹斜直，下部残。锯齿状唇缘，腹饰多组锯齿纹凸棱，凸棱以下饰平行凹弦纹。口径24、残高4厘米（图二四三，16）。

器盖　4件。ⅡT0808④：1，泥质磨光黑陶。喇叭状圈形高纽，圆唇，束颈。盖面斜弧，底缘平折，尖唇。纽颈饰一周凸棱，沿面饰三道凹弦纹。纽径4、盖径12、高3厘米（图二四三，13；图版五〇，5）。ⅡT0808④：2，泥质磨光黑陶。喇叭形纽，圆唇。盖面圆弧，圆唇。素面。纽径4.6、盖径10.6、高4.8厘米（图二四三，6）。ⅡT0808④：29，泥质红陶。细柄形盖纽残。盖盘敞口，窄折沿，斜壁，凹底。通体饰红衣但部分已脱落，沿面饰两周同心凹弦纹，唇缘按压呈葵瓣状。盖径11.2、残高2.8厘米（图二四三，22）。ⅡT0808④：30，泥质红底黑彩陶。矮圈形盖纽，穿顶，下部残。饰红底黑彩但部分已脱落。纽径4、残高1.6厘米（图二四三，9）。

纺轮　1件。ⅡT0808④：3，泥质红陶。一面平整，一面中央稍弧凸，周缘中间弧凸，中孔竖直。素面。直径4.5、孔径0.4、厚1.3厘米（图二四二，4；图版五五，4）。

环　1件。ⅡT0808④：6，泥质黑陶。侧扁实心环形，环体截面近弧顶三角形。内缘较宽平，外缘弧凸。素面。外径6.4、内径4.8、厚0.9厘米（图二四二，7）。

ⅡT0808⑤　器类有鼎、罐、钵、盆、盘、器盖、饼。

鼎　4件。ⅡT0808⑤：15，泥质红陶。侧扁锥形矮足，内外脊凸，两侧稍扁，足尖稍内收。残高4.8厘米（图二四四，18）。ⅡT0808⑤：16，泥质夹炭红陶。宽扁鸭嘴形高足，

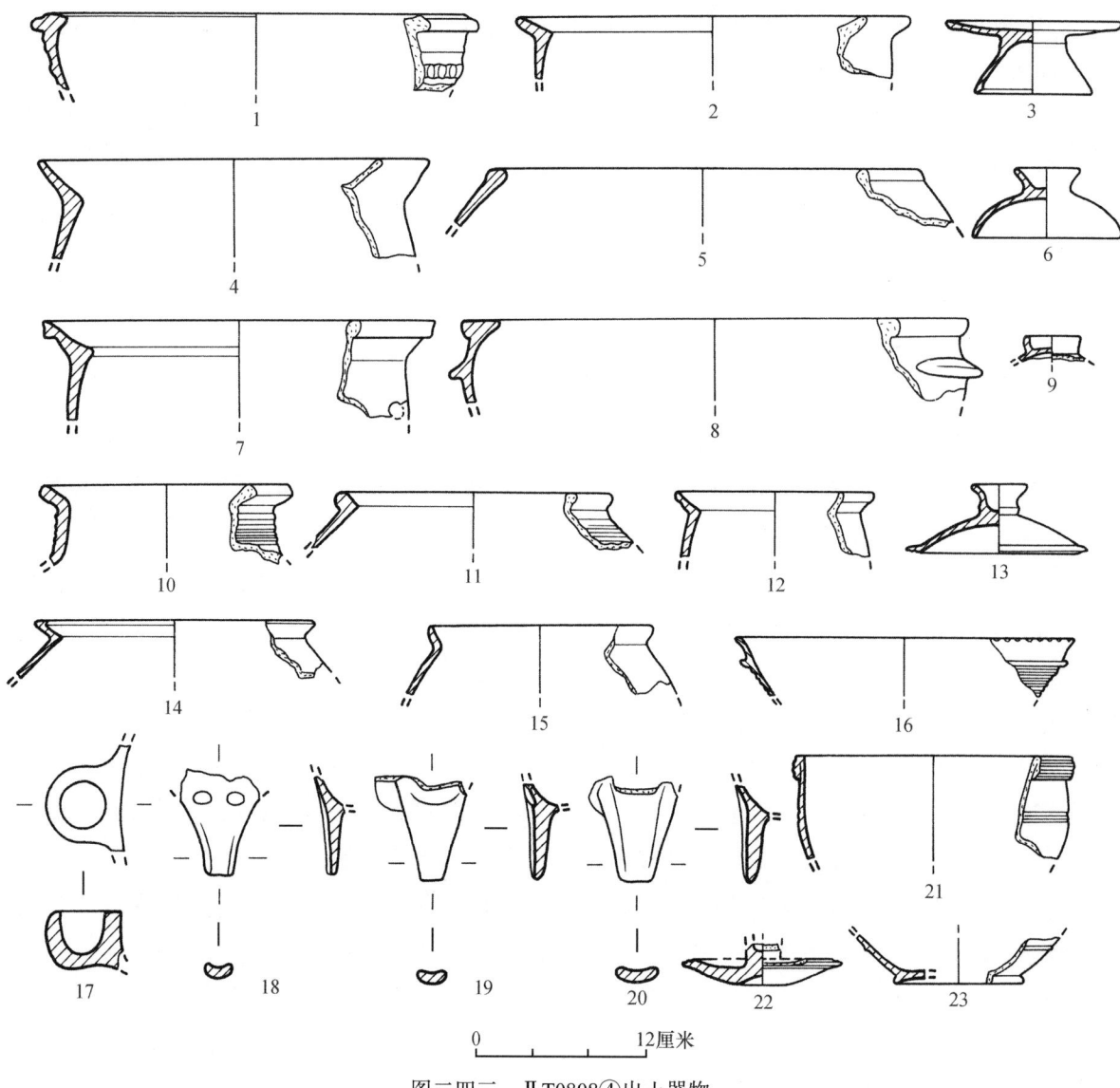

图二四三　ⅡT0808④出土器物

1、2、8、21.陶盆（ⅡT0808④：15、ⅡT0808④：16、ⅡT0808④：20、ⅡT0808④：25）　3、17.陶盘（ⅡT0808④：4、ⅡT0808④：31）　4.陶釜（ⅡT0808④：17）　5、10~12、14、15、23.陶罐（ⅡT0808④：18、ⅡT0808④：21、ⅡT0808④：22、ⅡT0808④：23、ⅡT0808④：24、ⅡT0808④：26、ⅡT0808④：28）　6、9、13、22.陶器盖（ⅡT0808④：2、ⅡT0808④：30、ⅡT0808④：1、ⅡT0808④：29）　7.陶器座（ⅡT0808④：19）　16.陶碗（ⅡT0808④：27）　18~20.陶鼎（ⅡT0808④：32、ⅡT0808④：33、ⅡT0808④：34）

内面中间竖向脊凸，外面较宽平，斜直两侧脊凸，足尖残。通体饰红衣但大部分已脱落，外面饰按窝纹。残高10.4厘米（图二四四，15）。ⅡT0808⑤：17，泥质夹炭红陶。侧扁凿形足，内外脊凸，两侧稍扁平，足尖横向薄锐。通体饰红衣但大部分已脱落。残高8.4厘米（图二四四，16）。ⅡT0808⑤：18，泥质夹炭红陶。宽扁锥形足，内面弧凸，外面较平，斜直两侧脊凸，足尖残。通体饰红衣但大部分已脱落，外面上部饰一心形按窝。残高5厘米（图二四四，17）。

罐　6件。ⅡT0808⑤：5，泥质夹炭红陶。直口，方唇，矮领，鼓腹，下部残。领饰平行

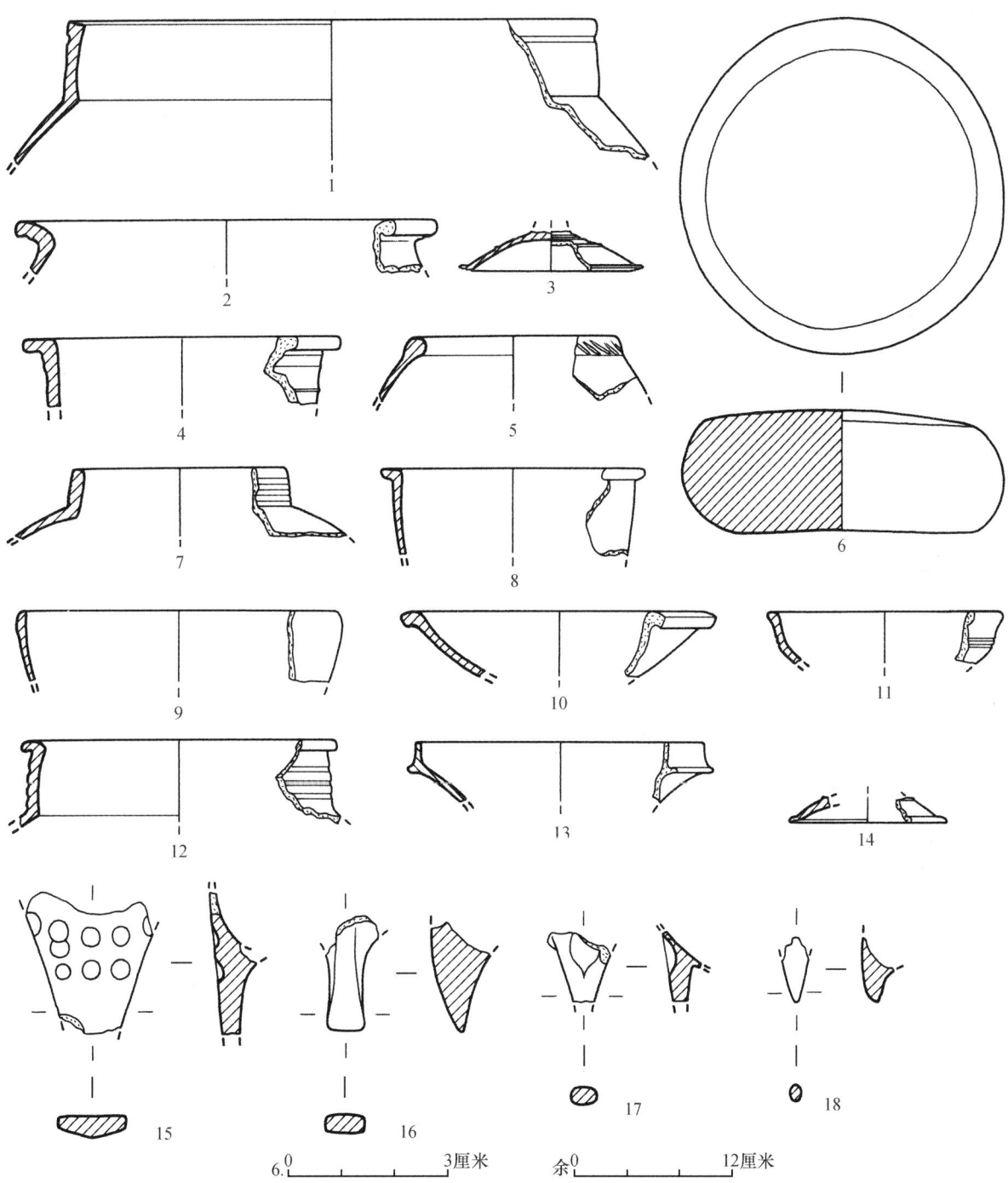

图二四四　ⅡT0808⑤出土器物

1、2、4、5、7、12.陶罐（ⅡT0808⑤：2、ⅡT0808⑤：3、ⅡT0808⑤：4、ⅡT0808⑤：6、ⅡT0808⑤：5、ⅡT0808⑤：10）　3、14.陶器盖（ⅡT0808⑤：13、ⅡT0808⑤：14）　6.陶饼（ⅡT0808⑤：1）　8.陶盆（ⅡT0808⑤：9）　9.陶钵（ⅡT0808⑤：7）　10、11、13.陶盘（ⅡT0808⑤：8、ⅡT0808⑤：11、ⅡT0808⑤：12）　15~18.陶鼎（ⅡT0808⑤：16、ⅡT0808⑤：17、ⅡT0808⑤：18、ⅡT0808⑤：15）

浅棱纹。口径16、残高5厘米（图二四四，7）。ⅡT0808⑤：6，泥质夹炭红陶。敛口，加厚丰圆唇外缘凸棱，鼓腹，下部残。通体饰红衣但大部分已脱落，唇外缘凸棱饰斜长印纹，印纹下饰一周双凹弦纹。口径14、残高4.6厘米（图二四四，5）。ⅡT0808⑤：10，泥质夹炭磨光黑陶。直口微敛，平折沿，窄沿面，圆唇，高颈，鼓腹，下部残。颈饰多道平行凹弦纹。口径24、残高5厘米（图二四四，12）。ⅡT0808⑤：2，泥质夹炭红陶。直口微敛，厚方唇，高领，鼓腹，下部残。通体饰红衣但大部分已脱落，唇面饰一道凹弦纹，领上部饰一道深凹弦纹。口径40、残高10.4厘米（图二四四，1）。ⅡT0808⑤：3，泥质夹炭红陶。敛口，仰折沿，宽沿面，丰圆唇，鼓腹，下部残。通体饰红衣但大部分已脱落。口径32、残高3.8厘米（图二四四，2）。ⅡT0808⑤：4，泥质夹炭厚胎红陶。直口，平折沿，宽沿面，高颈，下部残。通体饰红衣但大部分已脱落，颈饰两道凸弦纹。口径24、残高5厘米（图二四四，4）。

钵　1件。ⅡT0808⑤：7，泥质红陶。敞口，圆唇，斜弧腹内收，下部残。口径24、残高5.2厘米（图二四四，9）。

盆　1件。ⅡT0808⑤：9，泥质夹炭灰陶。直口，平折沿，窄沿面，尖唇，深弧腹内收，下部残。通体饰红衣但大部分已脱落。口径20、残高6.4厘米（图二四四，8）。

盘　3件。ⅡT0808⑤：8，泥质夹炭红陶。敞口，窄折沿，厚圆唇，弧腹内收，下部残。沿面饰三道同心凹弦纹。口径24、残高5.2厘米（图二四四，10）。ⅡT0808⑤：11，泥质磨光厚胎黑陶。敞口，丰圆唇，折腹，上腹斜直，下腹斜弧内收，下部残。折腹上缘饰一周双凹弦纹。口径18、残高3.8厘米（图二四四，11）。ⅡT0808⑤：12，泥质磨光黑陶。直口，圆唇，折腹，上腹竖直，下腹弧束内收，下部残。口径22、残高4.4厘米（图二四四，13）。

器盖　2件。ⅡT0808⑤：13，泥质磨光黑陶。纽部残。盖面斜弧，窄折沿，尖唇。盖面饰一道凸弦纹，沿面饰三道同心凹弦纹。盖径14、残高2.8厘米（图二四四，3）。ⅡT0808⑤：14，泥质磨光黑陶。顶部残。盖面斜弧，底缘微折，尖唇。盖面饰一道凸弦纹，沿面饰两道同心凹弦纹。盖径12、残高1.8厘米（图二四四，14）。

饼　1件。ⅡT0808⑤：1，泥质红陶。实心圆饼形，非标准圆。周缘弧凸，一面弧凸，一面内凹。素面。直径6.2、厚2~2.3厘米（图二四四，6；图版六六，1）。

ⅡT0808⑥　器类有鼎、罐、釜、盘、盆、碗、球。

鼎　2件。ⅡT0808⑥：15，泥质磨光黑陶，足尖红色。侧扁截锥足，内外脊凸，两侧扁圆，足尖截平。残高7.2厘米（图二四五，16）。ⅡT0808⑥：16，泥质黑陶，足尖灰色。圆锥形足。足根处饰一圆按窝。残高6厘米（图二四五，11）。

罐　7件。ⅡT0808⑥：4，泥质夹炭红陶。直口微敛，丰圆唇，短领，鼓腹，下部残。通体饰红衣但大部分已脱落。口径24、残高4.6厘米（图二四五，4）。ⅡT0808⑥：5，泥质夹炭红陶。敛口，仰折沿，宽沿面，平唇，鼓腹，下部残。通体饰红衣但大部分已脱落。口径19、残高6厘米（图二四五，5）。ⅡT0808⑥：11，泥质磨光灰陶。直口，圆唇，高领，鼓腹，下部残。通体饰红衣但大部分已脱落，唇外缘饰一周宽棱，领部饰平行浅棱纹。口径18、残高6.8厘米（图二四五，6）。ⅡT0808⑥：12，泥质磨光黑陶。直口微敞，窄折沿，圆

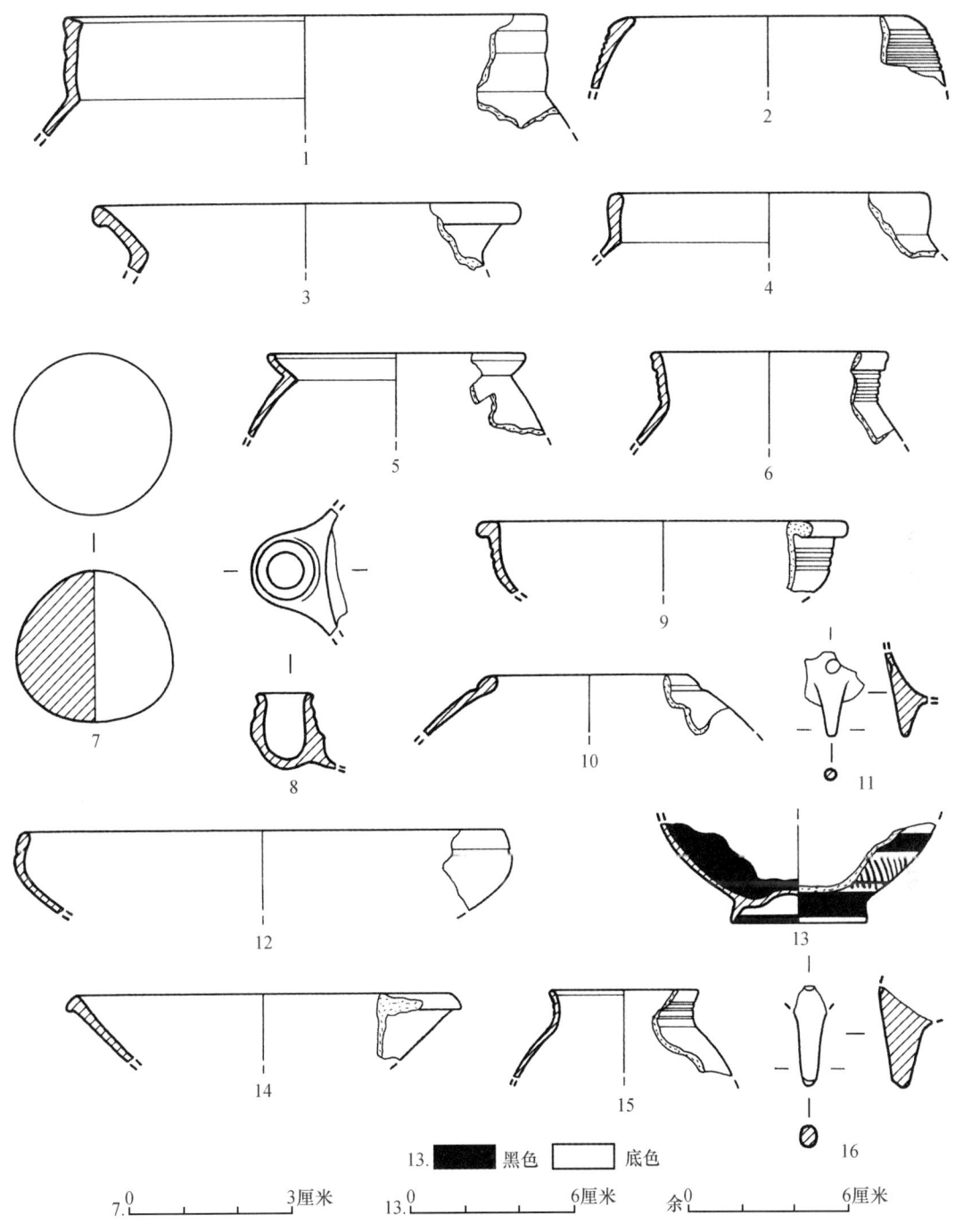

图二四五　ⅡT0808⑥出土器物

1、2、4~6、10、15.陶罐（ⅡT0808⑥：2、ⅡT0808⑥：9、ⅡT0808⑥：4、ⅡT0808⑥：5、ⅡT0808⑥：11、ⅡT0808⑥：10、ⅡT0808⑥：12）　3.陶釜（ⅡT0808⑥：3）　7.陶球（ⅡT0808⑥：1）　8、12、14.陶盘（ⅡT0808⑥：14、ⅡT0808⑥：7、ⅡT0808⑥：6）　9.陶盆（ⅡT0808⑥：8）　11、16.陶鼎（ⅡT0808⑥：16、ⅡT0808⑥：15）　13.陶碗（ⅡT0808⑥：13）

唇，束颈，鼓腹，下部残。颈饰三道平行浅凹弦纹。口径11、残高6.2厘米（图二四五，15）。ⅡT0808⑥∶2，泥质夹炭红陶。直口微敛，方唇，矮领，鼓腹，下部残。通体饰红衣但大部分已脱落，唇面饰一道凹弦纹，领部饰多道宽棱纹。口径36、残高8.6厘米（图二四五，1）。ⅡT0808⑥∶9，泥质红陶。敛口，圆唇，鼓腹，下部残。通体饰红衣但大部分已脱落，腹饰多道平行凹弦纹。口径20、残高5厘米（图二四五，2）。ⅡT0808⑥∶10，泥质夹炭红陶。敛口，丰圆唇，鼓腹，下部残。通体饰红衣但大部分已脱落，唇腹处饰一道凹弦纹。口径14、残高4.4厘米（图二四五，10）。

釜　1件。ⅡT0808⑥∶3，泥质夹炭厚胎红陶。敛口，仰折沿下垂，宽沿面，丰圆唇棱凸，腹残。通体饰红衣但大部分已脱落。口径32、残高4.8厘米（图二四五，3）。

盘　3件。ⅡT0808⑥∶6，泥质夹炭红陶。敞口，加厚方唇外缘棱凸，弧腹内收，下部残。通体饰红衣但大部分已脱落。口径28、残高2.8厘米（图二四五，14）。ⅡT0808⑥∶7，泥质灰陶。敛口，圆唇，微折腹，上腹斜弧内敛，下腹弧内收，下部残。折腹上缘饰一道凹弦纹。口径36、残高5.8厘米（图二四五，12）。ⅡT0808⑥∶14，泥质灰陶。附斗形盘耳，口沿高于盘口沿，直口，圆唇，深腹，圜底。通体饰红衣但大部分已脱落。斗径4.4、残高5.4厘米（图二四五，8）。

盆　1件。ⅡT0808⑥∶8，泥质红陶。敞口近直，平折沿，窄沿面，丰圆唇，弧折腹，上腹近直，下腹弧内收，下部残。上腹饰三道平行凹弦纹。口径28、残高4.2厘米（图二四五，9）。

碗　1件。ⅡT0808⑥∶13，泥质薄胎彩陶。上部残。弧腹，凹底，矮圈足外撇。内壁饰黑彩，腹外壁上部饰一道弦纹、弦纹上饰黑彩带，腹下部饰斜长顺向旋涡状黑彩及一周黑彩带，圈足底缘饰黑彩，圈足内壁饰黑彩，外底中心饰点黑彩。足径5.2、残高3.6厘米（图二四五，13）。

球　1件。ⅡT0808⑥∶1，泥质灰陶。实心球形，不太圆整。素面。直径3.8~3.9厘米（图二四五，7；图版六一，6）。

ⅡT0809③　器类有鼎、罐、盆、盘、器盖、环。

鼎　4件。ⅡT0809③∶7，泥质薄胎灰陶。敛口，仰折沿，宽沿面，圆唇，鼓腹，下部残。口径7、残高3.9厘米（图二四六，8）。ⅡT0809③∶13，泥质灰陶。宽扁形矮凿足，附着内面斜弧。足内面弧凸，外面弧凹，斜直两侧平脊，宽平足尖。足根处饰两个按窝。足高约3.5、宽约1.2~2、残高5.6厘米（图二四六，11）。ⅡT0809③∶14，泥质夹炭红陶。侧扁板形三角形高足，附着内面斜弧。足内外脊凸，两侧扁平，足尖残。外脊饰按窝纹。厚约2、残高9.8厘米（图二四六，14）。ⅡT0809③∶15，泥质灰陶。侧扁截锥足，内外脊凸，两侧扁弧，足尖截平。足根处饰一按窝。残高8.4厘米（图二四六，15）。

罐　2件。ⅡT0809③∶2，泥质薄胎灰陶。敛口，仰折沿，宽沿面，加厚丰圆唇，深弧腹，下部残。通体饰红衣但大部分已脱落。口径32、残高5.8厘米（图二四六，10）。ⅡT0809③∶8，泥质磨光灰陶。敛口，仰折沿，窄沿面，圆唇，鼓腹，下部残。口径19、残高

2.6厘米（图二四六，5）。

盆　4件。ⅡT0809③：1，泥质夹炭红陶。直口，折沿下垂，窄沿面，丰圆唇，折腹，上腹竖直，下腹斜弧内收，下部残。通体饰红衣但大部分已脱落。口径30、残高6.4厘米（图二四六，13）。ⅡT0809③：4，泥质夹炭红陶。敛口，平折沿，宽沿面，圆唇，弧腹，下部残。口径40、残高3厘米（图二四六，1）。ⅡT0809③：3，泥质夹炭红陶。敞口，平折沿，窄沿面，尖唇，斜弧腹内收，下部残。通体饰红衣但大部分已脱落。口径18、残高4厘米（图二四六，4）。ⅡT0809③：5，泥质薄胎灰陶。敛口，平折沿，窄沿面，尖唇，弧腹，下部残。口径22、残高2.3厘米（图二四六，3）。

盘　3件。ⅡT0809③：9，泥质灰陶。敞口，方唇，折腹，上腹内束，下腹弧内收，下部残。口径14、腹径13.2、残高3.6厘米（图二四六，6）。ⅡT0809③：6，泥质磨光灰陶。敞口，平折沿，窄沿面，圆唇，弧腹内收，下部残。口径27、残高2.5厘米（图二四六，7）。ⅡT0809③：10，泥质磨光红陶。敞口，厚方唇，折腹，上腹外侈，下腹弧内收，下部残。通体饰红衣但部分已经脱落。口径19、残高2.6厘米（图二四六，12）。

器盖　1件。ⅡT0809③：11，泥质黑陶。喇叭状圈形纽，尖唇，束颈。盖面残。颈饰三道凹弦纹。纽径4、残高2.6厘米（图二四六，2）。

环　1件。ⅡT0809③：12，泥质灰陶。实心圆环，环体截面呈外窄内宽梯形。外径8、内径6.4、厚0.7～0.8厘米（图二四六，9）。

ⅡT0809④　器类有鼎、罐、豆、器盖、纺轮。

鼎　3件。ⅡT0809④：6，泥质磨光黑陶。上部残。折腹，圜底，宽扁鸭嘴形矮足。足内面较平，外面弧凹，斜直两侧，弧凸足尖。足根处饰三个按窝。腹径15、残高5厘米（图二四七，5）。ⅡT0809④：7，泥质黑陶，足尖红色。宽扁板形矮足，斜直两侧脊凸，横向宽足尖抹平。足根处饰一个半月形按窝。残高5厘米（图二四七，7）。ⅡT0809④：8，泥质黑陶，足尖红色。侧扁圆锥矮足。残高4.5厘米（图二四七，8）。

罐　2件。ⅡT0809④：2，泥质薄胎磨光灰陶。敛口，仰折沿，宽沿面，鼓腹，下部残。口径11、残高3.5厘米（图二四七，1）。ⅡT0809④：3，泥质薄胎红陶。直口，圆唇，矮领，广肩，下部残。口径12、残高4.3厘米（图二四七，2）。

豆　1件。ⅡT0809④：5，泥质灰陶。敛口，尖唇，折腹，上腹斜弧内敛，下腹斜弧内收，下部残。口径17、腹径20.2、残高3.7厘米（图二四七，4）。

器盖　2件。ⅡT0809④：4，泥质磨光黑陶。喇叭状圈形纽，圆唇。盖面斜弧，穹顶，圆唇。素面。纽径3.3、盖径10.2、高5厘米（图二四七，3）。ⅡT0809④：9，泥质灰陶。圆锥形细长盖纽，下部残。器表粗糙。残高6.2厘米（图二四七，9）。

纺轮　1件。ⅡT0809④：1，泥质红陶。两面平整，周缘中间棱凸成两斜面，中孔竖直。素面。直径4.5、孔径0.5、厚1.1厘米（图二四七，6；图版五五，5）。

ⅡT0810③　器类有鼎、罐。

鼎　1件。ⅡT0810③：3，泥质磨光灰陶。敛口，仰折沿，宽沿面，丰圆唇，鼓腹，下部残。口径18、残高3.5厘米（图二四八，3）。

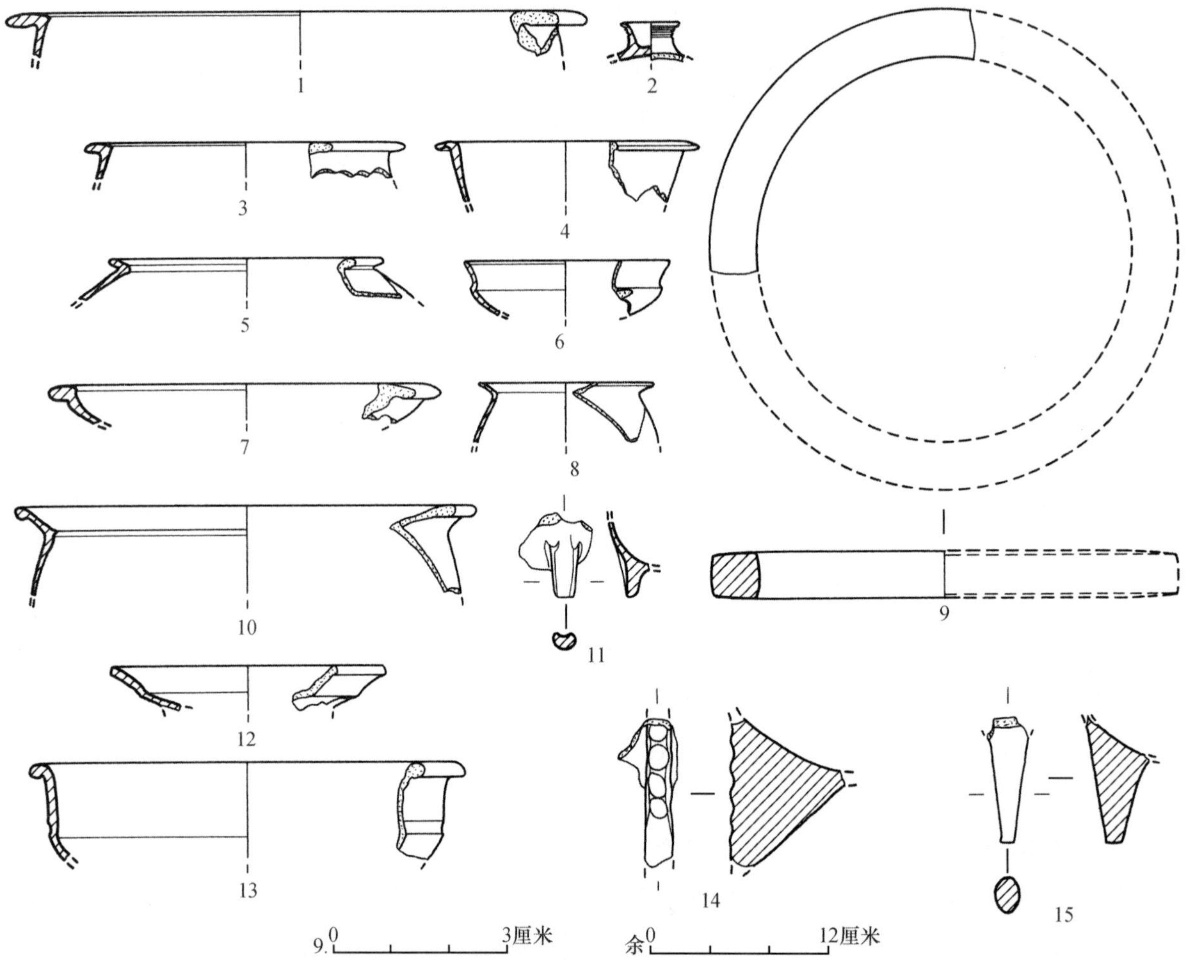

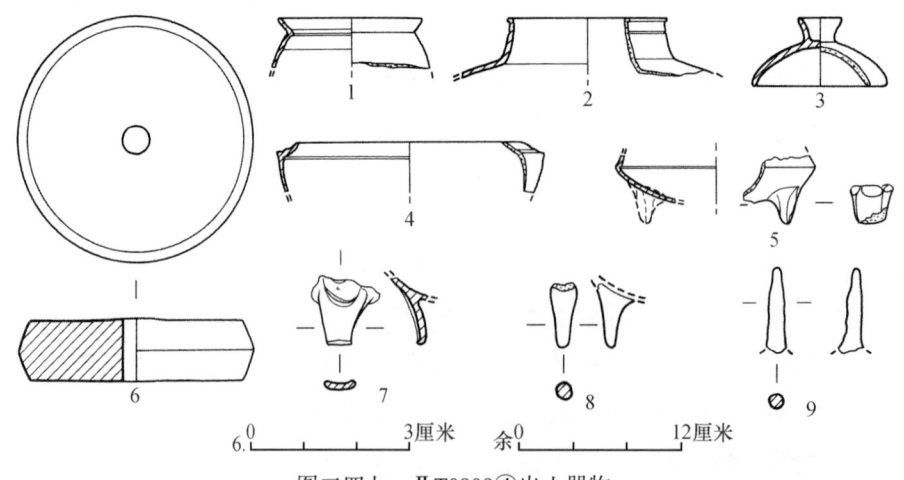

图二四六　ⅡT0809③出土器物

1、3、4、13. 陶盆（ⅡT0809③:4、ⅡT0809③:5、ⅡT0809③:3、ⅡT0809③:1）　2. 陶器盖（ⅡT0809③:11）　5、10. 陶罐（ⅡT0809③:8、ⅡT0809③:2）　6、7、12. 陶盘（ⅡT0809③:9、ⅡT0809③:6、ⅡT0809③:10）　8、11、14、15. 陶鼎（ⅡT0809③:7、ⅡT0809③:13、ⅡT0809③:14、ⅡT0809③:15）　9. 陶环（ⅡT0809③:12）

图二四七　ⅡT0809④出土器物

1、2. 陶罐（ⅡT0809④:2、ⅡT0809④:3）　3、9. 陶器盖（ⅡT0809④:4、ⅡT0809④:9）　4. 陶豆（ⅡT0809④:5）　5、7、8. 陶鼎（ⅡT0809④:6、ⅡT0809④:7、ⅡT0809④:8）　6. 陶纺轮（ⅡT0809④:1）

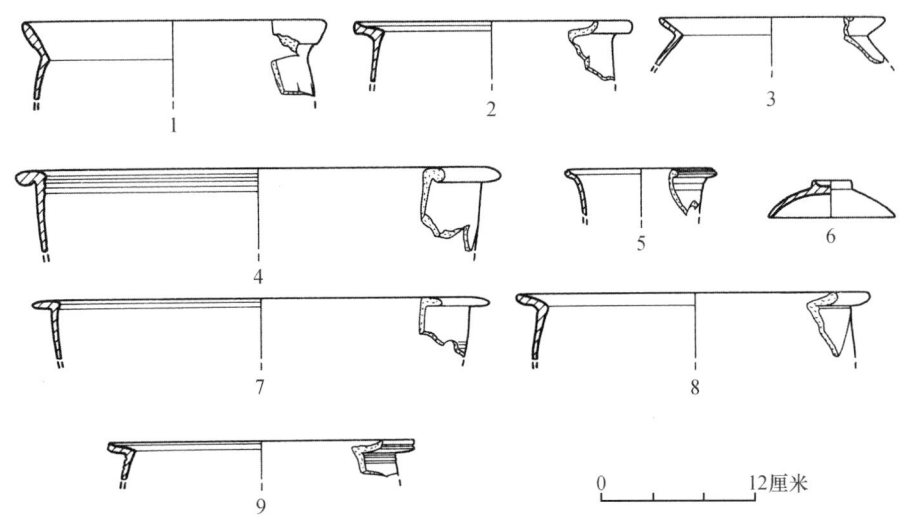

图二四八　ⅡT0810③、④出土器物

1、2、5、8、9.陶罐（ⅡT0810③：1、ⅡT0810③：2、ⅡT0810④：4、ⅡT0810④：5、ⅡT0810④：6）　3.陶鼎（ⅡT0810③：3）　4、7.陶盆（ⅡT0810④：2、ⅡT0810④：3）　6.陶器盖（ⅡT0810④：1）

罐　2件。ⅡT0810③：1，泥质夹炭红陶。大口微敛，仰折沿，宽沿面，丰圆唇，深弧腹，下部残。通体饰红衣但大部分已脱落。口径24、残高5.4厘米（图二四八，1）。ⅡT0810③：2，泥质夹炭红陶。大口微敛，折沿近平，宽沿面，尖唇，深弧腹，下部残。口径22、残高4.5厘米（图二四八，2）。

ⅡT0810④　器类有罐、盆、器盖。

罐　3件。ⅡT0810④：4，泥质灰陶。仰折沿，窄沿面，方唇，束颈，下部残。唇面饰一周凹弦纹。口径12、残高3.6厘米（图二四八，5）。ⅡT0810④：5，泥质灰陶。大口微敛，仰折沿，宽沿面，尖唇，深弧腹，下部残。口径28、残高5厘米（图二四八，8）。ⅡT0810④：6，泥质灰陶。大口微敛，仰折沿近平，宽沿面，方唇，深弧腹，下部残。腹饰两周凹弦纹。口径24、残高2.8厘米（图二四八，9）。

盆　2件。ⅡT0810④：2，泥质灰陶。直口，加厚平折沿，丰圆唇，深弧腹内收，下部残。内壁饰两周凹棱纹。口径38、残高6.2厘米（图二四八，4）。ⅡT0810④：3，泥质灰陶。敞口，平折沿，宽沿面，尖唇，深弧腹内收，下部残。腹饰多道平行细凸弦纹。口径36、残高4.5厘米（图二四八，7）。

器盖　1件。ⅡT0810④：1，泥质红陶。矮圈形纽。盖面斜弧，穹顶，圆唇。素面。纽径3.1、盖径10、高2.8厘米（图二四八，6）。

ⅡT0905③　器类有鼎、盆、器盖、纺轮、箅、石斧。

鼎　2件。ⅡT0905③：10，泥质黑陶。上部残。四棱锥形矮足，附着内面弧折。腹饰一道细凹弦纹，足根饰一个圆按窝。残高7.5厘米（图二四九，11）。ⅡT0905③：11，泥质黑陶。宽扁凿形矮足，内面弧凸，外面内凹，两侧脊凸，宽平足尖。足宽1.7~2.8、厚0.4~1、足高2~2.6、残高2.8厘米（图二四九，6）。

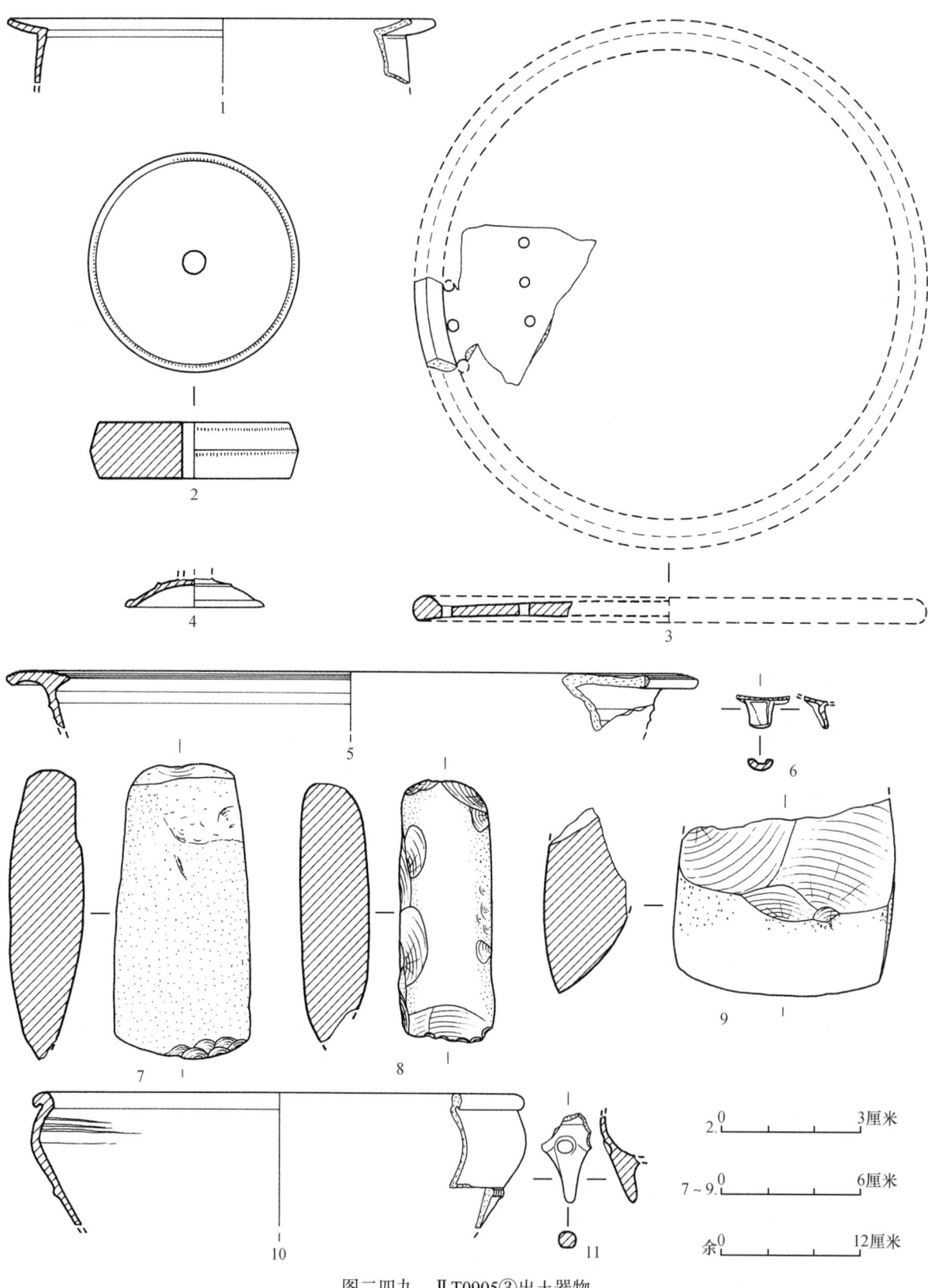

图二四九　ⅡT0905③出土器物

1、5、10.陶盆（ⅡT0905③：8、ⅡT0905③：5、ⅡT0905③：6）　2.陶纺轮（ⅡT0905③：4）　3.陶箅（ⅡT0905③：7）
4.陶器盖（ⅡT0905③：9）　6、11.陶鼎（ⅡT0905③：11、ⅡT0905③：10）　7~9.石斧（ⅡT0905③：2、ⅡT0905③：3、ⅡT0905③：1）

盆　3件。ⅡT0905③：5，泥质灰陶。敞口，丁字形折沿下垂，宽沿面，外唇圆内唇尖，斜弧腹内收，下部残。沿面饰细密同心凹弦纹。口径61、残高4.9厘米（图二四九，5）。ⅡT0905③：6，泥质红陶。敛口，卷唇，折腹，上腹斜弧，下腹斜内收，下部残。通体饰黑衣但大部分已脱落，下腹饰一周附加堆纹。口径43.6、腹径44、残高11.4厘米（图二四九，10）。ⅡT0905③：8，泥质灰陶。大口微敛，仰折沿，宽沿面，圆唇，深弧腹，下部残。口径38、残高5.4厘米（图二四九，1）。

器盖　1件。ⅡT0905③：9，泥质黑陶。盖纽残。盖面斜弧，穹顶，底缘平折，尖唇。盖面饰一周凸弦纹。盖径12.5、残高2.6厘米（图二四九，4）。

纺轮　1件。ⅡT0905③：4，泥质红陶。两面平整，周缘中间棱凸成两斜面，中孔竖直。周缘饰两周细密戳点纹。直径4.6、孔径0.5、厚1.2厘米（图二四九，2；图版五五，6）。

算　1件。ⅡT0905③：7，夹砂红陶。圆饼形。周缘一侧棱凸，一面弧凸，一面弧凹。饰两周同心小圆形穿孔。直径45、孔径0.8～1.4、最厚2.4厘米（图二四九，3）。

石斧　3件。ⅡT0905③：1，青色砂岩。顶部残。弧凸刃，两面非对称磨光。两边微弧凸，两面较平。残长8.4、宽9.5、厚3.7厘米（图二四九，9；图版七〇，3）。ⅡT0905③：2，青色砂岩。长梯形。弧顶布满崩疤，弧凸刃一侧有小崩疤，两面对称打磨，两侧边稍弧凸。残长12.5、宽4～4.6、最厚3.3厘米（图二四九，7；图版七〇，4）。ⅡT0905③：3，青色砂岩。长方体。弧顶布满崩疤，刃部一面残断一面磨光，两侧边较直，两面较平。残长11.1、宽3.8～4.2、最厚3.1厘米（图二四九，8；图版七〇，5）。

ⅡT0905④　器类有罐、玉玦。

罐　2件。ⅡT0905④：2，泥质内红外灰陶。敛口，丰圆唇，鼓腹，下部残。口径15、残高8.4厘米（图二五〇，2）。ⅡT0905④：3，泥质夹炭红陶。敛口，尖唇，鼓腹，下部残。口径20.4、残高4.8厘米（图二五〇，4）。

玉玦　1件。ⅡT0905④：1，白底杂墨绿色斑岫玉。残断。外缘薄尖，内缘稍厚，一面平整，一面由外至内渐厚。器形规整，表面光滑。外径6.3、内径2.4、厚0.1～0.4厘米（图二五〇，1；彩版二〇，3、4）。

ⅡT0905⑤　器类有罐、盆、甑、器耳、盘、碗、石斧、石钺。

罐　3件。ⅡT0905⑤：5，泥质红陶。敛口，仰折沿，斜方唇，鼓腹，下部残。口径13、残高6.8厘米（图二五〇，3）。ⅡT0905⑤：9，泥质磨光黑陶。小直口，平折沿，窄沿面，圆唇，直颈，鼓腹，下部残。颈饰平行凹弦纹。口径11、残高7厘米（图二五〇，12）。ⅡT0905⑤：4，泥质红陶。敛口，仰折沿，窄沿面，圆唇，鼓腹，下部残。腹饰平行瓦棱纹。口径24.6、残高4厘米（图二五〇，7）。

盆　2件。ⅡT0905⑤：6，泥质红陶。敛口，仰折沿，宽沿面，尖唇，深弧腹内收，下部残。通体饰红衣但大部分已脱落，沿面饰同心凹弦纹。口径25、残高5.9厘米（图二五〇，15）。ⅡT0905⑤：7，泥质灰陶。敛口，仰折沿，窄沿面，尖唇，弧腹，下部残。口沿外壁饰多道凹弦纹。口径28、残高4.2厘米（图二五〇，11）。

甑　1件。ⅡT0905⑤：11，泥质夹炭红陶。上部残。斜弧腹，平底。底饰三个圆穿孔。底

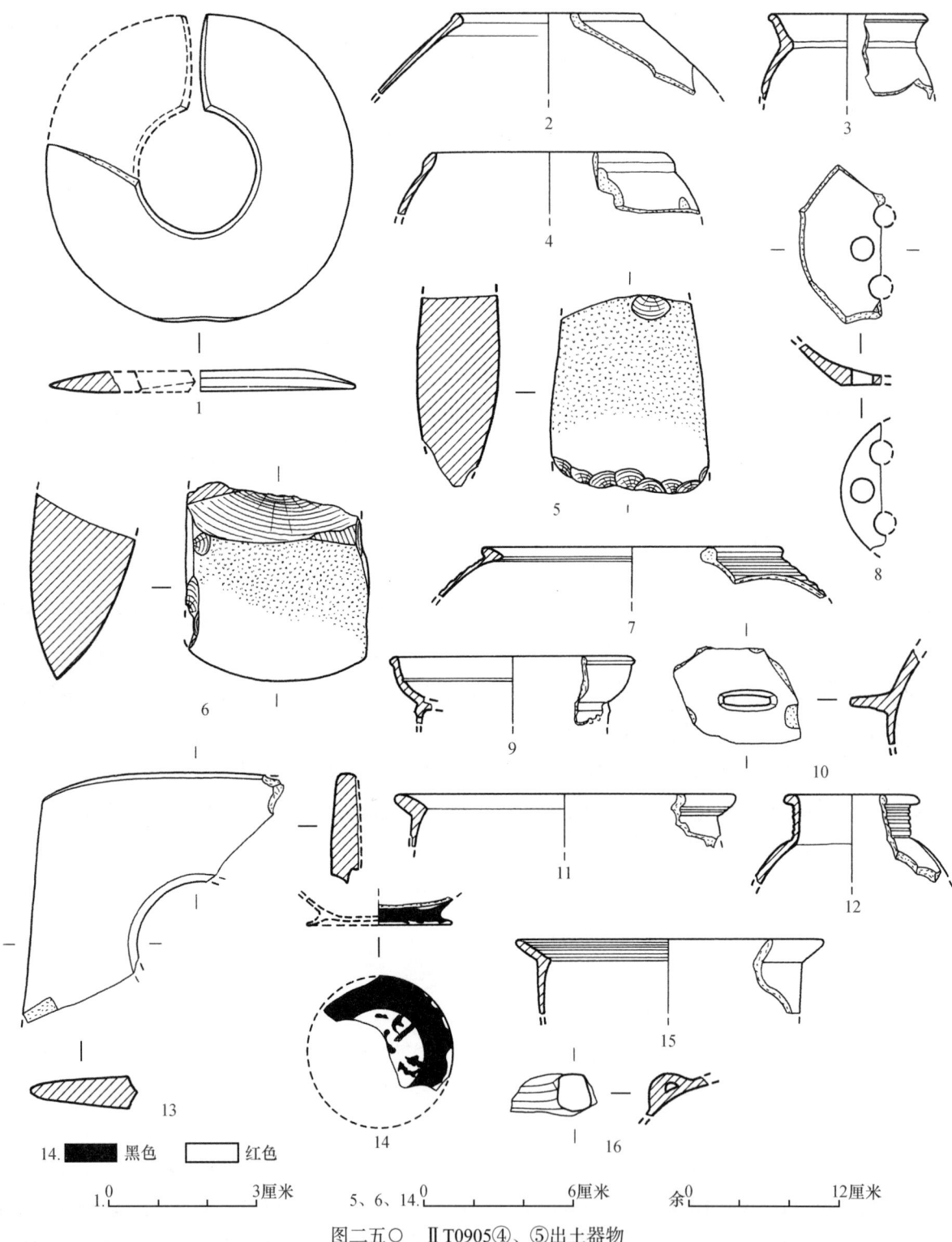

图二五〇　ⅡT0905④、⑤出土器物

1. 玉玦（ⅡT0905④：1）　2~4、7、12. 陶罐（ⅡT0905④：2、ⅡT0905⑤：5、ⅡT0905④：3、ⅡT0905⑤：4、ⅡT0905⑤：9）　5、6. 石斧（ⅡT0905⑤：1、ⅡT0905⑤：2）　8. 陶甑（ⅡT0905⑤：11）　9. 陶盘（ⅡT0905⑤：8）　10、16. 陶器耳（ⅡT0905⑤：10、ⅡT0905⑤：12）　11、15. 陶盆（ⅡT0905⑤：7、ⅡT0905⑤：6）　13. 石钺（ⅡT0905⑤：3）　14. 陶碗（ⅡT0905⑤：13）

径12、残高3.3厘米（图二五〇，8）。

器耳　2件。ⅡT0905⑤：10，泥质灰黑陶。方板形耳，附着内面缓弧。耳宽3.8～4.8、厚0.6～1.7厘米（图二五〇，10）。ⅡT0905⑤：12，泥质夹炭红陶。半圆拱桥形耳，附着内面斜弧。通体饰红衣但大部分已脱落，腹饰两道平行凸棱纹。耳跨约4.2、宽2.4厘米（图二五〇，16）。

盘　1件。ⅡT0905⑤：8，泥质红陶。敞口近直，斜方唇外缘棱凸，折腹，上腹斜直，下腹弧内收，粗圈足残。通体饰红衣但大部分已脱落，圈足饰小圆形镂孔。口径20、足径15.8、残高5.3厘米（图二五〇，9）。

碗　1件。ⅡT0905⑤：13，泥质薄胎红陶。上部残。弧腹，圜底，矮圈足外撇。外壁及内底皆涂满黑彩，外底外圈涂满黑彩，中央饰向心"日"字形红底黑彩。足径6、残高1.1厘米（图二五〇，14）。

石斧　2件。ⅡT0905⑤：1，硅质灰岩。梯形。顶端残断，弧凸刃部布满崩疤，两面对称磨光。残长7.8、宽5.3～6.4、最厚3.3厘米（图二五〇，5；图版七〇，6）。ⅡT0905⑤：2，灰色砂岩。长方形。顶端残断。弧凸刃，两面对称磨光。残长7.8、宽7.2～7.5、最厚4.2厘米（图二五〇，6；图版七一，1）。

石钺　1件。ⅡT0905⑤：3，青灰色细泥岩。仅存上部一角。平顶微弧凸，侧边斜直，中孔对钻。器形规整，器表光滑。残长9.8、残宽10.8、厚0.1～1.3厘米（图二五〇，13）。

ⅡT0906③　器类有鼎、盆、器盖。

鼎　1件。ⅡT0906③：3，夹砂灰陶。宽扁板形足，附着鼎底圜。足内外面平整，竖直两侧脊凸，宽薄足尖残。足宽4.8、残高4.8厘米（图二五一，4）。

盆　1件。ⅡT0906③：2，泥质灰陶。敛口，仰折沿，宽沿面，圆唇，弧腹，下部残。口沿28、残高4厘米（图二五一，5）。

器盖　1件。ⅡT0906③：1，泥质红陶。圈形盖纽残。盖面圆弧，穿顶，平折沿，尖唇。盖面直径25、残高5.2厘米（图二五一，7）。

ⅡT0906④　器类有鼎、盆、器座、器盖、纺轮。

鼎　2件。ⅡT0906④：5，夹草木灰红陶。宽扁舌形足，上宽下窄，内面微弧凸，外面弧凹，斜弧两侧脊凸，宽凸足尖。足根处饰月牙形深窝，中部饰一倒水滴形深窝。残高7.7厘米（图二五一，8）。ⅡT0906④：6，泥质黑陶。圆锥形矮足，足尖残。足根饰一圆按窝。残高5.4厘米（图二五一，6）。

盆　1件。ⅡT0906④：3，泥质夹草木灰红陶。敛口，圆唇，弧腹内收，下部残。通体饰红衣但大部分已脱落，唇外缘贴附一周宽平棱。口径43.2、残高9.2厘米（图二五一，1）。

器座　1件。ⅡT0906④：2，泥质夹炭红陶。敛口，仰折沿下垂，宽沿面，丰圆唇，弧腹，下部残。通体饰红衣但大部分已脱落，腹饰圆形镂孔。口径30、残高7厘米（图二五一，2）。

器盖　1件。ⅡT0906④：4，泥质夹炭红陶。实心柄形细盖纽残。盖盘面近平，外缘微上翘，尖唇，微弧腹，小平底。通体饰红衣但部分已脱落。盖径10、残高1.8厘米（图二五一，9）。

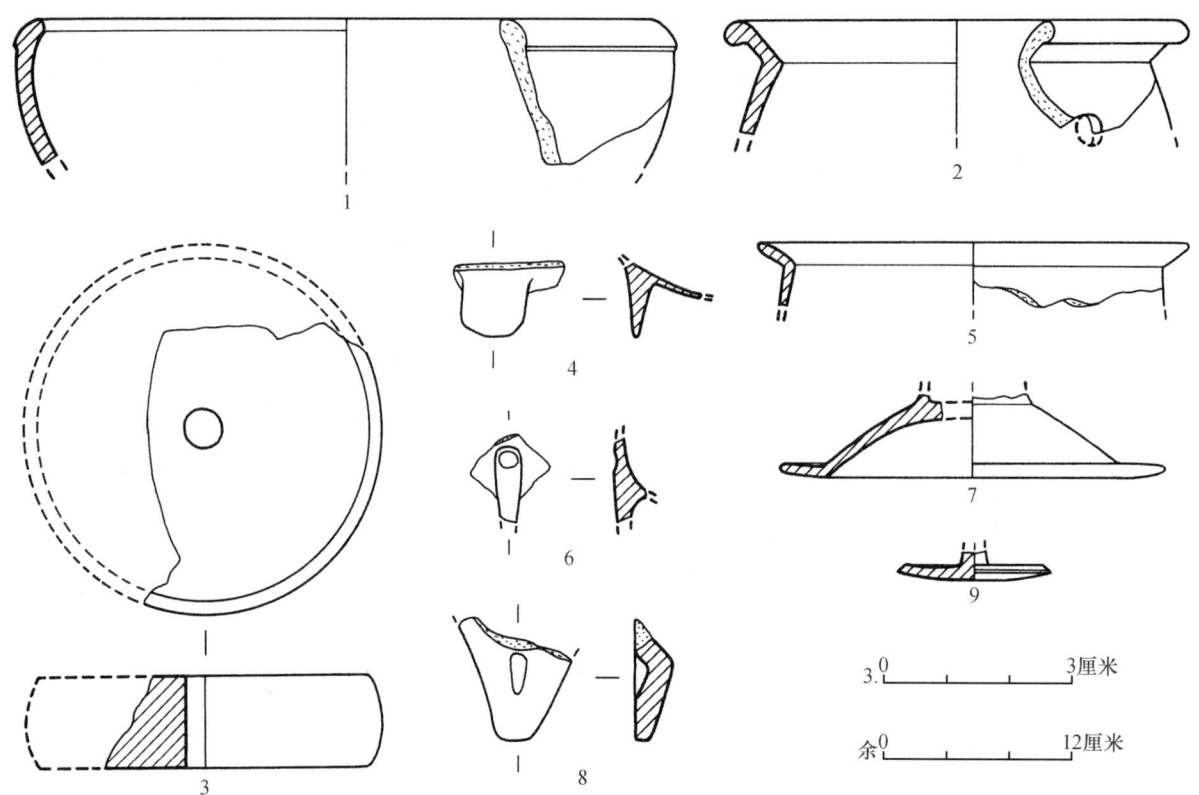

图二五一　ⅡT0906③、④出土器物

1、5. 陶盆（ⅡT0906④：3、ⅡT0906③：2）　2. 陶器座（ⅡT0906④：2）　3. 陶纺轮（ⅡT0906④：1）　4、6、8. 陶鼎（ⅡT0906③：3、ⅡT0906④：6、ⅡT0906④：5）　7、9. 陶器盖（ⅡT0906③：1、ⅡT0906④：4）

纺轮　1件。ⅡT0906④：1，泥质灰陶。两面平整，周缘中间弧凸，中孔竖直。素面。直径5.8、孔径0.6、厚1.45厘米（图二五一，3）。

ⅡT0906⑤　器类有鼎、罐、盆、盘、纺轮、球、杯形器、石斧。

鼎　3件。ⅡT0906⑤：10，夹砂红陶。宽扁三棱锥形足，内面竖向棱凸，外面呈三角形深凹槽状，微斜弧两侧脊凸，横截面呈V字形，足尖截平。残高7.7厘米（图二五二，13）。ⅡT0906⑤：11，泥质黑陶。宽扁凿形矮足，内外面稍弧凹，近斜直两脊凸，宽平足尖薄。残高3厘米（图二五二，15）。ⅡT0906⑤：12，泥质黑陶。宽扁短舌形足，内外面稍弧凸，斜直两侧脊凸，圆凸形足尖。足根饰一按窝（图二五二，14）。

罐　1件。ⅡT0906⑤：7，泥质磨光黑陶。小口近直，尖唇，束颈，下部残。唇外缘贴附一周宽凸棱。口径16、残高5.2厘米（图二五二，4）。

盆　1件。ⅡT0906⑤：6，泥质磨光灰陶。直口，仰折沿，宽沿面，尖唇，弧腹近直，下部残。口径22、残高3.2厘米（图二五二，5）。

盘　2件。ⅡT0906⑤：9，泥质红陶。敛口，方唇，弧腹，圜底，粗圈足，下部残。口径18、腹径20、残高4.6厘米（图二五二，1）。ⅡT0906⑤：8，泥质黑陶。敛口，窄折沿，圆唇，唇缘棱凸，斜弧腹内收，下部残。口径22、残高3.8厘米（图二五二，2）。

纺轮　1件。ⅡT0906⑤：5，泥质红陶。两面平整，周缘中间稍棱凸，中孔竖直。周缘两

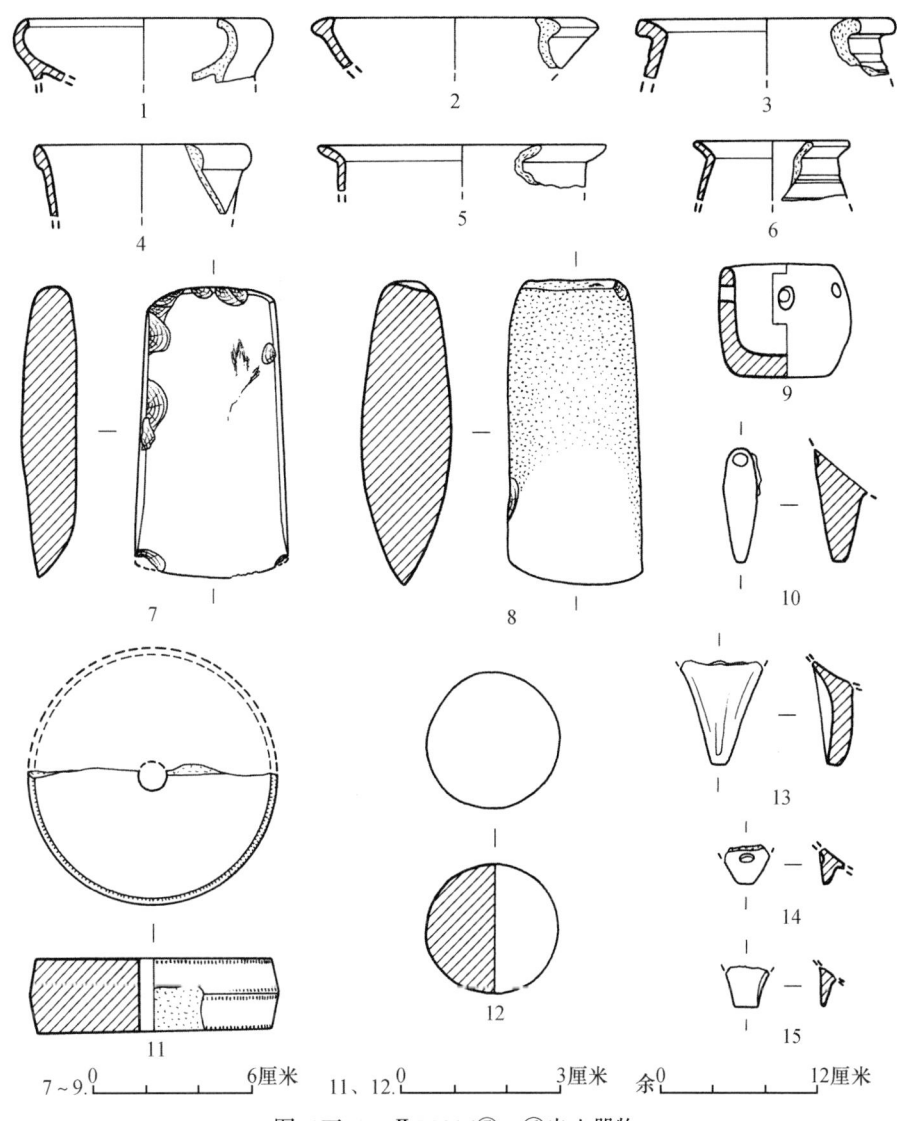

图二五二 ⅡT0906⑤、⑥出土器物

1、2. 陶盘（ⅡT0906⑤：9、ⅡT0906⑤：8） 3、4. 陶罐（ⅡT0906⑥：1、ⅡT0906⑤：7） 5. 陶盆（ⅡT0906⑤：6）
6. 陶簋（ⅡT0906⑥：2） 7、8. 石斧（ⅡT0906⑤：1、ⅡT0906⑤：3） 9. 陶杯形器（ⅡT0906⑤：4）
10、13～15. 陶鼎（ⅡT0906⑥：3、ⅡT0906⑤：10、ⅡT0906⑤：12、ⅡT0906⑤：11） 11. 陶纺轮（ⅡT0906⑤：5）
12. 陶球（ⅡT0906⑤：2）

侧边及中间凸棱两边饰细密戳点纹。直径4.8、孔径0.5、厚1.3～1.4厘米（图二五二，11）。

球 1件。ⅡT0906⑤：2，泥质红陶。实心圆球形，器表光滑。残存小块黑彩斑。直径2.4～2.5厘米（图二五二，12）。

杯形器 1件。ⅡT0906⑤：4，泥质夹炭黑陶。深窝斗形。直口，圆唇，深腹近直，平底。器形不甚规整，近口沿处饰四个对穿小圆孔。口径4.2、底径3.6、高4.2厘米（图二五二，9）。

石斧 2件。ⅡT0906⑤：1，青色砂岩。长梯形。顶端弧凸，弧凸刃部两面非对称磨光，两侧斜直，两面光滑。器形规整。长10.7、宽4.8～5.8、最厚2.1厘米（图二五二，7）。

ⅡT0906⑤：3，青色砂岩。长方形。平顶，斜弧凸刃部两面对称磨光，两侧斜直，两面光滑弧凸。器形规整。长11.3、宽4～5.2、最厚3.4厘米（图二五二，8）。

ⅡT0906⑥ 器类有鼎、罐、簋。

鼎 1件。ⅡT0906⑥：3，泥质磨光黑陶，足尖红色。侧扁圆锥形足，内外脊凸，两侧扁圆，足尖截平。足根饰一圆按窝。残高8.3厘米（图二五二，10）。

罐 1件。ⅡT0906⑥：1，泥质夹草木灰红陶。敛口，仰折沿，丰圆唇，微束颈，弧腹残。口径20、残高4.2厘米（图二五二，3）。

簋 1件。ⅡT0906⑥：2，泥质磨光黑陶。敛口，仰折沿，宽沿面，弧腹，下部残。腹饰一周三凹弦纹。口径12、残高4.4厘米（图二五二，6）。

ⅡT0907③ 器类有鼎、罐、盆、器盖、球。

鼎 1件。ⅡT0907③：6，泥质夹炭红陶。侧扁三角形足，内外平脊，两侧扁平，凿形足尖。内外脊上部饰按窝纹。厚约1.4、残高8.2厘米（图二五三，4）。

罐 1件。ⅡT0907③：5，泥质灰陶。敞口，仰折沿，尖唇内上折，束颈，下部残。颈内壁棱凸。口径20、残高5.6厘米（图二五三，6）。

盆 2件。ⅡT0907③：4，泥质红陶。敞口近直，折沿下垂，圆唇，深弧腹内收，下部残。口径22、残高4.4厘米（图二五三，2）。ⅡT0907③：3，泥质夹炭红陶。敛口，折沿下垂，宽沿面，尖唇，弧腹，下部残。通体饰红衣但大部分已脱落。口径46、残高5.2厘米（图二五三，1）。

器盖 1件。ⅡT0907③：2，泥质红陶。喇叭状矮圈形盖纽，尖唇。盖面斜弧，平折窄沿，尖唇。纽径4.4、盖径12、高3.6厘米（图二五三，5）。

球 1件。ⅡT0907③：1，泥质红陶，受热不均呈黑红不一。实心圆球形，器表较粗糙。直径2.8～3厘米（图二五三，3；图版六二，1）。

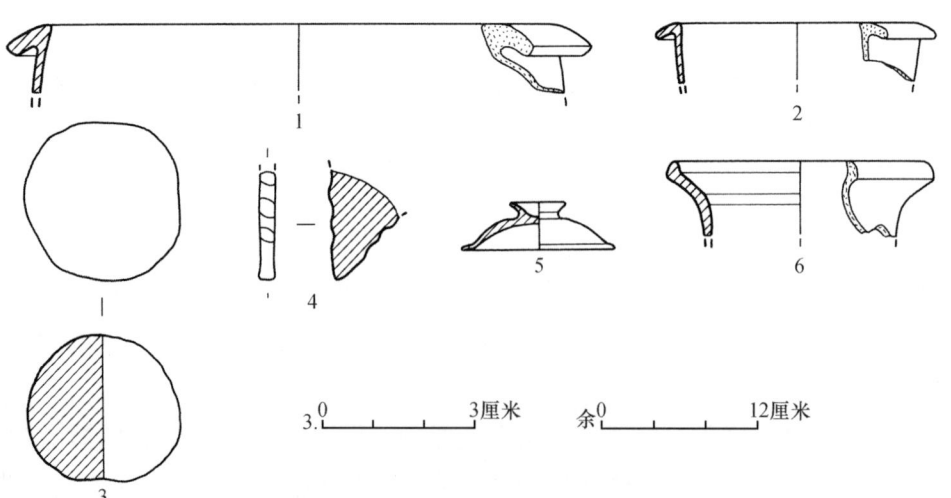

图二五三 ⅡT0907③出土器物
1、2.陶盆（ⅡT0907③：3、ⅡT0907③：4） 3.陶球（ⅡT0907③：1） 4.陶鼎（ⅡT0907③：6）
5.陶器盖（ⅡT0907③：2） 6.陶罐（ⅡT0907③：5）

ⅡT0907④ 器类有鼎、罐、盆、釜、器座、盘、杯、器盖。

鼎 2件。ⅡT0907④：16，泥质黑陶。宽扁鸭嘴形矮足，内面弧凸，外面弧凹，稍内束斜弧两侧脊凸，宽平足尖。足根处饰一月牙形按窝。残高8厘米（图二五四，16）。ⅡT0907④：17，泥质黑陶。宽扁凿形足，内面弧凸，外面弧凹，斜弧两侧脊凸，宽平足尖。残高3.5厘米（图二五四，15）。

罐 4件。ⅡT0907④：5，泥质黄陶。敛口，折沿，圆唇，束颈，鼓腹，下部残。腹饰两道同心凹弦纹。口径16、残高4.6厘米（图二五四，2）。ⅡT0907④：8，夹炭薄胎黄陶。微敛口，圆唇，矮领，鼓肩，下部残。口径14、残高5.2厘米（图二五四，4）。ⅡT0907④：12，泥质磨光薄胎黑陶。上部残。弧腹，凹底。底径8、残高7厘米（图二五四，9）。ⅡT0907④：10，泥质夹炭红陶。敛口，加厚丰圆唇，鼓腹，下部残。通体饰红衣但大部分已脱落。口径32、残高5.8厘米（图二五四，5）。

盆 3件。ⅡT0907④：1，泥质夹炭红陶。敞口，折沿下垂，内折角棱凸，宽沿面，尖唇，腹斜直内收，下部残。通体饰红衣但大部分已脱落，腹饰两道平行凸弦纹。口径50、残高6.6厘米（图二五四，1）。ⅡT0907④：3，泥质红陶。敞口，折沿下垂，宽沿面，丰圆唇，斜弧腹内收，下部残。通体饰红衣但大部分已脱落，腹饰两道平行凸弦纹。口径42、残高6厘米（图二五四，7）。ⅡT0907④：7，夹炭红陶。大口微敛，方唇，深弧腹内收，下部残。通体饰红衣但大部分已脱落，唇外缘帖附一周宽平棱。口径43.2、残高5.8厘米（图二五四，3）。

釜 1件。ⅡT0907④：6，夹草木灰红陶。敛口，仰折沿，宽沿面，丰圆唇，鼓腹，下部残。口径26、残高4.4厘米（图二五四，6）。

器座 2件。ⅡT0907④：2，泥质红陶。敛口，仰折沿，宽沿面，斜方唇外缘棱凸，弧腹，下部残。通体饰红衣但大部分已脱落，腹饰圆形镂孔。口径28、残高7.2厘米（图二五四，8）。ⅡT0907④：4，泥质灰陶。宽敛口，仰折沿，窄沿面，尖唇，弧腹斜直，下部残。口径22、残高4.2厘米。

盘 2件。ⅡT0907④：11，泥质红陶。敞口，折沿下垂，尖唇，折腹，圜底，粗圈足，下部残。通体饰红衣但大部分已脱落，唇缘按压呈葵瓣状，沿面饰一周双凹弦纹，折腹内壁饰一道凹弦纹。口径18、残高3厘米（图二五四，12）。ⅡT0907④：9，泥质红陶。上部残，喇叭形圈足外撇。通体饰红衣但大部分已脱落，圈足底缘外饰一周凸棱。足径15、残高3厘米（图二五四，13）。

杯 1件。ⅡT0907④：13，泥质黑陶。上部残，喇叭状细高柄圈足。足径8、残高5.2厘米（图二五四，10）。

器盖 2件。ⅡT0907④：14，泥质磨光黑陶。喇叭形盖纽残。盖面斜弧外撇，圆唇。盖径11、残高4.2厘米（图二五四，11）。ⅡT0907④：15，泥质黑皮灰陶。圆锥塔形矮纽，上部为圆锥顶，下部为短束柄。盖面穹顶，下部残。最大纽径3.2、残高4厘米（图二五四，14）。

ⅡT0909③ 器类有纺轮。

纺轮 1件。ⅡT0909③：1，泥质红陶。两面平整，近中孔周缘稍凸出，周缘中间棱凸成两斜直面。中孔竖直，其中一端抹角呈喇叭窝形。素面。直径4.8、孔径0.5、厚1.25厘米（图二五四，17；图版五六，1）。

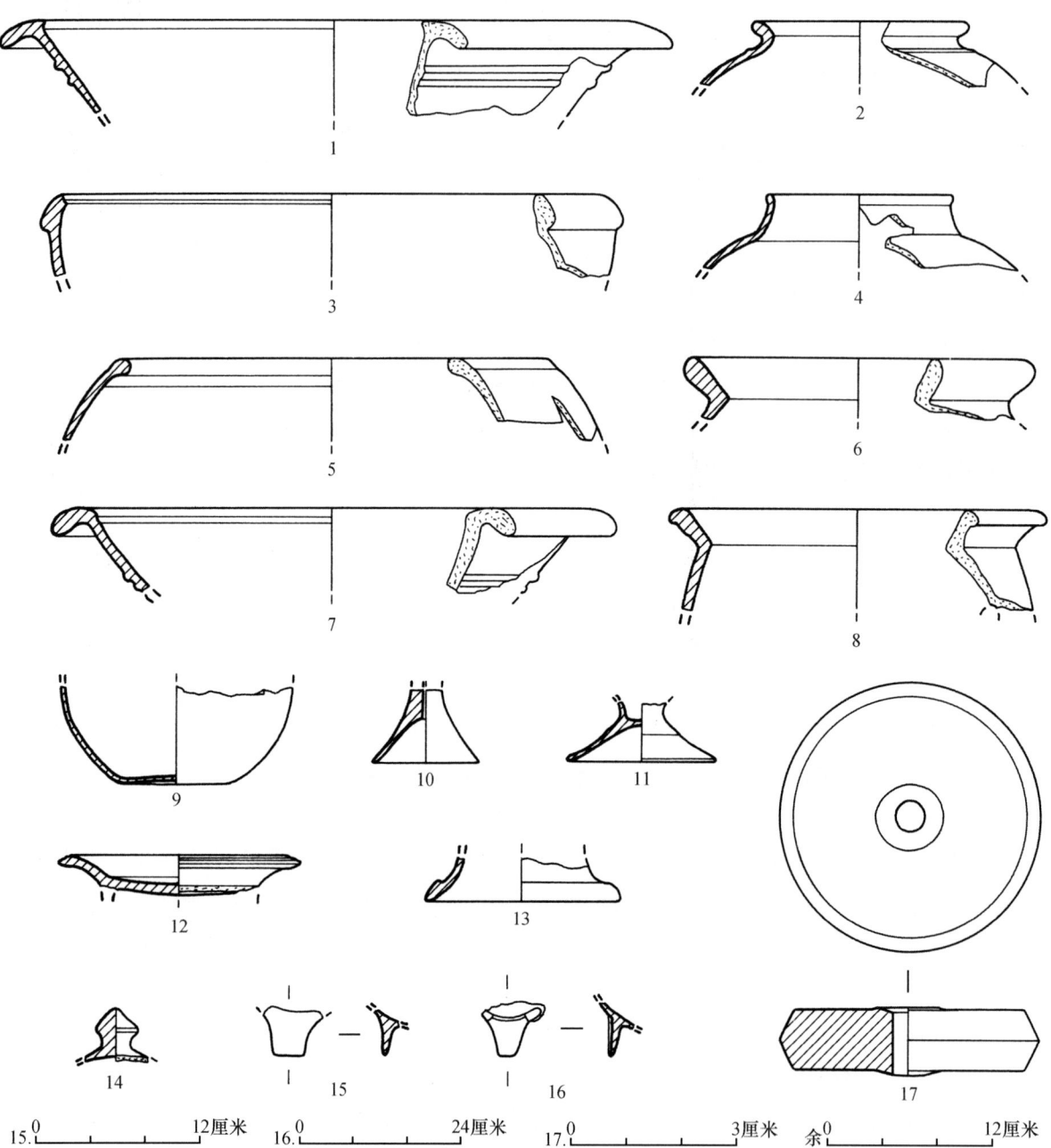

图二五四 ⅡT0907④、ⅡT0909③出土器物

1、3、7. 陶盆（ⅡT0907④：1、ⅡT0907④：7、ⅡT0907④：3） 2、4、5、9. 陶罐（ⅡT0907④：5、ⅡT0907④：8、ⅡT0907④：10、ⅡT0907④：12） 6. 陶釜（ⅡT0907④：6） 8. 陶器座（ⅡT0907④：2） 10. 陶杯（ⅡT0907④：13） 11、14. 陶器盖（ⅡT0907④：14、ⅡT0907④：15） 12、13. 陶盘（ⅡT0907④：11、ⅡT0907④：9） 15、16. 陶鼎（ⅡT0907④：17、ⅡT0907④：16） 17. 陶纺轮（ⅡT0909③：1）

ⅡT1005③ 器类有器盖。

器盖 1件。ⅡT1005③：1，泥质灰陶。三个凿尖形小盖纽。盖面缓弧，尖唇。盖径10、高2.5厘米（图二五五，1；图版五一，2）。

ⅡT1005④ 器类有纺轮、球、石刀。

纺轮 2件。ⅡT1005④：1，泥质灰陶。一面弧凹，一面平整，周缘弧凸。中孔较大，两端口抹角呈一大一小喇叭口。素面。直径5.8、孔径0.7～1.9、厚1.2～1.6厘米（图二五五，4；图版五六，2）。ⅡT1005④：4，泥质红陶。两面较平整，周缘弧凸，中孔竖直。器形较薄，器表粗糙。素面。直径3.8～3.9、孔径0.5、厚0.4～0.6厘米（图二五五，2；图版五六，3）。

球 2件。ⅡT1005④：2，泥质灰陶。实心圆球体，非标准圆。球面以双弦戳点弦纹不规则交叉绕体装饰。直径3.7厘米（图二五五，3；图版六二，2）。ⅡT1005④：5，泥质红陶。实心圆珠形，器表较粗糙。直径1.7～1.8厘米（图二五五，6；图版六三，4）。

石刀 1件。ⅡT1005④：3，灰色砂岩。残存前端刃部，近长方形。圆角刃单面磨光，布满使用小崩疤；一侧刀背平直圆钝；刀头锋刃近平。残长8.4、宽5.9、最厚2厘米（图二五五，5）。

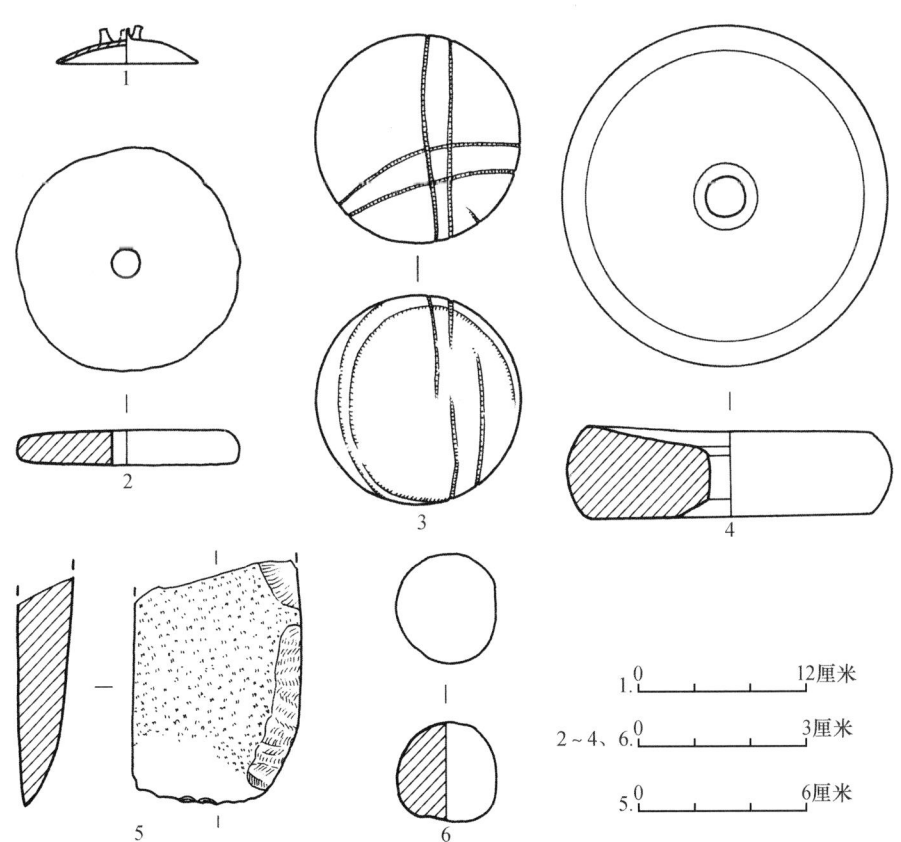

图二五五　ⅡT1005③、④出土器物

1.陶器盖（ⅡT1005③：1）　2、4.陶纺轮（ⅡT1005④：4、ⅡT1005④：1）　3、6.陶球（ⅡT1005④：2、ⅡT1005④：5）
5.石刀（ⅡT1005④：3）

ⅡT1006③ 器类有器盖、饼。

器盖 1件。ⅡT1006③：1，泥质黄陶。喇叭状圈形盖纽，折沿，尖唇。盖面缓弧，平折窄沿，尖唇。盖纽沿饰一道浅凹弦纹，盖沿面内外两侧各饰一道浅凹弦纹。纽径4.4、盖径11.2、高3.6厘米（图二五六，1）。

饼 1件。ⅡT1006③：2，泥质夹炭红衣红陶。用陶片打制而成。周缘脊凸较粗糙。凸曲面饰红衣，凹曲面为素面。直径3.6～3.7、厚0.6厘米（图二五六，4；图版六六，2）。

ⅡT1006④ 器类有器座、盘、器盖、纺轮。

器座 1件。ⅡT1006④：4，泥质红衣红陶。矮圈形器座，上小下大。上端敛口，折沿下垂，圆唇。下端器壁加厚外撇，丰圆唇。通体饰红衣但大部分已脱落，下端外壁饰一周凹弦纹。口径22、底径24、高5.6厘米（图二五六，2；图版二三，3）。

盘 1件。ⅡT1006④：2，泥质红陶。附斗形盘耳。直口，尖唇，直壁，平底。素面。口径3.4、残高4厘米（图二五六，5）。

器盖 1件。ⅡT1006④：5，泥质黑陶。矮圈形盖纽，直口，窄仰折沿，尖唇，矮直颈。盖面斜弧近直，丰圆唇外缘凸棱。绕纽颈中部等距离饰四个小圆孔，纽根处饰一道凸弦纹，盖面饰一道凸弦纹。纽径5.1、盖径14、高4厘米（图二五六，6）。

纺轮 2件。ⅡT1006④：1，泥质灰陶。一面弧凸，一面平整，周缘中间棱凸，中孔较小且竖直，弧凸面的孔口抹角。素面。直径4.4、孔径0.5、厚1.3～1.4厘米（图二五六，3；图版五六，4）。ⅡT1006④：3，泥质红陶。一面中孔周缘弧凸，一面平整，周缘中间棱凸成两斜直面，中孔较小且竖直。素面。直径4.8、孔径0.5、厚1.65厘米（图二五六，8；图版五六，5）。

ⅡT1006⑤ 器类有甑。

甑 1件。ⅡT1006⑤：1，泥质夹炭红陶。敛口，仰折窄沿，丰圆唇，微鼓腹，圜底。底部饰多个圆形透孔。口径20、腹径21、复原高15.8厘米（图二五六，7；图版二四，1、2）。

ⅡT1106③ 器类有罐、盆。

罐 1件。ⅡT1106③：2，泥质灰陶。敛口，仰折沿，宽沿面，尖唇，鼓腹，下部残。口径16、残高3.2厘米（图二五七，2）。

盆 2件。ⅡT1106③：3，泥质灰陶。敛口，折沿下垂，宽沿面，斜方唇，深弧腹，下部残。口径28、残高4.4厘米（图二五七，3）。ⅡT1106③：1，泥质红陶。敞口，仰折沿，宽沿面，斜方唇内缘棱凸，弧腹内收，下部残。口径28、残高4.4厘米（图二五七，1）。

ⅡT1106④ 器类有鼎、罐、器盖、球。

鼎 1件。ⅡT1106④：8，泥质夹炭红陶。侧扁凿形高足，内外脊凸，两侧扁圆，宽平凿形足尖。外脊上部饰按窝纹。残高12厘米（图二五七，6）。

罐 3件。ⅡT1106④：6，泥质磨光黑皮褐陶。敞口近直，仰折沿，窄沿面，丰圆唇，颈微束，弧腹，下部残。颈饰棱纹。口径17、残高4.4厘米（图二五七，5）。ⅡT1106④：5，夹砂灰陶。敛口，仰折沿，宽沿面，尖唇，鼓腹，下部残。沿面饰五道凹弦纹、弦纹上饰间断向心戳印纹线段，腹饰平行凸弦纹。口径24、残高7.2厘米（图二五七，4）。

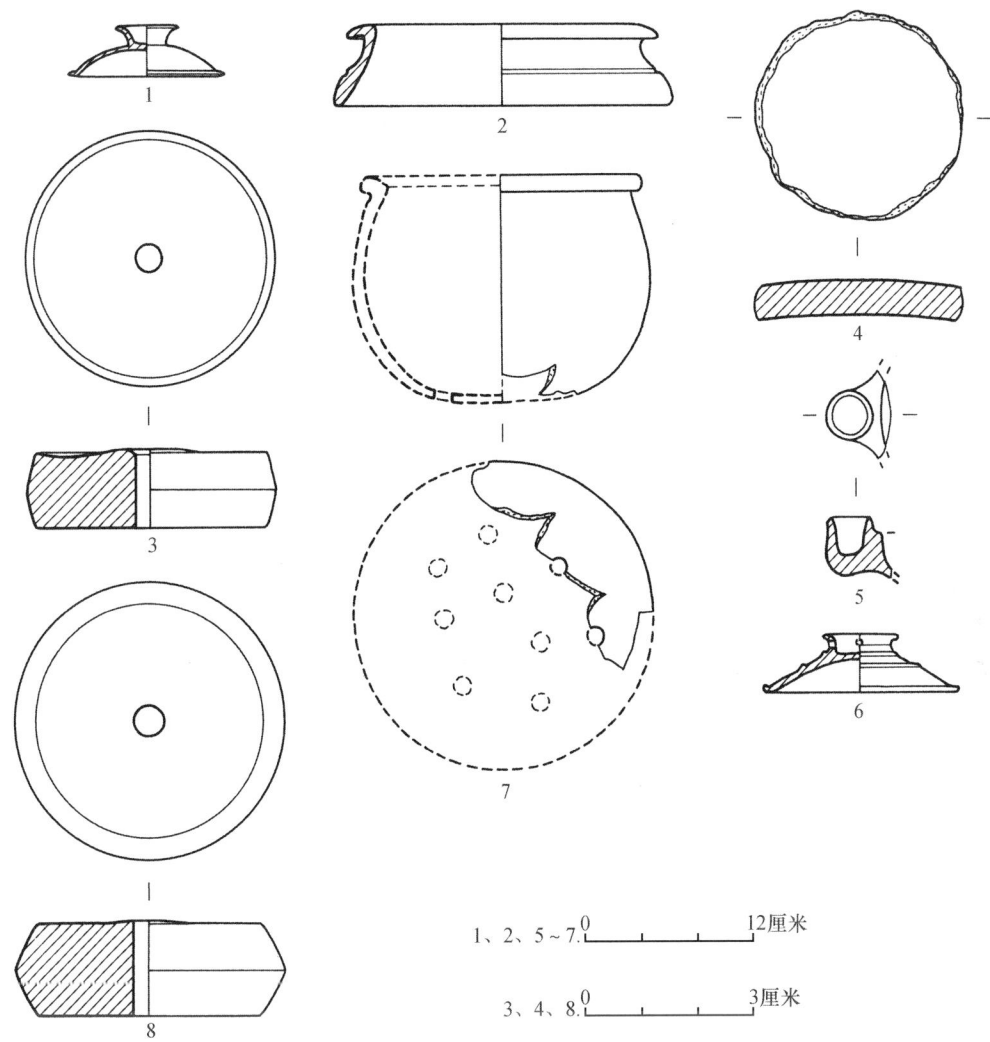

图二五六　ⅡT1006③、④、⑤出土器物

1、6.陶器盖（ⅡT1006③∶1、ⅡT1006④∶5）　2.陶器座（ⅡT1006④∶4）　3、8.陶纺轮（ⅡT1006④∶1、ⅡT1006④∶3）　4.陶饼（ⅡT1006③∶2）　5.陶盘（ⅡT1006④∶2）　7.陶甑（ⅡT1006⑤∶1）

器盖　3件。ⅡT1106④∶3，泥质灰陶。矮圈形纽，尖唇。盖面缓弧，尖唇。盖唇内缘饰一周双凹弦纹。纽径3.1、盖径13、高2.6厘米（图二五七，11）。ⅡT1106④∶4，泥质灰陶。喇叭形纽，敞口，尖唇，斜直壁。盖面缓弧，尖唇。纽径3.8、盖径10.4、高3.4厘米（图二五七，10）。ⅡT1106④∶7，泥质夹炭红陶。圆锥塔形盖纽，仅存空心圆锥顶。通体饰红衣但部分已脱落。残高6厘米（图二五七，9）。

球　2件。ⅡT1106④∶2，泥质灰陶。实心圆球体，其中一侧扁平，圆整度较差，器表粗糙。素面。直径2.3~2.8厘米（图二五七，7）。ⅡT1106④∶1，泥质黑陶。实心圆球体，不规整。一端饰一个平底圆窝，器身饰一个斜长穿心小圆孔。球体长径2.9、短径2.8、孔径0.45厘米（图二五七，8；图版六三，5）。

ⅡT0716④　器类有鼎、罐、甑。

鼎　1件。ⅡT0716④∶3，泥质磨光黑陶，足尖红色。侧扁锥形矮足，两侧扁平，内外脊

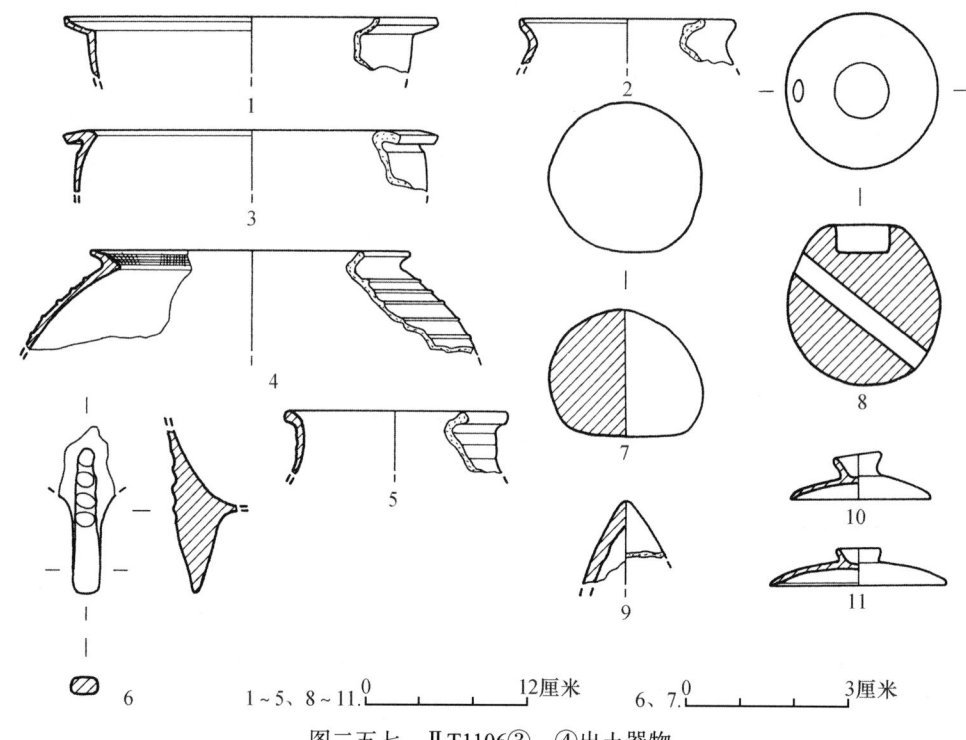

图二五七　ⅡT1106③、④出土器物

1、3.陶盆（ⅡT1106③：1、ⅡT1106③：3）　2、4、5.陶罐（ⅡT1106③：2、ⅡT1106④：5、ⅡT1106④：6）
6.陶鼎（ⅡT1106④：8）　7、8.陶球（ⅡT1106④：2、ⅡT1106④：1）　9~11.陶器盖（ⅡT1106④：7、ⅡT1106④：4、ⅡT1106④：3）

凸，足尖薄。残高5厘米（图二五八，4）。

罐　1件。ⅡT0716④：1，泥质夹炭薄胎灰陶。敛口，尖唇，鼓腹，下部残。唇外缘加厚抹成宽沿状。口径20、残高1.4厘米（图二五八，1）。

甑　1件。ⅡT0716④：2，泥质夹炭厚胎红陶。敞口，仰折沿，宽沿面，斜方唇内缘凸棱，腹残。口径24、残高3厘米（图二五八，2）。

ⅡT0716⑤　器类有鼎、盆、器盖。

鼎　2件。ⅡT0716⑤：4，泥质夹炭红陶。宽扁板形足，内面竖向脊凸，外面弧凹，斜直两侧脊凸，足尖残。残高5厘米（图二五八，3）。ⅡT0716⑤：5，泥质磨光黑陶，足尖红色。圆锥形足，截面呈圆形，足尖残。足根饰一圆按窝。残高4.4厘米（图二五八，8）。

盆　2件。ⅡT0716⑤：1，泥质夹炭红陶。敞口，平折沿，宽沿面，腹斜弧内收，下部残。口径40、残高3.4厘米（图二五八，5）。ⅡT0716⑤：3，泥质夹炭薄胎红陶。敞口，仰折沿，宽沿面，圆唇，弧腹，下部残。通体饰红衣但大部分已脱落。口径28、残高1.4厘米（图二五八，9）。

器盖　1件。ⅡT0716⑤：2，泥质夹炭红陶。上部残。盖面斜弧，丰圆唇。口径32、残高3.8厘米（图二五八，6）。

ⅡT0716⑥　器类有鼎、罐、盆、器座、盘、器盖。

鼎　1件。ⅡT0716⑥：7，泥质夹炭黑陶。侧扁三角形凿足，内外脊凸，两侧扁平。外脊

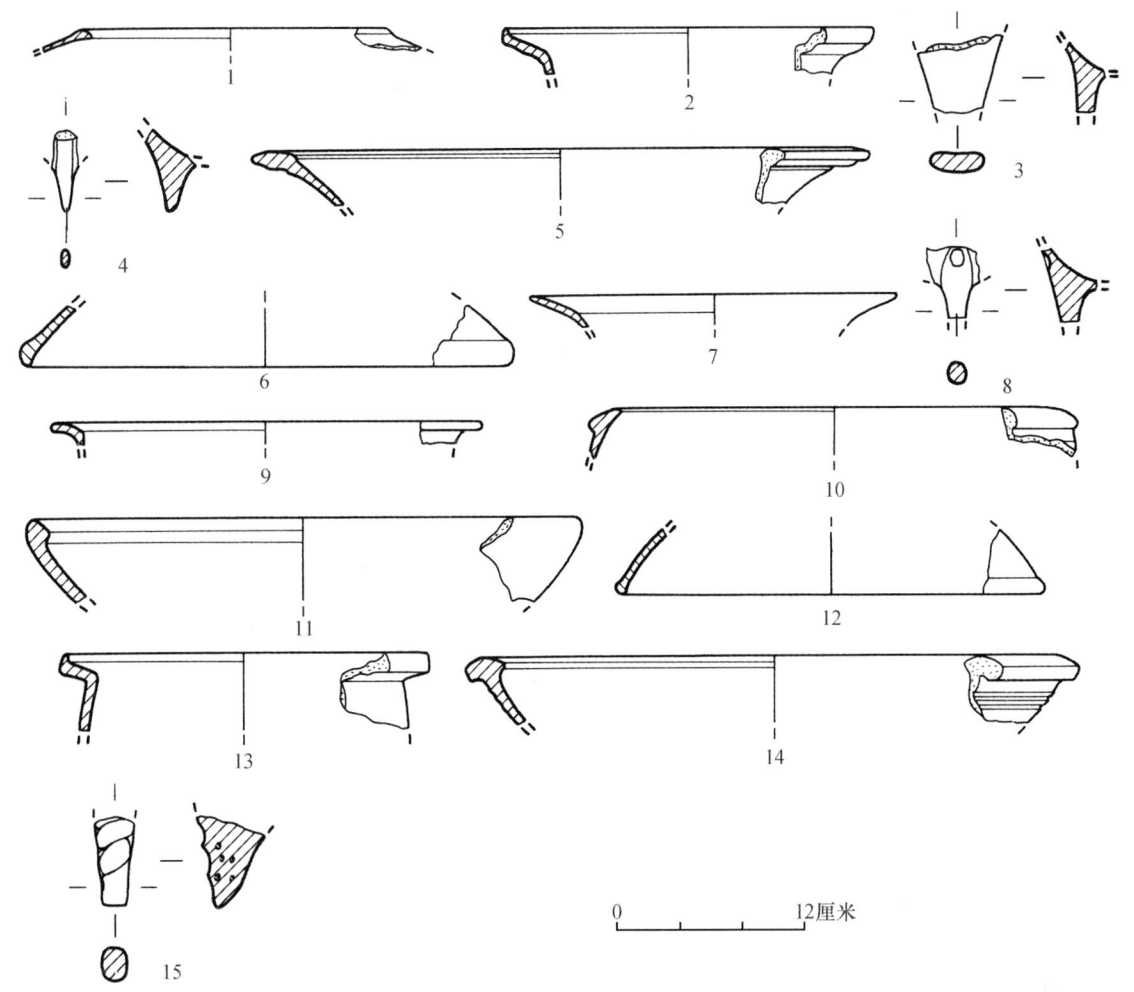

图二五八　ⅡT0716④、⑤、⑥出土器物

1、10. 陶罐（ⅡT0716④：1、ⅡT0716⑥：5）　2. 陶甑（ⅡT0716④：2）　3、4、8、15. 陶鼎（ⅡT0716⑤：4、ⅡT0716④：3、ⅡT0716⑤：5、ⅡT0716⑥：7）　5、9、11、14. 陶盆（ⅡT0716⑤：1、ⅡT0716⑤：3、ⅡT0716⑥：2、ⅡT0716⑥：3）　6、12. 陶器盖（ⅡT0716⑤：2、ⅡT0716⑥：6）　7. 陶盘（ⅡT0716⑥：1）　13. 陶器座（ⅡT0716⑥：4）

饰按窝纹，侧面饰多个淤塞小穿孔。残高5.6厘米（图二五八，15）。

罐　1件。ⅡT0716⑥：5，泥质红陶。敛口，尖唇外缘附一宽棱若宽沿状，鼓腹，下部残。通体饰红衣但部分已脱落。口径28、残高3.2厘米（图二五八，10）。

盆　2件。ⅡT0716⑥：2，泥质夹炭厚胎红陶。敛口，斜方唇，弧腹内收，下部残。通体饰红衣但大部分已脱落。口径36、残高5.2厘米（图二五八，11）。ⅡT0716⑥：3，泥质夹炭厚胎灰陶。敞口，丁字形折沿，宽沿面，外唇斜方内唇尖，弧腹内收，下部残。口径40、残高4.2厘米（图二五八，14）。

器座　1件。ⅡT0716⑥：4，泥质夹炭红陶。敛口，仰折沿，宽沿面，厚方唇内缘凸棱，深弧腹，下部残。通体饰红衣但大部分已脱落。口径24、残高4.8厘米（图二五八，13）。

盘　1件。ⅡT0716⑥：1，泥质薄胎灰陶。敞口，仰折沿，宽沿面，尖唇，弧腹内收，下部残。口径24、残高2厘米（图二五八，7）。

器盖　1件。ⅡT0716⑥：6，泥质夹炭红陶。上部残。盖面斜弧，丰圆盖唇外缘凸棱。通体饰红衣但大部分已脱落。盖径28、残高3.2厘米（图二五八，12）。

ⅡT0716⑦　器类有鼎、罐、器座、缸、豆、碗、器盖。

鼎　3件。ⅡT0716⑦：7，泥质夹炭红陶。宽扁凿形矮足，内面弧凸，外面竖向弧凹，斜直两侧脊凸，足尖横向薄锐。残高5.6厘米（图二五九，5）。ⅡT0716⑦：8，泥质夹炭红陶。宽扁薄板形足，内外薄平，斜直两侧脊凸，足尖横向宽平。残高5.6厘米（图二五九，10）。ⅡT0716⑦：9，泥质红陶。宽扁舌形足，附着面近水平，内外扁平，斜直两侧脊凸，足尖宽弧凸。残高3.2厘米（图二五九，6）。

罐　1件。ⅡT0716⑦：6，泥质红陶。敛口，圆唇，鼓腹，下部残。通体饰红衣但大部分已脱落，腹饰一组双孔小圆形镂孔，唇外缘饰一周宽平棱若宽沿状。口径14、残高2.4厘米（图二五九，9）。

器座　1件。ⅡT0716⑦：2，夹砂厚胎红陶。上部残，喇叭形残底外撇，加厚丰圆唇缘凸棱。底唇外缘凸棱面饰五道同心凹弦纹，凹弦纹上缘饰一组横向双孔淤塞小穿孔，腹饰平行凹弦纹。足径44、残高4.6厘米（图二五九，3）。

缸　1件。ⅡT0716⑦：1，夹砂厚胎红陶。直口，丰圆唇外缘凸棱，深弧腹竖直，下部残。腹饰多道凹弦纹。口径40、残高5.5厘米（图二五九，1）。

豆　1件。ⅡT0716⑦：5，泥质磨光黑陶。敛口，圆唇，折腹，上腹内敛，下腹斜直内收，下部残。口径13、腹径15.2、残高4厘米（图二五九，8）。

碗　1件。ⅡT0716⑦：4，泥质红陶。敞口，尖唇外缘附一周宽凸棱，弧腹内收，下部残。通体饰红衣但大部分已脱落。口径16、残高4厘米（图二五九，7）。

器盖　2件。ⅡT0716⑦：3，泥质夹炭红陶。上部残。盖面斜弧，加厚丰圆唇缘凸棱。通体饰红衣但大部分已脱落。口径32、残高6.4厘米（图二五九，2）。ⅡT0716⑦：10，泥质红陶。细圆锥形盖纽，下部残。残高4.4厘米（图二五九，4）。

ⅡT0716⑧　器类有鼎、罐、盆、器座、缸、簋、碗、器盖。

鼎　2件。ⅡT0716⑧：11，泥质夹炭红陶。宽扁板形高足，内外面扁平，斜直两侧脊凸，宽平足尖微弧凸。外面上部横向饰三个小按窝。残高11.2厘米（图二五九，23）。ⅡT0716⑧：12，泥质夹炭红陶。宽扁凿形足，内面弧凸，外面弧凹，斜弧两侧脊凸，足尖宽平。通体饰红衣但大部分已脱落。残高4.4厘米（图二五九，21）。

罐　3件。ⅡT0716⑧：1，泥质红陶。敞口，折沿下垂，窄沿面，尖唇，长颈，鼓腹，下部残。口径28、残高5.6厘米（图二五九，11）。ⅡT0716⑧：6，泥质夹炭厚胎红陶。敛口，圆唇，鼓腹，下部残。通体饰红衣但大部分已脱落，唇外缘饰一周宽平棱。口径24、残高5厘米（图二五九，19）。ⅡT0716⑧：7，泥质灰陶。大口微敛，圆唇，深弧腹，下部残。通体饰红衣但大部分已脱落，唇外缘饰一周宽平棱，腹饰平行凹弦纹。口径28、残高6.8厘米（图二五九，20）。

盆　2件。ⅡT0716⑧：3，泥质夹炭厚胎红陶。大口微敛，折沿近平，窄沿面，丰圆唇，深弧腹，下部残。通体饰红衣但大部分已脱落，沿面饰四道同心凹弦纹，腹外壁棱凸。口径

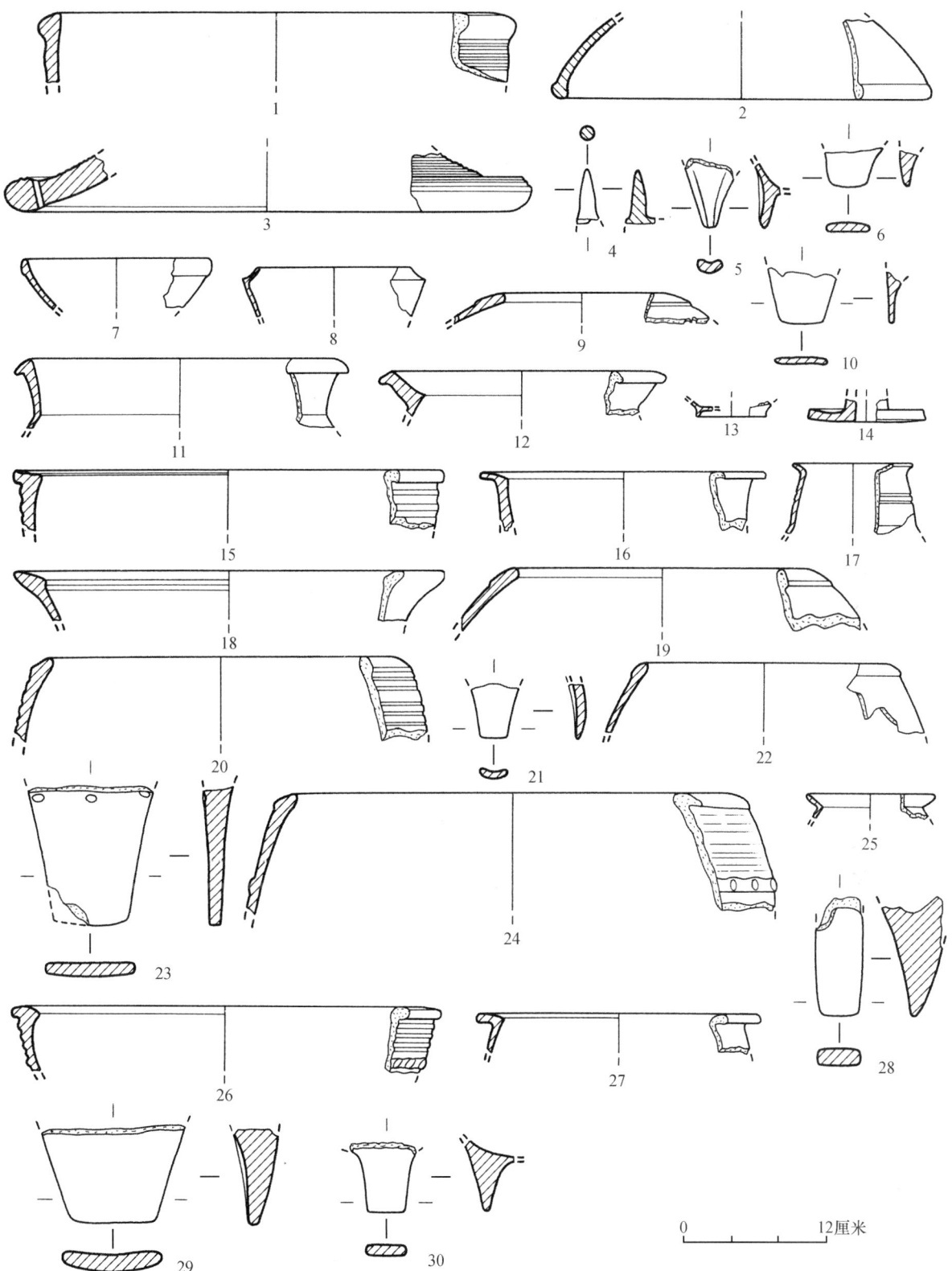

图二五九　ⅡT0716⑦、⑧、⑨出土器物

1、18.陶缸（ⅡT0716⑦：1、ⅡT0716⑧：5）　2、4、14.陶器盖（ⅡT0716⑦：3、ⅡT0716⑦：10、ⅡT0716⑧：10）　3、12.陶器座（ⅡT0716⑦：2、ⅡT0716⑧：2）　5、6、10、21、23、25、28~30.陶鼎（ⅡT0716⑦：7、ⅡT0716⑦：9、ⅡT0716⑦：8、ⅡT0716⑧：12、ⅡT0716⑧：11、ⅡT0716⑨：5、ⅡT0716⑨：7、ⅡT0716⑨：6、ⅡT0716⑨：8）　7、13.陶碗（ⅡT0716⑦：4、ⅡT0716⑧：9）　8.陶豆（ⅡT0716⑦：5）　9、11、19、20、22、24.陶罐（ⅡT0716⑦：6、ⅡT0716⑧：1、ⅡT0716⑧：6、ⅡT0716⑧：7、ⅡT0716⑨：1、ⅡT0716⑨：3）　15、16、26、27.陶盆（ⅡT0716⑧：3、ⅡT0716⑧：4、ⅡT0716⑨：2、ⅡT0716⑨：4）　17.陶簋（ⅡT0716⑧：8）

36、残高4.8厘米（图二五九，15）。ⅡT0716⑧：4，泥质夹炭厚胎红陶。敞口，仰折沿，宽沿面，圆唇，弧腹内收，下部残。通体饰红衣但大部分已脱落。口径24、残高4.8厘米（图二五九，16）。

器座　1件。ⅡT0716⑧：2，泥质红陶。敛口，仰折沿下垂，宽沿面，圆唇，鼓腹，下部残。口径24、残高3.5厘米（图二五九，12）。

缸　1件。ⅡT0716⑧：5，口沿，泥质夹炭厚胎红陶。敞口，仰折沿，沿内缘棱凸，尖唇，束颈，下部残。通体饰红衣但部分已脱落。口径36、残高4厘米（图二五九，18）。

簋　1件。ⅡT0716⑧：8，泥质磨光灰陶。敛口，仰折沿，较宽沿面，长上腹外斜弧，中腹外鼓，下部残。上腹饰一周双弦纹。口径10、残高5.6厘米（图二五九，17）。

碗　1件。ⅡT0716⑧：9，泥质薄胎红陶。上部残。腹斜弧，底内凹，浅圈足外撇。饰红底黑彩但大部分已脱落。足径6、残高1.2厘米（图二五九，13）。

器盖　1件。ⅡT0716⑧：10，泥质红陶。盖钮残。圆饼形盖面形微弧凹，斜方唇，底中空。通体饰红衣但大部分已脱落。盖径10、残高1.8厘米（图二五九，14）。

ⅡT0716⑨　器类有鼎、罐、盆。

鼎　4件。ⅡT0716⑨：5，泥质磨光黑陶。敛口，仰折沿，宽沿面，弧腹，下部残。口径11、残高2厘米（图二五九，25）。ⅡT0716⑨：6，泥质红陶。宽扁板形足，附着面近水平。足内面弧凸，外面弧凹，斜直两侧脊凸，足尖宽平。残高8厘米（图二五九，29）。ⅡT0716⑨：7，泥质夹炭红陶。侧扁凿尖足，内外平脊较宽，两侧微扁平，宽薄足尖稍外撇。残高9.6厘米（图二五九，28）。ⅡT0716⑨：8，泥质红陶。宽扁板形足，内外扁平，斜弧两侧脊凸，足尖宽平。残高5.6厘米（图二五九，30）。

罐　2件。ⅡT0716⑨：1，泥质夹炭红陶。敛口，尖唇，唇外缘凸棱，鼓腹，下部残。通体饰红衣但大部分已脱落。口径20、残高5.6厘米（图二五九，22）。ⅡT0716⑨：3，泥质夹炭灰陶。敛口，尖唇，唇外缘凸棱，弧腹，下部残。腹饰平行凹弦纹，弦纹下缘饰一周附加堆纹。口径36、残高9.6厘米（图二五九，24）。

盆　2件。ⅡT0716⑨：2，泥质夹炭红陶。口微敛，平折沿，方唇，弧腹内收，下部残。通体饰红衣但大部分已脱落，腹饰棱纹，棱纹下缘饰一周附加堆纹。口径36、残高5.2厘米（图二五九，26）。ⅡT0716⑨：4，泥质灰陶。微敛口，平折沿，宽沿面，丰圆唇，弧腹，下部残。口径24、残高3.2厘米（图二五九，27）。

ⅡT0717③　器类有罐、豆。

罐　1件。ⅡT0717③：1，泥质夹炭红陶。敛口，仰折沿，宽沿面，圆唇内缘棱凸。鼓腹，下部残。通体饰红衣但大部分已脱落。口径24、残高5厘米（图二六〇，1）。

豆　1件。ⅡT0717③：2，泥质磨光黑陶。敛口，尖唇，折腹，上腹斜弧内敛，下腹斜弧内收，下部残。腹饰凹弦纹。口径13、残高5.4厘米（图二六〇，2）。

ⅡT0717④　器类有盘、器盖、石斧。

盘　1件。ⅡT0717④：3，泥质红陶。直敞口，折沿下垂，窄沿面，圆唇，折腹，上腹斜直，下腹弧内收，下部残。通体饰红衣但大部分已脱落。口径18、残高2.6厘米（图二六〇，8）。

器盖　1件。ⅡT0717④：2，泥质夹炭红陶。盖纽残。盖面缓弧，丰圆唇。盖径15、残高3.6厘米（图二六〇，3）。

石斧　1件。ⅡT0717④：1，硅质灰岩。长三角形。两侧边及顶皆打制，斜直刃两面磨锋，一面为天然砾石面，一面凸凹不平。形制不规整。长6.3、宽3.2、最厚1厘米（图二六〇，4；图版七一，2）。

ⅡT0717⑤　器类有鼎、罐。

鼎　2件。ⅡT0717⑤：2，泥质夹炭红陶。宽扁板形高足，附着面近水平。下薄上厚，内外面扁平，斜弧两侧脊凸，宽平足尖。外面饰四个戳凹窝。足宽7～12、厚0.6～3、残高11.5厘米（图二六〇，5）。ⅡT0717⑤：3，泥质黑陶，足尖红色。圆锥形足，附着内面斜弧。足尖残。足根饰一浅按窝纹。残高5厘米（图二六〇，7）。

罐　1件。ⅡT0717⑤：1，泥质红陶。敛口，仰折沿，宽沿面，圆唇内缘棱凸，弧腹，下部残。通体饰红衣但大部分已脱落。口径19.5、残高3.6厘米（图二六〇，6）。

ⅡT0717⑥　器类有釜、器座。

釜　1件。ⅡT0717⑥：2，夹砂灰陶。敛口，仰折沿，尖唇，鼓腹，下部残。口径20、残高3.6厘米（图二六〇，10）。

器座　1件。ⅡT0717⑥：1，泥质红陶。敞口，仰折沿，宽沿面，加厚丰圆唇，弧腹，下部残。通体饰红衣但大部分已脱落。口径26、残高3.4厘米（图二六〇，12）。

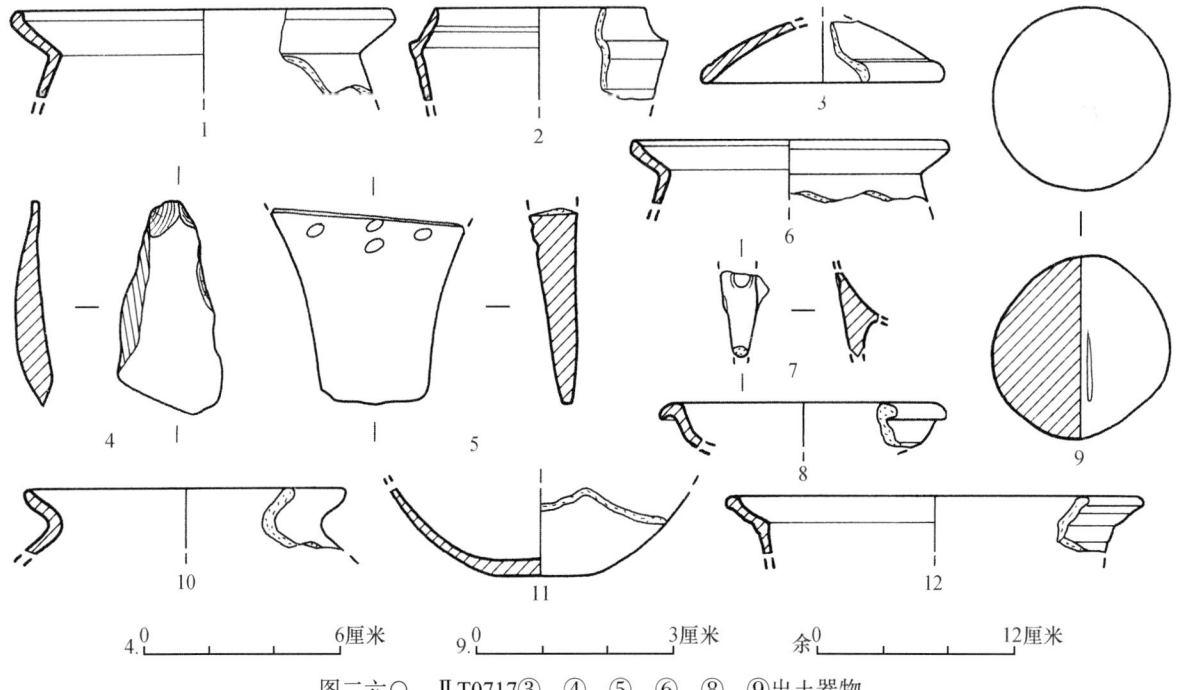

图二六〇　ⅡT0717③、④、⑤、⑥、⑧、⑨出土器物

1、6、11.陶罐（ⅡT0717③：1、ⅡT0717⑤：1、ⅡT0717⑨：1）　2.陶豆（ⅡT0717③：2）　3.陶器盖（ⅡT0717④：2）　4.石斧（ⅡT0717④：1）　5、7.陶鼎（ⅡT0717⑤：2、ⅡT0717⑤：3）　8.陶盘（ⅡT0717④：3）　9.陶球（ⅡT0717⑧：1）　10.陶釜（ⅡT0717⑥：2）　12.陶器座（ⅡT0717⑥：1）

ⅡT0717⑧ 器类有球。

球 1件。ⅡT0717⑧:1，泥质红陶。实心圆球形不甚圆整。表面饰一道较浅的印纹。直径2.7厘米（图二六〇，9）。

ⅡT0717⑨ 器类有罐。

罐 1件。ⅡT0717⑨:1，泥质夹炭红陶。上部残，弧腹，小平底。底径6、残高5.2厘米（图二六〇，11）。

ⅡT0833③ 器类有鼎、罐、盆、器座、器盖、纺轮、石斧。

鼎 8件。ⅡT0833③:13，泥质薄胎灰陶。敛口，仰折沿，宽沿面，鼓腹，下部残。口径11、残高2.8厘米（图二六一，13）。ⅡT0833③:15，泥质夹炭红陶。宽扁尖舌形高足，附着内面斜弧。足内面竖向弧凸，外面弧凹，斜直两侧脊凸，圆钝足尖稍残。残高12.2厘米（图二六一，19）。ⅡT0833③:16，泥质夹炭红陶。宽扁短舌形足，附着内面斜弧。足内面竖向弧凸，外面弧凹，斜弧两侧脊凸，横截面呈弯月形，足尖残断。足根两侧脊上饰两个小按窝。残高6.4厘米（图二六一，15）。ⅡT0833③:17，泥质磨光黑陶，足尖红色。圆截锥足。残高6.5厘米（图二六一，16）。ⅡT0833③:18，泥质灰陶。宽扁凿形矮足，不规整四棱锥形，内面斜平，外面较平，中间深槽，两侧平脊厚薄不均，宽平足尖抹尖。足根两侧脊饰两个小按窝。残高4.6厘米（图二六一，20）。ⅡT0833③:19，泥质磨光褐陶。宽扁板形足，内面较平整，外面中间平凹，斜直两侧脊凸，宽平足尖。残高5.7厘米（图二六一，17）。ⅡT0833③:20，泥质磨光灰陶。宽扁凿形矮足，呈内凹薄片形，内面竖向弧凸，外面竖向弧凹，斜直两侧脊凸，宽平尖足。残高5.7厘米（图二六一，21）。ⅡT0833③:21，泥质磨光黑陶，足尖红色。侧扁纵向薄板形矮足，内外脊凸，两侧扁平，足尖稍残。足根饰一圆按窝。残高5.7厘米（图二六一，18）。

罐 4件。ⅡT0833③:8，泥质红陶。敛口，仰折沿，宽沿面，尖唇，鼓腹，下部残。通体饰红衣但大部分已脱落。口径22、残高2.6厘米（图二六一，8）。ⅡT0833③:9，泥质磨光黑陶。小直口，尖唇，矮束颈，鼓腹，下部残。唇外缘棱凸。口径11、残高4.7厘米（图二六一，7）。ⅡT0833③:10，泥质磨光黑陶。敛口，仰折沿，窄沿面，尖唇，鼓腹，下部残。口径17、残高2.7厘米（图二六一，12）。ⅡT0833③:4，泥质夹炭红陶。敛口，仰折沿，宽沿面，尖唇，鼓腹，下部残。通体饰红衣但大部分已脱落，唇缘棱凸。口径36、残高4.4厘米（图二六一，2）。

盆 4件。ⅡT0833③:6，泥质薄胎灰陶。大口微敛，折沿下垂，宽沿面，尖唇，深腹，下部残。口径40.5、残高5.8厘米（图二六一，5）。ⅡT0833③:7，泥质红陶。敛口，仰折沿内角棱凸，圆唇，弧腹内收，下部残。腹饰一周锯齿状附加堆纹。口径32、残高5.2厘米（图二六一，6）。ⅡT0833③:12，泥质夹炭红陶。敛口，丁字形折沿，外唇圆内唇尖。弧腹内收，下部残。口径45、残高3.2厘米（图二六一，10）。ⅡT0833③:11，泥质磨光黑陶。敛口，加厚丁字形折沿，外唇圆内唇尖。弧腹内收，下部残。口径23、残高3.1厘米（图二六一，9）。

器座 1件。ⅡT0833③:5，泥质夹炭红陶。敛口，仰折沿，宽沿面，尖唇，鼓腹，下部残。通体饰红衣但大部分已脱落。口径24、残高6.2厘米（图二六一，3）。

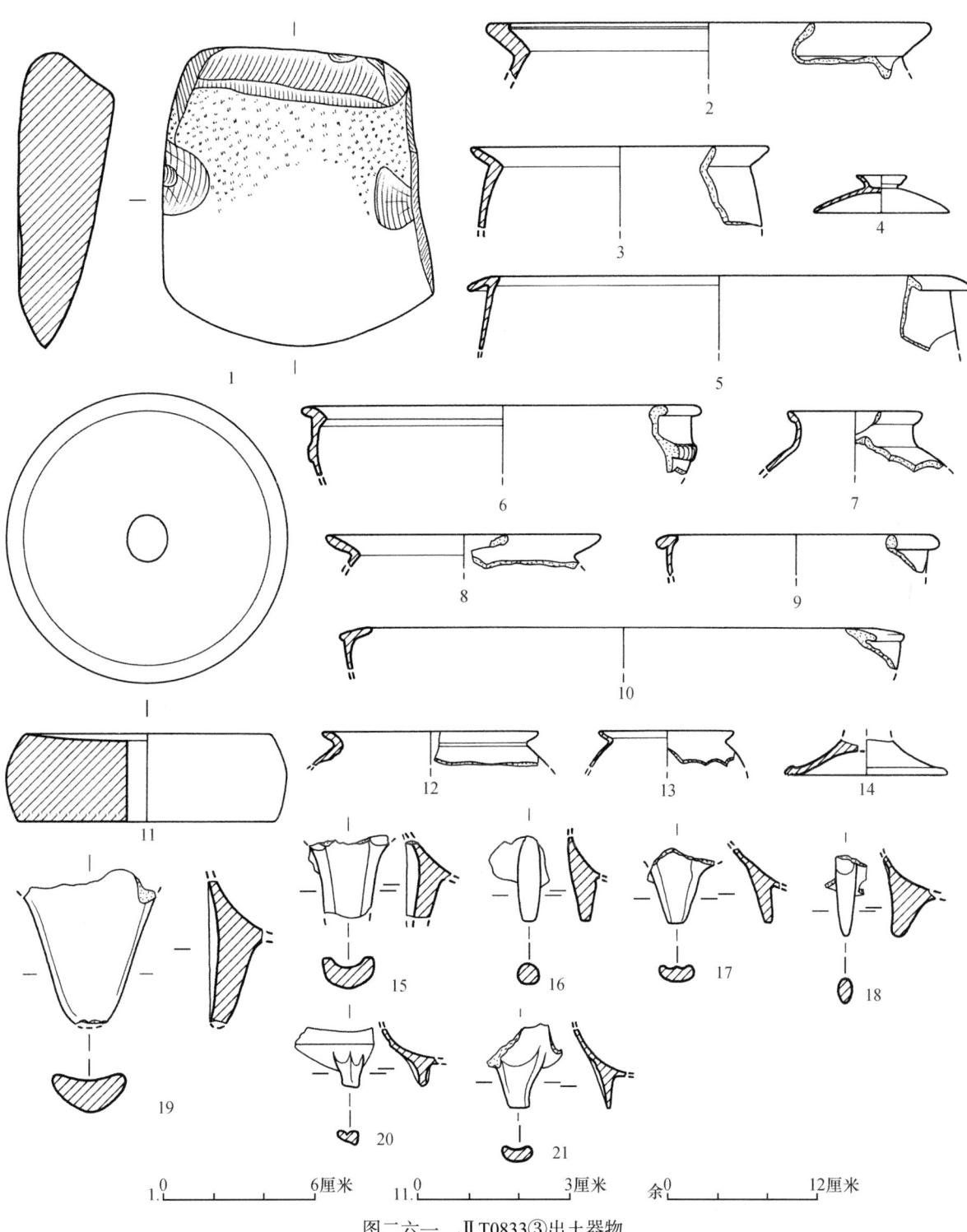

图二六一　ⅡT0833③出土器物

1. 石斧（ⅡT0833③：1）　2、7、8、12. 陶罐（ⅡT0833③：4、ⅡT0833③：9、ⅡT0833③：8、ⅡT0833③：10）　3. 陶器座（ⅡT0833③：5）　4、14. 陶器盖（ⅡT0833③：3、ⅡT0833③：14）　5、6、9、10. 陶盆（ⅡT0833③：6、ⅡT0833③：7、ⅡT0833③：11、ⅡT0833③：12）　11. 陶纺轮（ⅡT0833③：2）　13、15～21. 陶鼎（ⅡT0833③：13、ⅡT0833③：16、ⅡT0833③：17、ⅡT0833③：19、ⅡT0833③：21、ⅡT0833③：15、ⅡT0833③：18、ⅡT0833③：20）

器盖　2件。ⅡT0833③：3，泥质灰陶。喇叭形矮圈纽，尖唇。盖面斜弧，圆唇。素面。纽径4、盖径10.8、高2.9厘米（图二六一，4）。ⅡT0833③：14，泥质磨光黑陶。纽部残。盖面缓弧，平折沿，丰圆唇。外沿凸棱，沿面饰两道同心凹弦纹。盖径13、残高2.7厘米（图二六一，14）。

纺轮　1件。ⅡT0833③：2，泥质灰陶。一面平整，一面中间内凹，周缘中间弧凸，中孔竖直。素面。直径5.6、孔径0.8~0.9、厚1.55~1.7厘米（图二六一，11；图版五六，6）。

石斧　1件。ⅡT0833③：1，青色砂岩。宽梯形。残顶近平，弧凸刃较宽磨光，两侧边微弧。残长11.6、刃宽10.7、厚3.6厘米（图二六一，1；图版七一，3）。

ⅡT0833④　器类有鼎、罐、盆、豆、盘、器盖、纺轮、环、器耳。

鼎　2件。ⅡT0833④：5，泥质磨光黑陶。仰折沿，圆唇，圆垂腹，圜底，圆锥足下部残。上腹饰一周三凹弦纹，其上边的两道弦纹间绕体等距离饰多组戳点纹，足根饰一浅按窝。口径12、腹径14.6、残高12.2厘米（图二六二，4；图版一四，1）。ⅡT0833④：16，泥质夹炭红陶。宽扁凿形高足，上部残，倒梯形，内外平整，斜直两侧平脊，宽平足尖横向薄尖。宽7~11.5、残高15.8厘米（图二六二，19）。

罐　6件。ⅡT0833④：12，泥质磨光黑陶。敛口，仰折沿，宽沿面，圆垂腹，下部残。唇缘饰间断锯齿状戳点纹线段，沿面边缘各饰一周浅凹弦纹，腹饰一周三凹弦纹。口径15、残高6厘米（图二六二，6）。ⅡT0833④：18，泥质薄胎红陶。上部残，圆弧腹，圜底中央稍下坠，喇叭形矮圈足内扣。腹饰凸弦纹。足径9、残高10厘米（图二六二，17）。ⅡT0833④：19，泥质磨光黑陶。敛口，仰折沿，圆唇，圆垂腹，下部残。最大腹径下缘饰一周凸弦纹，凸弦纹下缘饰一周浅三凹弦纹。口径13、腹径17.6、残高12.2厘米（图二六二，18）。ⅡT0833④：7，泥质红陶。敛口，仰折沿，宽厚沿面，丰圆唇，弧腹，下部残。唇缘棱凸。口径40、残高7.2厘米（图二六二，10）。ⅡT0833④：8，泥质灰陶。敛口，圆唇，鼓腹，下部残。唇外缘棱凸，腹饰两道凹弦纹。口径15.6、残高5.3厘米（图二六二，8）。ⅡT0833④：9，泥质夹炭红陶。敛口，窄折沿，圆唇，鼓腹，下部残。通体饰红衣但大部分已脱落，唇外缘棱凸，腹饰细密凹弦纹。口径40、残高5.6厘米（图二六二，14）。

盆　2件。ⅡT0833④：6，泥质磨光灰陶。大口微敛，仰折沿，宽沿面，弧腹内收，下部残。口径27、腹径23.4、残高9.3厘米（图二六二，5）。ⅡT0833④：10，泥质红陶。微敛口，折沿下垂，圆唇，深弧腹内收，下部残。口径21.4、残高6厘米（图二六二，7）。

豆　3件。ⅡT0833④：11，泥质磨光黑陶。直口，尖唇，矮领，鼓肩，弧腹，下部残。肩领交接处绕体饰间断戳点纹线段，鼓肩处饰一周双凹弦纹及间断戳点纹线段。口径10.2、腹径13.6、残高5.4厘米（图二六二，15）。ⅡT0833④：13，泥质磨光黑陶。直口微敛，圆唇，矮领，鼓肩，弧腹，下部残。绕唇外缘饰间戳点纹线段，戳点纹线段下饰一周双凹弦纹，腹饰一周双凹弦纹及间断戳点纹线段。口径10、残高4.2厘米（图二六二，16）。ⅡT0833④：14，泥质磨光黑陶。敛口，尖唇，折腹，下腹弧内收，下部残。下腹饰一周凹弦纹。口径12、腹径16、残高4.8厘米（图二六二，13）。

盘　1件。ⅡT0833④：1，泥质红陶。敞口，尖唇，折腹，上腹微束，下腹斜弧，圜底中

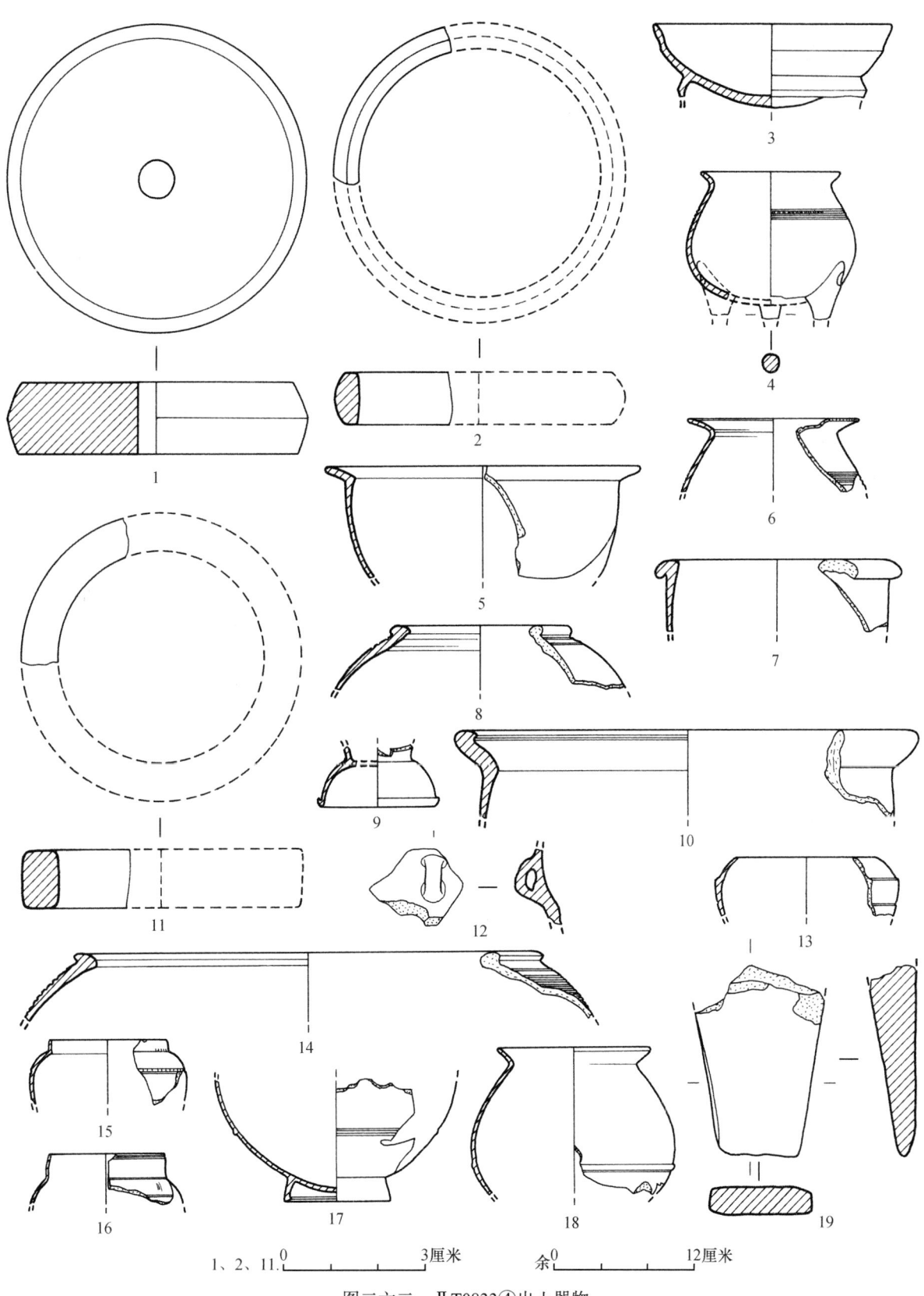

图二六二　ⅡT0833④出土器物

1.陶纺轮（ⅡT0833④：2）　2、11.陶环（ⅡT0833④：4、ⅡT0833④：3）　3.陶盘（ⅡT0833④：1）
4、19.陶鼎（ⅡT0833④：5、ⅡT0833④：16）　5、7.陶盆（ⅡT0833④：6、ⅡT0833④：10）　6、8、10、14、17、18.陶罐（ⅡT0833④：12、ⅡT0833④：8、ⅡT0833④：7、ⅡT0833④：9、ⅡT0833④：18、ⅡT0833④：19）　9.陶器盖（ⅡT0833④：17）　12.陶器耳（ⅡT0833④：15）　13、15、16.陶豆（ⅡT0833④：14、ⅡT0833④：11、ⅡT0833④：13）

央下坠，粗圈足残。通体饰红衣但大部分已脱落，折腹处凸棱。口径20.4、残高6.9厘米（图二六二，3；图版三七，4）。

器盖 1件。ⅡT0833④：17，泥质磨光黑陶。喇叭状圈形纽残。盖面圆弧，圆唇。唇外缘凸棱。盖径10.5、残高5.1厘米（图二六二，9）。

纺轮 1件。ⅡT0833④：2，泥质红陶。两面平整，周缘中间棱凸成两斜面，中孔竖直。素面。直径6.4、孔径0.8、厚1.5厘米（图二六二，1；图版五七，1）。

环 1件。ⅡT0833④：3，泥质灰陶。侧扁实心环，截面为侧扁长方形。素面。外径6、内径4.4、厚1.2厘米（图二六二，11；图版六五，2）。ⅡT0833④：4，泥质灰陶。侧扁实心环，截面为侧扁五边形。素面。外径6.2、内径5.2、厚1.1厘米（图二六二，2；图版六五，3）。

器耳 1件。ⅡT0833④：15，泥质夹炭红陶。扁桥形耳。跨径约3.5、拱高约1.3、耳宽约1.3、厚约0.6厘米（图二六二，12）。

ⅡT0833⑤ 器类有鼎、罐、缸、杯、碗。

鼎 3件。ⅡT0833⑤：4，泥质磨光黑陶。敛口，仰折沿，宽沿面，尖唇，鼓腹，下部残。口径11、残高3.2厘米（图二六三，8）。ⅡT0833⑤：6，泥质磨光黑陶。上部残，弧腹，圜底，侧扁圆锥形矮凿足。足内外脊凸，两侧较扁平，宽平足尖横向薄尖。腹饰一周凸弦纹，足根饰一圆按窝。足高4.8、残高8.2厘米（图二六三，7）。ⅡT0833⑤：7，泥质夹炭红陶。侧扁三角形锥足，内外脊凸，两侧扁平，足尖截平。残高8.8厘米（图二六三，6）。

罐 2件。ⅡT0833⑤：1，泥质夹炭红陶。敛口，仰折沿，宽沿面，尖唇，鼓腹，下部残。通体饰红衣但大部分已脱落。口径26、残高10厘米（图二六三，4）。ⅡT0833⑤：3，泥

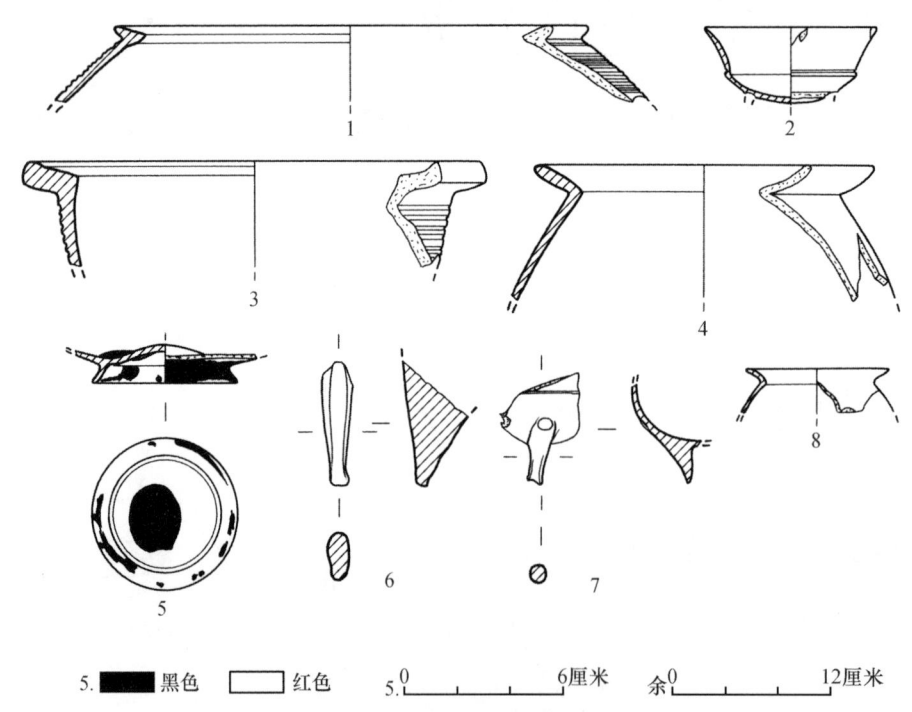

图二六三　ⅡT0833⑤出土器物
1、4. 陶罐（ⅡT0833⑤：3、ⅡT0833⑤：1）　2. 陶杯（ⅡT0833⑤：5）　3. 陶缸（ⅡT0833⑤：2）　5. 陶碗（ⅡT0833⑤：8）　6～8. 陶鼎（ⅡT0833⑤：7、ⅡT0833⑤：6、ⅡT0833⑤：4）

质红陶。敛口，仰折沿，窄沿面，鼓腹，下部残。腹饰平行凹弦纹。口径36.4、残高7.6厘米（图二六三，1）。

缸 1件。ⅡT0833⑤：2，泥质厚胎红陶。敞口，仰折沿，宽沿面，方唇，弧腹内收，下部残。腹饰平行凹弦纹。口径36、残高7.8厘米（图二六三，3）。

杯 1件。ⅡT0833⑤：5，泥质磨光黑陶。侈口，尖唇，折腹，上腹外侈，下腹弧内收，圜底，圈足残。腹饰一周双凹弦纹。口径13、残高5.6厘米（图二六三，2）。

碗 1件。ⅡT0833⑤：8，泥质薄胎红陶。上部残。腹斜弧，凹底，矮圈足外撇。内底涂满黑彩，外壁可见黑彩斑。足径5.6、残高1.4厘米（图二六三，5）。

ⅡT0833⑥ 器类有鼎、罐、盆、釜、器座、缸、簋、豆、盘、器盖、器耳、球、石斧。

鼎 18件。ⅡT0833⑥：7，泥质磨光黑陶。仰折沿，沿面宽，圆唇，圆垂腹，圜底，圆锥足下部残。腹饰一周双凹弦纹，足根饰一浅按窝。口径10.2、腹径13、残高11.4厘米（图二六四，8；图版一四，2）。ⅡT0833⑥：24，泥质红陶。敛口，仰折沿，宽沿面，尖唇，圆垂腹，下部残。通体饰红衣但大部分已脱落，唇内缘饰一周浅凹弦纹，腹饰一周双凹弦纹、弦纹间绕体饰间断戳点纹线段。口径12、残高4.3厘米（图二六五，7）。ⅡT0833⑥：25，泥质红陶。敛口，仰折沿，宽沿面，尖唇，鼓腹，下部残。通体饰红衣但大部分已脱落，唇内缘饰一周浅凹弦纹。口径12、残高5厘米（图二六五，8）。ⅡT0833⑥：27，泥质磨光黑陶。敛口，仰折沿，窄沿面，圆唇，鼓腹，下部残。口径10.5、腹径14、残高8.4厘米（图二六五，13）。ⅡT0833⑥：30，泥质磨光黑陶。敛口，仰折沿，宽沿面，圆唇，鼓腹，下部残。口径10、残高4.6厘米（图二六五，18）。ⅡT0833⑥：33，泥质磨光黑陶。敛口，仰折沿，宽沿面，鼓腹，下部残。腹饰一周双凹弦纹。口径14、残高4.2厘米（图二六五，19）。ⅡT0833⑥：35，泥质磨光黑陶。敛口，仰折沿，圆唇，圆垂腹，下部残。口径11、腹径13.6、残高8厘米（图二六五，12）。ⅡT0833⑥：42，泥质夹炭红陶。上部残，腹斜弧，宽扁板形高足。足内面竖向弧凸，外面中间呈封闭形竖向弧凹，近竖直两侧中左侧脊凸右侧平脊，宽平足尖抹平若兽足状。外面饰竖向凹槽。足高5.8~10、宽3.8~4.8、残高11.4厘米（图二六六，5）。ⅡT0833⑥：43，泥质红陶。宽扁薄板形高足，内面弧凸，外面弧凹，斜直两侧平脊，宽平足尖。宽4~10.8、残高11.8厘米（图二六六，4）。ⅡT0833⑥：44，泥质黑陶，足尖红色。侧扁圆截锥足。足根处饰一圆按窝。残高5.2厘米（图二六六，7）。ⅡT0833⑥：45，泥质黑陶，足尖红色。侧扁圆截锥足。足根处饰一圆按窝。残高6.6厘米（图二六六，10）。ⅡT0833⑥：46，泥质黑陶，足尖红色。圆锥形矮足。足根处饰一月牙形按窝。残高5.8厘米（图二六六，16）。ⅡT0833⑥：47，泥质磨光黑陶。圆截锥足。足根处饰一按窝。残高6.7厘米（图二六六，15）。ⅡT0833⑥：48，泥质磨光红陶。宽扁短舌形板足，近斜直两侧脊凸，宽平足尖。通体饰红衣但部分已脱落，外面上部中间饰一个按窝。足宽2.7~7.5、厚1~2.8、高2.8~5.6厘米（图二六六，14）。ⅡT0833⑥：49，泥质夹炭红陶。侧扁圆锥形矮足，内外脊凸，两侧扁圆，足尖稍磨平。足径1.3~3、足高3.2~7厘米（图二六六，11）。ⅡT0833⑥：50，泥质夹炭红陶。侧扁四棱锥形高足，内侧平脊，外侧脊凸，

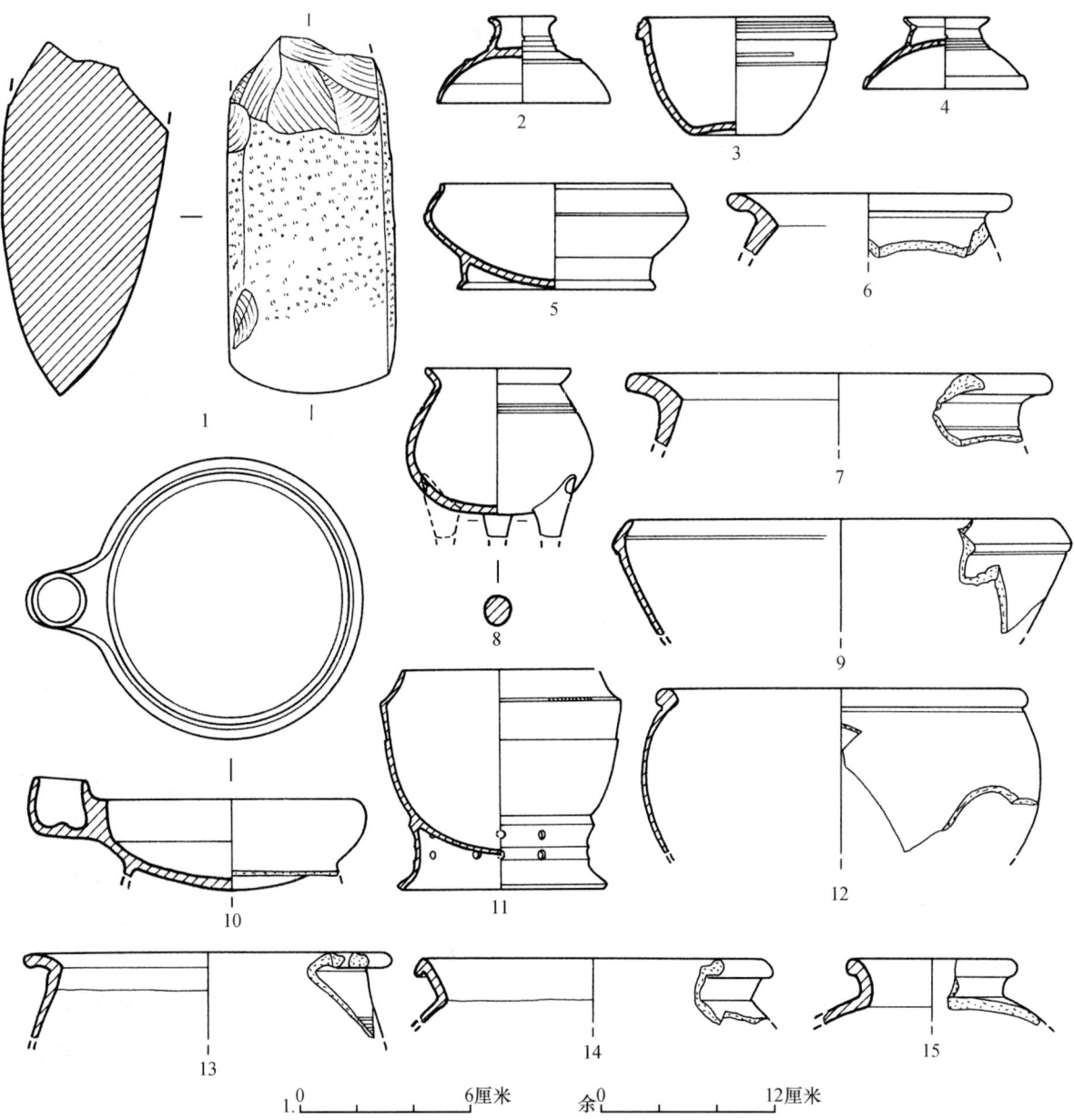

图二六四　ⅡT0833⑥出土器物

1. 石斧（ⅡT0833⑥：1）　2、4. 陶器盖（ⅡT0833⑥：2、ⅡT0833⑥：6）　3、9、12. 陶盆（ⅡT0833⑥：3、ⅡT0833⑥：12、ⅡT0833⑥：15）　5、11. 陶簋（ⅡT0833⑥：5、ⅡT0833⑥：8）　6. 陶釜（ⅡT0833⑥：10）　7. 陶器座（ⅡT0833⑥：11）　8. 陶鼎（ⅡT0833⑥：7）　10. 陶盘（ⅡT0833⑥：4）　13~15. 陶罐（ⅡT0833⑥：16、ⅡT0833⑥：18、ⅡT0833⑥：19）

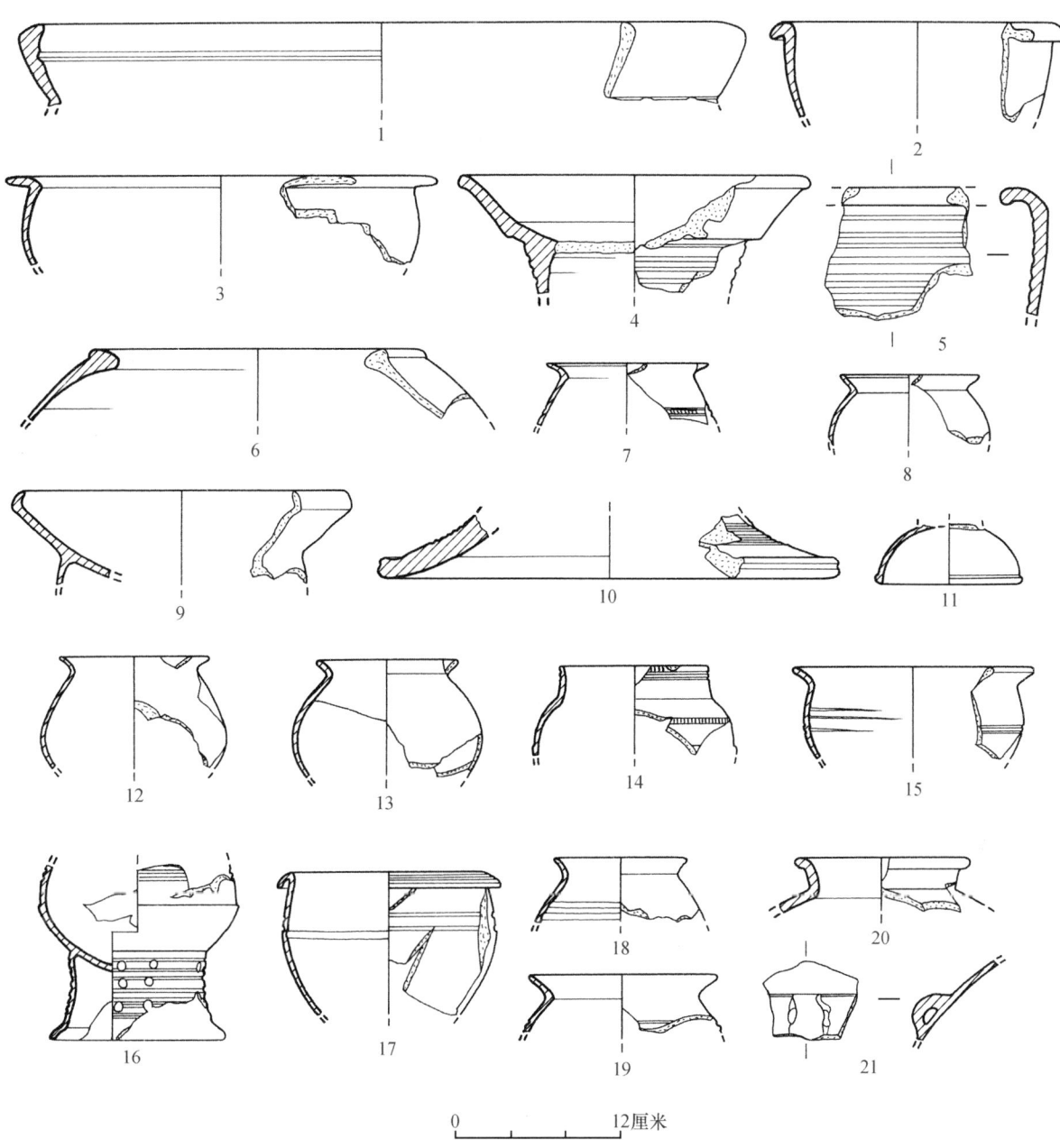

图二六五　ⅡT0833⑥出土器物

1~3、15、17.陶盆（ⅡT0833⑥：14、ⅡT0833⑥：20、ⅡT0833⑥：9、ⅡT0833⑥：31、ⅡT0833⑥：34）　5.陶缸（ⅡT0833⑥：13）　6、20.陶罐（ⅡT0833⑥：17、ⅡT0833⑥：32）　7、8、12、13、18、19.陶鼎（ⅡT0833⑥：24、ⅡT0833⑥：25、ⅡT0833⑥：35、ⅡT0833⑥：27、ⅡT0833⑥：30、ⅡT0833⑥：33）　4、9.陶盘（ⅡT0833⑥：21、ⅡT0833⑥：22）　10.陶器座（ⅡT0833⑥：23）　11.陶器盖（ⅡT0833⑥：28）　14、16.陶豆（ⅡT0833⑥：29、ⅡT0833⑥：26）　21.陶器耳（ⅡT0833⑥：37）

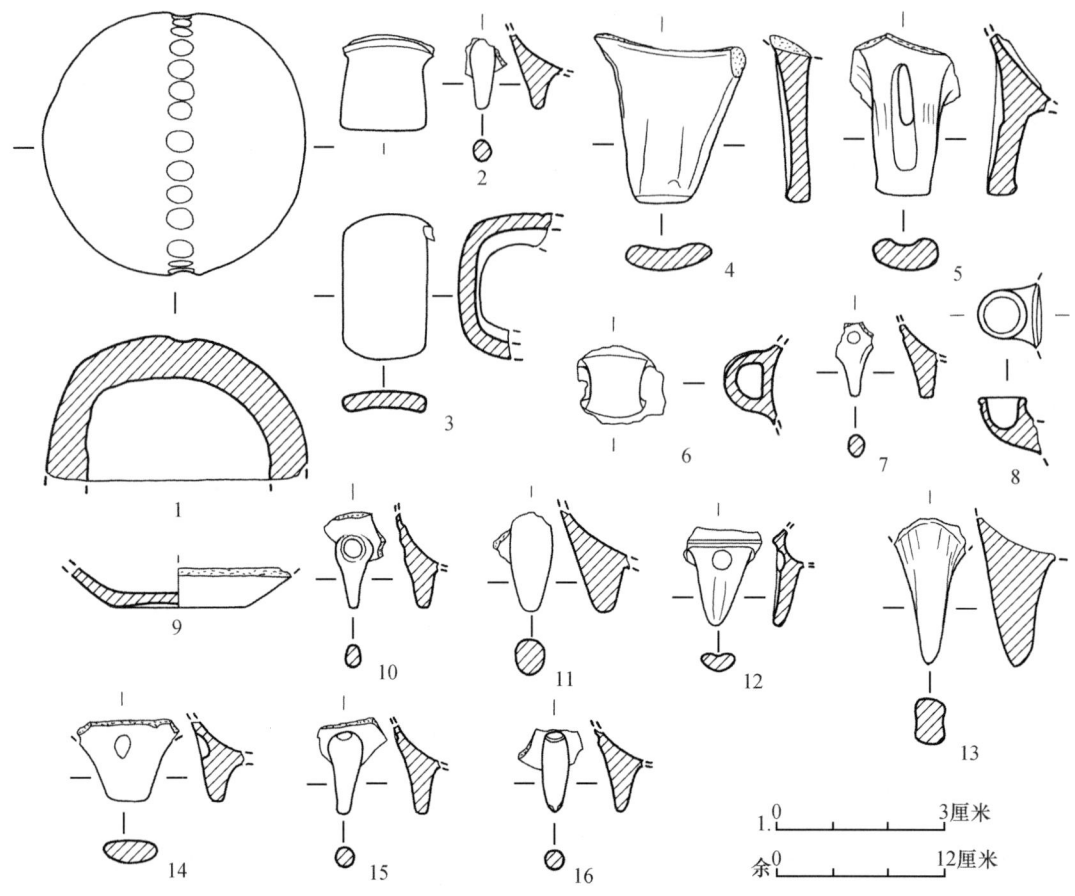

图二六六　ⅡT0833⑥出土器物

1.陶球（ⅡT0833⑥：39）　2、4、5、7、10~16.陶鼎（ⅡT0833⑥：52、ⅡT0833⑥：43、ⅡT0833⑥：42、ⅡT0833⑥：44、ⅡT0833⑥：45、ⅡT0833⑥：49、ⅡT0833⑥：51、ⅡT0833⑥：50、ⅡT0833⑥：48、ⅡT0833⑥：47、ⅡT0833⑥：46）　3、6.陶器耳（ⅡT0833⑥：36、ⅡT0833⑥：41）　8.陶盘（ⅡT0833⑥：40）　9.陶罐（ⅡT0833⑥：38）

两侧扁平，尖锥形足尖。足高7.6~10.4厘米（图二六六，13）。ⅡT0833⑥：51，泥质夹炭红陶。上部残，垂腹，圜底近平，宽扁长舌形板足。足内面弧凸，外面较平，中间竖向凹槽，斜直两侧脊凸，尖锥形足尖。足高4.2~5.6、宽1~4.4、厚0.5~1.2、残高7厘米（图二六六，12）。ⅡT0833⑥：52，泥质红陶。侧扁圆截锥形矮足，内外脊凸，两侧扁圆，足尖截平。足高2.4~5厘米（图二六六，2）。

罐　6件。ⅡT0833⑥：19，泥质夹炭红陶。小口微敞，丰圆唇外卷，矮束颈，鼓腹，下部残。通体饰红衣但大部分已脱落。口径12、残高4.4厘米（图二六四，15）。ⅡT0833⑥：32，泥质黑陶。小口微敞，微卷沿，丰圆唇，矮直颈，鼓腹，下部残。口径13、残高3.9厘米（图二六五，20）。ⅡT0833⑥：38，泥质夹炭红陶。上部残，斜弧腹，平底微内凹。底径10、残高2.7厘米（图二六六，9）。ⅡT0833⑥：16，泥质夹炭红陶。敛口，仰折沿下垂，宽沿面，丰圆唇，深弧腹，下部残。腹饰凹弦纹。口径26、残高5.8厘米（图二六四，13）。ⅡT0833⑥：17，泥质红陶。敛口，圆唇，鼓腹，下部残。通体饰红衣但大部分已脱落，唇外缘饰一周宽平棱。口径25、残高5厘米（图二六五，6）。ⅡT0833⑥：18，泥质夹炭红陶。敞口，折沿下垂，圆唇，鼓腹，下部残。口径25、残高4.4厘米（图二六四，14）。

盆 8件。ⅡT0833⑥：9，泥质磨光红陶。敛口，平折沿，宽沿面，尖唇，弧腹内收，下部残。通体饰红衣但大部分已脱落。口径32、腹径29、残高6.4厘米（图二六五，3）。ⅡT0833⑥：14，泥质夹炭红陶。敛口，加厚斜方唇内缘棱凸，斜直腹内收，下部残。通体饰红衣但大部分已脱落，口沿内壁饰一周凹弦纹，腹饰弦纹。口径53.6、残高5.8厘米（图二六五，1）。ⅡT0833⑥：3，泥质灰陶。直敞口，下翻沿，圆唇，斜弧深腹，底内凹。沿面饰四道凹弦纹，腹饰两道凹弦纹。口径14、底径6.4、高7.9厘米（图二六四，3；图版二一，3）。ⅡT0833⑥：15，泥质红陶。敛口，加厚丰圆唇外折，圆腹内收，下部残。口径26、腹径28、残高11.1厘米（图二六四，12）。ⅡT0833⑥：20，泥质夹炭红陶。敞口近直，折沿下垂，窄沿面，圆唇，深弧腹内收，下部残。通体饰红衣但大部分已脱落。口径22、腹径20、残高7厘米（图二六五，2）。ⅡT0833⑥：31，泥质磨光黑陶。大口敛，仰折沿，宽沿面，深弧腹内收，下部残。内壁中部饰三道浅凹弦纹，腹饰一周双凹弦纹。口径18、腹径16.4、残高6.6厘米（图二六五，15）。ⅡT0833⑥：34，泥质磨光黑陶。口微敛，折沿下垂，圆唇，深弧腹内收，下部残。沿面饰一周双凹弦纹，腹饰两道平行凹弦纹，内壁饰一周凹棱纹。口径12.4、腹径15.8、残高10.2厘米（图二六五，17）。ⅡT0833⑥：12，泥质夹炭红陶。大口微敛，圆唇，折肩，弧腹斜直，下部残。通体饰红衣但大部分已脱落。口径29、腹径32.2、残高7.8厘米（图二六四，9）。

釜 1件。ⅡT0833⑥：10，泥质夹炭红陶。敛口，仰折沿，宽沿面，丰圆唇，鼓腹，下部残。通体饰红衣但大部分已脱落。口径20、残高4.2厘米（图二六四，6）。

器座 2件。ⅡT0833⑥：11，泥质夹炭红陶。敛口，宽沿面，丰圆唇，弧腹，下部残。通体饰红衣但大部分已脱落。口径30、残高5厘米（图二六四，7）。ⅡT0833⑥：23，夹砂厚胎红陶。上部残，喇叭形座底外撇。腹饰一周六凹弦纹，唇缘饰一道凹弦纹。底径33、残高4.3厘米（图二六五，10）。

缸 1件。ⅡT0833⑥：13，泥质红陶。直口微敛，仰折沿，丰圆唇。斜直腹，下部残。腹饰平行粗凹弦纹。残高9.5厘米（图二六五，5）。

簋 2件。ⅡT0833⑥：5，泥质红陶。敛口，圆唇，折腹，下腹斜弧内收，圜底中央稍下坠，矮圈足外撇。通体饰红衣但大部分已脱落，折腹处饰一周上内下外错棱。口径16、腹径18.4、足径13.8、高7.1厘米（图二六四，5；图版二七，4）。ⅡT0833⑥：8，泥质磨光黑陶。敛口，圆唇，折肩，深弧腹，圜底，粗圈足外撇。肩部折棱上绕体饰多组戳点纹，腹饰一周上内下外折纹，圈足中上部饰凸棱并绕体非等距饰四组四孔镂孔纹。口径13.6、足径14.6、高14.8厘米（图二六四，11；图版二七，5）。

豆 2件。ⅡT0833⑥：26，泥质磨光黑陶。上部残，鼓腹，圜底中央稍下坠，筒形高圈足外撇。上腹饰一周双凹弦纹，最大腹径饰一周上内下外错棱，圈足饰棱纹，且绕体等距离间饰六组镂孔，分别为三组双列六孔小圆形镂孔和三组上下双孔小圆形镂孔。腹径15、足径13、残高12.4厘米（图二六五，16）。ⅡT0833⑥：29，泥质磨光黑陶。直口，尖唇，矮领，鼓腹，下部残。领部上缘近唇处绕体饰间断戳点纹线段、戳点纹线段下饰一周双凹弦纹，上腹饰一周双凹弦纹、弦纹间绕体饰戳点纹，最大腹径处饰一周上内下外错棱。口径11、腹径15.2、残高6.4厘米（图二六五，14）。

盘　4件。ⅡT0833⑥：4，泥质红陶。直口，圆唇，深弧腹，圜底中央稍下坠，粗圈足残。盘口边缘附设一个深窝斗形耳，斗内底尖凸。通体饰红衣但大部分已脱落，内腹中部饰一浅凹弦纹。口径17.8、残高7.8厘米（图二六四，10；图版三七，5）。ⅡT0833⑥：21，泥质夹炭红陶。敞口，丰圆唇外缘棱凸，微折腹，上腹斜直，下腹弧内收，底部残，高圈足下部残。内壁饰一周浅凹弦纹，圈足饰棱纹。口径26、残高8.5厘米（图二六五，4）。ⅡT0833⑥：22，泥质磨光红陶。敛口，尖唇，上腹内敛，下腹弧内收，圜底部残，粗圈足下部残。通体饰红衣但大部分已脱落。口径24、腹径25厘米、残高6.6厘米（图二六五，9）。ⅡT0833⑥：40，泥质夹炭红陶。附斗形盘耳。附着面斜弧，斗底与附着面上缘近水平，斗口较高，圆唇微外卷，深窝，圜底。通体饰红衣但大部分已脱落。斗口径3.3、残高3.9厘米（图二六六，8）。

器盖　3件。ⅡT0833⑥：2，泥质磨光红陶。喇叭状圈形纽较高，仰折沿，圆唇。盖面圆弧，尖唇。通体饰黑衣但大部分已脱落，纽颈饰三道凸棱，其上边两凸棱间绕体等距离饰四个镂孔，盖面饰一周凸弦纹，盖面内壁饰一周折纹。纽径4.6、盖径12、高5.8厘米（图二六四，2；图版五〇，6）。ⅡT0833⑥：6，泥质红陶。喇叭状圈形纽，仰折沿，圆唇。盖面圆弧，尖唇。通体饰红衣但大部分已脱落，纽颈下部饰两道凹弦纹并绕上边的凹弦纹等距离饰多个镂孔，盖面底缘饰一周宽棱纹。纽径5.8、盖径11.5、高4.8厘米（图二六四，4；图版五一，1）。ⅡT0833⑥：28，泥质磨光黑陶。纽残。盖面圆弧，斜方唇外缘凸棱。盖径11、残高4.2厘米（图二六五，11）。

器耳　3件。ⅡT0833⑥：36，泥质红陶。宽扁桥形器耳，圆角方拱形，附着两端皆断残。残跨径10.2、残高7、宽6.6、厚1.2厘米（图二六六，3）。ⅡT0833⑥：37，泥质夹炭磨光红陶。附着器壁圆鼓，半圆拱形桥耳，耳体截面呈半圆形。通体饰红衣但部分已脱落。跨径4、高1.5、宽约2.3厘米（图二六五，21）。ⅡT0833⑥：41，泥质夹草木灰稻谷壳红陶。宽扁半圆拱形桥耳，正视呈中间稍束两头较宽的牛鼻形，侧视耳体及穿孔皆呈半圆形。跨径约4厘米，耳高约3.6、宽3.3~5.5、厚约0.8厘米（图二六六，6；彩版一一）。

球　1件。ⅡT0833⑥：39，泥质红陶。仅存半部。呈不规整空心圆球形，器表粗糙不平，断面可见内外两层器胎，内厚外薄。最大球径饰一周小圆凹窝。直径约4.6~4.8、厚0.6~0.8厘米（图二六六，1）。

石斧　1件。ⅡT0833⑥：1，青色砂岩。长方形。残顶，弧凸刃磨光，两面弧凸。形制较规整。残长12.2、宽6、厚5.6厘米（图二六四，1；图版七一，4）。

ⅡT0933③　器类有罐、器座、盘、纺轮、石斧。

罐　2件。ⅡT0933③：6，夹砂灰陶。小直口，仰折沿，窄沿面，厚方唇，矮直颈，鼓腹，下部残。颈饰多道细凹弦纹，腹饰一道凸弦纹，弦纹上间断饰堆纹。口径16、残高4厘米（图二六七，5）。ⅡT0933③：7，泥质红陶。敛口，丰圆唇，鼓腹，下部残。通体饰红衣但大部分已脱落，唇外缘饰一道浅凹弦纹。口径20、残高4厘米（图二六七，2）。

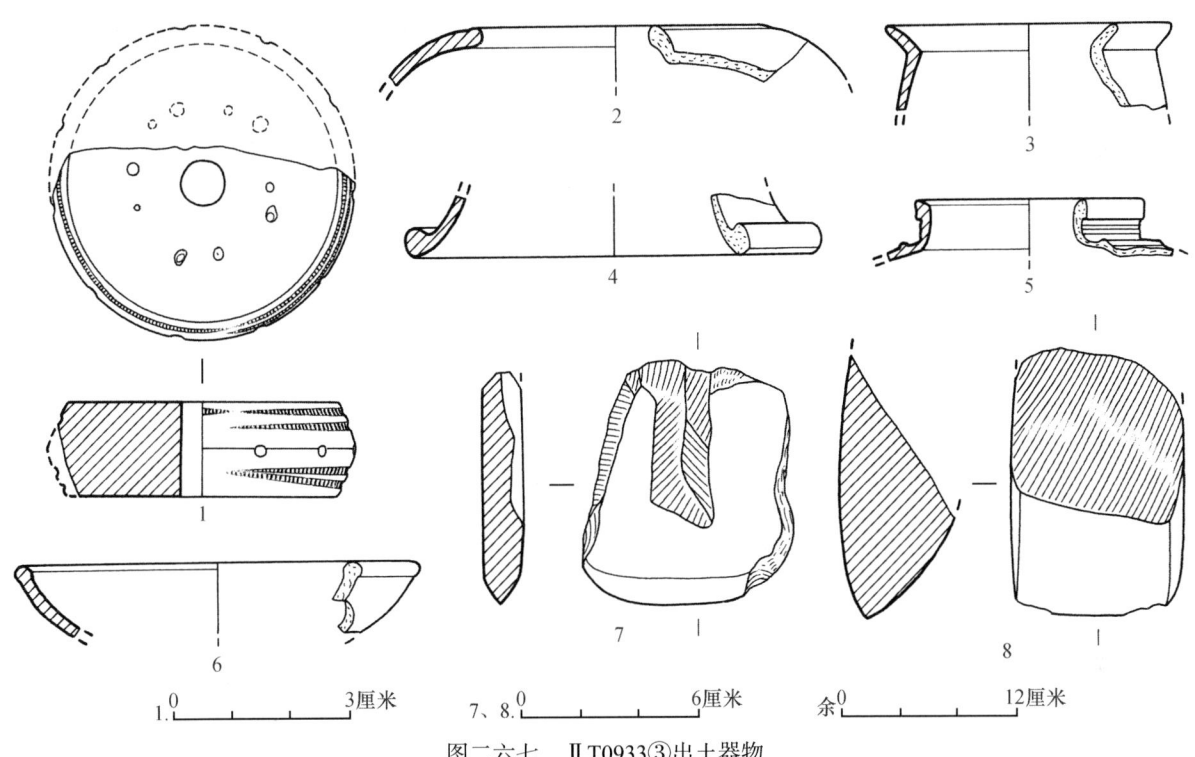

图二六七　ⅡT0933③出土器物

1. 陶纺轮（ⅡT0933③∶1）　2、3、5. 陶罐（ⅡT0933③∶7、ⅡT0933③∶5、ⅡT0933③∶6）　4. 陶器座（ⅡT0933③∶4）
6. 陶盘（ⅡT0933③∶8）　7、8. 石斧（ⅡT0933③∶2、ⅡT0933③∶3）

器座　2件。ⅡT0933③∶4，泥质灰陶。上部残。喇叭状座底外撇，底缘外凸棱。底径28.8、残高4厘米（图二六七，4）。ⅡT0933③∶5，泥质夹炭红陶。敛口，仰折沿，宽沿面，弧腹，下部残。通体饰红衣但大部分已脱落。口径20、残高5.8厘米（图二六七，3）。

盘　1件。ⅡT0933③∶8，泥质夹炭红陶。敞口，丰圆唇，斜弧腹内收，下部残。通体饰红衣但大部分已脱落。口径28、残高4.8厘米（图二六七，6）。

纺轮　1件。ⅡT0933③∶1，泥质磨光黑陶。两面平整，周缘中间弧凸成两斜面，中孔竖直。两面绕中孔非等距饰多组小圆双盲孔，周缘中间凸棱等距饰13个小圆盲孔，周缘两斜面中间各饰一周戳点纹底双凹弦纹，双凹弦纹不太规整。直径5.5、孔径0.7、厚1.6厘米（图二六七，1；图版五七，2）。

石斧　2件。ⅡT0933③∶2，灰色砂岩。除了刃部，其余三边皆破损。微弧凸刃对称磨光，两面平整。残长8.1、残宽7.4、厚1.4厘米（图二六七，7；图版七一，5）。ⅡT0933③∶3，青色砂岩。上部残。弧凸刃对称磨光，两侧边较直微弧凸，两面磨光。残长8.7、宽6、残厚4厘米（图二六七，8；图版七一，6）。

ⅡT0933④　器类有鼎、罐、盆、釜、器座、盘、器盖、石斧。

鼎　3件。ⅡT0933④∶13，泥质磨光黑陶。敛口，仰折沿，宽沿面，圆唇，鼓腹，下部残。口径10、残高3.6厘米（图二六八，13）。ⅡT0933④∶14，泥质红陶。侧扁圆锥足，内外脊凸，两侧扁圆，稍宽扁足尖。足根饰一个按窝。残高7.6厘米（图二六八，15）。

ⅡT0933④：15，泥质磨光黑陶。侧扁圆锥足，内外脊凸，两侧扁平，宽薄足尖。足根饰一个按窝。残高7.6厘米（图二六八，14）。

罐　5件。ⅡT0933④：1，泥质磨光黑陶。小口近直，丰圆唇，长直颈，鼓肩，下腹斜弧内收，底内凹。唇外缘凸棱。口径7.6、腹径9.6、底径5.9、高6.8厘米（图二六八，11）。ⅡT0933④：8，泥质夹炭红陶。敛口，圆唇外缘棱凸，深弧腹，下部残。通体饰红衣但大部分已脱落。口径18、残高5.8厘米（图二六八，9）。ⅡT0933④：6，泥质红陶。敛口，加厚丰圆唇，鼓腹，下部残。唇外缘棱凸。口径32、残高5.2厘米（图二六八，3）。ⅡT0933④：9，泥质磨光灰陶。敛口，尖唇，矮领内敛，鼓腹，下部残。口径20、残高4厘米（图二六八，6）。ⅡT0933④：10，泥质磨光黑皮红陶。敛口，仰折沿，丰圆唇，鼓腹，下部残。腹饰两道平行凹弦纹。口径17、残高4厘米（图二六八，7）。

盆　1件。ⅡT0933④：7，泥质红陶。大口微敛，仰折沿，窄沿面，圆唇，斜弧腹内收，下部残。腹饰一道较粗的附加堆纹和双凸弦纹。口径40、残高5.6厘米（图二六八，1）。

釜　1件。ⅡT0933④：3，夹砂夹炭黄陶。敛口，仰折沿，宽沿面，斜方唇缘棱凸，鼓腹，下部残。通体饰红衣但大部分已脱落。口径19、残高3.6厘米（图二六八，8）。

器座　1件。ⅡT0933④：4，泥质红陶。敛口，仰折沿，宽沿面，鼓腹，下部残。口径28、残高6.8厘米（图二六八，2）。

盘　2件。ⅡT0933④：11，泥质红陶。敞口，尖唇外缘凸棱，斜弧腹内收，圜底，下部残。通体饰红衣但部分已脱落，唇缘按压呈葵瓣状，内壁中部饰一道凹弦纹。口径15、残高3.4厘米（图二六八，12）。ⅡT0933④：12，泥质红陶。敞口，圆唇外缘凸棱，斜弧腹，圜底，下部残。通体饰红衣但部分已脱落，内壁中上部饰一道凹弦纹。口径19、残高4.4厘米（图二六八，10）。

器盖　1件。ⅡT0933④：5，泥质夹草木灰红陶。上部残。盖面斜弧，丰圆唇外缘凸棱。盖径48、残高6.8厘米（图二六八，4）。

石斧　1件。ⅡT0933④：2，青灰色砂岩。长方形。顶部残，弧凸刃两面对称磨光，两面弧凸，两侧平整。器形规整厚重。残长7.6、宽5.2～6、最厚5.2厘米（图二六八，5；图版七二，1）。

ⅡT0933⑤　器类有罐、盆、缸、盘、器盖、器鏊。

罐　2件。ⅡT0933⑤：2，泥质磨光黑陶。敛口，仰折沿，宽沿面，尖唇，鼓腹，下部残。沿面饰一道凹弦纹，腹饰一道凹弦纹。口径16、残高4厘米（图二六九，4）。ⅡT0933⑤：5，泥质夹炭红陶。上部残，弧腹斜直，平底。内壁较粗糙，内底见两道不规整同心凸棱。底径16、残高8厘米（图二六九，2）。

盆　1件。ⅡT0933⑤：3，泥质褐陶。敛口，方唇，深弧腹内收，下部残。通体饰红衣但大部分已脱落，唇外缘贴附一周宽平棱，腹饰多道平行凹弦纹。口径40、残高8厘米（图二六九，1）。

缸　1件。ⅡT0933⑤：1，泥质夹炭红陶。直口，仰折沿，圆唇，深腹近直，下部残。通体饰红衣但大部分已脱落，腹饰弦纹。口径24、残高10.6厘米（图二六九，5）。

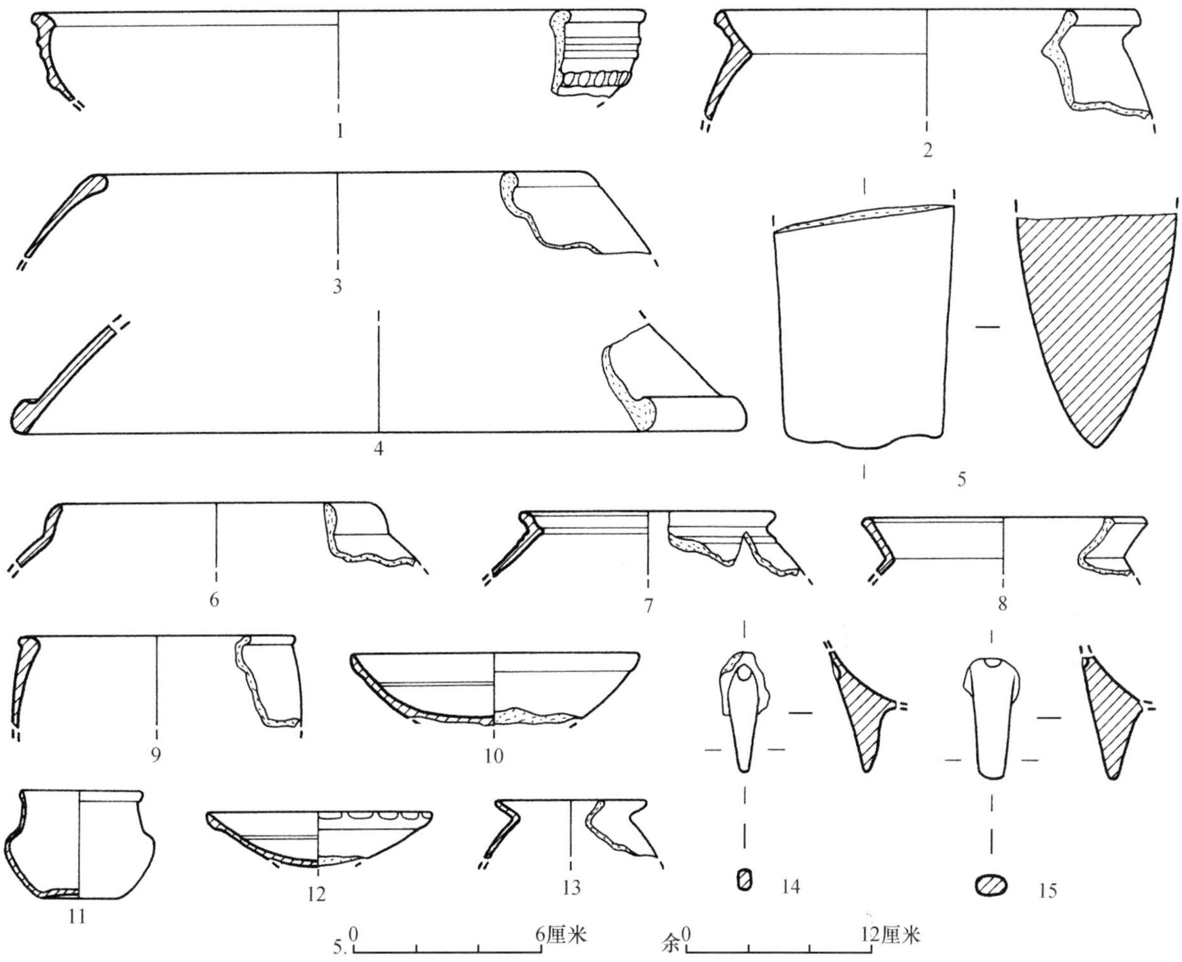

图二六八　ⅡT0933④出土器物

1.陶盆（ⅡT0933④：7）　2.陶器座（ⅡT0933④：4）　3、6、7、9、11.陶罐（ⅡT0933④：6、ⅡT0933④：9、ⅡT0933④：10、ⅡT0933④：8、ⅡT0933④：1）　4.陶器盖（ⅡT0933④：5）　5.石斧（ⅡT0933④：2）　8.陶釜（ⅡT0933④：3）　10、12.陶盘（ⅡT0933④：12、ⅡT0933④：11）　13~15.陶鼎（ⅡT0933④：13、ⅡT0933④：15、ⅡT0933④：14）

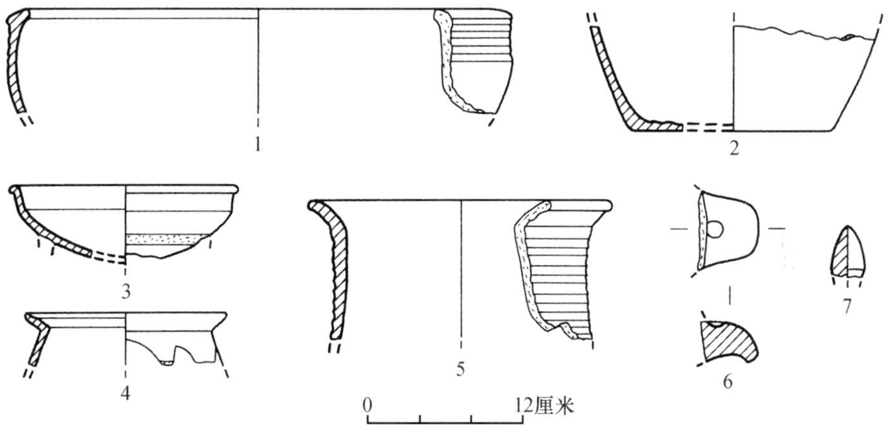

图二六九　ⅡT0933⑤出土器物

1.陶盆（ⅡT0933⑤：3）　2、4.陶罐（ⅡT0933⑤：5、ⅡT0933⑤：2）　3.陶盘（ⅡT0933⑤：4）　5.陶缸（ⅡT0933⑤：1）　6.陶器鋬（ⅡT0933⑤：6）　7.陶器盖（ⅡT0933⑤：7）

盘　1件。ⅡT0933⑤：4，泥质红陶。敞口，丰圆唇外缘棱凸，微折腹，上腹斜直，下腹弧内收，圜底，粗圈足残。通体饰红衣但部分已脱落。口径18、残高5.6厘米（图二六九，3）。

器盖　1件。ⅡT0933⑤：7，泥质灰陶。圆锥形纽，斜弧壁，下部残。纽径2.8、残高4厘米（图二六九，7）。

器錾　1件。ⅡT0933⑤：6，泥质夹炭红陶。舌形錾尖下弯，錾尖宽平，上面弧凸，下面弧凹，两侧平脊。通体饰红衣但部分已脱落，凸面近根处中间饰一圆按窝。宽3.5~5、厚1~3厘米（图二六九，6）。

ⅡT0933⑥　器类有鼎、罐、盆、盘、钵、杯、碗、器盖、球。

鼎　1件。ⅡT0933⑥：12，泥质黑陶足尖红陶。宽扁锥形足，正视呈三角V字形，内面弧凸，外面呈两侧内卷的深凹状，斜直两侧脊凸，足尖稍抹平。最宽6、最厚2.4、残高7.6厘米（图二七〇，13）。

罐　3件。ⅡT0933⑥：2，泥质磨光黑陶。带盖罐。矮圈形盖纽，斜方唇。盖面圆弧，圆唇。罐体敛口，仰折沿，宽沿面，圆唇，圆腹，平底，矮圈足。绕罐体唇缘等距离饰三组戳点纹，腹上部饰一周双凹弦纹并绕体等距离饰三组戳点纹，腹下部饰一周凸弦纹。盖纽径5.8、盖径10.4、高5.5厘米；罐口径12.4、腹径15.6、足径8、高11.8厘米；通高16.5厘米（图二七〇，8；图版一八，4）。ⅡT0933⑥：8，泥质夹草木灰红陶。小口直敞，矮领，圆唇，鼓腹，下部残。口径12、残高7.6厘米（图二七〇，5）。ⅡT0933⑥：6，泥质红陶。敛口，仰折沿下垂，尖唇，鼓腹，下部残。口径26、残高6.4厘米（图二七〇，1）。

盆　2件。ⅡT0933⑥：7，泥质夹草木灰红陶。敞口近直，仰折沿，尖唇，深弧腹内收，下部残。口径26、残高8.4厘米（图二七〇，4）。ⅡT0933⑥：9，泥质夹草木灰红陶。敞口，厚平唇，斜弧腹内收，下部残。平唇外缘下饰一周束颈状宽凹棱。口径24、残高6厘米（图二七〇，2）。

盘　1件。ⅡT0933⑥：11，泥质黑陶。直口，仰折沿，窄沿面，圆唇，折腹，上腹近竖直，下腹弧内收，下部残。口内缘饰一道浅凹弦纹，折腹棱凸，凸棱上缘饰一周双凹弦纹。口径14、残高5.6厘米（图二七〇，6）。

钵　1件。ⅡT0933⑥：10，泥质磨光黑陶。敛口，圆唇，扁圆腹，下部残。唇外缘饰一道凹弦纹，最大腹径处饰一道凹弦纹。口径14、残高6.6厘米（图二七〇，3）。

杯　1件ⅡT0933⑥：3，泥质蛋壳薄胎红陶。直口，尖唇，下折腹，上腹微弧束，上腹一侧附一个宽片状半圆桥形耳，下腹斜直内收，矮圈足外撇。通体饰红衣但大部分已脱落，红衣上可见黑彩痕迹，图案呈条带纹、点纹、稻穗状戳点纹等。口径8.3、底径3.8、高5.2~5.9厘米（图二七〇，7；彩版一六，4；图版三九，5）。

碗　1件。ⅡT0933⑥：13，泥质薄胎红陶。上部残。弧腹，圜底，矮圈足外撇。内底及外底外圈饰满深褐色彩，内壁上部及圈足外壁饰黑彩，外腹饰一周链状黑彩，外底中央饰四道链状旋涡状黑彩图案。足径4.8、残高1.7厘米（图二七〇，9；图版四一，5）。

器盖　1件。ⅡT0933⑥：1，泥质红陶。鸟首形盖纽，两大眼，短尖喙，两鼻眼，下部

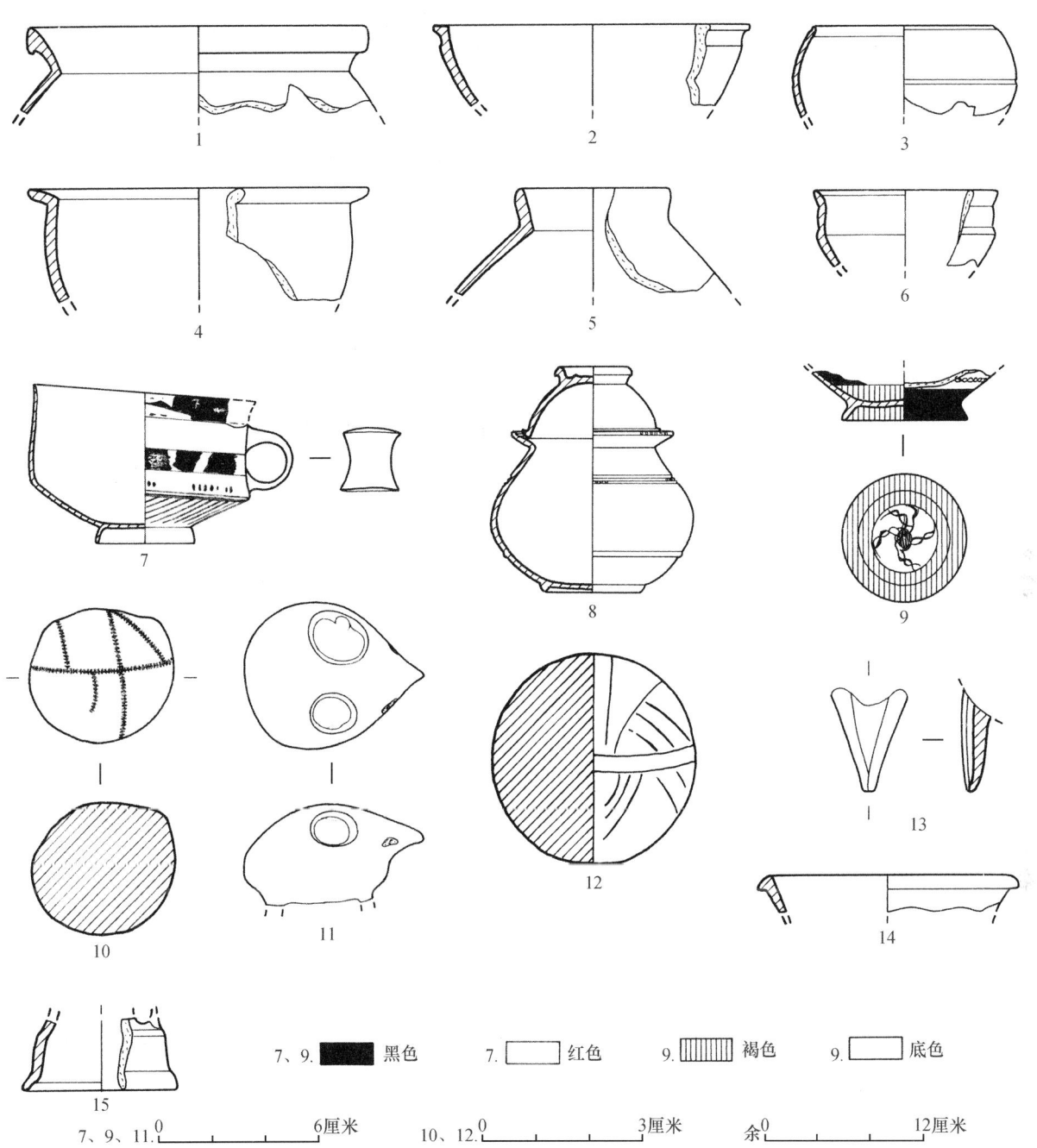

图二七〇　ⅡT0933⑥、⑦出土器物

1、5、8.陶罐（ⅡT0933⑥∶6、ⅡT0933⑥∶8、ⅡT0933⑥∶2）　2、4、14.陶盆（ⅡT0933⑥∶9、ⅡT0933⑥∶7、ⅡT0933⑦∶1）　3.陶钵（ⅡT0933⑥∶10）　6.陶盘（ⅡT0933⑥∶11）　7.陶杯（ⅡT0933⑥∶3）　9.陶碗（ⅡT0933⑥∶13）　10、12.陶球（ⅡT0933⑥∶5、ⅡT0933⑥∶4）　11.陶器盖（ⅡT0933⑥∶1）　13.陶鼎（ⅡT0933⑥∶12）　15.陶圈足（ⅡT0933⑦∶2）

残。长6.8、宽5.6、残高3.7厘米（图二七〇，11；图版五一，3）。

球　2件。ⅡT0933⑥：4，泥质红陶。实心圆球形，圆整度一般。表面饰凹弦纹。直径3.8厘米（图二七〇，12；图版六二，3）。ⅡT0933⑥：5，泥质红陶。实心球形，圆整度较差。表面饰多道相交凹弦纹，弦纹皆由细密戳点纹相连而成。直径2.7厘米（图二七〇，10）。

ⅡT0933⑦　器类有盆、圈足。

盆　1件。ⅡT0933⑦：1，泥质灰陶。敞口，折沿下垂，尖唇，腹斜直，下部残。口径20、残高2.6厘米（图二七〇，14）。

圈足　1件。ⅡT0933⑦：2，泥质磨光黑陶。上部残。高圈足外撇。饰镂孔和凹弦纹。足径12、残高5.2厘米（图二七〇，15）。

ⅡT1033③　器类有鼎、罐、缸、盆、釜、器座、盘、器盖、纺轮。

鼎　6件。ⅡT1033③：3，泥质磨光黑陶。仰折沿，宽沿面，圆唇，鼓腹，圜底，宽扁凿形足。腹上部饰一周凹弦双纹，腹中部饰一周双凹弦纹，足外面饰竖向凹槽。口径14.4、腹径15.2、通高11.6厘米（图二七一，8；图版一四，3）。ⅡT1033③：12，泥质磨光黑陶。敛口，仰折沿，宽沿面，尖唇，鼓腹，下部残。腹饰一周双凹弦纹。口径12、残高4.8厘米（图二七一，3）。ⅡT1033③：14，夹炭红陶。宽扁板形足，外面弧凹，内面弧凸，足底横向削平且外撇。残高11.2厘米（图二七一，16）。ⅡT1033③：16，夹炭红陶。宽扁鸭嘴形足，内面竖向弧凸，外面竖向弧凹。近足根处饰一竖向大按窝。残高9.6厘米（图二七一，17）。ⅡT1033③：18，泥质磨光黑陶。宽扁凹铲形矮足，内面弧凸，外面竖向弧凹。足根处两侧各饰一小按窝。残高3厘米（图二七一，19）。ⅡT1033③：19，泥质灰陶。宽扁矮足，截面近椭圆形，内外面弧凸，横向薄足底向内抹平。足根处饰一按窝。残高7厘米（图二一七，18）。

罐　4件。ⅡT1033③：6，泥质红陶。敛口，仰折沿下垂，沿面外侧凸棱，加厚丰圆唇，唇外缘稍下翻，深弧腹，下部残。通体饰红衣但大部分已脱落。口径28、残高6.2厘米（图二七一，1）。ⅡT1033③：7，泥质夹炭红陶。敛口，仰折沿下垂，宽沿面，加厚丰圆唇，唇缘凸棱，深弧腹，下部残。通体饰红衣但大部分已脱落。口径22、残高6.2厘米（图二七一，11）。ⅡT1033③：8，泥质厚胎红陶。直口，丰圆唇凸棱，矮颈，鼓腹，下部残。素面。口径14、残高6厘米（图二七一，12）。ⅡT1033③：10，口沿，泥质红陶。敛口，尖唇，鼓腹，下部残。通体饰红衣但大部分已脱落。口径17、残高3.6厘米（图二七一，4）。

缸　1件。ⅡT1033③：4，泥质黑陶。敛口，加厚平唇，唇外缘附加一周宽棱，深弧腹，下部残。唇外宽棱下缘饰斜长印纹。口径34、残高4.6厘米（图二七一，2）。

盆　1件。ⅡT1033③：9，泥质灰陶。敞口，丁字形折沿下垂，尖唇，弧腹内收，下部残。通体饰红衣但大部分已脱落。口径24、残高11.4厘米（图二七一，7）。

釜　1件。ⅡT1033③：5，泥质夹炭厚胎红陶。敛口，折沿下垂，宽沿面，加厚丰圆唇，唇外缘凸棱，鼓腹，下部残。口径30、残高4.4厘米（图二七一，5）。

器座　1件。ⅡT1033③：11，泥质夹炭红陶。敞口，尖唇，唇外缘凸棱，矮颈，鼓腹内收，下部残。通体饰红衣但大部分已脱落，颈饰凸棱，腹饰多个斜长方形镂孔。口径16、残高8.8厘米（图二七一，9）。

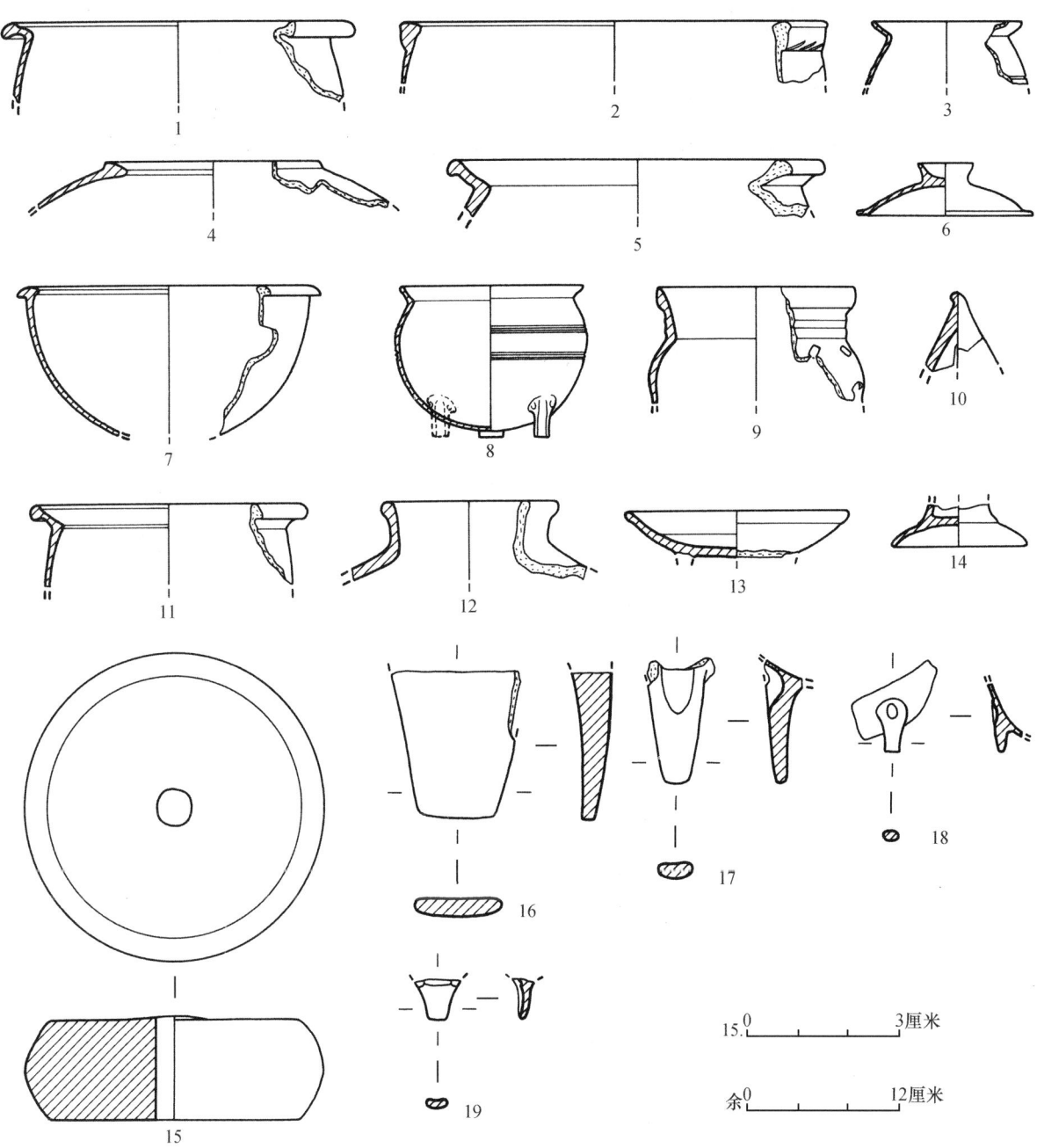

图二七一　ⅡT1033③出土器物

1、4、11、12.陶罐（ⅡT1033③：6、ⅡT1033③：10、ⅡT1033③：7、ⅡT1033③：8）　2.陶缸（ⅡT1033③：4）
3、8、16～19.陶鼎（ⅡT1033③：12、ⅡT1033③：3、ⅡT1033③：14、ⅡT1033③：16、ⅡT1033③：19、ⅡT1033③：18）
5.陶釜（ⅡT1033③：5）　6、10、14.陶器盖（ⅡT1033③：2、ⅡT1033③：17、ⅡT1033③：15）　7.陶盆（ⅡT1033③：9）
9.陶器座（ⅡT1033③：11）　13.陶盘（ⅡT1033③：13）　15.陶纺轮（ⅡT1033③：1）

盘 1件。ⅡT1033③：13，泥质磨光黑陶。敞口，丰圆唇外缘凸棱，斜弧腹，浅盘，圜底，粗圈足残。内壁中部饰一周浅凹弦纹。口径18、残高3.6厘米（图二七一，13）。

器盖 3件。ⅡT1033③：2，泥质灰陶。喇叭状矮圈形盖纽，尖唇。盖面斜弧，穹顶，平折窄沿，圆唇。沿面饰两周凹弦纹。纽径4.4、盖径14、高4厘米（图二七一，6）。ⅡT1033③：15，泥质红陶。圈形盖纽上部残。盖面斜弧，尖唇。盖面内外壁中上部皆饰一周上外下内错棱。盖径11、残高3.2厘米（图二七一，14）。ⅡT1033③：17，泥质夹炭红陶。盖纽顶尖平折成鸟首形，中部为圆锥塔形，下部残。通体饰红衣但大部分已脱落。残高6.8厘米（图二七一，10）。

纺轮 1件。ⅡT1033③：1，泥质磨光黑陶。较两面平整，周缘中间弧凸成两斜面，中孔竖直，一面孔周缘弧凸。素面。直径5.9、孔径0.7、厚1.9~2厘米（图二七一，15）。

ⅡT1033④ 器类有罐、盆、钵、器座、盘。

罐 6件。ⅡT1033④：7，泥质红陶。直口微敞，丰圆唇外缘凸棱，矮颈，鼓腹，下部残。素面。口径13、残高5.6厘米（图二七二，5）。ⅡT1033④：1，泥质红陶。敛口，加厚丰圆唇，鼓腹，下部残。通体饰红衣但大部分已脱落。口径38、残高5.2厘米（图二七二，1）。ⅡT1033④：2，泥质夹炭红陶。敛口，仰折沿，宽沿面，尖唇，深弧腹，下部残。通体饰红衣但大部分已脱落，沿面饰凹弦纹，唇内缘外侧饰一周双凹弦纹，腹饰一道外上内下折棱。口径38、残高8.4厘米（图二七二，3）。ⅡT1033④：3，泥质夹炭红陶。敛口，丰圆唇，唇缘向外斜抹成窄沿状，鼓腹，下部残。通体饰红衣但大部分已脱落，腹饰一周双凹弦纹。口径28、残高4.8厘米（图二七二，6）。ⅡT1033④：4，泥质磨光红陶。敛口，尖唇，唇缘向外斜抹成窄沿状，鼓腹，下部残。通体饰红衣但大部分已脱落。口径20、残高5.7厘米（图二七二，2）。ⅡT1033④：5，泥质红陶。敛口，圆唇，唇外缘饰一周宽平棱，宽平棱外侧凸棱，鼓腹，下部残。口径22、残高6.2厘米（图二七二，9）。

盆 2件。ⅡT1033④：6，泥质薄胎红陶。微敛口，仰折沿，宽沿面，尖唇，深弧腹内收，下部残。口径24、残高4.4厘米（图二七二，7）。ⅡT1033④：8，泥质磨光薄胎灰陶。口微敛，仰折沿，宽沿面，圆唇，深弧腹内收，下部残。腹饰一道凹弦纹。口径16、残高4.6厘米（图二七二，11）。

钵 1件。ⅡT1033④：10，泥质磨光黑陶。敞口，尖唇，唇外缘附加一周宽凸棱，深弧腹内收，下部残。口径16、残高7.2厘米（图二七二，4）。

器座 1件。ⅡT1033④：9，泥质灰陶。敞口，折沿下垂，尖唇，束颈，下部残。颈饰凹弦纹。口径24、残高3.8厘米（图二七二，10）。

盘 1件。ⅡT1033④：11，泥质磨光黑陶。直敞口，尖唇，折腹，上腹斜直，下腹弧内收，下部残。口径13、残高3厘米（图二七二，8）。

ⅡT1033⑤ 器类有鼎、罐、盆、器座、豆、碗。

鼎 3件。ⅡT1033⑤：13，泥质磨光灰陶。上部残，弧腹，圜底，宽扁凿尖矮足。足正视呈矮丫字形，内面弧凸，外面弧凹，斜弧两侧抹平，足尖横向捏成薄刃状。腹外壁可见指纹状加工痕迹。残高4.8厘米（图二七三，11）。ⅡT1033⑤：14，泥质夹炭红陶。上部残，

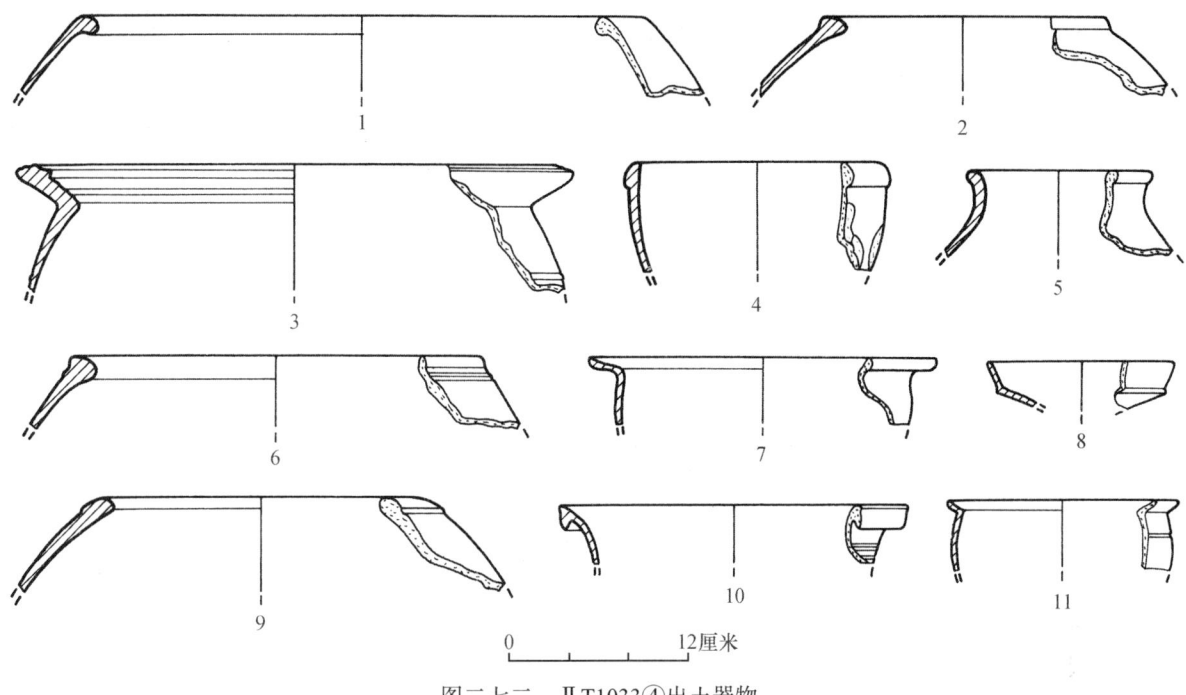

图二七二　ⅡT1033④出土器物

1~3、5、6、9.陶罐（ⅡT1033④：1、ⅡT1033④：4、ⅡT1033④：2、ⅡT1033④：7、ⅡT1033④：3、ⅡT1033④：5）　4.陶钵（ⅡT1033④：10）　7、11.陶盆（ⅡT1033④：6、ⅡT1033④：8）　8.陶盘（ⅡT1033④：11）　10.陶器座（ⅡT1033④：9）

残腹，圜底，宽扁铲形宽足。足正视呈倒梯形，内面平整，外面弧凸，斜直两侧脊凸，足尖横向宽平。通体饰红衣但大部分已脱落，腹饰多道棱纹。残高12.8厘米（图二七三，9）。

ⅡT1033⑤：15，泥质磨光黑陶，足尖红色。宽扁铲形高足，内面稍弧凸，外面竖向弧凹，缓斜弧两侧平脊，足尖横向宽平。残高7.2厘米（图二七三，6）。

罐　4件。ⅡT1033⑤：5，夹炭厚胎红陶。敛口，仰折沿，窄沿面，圆唇，鼓腹，下部残。通体饰红衣但大部分已脱落，腹饰两道平行凹弦纹。口径32、残高6厘米（图二七三，8）。ⅡT1033⑤：6，泥质夹炭红陶。盘口，圆唇，鼓腹，下部残。通体饰红衣但大部分已脱落。口径24、残高5厘米（图二七三，1）。ⅡT1033⑤：8，夹炭厚胎红陶。敞口，折沿下垂，圆唇，束颈，鼓腹，下部残。通体饰红衣但大部分已脱落，颈饰棱纹。口径28、残高7.2厘米（图二七三，7）。ⅡT1033⑤：9，夹炭红陶。敛口，丰圆唇，鼓腹，下部残。通体饰红衣但大部分已脱落，近唇处饰一周凹弦纹。口径15、残高6.6厘米（图二七三，14）。

盆　4件。ⅡT1033⑤：2，泥质夹炭红陶。敛口，斜方唇，斜弧腹内收，下部残。通体饰红衣但大部分已脱落，腹饰满平行凹弦纹。口径49、残高6.8厘米（图二七三，2）。ⅡT1033⑤：7，泥质红陶。敛口，丁字形仰折沿，窄沿面，尖唇，深弧腹内收，下部残。沿面饰平行凹弦纹，腹饰平行弦纹，弦纹下缘饰一周附加堆纹。口径32、残高8厘米（图二七三，3）。ⅡT1033⑤：10，泥质磨光黑陶。敞口近直，丰圆唇，唇外缘附加一周宽凸棱，深弧腹内收，下部残。口径16、残高7.6厘米（图二七三，12）。ⅡT1033⑤：12，夹炭厚胎红陶。直口微敛，仰折沿，宽沿面，圆唇，直腹，凹底。通体饰红衣但大部分已脱落。口径12、底径11、高4.6厘米（图二七三，10）。

器座 2件。ⅡT1033⑤∶3，泥质夹炭厚胎红陶。微敛口，仰折沿，宽沿面，丰圆唇外缘凸棱，深弧腹，下部残。通体饰红衣但大部分已脱落。口径31.5、残高9厘米（图二七三，4）。ⅡT1033⑤∶4，夹砂极厚胎红陶。上部残。底端喇叭状外撇，丰圆唇。通体饰红衣但部分已脱落，腹饰凹弦纹。口径32、残高5.2厘米（图二七三，13）。

豆 1件。ⅡT1033⑤∶11，泥质磨光黑陶。直口，尖唇，矮领，鼓腹，下部残。唇外缘饰一道凹弦纹，腹饰一周双凹弦纹，弦纹间饰多组戳印纹。口径12、残高4.8厘米（图二七三，15）。

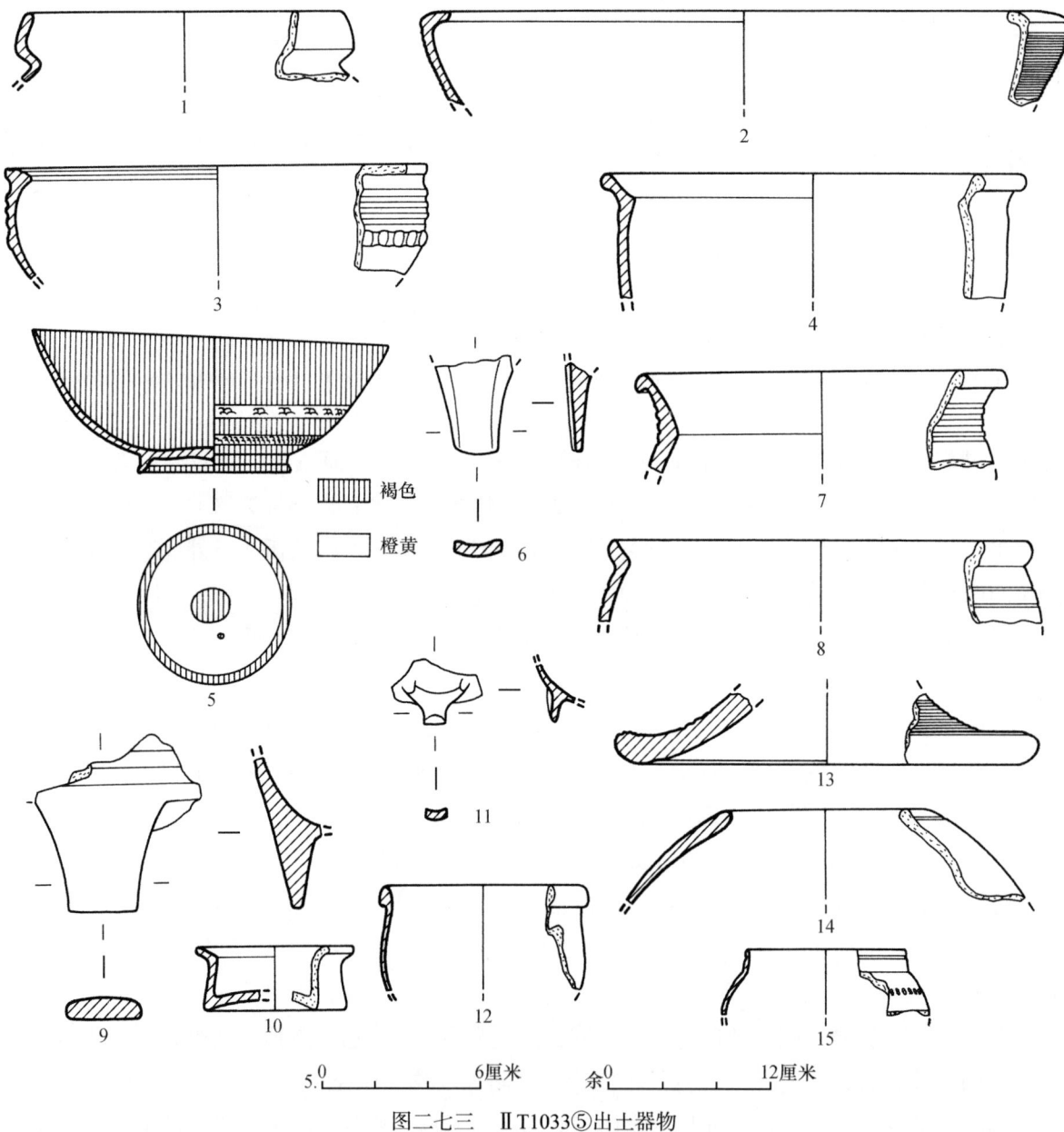

图二七三　ⅡT1033⑤出土物
1、7、8、14. 陶罐（ⅡT1033⑤∶6、ⅡT1033⑤∶8、ⅡT1033⑤∶5、ⅡT1033⑤∶9）　2、3、10、12. 陶盆（ⅡT1033⑤∶2、ⅡT1033⑤∶7、ⅡT1033⑤∶12、ⅡT1033⑤∶10）　4、13. 陶器座（ⅡT1033⑤∶3、ⅡT1033⑤∶4）　5. 陶碗（ⅡT1033⑤∶1）　6、9、11. 陶鼎（ⅡT1033⑤∶15、ⅡT1033⑤∶14、ⅡT1033⑤∶13）　15. 陶豆（ⅡT1033⑤∶11）

碗　1件。ⅡT1033⑤：1，泥质薄胎红陶。稍变形。敞口，尖唇，斜弧深腹，底微内凹，矮圈足外撇。除了下底内为橙黄胎色外，通体内外皆为褐衣，外壁中下部饰两周橙黄底色彩带，上部彩带内等距离绘褐色倒"R"形纹，下部彩带内绘褐色逆时针倾斜状彩纹，外底中心绘一个褐色圆点纹。口径13.5、足径5.8、高4.6~5.2厘米（图二七三，5；图版四二，1、2）。

ⅡT1033⑥　器类有鼎、罐、盆、釜、器座、缸、豆、盘。

鼎　3件。ⅡT1033⑥：13，泥质磨光黑陶。敛口，仰折沿，较宽沿面，尖唇，鼓腹，下部残。口径13、残高5.8厘米（图二七四，15）。ⅡT1033⑥：16，泥质夹炭红陶。宽扁板形足，正视呈长倒梯形，内面竖向脊凸，外面竖向弧凹，斜直两侧脊凸，足尖横向宽平。通体饰红衣但大部分已脱落，近足根处饰一小按窝。残高10.8厘米（图二七四，12）。ⅡT1033⑥：17，泥质夹炭红陶。五棱锥形高足，内面竖向脊凸，外面较平整，斜弧两侧抹平，足尖截平。通体饰红衣但大部分已脱落，外面饰两道竖向浅凹棱，近足根处饰一小按窝。残高9.6厘米（图二七四，13）。

罐　4件。ⅡT1033⑥：10，泥质夹炭红陶。直口，圆唇，矮直颈，鼓腹，下部残。通体饰红衣但部分已脱落，唇外缘饰一周凹弦纹。口径12、残高4厘米（图二七四，17）。ⅡT1033⑥：12，泥质磨光黑陶。上部残，深弧腹内收，圜底，矮圈足外撇。腹饰一周凸弦纹。足径8、残高7.2厘米（图二七四，14）。ⅡT1033⑥：6，泥质红陶。敛口，圆唇，鼓腹，下部残。唇外缘饰一宽平棱，腹饰一周链状附加堆纹。口径30、残高4厘米（图二七四，5）。ⅡT1033⑥：8，泥质红陶。敛口，圆唇，鼓腹，下部残。唇外缘凸棱。口径21、残高4.6厘米（图二七四，8）。

盆　4件。ⅡT1033⑥：1，泥质夹炭红陶。直口，平折沿，宽沿面弧凹，圆唇，折腹，上腹竖直，下腹斜弧内收，平底，矮圈足。通体饰红衣但大部分已脱落，沿面中间饰一周戳点纹，上腹饰一周戳点纹，下腹饰一周凸弦纹。口径31、底径10.8、高12.6厘米（图二七四，11；图版二〇，1）。ⅡT1033⑥：2，夹砂红陶。敞口，仰折沿，宽沿面，斜方唇，直腹内收，下部残。通体饰红衣但部分已脱落。口径40、残高11.6厘米（图二七四，1）。ⅡT1033⑥：4，泥质夹炭红陶。敞口，斜方唇，弧残腹内收，下部残。通体饰红衣但大部分已脱落。口径38、残高7厘米（图二七四，2）。ⅡT1033⑥：11，泥质磨光黑陶。敞口微敛，折沿下垂，圆唇，深弧腹内收，下部残。腹饰一周三凹弦纹。口径16.8、残高9厘米（图二七四，9）。

釜　2件。ⅡT1033⑥：5，泥质夹炭红陶。敛口，仰折沿，宽沿面，加厚丰圆唇，唇外缘凸棱，鼓腹，下部残。通体饰红衣但大部分已脱落。口径28、残高5.8厘米（图二七四，4）。ⅡT1033⑥：7，泥质夹炭红陶。敛口，仰折沿，宽沿面，丰圆唇，鼓腹，下部残。口径24、残高5.8厘米（图二七四，7）。

器座　1件。ⅡT1033⑥：9，泥质夹炭红陶。仰折沿，窄沿面，重唇，鼓腹微折，下部残。通体饰红衣但部分已脱落，腹饰多个大小不一镂孔。口径21、残高4.8厘米（图二七四，6）。

缸　1件。ⅡT1033⑥：3，泥质红陶。微敞口，圆唇，矮领，弧腹，下部残。通体饰红衣但大部分已脱落，腹饰一周宽带状稻穗形戳点纹。口径44、残高5厘米（图二七四，3）。

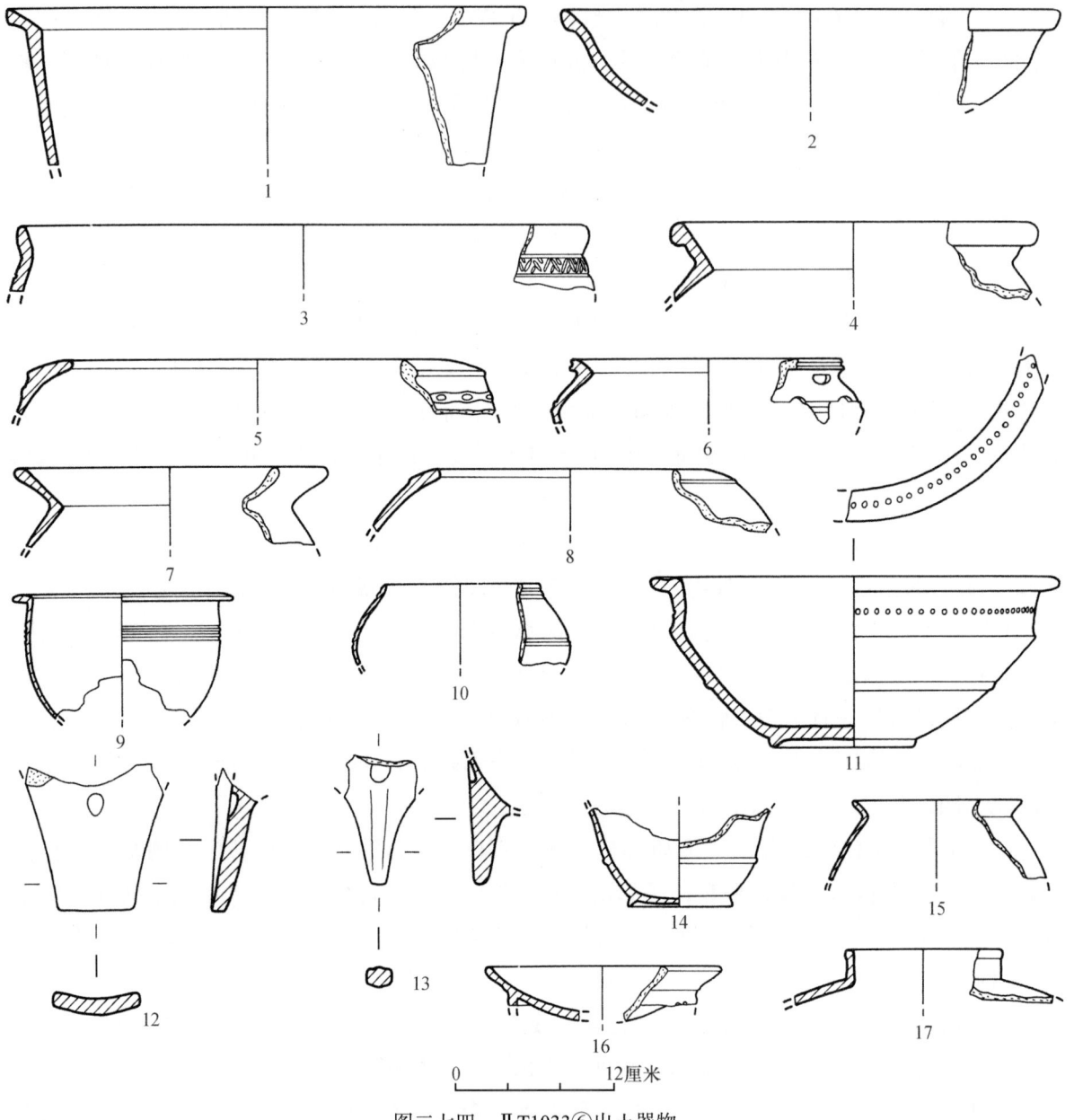

图二七四　ⅡT1033⑥出土器物

1、2、9、11.陶盆（ⅡT1033⑥：2、ⅡT1033⑥：4、ⅡT1033⑥：11、ⅡT1033⑥：1）　3.陶缸（ⅡT1033⑥：3）　4、7.陶釜（ⅡT1033⑥：5、ⅡT1033⑥：7）　5、8、14、17.陶罐（ⅡT1033⑥：6、ⅡT1033⑥：8、ⅡT1033⑥：12、ⅡT1033⑥：10）　6.陶器座（ⅡT1033⑥：9）　10.陶豆（ⅡT1033⑥：14）　12、13、15.陶鼎（ⅡT1033⑥：16、ⅡT1033⑥：17、ⅡT1033⑥：13）　16.陶盘（ⅡT1033⑥：15）

豆　1件。ⅡT1033⑥：14，泥质磨光黑陶。敛口，圆唇，矮领，圆鼓腹，下部残。矮领下缘饰一道凸弦纹，最大腹径处饰一周双凹弦纹。口径12、残高6厘米（图二七四，10）。

盘　1件。ⅡT1033⑥：15，泥质磨光红陶。敞口，方唇，斜弧腹内收，圜底中央稍下坠，粗圈足，下部残。圈足可见一组双孔镂孔纹。口径18、残高4厘米（图二七四，16）。

ⅡT1034② 器类有石杵。

石杵 1件。ⅡT1034②∶1，青色砂岩。截面近圆角正方形，方柱两端残，一面布满崩疤。残长7.3、宽3.8、厚3.5厘米（图二七五，5；图版七五，6）。

ⅡT1034③ 器类有罐、器盖。

罐 3件。ⅡT1034③∶2，夹砂灰陶。敛口，仰折沿，窄沿面，尖唇，鼓腹，下部残。上腹饰斜篮纹，中腹饰一道凸弦纹。口径18、残高12.4厘米（图二七五，6）。ⅡT1034③∶3，泥质黑陶。敛口，仰折沿，窄沿面，尖唇，鼓腹，下部残。腹饰三道平行凸弦纹。口径26、残高6.6厘米（图二七五，3）。ⅡT1034③∶4，泥质夹炭红陶。大敛口，加厚丰圆唇，鼓腹，下部残。口径38、残高5.6厘米（图二七五，1）。

器盖 2件。ⅡT1034③∶1，泥质灰陶。喇叭形矮圈纽，尖唇，纽根处盖面微环凹。盖面斜弧形，穹顶中央微下坠，尖唇。素面。纽径3.8、盖径11.5、高3.8厘米（图二七五，2）。ⅡT1034③∶5，泥质夹炭红陶。圆锥柄形盖纽，顶残。盖面浅盘状，斜方唇，圜底。通体饰红衣但部分已脱落。盖径9、残高5.4厘米（图二七五，4）。

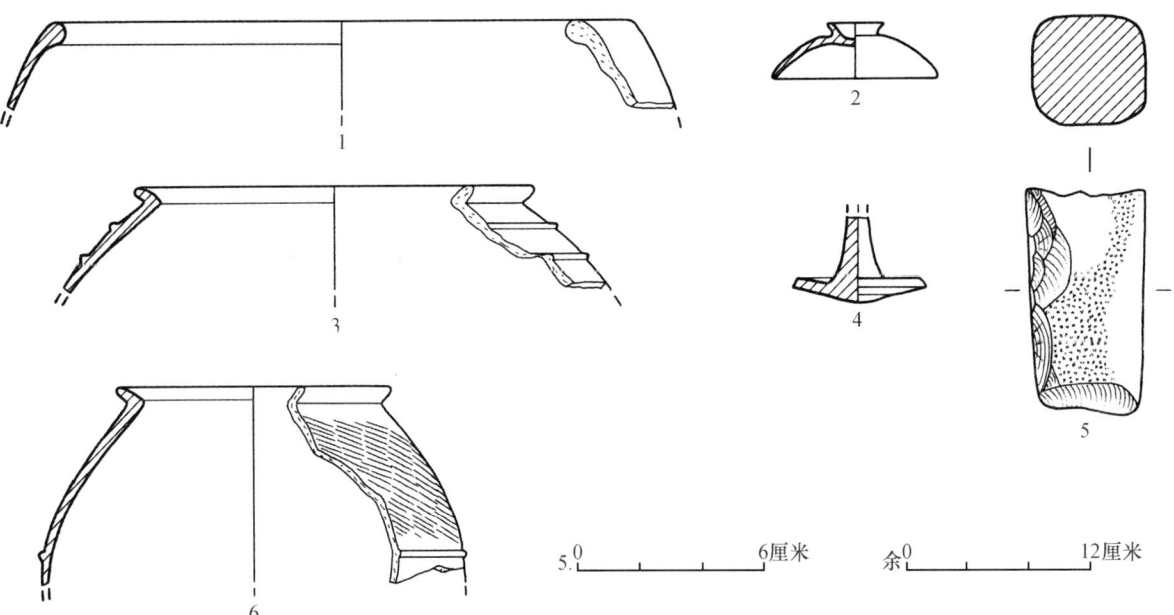

图二七五　ⅡT1034②、③出土器物
1、3、6.陶罐（ⅡT1034③∶4、ⅡT1034③∶3、ⅡT1034③∶2）　2、4.陶器盖（ⅡT1034③∶1、ⅡT1034③∶5）
5.石杵（ⅡT1034②∶1）

ⅡT1034④ 器类有鼎、罐、盆、豆、盘、碗、器盖、纺轮、球、石斧、石凿。

鼎 1件。ⅡT1034④∶15，泥质红陶。宽扁板形高足，上部残。足正视呈倒梯形，上宽下窄，上厚下薄，内面弧凹，外面弧凸，斜直两侧脊凸，宽平足尖较薄。最宽13.6、最厚3.6、残高12.6厘米（图二七六，10）。

罐 4件。ⅡT1034④∶10，泥质磨光灰白陶。敛口，仰折沿，宽沿面，尖唇，弧腹，下部残。口径24、残高4.6厘米（图二七六，3）。ⅡT1034④∶11，泥质夹炭红陶。小口近直，平折沿，窄沿面，丰圆唇，矮束颈，鼓腹，下部残。通体饰红衣但大部分已脱落，颈饰平行凹弦纹。口径18、残高6厘米（图二七六，8）。ⅡT1034④：13，泥质薄胎红陶。小口，圆唇，矮领，广肩，下部残。通体饰红衣但大部分已脱落。口径12、残高3厘米（图二七六，11）。ⅡT1034④：9，泥质夹炭外红内黑陶。敞口，折沿下垂，尖唇，短束颈，鼓腹，下部残。口径27.2、残高5.4厘米（图二七六，4）。

盆 3件。ⅡT1034④：6，泥质夹炭红陶。大口微敛，卷圆唇，深弧腹内收，下部残。腹上部饰平行凹弦纹，腹下部饰一道附加堆纹。口径38、残高7.8厘米（图二七六，1）。ⅡT1034④：8，泥质夹炭红陶。敛口，圆唇，弧腹内收，下部残。通体饰红衣但部分已脱落，腹饰两道平行凸弦纹，弦纹下边饰一道附加戳断堆纹。口径32、残高6.4厘米（图二七六，2）。ⅡT1034④：18，泥质夹炭红陶。敛口，方唇，弧腹内收，下部残。腹壁上设一个大圆形透孔流，流上部口沿与器壁平齐，下部口沿突出围塑而成。口径30、孔径2.4、残高6厘米（图二七六，6）。

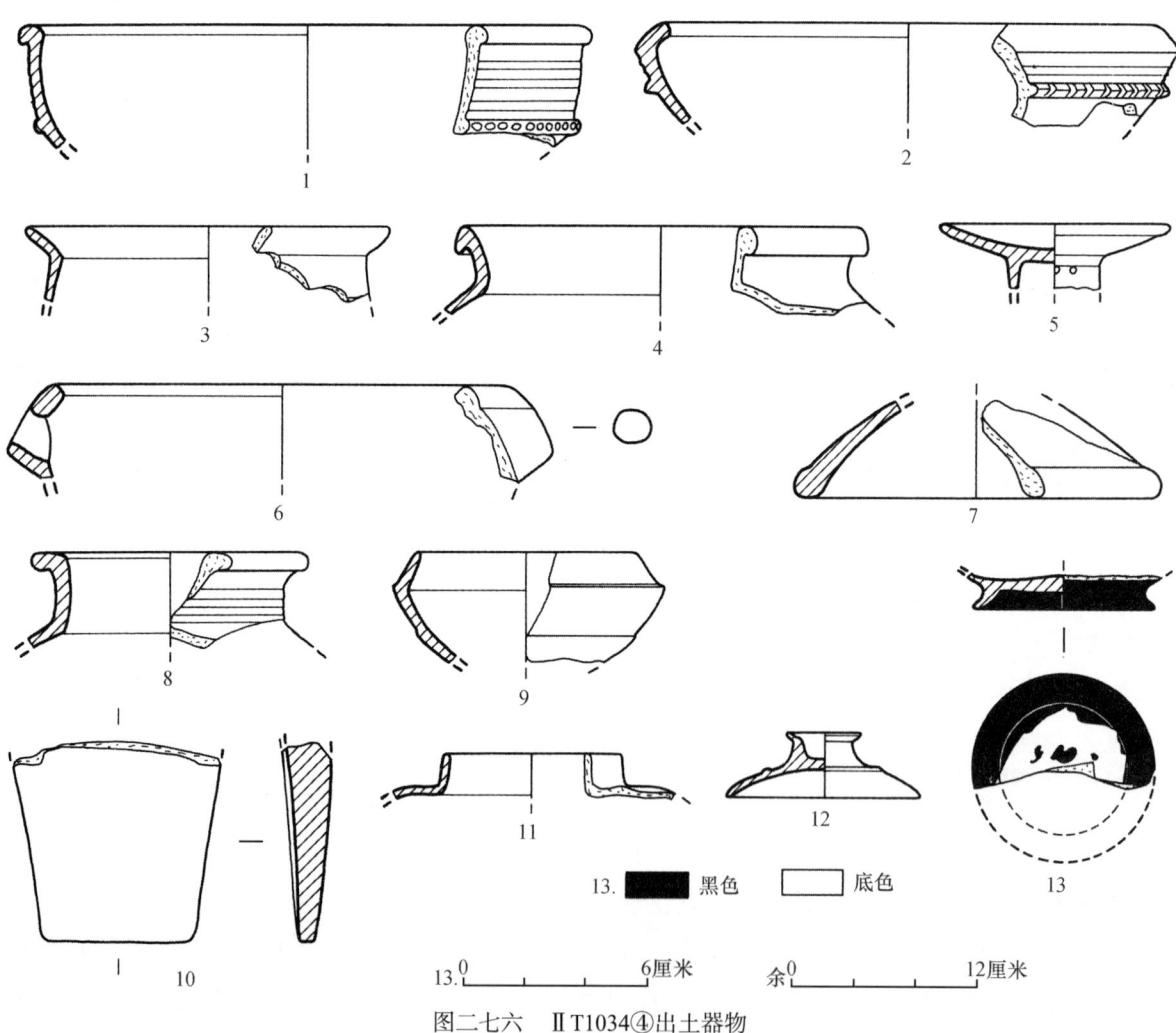

图二七六　ⅡT1034④出土器物

1、2、6. 陶盆（ⅡT1034④：6、ⅡT1034④：8、ⅡT1034④：18）　3、4、8、11. 陶罐（ⅡT1034④：10、ⅡT1034④：9、ⅡT1034④：11、ⅡT1034④：13）　5. 陶盘（ⅡT1034④：14）　7、12. 陶器盖（ⅡT1034④：7、ⅡT1034④：3）　9. 陶豆（ⅡT1034④：12）　10. 陶鼎（ⅡT1034④：15）　13. 陶碗（ⅡT1034④：16）

豆 1件。ⅡT1034④：12，泥质磨光黑陶。敛口，尖唇，折腹，上腹斜直内敛，下腹斜弧内收，下部残。折腹上缘饰一周双凹弦纹，下腹饰一道上内下外错棱。内外壁轮制加工痕明显。口径15、残高7厘米（图二七六，9）。

盘 1件。ⅡT1034④：14，泥质红陶。敞口，尖唇，斜弧腹，浅盘，圜底，筒形圈足下部残。通体饰红衣但部分已脱落，内壁饰一道凹弦纹，外壁近口唇处饰一道浅凹弦纹，圈足饰一道凸弦纹和小圆形镂孔。口径15.2、残高4厘米（图二七六，5）。

碗 1件。ⅡT1034④：16，泥质薄胎灰陶。上部残，平底，矮圈足外撇。内壁、外壁及外底外圈涂满黑彩，外底内圈以灰胎色为底饰黑彩，图案严重脱落不可辨。足径6、残高1.1厘米（图二七六，13）。

器盖 2件。ⅡT1034④：3，泥质黑陶。喇叭状圈形纽，仰折沿，尖唇，短束颈。盖面缓弧，圆唇。盖面饰一道凸弦纹。纽径4.8、盖径12.4、高4.1厘米（图二七六，12）。ⅡT1034④：7，泥质红陶。上部纽残。盖面斜弧，加厚丰圆唇外缘棱凸。通体饰红衣但大部分已脱落。盖径24、残高6厘米（图二七六，7）。

纺轮 1件。ⅡT1034④：5，泥质灰陶。两面较平整，周缘中间棱凸成两斜直面，中孔竖直，中孔两端弧凸。素面。直径5、孔径0.5、厚1.1～1.2厘米（图二七七，3）。

球 2件。ⅡT1034④：2，泥质黑陶。空心圆球形，球内密封多粒小芯珠，表面较粗糙。素面。直径4.6厘米（图二七七，5）。ⅡT1034④：17，泥质黑陶。空心圆球形，内壁粗糙，外壁较光滑。器表饰单弦或双弦细密戳点线经纬相交，相交点饰小圆窝。直径4.6厘米（图二七七，1）。

石斧 1件。ⅡT1034④：1，青色砂岩。长梯形。顶弧凸，刃部近平，两侧边较斜直，两面稍弧凸。磨制规整。残长17.3、宽3.9、厚4.6厘米（图二七七，2；图版七二，2）。

石凿 1件。ⅡT1034④：4，青色砂岩。上部断残。下部呈四棱锥体，四面磨光，凿尖稍损。残长7.2、直径约3厘米（图二七七，4）。

ⅡT1034⑤ 器类有鼎、罐、釜、豆。

鼎 2件。ⅡT1034⑤：7，泥质磨光黑陶，足尖红色。上部残，弧腹，圜底，宽扁鸭嘴形足。足内侧呈半圆形，外面较扁平，足尖薄尖。外面中间饰一狭长竖向凹槽，凹槽两侧V形脊近足根处各饰一按窝。残高6.3厘米（图二七八，6）。ⅡT1034⑤：8，泥质磨光黑陶。侧扁圆锥形矮足，内外脊凸，两侧扁圆，足尖截平。外侧近足根饰一圆按窝。残高5.6厘米（图二七八，5）。

罐 3件。ⅡT1034⑤：3，泥质夹炭红陶。敛口，加厚平唇，扁鼓腹，腹外壁附设一个较宽的鸡冠横耳，下部残。平唇外缘棱凸，上腹饰较稀的斜长戳印纹，耳尖饰锯齿状纹。口径18、腹径约20.8、残高6.2厘米。耳宽10厘米（图二七八，4）。ⅡT1034⑤：4，泥质磨光黑陶。口微敛，折沿下垂，深弧腹，下部残。腹饰一周双凹弦纹，弦纹间饰间断戳点纹。口径18、残高5.8厘米（图二七八，1）。ⅡT1034⑤：5，泥质磨光黑陶。口微敛，加厚丰圆唇，深弧腹，下部残。唇外缘凸棱，凸棱下缘绕体饰间断戳点纹线段。口径18.4、残高4.3厘米（图二七八，7）。

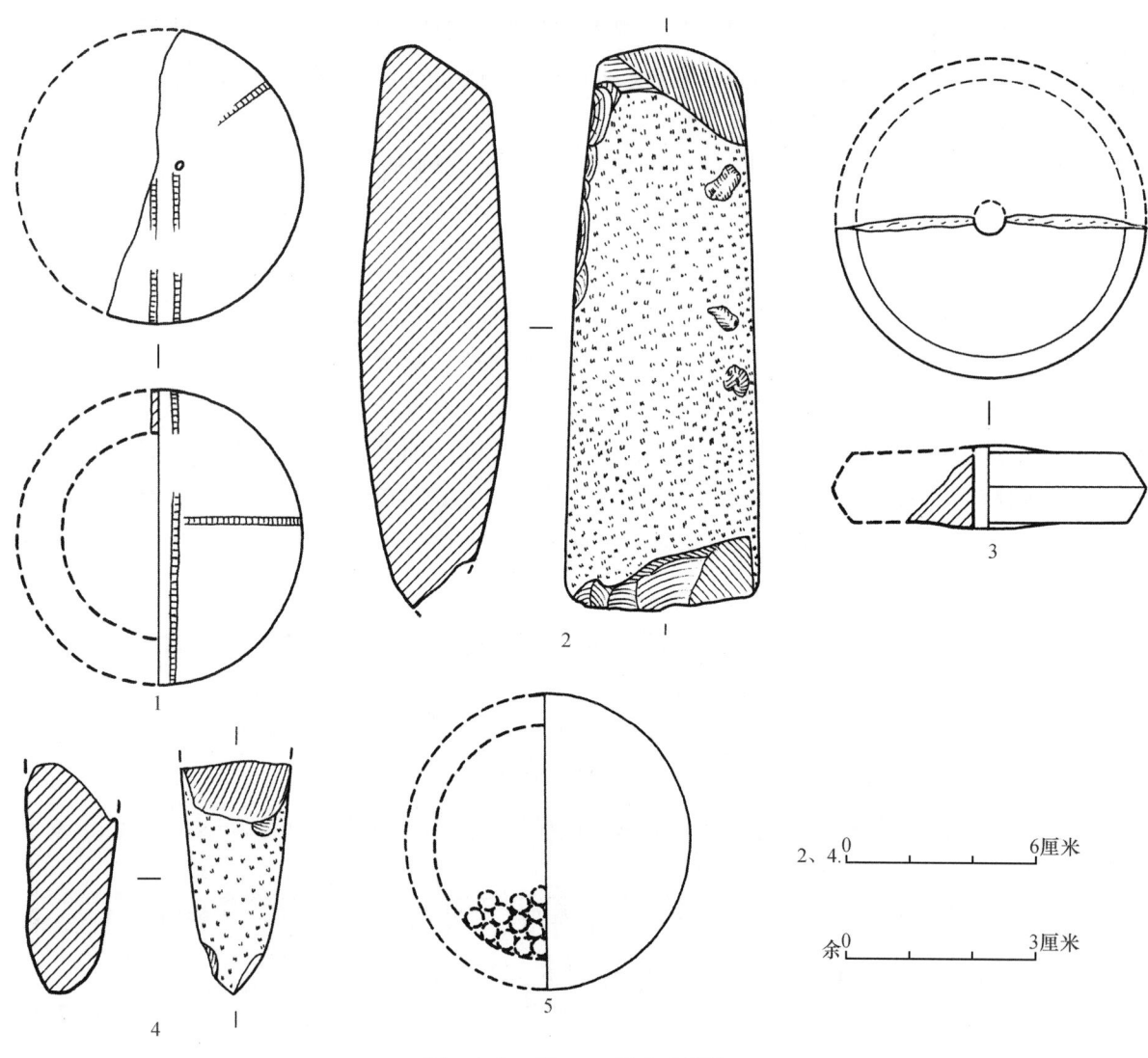

图二七七　ⅡT1034④出土器物

1、5. 陶球（ⅡT1034④：17、ⅡT1034④：2）　2. 石斧（ⅡT1034④：1）　3. 陶纺轮（ⅡT1034④：5）
4. 石凿（ⅡT1034④：4）

釜　2件。ⅡT1034⑤：1，泥质夹炭红陶。敛口，仰折沿，宽沿面，尖唇，鼓腹，下部残。通体饰红衣但部分已脱落。口径20、残高3.8厘米（图二七八，8）。ⅡT1034⑤：2，泥质红陶。敛口，仰折沿，圆唇，鼓腹，下部残。口径22、残高5.8厘米（图二七八，2）。

豆　1件。ⅡT1034⑤：6，泥质磨光黑陶。敛口，尖唇，折腹，上腹斜弧内敛，下腹弧内收，下部残。折腹凸棱上缘绕体饰间断戳点纹线段。口径14、残高5厘米（图二七八，3）。

ⅡT1034⑥　器类有鼎、罐、钵、盆、釜、器座、缸、甑、簋、豆、盘、杯、器盖、灶、石钺。

鼎　8件。ⅡT1034⑥：6，泥质磨光黑陶。敛口，仰折沿，宽沿面，加厚斜平唇下缘凸棱，圆鼓腹，圜底，圆锥足下部残。最大腹径处饰一周凸弦纹。口径12.4、腹径17、复原高17.2厘米（图二七九，2；图版一四，4）。ⅡT1034⑥：10，泥质夹炭红陶。近直口，

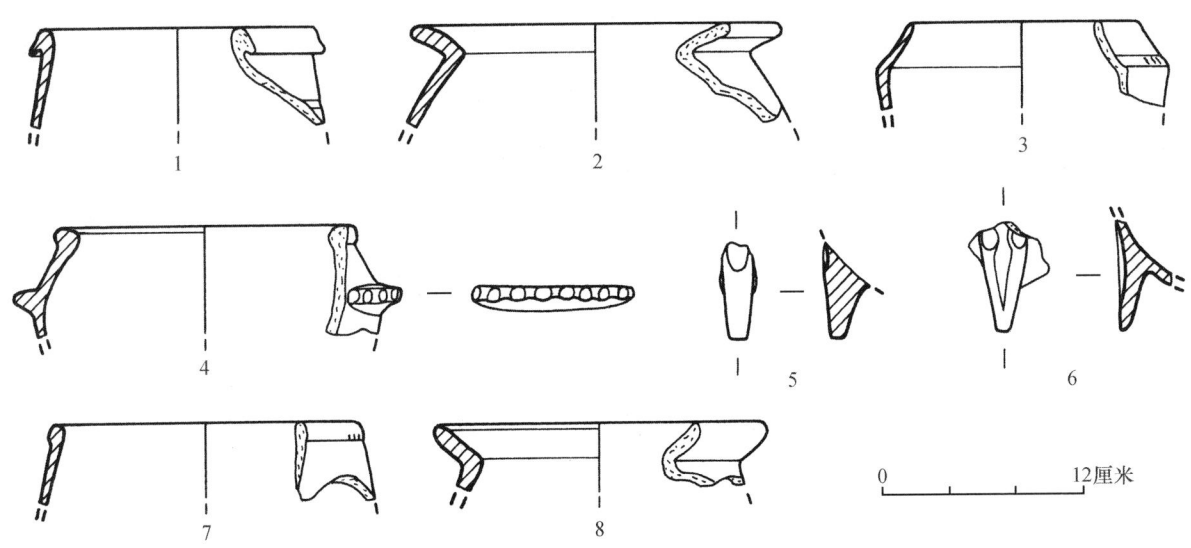

图二七八　ⅡT1034⑤出土器物

1、4、7.陶罐（ⅡT1034⑤：4、ⅡT1034⑤：3、ⅡT1034⑤：5）　2、8.陶釜（ⅡT1034⑤：2、ⅡT1034⑤：1）　3.陶豆（ⅡT1034⑤：6）　5、6.陶鼎（ⅡT1034⑤：8、ⅡT1034⑤：7）

仰折沿近平，宽沿面，丰圆唇，直腹微内束，腹底呈近90°折角，宽底微圜，三足无存。腹饰多道平行凹弦纹。口径19、底径18、残高11.6厘米（图二七九，9；图版一四，5）。ⅡT1034⑥：11，泥质夹炭红陶。直口，仰折沿，宽沿面，尖唇，直腹，腹底呈近90°折角，平底残，三足无存。腹饰多道平行凹弦纹。口径22.4、底径20、残高11.2厘米（图二七九，10；图版一四，6）。ⅡT1034⑥：35，泥质夹炭红陶。宽扁凿形矮足，内侧弧凸，外面平整，微束腰两侧较平，宽平足尖。通体饰红衣但大部分已脱落。残高7厘米（图二八一，6）。ⅡT1034⑥：36，泥质黑陶，足尖红色。上部残，弧腹，圜底，侧扁锥形矮足。足内外脊凸，左右两侧扁圆，足尖残。外侧近足根饰一圆按窝。残高7.6厘米（图二八一，7）。ⅡT1034⑥：37，泥质夹炭红陶。上部残，弧腹微折，圜底，宽扁凿形足。足内面弧凸，外面平整，斜直两侧平脊，宽平足尖。通体饰红衣但大部分已脱落，折腹棱凸，足根处饰一月牙形凹窝。宽2~7.2、残高8.8厘米（图二八一，4）。ⅡT1034⑥：38，泥质夹炭红陶。宽扁凹板形足，内面弧凸，外面弧凹，斜弧两侧脊凸，宽平足尖。通体饰红衣但大部分已脱落。宽4.8~8.4、厚1~2.4、残高7.2厘米（图二八一，8）。ⅡT1034⑥：39，泥质夹炭红陶。宽扁板形足，内面弧凸，外面弧凹，斜直两侧脊凸，宽平足尖。通体饰红衣但大部分已脱落，足根处饰三个小圆形按窝。宽4~6.4、厚1.2~2、残高8.8厘米（图二八一，9）。

罐　5件。ⅡT1034⑥：20，泥质夹草木灰红陶。敛口，仰折沿，加厚丰圆唇，鼓腹，下部残。唇外缘棱凸。口径18、残高7.2厘米（图二八〇，3）。ⅡT1034⑥：21，泥质厚胎红陶。敛口，折沿近平，宽沿面，方唇内缘棱凸。鼓腹，下部残。唇面饰一道凹弦纹。口径15、残高4.4厘米（图二八〇，2）。ⅡT1034⑥：25，泥质红陶。小口近直，丰圆唇，矮束颈，鼓腹，下部残。口径12、残高8.4厘米（图二八〇，5）。ⅡT1034⑥：29，泥质薄胎红陶。直口微敛，尖唇，矮领，广肩，下部残。通体饰红衣但部分已脱落。口径9、残高4.4厘米（图二八〇，

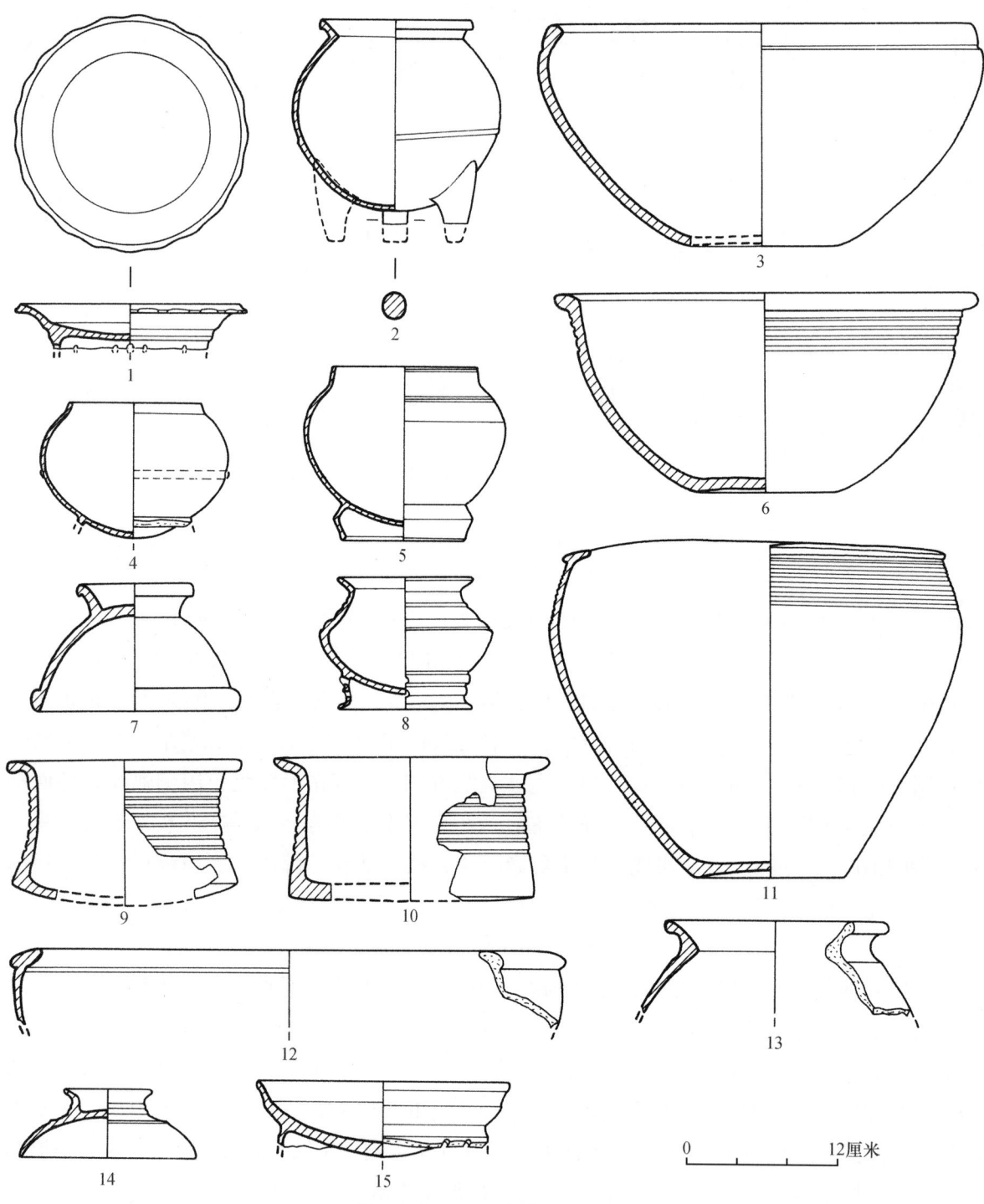

图二七九　ⅡT1034⑥出土器物

1、15. 陶盘（ⅡT1034⑥：3、ⅡT1034⑥：1）　2、9、10. 陶鼎（ⅡT1034⑥：6、ⅡT1034⑥：10、ⅡT1034⑥：11）
3、6、12. 陶盆（ⅡT1034⑥：16、ⅡT1034⑥：14、ⅡT1034⑥：19）　4、5、8. 陶簋（ⅡT1034⑥：7、ⅡT1034⑥：8、ⅡT1034⑥：12）　7、14. 陶器盖（ⅡT1034⑥：13、ⅡT1034⑥：2）　11. 陶罐（ⅡT1034⑥：15）　13. 陶釜（ⅡT1034⑥：26）

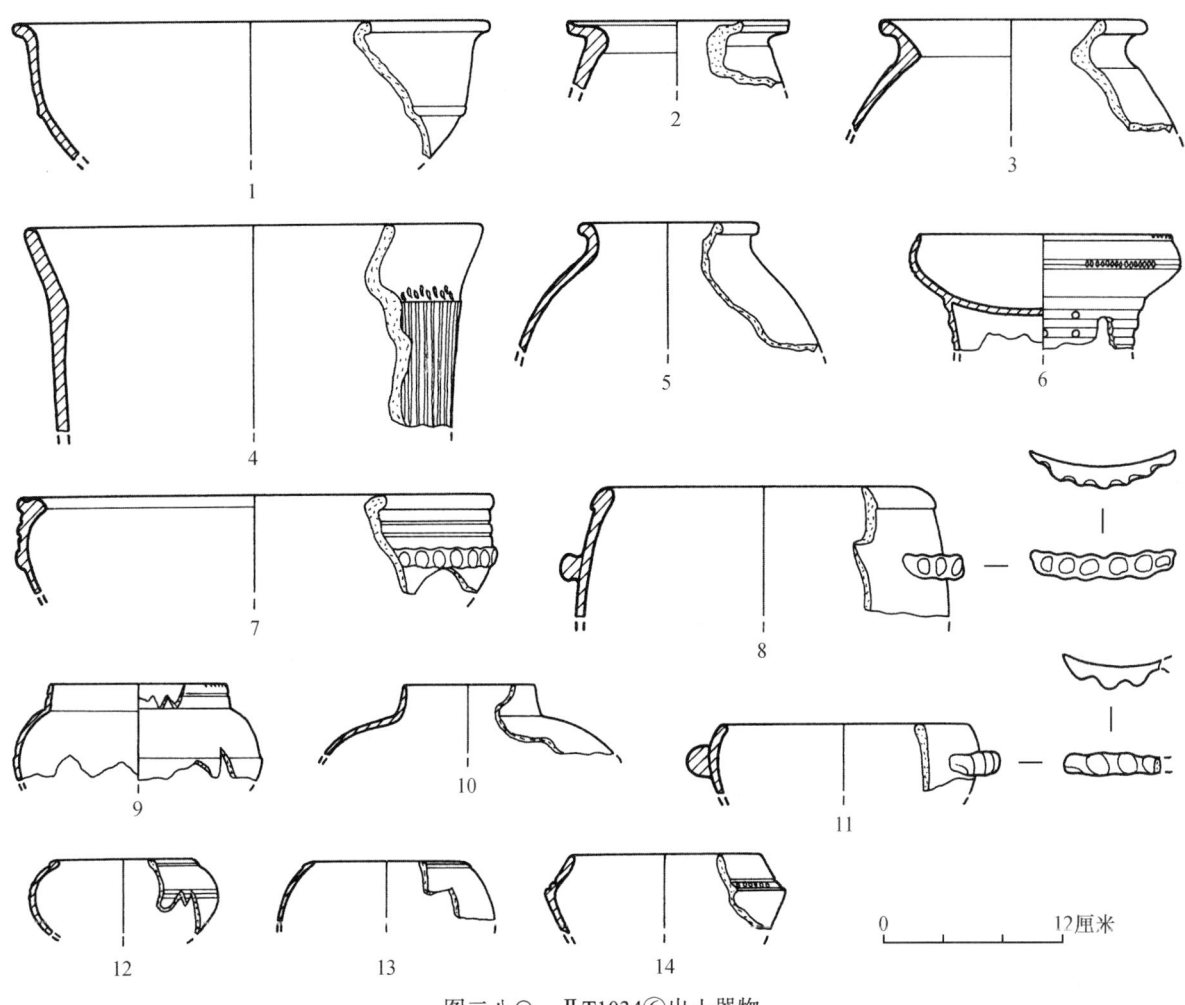

图二八〇　ⅡT1034⑥出土器物

1、7、8.陶盆（ⅡT1034⑥：18、ⅡT1034⑥：22、ⅡT1034⑥：24）　2、3、5、10.陶罐（ⅡT1034⑥：21、ⅡT1034⑥：20、ⅡT1034⑥：25、ⅡT1034⑥：29）　4.陶缸（ⅡT1034⑥：17）　6、9、12～14.陶豆（ⅡT1034⑥：32、ⅡT1034⑥：27、ⅡT1034⑥：28、ⅡT1034⑥：31、ⅡT1034⑥：30）　11.陶钵（ⅡT1034⑥：23）

10）。ⅡT1034⑥：15，泥质夹炭红陶。器体变形。敛口，丁字形折沿，外唇尖内唇斜方，微鼓肩，深弧腹内收，底内凹。通体饰红衣但大部分已脱落，肩饰细密平行凹弦纹。口径28.2～33.4、腹径31.6～32.5、底径12、高25.6～26.4厘米（图二七九，11；图版一八，5）。

钵　1件。ⅡT1034⑥：23，泥质红陶。敛口，圆唇，弧腹内收，腹壁贴附一个短舌形鸡冠耳，下部残。耳缘饰按窝。口径16、残高4.4厘米。耳残宽6.8厘米（图二八〇，11）。

盆　6件。ⅡT1034⑥：24，泥质夹炭红陶。敛口，圆唇，深弧腹，腹壁贴附一个短舌形鸡冠横耳，下部残。唇外缘凸棱，耳缘饰按窝。口径20、残高8.4厘米。耳宽9.6厘米（图二八〇，8）。ⅡT1034⑥：14，泥质夹炭红陶。敞口，仰折沿，窄沿面，丰圆唇，斜弧腹内收，平底微凹。通体饰红衣但大部分已脱落，腹饰多道平行凹弦纹。口径34、底径11.2、高15.6厘米（图二七九，6；图版二〇，2）。ⅡT1034⑥：16，泥质夹炭红陶。敛口，加厚丰圆唇，斜弧腹内收，底近平。通体饰红衣但大部分已脱落，腹饰一周凹弦纹。口径34、腹径

35.8、底径11.6、高17.3厘米（图二七九，3；图版二〇，3）。ⅡT1034⑥：18，泥质夹炭红陶。敞口，仰折沿，窄沿面，丰圆唇，斜弧腹内收，下部残。通体饰红衣但大部分已脱落，腹饰一道凸弦纹。口径32、残高8.7厘米（图二八〇，1）。ⅡT1034⑥：19，泥质夹炭红陶。敛口，内折沿棱凸，丰圆唇，弧腹内收，下部残。通体饰红衣但大部分已脱落。口径45、残高5.8厘米（图二七九，12）。ⅡT1034⑥：22，泥质夹炭红陶。敛口，平折沿，窄沿面，圆唇，弧腹，内收，下部残。沿面饰两道同心凹弦纹，最大腹径处饰一周附加堆纹，上腹饰两道平行凹弦纹。口径32、残高6.4厘米（图二八〇，7）。

釜　1件。ⅡT1034⑥：26，泥质夹炭黄陶。敛口，仰折沿，宽沿面，圆唇，鼓腹，下部残。通体饰红衣但大部分已脱落。口径17.6、残高7厘米（图二七九，13）。

器座　1件。ⅡT1034⑥：33，夹砂夹炭厚胎红陶。上部残，下端喇叭形外撇，丰唇底唇。通体饰红衣但大部分已脱落，腹饰多道粗细不一凹弦纹，底唇上缘饰一周双凹弦纹，底唇内壁饰一道凹弦纹。底径40、残高5.4厘米（图二八一，2）。

缸　1件。ⅡT1034⑥：17，泥质夹砂灰陶。大直口，仰折沿，宽沿面，方唇，斜直腹，下部残。腹饰竖向篮纹。口径31、残高13.2厘米（图二八〇，4）。

甑　1件。ⅡT1034⑥：34，泥质夹炭红陶。上部残，腹斜弧，凹底。底饰多个圆形透孔。底径12、残高5厘米（图二八一，3）。

簋　3件。ⅡT1034⑥：7，泥质磨光黑陶。直敛口，圆唇，矮领，鼓腹，圜底中央下坠，圈足残。腹饰一周凸弦纹。口径10.6、腹径15、残高10.5厘米（图二七九，4；图版二七，6）。ⅡT1034⑥：8，泥质磨光黑陶。直敛口，圆唇，矮领，圆鼓腹，圜底中央下坠，矮圈足中部内折。唇缘饰多组戳点纹，领部饰双凹弦纹，上腹饰一周双凹弦纹，中腹处折棱。口径11.6、腹径16.4、足径10、高13.5厘米（图二七九，5；图版二八，1）。ⅡT1034⑥：12，泥质磨光黑陶。敛口，仰折沿，宽沿面，圆唇，折腹，斜弧上腹微内束，下腹斜弧内收，圜底，筒形矮圈足外撇。唇缘饰多组戳点纹，上腹饰三道凹弦纹，圈足饰两道棱纹，绕圈足等距离饰四组上下双孔小圆形镂孔。口径11.2、腹径11、高10.4厘米（图二七九，8；图版二八，2）。

豆　5件。ⅡT1034⑥：27，泥质薄胎磨光黑陶。直口微敛，圆唇，矮领，圆鼓腹，下部残。唇缘饰间断戳点纹线段，领部饰一道凹弦纹，最大腹径处饰一道上内下外错棱。口径12、腹径17、残高6.2厘米（图二八〇，9）。ⅡT1034⑥：28，泥质红陶。敛口，圆唇，扁圆腹，下部残。唇外缘宽平棱，宽平棱外缘饰间断戳点纹线段，最大腹径处饰一周三凹弦纹。口径9、腹径13、残高4.8厘米（图二八〇，12）。ⅡT1034⑥：30，泥质磨光黑陶。敛口，圆唇，折腹，上腹斜弧内敛，下腹斜弧内收，下部残。折腹凸棱上缘饰一周双凹弦纹，弦纹间饰间断戳点纹线段。口径13、残高5.2厘米（图二八〇，14）。ⅡT1034⑥：31，泥质磨光黑陶。敛口，尖唇，圆鼓腹，下部残。唇外缘饰一周宽平棱，棱外缘饰间断戳点纹线段。口径10、残高3.8厘米（图二八〇，13）。ⅡT1034⑥：32，泥质磨光黑陶。敛口，圆唇，弧折腹，上腹斜弧内敛，下腹斜弧内收，圜底，粗圈足，下部残。绕唇缘等距离饰四组戳点纹线段，最大腹径处饰一周三凹弦纹并绕体等距离饰四组戳点纹线段，圈足饰平行瓦棱纹并绕体饰多组小圆形镂孔。口径16.8、腹径18.4、残高7.4厘米（图二八〇，6）。

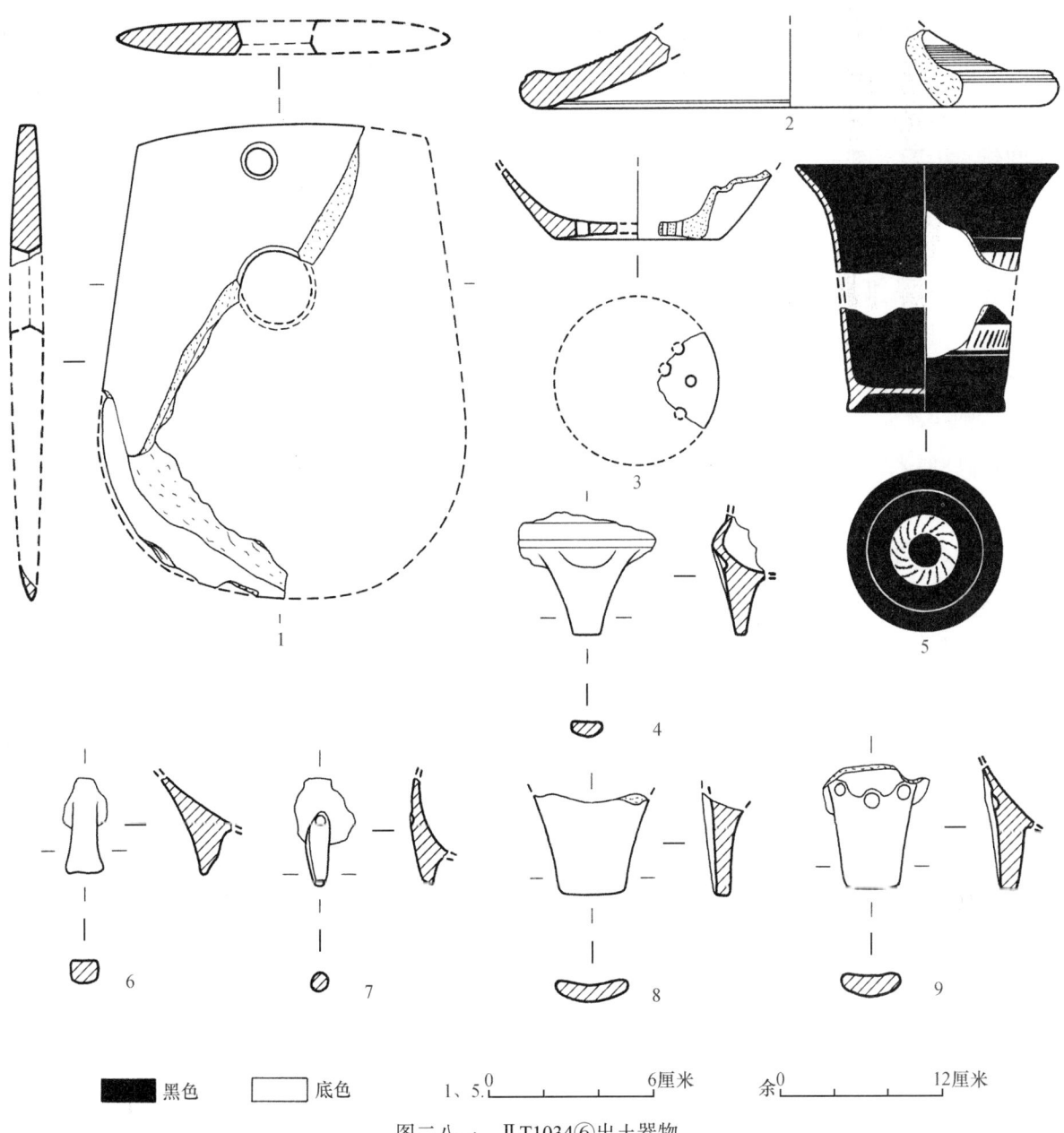

图二八一　ⅡT1034⑥出土器物

1. 石钺（ⅡT1034⑥：5）　2. 陶器盖（ⅡT1034⑥：33）　3. 陶甗（ⅡT1034⑥：34）　4、6~9. 陶鼎（ⅡT1034⑥：37、ⅡT1034⑥：35、ⅡT1034⑥：36、ⅡT1034⑥：38、ⅡT1034⑥：39）　5. 陶杯（ⅡT1034⑥：4）

盘　2件。ⅡT1034⑥：1，泥质磨光黑陶。敞口，尖唇外缘凸棱，微折腹，上腹微内束，下腹斜弧，圜底中央下坠，粗圈足，下部残。圈足根饰横向双孔镂孔纹。口径20.6、残高5.8厘米（图二七九，15；图版三七，6）。ⅡT1034⑥：3，泥质红陶。敞口，尖唇，窄折沿下垂，腹底微折，斜腹，浅圜底，粗圈足残。通体内外饰红褐衣但多数已经脱落，唇缘按压呈葵瓣状，绕圈足等距离间饰三组横向三孔镂孔纹和三组单孔镂孔纹。口径18.5、残高3.5厘米（图二七九，1；图版三八，1）。

杯　1件。ⅡT1034⑥：4，泥质薄胎红陶。敞口，尖唇，斜直深腹，平底，矮圈足微外撇。通体饰黑彩，中腹在两周条带纹间饰斜长条纹，器底中心饰红环，红环内绘黑色逆时针旋涡纹。口径9.8、足径5.8、复原高8.8厘米（图二八一，5）。

器盖　2件。ⅡT1034⑥：2，泥质磨光黑陶。喇叭状圈形纽，仰折沿，尖唇，束颈。盖面圆弧，尖唇。纽根处饰两周凸棱，盖面饰一周凸弦纹。纽径7.2、盖径14.4、高5.3厘米（图二七九，14）。ⅡT1034⑥：13，泥质夹炭红陶。喇叭形矮圈纽。盖面深弧，穿顶，圆唇。底唇外缘凸棱。纽径8.8、盖径16.2、高10厘米（图二七九，7；图版五一，4）。

灶　1件。ⅡT1034⑥：9，泥质厚胎红陶。直口，仰折沿，宽沿面，圆唇，竖直腹，平底，三个粗矮圆柱足，绕口沿内折角等距离附设三个短舌形支钉，灶足与支钉皆为前二后一。方形灶门残，方铲形门托残。铲形门托斜脊上饰连续按窝纹，铲形门托左右斜脊上端外侧灶壁上各贴饰一个圆饼形纽若双眼状。灶体口径28、底径20、足高2.5、通高17.6厘米；灶门复原宽13、高8厘米；铲形门托复原宽20.5、高13、伸出2.5～4.5厘米（图二八二；彩版一五；图版二四，3、4）。

石钺　1件。ⅡT1034⑥：5，青色细泥岩。磨制规整，器体较薄，器表光滑。据残存部分观察，整体器形呈弧凸刃长梯形，平顶，弧凸刃双面对称磨光，侧斜直。上部饰上小下大两对钻圆孔。残长17、残宽8.6、厚1.3厘米（图二八一，1；图版七四，6）。

ⅡT1034⑦　器类有器座、豆、盘、碗、圈足。

器座　1件。ⅡT1034⑦：2，泥质磨光红陶。敛口，仰折沿，宽沿面，弧腹，下部残。口径28、残高5.2厘米（图二八三，2）。

豆　1件。ⅡT1034⑦：4，泥质磨光红陶。敛口，圆唇，弧折腹，上腹斜弧内敛，下腹斜弧内收，圜底，粗圈足，下部残。绕唇缘饰多组戳点纹线段，唇外缘饰一周双凹弦纹，最大腹径处饰一周双凹弦纹，圈足饰棱纹。口径16、腹径16.8、残高4.4厘米（图二八三，4）。

盘　1件。ⅡT1034⑦：5，泥质红陶。直敞口，折腹，上腹斜直外倾，下腹斜弧内收，下部残。附斗形盘耳口部高于盘口，直口，尖唇，唇外缘棱凸，微弧腹内收，平底。斗口径5.2、高4.8、残高7厘米（图二八三，5）。

碗　1件。ⅡT1034⑦：1，泥质夹炭褐陶。敞口，尖唇，斜弧腹内收，下部残。通体饰红衣但大部分已脱落，唇外缘凸棱。口径18、残高4.8厘米（图二八三，1）。

圈足　1件。ⅡT1034⑦：3，泥质红陶。上部残，圜底，粗矮圈足外撇。圈足饰两道平行凸弦纹。足径16、残高3.3厘米（图二八三，3）。

ⅡT1035③　器类有鼎、罐、盆、器座、器盖、纺轮、石斧。

鼎　1件。ⅡT1035③：13，泥质薄胎灰白陶。敛口，仰折沿，较窄沿面，深弧腹，下部残。腹饰一道浅凹弦纹。口径11、残高4.2厘米（图二八四，6）。

罐　3件。ⅡT1035③：12，泥质薄胎灰陶。敛口，仰折沿，宽沿面，尖唇，深弧腹下部微束，下部残。沿面饰一道浅凹弦纹，最大腹径处饰一道凹弦纹。口径15、腹径13.6、残高5.4厘米（图二八四，5）。ⅡT1035③：7，夹砂灰陶。敛口，仰折沿，窄沿面，尖唇，鼓腹，下部残。沿面饰同心凹弦纹并间断饰斜长戳印纹线段，腹饰平行凸弦纹，部分凸弦纹上绕体饰间断按窝纹。口径30、残高6.4厘米（图二八四，3）。ⅡT1035③：10，泥质灰陶。小直口，加厚

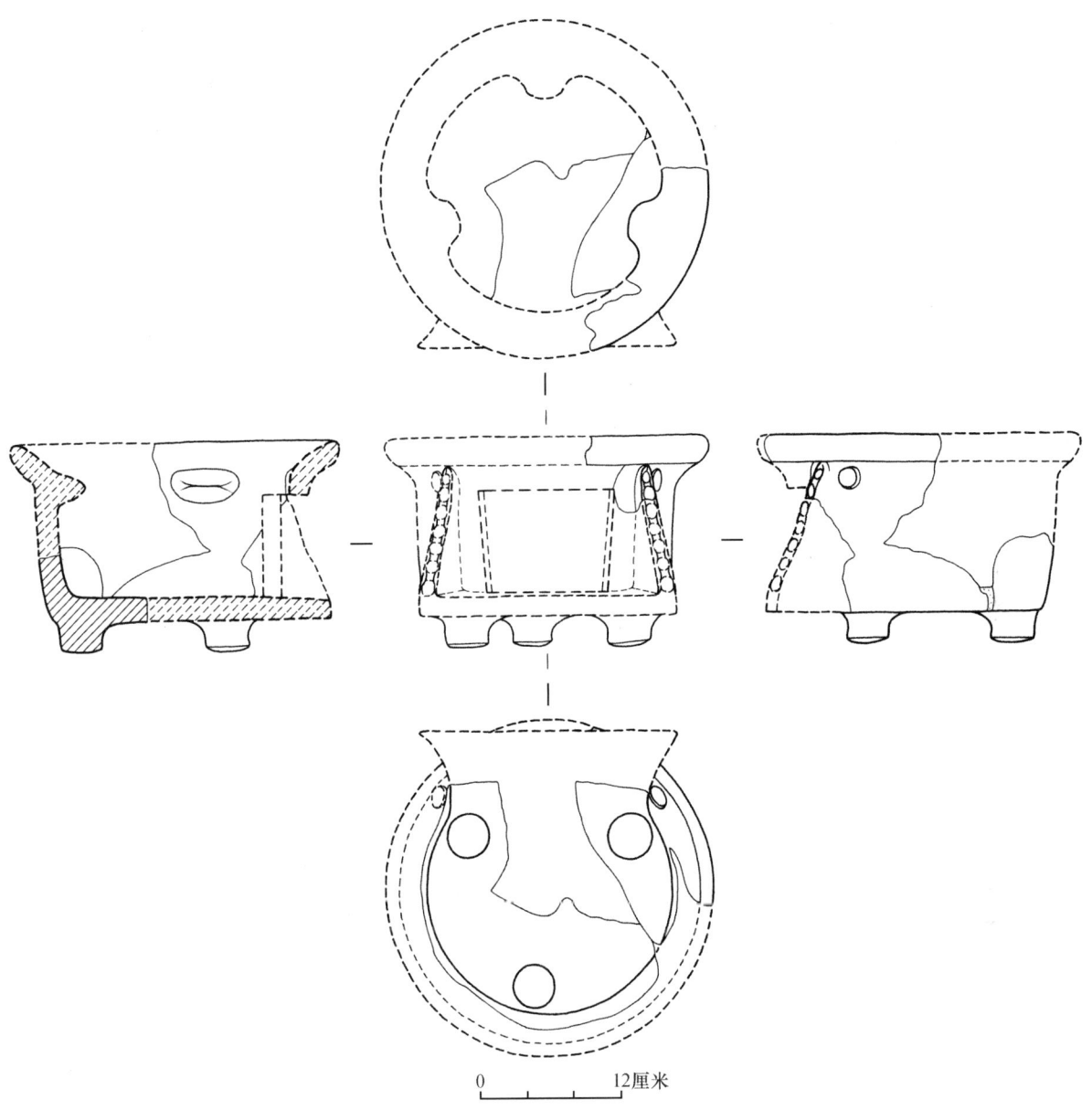

图二八二　ⅡT1034⑥出土陶灶（ⅡT1034⑥∶9）

平唇，矮颈，鼓腹，下部残。腹饰平行凸弦纹。口径11.6、残高7.2厘米（图二八四，4）。

盆　2件。ⅡT1035③∶8，泥质夹灰红陶。敞口，折沿下垂，宽沿面，斜弧腹内收，下部残。口径52、残高5.2厘米（图二八四，1）。ⅡT1035③∶9，泥质红陶。敛口近直，折沿下垂，弧腹，下部残。通体饰红衣但大部分已脱落。口径24、残高2.4厘米（图二八四，12）。

器座　1件。ⅡT1035③∶11，泥质夹灰红陶。敛口，仰折沿，宽沿面，弧腹，下部残。口径22、残高5.8厘米（图二八四，2）。

器盖　3件。ⅡT1035③∶2，泥质红陶。细高圆柱形盖纽残。盖盘顶面微弧凹，底面微弧凸，尖唇。通体饰红褐衣但大部分已脱落，盖唇上缘饰一周凹弦纹。盖径8.6、残高3.8厘米（图二八四，8；图版五一，5）。ⅡT1035③∶3，泥质灰陶。喇叭状圈形盖纽，尖唇。

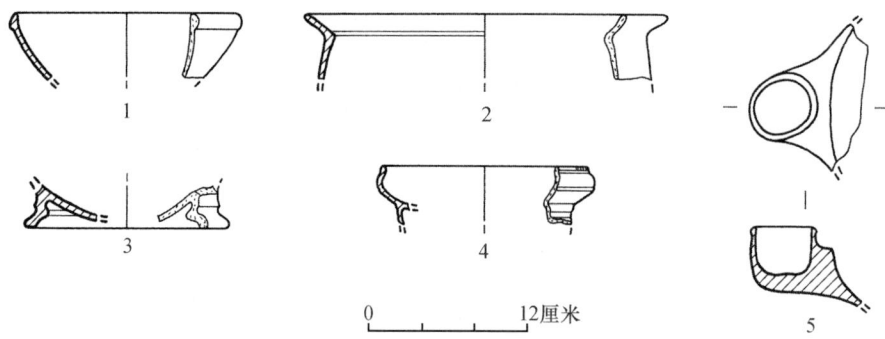

图二八三　ⅡT1034⑦出土器物
1. 陶碗（ⅡT1034⑦：1）　2. 陶器座（ⅡT1034⑦：2）　3. 陶圈足（ⅡT1034⑦：3）　4. 陶豆（ⅡT1034⑦：4）
5. 陶盘（ⅡT1034⑦：5）

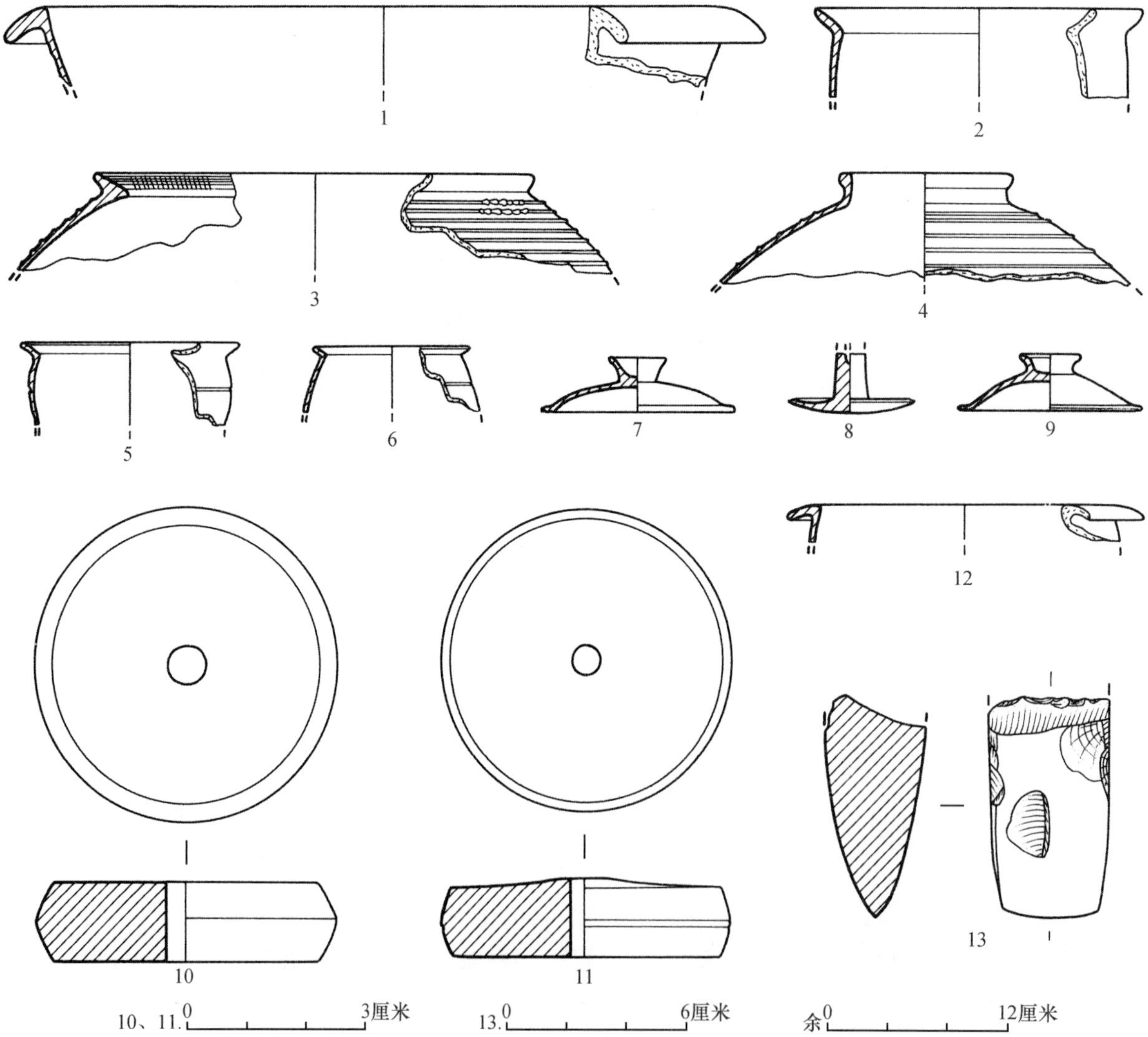

图二八四　ⅡT1035③出土器物
1、12. 陶盆（ⅡT1035③：8、ⅡT1035③：9）　2. 陶器座（ⅡT1035③：11）　3~5. 陶罐（ⅡT1035③：7、ⅡT1035③：10、
ⅡT1035③：12）　6. 陶鼎（ⅡT1035③：13）　7~9. 陶器盖（ⅡT1035③：6、ⅡT1035③：2、ⅡT1035③：3）
10、11. 陶纺轮（ⅡT1035③：1、ⅡT1035③：5）　13. 石斧（ⅡT1035③：4）

盖面斜弧，穹顶，平折窄沿，圆唇。盖沿面饰两周凹弦纹。纽径3.8、盖径13、高3.5厘米（图二八四，9）。ⅡT1035③：6，泥质灰陶。喇叭状圈形盖纽，圆唇，矮束颈。盖面斜弧，穹顶近平，平折窄沿，尖唇。素面。纽径4、盖径12.4、高3.6厘米（图二八四，7；图版五一，6）。

纺轮 2件。ⅡT1035③：1，泥质灰陶。两面平整，周缘中间棱凸，中孔竖直。素面。直径5.1、孔径0.7、厚1.3厘米（图二八四，10；图版五七，3）。ⅡT1035③：5，泥质灰陶。一面平整，一面中间微凸，周缘中间弧凸成两斜面，中孔竖直。周缘中间弧凸处饰一周凹弦纹。直径4.9、孔径0.5、厚1.15~1.3厘米（图二八四，11；图版五七，4）。

石斧 1件。ⅡT1035③：4，青色砂岩。上部残。长方形。弧凸刃两面磨光，两侧边较竖直近。残长7.2、宽4.1、厚3.4厘米（图二八四，13；图版七二，3）。

ⅡT1035④ 器类有鼎、罐、缸、盆、器座、豆、石斧。

鼎 3件。ⅡT1035④：11，泥质夹炭红陶。宽扁板形高足，内面弧凸，外面弧凹，斜弧两侧脊凸，宽平足尖。残高8.8、宽5.2~9、厚1.2~3厘米（图二八五，11）。ⅡT1035④：12，泥质磨光灰陶。宽扁凿形足，内面稍弧凸，外侧上部弧凹，斜直两侧脊凸，宽平足尖。通体饰红衣但大部分已脱落。残高7.2厘米（图二八五，9）。ⅡT1035④：13，泥质磨光灰陶。宽扁凹片形矮足，内面弧凸，外面弧凹，微束腰两侧脊凸，凹缺形宽足尖。外面上部饰三个按窝。残高5.2厘米（图二八五，10）。

罐 4件。ⅡT1035④：2，泥质磨光灰陶。敛口，仰折沿，宽沿面，尖唇，圆鼓腹，平底微凹，矮圈足。唇缘饰多组戳点纹，上腹饰一周双弦纹并绕体等距离饰三组斜长粗戳点纹，下腹饰一周凸弦纹。口径11.6、腹径14、底径7.4、高11.2厘米（图二八五，7；图版一八，6）。ⅡT1035④：8，泥质磨光灰陶。小口微敞，丰圆唇，矮束颈，鼓腹，下部残。口径11、残高3.6厘米（图二八五，12）。ⅡT1035④：3，泥质磨光灰黑陶。大敛口，折沿下垂，圆唇，深弧腹，下部残。沿面饰五道同心凹弦纹并饰间断斜长戳印纹线段，上腹饰多道平行凸弦纹和间断倒"8"字形按窝纹。口径44、腹径46、残高17.2厘米（图二八五，1）。ⅡT1035④：7，泥质黑陶。敛口，加厚仰折沿，窄沿面，尖唇，鼓腹，下部残。口径18、残高5.4厘米（图二八五，6）。

缸 1件。ⅡT1035④：4，泥质黑陶。大口微敛，加厚平唇内外缘棱凸，深弧腹，下部残。唇外侧凸棱下缘饰一周斜长戳印纹。口沿32、残高6.4厘米（图二八五，2）。

盆 1件。ⅡT1035④：6，泥质磨光灰陶。敞口，仰折沿，宽沿面，圆唇，斜弧腹内收，下部残。口径24、腹径21、残高9.2厘米（图二八五，4）。

器座 1件。ⅡT1035④：5，泥质红陶。敛口，仰折沿，宽沿面，弧腹，下部残。腹饰圆形镂孔。口径25、残高7厘米（图二八五，3）。

豆 2件。ⅡT1035④：9，口沿，泥质磨光灰陶。宽敛口，圆唇，上折腹，极短上腹斜直内敛，缓斜弧长下腹下内收，下部残。外折角显著棱凸，凸棱上绕体饰间断戳点纹线段；下腹残外壁上饰三周多凹弦纹。口径18、腹径21、残高6厘米（图二八五，5）。ⅡT1035④：10，

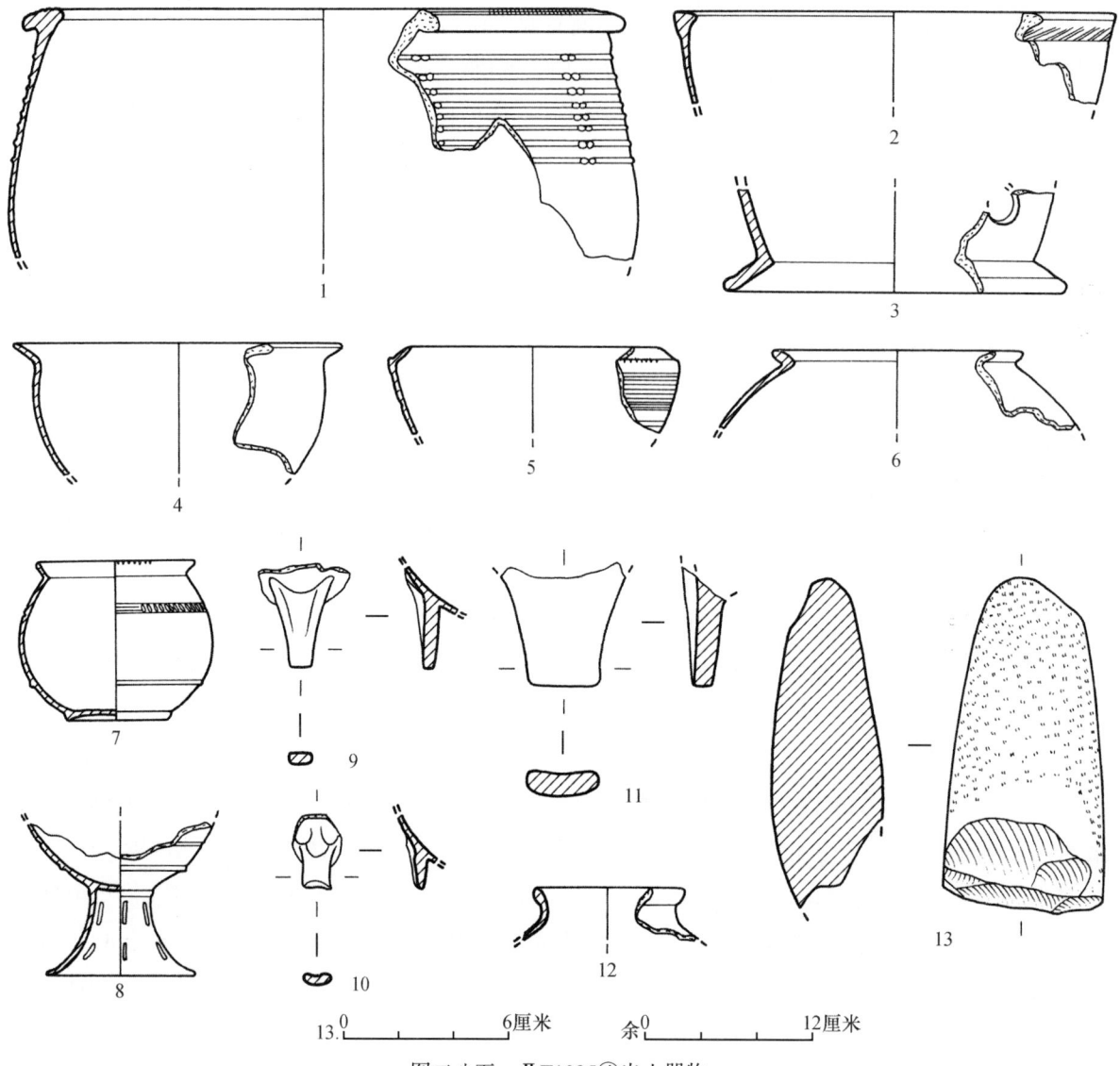

图二八五　ⅡT1035④出土器物

1、6、7、12.陶罐（ⅡT1035④：3、ⅡT1035④：7、ⅡT1035④：2、ⅡT1035④：8）　2.陶缸（ⅡT1035④：4）
4.陶盆（ⅡT1035④：6）　3.陶器座（ⅡT1035④：5）　5、8.陶豆（ⅡT1035④：9、ⅡT1035④：10）　9～11.陶鼎
（ⅡT1035④：12、ⅡT1035④：13、ⅡT1035④：11）　13.石斧（ⅡT1035④：1）

泥质磨光灰陶。残腹斜弧，深圜底，喇叭形豆座较高，显著下外弧撇。残下腹外壁上部饰一道浅凹弦纹，下部饰一道较粗的凸弦纹。圈足壁绕体饰上下两周竖向长条形镂孔。残高10.8、豆座最小径4.4、豆座底径11厘米（图二八五，8）。

石斧　1件。ⅡT1035④：1，青色砂岩。较厚，近狭长梯形；不规则尖弧顶，刃部残，两侧边近斜直。残长11.8、宽5.8、厚4.1厘米（图二八五，13；图版七二，4）。

ⅡT1035⑤　器类有罐、盆、豆、器盖。

罐　1件。ⅡT1035⑤：3，泥质磨光灰陶。敛口，仰折沿，较窄沿面，圆唇，深弧腹，下部残。腹饰一周三凹弦纹。口径11、残高5厘米（图二八六，5）。

盆　1件。ⅡT1035⑤：2，泥质磨光灰陶。敛口，仰折沿，宽沿面，弧腹，下部残。口径

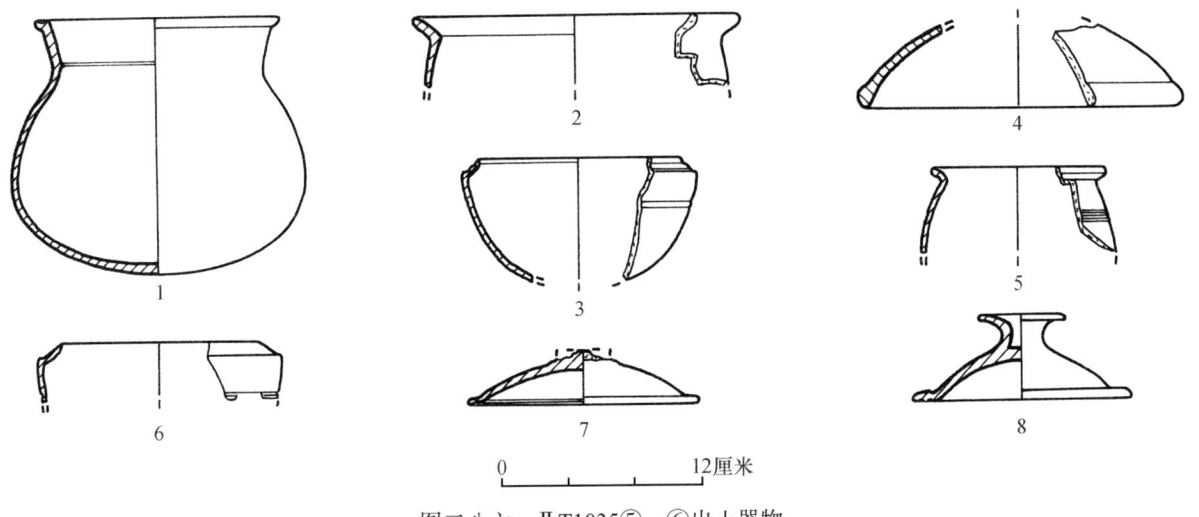

图二八六　ⅡT1035⑤、⑥出土器物

1、5. 陶罐（ⅡT1035⑥：1、ⅡT1035⑤：3）　2. 陶盆（ⅡT1035⑤：2）　3、6. 陶豆（ⅡT1035⑤：4、ⅡT1035⑤：5）
4、7、8. 陶器盖（ⅡT1035⑥：2、ⅡT1035⑤：6、ⅡT1035⑤：1）

20、残高4.2厘米（图二八六，2）。

豆　2件。ⅡT1035⑤：4，泥质黑陶。敛口，尖唇，折腹，上腹斜弧内敛，下腹斜弧内收，下部残。折腹棱凸，下腹饰一周凹弦纹。口径12、腹径15、残高3.4厘米（图二八六，3）。ⅡT1035⑤：5，泥质磨光灰陶。敛口，圆唇，折腹，上腹斜弧内敛，下腹斜弧内收，下部残。折腹棱凸，下腹饰一周双凹弦纹。口径12、腹径14.4、残高7.2厘米（图二八六，6）。

器盖　2件。ⅡT1035⑤：1，泥质磨光黑陶。喇叭状圈形盖纽，折沿，尖唇，束颈。盖面圆弧，穹顶，平折沿，尖唇。盖沿面饰一周双凹弦纹。纽径5.1、盖径13.4、高5.1厘米（图二八六，8；图版五二，1）。ⅡT1035⑤：6，泥质磨光黑陶。盖纽残。盖面缓弧，平折窄沿，圆唇。盖沿面饰两道粗细不一的凹弦纹。盖径14.2、高3.2厘米（图二八六，7）。

ⅡT1035⑥　器类有罐、器盖。

罐　1件。ⅡT1035⑥：1，泥质红陶。直敞口，窄平折沿，圆唇，斜直颈较高，圆垂腹，圜底。沿面饰一周凹弦纹。口径14.8、腹径17.8、高15.1厘米（图二八六，1；图版一九，1）。

器盖　1件。ⅡT1035⑥：2，泥质夹炭红陶。顶部残。盖面斜弧，丰圆唇外缘凸棱。通体饰红衣但大部分已脱落。盖径20、残高4.8厘米（图二八六，4）。

ⅡT1036③　器类有鼎、罐、盘、器盖、球、石斧。

鼎　3件。ⅡT1036③：6，泥质磨光灰陶。敛口，仰折沿，窄沿面，圆唇，圆垂腹，圜底，圆锥形矮足残。上腹饰两周凹弦纹，足根处饰一按窝。口径11.6、腹径13.2、复原高11厘米（图二八七，1）。ⅡT1036③：10，泥质磨光薄胎灰陶。敛口，仰折沿，圆唇，深弧腹，下部残。沿面饰一道浅凹弦纹，腹饰一周双凹弦纹。口径16、残高4.6厘米（图二八七，4）。ⅡT1036③：12，泥质磨光黑陶足尖红陶。侧扁圆截锥矮足，内外脊凸，两侧扁圆，截平足尖微外撇。残高6.8厘米（图二八七，12）。

罐　2件。ⅡT1036③：8，泥质磨光灰陶。上部残，腹圆鼓，圜底，筒形矮圈足。腹径15.2、底径9.6、残高8.8厘米（图二八七，2）。ⅡT1036③：9，泥质磨光黑陶。敛口，仰折沿，宽沿面，尖唇，深弧腹内收，下部残。沿面饰两道浅凹弦纹，腹饰两周凹弦纹。口径14、腹径13、残高6.4厘米（图二八七，3）。

盘　1件。ⅡT1036③：4，泥质红陶。敞口，平折沿，尖唇，斜直腹，浅盘，圜底，圈足残。通体饰黑衣但大部分已脱落。口径14.8、残高2.9厘米（图二八七，6；图版三八，2）。

器盖　2件。ⅡT1036③：7，泥质灰陶。喇叭状圈形纽，仰折沿，尖唇，束颈。盖面斜弧，穹顶，平折沿，尖唇。盖沿面饰一周双凹弦纹。纽径5、盖径14、高4厘米（图二八七，5）。ⅡT1036③：11，夹砂厚胎黑皮陶。上部残，胎厚。盖面斜弧，折沿上翘，尖唇。内壁近底缘处饰一周双凹弦纹。盖径40、残高4.4厘米（图二八七，8）。

球　2件。ⅡT1036③：2，泥质红陶。空心圆球形，圆整度较好。通体饰黑衣但大部分已脱落。直径4.6厘米（图二八七，11；图版六二，4）。ⅡT1036③：3，泥质厚胎灰陶。空心圆球形，圆整度较好。素面。直径3.5厘米（图二八七，10；图版六二，5）。

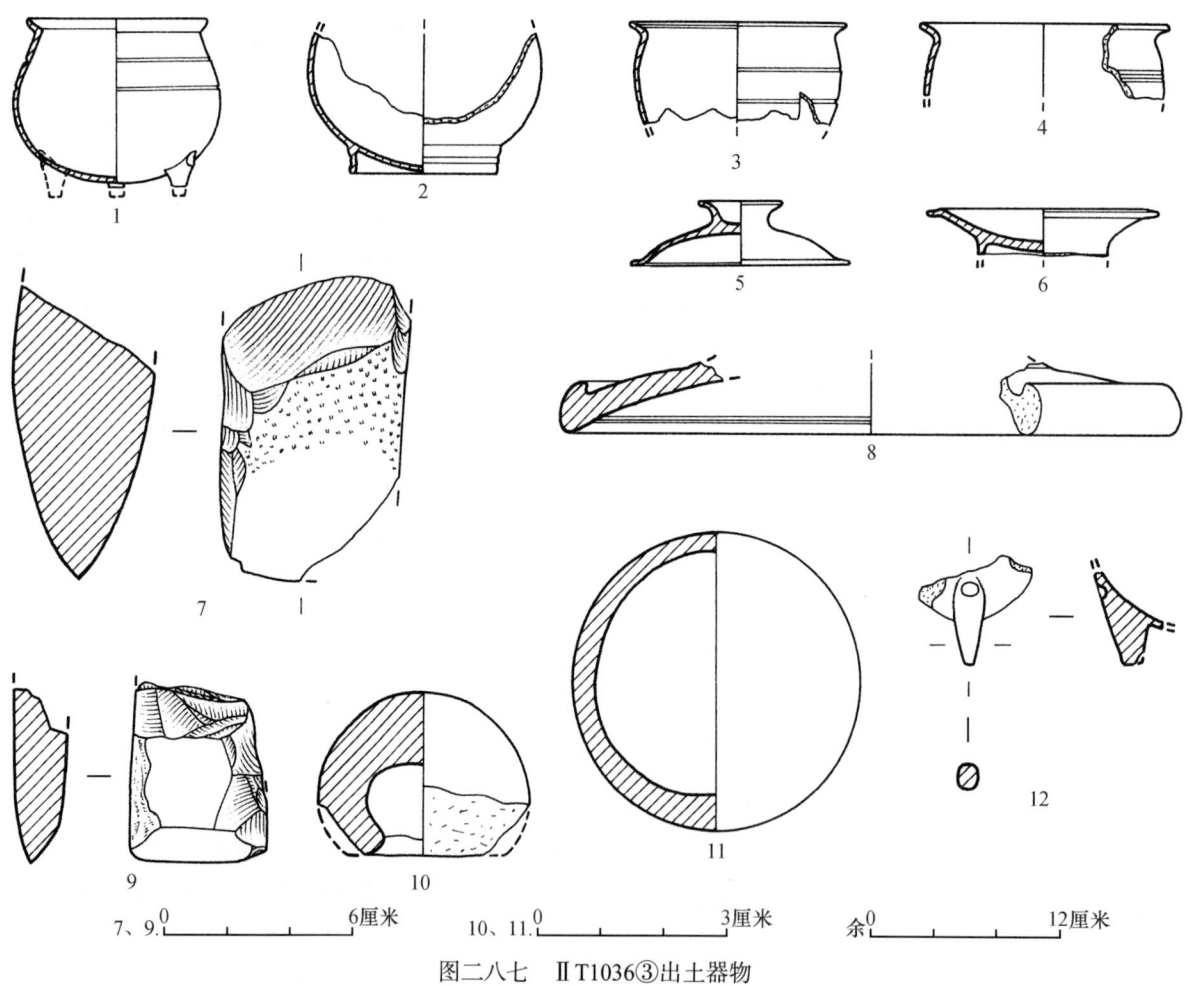

图二八七　ⅡT1036③出土器物
1、4、12. 陶鼎（ⅡT1036③：6、ⅡT1036③：10、ⅡT1036③：12）　2、3. 陶罐（ⅡT1036③：8、ⅡT1036③：9）
5、8. 陶器盖（ⅡT1036③：7、ⅡT1036③：11）　6. 陶盘（ⅡT1036③：4）　7、9. 石斧（ⅡT1036③：5、ⅡT1036③：1）　10、11. 陶球（ⅡT1036③：3、ⅡT1036③：2）

石斧 2件。ⅡT1036③：1，青色砂岩。上部残。长梯形。弧平刃两面不对称磨光，两侧边近斜直，两面较平，一面布满崩疤。残长5.6、宽4.4、厚1.7厘米（图二八七，9）。ⅡT1036③：5，青色砂岩。上部残，刃部一角残。长方形。弧凸刃两面对称磨光，两侧边近竖直，一侧布满崩疤，两面弧凸，一面布满崩疤。残长9.5、宽6.2、厚4.5厘米（图二八七，7；图版七二，5）。

ⅡT1036④ 器类有鼎、罐、盆、杯、器盖。

鼎 1件。ⅡT1036④：9，泥质红陶。宽扁板形高足，内面平整，外面弧凹，微束腰斜弧两侧脊凸，宽平足尖。通体饰红衣但大部分已脱落，近足根饰一圆按窝。足宽7.2～12、厚1.6～4、残高13.4厘米（图二八八，11）。

罐 3件。ⅡT1036④：4，泥质红陶。直口，平折沿，宽沿面，圆唇，矮直颈，微鼓腹，下部残。颈饰平行棱纹。口径18、残高8.8厘米（图二八八，5）。ⅡT1036④：6，泥质黄陶。小直口微敛，仰折沿，窄沿面，丰圆唇，矮颈，鼓腹，下部残。颈饰平行凹弦纹。口径14、残高4.8厘米（图二八八，8）。ⅡT1036④：5，泥质灰陶。敛口，丰圆唇，鼓腹，下部残。腹饰一道浅凹弦纹。口径20、残高4.4厘米（图二八八，2）。

盆 2件。ⅡT1036④：2，泥质夹炭红陶。大口微敛，仰折沿下垂，宽沿面，腹斜直，下部残。通体饰红衣但大部分已脱落，沿面饰多道同心凹弦纹。口径42、残高4.4厘米（图二八八，1）。ⅡT1036④：3，泥质夹炭红陶。大口微敛，加厚平折沿，沿面窄，圆唇，弧腹内收，下部残。通体饰红衣但大部分已脱落，腹饰一周附加堆纹。口径35.5、残高7.2厘米（图二八八，3）。

杯 1件。ⅡT1036④：8泥质磨光薄胎黑陶。上部残，下腹斜弧，平底，矮圈足外撇。底径4.8、残高3.2厘米（图二八八，12）。

器盖 2件。ⅡT1036④：1，泥质磨光黑陶。喇叭柄形纽，尖唇，浅盘，实心圆柄。盖面缓弧，穿顶，底缘微外折，尖唇。纽径4.6、盖径14、高4.6厘米（图二八八，15）。ⅡT1036④：7，泥质磨光黑陶。盖纽残。盖面斜弧，丰圆唇。盖面饰一周凸弦纹，盖唇外缘凸棱。盖径14、残高5.2厘米（图二八八，17）。

ⅡT1036⑤ 器类有罐、盆。

罐 1件。ⅡT1036⑤：2，泥质夹灰红陶。小直口，折沿近平，丰圆唇，高直颈，下部残。颈饰三道平行浅凹弦纹。口径16、残高6.4厘米（图二八八，14）。

盆 1件。ⅡT1036⑤：1，泥质红陶。敞口，折沿下垂，宽沿面，圆唇，斜弧腹内收，下部残。口径31.6、残高5.8厘米（图二八八，4）。

ⅡT1036⑥ 器类有鼎、罐、钵、盘。

鼎 1件。ⅡT1036⑥：5，泥质褐陶。宽扁板形足，内面稍弧凸，外面弧凹，微束腰斜弧两侧平脊，宽平足尖。足宽3.6～6、厚1～2、残高7厘米（图二八八，13）。

罐 2件。ⅡT1036⑥：1，泥质红陶。小口微敞，圆唇，矮束颈，鼓腹，下部残。唇外缘凸棱。口径11、残高5.2厘米（图二八八，9）。ⅡT1036⑥：2，泥质红陶。敛口，仰折沿，宽沿面，尖唇，鼓腹，下部残。口径15、残高6.2厘米（图二八八，6）。

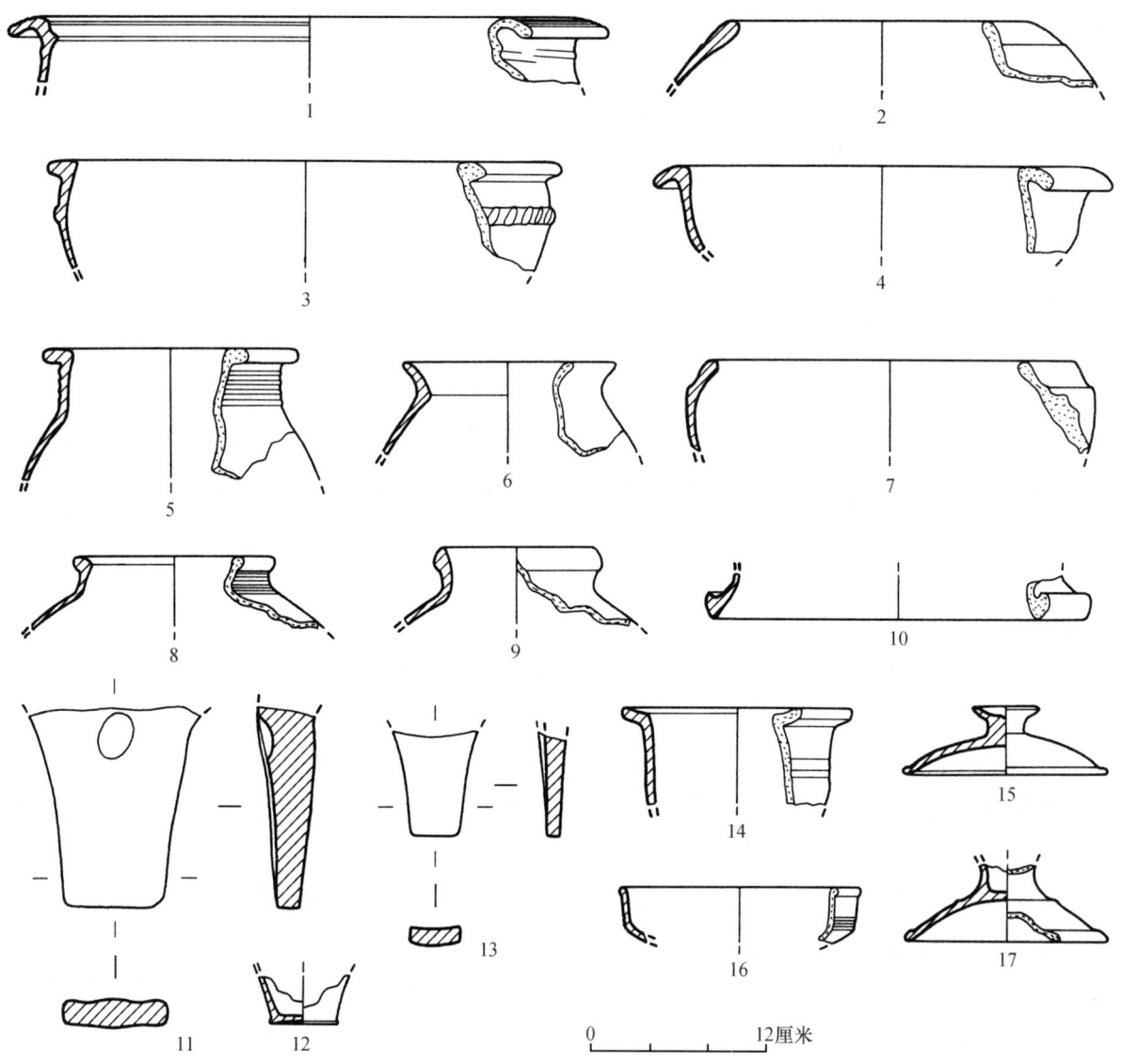

图二八八　ⅡT1036④、⑤、⑥、⑦出土器物

1、3、4.陶盆（ⅡT1036④：2、ⅡT1036④：3、ⅡT1036⑤：1）　2、5、6、8、9、14.陶罐（ⅡT1036④：5、ⅡT1036④：4、ⅡT1036⑥：2、ⅡT1036⑥：6、ⅡT1036⑥：1、ⅡT1036⑤：2）　7.陶钵（ⅡT1036⑥：3）　10.陶器座（ⅡT1036⑦：1）　11、13.陶鼎（ⅡT1036④：9、ⅡT1036⑥：5）　12.陶杯（ⅡT1036④：8）　15、17.陶器盖（ⅡT1036④：1、ⅡT1036④：7）　16.陶盘（ⅡT1036⑥：4）

钵　1件。ⅡT1036⑥：3，泥质红陶。敛口，丰圆唇，弧腹内收，下部残。通体饰红衣但大部分已脱落，腹上部饰一道上内下外错棱。口径25、残高6.2厘米（图二八八，7）。

盘　1件。ⅡT1036⑥：4，泥质磨光黑陶。直口微敞，圆唇，折腹，上腹近直，下腹斜弧内收，下部残。折腹上缘饰一周双凹弦纹。口径17、残高3.8厘米（图二八八，16）。

ⅡT1036⑦　器类有器座。

器座　1件。ⅡT1036⑦：1，泥质红陶。上部残。底座喇叭状外撇，折沿上翘，尖唇。底径26、残高3厘米（图二八八，10）。

ⅡT1126③ 器类有鼎、器座、碗、石斧、石钺。

鼎 1件。ⅡT1126③∶5，泥质磨光灰陶。宽扁凿形足，内外面稍弧凹，束腰两侧脊凸，足尖残。残高5.4厘米（图二八九，18）。

器座 1件。ⅡT1126③∶3，泥质夹炭红陶。上部残。底座敛口，仰折沿，圆唇，弧腹。通体饰红衣但大部分已脱落，腹饰圆形镂孔。底径28、残高7.6厘米（图二八九，7）。

碗 1件。ⅡT1126③∶4，泥质薄胎红陶。上部残。斜弧腹，近平底，腹底外壁折角显著，矮圈足外撇。外壁及外底饰黑彩，脱落严重。底径5.6、残高3.2厘米（图二八九，9）。

石斧 1件。ⅡT1126③∶1，青色砂岩。上部残。长方形。弧平刃两面对称磨光，两侧近直，两面磨光。残长10.8、宽5.5~5.8、最厚4.5厘米（图二八九，10；图版七二，6）。

石钺 1件。ⅡT1126③∶2，青灰色砂岩。下部残。平顶，两面平整，两侧平脊。中部饰对钻单孔。残高7.2、宽8.4、厚2厘米（图二八九，14）。

ⅡT1126④ 器类有鼎、罐、簋、豆、盘、器盖、球。

鼎 1件。ⅡT1126④∶9，泥质夹灰红陶。宽扁板形足，内面弧凸，外面弧凹，斜弧两侧脊凸，宽平足尖。宽4~8、厚1.4、残高8.4厘米（图二八九，15）。

罐 2件。ⅡT1126④∶3，泥质磨光黑陶。敛口，仰折沿，宽沿面，圆唇，微鼓腹，平底，浅圈足外撇。沿面饰一周浅凹弦纹，上腹饰一周浅双凹弦纹，凹弦纹上缘绕体饰三组戳点纹，下腹饰一周凸弦纹。口径16.8、腹径17、底径10、高13.6厘米（图二八九，3；图版一九，3）。ⅡT1126④∶4，泥质夹灰红陶。大敛口，尖唇，鼓腹，下部残。唇外缘饰一周宽平棱。口径32、残高6.8厘米（图二八九，1）。

簋 1件。ⅡT1126④∶2，泥质磨光黑陶。敛口，仰折沿，宽沿面，圆唇，折腹，上腹斜直内敛，下腹斜弧内收，圜底，矮圈足曲折外撇。折腹折棱上缘绕体饰三组较稀戳点纹，圈足等距离饰四组三孔小圆形镂孔。口径15.8、腹径14.8、足径12、高12.1厘米（图二八九，6；图版一九，2）。

豆 1件。ⅡT1126④∶6，泥质磨光黑陶。口直敛，圆唇，矮领，微鼓腹，下部残。领部饰一周双凹弦纹和间断戳点纹线段，上腹饰一周双凹弦纹和间断戳点纹线段，中腹饰一道上内下外错棱。口径14、残高6.4厘米（图二八九，8）。

盘 1件。ⅡT1126④∶7，泥质磨光红陶。敞口，圆唇，斜弧腹内收，圜底残，圈足残。通体饰红衣但大部分已脱落，内腹壁上部饰一道凹弦纹，唇外缘凸棱。口径24、残高4.8厘米（图二八九，13）。

器盖 2件。ⅡT1126④∶5，泥质夹炭红陶。顶部残。盖面斜弧，尖唇。唇外缘凸棱。盖径33、残高5.6厘米（图二八九，2）。ⅡT1126④∶8，泥质夹炭红陶。马首形盖纽，微张嘴，长颈，下部残。通体饰红衣但部分已脱落。残长7.7厘米（图二八九，16）。

球 1件。ⅡT1126④∶1，泥质红陶。实心圆球体，圆整度较差，器表粗糙。素面。直径2.8~3厘米（图二八九，11；图版六二，6）。

ⅡT1126⑤ 器类有盆、钵。

盆 1件。ⅡT1126⑤∶2，泥质红陶。敛口，平折沿，窄沿面，丰圆唇，弧腹内收，下部残。通体饰红衣但大部分已脱落。口径24、残高8.4厘米（图二八九，12）。

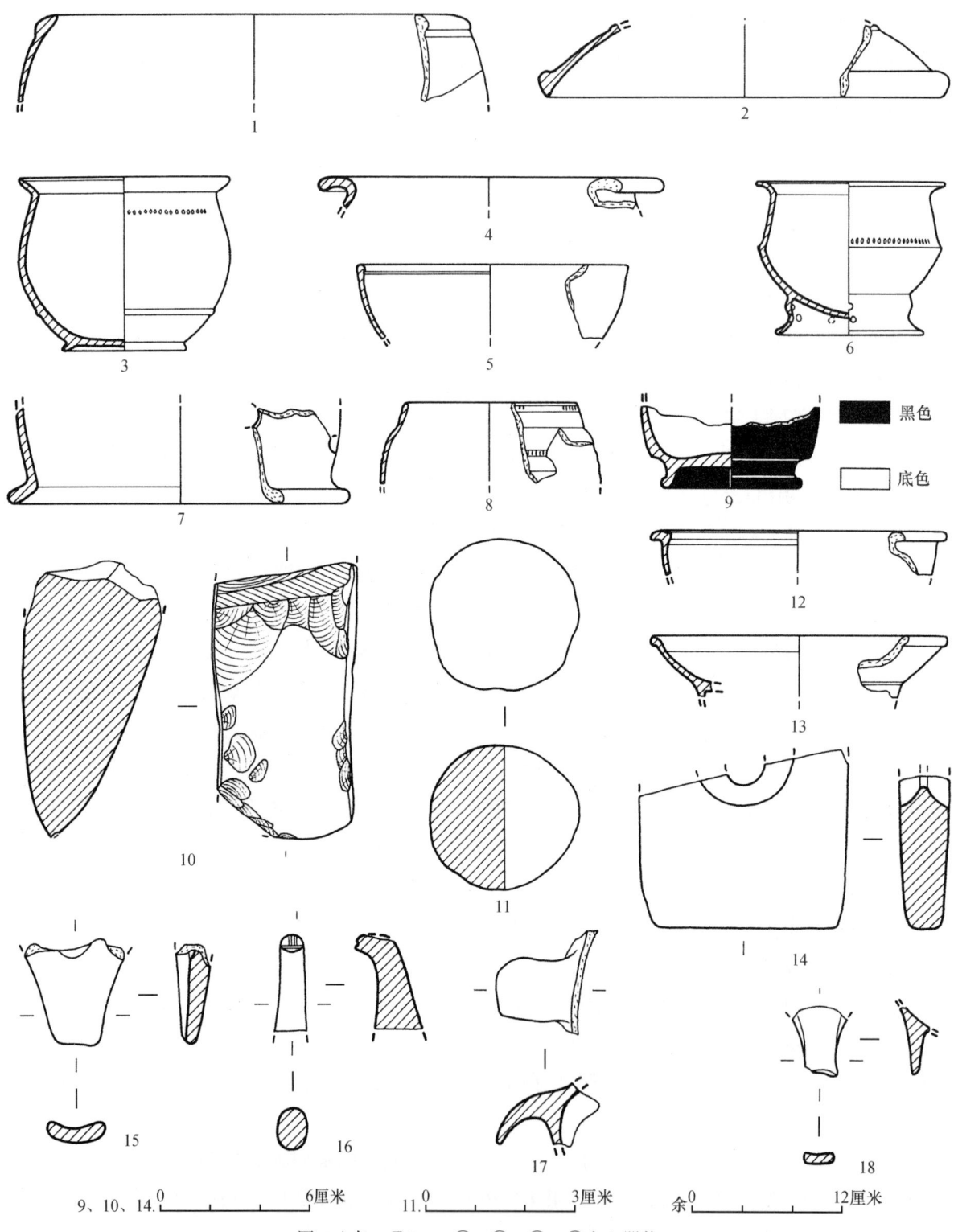

图二八九 ⅡT1126③、④、⑤、⑥出土器物

1、3.陶罐（ⅡT1126④：4、ⅡT1126④：3） 2、16.陶器盖（ⅡT1126④：5、ⅡT1126④：8） 4、12.陶盆（ⅡT1126⑥：1、ⅡT1126⑤：2） 5.陶钵（ⅡT1126⑤：1） 6.陶簋（ⅡT1126④：2） 7.陶器座（ⅡT1126③：3） 8.陶豆（ⅡT1126④：6） 9.陶碗（ⅡT1126③：4） 10.石斧（ⅡT1126③：1） 11.陶球（ⅡT1126④：1） 13.陶盘（ⅡT1126④：7） 14.石钺（ⅡT1126③：2） 15、18.陶鼎（ⅡT1126④：9、ⅡT1126③：5） 17.陶器鋬（ⅡT1126⑥：2）

钵　1件。ⅡT1126⑤：1，泥质夹炭红陶。敞口，丰圆唇，斜弧腹内收，下部残。通体饰红衣但部分已脱落，唇内缘饰一道浅凹弦纹。口径22、残高5.8厘米（图二八九，5）。

ⅡT1126⑥　器类有盆、器鎏。

盆　1件。ⅡT1126⑥：1，泥质夹灰红陶。大敛口，平折沿，宽沿面，丰圆唇，弧腹，下部残。通体饰红衣但大部分已脱落。口径28、残高2.4厘米（图二八九，4）。

器鎏　1件。ⅡT1126⑥：2，泥质夹炭红陶。宽扁弯板形鎏，附着内面斜弧。通体饰红衣但大部分已脱落。鎏长6、宽5、厚0.6～2厘米（图二八九，17）。

ⅡT1127②　器类有盆。

盆　1件。ⅡT1127②：1，泥质红陶。敞口近直，平折沿，窄沿面，深弧腹，平底。素面。口径18、高9.2厘米（图二九〇，1；图版二一，4）。

ⅡT1127③　器类有盆、杯、器盖、纺轮、石凿。

盆　1件。ⅡT1127③：4，夹砂灰陶。微敛口，折沿下垂，窄沿面，尖唇，弧腹内收，下部残。口径24、残高3厘米（图二九〇，2）。

杯　1件。ⅡT1127③：5，泥质薄胎灰陶。上部残，曲腹，小平底，矮圈足外撇。足径4、残高2.6厘米（图二九〇，21）。

器盖　1件。ⅡT1127③：2，泥质磨光黑陶。喇叭状圈形纽，仰折沿，方唇，束颈。盖面斜弧，穿顶，平折沿，尖唇。盖沿面饰两道凹弦纹。纽径4、盖径13.4、高4.6厘米（图二九〇，20；图版五二，2）。

纺轮　1件。ⅡT1127③：1，泥质红陶。两面平整，周缘中间弧凸，中孔竖直。素面。直径4.6、孔径0.6、厚1.4厘米（图二九〇，13）。

石凿　1件。ⅡT1127③：3，青色砂岩。上部残。长方柱体。窄平刃两面对称磨锋，两侧平直，两面平整。残长6.4、宽2.5、厚2.6厘米（图二九〇，18；图版七四，2）。

ⅡT1127④　器类有罐、盆、盘、器盖、石斧。

罐　1件。ⅡT1127④：5，泥质磨光黑陶。敛口，仰折沿，窄沿面，圆唇，鼓腹，下部残。口径20、残高3.4厘米（图二九〇，3）。

盆　1件。ⅡT1127④：4，泥质磨光黑陶。直口，折沿下垂，窄沿面，圆唇，深弧腹内收，下部残。口径16、残高4.8厘米（图二九〇，8）。

盘　1件。ⅡT1127④：3，泥质黑皮褐陶。敞口，折沿下垂，宽沿面，圆唇，弧腹内收，下部残。口径30、残高4.4厘米（图二九〇，6）。

器盖　2件。ⅡT1127④：1，泥质灰陶。喇叭形纽，尖唇。盖面斜弧，穿顶，圆唇。素面。纽径4、盖径10.8、高4厘米（图二九〇，19；图版五二，3）。ⅡT1127④：6，泥质灰陶。纽部残。盖面圆弧，圆唇。唇外缘宽平棱。盖径11、残高3.4厘米（图二九〇，16）。

石斧　1件。ⅡT1127④：2，青色砂岩。长梯形。顶部残断，平刃两面不对称打磨布满崩疤，两侧斜直，两面磨平。残长6.2、最宽5.3、厚1.9厘米（图二九〇，17）。

ⅡT1127⑤　器类有鼎、罐、盆、器座、簋、盘。

鼎　1件。ⅡT1127⑤：8，泥质磨光薄胎灰陶。上部残。弧腹，圜底中央近平，宽扁凿形

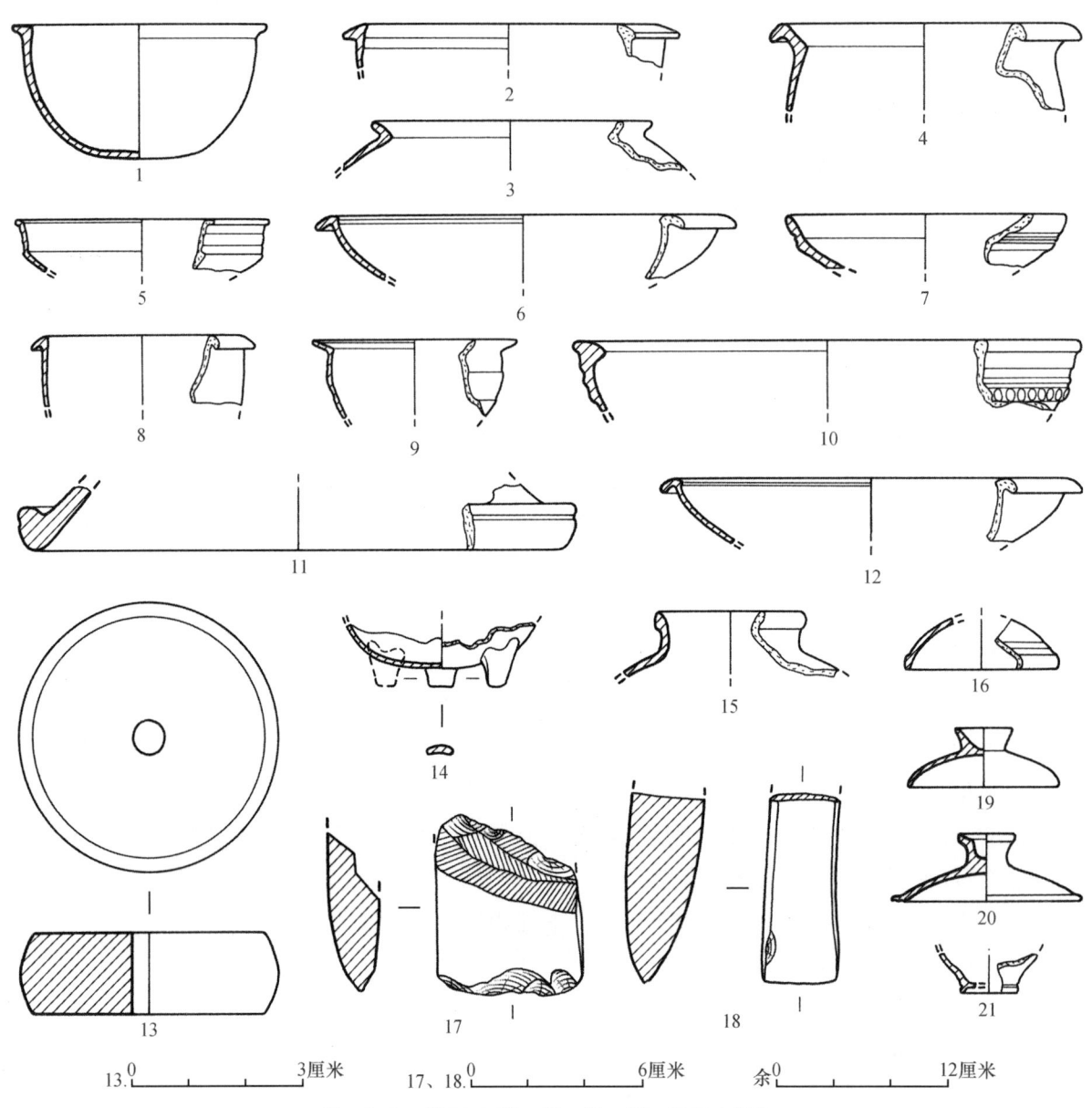

图二九〇 ⅡT1127②、③、④、⑤、⑥出土器物

1、2、8、10.陶盆（ⅡT1127②：1、ⅡT1127③：4、ⅡT1127④：4、ⅡT1127⑤：1） 3、15.陶罐（ⅡT1127④：5、ⅡT1127⑤：4） 4.陶器座（ⅡT1127⑤：2） 5~7、12.陶盘（ⅡT1127⑤：5、ⅡT1127④：3、ⅡT1127⑤：6、ⅡT1127⑤：3） 9.陶簋（ⅡT1127⑤：7） 11、16、19、20.陶器盖（ⅡT1127⑥：1、ⅡT1127④：6、ⅡT1127④：1、ⅡT1127③：2） 13.陶纺轮（ⅡT1127③：1） 14.陶鼎（ⅡT1127⑤：8） 17.石斧（ⅡT1127④：2） 18.石凿（ⅡT1127③：3） 21.陶杯（ⅡT1127③：5）

矮足。足内凸外凹薄片状。残高4.2厘米（图二九〇，14）。

罐 1件。ⅡT1127⑤：4，泥质磨光黑陶。小直口，尖唇外缘凸棱，矮颈，鼓腹，下部残。口径11、残高4.3厘米（图二九〇，15）。

盆 1件。ⅡT1127⑤：1，泥质夹炭红陶。敞口，丁字形仰折沿，窄沿面，内唇尖外唇圆，斜弧腹内收，下部残。通体饰红衣但大部分已脱落，腹饰一周附加堆纹，附加堆纹上缘饰两道凹弦纹。口径36、残高4.8厘米（图二九〇，10）。

器座 1件。ⅡT1127⑤：2，泥质夹炭红陶。敛口，仰折沿下垂，圆唇，深弧腹，下部残。通体饰红衣但大部分已脱落。口径22、残高6厘米（图二九〇，4）。

簋 1件。ⅡT1127⑤：7，泥质磨光灰陶。口微敛，仰折沿，宽沿面，圆唇，深弧腹内收，下部残。沿面饰一道凹弦纹，腹饰两道上内下外错棱。口径15、残高5.2厘米（图二九〇，9）。

盘 3件。ⅡT1127⑤：3，泥质黑皮褐陶。敞口，折沿下垂，宽沿面，圆唇，斜弧腹内收，下部残。口径30、残高4.4厘米（图二九〇，12）。ⅡT1127⑤：5，泥质磨光黑陶。敞口近直，窄折沿，圆唇，折腹，上腹斜直外倾，下腹斜弧内收，下部残。窄沿面饰一道浅凹弦纹，上腹饰两道凹弦纹，折腹凸棱。口径18、残高3.6厘米（图二九〇，5）。ⅡT1127⑤：6，泥质磨光黑陶。敞口，尖唇，折腹，上腹斜直外倾，下腹斜弧内收，下部残。折腹内壁饰一细凹弦纹，折腹饰一道凸弦纹，凸弦纹上缘饰一周双凹弦纹。口径20、残高3.7厘米（图二九〇，7）。

ⅡT1127⑥ 器类有器盖。

器盖 1件。ⅡT1127⑥：1，泥质夹灰厚胎红陶。顶部残。盖面斜弧，折沿上翘，圆唇。通体饰红衣但大部分已脱落，唇面外侧饰两道浅凹弦纹。盖径40、残高4.4厘米（图二九〇，11）。

ⅢT1008② 器类有鼎、罐、盆、器盖、石斧。

鼎 1件。ⅢT1008②：7，泥质夹炭红陶。上部残，斜直腹，平底，宽扁板形足。足外面宽平，内面中间竖脊棱凸，截面呈左右对称圆角五边形，下部残。残高11厘米（图二九一，8）。

罐 2件。ⅢT1008②：5，夹砂黑陶。敛口，仰折沿，宽沿面，斜方唇，鼓腹，下部残。素面。口径17、残高3.7厘米。ⅢT1008②：6，泥质薄胎灰陶。敛口，仰折沿，尖唇，深弧腹，下部残。腹饰棱纹。口径15、残高6.1厘米（图二九一，3）。

盆 1件。ⅢT1008②：4，夹炭红陶。直口，仰折沿近平，沿面较宽，丰圆唇，深弧腹，下部残。腹饰棱纹。口径32、残高3.8厘米（图二九一，4）。

器盖 2件。ⅢT1008②：2，泥质灰陶。喇叭形纽残。盖面斜弧，穹顶，圆唇。素面。盖径10.4、残高3.2厘米（图二九一，10）。ⅢT1008②：3，泥质灰陶。盖纽残。盖面斜弧，穹顶近平，丰圆唇外缘凸棱。盖径12.6、残高2.6厘米（图二九一，9）。

石斧 1件。ⅢT1008②：1，青色砂岩。长梯形。近平顶，刃部残，两残边斜直，两面较平整。残长11.2、宽4.7、厚3.9厘米（图二九一，12）。

ⅢT1008③ 器类有鼎、罐、盆、纺轮、石斧。

鼎 1件。ⅢT1008③：6，泥质夹炭红陶。侧扁圆柱状足残。近足根处饰三个按窝若人面。残高8.4厘米（图二九一，14）。

罐 4件。ⅢT1008③：2，泥质厚胎红陶。小口近直，丰圆唇，矮直颈，鼓腹残。口径12、残高3.6厘米（图二九一，5）。ⅢT1008③：3，夹砂红陶。敛口，仰折沿，圆唇，鼓腹，下部残。腹饰满篮纹。口径24、残高7.6厘米（图二九一，2）。ⅢT1008③：4，夹砂厚胎红陶。敞口，尖唇，弧腹近直，下部残。唇内沿饰两周凹弦纹，腹饰较细的斜篮纹。口径18、残高5.9厘米（图二九一，6）。ⅢT1008③：8，泥质磨光黑陶。小直口，折沿近平，丰圆唇，矮直颈，圆球腹，下部残。颈饰三道细凸棱纹，颈根处饰一周宽凸棱，腹等距离饰五周双凸弦纹。口径11.6、腹径23.6、残高21.6厘米（图二九一，7）。

盆　1件。ⅢT1008③：5，夹砂红陶。敛口，斜方唇，唇外沿附一周宽平棱，弧腹，下部残。腹饰凸棱。口径40、残高5.8厘米（图二九一，1）。

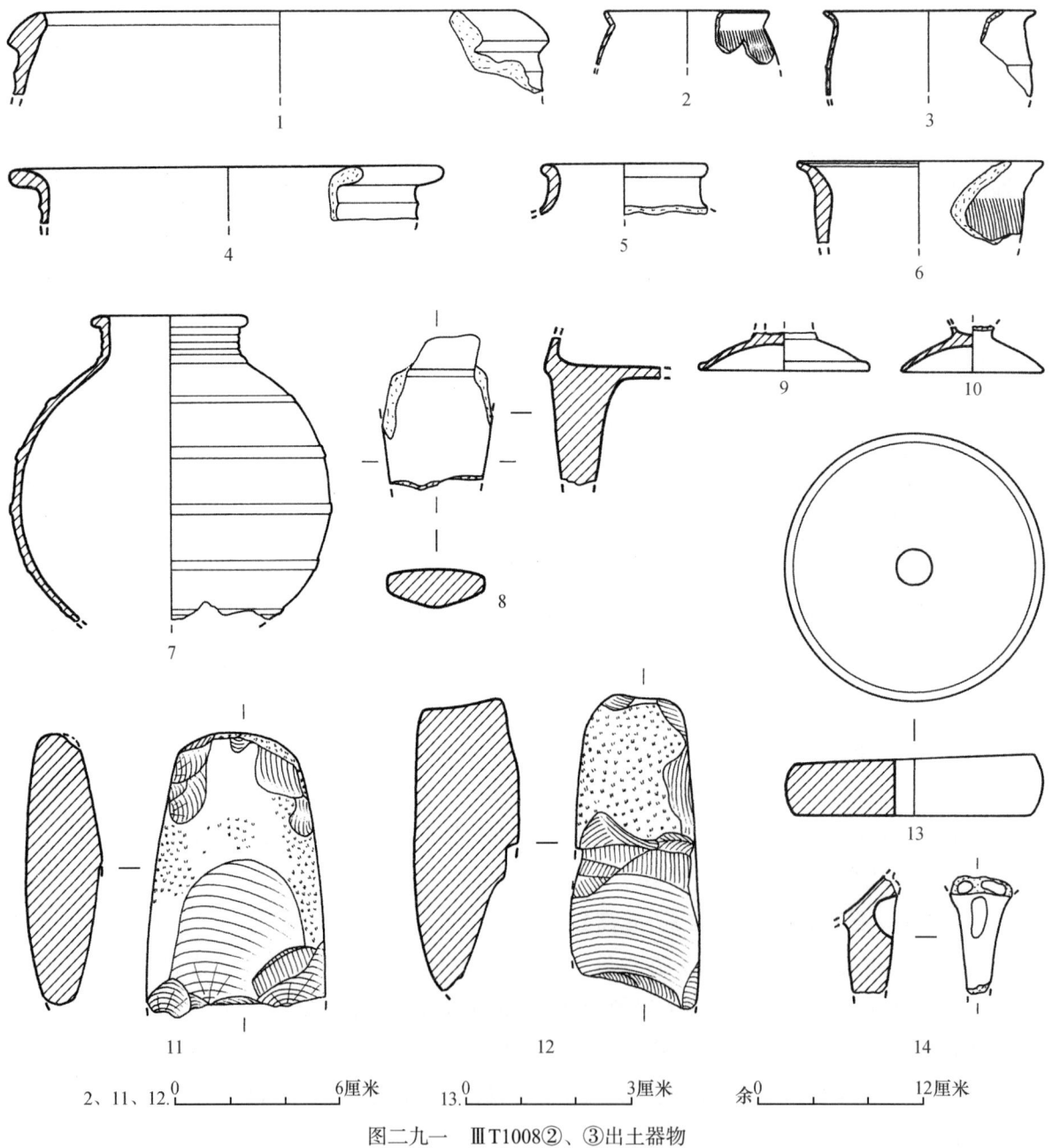

图二九一　ⅢT1008②、③出土物
1、4.陶盆（ⅢT1008③：5、ⅢT1008②：4）　2、3、5～7.陶罐（ⅢT1008③：3、ⅢT1008②：6、ⅢT1008③：2、ⅢT1008③：4、ⅢT1008③：8）　8、14.陶鼎（ⅢT1008②：7、ⅢT1008③：6）　9、10.陶器盖（ⅢT1008②：3、ⅢT1008②：2）　11、12.石斧（ⅢT1008③：7、ⅢT1008②：1）　13.陶纺轮（ⅢT1008③：1）

纺轮　1件。ⅢT1008③：1，泥质红陶。一面斜直，另一面平直，周缘弧凸，中孔竖直。素面。直径4.7、孔径0.7、厚0.9~1.1厘米（图二九一，13）。

石斧　1件。ⅢT1008③：7，青色砂岩。长梯形。弧凸顶多崩疤，刃部残断，两边斜弧凸，两面微弧凸。残长10.1、宽6.6、厚2.8厘米（图二九一，11）。

ⅢT1009②　器类有器盖、球。

器盖　1件。ⅢT1009②：2，泥质黑陶。喇叭状圈形纽，窄折沿，尖唇，束颈。盖面斜弧，穹顶，丰圆唇。绕纽颈等距离饰四个小圆孔，纽根处盖面饰两道凸棱，盖底缘外凸棱。纽径6、盖径11、高3.2厘米（图二九二，2）。

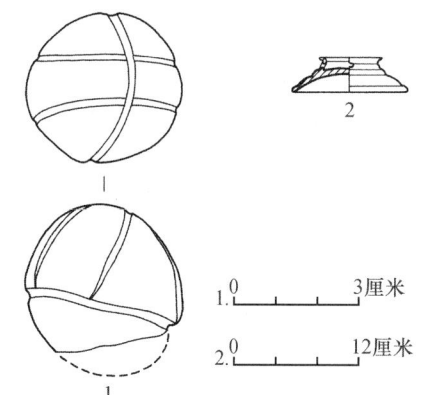

图二九二　ⅢT1009②出土器物
1.陶球（ⅢT1009②：1）　2.陶器盖（ⅢT1009②：2）

球　1件。ⅢT1009②：1，泥质红陶。实心圆球体，圆整度较差。球面饰一道较粗的凹槽和两道较细的凹槽经纬相交图案。直径3.5~4厘米（图二九二，1）。

ⅢT1108②　器类有鼎、罐、石器。

鼎　2件。ⅢT1108②：3，泥质黑陶。宽片状矮足残。足根处饰两个横向圆按窝。残高6.3厘米（图二九三，2）。ⅢT1108②：4，夹炭红陶。截面呈"V"形锥足，根部半残。足外侧竖向内凹，内侧棱凸。足根左侧饰横向长按窝。残高12.5厘米（图二九三，4）。

罐　1件。ⅢT1108②：2，泥质红陶。小直口，丰圆唇，矮直颈，鼓腹，下部残。素面。口径10、残高4厘米（图二九三，3）。

石器　1件。ⅢT1108②：1，褐色砂岩。近梯形。顶及刃皆残断，两侧边近直，两面较平。残长6.5、残宽6、厚4.8厘米（图二九三，1；图版七六，4）。

ⅢT1208②　器类有鼎、罐、盆、器盖、石斧。

鼎　1件。ⅢT1208②：7，夹砂红陶。宽扁板状足残。足根处饰三个按窝。残高10.5厘米（图二九四，6）。

罐　1件。ⅢT1208②：5，夹砂红陶。敛口，仰折沿，尖唇，深弧腹，下部残。腹饰斜篮纹。口径20、残高7厘米（图二九四，3）。

盆　3件。ⅢT1208②：3，泥质夹炭红陶。敛口，内折沿，沿面较宽，尖唇，腹残。素面。口径53、残高4厘米（图二九四，1）。ⅢT1208②：4，泥质夹炭红陶。敛口，圆唇，弧腹内收，下部残。腹饰一周凸弦纹。口径53.6、残高9.2厘米（图二九四，2）。ⅢT1208②：6，泥质泥质灰陶。敞口，尖唇外沿附一周宽平棱，深斜直腹内收，下部残。素面。口径19.6、残高6.6厘米（图二九四，4）。

器盖　1件。ⅢT1208②：1，泥质磨光黑陶。矮圈形纽，尖唇。盖面圆弧，穹顶，尖唇。唇外缘凸棱。纽径5.4、盖径9、高4.7厘米（图二九四，7）。

石斧　1件。ⅢT1208②：2，褐色砂岩。上部残断，近长方形。顶残，弧凸刃两面不对称磨光，两侧平直，两面磨光。残长10、宽8.5、厚3.4厘米（图二九四，5）。

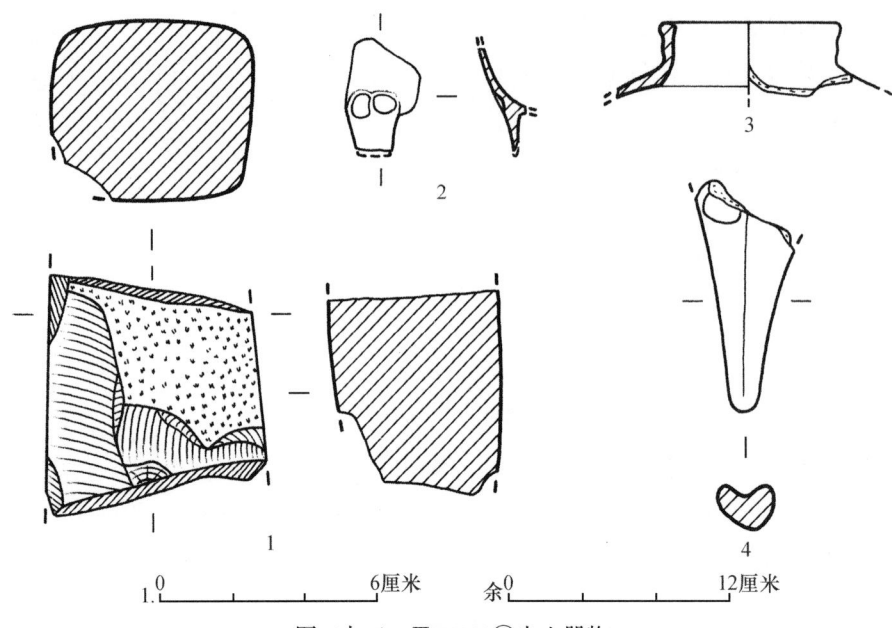

图二九三　ⅢT1108②出土器物

1. 石器（ⅢT1108②:1）　2、4. 陶鼎（ⅢT1108②:3、ⅢT1108②:4）　3. 陶罐（ⅢT1108②:2）

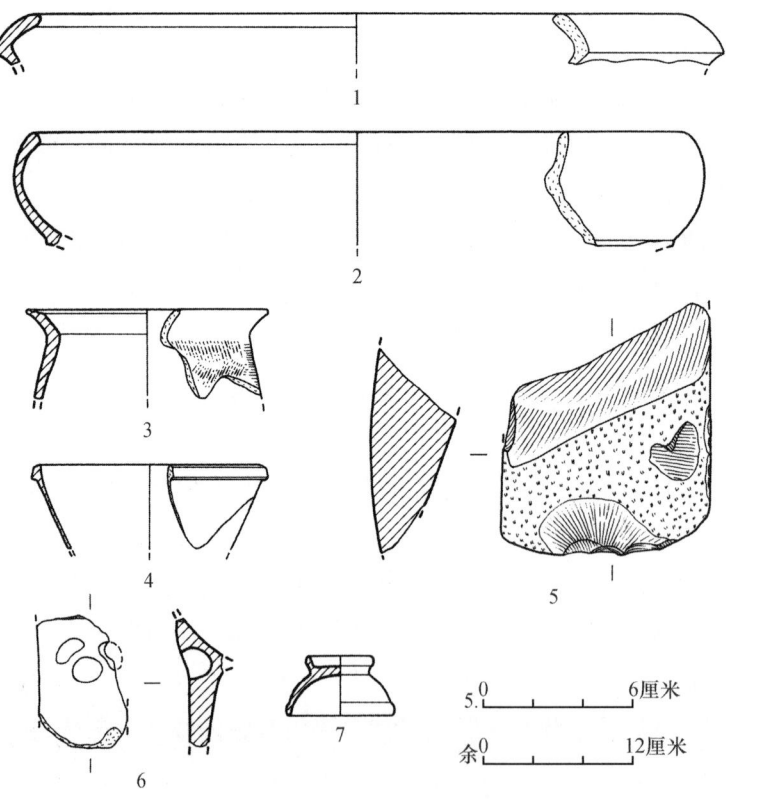

图二九四　ⅢT1208②出土器物

1、2、4. 陶盆（ⅢT1208②:3、ⅢT1208②:4、ⅢT1208②:6）　3. 陶罐（ⅢT1208②:5）　5. 石斧（ⅢT1208②:2）　6. 陶鼎
（ⅢT1208②:7）　7. 陶器盖（ⅢT1208②:1）

TG1② 器类有石斧。

石斧 1件。TG1②:1，灰色砂岩。长方形。平顶微弧凸有小崩疤，近平刃两面对称磨光，两边较直，两面较平整。长12.4、宽7.3、厚3.3厘米（图二九五；图版七三，1）。

TG1⑤ 器类有罐、缸、豆、杯、器盖、纺轮、石斧。

罐 7件。TG1⑤:11，泥质灰陶。直口，尖唇，高领，深弧腹，下部残。腹饰凸棱纹。口径10、残高10厘米（图二九六，9）。TG1⑤:14，泥质红陶。敛口，尖唇外缘棱凸，鼓腹，下部残。通体饰红衣但大部分已脱落，腹饰一周锯齿状附加堆纹。口径15、残高2.8厘米（图二九六，5）。TG1⑤:17，泥质灰陶。敛口，仰折沿，宽沿面，尖唇，深弧腹，下部残。沿面饰一周凹弦纹。口径18、残高6.2厘米（图二九六，1）。TG1⑤:18，夹砂黑陶。敛口，仰折沿，宽沿面，圆唇，束颈，鼓腹，下部残。素面。口径15、残高4.4厘米（图二九六，2）。TG1⑤:21，泥质灰陶。敛口近直，仰折沿，宽沿面，尖唇，微鼓腹，下部残。通体饰黑衣但大部分已脱落，沿面饰一周凹弦纹，腹饰横向篮纹。口径30、腹径28、残高15厘米（图二九六，4）。TG1⑤:22，泥质灰陶。小直口，仰折沿，宽沿面，圆唇，矮直颈，鼓腹，下部残。腹饰两周凸弦纹。口径20、残高8.4厘米（图二九六，6）。TG1⑤:23，泥质灰陶。直口微敞，斜方唇，高领，弧垂腹，下部残。腹饰横向棱纹。口径9、残高14厘米（图二九六，8）。

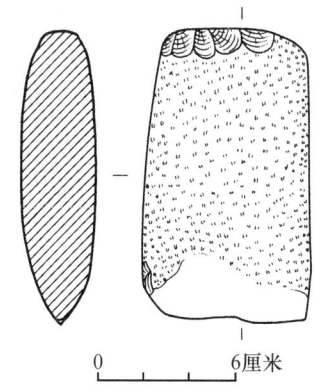

图二九五 TG1②出土石斧（TG1②:1）

缸 1件。TG1⑤:13，夹砂厚胎红陶。直口微敛，斜平唇，深弧腹，下部残。唇面饰两道凹弦纹，腹饰菱形划纹。口径42.7、残高13.2厘米（图二九六，7）。

豆 1件。TG1⑤:16，泥质灰陶。敞口，尖唇，折腹，上下双腹斜弧，下部残。素面。口径20、残高4.2厘米（图二九六，3）。

杯 1件。TG1⑤:19，泥质黑陶。直口微敞，尖唇，折腹，上腹微斜直，下曲腹，下部残。素面。口径15、残高3.5厘米（图二九六，11）。

器盖 2件。TG1⑤:12，泥质灰陶。喇叭状圈形纽，仰折沿，尖唇，矮直颈。盖面斜弧，窄折沿，尖唇。素面。纽径3.4、盖径11、高3.8厘米（图二九六，10；图版五二，4）。TG1⑤:15，泥质磨光黑陶。纽残。盖面斜弧，窄折沿上翘，尖唇。盖面饰两周凸弦纹。盖径20、残高3.5厘米（图二九六，12）。

纺轮 9件。TG1⑤:3，泥质红陶。两面较平整，周缘中间棱凸，中孔呈中间小两头大的腰鼓形，一面孔周缘外凸。饰黑彩但大部分已脱落。直径4.8、孔径0.5、厚0.9厘米（图二九七，5；图版五七，5）。TG1⑤:4，泥质红陶。两面平整，周缘中间弧凸，中孔竖直。素面。直径4.2、孔径0.4、厚0.8厘米（图二九七，9；图版五七，6）。TG1⑤:5，泥质红陶。大部分残缺。两面较平整，周缘弧凸，中孔呈中间小两头大的腰鼓形。素面。直径4.4、孔径0.2~0.5、厚1.1厘米（图二九七，6）。TG1⑤:6，泥质磨光黑陶。两面平整，周缘中间棱凸成两斜直面，中孔竖直，一面孔周缘外凸。素面。直径3.6、孔径0.4、厚0.9厘米（图二九七，

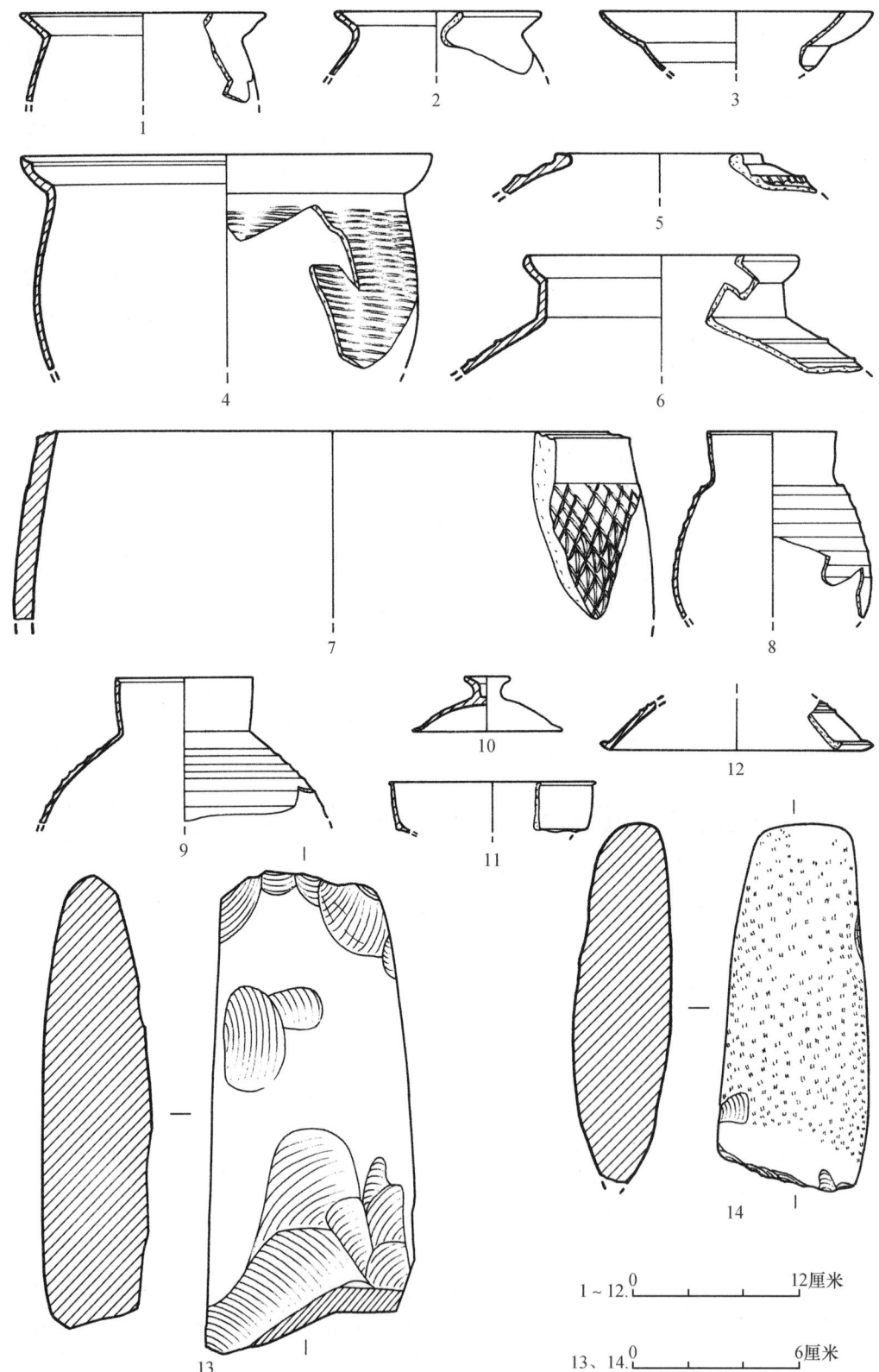

图二九六　TG1⑤出土器物

1、2、4～6、8、9.陶罐（TG1⑤∶17、TG1⑤∶18、TG1⑤∶21、TG1⑤∶14、TG1⑤∶22、TG1⑤∶23、TG1⑤∶11）　3.陶豆（TG1⑤∶16）　7.陶缸（TG1⑤∶13）　10、12.陶器盖（TG1⑤∶12、TG1⑤∶15）　11.陶杯（TG1⑤∶19）　13、14.石斧（TG1⑤∶2、TG1⑤∶1）

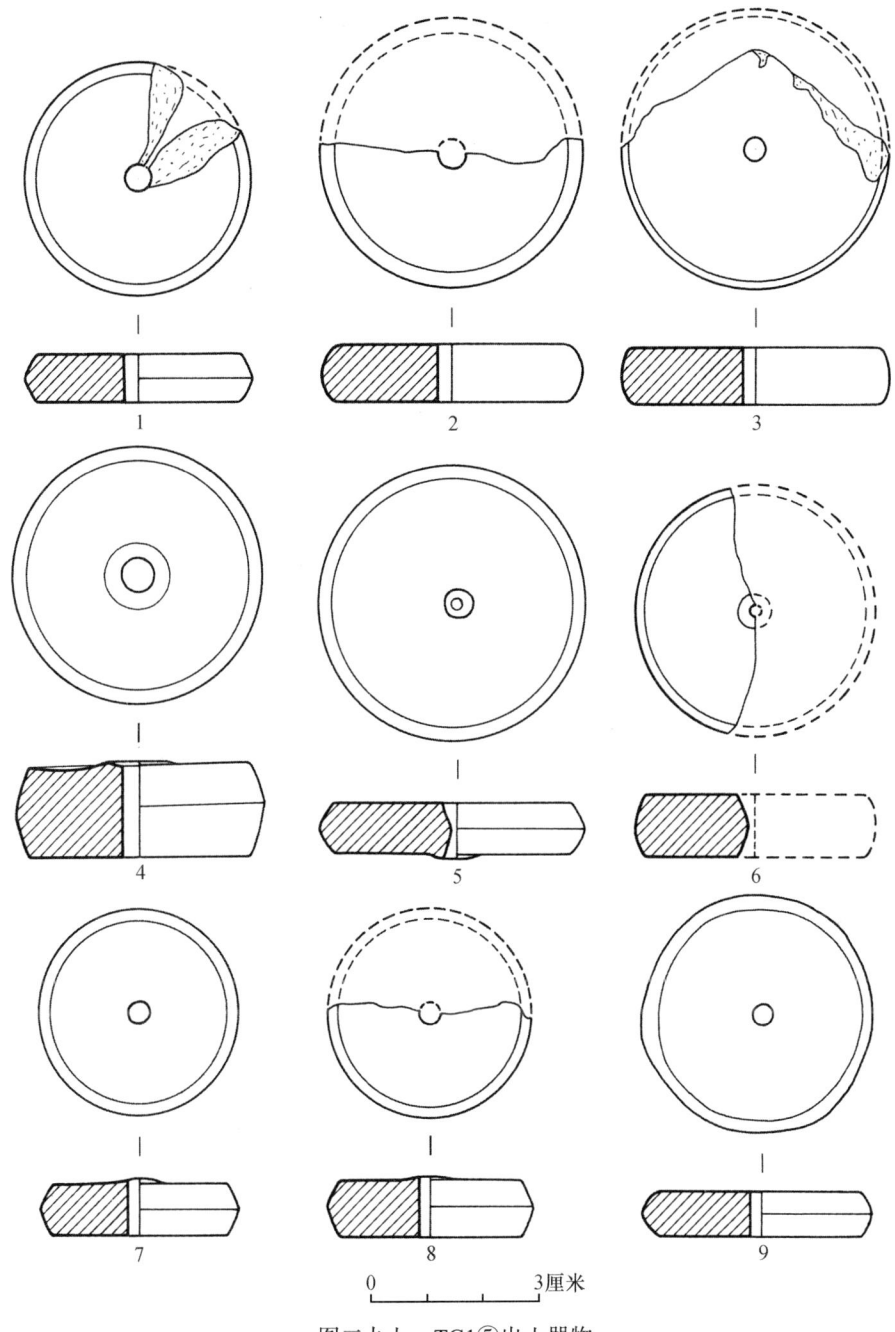

图二九七　TG1⑤出土器物

1~9.陶纺轮（TG1⑤：20、TG1⑤：9、TG1⑤：8、TG1⑤：7、TG1⑤：3、TG1⑤：5、TG1⑤：6、TG1⑤：10、TG1⑤：4）

7）。TG1⑤：7，泥质灰陶。两面平整，周缘中间弧凸成两斜面，中孔竖直，一面孔周缘外凸中间内凹。素面。直径4.5、孔径0.6、厚1.2厘米（图二九七，4）。TG1⑤：8，泥质红陶。两面平整，周缘弧凸，中孔竖直。素面。直径4.9、孔径0.5、厚1厘米（图二九七，3）。TG1⑤：9，泥质红陶。两面平整，周缘中间弧凸，中孔竖直。素面。直径4.7、孔径0.5、厚1厘米（图二九七，2）。TG1⑤：10，泥质红陶。两面平整，周缘中间棱凸成两斜直面，中孔竖直，一面孔周缘外凸。素面。直径3.7、孔径0.4、厚1厘米（图二九七，8）。TG1⑤：20，泥质灰陶。两面平整，周缘中间棱凸成两斜直面，中孔竖直。素面。直径4.1、孔径0.5、厚0.85厘米（图二九七，1）。

石斧　2件。TG1⑤∶1，灰色砂岩。长梯形。平顶微弧凸，残刃稍斜直两面对称磨光，两边较斜直，两面较平整。形制不太规整。残长13、宽5.5、厚3.6厘米（图二九六，14；图版七三，2）。TG1⑤∶2，灰色砂岩。长梯形。残顶近平布满崩疤，刃部残断，一边斜直，一边微弧凸，一面较平整，一面有崩疤。残长17、宽7.7、厚4厘米（图二九六，13；图版七三，3）。

TG1⑥　器类有鼎、罐、盆、器座、器盖、圈足、纺轮。

鼎　1件。TG1⑥∶4，泥质灰陶。敛口，仰折沿，沿面较窄，尖唇，圆垂腹，圜底，宽扁凿尖形矮足。素面。口径10、腹径12、高9.6厘米（图二九八，11）。

罐　6件。TG1⑥∶7，夹炭灰陶。敛口，仰折沿，沿面较宽，尖唇，深弧腹，下部残。沿面饰一周凹弦纹。口径29、腹径28.4、残高6厘米（图二九八，3）。TG1⑥∶9，夹炭灰陶。敛口，仰折沿，圆唇，鼓腹，下部残。素面。口径24、残高4.9厘米（图二九八，1）。TG1⑥∶10，泥质灰陶。敛口，仰折沿，圆唇，鼓腹，下部残。沿面饰三周浅凹弦纹。口径16、残高4厘米（图二九八，4）。TG1⑥∶13，泥质黑陶。敛口，仰折沿，宽沿面，圆唇外缘凸棱，鼓腹，下部残。素面。口径29、残高7.2厘米（图二九八，5）。TG1⑥∶14，泥质薄胎灰陶。敛口，仰折沿，沿面弧凹若盘口状，尖唇，束颈，鼓腹，下部残。素面。口径13、腹径16.4、残高4.6厘米（图二九八，6）。TG1⑥∶15，泥质灰陶。敞口，尖唇微内敛，束颈，腹残。素面。口径16、残高4厘米（图二九八，9）。

盆　1件。TG1⑥∶8，夹砂灰陶。敛口，平折沿，丰圆唇，弧腹，下部残。沿面饰一周双凹弦纹，弦纹间饰多组横向切划纹，腹饰一周凸弦纹。口径44、残高4厘米（图二九八，7）。

器座　1件。TG1⑥∶12，泥质灰陶。敛口，仰折沿，窄沿面，尖唇，弧腹，下部残。腹饰镂孔。口径29、残高3.6厘米（图二九八，2）。

器盖　1件。TG1⑥∶3，泥质灰陶。三尖纽。盖面斜弧，穹顶，平折窄沿，尖唇。素面。盖径15.8、高3.9厘米（图二九八，8；图版五二，5）。

圈足　1件。TG1⑥∶11，泥质灰陶。上部残。圜底，喇叭形圈足外撇。足径8.5、残高3.6厘米（图二九八，10）。

纺轮　4件。TG1⑥∶1，泥质红陶。一面近外缘稍环凹，另一面平整，周缘中间棱凸成两长斜直面，中孔竖直。素面。直径5.4、孔径0.5、厚1~1.1厘米（图二九八，14）。TG1⑥∶2，泥质红陶。两面平整，周缘中间棱凸成两斜直面，中孔竖直，孔周缘外凸。素面。直径5.3、孔径0.5、厚1.1厘米（图二九八，15）。TG1⑥∶5，泥质红陶。两面平整，周缘中间棱凸成两斜面，中孔竖直。素面。直径5、孔径0.5、厚1厘米（图二九八，13；图版五八，1）。TG1⑥∶6，泥质红陶。两面平整，周缘中间棱凸成两斜直面，中孔竖直，一面孔周缘外凸。素面。直径5.2、孔径0.5、厚1.2厘米（图二九八，12；图版五八，2）。

TG1⑦　器类有鼎、罐、盆、器座、缸、甑、圈足、盘、杯、碗、器盖、纺轮、球、环、玉器。

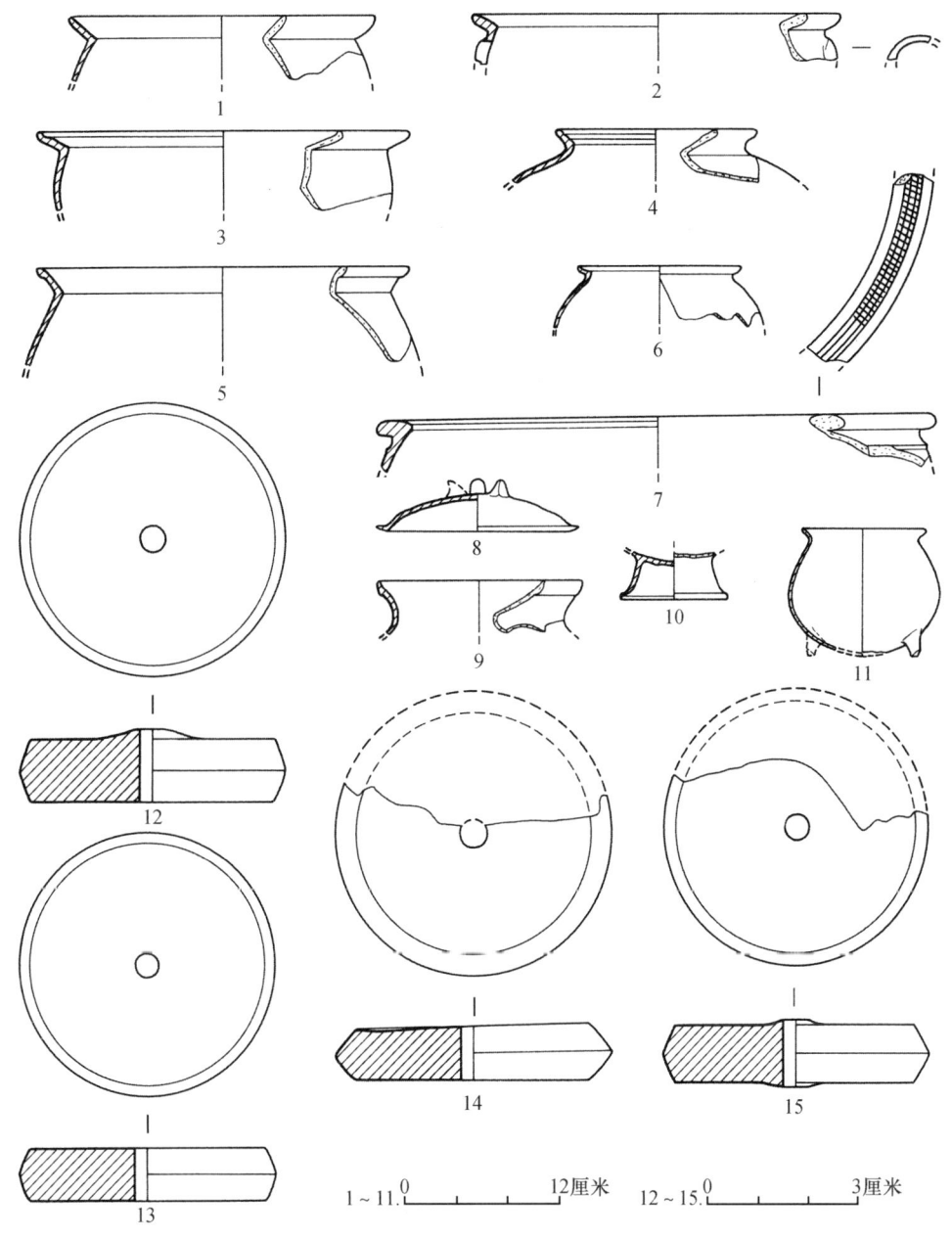

图二九八　TG1⑥出土器物

1、3~6、9.陶罐（TG1⑥:9、TG1⑥:7、TG1⑥:10、TG1⑥:13、TG1⑥:14、TG1⑥:15）　2.陶器座（TG1⑥:12）
7.陶盆（TG1⑥:8）　8.陶器盖（TG1⑥:3）　10.陶圈足（TG1⑥:11）　11.陶鼎（TG1⑥:4）　12~15.陶纺轮
（TG1⑥:6、TG1⑥:5、TG1⑥:1、TG1⑥:2）

鼎　6件。TG1⑦:11，泥质磨光黑陶。敛口，仰折沿，沿面较宽，圆唇，微鼓腹，下部残。沿面饰一周单凹弦纹，上腹饰一周双凹弦纹，下腹饰一周凹弦纹。口径14、残高6厘米（图二九九，6）。TG1⑦:15，泥质磨光黑陶。敛口，仰折沿，沿面较窄，尖唇，圆鼓腹，下部残。素面。口径12、残高3.6厘米（图二九九，4）。TG1⑦:16，泥质磨光黑陶。敛口，仰折沿，沿面较窄，圆唇，圆鼓腹，下部残。素面。口径11、腹径12.4、残高6.5厘米（图

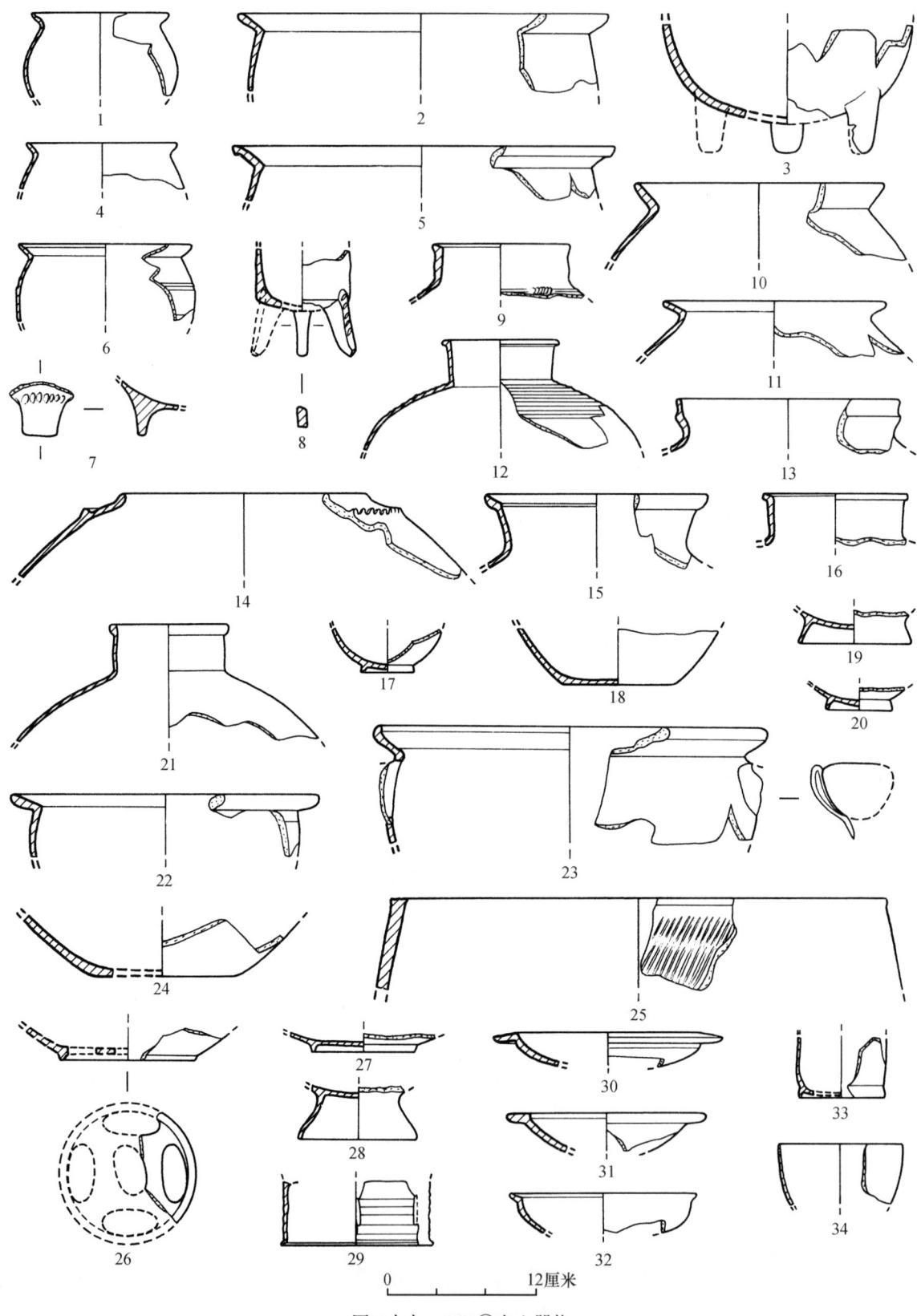

图二九九 TG1⑦出土器物

1、3、4、6~8.陶鼎（TG1⑦：16、TG1⑦：41、TG1⑦：15、TG1⑦：11、TG1⑦：38、TG1⑦：36） 2、5、9~21、24.陶罐（TG1⑦：14、TG1⑦：13、TG1⑦：19、TG1⑦：17、TG1⑦：18、TG1⑦：20、TG1⑦：22、TG1⑦：25、TG1⑦：23、TG1⑦：21、TG1⑦：31、TG1⑦：43、TG1⑦：32、TG1⑦：37、TG1⑦：24、TG1⑦：42） 22.陶盆（TG1⑦：12） 23.陶器座（TG1⑦：40） 25.陶缸（TG1⑦：39） 26.陶甑（TG1⑦：30） 27~29.陶圈足（TG1⑦：29、TG1⑦：33、TG1⑦：35） 30~32.陶盘（TG1⑦：26、TG1⑦：27、TG1⑦：28） 33.陶杯（TG1⑦：44） 34.陶碗（TG1⑦：45）

二九九，1）。TG1⑦：36，泥质厚胎红陶。上部残。近竖直深腹，腹和底近90°折角，圜底，侧扁板状锥足。鼎足长条形外壁饰多个斜长戳点纹。腹径7.8、残高8.3厘米（图二九九，8）。TG1⑦：38，夹砂红陶。宽扁板形矮足。足根饰横向连续按窝纹。残高4.2厘米（图二九九，7）。TG1⑦：41，夹砂红陶。上部残。斜弧腹，圜底，圆锥形矮足。足底圆钝。素面。残高10厘米（图二九九，3）。

罐　16件。TG1⑦：13，泥质红陶。敛口，仰折沿，宽沿面，尖唇，深弧腹，下部残。唇缘凸棱。口径31、残高4.2厘米（图二九九，5）。TG1⑦：14，泥质磨光黑陶。敛口，仰折沿，宽沿面，圆唇，深弧腹，下部残。素面。口径30、残高6.1厘米（图二九九，2）。TG1⑦：17，夹砂灰陶。敛口，仰折沿，宽沿面，圆唇，鼓腹，下部残。素面。口径20、残高6厘米（图二九九，10）。TG1⑦：18，泥质灰陶。敛口，仰折沿，宽沿面，圆唇，鼓腹，下部残。素面。口径18、残高4.4厘米（图二九九，11）。TG1⑦：19，夹炭厚胎灰陶。小直口，斜厚方唇，高领，鼓腹，下部残。腹饰一周双凹弦纹，弦纹间饰多组横向戳点纹。口径11、残高4.3厘米（图二九九，9）。TG1⑦：20，泥质磨光黑陶。小直口，平折窄沿，丰圆唇，直颈较高，鼓腹，下部残。腹饰棱纹，腹上缘饰一周较浅的附加堆纹。口径9.4、残高8.5厘米（图二九九，12）。TG1⑦：21，泥质红陶。小直口，平折窄沿，方唇，直颈较高，鼓腹残。素面。口径11.6、残高4厘米（图二九九，16）。TG1⑦：22泥质灰陶。微敞口，尖唇，曲颈，鼓腹，下部残。素面。口径18、残高4.2厘米（图二九九，13）。TG1⑦：23，泥质红陶。敞口，仰折沿较窄，尖唇，斜直颈，鼓腹，下部残。口径18、残高5.8厘米（图二九九，15）。TG1⑦：24，泥质灰陶。小直口，厚方唇外缘棱凸，高直颈，鼓腹，下部残。口径11.6、残高9厘米（图二九九，21）。TG1⑦：25，泥质红陶。敛口，加厚圆唇，鼓腹，下部残。通体饰红衣但大部分已脱落，腹饰一周绚索状附加堆纹。口径20、残高6.4厘米（图二九九，14）。TG1⑦：31，泥质灰陶。上部残，弧腹，圜底，矮圈足。足径4.5、残高3.4厘米（图二九九，17）。TG1⑦：32，泥质红陶。上部残。圜底，喇叭形矮圈足外撇。足径9、残高2.5厘米（图二九九，19）。TG1⑦：37，泥质磨光黑陶。上部残。圜底，喇叭形矮圈足外撇。足径5.4、残高1.8厘米（图二九九，20）。TG1⑦：42，泥质黑陶。上部残。斜腹，平底。底径12、残高4.3厘米（图二九九，24）。TG1⑦：43，泥质红陶。上部残。斜弧腹，平底。底径9、残高4.4厘米（图二九九，18）。

盆　1件。TG1⑦：12，泥质红陶。敛口，仰折沿，宽沿面，丰圆唇，弧腹内收，下部残。素面。口径25、残高4.8厘米（图二九九，22）。

器座　1件。TG1⑦：40，泥质灰陶。仰折沿，沿面较宽，丰圆唇微内敛，弧腹，下部残。腹饰心形大镂孔。口径32、残高9.2厘米（图二九九，23）。

缸　1件。TG1⑦：39，夹砂厚胎红陶。直敛口，方厚唇，斜直腹，下部残。唇面饰两道凹弦纹，腹饰斜篮纹。口径40、残高7.2厘米（图二九九，25）。

甑　1件。TG1⑦：30，泥质灰陶。上部残。斜弧腹，平底，矮圈足。底饰椭圆形镂孔。足径11、残高2.5厘米（图二九九，26）。

圈足　3件。TG1⑦：29，泥质灰陶。上部残。斜腹，平底，矮圈足。足径8.5、残高1.4厘米（图二九九，27）。TG1⑦：33，泥质灰陶。圜底，喇叭形圈足上部外撇底缘微内收。足径9.8、残高4.2厘米（图二九九，28）。TG1⑦：35，泥质黑陶。筒形圈足底缘微外折。圈足饰四道凹弦纹。足径12.6、残高5厘米（图二九九，29）。

盘 3件。TG1⑦：26，泥质灰陶。敞口，仰折沿近平，宽沿面，尖唇，斜弧腹内收，下部残。通体饰红衣但大部分已脱落。口径18.4、残高2.7厘米（图二九九，30）。TG1⑦：27，泥质红陶。敞口，平折沿，尖唇，斜弧腹内收，下部残。素面。口径16、残高3厘米（图二九九，31）。TG1⑦：28，泥质灰陶。敞口，仰折窄沿，尖唇，斜弧腹内收，下部残。素面。口径15、残高3.1厘米（图二九九，32）。

杯 1件。TG1⑦：44，泥质磨光黑陶。上部残，直腹，平底，矮圈足微外撇。足径7、残高4.7厘米（图二九九，33）。

碗 1件。TG1⑦：45，泥质黑陶。敞口，尖唇，深斜弧腹，下部残。口径10、残高4.7厘米（图二九九，34）。

器盖 6件。TG1⑦：3，泥质灰陶。矮圈形纽，尖唇。盖面斜弧，穹顶，圆唇。素面。纽径3、盖径9.6、残高3.5厘米（图三〇〇，1；图版五二，6）。TG1⑦：6，泥质黑陶。三尖纽。盖面圆弧，穹顶，圆唇。素面。盖径10、高3.4厘米（图三〇〇，2；图版五三，1）。TG1⑦：8，泥质灰陶。矮圈形纽，尖唇。盖面斜弧，穹顶，尖唇。素面。纽径3.2、盖径9.6、高2.9厘米（图三〇〇，3）。TG1⑦：9，泥质黑陶。三平顶束腰扁条形纽。盖面圆弧，穹顶，丰圆唇。素面。盖径10、高3.4厘米（图三〇〇，4）。TG1⑦：10，泥质磨光黑陶。矮圈形纽，尖唇。盖面斜弧，圆唇。素面。纽径2.8、盖径9.6、高2.9厘米（图三〇〇，5）。TG1⑦：34，泥质灰陶。残存部分盖面。盖面斜直，斜方唇。盖面绕体饰多组横向双孔小镂孔。盖径33、残高1.6厘米（图三〇〇，9）。

纺轮 2件。TG1⑦：1，泥质红陶。两面平整，周缘中间微弧凸，中孔竖直，一面孔周缘弧凸。素面。直径5、孔径0.5、厚0.9厘米（图三〇〇，6；图版五八，3）。TG1⑦：2，泥质红陶。两面平整，周缘弧凸，中孔竖直，一面孔周缘弧凸。素面。直径5.2、孔径0.5、厚1.1~1.2厘米（图三〇〇，7；图版五八，4）。

球 1件。TG1⑦：4，泥质红陶。空心圆球形，圆整度较好。球面饰多个镂孔。直径3.2厘米（图三〇〇，10）。

环 1件。TG1⑦：5，泥质黑陶。侧扁实心圆环，截面为侧扁弯月形。一侧弧凹，另一侧弧凸，内外缘弧尖。素面。外径6.2、内径5.2、厚0.2~0.5厘米（图三〇〇，8；图版六五，4）。

玉器 1件。TG1⑦：7，白色石英质玉石。两头断残。近侧扁长方形。两面对称弧凸，两边平直，厚度不一。残长2.3、宽2、最厚1厘米（图三〇〇，11；彩版二〇，6）。

TG1⑧ 器类有鼎、罐、盆、器座、豆、杯、器盖、纺轮、石斧。

鼎 11件。TG1⑧：3，泥质黑陶。敛口，仰折沿，沿面较宽，圆唇，圆鼓腹，圜底近平，宽扁方锥形矮凿尖足。素面。口径10、腹径10.8、高8.2厘米（图三〇一，16；图版一五，1）。TG1⑧：18，泥质黑陶。上部残。下腹斜弧，圜底，宽扁形铲足。腹饰一周凸

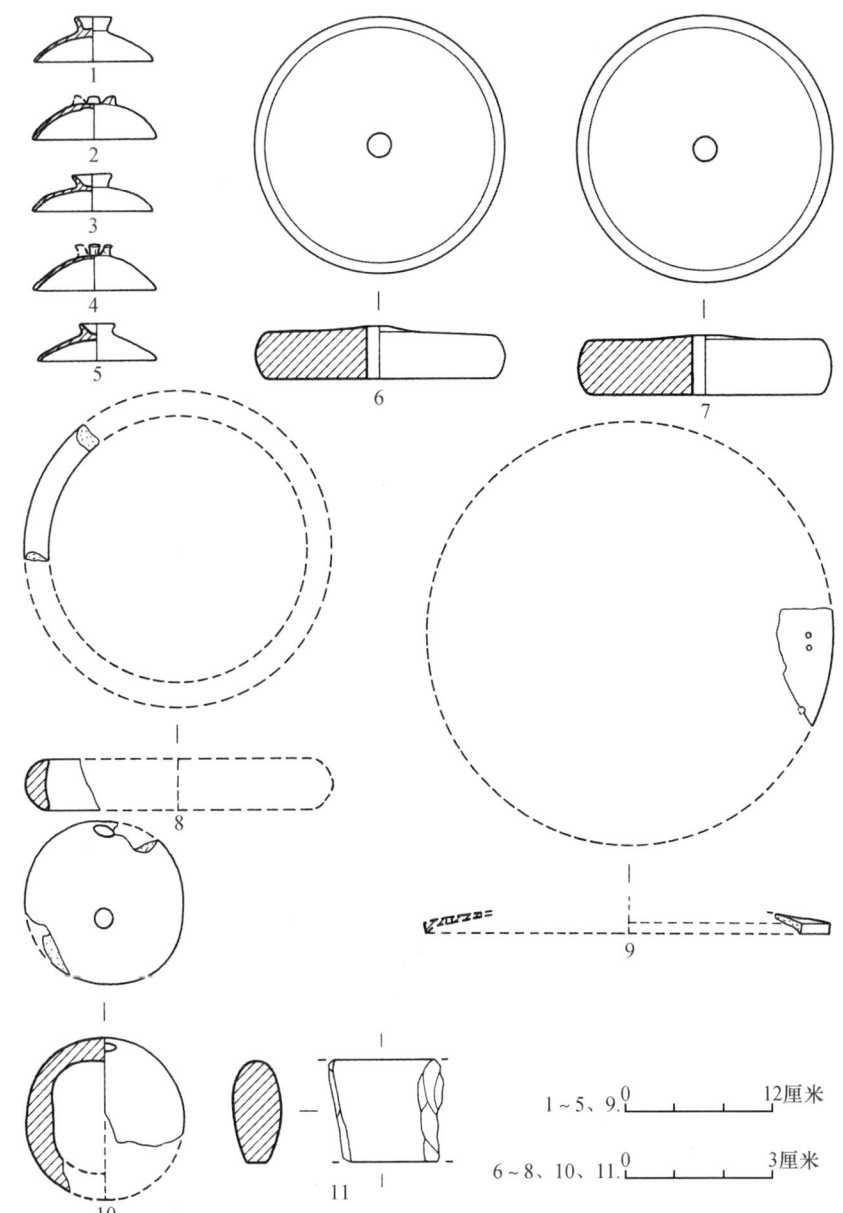

图三〇〇 TG1⑦出土器物

1~5、9.陶器盖（TG1⑦：3、TG1⑦：6、TG1⑦：8、TG1⑦：9、TG1⑦：10、TG1⑦：34） 6、7.陶纺轮（TG1⑦：1、TG1⑦：2） 8.陶环（TG1⑦：5） 10.陶球（TG1⑦：4） 11.玉器（TG1⑦：7）

弦纹，近足根处饰一周三凸弦纹，足根处饰两个横向按窝。残高5.1厘米（图三〇一，20）。TG1⑧：36，泥质灰胎黑皮陶。敛口，仰折沿，尖唇，鼓腹，下部残。口径12、残高3.4厘米（图三〇一，14）。TG1⑧：37，泥质灰陶。敛口，仰折沿，圆唇，弧腹，下部残。口径12、残高3.2厘米（图三〇一，15）。TG1⑧：38，夹砂灰陶。敛口，仰折沿，尖唇，鼓腹，下部残。口径12、残高3.4厘米（图三〇一，17）。TG1⑧：39，泥质夹炭灰黑陶。敛口，仰折沿，圆唇，鼓腹，下部残。口径12、残高4.4厘米（图三〇一，18）。TG1⑧：40，泥质夹炭灰黑陶。敛口，仰折沿，尖唇，鼓腹，下部残。口径13、残高3厘米（图三〇一，19）。

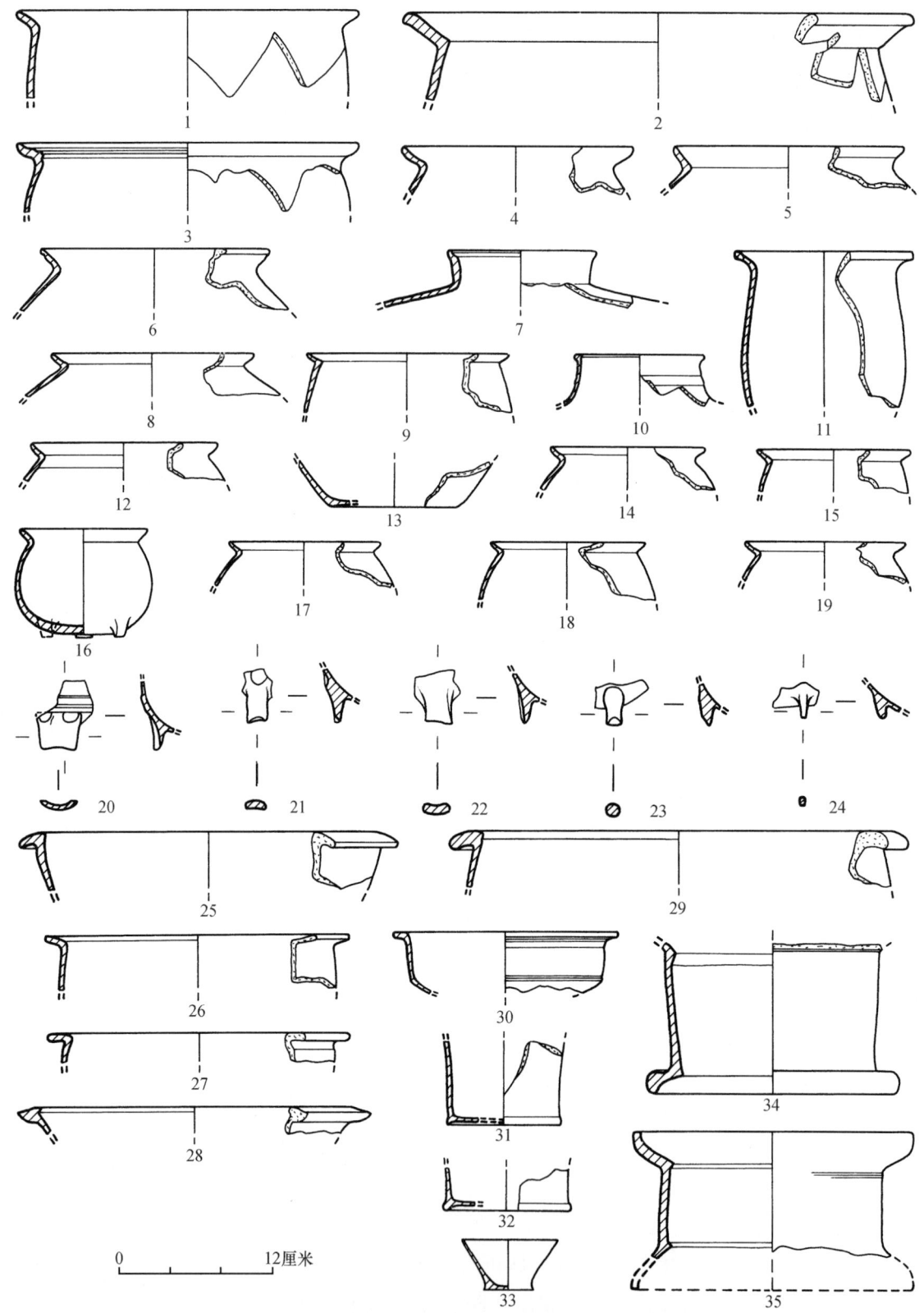

图三〇一　TG1⑧出土器物

1~13.陶罐（TG1⑧：9、TG1⑧：23、TG1⑧：22、TG1⑧：30、TG1⑧：33、TG1⑧：31、TG1⑧：21、TG1⑧：32、TG1⑧：34、TG1⑧：20、TG1⑧：10、TG1⑧：35、TG1⑧：42）　14~24.陶鼎（TG1⑧：36、TG1⑧：37、TG1⑧：3、TG1⑧：38、TG1⑧：39、TG1⑧：40、TG1⑧：18、TG1⑧：43、TG1⑧：44、TG1⑧：45、TG1⑧：46）　25~29.陶盆（TG1⑧：26、TG1⑧：29、TG1⑧：28、TG1⑧：27、TG1⑧：11）　30.陶豆（TG1⑧：24）　31~33.陶杯（TG1⑧：17、TG1⑧：41、TG1⑧：4）　34、35.陶器座（TG1⑧：12、TG1⑧：13）

TG1⑧：43，泥质夹炭灰白陶。宽扁凿形矮足，内面近平，外面弧凸，近竖直两侧脊凸，宽足尖自外侧捏成凹缺状。近足根处饰一个圆按窝。残高4厘米（图三〇一，21）。TG1⑧：44，泥质灰陶。宽扁凿形矮足，内面近平，外面弧凹，微束腰两侧脊凸，宽足尖内外侧削尖呈凹缺状。宽约2.2、残高4厘米（图三〇一，22）。TG1⑧：45，泥质灰黑陶足尖红色。近圆锥形凿尖足，上粗下细，宽平凿形足尖自外侧捏尖。直径约1、残高3.4厘米（图三〇一，23）。TG1⑧：46，泥质灰陶。侧扁锥形四棱柱矮足，内外面微弧凸，两侧平整，宽足尖自内侧斜向捏尖。残高4厘米（图三〇一，24）。

罐 13件。TG1⑧：9，泥质红陶。微敛口，仰折沿，沿面较窄，圆唇，深弧腹，下部残。素面。口径27、残高6.6厘米（图三〇一，1）。TG1⑧：10，泥质红陶。微敛口，仰折沿，沿面较宽，丰圆唇，深弧腹，下部残。口径14、腹径12.8、残高11.8厘米（图三〇一，11）。TG1⑧：20，泥质磨光黑陶。小口微敛，加厚方唇，斜直颈，鼓腹，下部残。口径10、残高3.9厘米（图三〇一，10）。TG1⑧：21，泥质灰陶。小口近直，窄折沿，尖唇，直颈，广肩，下部残。口径11.6、残高4.3厘米（图三〇一，7）。TG1⑧：22，泥质黑陶。敛口，仰折沿，沿面较宽，尖唇，深弧腹，下部残。沿面饰两周浅凹弦纹。口径27、残高5.2厘米（图三〇一，3）。TG1⑧：23，泥质黑陶。敛口，仰折沿，宽沿面，圆唇，弧腹斜直，下部残。素面。口径40、残高6.6厘米（图三〇一，2）。TG1⑧：30，泥质灰黑陶。敛口，仰折沿，圆唇，鼓腹，下部残。口径18、残高3.6厘米（图三〇一，4）。TG1⑧：31，泥质灰陶。敛口，仰折沿，尖唇，鼓腹，下部残。唇外缘饰一道凹弦纹。口径18、残高4.6厘米（图三〇一，6）。TG1⑧：32，泥质夹炭灰陶。敛口，仰折沿，圆唇，鼓腹，下部残。口径16、残高3.2厘米（图三〇一，8）。TG1⑧：33，夹砂夹炭灰陶。敛口，仰折沿，宽沿面，尖唇，鼓腹，下部残。口径18、残高3.2厘米（图三〇一，5）。TG1⑧：34，泥质灰陶外表粘砂。敛口，仰折沿，圆唇，深弧腹，下部残。口径16、残高4.4厘米（图三〇一，9）。TG1⑧：35，泥质灰黑陶。敛口，仰折沿，圆唇，鼓腹，下部残。口径14.8、残高2.9厘米（图三〇一，12）。TG1⑧：42，泥质红陶。上部残，下腹斜弧，平底。底径10、残高3.4厘米（图三〇一，13）。

盆 5件。TG1⑧：11，泥质红陶。敛口，折沿下垂，宽沿面，丰圆唇，深弧腹，下部残。口部内缘饰一周凹弦纹。口径36、残高4.2厘米（图三〇一，29）。TG1⑧：26，泥质夹炭红陶。敞口，折沿下垂，圆唇，斜弧腹内收，下部残。通体饰红衣但大部分已脱落。口径30、残高4.4厘米（图三〇一，25）。TG1⑧：27，泥质灰陶。敞口，窄平折沿内侧棱凸，尖唇，斜弧腹，下部残。口径28、残高2厘米（图三〇一，28）。TG1⑧：28，泥质灰陶。口微敛，平折沿，圆唇，弧腹，下部残。口径24、残高2.2厘米（图三〇一，27）。TG1⑧：29，泥质夹炭红陶。敛口近直，仰折沿，窄沿面，圆唇，深弧腹，下部残。沿面饰一道浅凹弦纹。口径24、残高4厘米（图三〇一，26）。

器座 2件。TG1⑧：12，泥质红陶。上部口沿残。斜直腹内收，底部近平折沿。通体饰红衣但大部分已脱落。底径20、残高11.4厘米（图三〇一，34）。TG1⑧：13，泥质红陶。亚腰形。圆唇，折沿盘形口，竖直中腹微外弧，底部残。素面。口径22、复原底径22、复原高12

厘米（图三〇一，35；图版二三，4）。

豆　1件。TG1⑧：24，泥质黑陶。敞口近直，平折沿，方唇，折腹，上腹直，下腹弧内收，下部残。口径18、残高6.6厘米（图三〇一，30）。

杯　3件。TG1⑧：4，泥质薄胎灰陶。敞口，尖唇，斜直腹，平底。素面。底径3.9、残高3.8厘米（图三〇一，33；图版三九，3）。TG1⑧：17，泥质磨光黑陶。上部残。直腹微内束，平底，矮圈足底缘微内扣。素面。足径9、残高6.3厘米（图三〇一，31）。TG1⑧：41，泥质灰陶。上部残。直腹，平底，矮圈足外撇。足径10、残高3.2厘米（图三〇一，32）。

器盖　8件。TG1⑧：5，泥质灰陶。喇叭形纽，尖唇，束颈。盖面斜弧，圆唇。素面。纽径3.8、盖径10.4、高3.3厘米（图三〇二，2）。TG1⑧：6，泥质灰陶。矮圈形，尖唇。盖面斜弧，丰圆唇。盖面上部近纽根饰一周凸棱。纽径2.8、盖径9、高2.4厘米（图三〇二，3）。TG1⑧：7，泥质灰陶。喇叭形，尖唇，束颈。盖面斜弧，平折窄沿，圆唇。素面。纽径3.2、盖径10、高3厘米（图三〇二，1）。TG1⑧：8，泥质灰陶。矮圈形纽，尖唇。盖面斜弧，折沿上翘，尖唇。纽根和盖面近底缘处各饰一周浅凹弦纹。纽径3.2、盖径10.4、高2.5厘米（图三〇二，5）。TG1⑧：14，泥质红陶。喇叭形矮圈形纽，下部残。通体饰红衣但大部分已脱落。纽径9.6、残高3.6厘米（图三〇二，4）。TG1⑧：15，泥质红陶。纽部残。盖面圆弧，圆唇。素面。盖径13、残高3.5厘米（图三〇二，7）。TG1⑧：16，泥质红陶。喇叭形矮圈形纽，下部残。纽径5.8、残高2厘米（图三〇二，6）。TG1⑧：19，泥质红陶。细高杯形纽，下部残。通体饰红衣但大部分已脱落。纽径3.9、残高4.2厘米（图三〇二，8）。

纺轮　1件。TG1⑧：2，泥质红陶。两面平整，周缘中间棱凸成两斜直面，中孔竖直。素面。直径4.6、孔径0.4、厚1.2厘米（图三〇二，10）。

石斧　1件。TG1⑧：1，灰色砂岩。梯形。上部残，弧凸刃两面对称磨光，两边斜直微弧凸，两面较平有多处崩疤。残长4.9、宽7.9、厚3厘米（图三〇二，9；图版七三，4）。

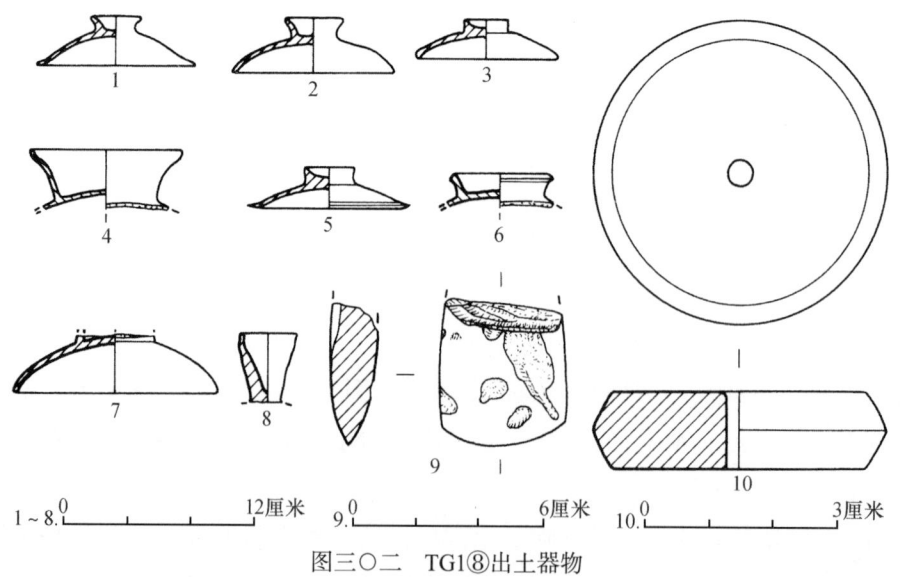

图三〇二　TG1⑧出土器物

1～8.陶器盖（TG1⑧：7、TG1⑧：5、TG1⑧：6、TG1⑧：14、TG1⑧：8、TG1⑧：16、TG1⑧：15、TG1⑧：19）
9.石斧（TG1⑧：1）　10.陶纺轮（（TG1⑧：2）

TG1⑨ 器类有鼎、罐、缸、豆、盘、器盖、球。

鼎 5件。TG1⑨：11，泥质灰陶。敛口，仰折沿，圆唇，微鼓腹，下部残。口径11、残高2.8厘米（图三〇三，15）。TG1⑨：13，泥质夹炭灰陶。宽扁凿形矮足，内面近平，外面竖向弧凹，斜直两侧脊凸，宽斜足尖自内向外侧捏成凹缺状。两侧脊近足根处饰两个大小不一圆按窝。足尖残宽1.6、残高4厘米（图三〇三，11）。TG1⑨：14，泥质夹炭灰陶。宽扁凿形足，内外面近平，近竖直两侧脊凸，宽斜足尖内外捏尖。近足根处饰一个圆按窝。宽约1.2、残高4.4厘米（图三〇三，12）。TG1⑨：15，泥质夹炭灰陶。宽扁凿形足稍变形，足尖内外削尖。最宽1.2、残高3.4厘米（图三〇三，13）。TG1⑨：16，泥质夹炭灰陶。圆锥柱形凿尖足，宽斜足尖内外捏尖。宽约0.9、残高4.8厘米（图三〇三，10）。

罐 5件。TG1⑨：2，泥质磨光黑陶。小口微敛，近丁字形窄折沿，尖唇，矮颈内倾，鼓腹，下部残。颈上缘饰一周浅双凹弦纹、下缘饰一周附加堆纹，腹饰两道凸弦纹。口径20、残高5.8厘米（图三〇三，1）。TG1⑨：3，泥质灰陶。直口微敞，斜平唇内缘棱凸，高领，鼓腹，下部残。素面。口径10、残高4.6厘米（图三〇三，8）。TG1⑨：6，泥质磨光黑陶。敛口，仰折沿，窄沿面，尖唇，鼓腹，下部残。腹饰一周凸弦纹。口径23、残高2.7厘米（图三〇三，2）。TG1⑨：9，泥质磨光黑陶。上部残。斜弧腹，凹底。底径9、残高4.3厘米（图三〇三，4）。TG1⑨：12，夹砂薄胎灰陶。上部残。斜弧腹，圜底残，矮圈足。底径10、残高1.2厘米（图三〇三，9）。

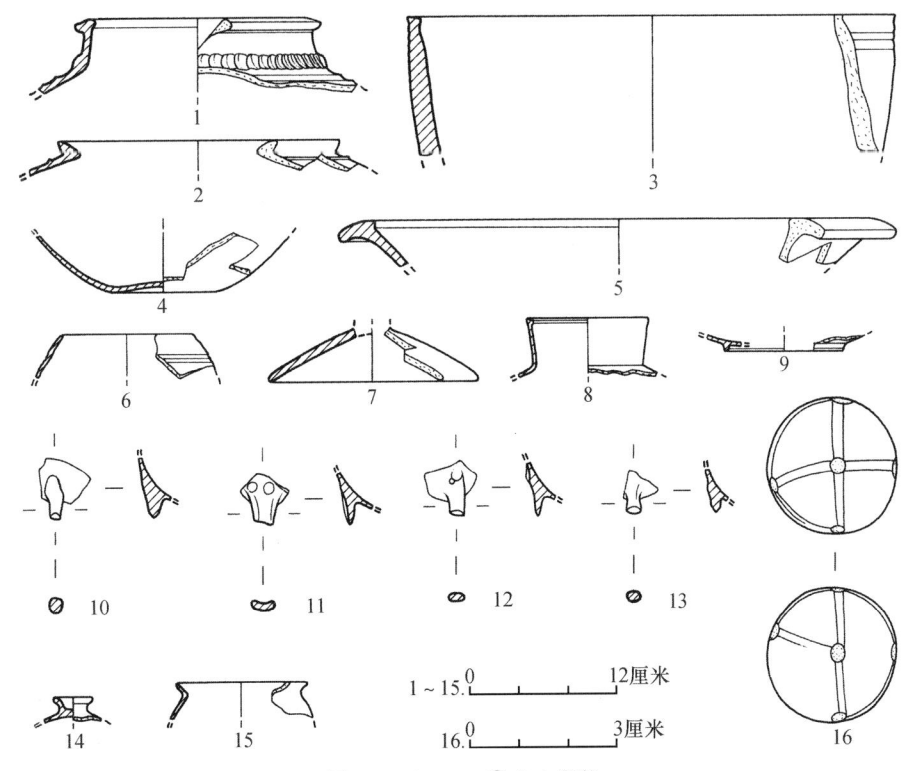

图三〇三 TG1⑨出土器物

1、2、4、8、9.陶罐（TG1⑨：2、TG1⑨：6、TG1⑨：9、TG1⑨：3、TG1⑨：12） 3.陶缸（TG1⑨：7） 5.陶盘（TG1⑨：5） 6.陶豆（TG1⑨：10） 7、14.陶器盖（TG1⑨：4、TG1⑨：8） 10～13、15.陶鼎（TG1⑨：16、TG1⑨：13、TG1⑨：14、TG1⑨：15、TG1⑨：11） 16.陶球（TG1⑨：1）

缸　1件。TG1⑨：7，夹砂厚胎红陶。直敞口，方唇，壁胎近唇处变薄，深弧腹斜直内收，下部残。腹饰一周三凹弦纹。口径40、残高11厘米（图三〇三，3）。

豆　1件。TG1⑨：10，泥质灰陶。敛口，尖唇，圆弧腹，下部残。腹饰一周三凹弦纹，稍内束。口径11、残高3.4厘米（图三〇三，6）。

盘　1件。TG1⑨：5，泥质红陶。敞口，丁字形折沿下垂，沿面较宽，外唇圆内唇尖，斜直腹内收，下部残。口径46、残高3.6厘米（图三〇三，5）。

器盖　2件。TG1⑨：4，夹炭灰陶。纽部残。盖面近斜直，圆唇。素面。盖径17、残高4.1厘米（图三〇三，7）。TG1⑨：8，泥质灰陶。喇叭形矮圈纽，折沿，尖唇，束颈。穹顶，下部残。纽径3.2、残高1.9厘米（图三〇三，14）。

球　1件。TG1⑨：1，泥质红陶。实心圆球形，圆整度一般。表面以双凹弦纹不规则绕体交叉装饰，交叉点饰圆窝纹。直径2.7厘米（图三〇三，16；图版六三，1）。

TG1⑩　器类有鼎、罐、器座、缸、豆、圈足、碗、壶、器盖、纺轮。

鼎　4件。TG1⑩：12，夹炭红陶。宽扁薄板状铲形足。通体饰红衣但大部分已脱落。残高6.7厘米（图三〇四，18）。TG1⑩：18，泥质灰陶。敛口，仰折沿，尖唇，微鼓腹，下部残。沿面饰一周双凹弦纹。口径10、残高3.6厘米（图三〇四，15）。TG1⑩：19，泥质夹炭陶。微束腰圆柱形矮凿尖足，宽斜足尖内外捏尖。残高2.8厘米（图三〇四，17）。TG1⑩：20，泥质黑陶。宽扁凹凿形矮足，内面弧凸，外面竖向凹槽，斜直两侧脊凸，截面呈V字形，宽平足尖。足尖宽1.2、残高2.8厘米（图三〇四，19）。

罐　5件。TG1⑩：4，泥质灰陶。敛口，仰折沿，宽沿面，圆唇，鼓腹，下部残。素面。口径17、残高5.2厘米（图三〇四，3）。TG1⑩：5，泥质灰陶。上部残。圆弧腹，圜底，竖直矮圈足。腹饰横向附加堆纹。足径10.2、残高8.8厘米（图三〇四，10）。TG1⑩：6，泥质灰陶。上部残。斜弧腹内收，平底，素面。底径8、残高2.3厘米（图三〇四，5）。TG1⑩：16，泥质灰陶。敛口，仰折沿，方唇，鼓腹，下部残。沿面饰一道浅凹弦纹。口径18、残高2.8厘米（图三〇四，7）。TG1⑩：17，泥质夹炭灰陶，断面上呈两层贴合状。大口微敛，仰折沿，宽沿面，圆唇，深弧腹，下部残。口径24、残高5.2厘米（图三〇四，9）。

器座　2件。TG1⑩：2，泥质灰陶。近亚腰形。盘口，束腰，圆唇。通体饰红衣黑彩但大部分已脱落。口径14.6、底径14.6、高8.2厘米（图三〇四，6；图版二三，5）。TG1⑩：10，泥质红陶。上部残。斜直腹，折沿，圆唇。通体饰红衣但大部分已脱落。底径20、残高7.5厘米（图三〇四，4）。

缸　2件。TG1⑩：3，泥质灰陶。微敛口，仰折沿，宽沿面弧曲，尖唇外缘凸棱，微鼓腹，下部残。素面。口径41、残高13厘米（图三〇四，1）。TG1⑩：7，夹砂厚胎红陶。敞口，平唇，深腹斜弧内收，下部残。上腹饰横向篮纹，中腹饰竖向篮纹，下腹饰斜向篮纹，中下腹之间饰一周链状附加堆纹。口径46、残高24.4厘米（图三〇四，2）。

豆　1件。TG1⑩：8，泥质灰陶。微敛子母口，尖唇，斜弧腹内收，下部残。素面。口径12.8、残高3.6厘米（图三〇四，11）。

圈足　1件。TG1⑩：11，泥质灰陶。上部残。圜底，喇叭形圈足外撇，底缘微内扣。通

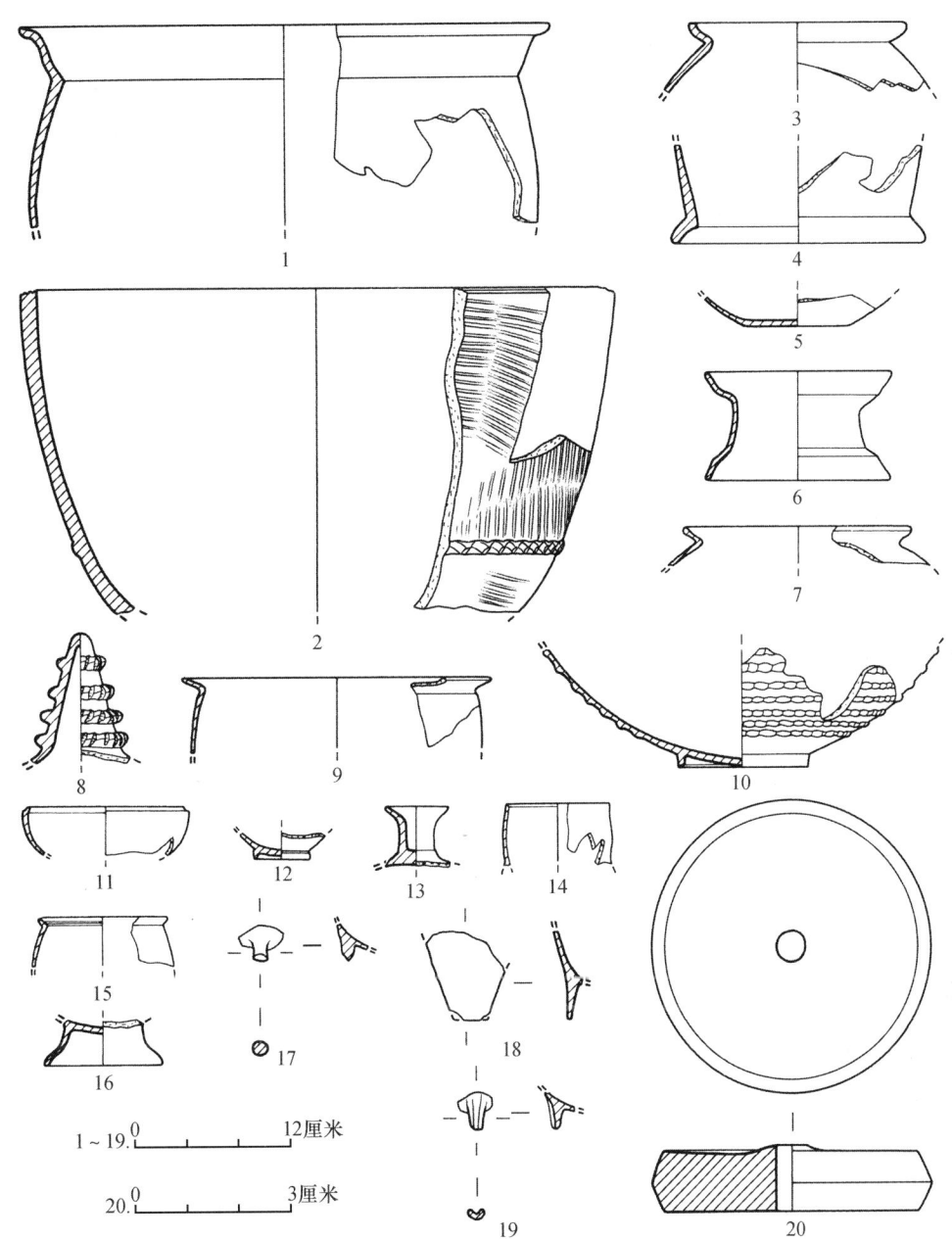

图三〇四　TG1⑩出土器物

1、2.陶缸（TG1⑩：3、TG1⑩：7）　3、5、7、9、10.陶罐（TG1⑩：4、TG1⑩：6、TG1⑩：16、TG1⑩：17、TG1⑩：5）　4、6.陶器座（TG1⑩：10、TG1⑩：2）　8、13.陶器盖（TG1⑩：9、TG1⑩：13）　11.陶豆（TG1⑩：8）　12.陶碗（TG1⑩：14）　14.陶壶（TG1⑩：21）　15、17~19.陶鼎（TG1⑩：18、TG1⑩：19、TG1⑩：12、TG1⑩：20）　16.陶圈足（TG1⑩：11）　20.陶纺轮（TG1⑩：1）

体饰红衣但大部分已脱落。足径9.2、残高3.4厘米（图三〇四，16）。

碗　1件。TG1⑩：14，泥质黑陶。上部残。弧腹内收，圜底，矮圈足。足径4.4、残高1.9厘米（图三〇四，12）。

壶　1件。TG1⑩：21，泥质夹炭红陶。微敛口，尖唇，高领，下部残。通体饰红衣但大部分已脱落。口径8、残高4.6厘米（图三〇四，14）。

器盖 2件。TG1⑩：9，泥质红陶。圆尖塔形高纽，下部残。饰四周锯齿状附加堆纹。残高9.8厘米（图三〇四，8；图版五三，2）。TG1⑩：13，泥质黑陶。喇叭形高圈纽，仰折沿，束颈。下部残。素面。纽径5、残高4.5厘米（图三〇四，13）。

纺轮 1件。TG1⑩：1，泥质红陶。一面平整，一面环凹，周缘中间棱凸成两个斜直面，中孔竖直，一面孔周缘外凸。素面。直径5.5、孔径0.6、厚1.2厘米（图三〇四，20；图版五八，5）。

TG2③ 器类有鼎、罐、盆、钵、釜。

鼎 1件。TG2③：1，夹砂灰陶。敛口，仰折沿，宽沿面，圆唇，鼓腹，圜底，宽扁内凹板形足残。下腹饰一周附加堆纹。口径15、腹径15.8、残高12厘米（图三〇五，4）。

罐 3件。TG2③：3，泥质黑陶。上部残。圆弧腹，平底，矮圈足外撇，底缘抹斜角。足径8.8、残高6.4厘米（图三〇五，8）。TG2③：8，泥质夹炭红陶。小直口，加厚圆唇，矮领，鼓腹，下部残。口径15、残高4厘米（图三〇五，6）。TG2③：9，泥质磨光黑陶。敛口，仰折沿，宽沿面，深弧腹，下部残。沿面饰一道浅凹弦纹，腹饰一周三凹弦纹。口径17.5、残高2.6厘米（图三〇五，7）。

盆 2件。TG2③：5，夹砂厚胎红陶。微敛口，仰折沿，窄沿面，圆唇，斜弧腹内收，下部残。通体饰红衣但大部分已脱落，腹饰一周双凹弦纹和一周附加堆纹。口径44、残高12.2厘米（图三〇五，3）。TG2③：4，夹砂厚胎红陶。敛口，加厚丰圆唇，深弧腹，下部残。通体饰红衣但大部分已脱落，唇外缘凸棱。口径25、腹径27.2、残高9.5厘米（图三〇五，2）。

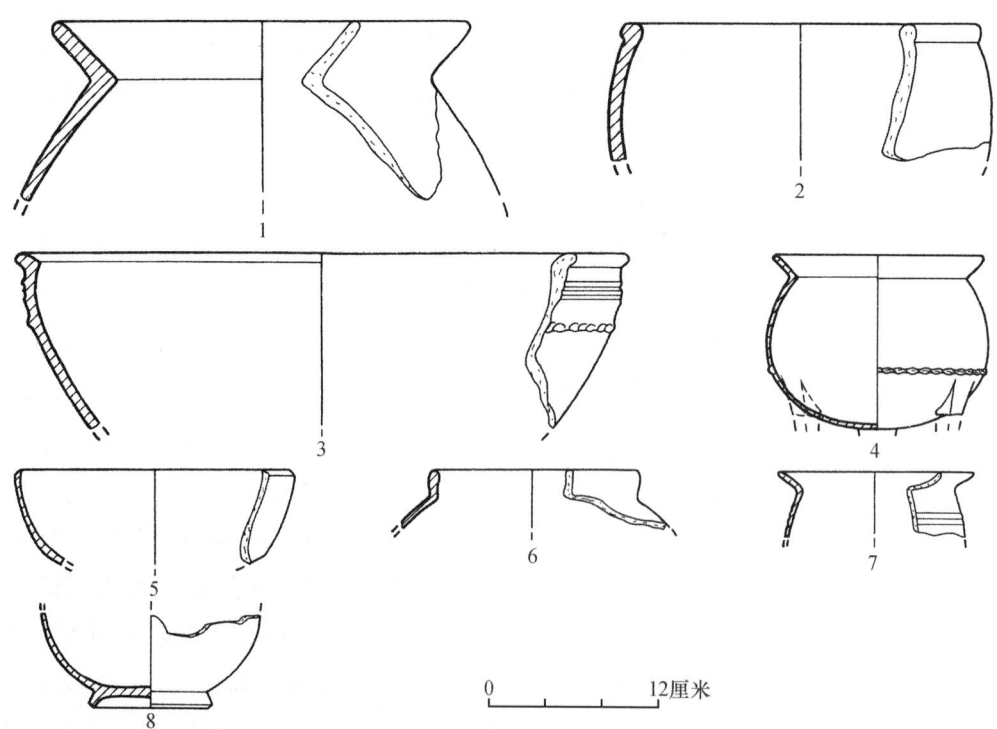

图三〇五　TG2③出土器物
1.陶釜（TG2③：6）　2、3.陶盆（TG2③：4、TG2③：5）　4.陶鼎（TG2③：1）　5.陶钵（TG2③：2）
6~8.陶罐（TG2③：8、TG2③：9、TG2③：3）

钵　1件。TG2③：2，泥质灰陶。敞口，斜方唇，斜弧腹内收，下部残。通体饰黑衣但大部分已脱落。口径20、残高6.6厘米（图三〇五，5）。

釜　1件。TG2③：6，夹炭红陶。敛口，仰折沿，宽沿面，圆唇，鼓腹，下部残。通体饰红衣但大部分已脱落。口径30、残高12.2厘米（图三〇五，1）。

TG2④　器类有鼎、罐、盆、钵、釜、器座、缸、豆、盘、器盖、石器。

鼎　8件。TG2④：7，泥质磨光黑陶。圆锥形鼎足。残高5.8厘米（图三〇七，20）。TG2④：8，泥质红陶。宽扁板形鼎足，外壁中间竖向凸棱，内壁稍凹。残高8.6厘米（图三〇七，6）。TG2④：9，夹炭红陶。鸭嘴形锥足。残高7.6厘米（图三〇七，17）。TG2④：16，泥质夹炭红陶。敛口，仰折沿，圆唇，鼓腹，下部残。通体饰红衣但大部分已脱落。口径16、残高4.4厘米（图三〇七，15）。TG2④：31，泥质磨光黑陶。敛口，仰折沿，窄沿面，丰圆唇，鼓腹，下部残。口径11、残高3.6厘米（图三〇七，12）。TG2④：32，泥质磨光黑陶。敛口，仰折沿，窄沿面，圆唇，鼓腹，下部残。腹饰凹弦纹。口径12、残高3.6厘米（图三〇七，14）。TG2④：42，泥质磨光红陶，部分黑色。侧扁锥形足，内外脊凸，两侧扁平，尖锥足尖。外脊近足根处饰一个圆按窝。残高6.2厘米（图三〇七，18）。TG2④：43，泥质磨光黑陶，足尖红色。侧扁锥形矮足，内外脊凸，两侧扁平，扁锥足尖。外脊近足根处饰一个按窝。最厚约0.8、残高6.2厘米（图三〇七，19）。

罐　7件。TG2④：21，泥质夹炭红陶。大口弧敛，圆唇，鼓腹，下部残。唇面饰一周细双凹弦纹，唇外缘宽平棱。口径30、残高4.4厘米（图三〇六，1）。TG2④：22，泥质夹灰红陶。大口弧敛，加厚平唇，鼓腹，下部残。唇内缘抹平，唇外缘棱凸。口径26、残高4.8厘米（图三〇六，2）。TG2④：27，细泥质夹炭灰陶。敛口，尖唇，鼓腹，下部残。唇内缘斜抹角，外缘凸棱，腹饰一周多道同心凹弦纹。口径10、残高5厘米（图三〇六，3）。TG2④：28，泥质夹炭红陶。敛口，仰折沿，窄沿面，尖唇，深弧腹微束，下部残。沿面饰一道浅凹弦纹，腹饰凹弦纹和戳点线纹。口径13、残高3.6厘米（图三〇六，6）。TG2④：29，泥质灰陶。敛口，仰折沿，宽沿面，圆唇，微鼓腹，下部残。沿面饰凹弦纹。口径16、残高2.6厘米（图三〇六，7）。TG2④：30，泥质磨光黑陶。敛口，仰折沿，宽沿面，圆唇，鼓腹，下部残。沿面饰一道凹弦纹，唇缘饰锯齿状戳点纹。口径16、残高4.6厘米（图三〇六，10）。TG2④：36，口沿，泥质磨光黑陶。敛口，仰折沿，窄沿面，圆唇，鼓腹，下部残。唇缘饰锯齿状戳点纹。口径12、残高2.6厘米（图三〇六，9）。

盆　9件。TG2④：13，泥质红陶。微敛口，仰折沿，窄沿面，尖唇，斜弧腹内收，下部残。口径44、残高8.9厘米（图三〇六，8）。TG2④：19，泥质夹炭黑陶。大口微敛，平折沿，窄沿面，加厚丰圆唇，斜弧腹内收，下部残。口径40、残高4.2厘米（图三〇六，11）。TG2④：20，口沿，泥质夹炭红陶。大敛口，方唇，弧腹内收。唇外缘饰一周宽平棱。口径44、残高4.8厘米（图三〇六，4）。TG2④：23，泥质夹炭灰陶。大敞口，仰折沿，宽沿面，圆唇，斜弧腹内收，下部残。口径30、残高5.2厘米（图三〇六，5）。TG2④：24，泥质夹灰红陶。大敛口，平折沿下垂，宽沿面，尖唇，斜弧腹，下部残。通体饰红衣但大部分已脱落。口径25、残高3厘米（图三〇六，12）。TG2④：18，泥质灰陶。大口微敛，仰折沿，圆唇，

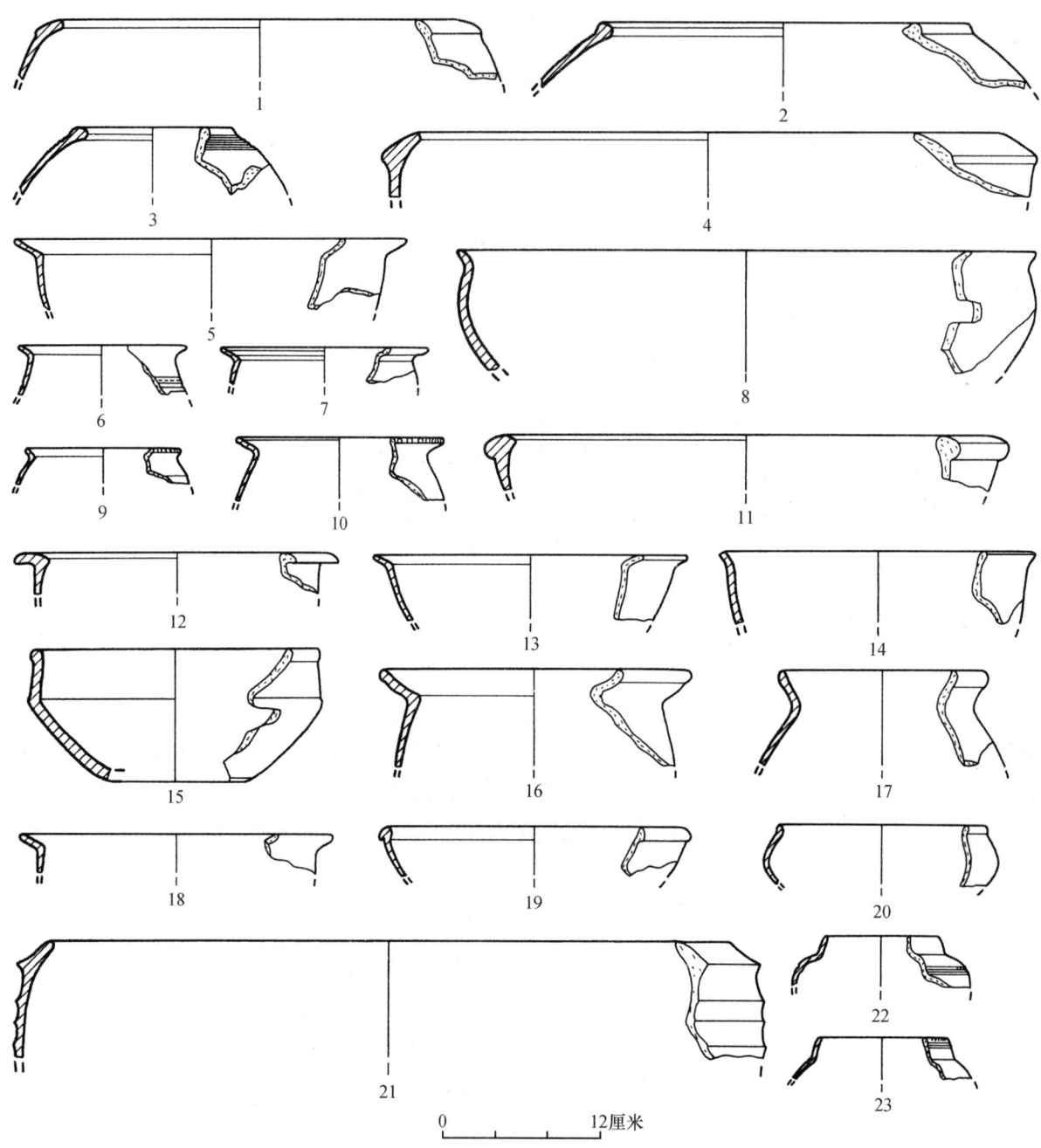

图三〇六 TG2④出土器物

1~3、6、7、9、10.陶罐（TG2④：21、TG2④：22、TG2④：27、TG2④：28、TG2④：29、TG2④：36、TG2④：30）
4、5、8、11~14、18、19.陶盆（TG2④：20、TG2④：23、TG2④：13、TG2④：19、TG2④：24、TG2④：25、TG2④：26、TG2④：18、TG2④：38） 15.陶钵（TG2④：3） 16.陶器座（TG2④：15） 17.陶釜（TG2④：17） 20、22、23.陶豆（TG2④：33、TG2④：34、TG2④：35） 21.陶缸（TG2④：1）

斜弧腹，下部残。口径24、残高2.8厘米（图三〇六，18）。TG2④：25，泥质夹灰红陶。大敞口，仰折沿，窄沿面，圆唇，斜弧腹内收，下部残。通体饰红衣但大部分已脱落。口径24、残高4.8厘米（图三〇六，13）。TG2④：26，夹砂红陶。大敞口，仰折沿，窄沿面，斜方唇，弧腹内收，下部残。通体饰红衣但大部分已脱落。口径24、残高5.4厘米（图三〇六，14）。TG2④：38，泥质夹炭红陶。敞口，尖唇棱凸，斜弧腹内收，下部残。通体饰红衣但部分已脱落，内壁饰一道浅凹弦纹。口径24、残高3.6厘米（图三〇六，19）。

钵 1件。TG2④：3，泥质灰陶。直口，加厚丰圆唇，折腹，上腹竖直，下腹斜弧内收，平部残。唇外缘凸棱，折腹饰一周浅凹弦纹。口径22、腹径22.4、底径10.4、高9.8厘米（图三〇六，15）。

釜 1件。TG2④：17，泥质夹炭红陶。敛口，仰折沿，宽沿面，圆唇，鼓腹，下部残。通体饰红衣但大部分已脱落，唇外缘凸棱。口径16、残高7厘米（图三〇六，17）。

器座 1件。TG2④：15，泥质夹炭红陶。敛口，仰折沿，宽沿面，深弧腹，下部残。唇外缘下饰一道浅凹弦纹。口径24、残高7.2厘米（图三〇六，16）。

缸 1件。TG2④：1，泥质红陶。敛口，圆唇，深弧腹，下部残。唇外缘饰一周宽平棱，腹饰多道凸弦纹。口径52、残高8.6厘米（图三〇六，21）。

豆 3件。TG2④：33，泥质磨光黑陶。敛口，圆唇微外折，弧腹微折，下部残。口径16、残高4.4厘米（图三〇六，20）。TG2④：34，泥质磨光黑陶。敛口，圆唇，矮领斜直内敛，鼓腹，下部残。腹饰一周双凹弦纹，上面一道弦纹上间断饰戳点线纹。口径9、腹径14、残高3.9厘米（图三〇六，22）。TG2④：35，泥质磨光黑陶。敛口，方唇，矮领斜弧内敛，鼓腹，下部残。唇外缘间断饰戳点线段，矮领上缘饰一周三凹弦纹。口径10、残高3厘米（图三〇六，23）。

盘 4件。TG2④：10，泥质磨光黑陶。上部残。圜底，喇叭形圈足外撇。圈足中上部饰三周棱纹，并绕体等距离饰四组倒三角三孔镂孔纹，均未透孔。足径11、残高5厘米（图三〇七，1）。TG2④：11，泥质灰陶。上部残。圜底，喇叭形高圈足外撇。圈足等距离饰五周凹弦纹。足径11.6、残高5.8厘米（图三〇七，4）。TG2④：12，泥质红陶。敞口，仰折沿下垂，尖唇，斜弧腹，浅盘，下部残。通体饰红衣但大部分已脱落，腹内壁中部饰一周浅凹弦纹；唇缘按压呈葵瓣状，沿面饰一周浅双凹弦纹及细密的同心放射线纹。口径15、残高2.3厘米（图三〇七，8）。TG2④：37，泥质夹炭红陶。敞口，丰圆唇，斜弧腹内收，下部残。通体饰红衣但部分已脱落，腹内壁饰一道浅凹弦纹，唇外缘凸棱。口径20、残高3.2厘米（图三〇七，2）。

器盖 7件。TG2④：2，泥质灰陶。喇叭形纽残。盖面圆弧，穿顶，尖唇。盖径11.6、残高6.4厘米（图三〇七，7）。TG2④：4，泥质黑陶。矮圈形纽，尖唇，微束颈。盖面缓弧，穿顶，尖唇外撇。盖面饰一周凸弦纹。纽径4.6、盖径13、高4.3厘米（图三〇七，11）。TG2④：5，泥质磨光厚胎黑陶。盖纽残。盖面深弧，穿顶，圆唇。盖径11、残高4厘米（图三〇七，3）。TG2④：6，泥质黑陶。喇叭状矮圈形纽，仰折沿，尖唇。穿顶，下部残。纽径6.2、残高6.4厘米（图三〇七，5）。TG2④：39，泥质磨光黑陶。顶部残。盖面深弧，尖唇。

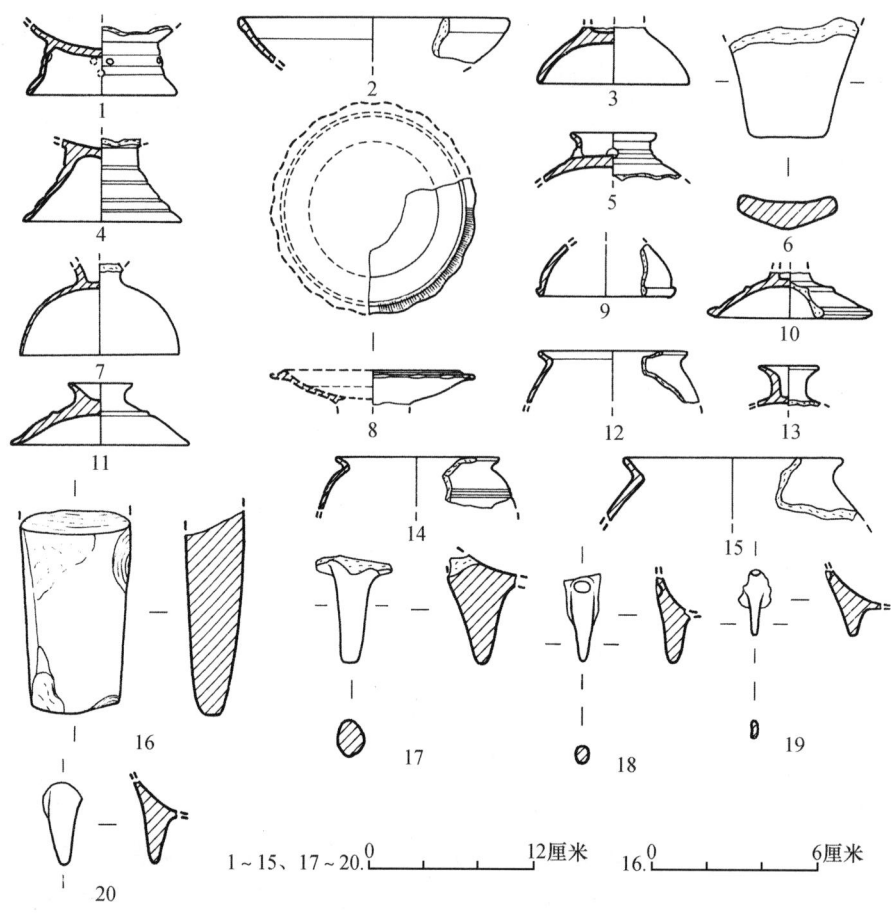

图三〇七　TG2④出土器物

1、2、4、8. 陶盘（TG2④：10、TG2④：37、TG2④：11、TG2④：12）　3、5、7、9～11、13. 陶器盖（TG2④：5、TG2④：6、TG2④：2、TG2④：39、TG2④：40、TG2④：4、TG2④：41）　6、12、14、15、17～20. 陶鼎（TG2④：8、TG2④：31、TG2④：32、TG2④：16、TG2④：9、TG2④：42、TG2④：43、TG2④：7）　16. 石器（TG2④：44）

盖唇外缘凸棱。盖径10、残高3.5厘米（图三〇七，9）。TG2④：40，泥质磨光黑陶。盖纽残。盖面缓弧，底缘外折上翘，尖唇。盖面饰一道凸弦纹，盖唇外缘凸棱。盖径12、残高2.8厘米（图三〇七，10）。TG2④：41，泥质磨光黑陶。喇叭状高圈形盖纽，仰折沿，尖唇，矮直柄。穹顶。纽径4.4、残高2.8厘米（图三〇七，13）。

石器　1件。TG2④：44，灰岩。刃部断残。长方形。两面弧凸，两侧斜直，顶部弧凸。残长7.2、宽3.2～4、厚0.8～2.2厘米（图三〇七，16）。

TG2⑤　器类有罐、盆、器座、豆、盘、碗、器盖、纺轮、饼、孔雀石。

罐　7件。TG2⑤：3，泥质磨光黑陶。敛口，加厚丰圆唇，圆鼓腹，平底残，矮圈足外撇。唇外缘凸棱，最大腹径处饰一周凹弦纹。口径13、腹径16、足径8.2、高10.8厘米（图三〇八，1）。TG2⑤：11，泥质夹炭红陶。上部残。圜底，矮圈足外撇。通体饰红衣但大部分已脱落。足径12.4、残高3.1厘米（图三〇八，6）。TG2⑤：13，泥质夹炭夹草木灰红陶。敛口，仰折沿下垂，宽沿面，尖唇，鼓腹，下部残。通体饰红衣但大部分已脱落。口径28、残高3.8厘米（图三〇八，2）。TG2⑤：14，泥质夹炭夹草木灰红陶。敛口，仰折沿，宽沿面，尖唇

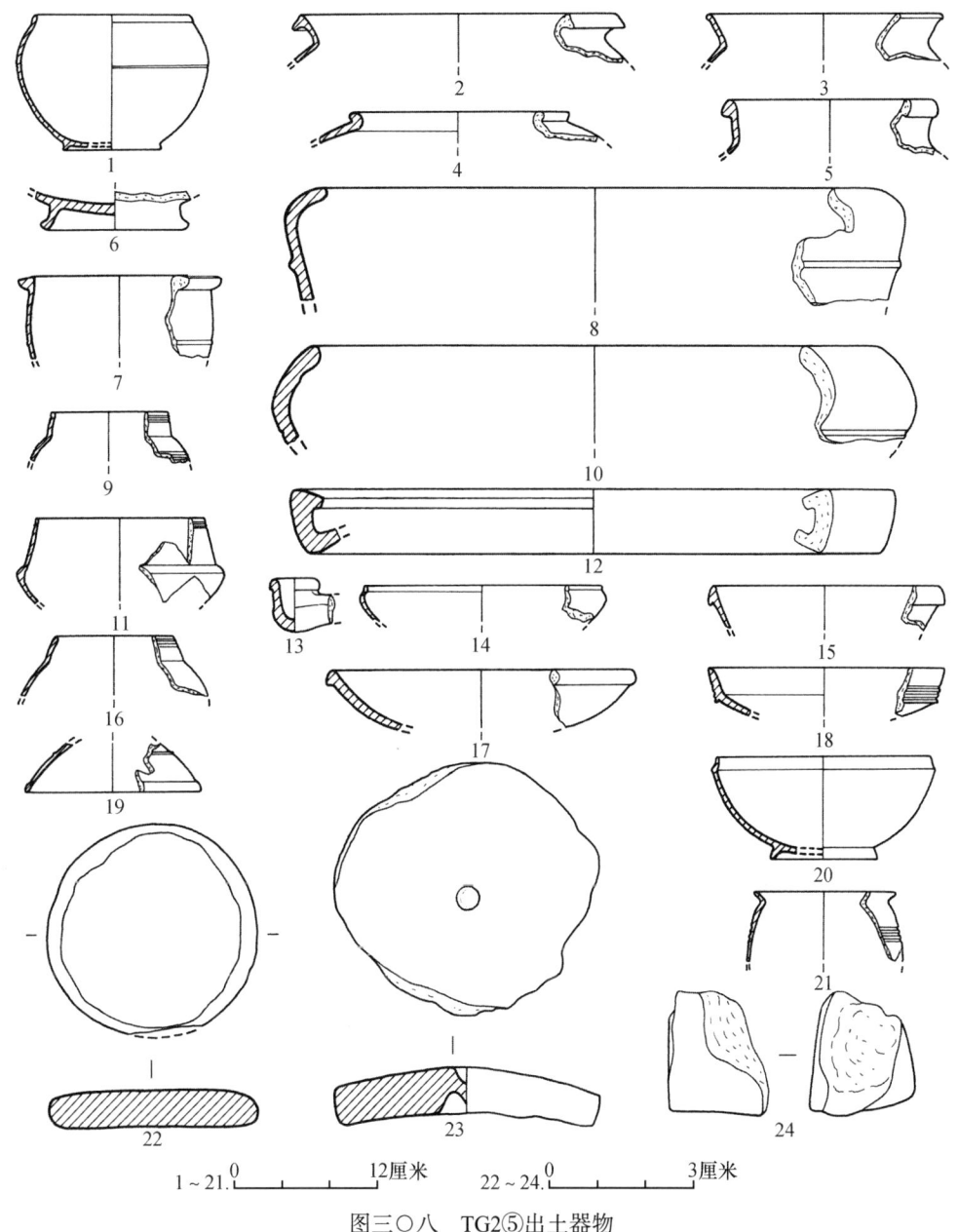

图三〇八　TG2⑤出土器物

1~6、21.陶罐（TG2⑤：3、TG2⑤：13、TG2⑤：14、TG2⑤：16、TG2⑤：15、TG2⑤：11、TG2⑤：20）　7、8、10、14.陶盆（TG2⑤：7、TG2⑤：10、TG2⑤：12、TG2⑤：19）　9、11、16.陶豆（TG2⑤：21、TG2⑤：6、TG2⑤：22）　12、15.陶器座（TG2⑤：2、TG2⑤：18）　13、17、18.陶盘（TG2⑤：8、TG2⑤：9、TG2⑤：17）　19.陶器盖（TG2⑤：23）　20.陶碗（TG2⑤：1）　22.陶饼（TG2⑤：4）　23.陶纺轮（TG2⑤：5）　24.孔雀石（TG2⑤：24）

棱凸，鼓腹，下部残。通体饰红衣但大部分已脱落。口径20、残高3.8厘米（图三〇八，3）。TG2⑤：15，泥质夹炭夹草木灰红陶。小直口，丰圆唇凸棱，矮直颈，鼓腹，下部残。通体饰红衣但大部分已脱落。口径18、残高4.4厘米（图三〇八，5）。TG2⑤：16，泥质夹炭夹草木灰红陶。敛口，卷沿，尖唇，鼓腹，下部残。通体饰红衣但大部分已脱落。口径18、残高2.4厘米（图三〇八，4）。TG2⑤：20，泥质灰陶。敛口，仰折沿，窄沿面，深弧腹，下部残。

腹饰一周三凹弦纹。口径12、残高5.6厘米（图三〇八，21）。

盆　4件。TG2⑤：10，泥质夹炭红陶。敛口，圆唇，折肩，深弧腹斜直内收，下部残。通体饰红衣但大部分已脱落，腹饰一周凸弦纹。口径46、腹径52、残高6.4厘米（图三〇八，8）。TG2⑤：12，泥质夹炭磨光厚胎红陶。敛口，圆唇，弧腹内收，下部残。通体饰红衣但大部分已脱落，腹饰一周凸弦纹。口径48、腹径54、残高7.8厘米（图三〇八，10）。TG2⑤：7，泥质磨光黑陶。微敛口，平折沿，窄沿面，丰圆唇，深弧腹内收，下部残。腹饰一周凸弦纹。口径17、残高6.6厘米（图三〇八，7）。TG2⑤：19，泥质灰陶。敛口，尖唇，弧折腹，上腹斜弧内敛，下腹斜弧内收，下部残。口径20、残高3厘米（图三〇八，14）。

器座　2件。TG2⑤：2，泥质夹炭红陶。矮圆环状，截面呈内开口"U"字形。上下均为内折沿，沿面较窄且斜直内倾，矮外壁斜弧。直径46.8和44、高5.2厘米（图三〇八，12）。TG2⑤：18，泥质灰陶。敞口，尖唇，斜直腹，下部残。唇外缘贴饰一周宽平棱。口径20、残高3.4厘米（图三〇八，15）。

豆　3件。TG2⑤：6，泥质磨光黑陶。敛口，尖唇，折腹，上腹斜直内倾，下腹斜弧内收，下部残。上腹上部饰一周双凹弦纹。口径14、腹径17.4、残高6.8厘米（图三〇八，11）。TG2⑤：21，泥质磨光黑陶。敛口，圆唇，矮领内敛，鼓腹，下部残。领部上缘饰一周双凹弦纹，腹饰一周双凹弦纹。口径10、残高4厘米（图三〇八，9）。TG2⑤：22，泥质磨光黑陶。敛口，圆唇，矮领内敛，鼓腹，下部残。领部上缘饰一周四凹弦纹。口径10、残高4.8厘米（图三〇八，16）。

盘　3件。TG2⑤：8，泥质磨光黑陶。附斗形盘耳，加厚丰圆唇，直壁，圜底。斗口径4.2、残高4.4厘米（图三〇八，13）。TG2⑤：9，泥质夹炭黑陶。敞口，圆唇，斜弧腹，下部残。唇外缘凸棱。口径26、残高4.7厘米（图三〇八，17）。TG2⑤：17，泥质磨光黑陶。敞口，尖唇，折腹，上腹斜直，下腹弧内收，下部残。折腹饰一道凸弦纹，上腹饰一周三凹弦纹。口径20、残高3.8厘米（图三〇八，18）。

碗　1件。TG2⑤：1，泥质灰陶。子母口，尖唇，深斜弧腹内收，圜底，矮圈足外撇。口径18、足径9、高8.2厘米（图三〇八，20；图版四〇，5）。

器盖　1件。TG2⑤：23，泥质磨光黑陶。上部残。盖面斜弧，丰圆唇。盖面饰一道凸弦纹，唇外缘凸棱。盖径15、残高3.8厘米（图三〇八，19）。

纺轮　1件。TG2⑤：5，泥质红陶。一面弧凹，一面弧凸，周缘较平，上下对钻孔错开未钻透。似用残陶片加工的未成品。直径5.1~5.5、厚0.8厘米（图三〇八，23）。

饼　1件。TG2⑤：4，泥质红陶。圆形薄饼状。两面较平整，周缘弧凸。通体饰红衣但大部分已脱落。直径4.4、厚0.8厘米（图三〇八，22）。

孔雀石　1件。TG2⑤：24，铜绿色，未见加工痕迹。表面为天然侵蚀面，粗糙不平，磨砂质感。长2.4、宽2.1、厚2.2厘米（图三〇八，24）。

TG2⑥　器类有鼎、罐、盆、豆、碗、纺轮、饼、环。

鼎　6件。TG2⑥：5，泥质红陶。侧扁圆锥状矮足。残高4.6厘米（图三〇九，17）。TG2⑥：6，泥质磨光黑陶。侧扁纵向凿足。残高5.5厘米（图三〇九，18）。TG2⑥：7，夹砂

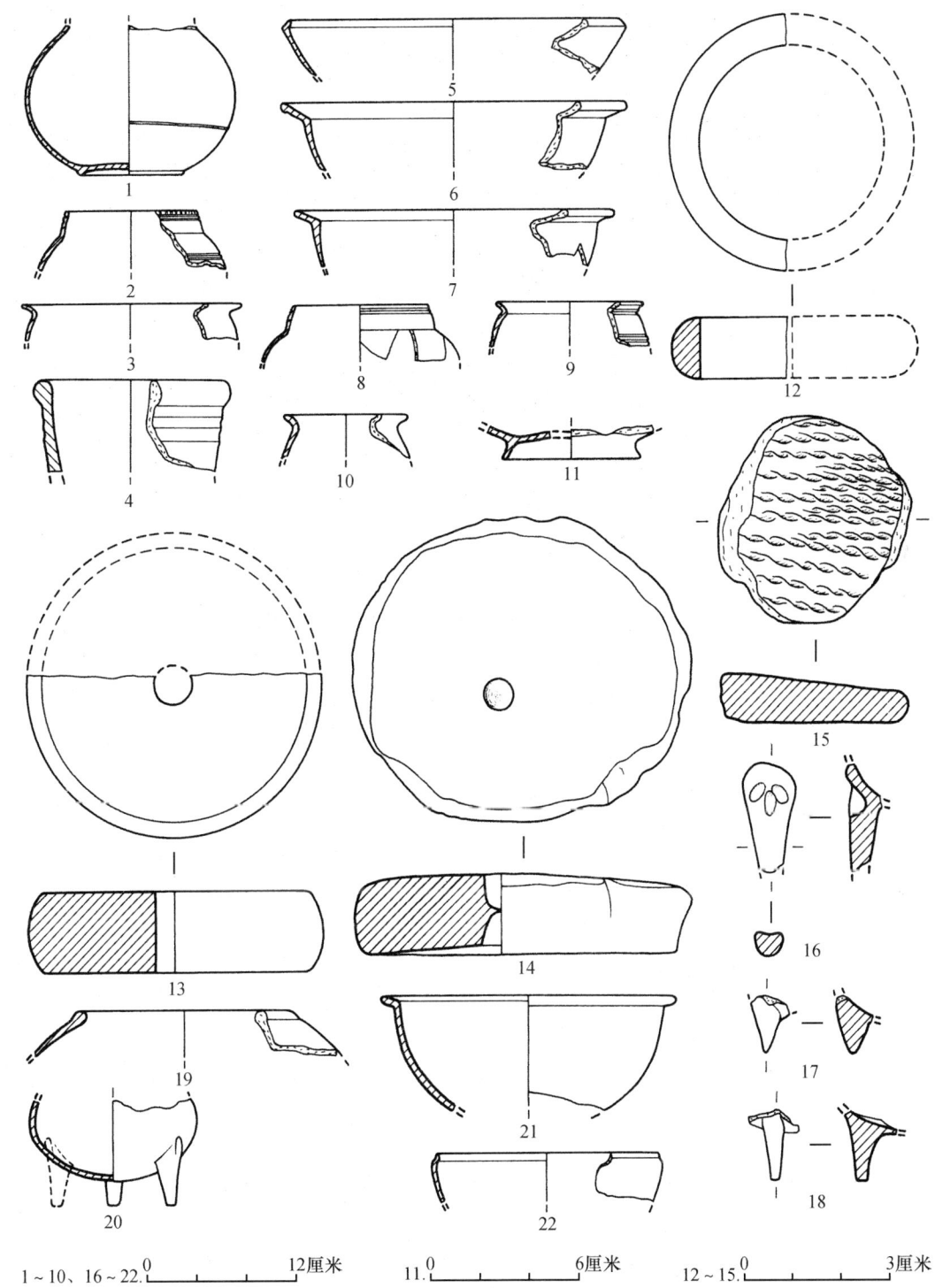

图三〇九 TG2⑥出土器物

1、3、4、19.陶罐（TG2⑥：3、TG2⑥：19、TG2⑥：16、TG2⑥：15）　2、8.陶豆（TG2⑥：22、TG2⑥：2）
5、11、22.陶碗（TG2⑥：17、TG2⑥：9、TG2⑥：18）　6、7、21.陶盆（TG2⑥：13、TG2⑥：14、TG2⑥：11）
9、10、16～18、20.陶鼎（TG2⑥：20、TG2⑥：21、TG2⑥：7、TG2⑥：5、TG2⑥：6、TG2⑥：10）
12.陶环（TG2⑥：12）　13、14.陶纺轮（TG2⑥：4、TG2⑥：1）　15.陶饼（TG2⑥：8）

红陶。宽扁三棱锥状足，截面呈圆角三角形，外面微内凹。外面上部饰三个凹窝纹。残高8.6厘米（图三〇九，16）。TG2⑥：10，泥质磨光黑陶。上部残。弧垂腹，圜底，侧扁凿尖足（图三〇九，20）。TG2⑥：20，泥质磨光黑陶。敛口，仰折沿，圆唇，鼓腹，下部残。腹饰一周双凹弦纹。口径12、残高3.4厘米（图三〇九，9）。TG2⑥：21，泥质磨光黑陶。敛口，仰折沿，圆唇，深弧腹，下部残。口径10、残高3.4厘米（图三〇九，10）。

罐　4件。TG2⑥：3，泥质磨光黑陶。口部残。鼓腹，凹底，矮圈足。下腹饰一周凸弦纹。腹径17、足径8.4、残高11.6厘米（图三〇九，1）。TG2⑥：15，泥质夹灰红陶。敛口，加厚丰圆唇，鼓腹，下部残。口径17、残高3.6厘米（图三〇九，19）。TG2⑥：16，泥质夹草木灰厚胎红陶。小口微敞，丰圆唇，长颈，下部残。颈部饰棱纹。口径16、残高7.2厘米（图三〇九，4）。TG2⑥：19，泥质磨光黑陶。敛口，仰折沿，丰圆唇，微鼓腹，下部残。唇内缘饰一道浅凹弦纹。口径18、残高3.8厘米（图三〇九，3）。

盆　3件。TG2⑥：11，泥质黑陶。敞口，仰折沿，窄沿面，丰圆唇，深弧腹内收，下部残。素面。口径24、残高8.9厘米（图三〇九，21）。TG2⑥：13，泥质红陶。敞口，仰折沿，宽沿面，圆唇，弧腹内收，下部残。口径28、残高5.4厘米（图三〇九，6）。TG2⑥：14，泥质夹灰红陶。敞口近直，仰折沿，宽沿面，丰圆唇，深弧腹内收，下部残。口径26、残高4.4厘米（图三〇九，7）。

豆　2件。TG2⑥：2，泥质磨光黑陶。敛口，圆唇，矮领内敛，鼓腹，下部残。领部饰凹弦纹。口径11、残高4.4厘米（图三〇九，8）。TG2⑥：22，泥质磨光黑陶。敛口，尖唇，矮领内敛，鼓腹，下部残。唇外缘饰戳点纹，领部上缘饰一周双凹弦纹，腹饰一周双凹弦纹。口沿11、残高4.6厘米（图三〇九，2）。

碗　3件。TG2⑥：9，泥质红陶。上部残。斜弧腹，凹底，矮圈足外撇。通体饰黑衣但部分已脱落。足径5.6、残高1.3厘米（图三〇九，11）。TG2⑥：17，泥质灰陶。子母口，尖唇，斜弧腹内收，下部残。口径28、残高4.4厘米（图三〇九，5）。TG2⑥：18，泥质灰陶。子母口，尖唇，斜弧腹内收，下部残。口径18、残高3.8厘米（图三〇九，22）。

纺轮　2件。TG2⑥：1，夹炭红陶。一面弧凹，一面微弧凸，周缘破损微弧凸，对钻中孔未钻透。直径6~6.9、孔径0.1~0.6、厚1.4~1.5厘米（图三〇九，14；图版五八，6）。TG2⑥：4，泥质灰陶。两面平整，周缘微弧凸，中孔竖直。素面。直径6、孔径0.8、厚1.6厘米（图三〇九，13）。

饼　1件。TG2⑥：8，泥质红陶。不规整薄圆饼状。周缘粗糙，打制而成。一面平滑，一面饰绳纹。直径4、厚0.6~1厘米（图三〇九，15）。

环　1件。TG2⑥：12，泥质灰陶。宽扁实心圆环，截面呈半圆形。内缘宽平，外缘半圆弧。素面。外径5、内径3.8、厚1.2厘米（图三〇九，12）。

TG2⑦　器类有鼎、釜、盘、器盖、纺轮。

鼎　2件。TG2⑦：4，夹砂红陶。仰折沿，宽沿面，厚方唇，斜直深腹，平底，足残。腹中上部饰两周双弦棱角波纹，其上面一周波纹的每一个波峰内角饰反向双弦棱角纹。腹中下部饰平行凹弦纹。口径32、腹径28.6、残高15.6厘米（图三一〇，5；图版一五，2）。

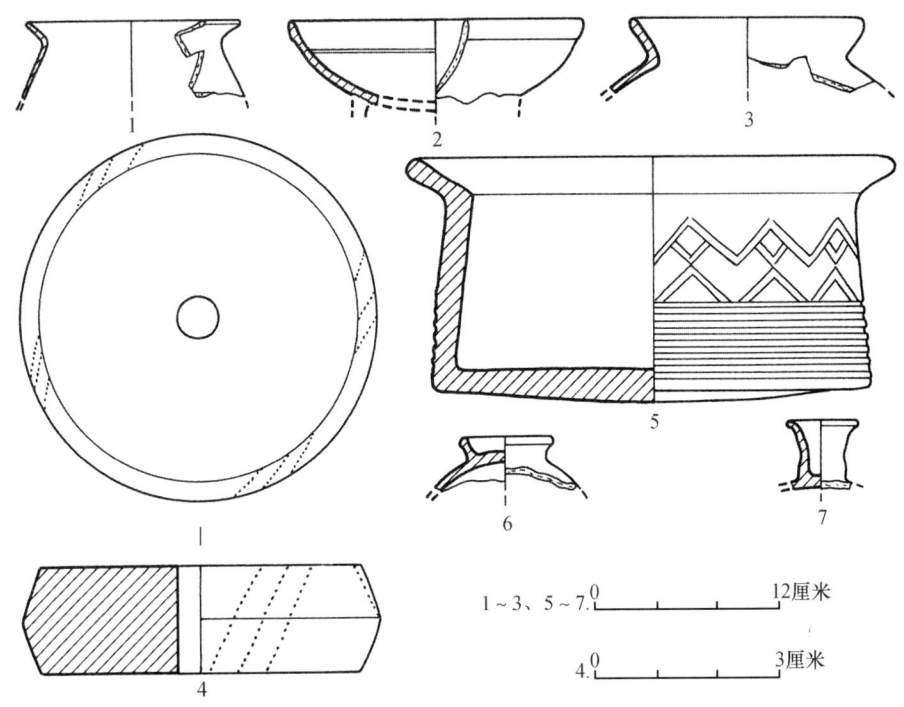

图三一〇 TG2⑦出土器物

1、5. 陶鼎（TG2⑦：5、TG2⑦：4） 2. 陶盘（TG2⑦：2） 3. 陶釜（TG2⑦：3） 4. 陶纺轮（TG2⑦：1）
6、7. 陶器盖（TG2⑦：6、TG2⑦：7）

TG2⑦：5，泥质磨光黑陶。敛口，仰折沿，宽沿面，圆唇，深弧腹，下部残。腹饰一道浅凹弦纹。口径14、残高4.8厘米（图三一〇，1）。

釜 1件。TG2⑦：3，夹炭灰陶。敛口，仰折沿，宽沿面，尖唇，鼓腹，下部残。通体饰红衣但大部分已脱落。口径15、残高1.7厘米（图三一〇，3）。

盘 1件。TG2⑦：2，泥质红陶。敞口，尖唇，斜弧腹内收，深盘，下部残。通体饰红衣但大部分已脱落，内壁上部饰一周凹弦纹，唇外缘宽凸棱。口径19、残高5.4厘米（图三一〇，2）。

器盖 1件。TG2⑦：6，泥质磨光黑陶。矮圈形纽，圆唇外缘凸棱。穹顶，下部残。纽径5.9、残高3.4厘米（图三一〇，6）。TG2⑦：7，泥质磨光黑陶。喇叭状高圈形盖纽，圆唇，长束颈。穹顶，下部残。纽径5、残高4.4厘米（图三一〇，7）。

纺轮 1件。TG2⑦：1，泥质磨光黑陶。两面平整，周缘中间棱凸成两斜直面，中孔竖直。周缘等距离饰四组斜向三弦戳点线纹，斜直方向依次相反。直径5.8、孔径0.7、厚1.7厘米（图三一〇，4）。

TG2⑧ 器类有鼎、罐、盆、钵、器座、豆、盘、器盖。

鼎 2件。TG2⑧：2，泥质红陶。宽扁板形足，外面微内凹，内面竖向棱凸，足尖宽平。素面。残高8.9厘米（图三一一，20）。TG2⑧：20，泥质磨光黑陶。敛口，仰折沿，宽沿面，鼓腹，下部残。口径11、残高3厘米（图三一一，17）。

罐 1件。TG2⑧：19，泥质夹灰红陶。小直口微敞，尖唇，矮颈，鼓腹，下部残。通体

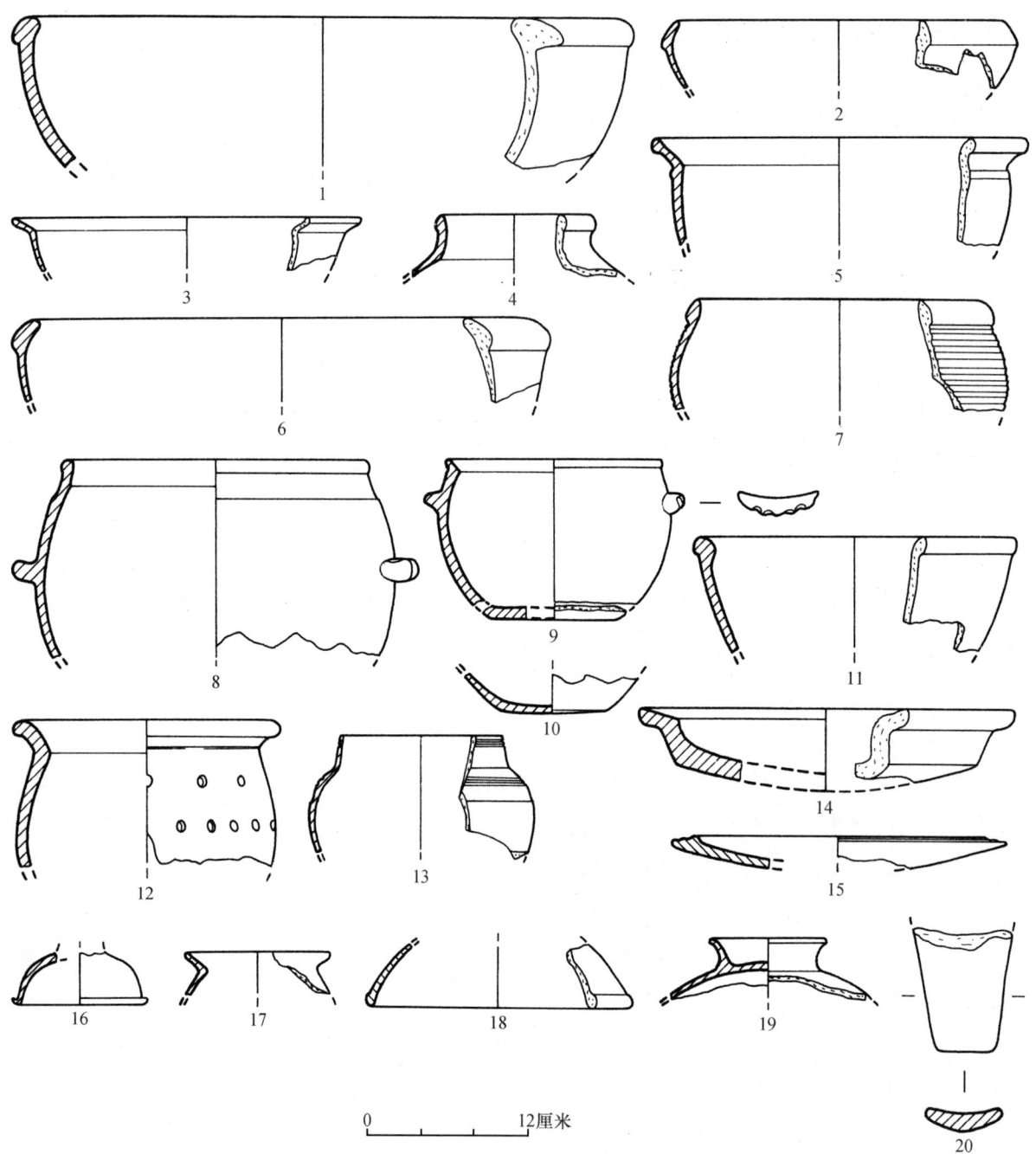

图三一一 TG2⑧出土器物

1~3、5~9.陶盆（TG2⑧：3、TG2⑧：15、TG2⑧：17、TG2⑧：16、TG2⑧：18、TG2⑧：6、TG2⑧：7、TG2⑧：1） 4.陶罐（TG2⑧：19） 10、11.陶钵（TG2⑧：8、TG2⑧：14） 12.陶器座（TG2⑧：5） 13.陶豆（TG2⑧：10） 14、15.陶盘（TG2⑧：4、TG2⑧：9） 16、18、19.陶器盖（TG2⑧：11、TG2⑧：21、TG2⑧：22） 17、20.陶鼎（TG2⑧：20、TG2⑧：2）

饰红衣但大部分已脱落，唇外缘凸棱。口径12、残高4.4厘米（图三一一，4）。

盆　8件。TG2⑧：3，泥质磨光红陶。敛口，折沿下垂，窄沿面，圆唇，斜弧腹内收，下部残。通体饰红衣但大部分已脱落。口径46.4、残高10.8厘米（图三一一，1）。TG2⑧：15，泥质夹炭红陶。敛口，尖唇，弧腹内收，下部残。唇外缘饰一周宽平棱。口径24、残高4.8厘米（图三一一，2）。TG2⑧：16，泥质夹炭红陶。敞口近直，仰折沿，宽沿面，加厚丰圆唇，深弧腹内收，下部残。唇外缘棱凸，腹上缘饰一道凸棱。口径28、残高7.8厘米（图三一一，5）。TG2⑧：17，泥质夹灰红陶。敞口，仰折沿，宽沿面，圆唇，斜弧腹内收，下部残。通体饰红衣但大部分已脱落。口径26、残高3.8厘米（图三一一，3）。TG2⑧：18，泥质夹灰红陶。敛口，尖唇，深弧腹内收，下部残。唇外缘饰一周宽平棱。口径36、残高5.8厘米（图三一一，6）。TG2⑧：1，泥质厚胎红陶。敛口，仰折窄沿，圆唇，深弧腹，上腹对称附两个鸡冠耳，平底。口径16、腹径17.2、底径9.4、复原高11.5厘米（图三一一，9；图版二一，5）。TG2⑧：6，泥质红陶。敛口，尖唇，唇外缘附一宽凸棱，鼓腹，下部残。腹饰平行凹弦纹。口径21、残高8厘米（图三一一，7）。TG2⑧：7泥质厚胎红陶。敛口，丰圆唇外缘凸棱，矮颈，深弧腹，最大腹径处对称附两个鸡冠耳，下部残。口径23、腹径27、残高14.3厘米（图三一一，8）。

钵　2件。TG2⑧：8，泥质灰陶。上部残，斜弧腹，平底。底径8、残高2.8厘米（图三一一，10）。TG2⑧：14，泥质夹炭红陶。敞口，加厚丰圆唇，斜弧腹内收，下部残。圆唇内外缘棱凸。口径24、残高8.4厘米（图三一一，11）。

器座　1件。TG2⑧：5，泥质红陶。敛口，折沿下垂，宽沿面，加厚丰圆唇外缘凸棱，深弧腹，下部残。通体饰红衣但大部分已脱落，腹饰圆形镂孔。口径20、残高10.6厘米（图三一一，12）。

豆　1件。TG2⑧：10，泥质磨光黑陶。敛口近直，圆唇，矮领，鼓腹，下部残。领部上缘饰一周双凹弦纹，上腹饰一周双凹弦纹，中腹饰一周上内下外折棱。口径12、腹径16.8、残高8.8厘米（图三一一，13）。

盘　2件。TG2⑧：4，泥质厚胎红陶。敞口，仰折沿，宽沿面，尖唇，折腹，上腹斜直，下腹斜弧内收，浅盘，下部残。通体饰红衣但大部分已脱落。口径28、残高6厘米（图三一一，14）。TG2⑧：9，夹砂红陶。敞口，宽平沿，尖唇，斜弧浅盘，下部残。通体饰红衣但大部分已脱落，沿面饰双凹弦纹。口径25、残高2.6厘米（图三一一，15）。

器盖　3件。TG2⑧：11，泥质磨光黑陶。顶部残。盖面圆弧，窄折沿微上翘，尖唇。素面。盖径10、残高3.7厘米（图三一一，16）。TG2⑧：21，泥质夹炭红陶，内面黑陶。上部残。盖面斜弧，丰圆唇。唇外缘凸棱。盖径20、残高4.4厘米（图三一一，18）。TG2⑧：22，泥质红陶。喇叭状圈形盖纽，敞口，圆唇。穹顶，下部残。纽径9、残高4.4厘米（图三一一，19）。

TG2⑩　器类有碗。

碗　1件。TG2⑩：1，泥质薄胎灰陶。变形较严重。敞口，尖唇，斜弧深腹微曲，圜底，矮圈足外撇。通体饰红底黑彩但部分已脱落。绕上腹外壁通体饰四组黑彩，从上到下分别为黑

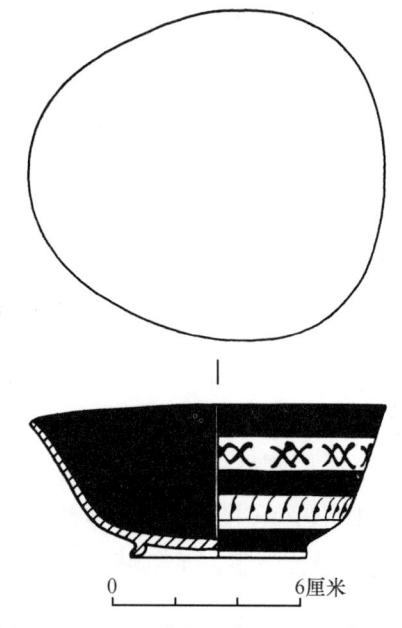

彩带、红底黑色"XX"形纹、黑彩带、红底黑色"∈"形纹。口径10.4～11.4、足径7.6、高4.2～4.8厘米（图三一二；图版四一，6）。

TG2⑫ 器类有鼎、盆、球、石凿。

鼎　1件。TG2⑫：4，泥质红陶。侧扁锥形足，下部残。足根处喙状突两侧饰两按窝。残高6.5厘米（图三一三，2）。

盆　1件。TG2⑫：3，泥质红陶。敞口，尖唇外缘附加一周凸棱，深斜弧腹，下部残。通体饰红衣但大部分已脱落，绕唇内缘饰多组戳点纹，腹饰一周凸弦纹。口径30、残高4.8厘米（图三一三，1）。

球　1件。TG2⑫：1，泥质红陶。实心圆珠体，非标准圆，圆整度较差，表面粗糙不平。素面。直径2.4～2.5厘米（图三一三，3；图版六三，6）。

图三一二　TG2⑩出土陶碗（TG2⑩：1）

石凿　1件。TG2⑫：2，灰色砂岩。近正四棱锥柱体。表面布满崩疤，顶部及四面均较平整，弧凸刃两面打制。长14.8、宽6、厚5.3厘米（图三一三，4）。

TG3② 器类有鼎、盆、圈足。

鼎　2件。TG3②：5，泥质夹炭红陶。侧扁三角锥形足，内外脊凸，两侧宽扁微弧凸，尖锥形足尖。外脊饰按窝纹。残高7.6厘米（图三一四，6）。TG3②：6，泥质夹炭红陶。侧扁三角锥形足，内外脊凸，两侧扁平，足尖残。外脊饰按窝纹。残高7.2厘米（图三一四，5）。

盆　3件。TG3②：1，夹砂灰陶。大口微敛，仰折沿，宽沿面，丰圆唇，深弧腹，下部残。腹饰一道凸弦纹，内壁饰一周三凹弦纹。口径36、残高5.6厘米（图三一四，1）。

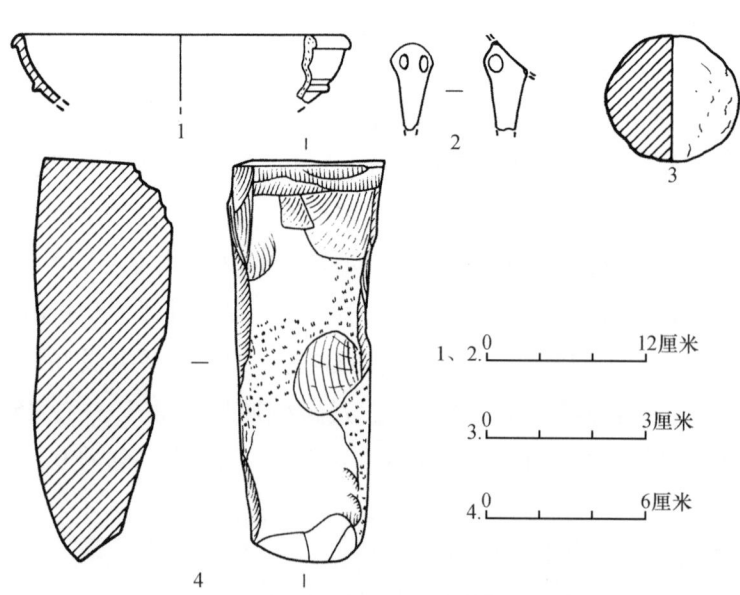

图三一三　TG2⑫出土器物

1. 陶盆（TG2⑫：3）　2. 陶鼎（TG2⑫：4）　3. 陶球（TG2⑫：1）　4. 石凿（TG2⑫：2）

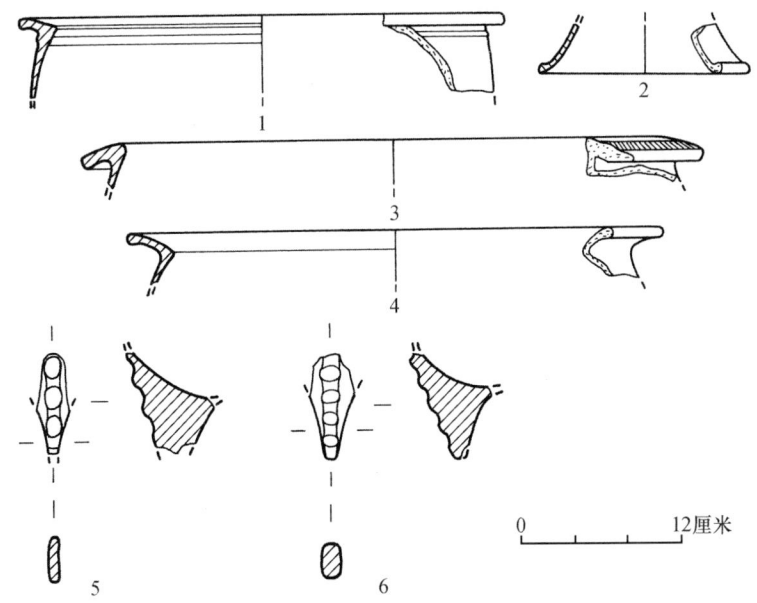

图三一四　TG3②出土器物

1、3、4. 陶盆（TG3②：1、TG3②：2、TG3②：3）　2. 陶圈足（TG3②：4）　5、6. 陶鼎（TG3②：6、TG3②：5）

TG3②：2，泥质灰黑陶。敛口，折沿下垂，宽沿面，方唇，斜弧腹，下部残。沿面饰向心压印纹和凹弦纹。口径46、残高3.2厘米（图三一四，3）。TG3②：3，泥质红陶。敛口，仰折沿，宽沿面，丰圆唇，弧腹，下部残。口径40、残高3.6厘米（图三一四，4）。

圈足　1件。TG3②：4，泥质夹炭红陶。上部残。喇叭形圈足外撇。通体饰红衣但大部分已脱落，圈足底外缘凸棱。足径16、残高3.6厘米（图三一四，2）。

TG3③　器类有鼎、罐、盆、盘、器盖。

鼎　2件。TG3③：7，泥质薄胎灰陶。敛口，仰折沿残，深弧腹，下部残。残高4厘米（图三一五，6）。TG3③：8，泥质夹炭红陶。侧扁三角锥形足，内侧脊凸，外侧平脊加宽，左右两面扁平，足尖残。通体饰红衣但大部分已脱落，外脊饰按窝纹。残高8.4厘米（图三一五，8）。

罐　2件。TG3③：5，夹砂灰陶。敛口，仰折沿，宽沿面，尖唇，鼓腹，下部残。沿面饰一周较宽的细密凹弦纹带和间断斜长压印纹，腹饰平行凸弦纹。口沿44、残高6.6厘米（图三一五，3）。TG3③：6，泥质夹炭灰陶。敛口，仰折沿，宽沿面，尖唇内外缘棱凸，弧腹，下部残。通体饰红衣但大部分已脱落。口径20、残高3.6厘米（图三一五，7）。

盆　1件。TG3③：1，泥质夹炭红陶。敛口，折沿下垂，宽沿面，圆唇，弧腹内收，下部残。口径26、残高3.6厘米（图三一五，1）。

盘　2件。TG3③：3，泥质夹炭红陶。敞口，折沿微下垂，宽沿面，丰圆唇，斜直浅腹，下部残。通体饰红衣但大部分已脱落。口径24、残高2厘米（图三一五，5）。TG3③：4，泥质夹炭红陶。敞口，折沿微下垂，宽沿面，丰圆唇，斜弧浅腹，下部残。通体饰红衣但大部分已脱落。口径30、残高2.8厘米（图三一五，2）。

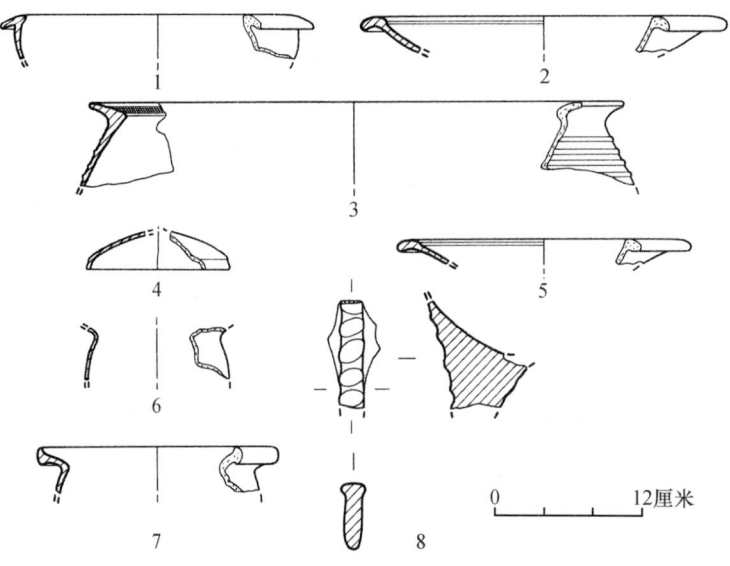

图三一五　TG3③出土器物

1.陶盆（TG3③：1）　2、5.陶盘（TG3③：4、TG3③：3）　3、7.陶罐（TG3③：5、TG3③：6）　4.陶器盖（TG3③：2）　6、8.陶鼎（TG3③：7、TG3③：8）

器盖　1件。TG3③：2，泥质红陶。上部残。盖面斜弧内折，尖唇。盖径12、残高3.2厘米（图三一五，4）。

TG3④A　器类有鼎、罐、盆、器座、缸、器盖。

鼎　3件。TG3④A：4，泥质磨光薄胎灰陶。敛口，仰折沿，圆唇，鼓腹，下部残。口径12、残高3.6厘米（图三一六，8）。TG3④A：7，泥质夹炭红陶。侧扁三角形凿足，内外脊凸，两侧扁平微内凹，宽平足外残。内外脊皆饰按窝纹。残高5.2厘米（图三一六，10）。TG3④A：11，泥质夹炭红陶。侧扁三角锥形足，内侧脊凸，外侧平脊加宽，左右两面扁平，足尖残。通体饰红衣但大部分已脱落，鼎足左右面饰淤塞小穿孔或盲孔，外脊饰按窝纹。残高8.4厘米（图三一六，9）。

罐　3件。TG3④A：1，泥质夹炭红陶。敛口，仰折沿，宽沿面，尖唇棱凸，弧腹残。口径24、残高3.4厘米（图三一六，1）。TG3④A：10，泥质夹炭红陶。敛口，仰折沿，宽沿面，厚方唇棱凸，弧腹，下部残。口沿24、残高4厘米（图三一六，2）。TG3④A：8，夹砂灰陶。敛口，丰圆唇，鼓腹，下部残。唇外缘饰一周宽平棱。口沿16、残高3.6厘米（图三一六，3）。

盆　1件。TG3④A：2，泥质夹炭红陶。敛口，折沿下垂，宽沿面，方唇，弧腹，下部残。通体饰红衣但大部分已脱落。口径28、残高2.5厘米（图三一六，5）。

器座　2件。TG3④A：5，泥质灰陶。敞口，尖唇，束腰，下部残。唇外缘棱凸。口径24、残高3.6厘米（图三一六，6）。TG3④A：9，泥质夹炭灰陶。敞口，加宽方唇，唇缘棱凸，束腰，下部残。口径28、残高3.6厘米（图三一六，4）。

缸　1件。TG3④A：6，夹砂灰白陶。敞口近直，平唇，深直腹。腹饰三道凹弦纹和斜向篮纹。残高4.8厘米（图三一六，11）。

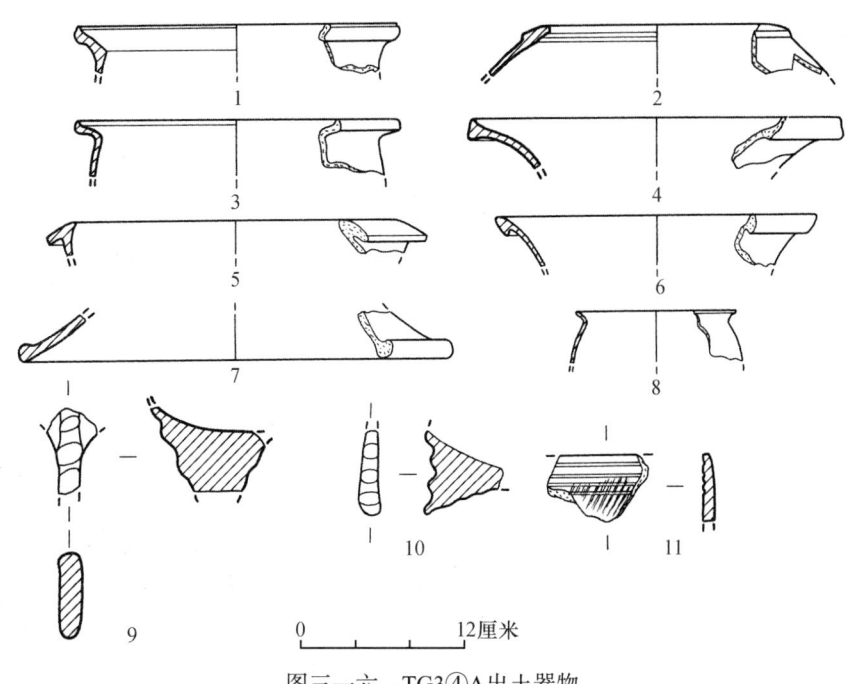

图三一六 TG3④A出土器物

1~3. 陶罐（TG3④A：1、TG3④A：10、TG3④A：8） 4、6. 陶器座（TG3④A：9、TG3④A：5） 5. 陶盆（TG3④A：2）
7. 陶器盖（TG3④A：3） 8~10. 陶鼎（TG3④A：4、TG3④A：11、TG3④A：7） 11. 陶缸（TG3④A：6）

器盖 1件。TG3④A：3，泥质夹炭红陶。顶部残。盖面斜直外撇，加厚丰圆唇，唇外缘棱凸。通体饰红衣但大部分已脱落。盖径32、残高3.4厘米（图三一六，7）。

TG3④B 器类有鼎、罐、圈足、盘。

鼎 2件。TG3④B：7，泥质夹炭红陶。宽扁鸭嘴形足，内面微弧凸，外面较扁平，斜直两侧脊凸，足尖残。外面饰多道浅竖向抹纹。残高4.4厘米（图三一七，8）。TG3④B：8，泥质夹灰红陶。宽扁平板形足，内外面平整，斜直两侧脊凸，足尖残。外面饰上大下小两个圆按窝。残宽9.2~13.2、厚1.2~4、残高11.2厘米（图三一七，6）。

罐 3件。TG3④B：1，泥质夹炭红陶。敛口，仰折窄沿，加厚丰圆唇，圆鼓腹，下部残。通体饰红衣但大部分已脱落。口径28、残高5.8厘米（图三一七，3）。TG3④B：3，泥质夹炭灰陶。敛口，厚圆唇外缘棱凸，矮颈内敛，鼓腹，下部残。颈饰一道凸弦纹。口径24、残高6.6厘米（图三一七，1）。TG3④B：4，泥质磨光黑陶。敛口，仰折沿（唇缘在折沿断面的基础上加工而成），深弧腹，下部残。腹饰错断双凹弦纹或单凹弦纹。口径11、残高5.2厘米（图三一七，4）。TG3④B：5，泥质磨光黑陶。敞口近直，仰折沿，宽沿面，尖唇，长颈，下部残。沿面饰一道凹弦纹，颈中部饰一周双凹弦纹和间断斜长戳印纹，颈下部饰一周凹弦纹。口径14、残高4.8厘米（图三一七，5）。

圈足 1件。TG3④B：6，泥质夹灰红陶。喇叭形圈足残。圈足饰红衣，饰凹弦纹。残高7.6厘米（图三一七，7）。

盘 1件。TG3④B：2，泥质灰白陶。敞口，尖唇，斜弧腹微折，短上腹稍内折，下部残。通体饰红衣但大部分已脱落，唇外缘凸棱。口径22、残高3.6厘米（图三一七，2）。

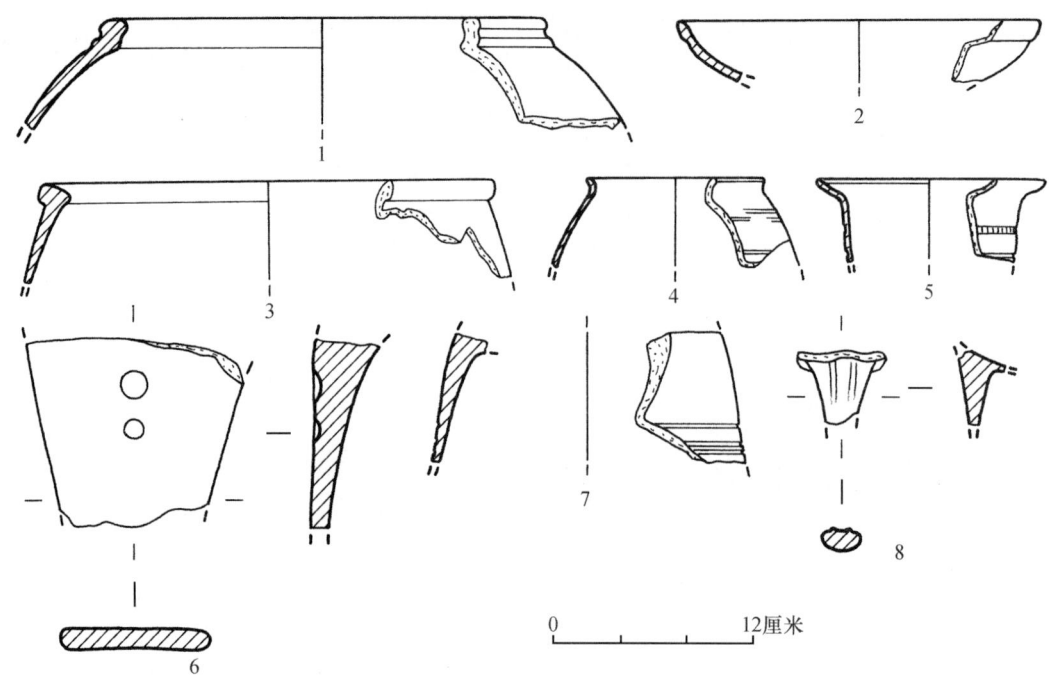

图三一七　TG3④B出土器物

1、3~5、7.陶罐（TG3④B：3、TG3④B：1、TG3④B：4、TG3④B：5、TG3④B：6）　2.陶盘（TG3④B：2）

6、8.陶鼎（TG3④B：8、TG3④B：7）

TG3⑤B 器类有鼎、罐、釜、器盖。

鼎　1件。TG3⑤B：3，泥质夹炭红陶。附着面残断。宽扁板形高足，正视呈倒梯形，内面弧凹，外面弧凸，斜直两侧脊凸，足尖宽平。通体饰红衣但大部分已脱落，外面足根处饰两道细凹弦纹。足宽7.2~12.4、厚0.3~0.6、残高13厘米（图三一八，6）。

罐　2件。TG3⑤B：1，泥质红陶。敛口，加厚斜方唇，鼓腹，下部残。通体饰红衣但部分已脱落，唇面微下凹，唇外缘棱凸。口径22、残高5.2厘米（图三一八，2）。TG3⑤B：2，泥质红陶。敛口，圆唇，鼓腹，下部残。通体饰红衣但大部分已脱落，唇外缘饰一周宽平棱。口径11、残高3.6厘米（图三一八，3）。

釜　1件。TG3⑤B：6，夹灰夹砂红陶。敛口，仰折沿，宽沿面，鼓腹，下部残。口径24、残高4.6厘米（图三一八，1）。

器盖　2件。TG3⑤B：4，泥质红陶，部分灰色。喇叭状矮圈形纽，敞口，圆唇，束颈。穹顶，下部残。纽径7.2、残高2.8厘米（图三一八，5）。TG3⑤B：5，泥质红陶。纽残。盖面斜弧腹，折沿，圆唇。通体饰红衣但部分已脱落，唇缘按压呈葵瓣状。盖径16、残高2.8厘米（图三一八，4）。

TG3⑥A 器类有鼎、罐、釜、器座、缸、簋、豆、器盖、球、骨锥。

鼎　3件。TG3⑥A：3，夹炭红陶。直口，仰折沿，宽沿面，丰圆唇，直腹下垂，平底微内凹，宽扁板形高足残。通体饰红衣但大部分已脱落，腹饰瓦棱纹，足根处饰一圆形按窝，足内面中部棱凸。口径22.8、腹径20.6、残高21.8厘米（图三一九，1；彩版一二，1；

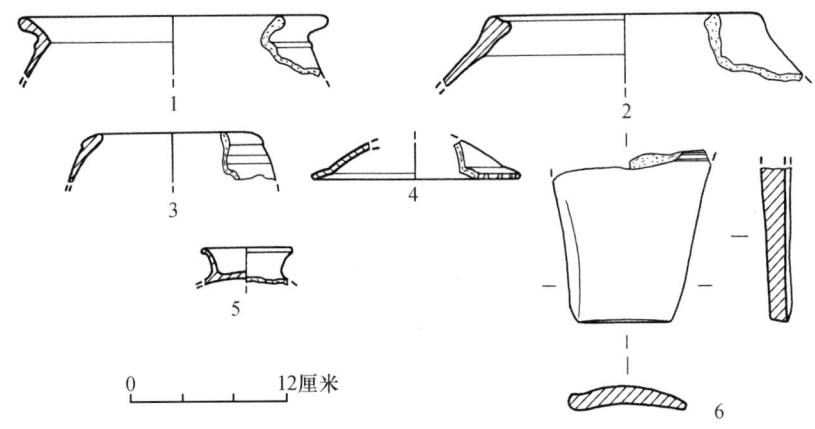

图三一八 TG3⑤B出土器物
1. 陶釜（TG3⑤B：6） 2、3. 陶罐（TG3⑤B：1、TG3⑤B：2） 4、5. 陶器盖（TG3⑤B：5、TG3⑤B：4）
6. 陶鼎（TG3⑤B：3）

图版一五，3）。TG3⑥A：11，泥质褐衣灰陶。敛口，仰折沿，宽沿面，尖唇，鼓腹，下部残。通体饰红褐衣但部分已经脱落。口径14、残高6厘米（图三一九，4）。TG3⑥A：16，夹草木灰灰陶。敛口，仰折沿，窄沿面，尖唇，鼓腹，下部残。口径15、残高7.4厘米（图三一九，3）。

罐 8件。TG3⑥A：5，泥质夹炭红陶。敛口，仰折沿，宽沿面，加厚丰圆唇外缘棱凸，鼓腹，下部残。通体饰红衣但大部分已脱落，腹饰一周凸弦纹。口径28、残高11.6厘米（图三一九，2）。TG3⑥A：8，泥质红陶。敛口，尖唇，矮领内敛，鼓腹，下部残。通体饰红衣但大部分已脱落，领部饰细弦纹。口径24、残高4.4厘米（图三一九，5）。TG3⑥A：17，夹草木灰灰陶。敛口，仰折沿，宽沿面，尖唇，鼓腹，下部残。口径21、残高7.2厘米（图三一九，8）。TG3⑥A：19，泥质磨光灰陶。敛口，仰折窄沿，圆唇，鼓腹，下部残。腹饰一周粗细不一的三凹弦纹。口径15、残高4.8厘米（图三一九，7）。TG3⑥A：20，泥质磨光灰陶。敛口，仰折窄沿，尖唇，鼓腹，下部残。腹饰一周粗细不一的三凹弦纹。口径14、残高5.4厘米（图三一九，6）。TG3⑥A：24，泥质磨光黑陶。口沿残。敛口，仰折沿，鼓腹，圜底近平，矮圈足。上腹饰一道凹弦纹，下腹饰一道凸弦纹。腹径17、足径8、残高12.2厘米（图三一九，9）。TG3⑥A：25，泥质磨光黑陶。敛口近直，圆唇，高领微内敛，圆腹，下部残。领部饰一周双凹弦纹和间断戳印纹线段，领部下缘折棱。口径11、残高8.8厘米（图三一九，12）。TG3⑥A：26，泥质磨光黑陶。上部残。下腹斜弧，圜底近平，矮圈足。圈足外壁凸棱。足径8.4、残高5.2厘米（图三一九，11）。

釜 1件。TG3⑥A：7，泥质红陶。敛口，仰折沿，宽沿面，尖唇，鼓腹，下部残。通体饰红衣但大部分已脱落。口径32、残高6.4厘米（图三一九，13）。

器座 2件。TG3⑥A：6，泥质夹炭红陶。敛口，仰折沿，宽沿面，加厚丰圆唇外缘棱凸，弧腹，下部残。通体饰红衣但大部分已脱落，腹饰大圆形镂孔。口径28、残高8厘米（图三一九，14）。TG3⑥A：10，泥质夹炭红陶。敛口，仰折沿下垂，宽沿面，尖唇，弧腹，下

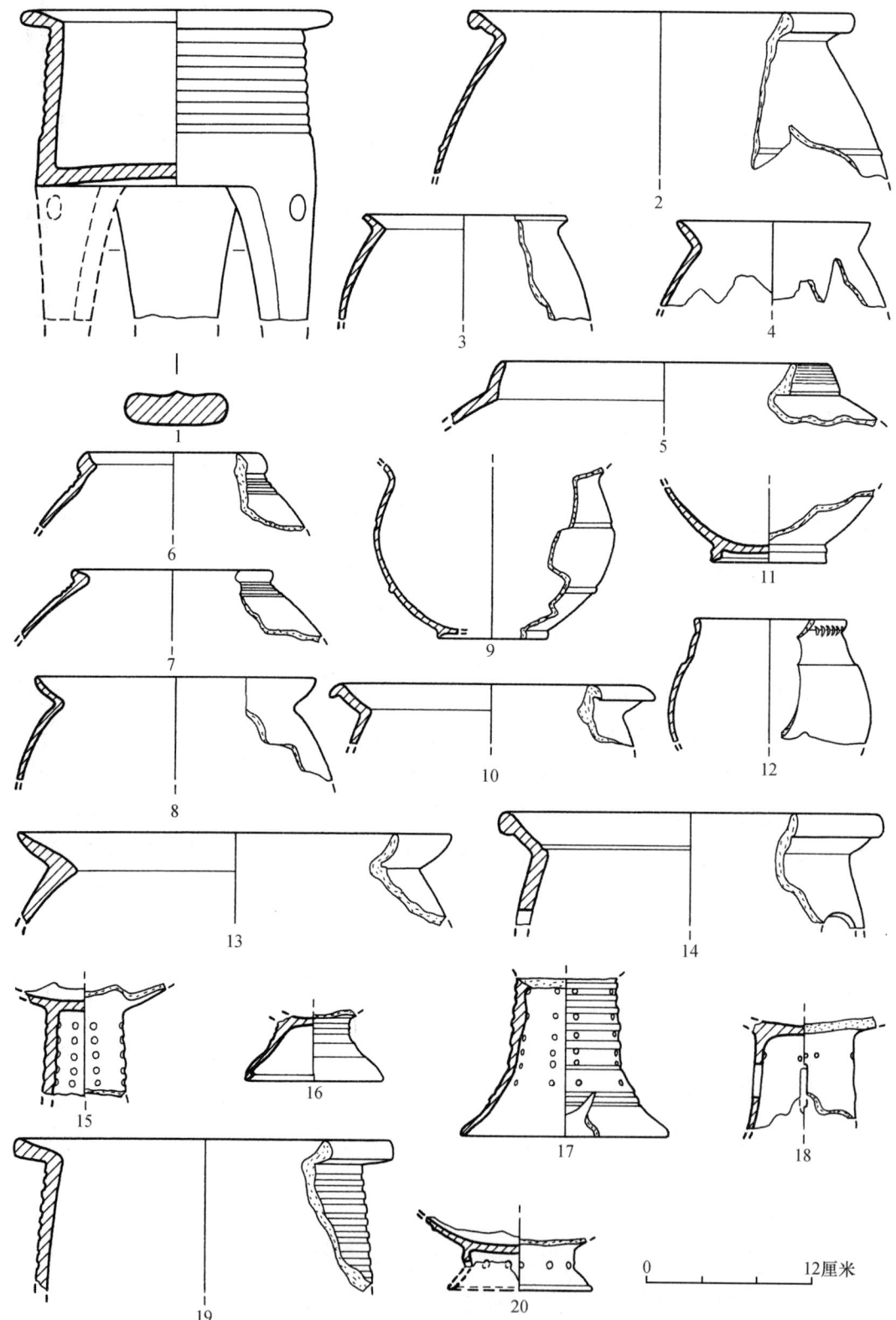

图三一九　TG3⑥A出土器物

1、3、4.陶鼎（TG3⑥A：3、TG3⑥A：16、TG3⑥A：11）　2、5～9、11、12.陶罐（TG3⑥A：5、TG3⑥A：8、TG3⑥A：20、TG3⑥A：19、TG3⑥A：17、TG3⑥A：24、TG3⑥A：26、TG3⑥A：25）　10、14.陶器座（TG3⑥A：10、TG3⑥A：6）　13.陶釜（TG3⑥A：7）　15～18.陶豆（TG3⑥A：14、TG3⑥A：15、TG3⑥A：27、TG3⑥A：13）　19.陶缸（TG3⑥A：9）　20.陶簋（TG3⑥A：21）

部残。通体饰红衣但大部分已脱落。口径24、残高4.2厘米（图三一九，10）。

缸 1件。TG3⑥A：9，泥质夹炭红陶。直口微敛，仰折沿，宽沿面，加厚丰圆唇，深腹斜直，下部残。口径28、残高10.5厘米（图三一九，19）。

簋 1件。TG3⑥A：21，泥质磨光黑陶。上部残。下腹斜弧，圜底，喇叭形矮圈足外撇。圈足等距离饰九个小圆形镂孔。足径8、残高5厘米（图三一九，20）。

豆 4件。TG3⑥A：13，泥质红陶。豆盘残，圜底，喇叭形高圈足，下部残。通体饰红衣但大部分已脱落，圈足绕体等距离饰四组镂孔，每组镂孔由上部横向双小圆形镂孔夹盲孔、中间单个竖向细长镂孔和下部小圆形镂孔构成。残高8厘米（图三一九，18）。TG3⑥A：14，泥质红陶。豆盘残，圜底，喇叭形高圈足，下部残。通体饰红衣但部分已脱落，圈足饰棱纹，棱纹上绕体非等距离饰四组双列多孔小圆形盲孔。残高8厘米（图三一九，15）。TG3⑥A：15，泥质红陶。豆盘残，圜底，喇叭形圈足，底缘内扣。通体饰红衣，饰弦纹。足径10.4、残高5厘米（图三一九，16）。TG3⑥A：27，泥质磨光黑陶。上部残。喇叭形高圈足，中上部近筒形，下部外撇。圈足饰棱纹，棱纹间绕体非等距离饰四组双列共12个小圆形镂孔，圈足下部饰一周双凹弦纹。足径15.2、高11厘米（图三一九，17）。

器盖 5件。TG3⑥A：4，泥质磨光黑陶。喇叭状圈形盖纽较高，仰折沿，圆唇，束颈。盖面缓弧，平折窄沿，尖唇。绕纽颈中部对称饰四个圆镂孔，盖面饰一周凸弦纹。纽径5.9、盖径13.8、高4.6厘米（图三二〇，4）。TG3⑥A：12，泥质夹炭红陶。顶部残。器形大。盖面斜弧内折，唇缘残。通体饰红衣但大部分已经脱落，盖面下部饰一周六凹弦纹，其下边的三道凹弦纹上又饰向心戳印纹线段，盖面折角处饰一道凹弦纹。残高9.6厘米（图三二〇，1）。TG3⑥A：18，泥质灰陶。顶部残，盖面斜弧，折沿上翘，圆唇。盖径27、残高4.4厘米（图三二〇，2）。TG3⑥A：22，泥质磨光黑陶。喇叭形盖纽细高，敞口，尖唇，束颈。盖面斜弧，穹顶，下部残。盖面饰一道凸弦纹。纽径5、残高4厘米（图三二〇，5）。TG3⑥A：23，泥质磨光黑陶。矮圈形盖纽，尖唇。穹顶，下部残。纽唇缘凸棱。纽径6.8、残高2.9厘米（图三二〇，6）。

球 1件。TG3⑥A：1，夹砂红陶。实心球形，圆整度较差，表面凸凹不平。直径4.3厘米（图三二〇，3）。

骨锥 1件。TG3⑥A：2，灰色长骨。长条圆柱形。锥头磨细呈圆榫头，尖端圆钝。锥身呈较粗的圆柱体，残。残长3.9、直径0.7厘米（图三二〇，7；图版六六，6）。

TG3⑧B 器类有杯形器。

杯形器 1件。TG3⑧B：1，泥质厚胎红陶。厚胎，表面粗糙不平，器形不规整。敞口，近直腹，底微凹。口径2.5、腹径3、足径2.4厘米（图三二一；图版三九，4）。

TG5③A 器类有鼎、罐、盆、豆、球、石钺。

鼎 5件。TG5③A：6，泥质灰陶。敛口，仰折沿，圆唇，鼓腹，下部残。口径11、残高4.2厘米（图三二二，9）。TG5③A：7，泥质灰陶。侧扁锥足矮小，内外棱凸，两侧弧扁，尖锥形足尖。残高5.2厘米（图三二二，10）。TG5③A：9，泥质磨光黑陶。敛口，仰折沿，窄沿面，尖唇，鼓腹，下部残。沿面饰一道浅凹弦纹。口径12、残高2.8厘米（图三二二，7）。

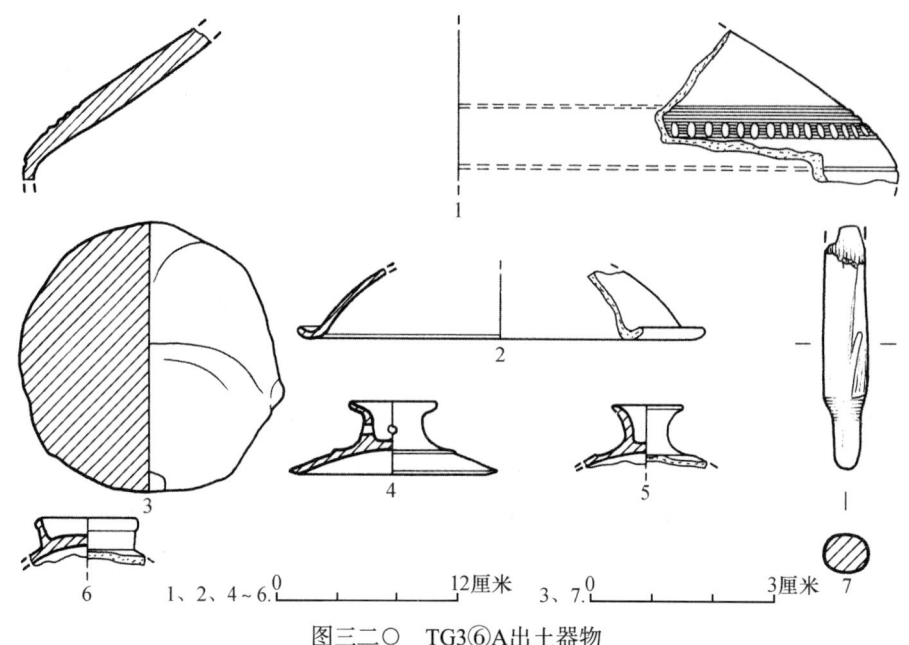

图三二〇　TG3⑥A出土器物

1、2、4~6. 陶器盖（TG3⑥A：12、TG3⑥A：18、TG3⑥A：4、TG3⑥A：22、TG3⑥A：23）　3. 陶球（TG3⑥A：1）
7. 骨锥（TG3⑥A：2）

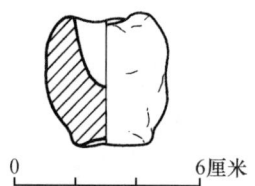

图三二一　TG3⑧B出土陶杯形器（TG3⑧B：1）

TG5③A：11，泥质磨光黑陶。敛口，仰折沿，窄沿面，圆弧腹，下部残。腹饰一周三凹弦纹。口径11、残高4.8厘米（图三二二，8）。TG5③A：13，泥质磨光黑陶，足尖红色。上部残，弧腹，圜底，近圆锥足，足尖残。近足根饰一圆按窝。残高6.4厘米（图三二二，12）。

罐　4件。TG5③A：4，泥质磨光黑陶。敛口，仰折沿，宽沿面，圆唇，弧腹，下部残。沿面饰一周凹弦纹，腹饰三道浅凹弦纹。口径16、残高3厘米（图三二二，2）。TG5③A：5，泥质黑陶。敛口，仰折沿，宽沿面，圆唇，深弧腹，下部残。沿面饰一周凸弦纹。口径21、残高3.6厘米（图三二二，1）。TG5③A：8，泥质磨光黑陶。敛口，仰折沿，宽沿面，尖唇，弧腹，下部残。沿面饰一道浅凹弦纹。口径14、残高2.4厘米（图三二二，3）。TG5③A：12，泥质磨光黑陶。上部残，下腹斜弧，圜底，矮圈足外撇。足径9、残高2.6厘米（图三二二，6）。

盆　1件。TG5③A：3，泥质薄胎灰陶。大口微敛，仰折沿，宽沿面，尖唇，弧腹近直，下部残。沿面饰同心凹弦纹。口径28、残高6.2厘米（图三二二，4）。

豆　1件。TG5③A：10，泥质磨光黑陶。直口微敛，尖唇，矮领内敛，鼓腹，下部残。领部饰一周双凹弦纹，腹饰一道凹弦纹。口径12、残高4.2厘米（图三二二，5）。

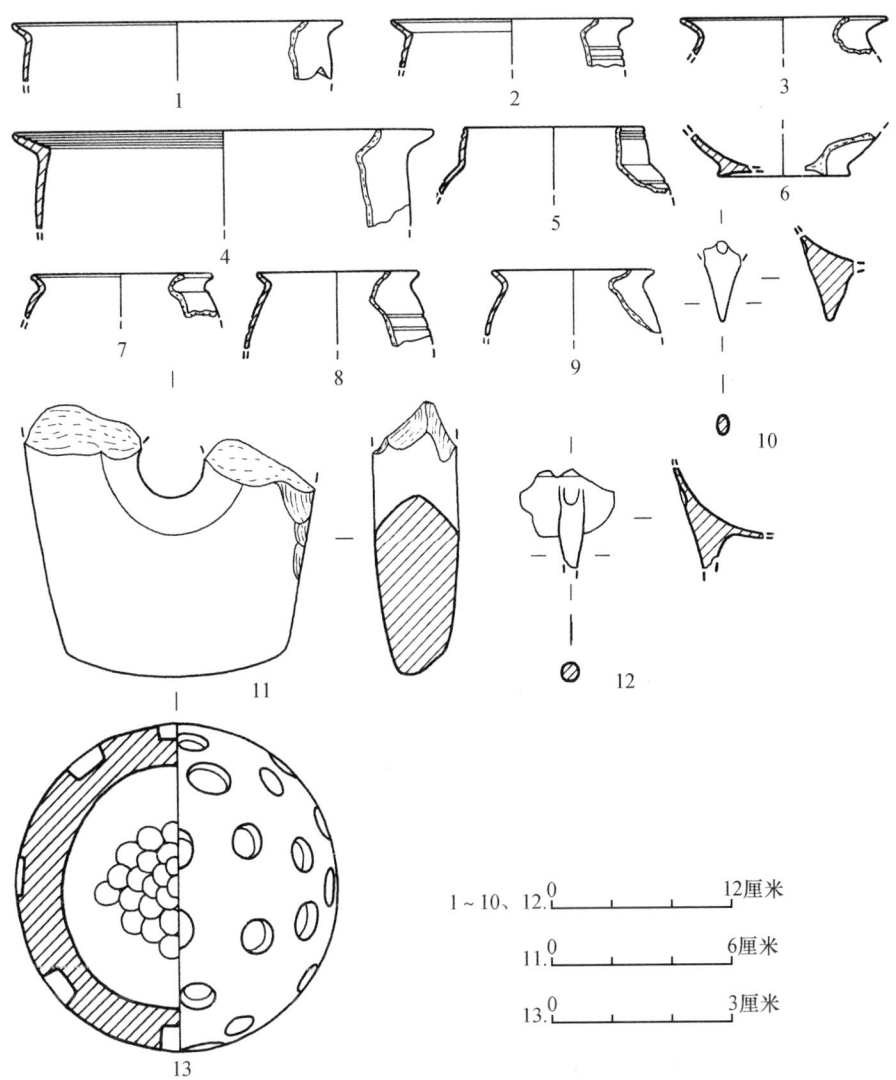

图三二二　TG5③A出土器物

1~3、6. 陶罐（TG5③A：5、TG5③A：4、TG5③A：8、TG5③A：12）　4. 陶盆（TG5③A：3）

5. 陶豆（TG5③A：10）　7~10、12. 陶鼎（TG5③A：9、TG5③A：11、TG5③A：6、TG5③A：7、TG5③A：13）

11. 石钺（TG5③A：2）　13. 陶球（TG5③A：1）

球　1件。TG5③A：1，夹砂红陶。空心球形，内装多粒小圆珠，圆整度较好，厚球壁。表面饰满圆镂孔。直径5.6厘米（图三二二，13；图版六三，2）。

石钺　1件。TG5③A：2，青色砂岩。残。顶及两侧皆稍弧凸，两面较扁平。中孔喇叭形对钻而成。宽7.2~9.6、厚4.8、残长8.8厘米（图三二二，11；图版七五，1）。

TG5③B　器类有鼎、罐、钵、釜、盆、盘、器盖。

鼎　3件。TG5③B：6，泥质夹炭红陶。宽扁板形足，内面竖向棱凸，外面竖向弧凹，微束腰两侧脊凸，宽平足尖薄。通体饰红衣但大部分已脱落。宽4.8~6.4、残高8.4厘米（图三二三，14）。TG5③B：16，泥质夹炭红陶。宽扁平板形足，内外皆较平但中央微竖向弧凸，斜直两侧圆角平脊，足尖残。外面上部饰上大下小两个圆按窝。残宽11~14.4、残厚

2.8～5.4、残高8.4厘米（图三二三，12）。TG5③B：17，泥质夹炭红陶。三棱锥形足，内侧棱凸，外面较平，两侧弧凸，足尖内侧向外弧弯。通体饰红衣但大部分已脱落，外面饰两道竖向划纹，足根饰一圆按窝。残高9.6厘米（图三二三，13）。

罐 5件。TG5③B：2，泥质夹炭红陶。敛口，仰折沿，宽沿面，加厚平唇，鼓腹，下部残。通体饰红衣但大部分已脱落。口径17、残高8厘米（图三二三，1）。TG5③B：4，泥质夹草木灰红陶。敛口，丰圆唇微上卷，外缘凸棱，鼓腹，下部残。通体饰红衣但大部分已脱落。口径20、残高5厘米（图三二三，2）。TG5③B：7，泥质红陶。附着内面圆弧，牛鼻形桥形耳。半圆拱形耳身截面为半月形，外面弧凸，内面宽平，两耳根稍宽大，半圆形穿孔。通体饰红衣但大部分已脱落。跨径约6、宽约2.8、拱高约3.2厘米（图三二三，15）。TG5③B：10，泥质黑陶。上部残。下腹斜弧，凹底。底径6.8、残高2.4厘米（图三二三，9）。TG5③B：15，泥质磨光黑陶。上部残。下腹斜弧，圜底中央微内凸，矮圈足外撇。腹饰一道凸弦纹。足径8、残高4.8厘米（图三二三，5）。

钵 1件。TG5③B：13，泥质夹炭红陶。大口微敛，圆唇，斜弧腹内收，下部残。通体饰红衣但大部分已脱落，唇外缘饰一周宽平棱。口径24、残高4.4厘米（图三二三，3）。

釜 1件。TG5③B：3，泥质夹炭红陶。敛口，折沿下垂，宽沿面，丰圆唇，鼓腹，下部残。通体饰红衣但大部分已脱落。口径32、残高5.6厘米（图三二三，4）。

盆 1件。TG5③B：8，泥质磨光黑陶。敛口，仰折沿，宽沿面，圆唇，弧腹内收，下部残。口径17、残高5.2厘米（图三二三，6）。

盘 1件。TG5③B：1，泥质红陶。敞口，丰圆唇，斜弧腹，圜底，圈足残。唇外缘凸棱。口径23、残高7.5厘米（图三二三，7；图版三八，3）。

器盖 3件。TG5③B：5，泥质夹炭红陶。圆锥形塔形盖纽。圆锥形纽顶上部残，直筒形纽身较高，顶身结合处棱凸。盖面穹顶，下部残。通体饰红衣但大部分已脱落。圆锥形纽顶和直筒形纽身分开制作再黏合。最大纽径6.8、残高8厘米（图三二三，11）。TG5③B：9，泥质磨光黑陶。顶部残。盖面圆弧，圆唇。盖面饰一道凹弦纹。盖径18、残高5厘米（图三二三，8）。TG5③B：14，泥质磨光黑陶。盖纽上部残。盖面缓弧，穹顶，平折沿微上翘，尖唇。盖面饰一道凸弦纹，盖沿面饰三道凹弦纹。盖径12、残高3.4厘米（图三二三，10）。

TG5④ 器类有鼎、盆、簋、盘、器盖、球、石斧。

鼎 1件。TG5④：11，泥质薄胎黑皮灰陶。上部残。弧腹，圜底，宽扁凿形矮足。足内面微弧凸，外面扁平弧凹，斜弧两侧脊凸，宽平足尖内外捏薄。残高7.2厘米（图三二四，8）。

盆 3件。TG5④：5，夹粗砂薄胎灰白陶。大口微敛，折沿下垂，圆唇，深弧腹内收，下部残。口径23、残高5厘米（图三二四，5）。TG5④：6，泥质红陶。微敛口，折沿下垂，圆唇，弧腹内收，下部残。口径18、残高4.2厘米（图三二四，3）。TG5④：9，泥质磨光黑陶。大口微敛，仰折沿，宽沿面，尖唇外缘斜抹角，弧腹，下部残。口径24、残高2.6厘米（图三二四，2）。

簋 1件。TG5④：10，泥质磨光黑陶。上部残。圜底，曲壁矮圈足外撇。圈足曲壁处棱

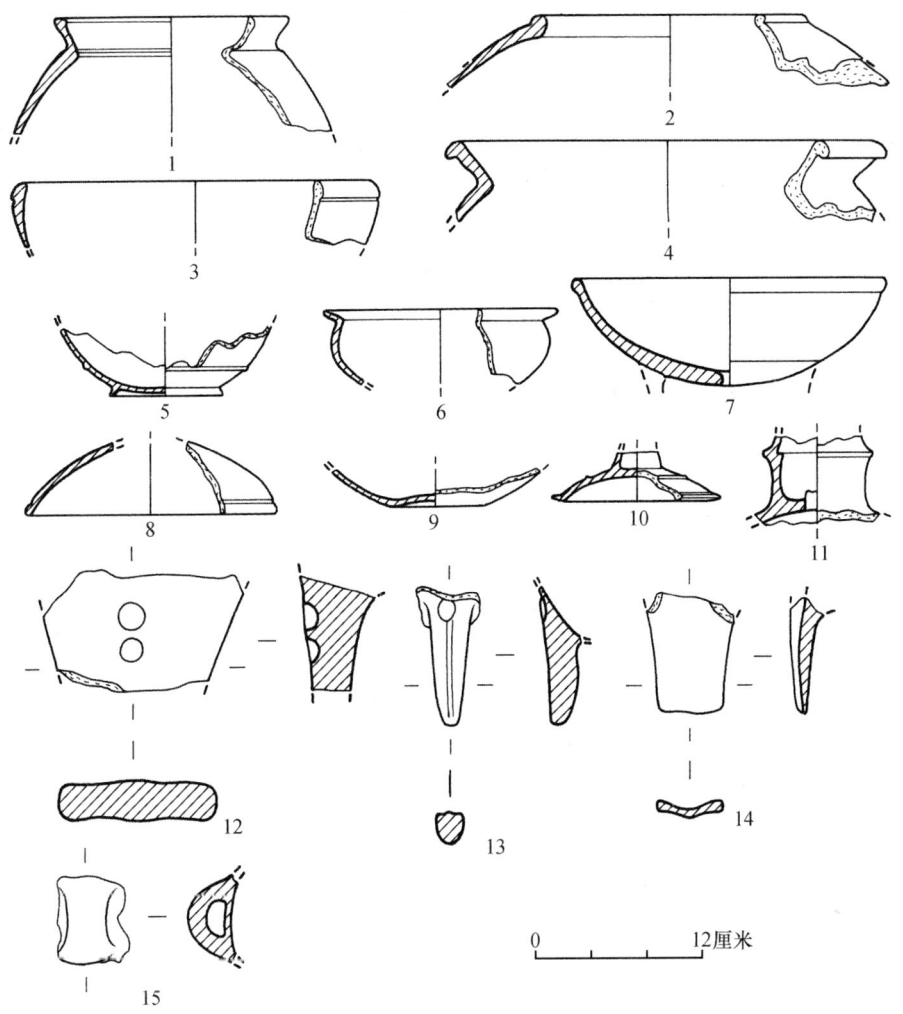

图三二三　TG5③B出土器物

1、2、5、9、15.陶罐（TG5③B：2、TG5③B：4、TG5③B：15、TG5③B：10、TG5③B：7）　3.陶钵（TG5③B：13）
4.陶釜（TG5③B：3）　6.陶盆（TG5③B：8）　7.陶盘（TG5③B：1）　8、10、11.陶器盖（TG5③B：9、TG5③B：14、TG5③B：5）　12~14.陶鼎（TG5③B：16、TG5③B：17、TG5③B：6）

凸。足径12、残高3.4厘米（图三二四，6）。

盘　2件。TG5④：3，泥质灰陶。子母口，尖唇，斜弧腹，圜底，矮圈足为束腰。通体饰黑衣但大部分已脱落，圈足饰一周凹弦纹及多组五孔镂孔纹，镂孔纹组合形式为上下各两小孔、中间一个大圆孔。口径20、足径13.8、高6.4厘米（图三二四，1；图版三八，4）。TG5④：7，泥质红陶。上部残。粗圈足微外撇，底缘内扣。通体饰红衣但大部分已脱落，圈足中部饰三道凸棱纹。足径18、高4.8厘米（图三二四，4）。

器盖　2件。TG5④：4，泥质灰陶。矮圈形纽，尖唇。盖面圆弧，穹顶，圆唇。素面。纽径4、盖径10.6、高3.6厘米（图三二四，11）。TG5④：8，泥质红陶。尖塔形盖纽残。通体饰红衣但大部分已脱落。残高7.8厘米（图三二四，7；图版五三，3）。

球　1件。TG5④：1，夹砂红陶。实心球形，圆整度一般。表面饰不规则绕体交叉细戳点

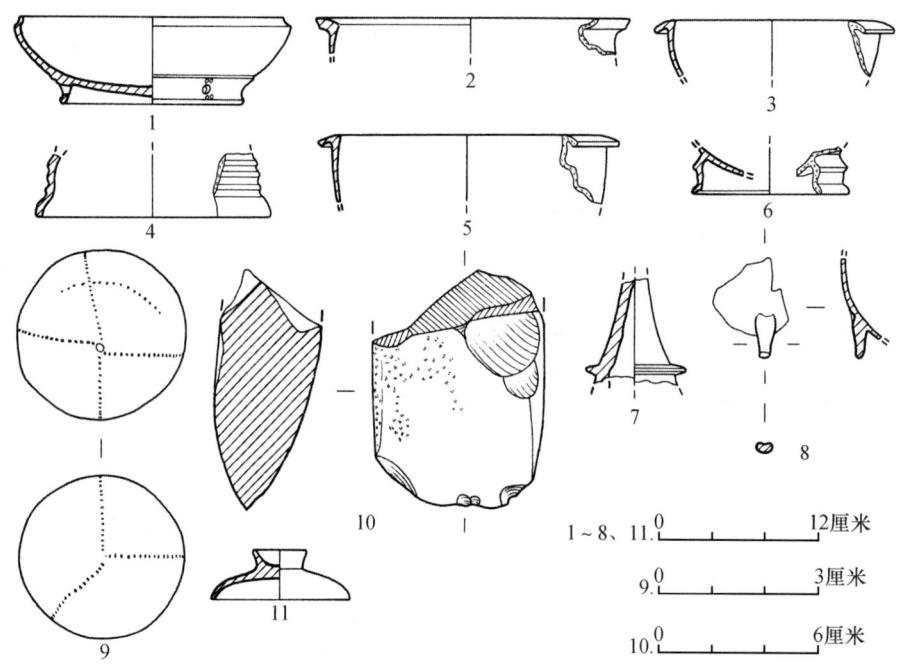

图三二四　TG5④出土器物

1、4. 陶盘（TG5④：3、TG5④：7）　2、3、5. 陶盆（TG5④：9、TG5④：6、TG5④：5）　6. 陶簋（TG5④：10）
7、11. 陶器盖（TG5④：8、TG5④：4）　8. 陶鼎（TG5④：11）　9. 陶球（TG5④：1）　10. 石斧（TG5④：2）

线纹。直径3～3.2厘米（图三二四，9；图版六三，3）。

石斧　1件。TG5④：2，灰色砂岩。上部残缺。长方形。弧凸刃两面不对称磨光，两侧边较竖直，两面磨光微弧凸。残长8.7、宽6.5、厚3.9厘米（图三二四，10；图版七三，5）。

TG5⑤　器类有鼎、罐、盆、豆、器盖、球。

鼎　2件。TG5⑤：5，泥质夹炭红陶。敛口，仰折沿，圆唇，鼓腹，下部残。通体饰红衣但大部分已脱落。口径14、残高4.8厘米（图三二五，7）。TG5⑤：7，泥质磨光黑陶。敛口，仰折沿，宽沿面，圆弧腹，下部残。腹饰一周间断戳点纹线段。口径12、残高4.2厘米（图三二五，2）。

罐　3件。TG5⑤：3，泥质夹炭红陶。敞口，加厚丰圆唇外缘棱凸，束颈，鼓腹，下部残。通体饰红衣但大部分已脱落。口径15、残高5.3厘米（图三二五，4）。TG5⑤：6，泥质夹炭红陶。小口微敞，折沿下垂，宽沿面，尖唇，矮直颈，鼓腹，下部残。通体饰红衣但大部分已脱落。口径18、残高4厘米（图三二五，6）。TG5⑤：8，泥质磨光黑陶。敛口，圆唇微卷，鼓腹，下部残。口径14、残高4.4厘米（图三二五，5）。

盆　2件。TG5⑤：4，泥质夹炭红陶。大口弧敛，平折沿，窄沿面，丰圆唇，弧腹内收，下部残。通体饰红衣但大部分已脱落，腹饰一周附加堆纹。口径36、残高6.1厘米（图三二五，3）。TG5⑤：9，泥质夹炭灰陶。敛口，丁字形内折沿，外唇尖内唇圆，弧腹内收，下部残。腹饰平行凹弦纹。口径40、残高6.6厘米（图三二五，1）。

豆　1件。TG5⑤：10，泥质磨光黑陶。上部残。圜底，喇叭形粗圈足。上部直筒形，下

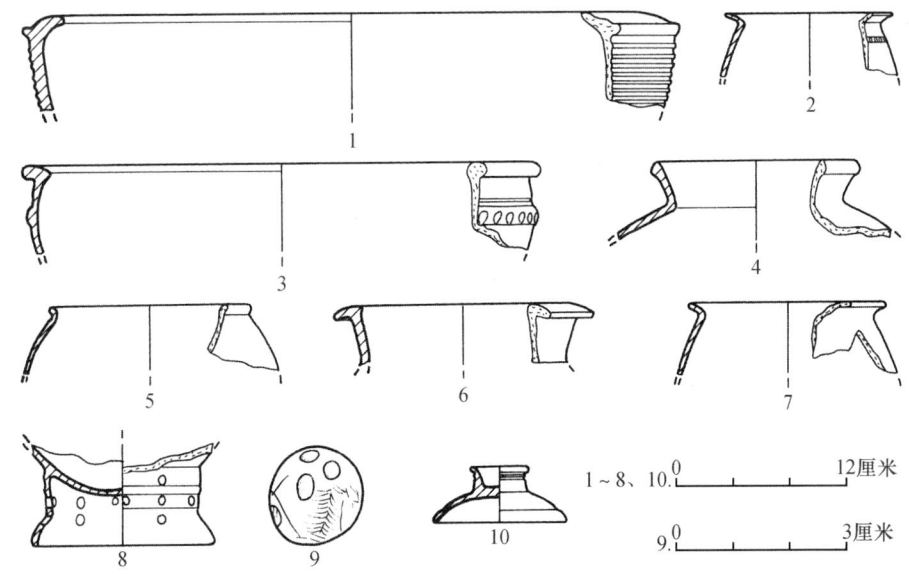

图三二五　TG5⑤出土器物

1、3.陶盆（TG5⑤：9、TG5⑤：4）　2、7.陶鼎（TG5⑤：7、TG5⑤：5）　4~6.陶罐（TG5⑤：3、TG5⑤：8、TG5⑤：6）　8.陶豆（TG5⑤：10）　9.陶球（TG5⑤：2）　10.陶器盖（TG5⑤：1）

部外撇，底缘微内扣。绕圈足非等距离饰多组小圆形镂孔，分单孔、竖向双孔、竖向三孔。足径12.8、残高6.8厘米（图三二五，8）。

器盖　1件。TG5⑤：1，泥质灰陶。喇叭状圈形纽，敞口，圆唇，矮颈。盖面斜弧，穹顶，圆唇。纽颈上部饰一周双凹弦纹，盖面饰一周浅凹弦纹。纽径4.2、盖径9.4、高3.7厘米（图三二五，10）。

球　1件。TG5⑤：2，泥质灰陶。实心圆珠形，圆整度一般。表面饰多个较大圆窝。直径1.6厘米（图三二五，9；图版六四，1）。

TG5⑥　器类有鼎、罐、豆、簋、器盖。

鼎　1件。TG5⑥：1，夹炭灰陶。敛口，仰折沿，沿面较宽，丰圆唇，斜直腹下垂，下部残。素面。口径29.6、残高14厘米（图三二六，7）。

罐　2件。TG5⑥：3，泥质夹炭红陶。敛口，仰折沿，宽沿面，鼓腹，下部残。通体饰红衣但大部分已脱落。口径24、残高7厘米（图三二六，6）。TG5⑥：4，泥质灰陶。敛口，仰折沿，加厚丰圆唇，鼓腹，下部残。口径16、残高6.4厘米（图三二六，3）。

豆　2件。TG5⑥：2，泥质磨光黑陶。敛口，圆唇，短领内倾，扁鼓腹，圜底，喇叭形高圈足残。圈足壁斜直，底缘残。领部饰多组横向戳点纹，上腹饰一周双凹弦纹和多组横向戳点纹，最大腹径处饰一周上内下外折棱，圈足饰瓦棱纹，绕圈足等距离饰六组双列镂孔纹。口径11、腹径15.6、残高14.8厘米（图三二六，4；图版二九，5）。TG5⑥：6，泥质磨光黑陶。敛口，尖唇，扁鼓腹，下部残。上腹近唇处饰一周凸弦纹和间断戳点纹线段，上腹中部饰一周双凹弦纹和间断戳点纹线段，最大腹径处饰一道凹弦纹，下腹中部饰一道凸弦纹。口径12、腹径15.6、残高6.6厘米（图三二六，5）。

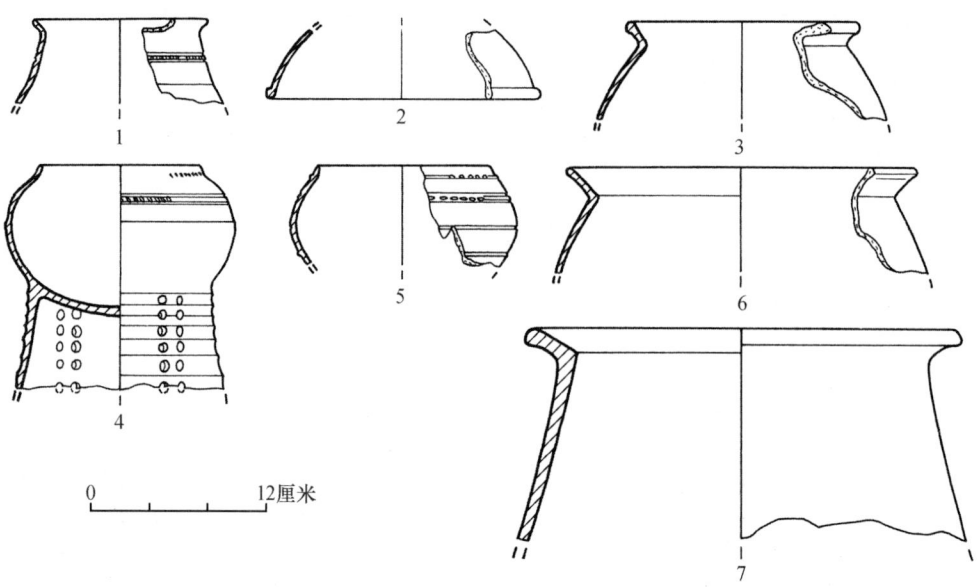

图三二六　TG5⑥出土器物

1.陶簋（TG5⑥：7）　2.陶器盖（TG5⑥：5）　3、6.陶罐（TG5⑥：4、TG5⑥：3）　4、5.陶豆（TG5⑥：2、TG5⑥：6）　7.陶鼎（TG5⑥：1）

簋　1件。TG5⑥：7，泥质磨光黑陶。敛口，仰折沿，窄沿面，圆唇，上腹斜弧微内束，下部残。腹饰一周双凹弦纹和间断戳点纹线段。口径12、残高5.6厘米（图三二六，1）。

器盖　1件。TG5⑥：5，泥质夹炭红陶。顶部残。盖面圆弧，丰圆唇缘凸棱。通体饰红衣但大部分已脱落。盖径19、残高4.6厘米（图三二六，2）。

第四章 结　　语

　　龙嘴遗址所处的湖北天门石家河一带是长江中游地区新石器时代遗存分布最密集的区域，在屈家岭—石家河文化时期形成的石家河古城是长江中游地区新石器时代考古学文化发展的中心，也是国内外学界广泛关注的探讨中华文明进程的重要热点区域之一[1]。2005年对龙嘴遗址的再次发掘，对于深入认识该遗址的文化内涵，进一步理解石家河古城的形成与发展具有重要意义。

　　发掘表明，龙嘴遗址的文化内涵比较单一，除少量屈家岭文化时期的遗存外（仅在TG1有分布，以TG1④A、④B、④C和TG1⑤A、⑤B、⑤C为代表），其他新石器时代遗存均属油子岭文化时期，其遗迹关系复杂，遗物类型丰富，是研究油子岭文化特征、分期、年代、谱系关系以及聚落形态等方面的重要资料。

第一节　龙嘴遗址油子岭文化的分期与年代

　　油子岭文化因京山油子岭遗址的发掘而得名，它主要源于边畈文化，是屈家岭文化的前身，其文化内涵与谱系结构比较清晰，基本分为早、中、晚三期，年代距今5900~5100年[2]。这些认识为我们分析龙嘴遗址油子岭文化的分期与年代提供了宏观背景，同时，龙嘴遗址的大量层位关系与遗物也为充实油子岭文化的分期准备了条件。

　　陶器依然是进行考古学文化分期的主要材料。考虑到油子岭文化时期的典型陶器发展序列比较清晰的实际，在此不再对龙嘴遗址油子岭文化时期的陶器进行详细的类型学划分。结合陶器的层位关系、共生关系及器形特点，可知龙嘴遗址的鼎、罐、簋、盘、豆、盆、器盖等具有明显的变化轨迹。如：

　　小口广肩红陶罐由早到晚的变化趋势是：M14∶12、M1∶8→M9∶3、M10∶3→活动面Ⅰ∶8。

　　罐形鼎由早到晚的变化趋势是：M1∶5、M2∶3→M9∶5、M9∶6→活动面Ⅰ∶2、H13∶4、H13∶8。

　　罐形豆由早到晚的变化趋势是：M1∶3、M2∶1→M9∶8、M11∶1。

　　折沿圈足盘由早到晚的变化趋势是：M2∶5→F8②∶7→活动面Ⅰ∶5、活动面Ⅰ∶7。

　　同时，M1、M2、M3的器物组合与陶器特点具有明显的相似性，M9、M10、M11的器物组合与陶器特点具有明显的相似性，M12∶1与M9∶9带盖罐相同，等等。

　　根据典型陶器的形态特征、层位关系与共生关系，我们将龙嘴遗址油子岭文化遗存分为早晚两期（表一）。

表一　龙嘴遗址油子岭文化分期表

堆积单位/探方	晚期	早期	
		后段	前段
ⅠT1707		W3、W4、W5、M12、M13	H36、H37、③、M14、④
ⅠT2008			③、M1、M2、M3
ⅠT2105		③、H19	④
ⅠT2106		③、H27	④
ⅠT2107		③、H24、④	⑤
ⅡT0433	H40、③	④、F8	
ⅡT0434	③	④	
ⅡT0435		④	
ⅡT0533	③	④、F8	
ⅡT0605		③	
ⅡT0606	②、③、活动面Ⅰ	④	⑤
ⅡT0607	③、活动面Ⅰ	④	
ⅡT0704	②、H14、③	④、G2、G5、L	
ⅡT0705	③	④、G3、⑤	
ⅡT0706	③、活动面Ⅰ、H1、H2、	④、G3、⑤	
ⅡT0707	③、活动面Ⅰ、④	F7	⑤
ⅡT0708	③、活动面Ⅰ	④	
ⅡT0709	③	④、G9、⑤	
ⅡT0710	H13、③、F4、④	⑤	
ⅡT0804	②、H14、③	④、G2、G5、L	
ⅡT0805	③、H5、黄土Ⅱ	④、G2、G5、L、F2	
ⅡT0806	③、黄土Ⅱ、遗迹Ⅰ	④、F2、⑤	⑥
ⅡT0807	③、活动面Ⅰ、④	F7、⑤	
ⅡT0808	H7、H10、③、④	⑤、⑥	
ⅡT0809	③、H35、F4	④	
ⅡT0810	③、F4	④	
ⅡT0905	③、黄土Ⅰ、黄土Ⅱ	④、G2、G5、L、F3、⑤	
ⅡT0906	③、H3	④、H9、F3、⑤	⑥
ⅡT0907	③	④、F3	
ⅡT0909	H11、H12、③		
ⅡT1005	③、W1	④、G2、L、G5	
ⅡT1006	③	④、F3、⑤	
ⅡT1106	③	④	
ⅡT0716	④、H17、⑤、H16、⑥	H32、H21、⑦、H33、H34、⑧、G6	⑨、G7

续表

期段 堆积单位 探方	晚期	早期	
		后段	前段
ⅡT0717	③、④、⑤、⑥	⑧	⑨、G7
ⅡT0833	③	④、⑤、⑥、G8	
ⅡT0933	③	④、⑤、W7、H43、⑥、H46、G8、	⑦
ⅡT1033	③	④、⑤、W8、W9、⑥	
ⅡT1034	②、③	④、⑤、⑥、H51、H52	⑦
ⅡT1035	③、④	⑤	⑥
ⅡT1036	③、H45、H49、④	⑤	⑥、⑦
ⅡT1126	③	W6、H41、④、⑤、H47、⑥	
ⅡT1127	②、③	F5、④、⑤、⑥	
ⅢT1008		②、③、H39	
ⅢT1009		②、H38	
ⅢT1108		②、H42	
ⅢT1208		②	
TG1	⑥（A、B、C、D）、⑦（A、B、C、D、E）、⑧（A、B、C）、⑨（A、B）、⑩（A、B、C）、11		
TG2	③、M6、④、⑤、⑥、H30	M9、M10、M11、⑦、H26、⑧、⑩	H18、H28、12、城垣1、城垣2
TG3	F1、②、③、④（A、B、C、D、E、F）、⑤（A、B、C、D）		⑥（A、B）、⑦（A、B、C）、⑧（A、B、C、D）、⑨（A、B、C、D、E、F）
TG5	③	W2、④、⑤、H25	⑥

早期以M1、M9为代表。其陶器以泥质黑陶和红褐陶（含红衣陶）为主，夹炭陶次之，夹砂陶较少；纹饰多见弦纹、镂孔、压印纹、按窝纹等；主要器形有鼎、罐、釜、甑、盘、豆、碗、盆、器盖、器座等。

晚期以H13、活动面Ⅰ为代表。其陶器以泥质灰陶为主，少量夹炭红褐陶、泥质黑陶；纹饰多见弦纹、附加堆纹；主要器形有鼎、罐、甑、盘、碗、盆、器盖、器座等，新见曲腹杯、宽沿压印纹盆等，附斗形耳盘少见。

其中，早期遗存可分前后两段。前段以M1为代表，包括H18、TG3⑥A等单位；后段以M9为代表，包括F8等单位，其年代相对晚于前段。后段的鼎、罐、甑、盘、豆、碗、器盖等与前段的同类器相比，其形态特征略有变化。

早期遗存中，鼎、簋、罐、豆、器盖等与京山油子岭遗址第一期文化的同类器特征相同[3]，附斗形耳圈足盘与枣阳雕龙碑遗址第二期文化的同类器相似[4]，均属于油子岭文化油子岭类型早期，其文化编年相当于汉东地区3、4段，绝对年代在距今5900~5500年[5]。晚期遗存中，鼎、器盖等与天门谭家岭遗址M7等的同类器相似[6]，属于油子岭文化油子岭类型中期[7]。北京大学用加速器质谱（AMS）方法对龙嘴遗址的11个样品进行的^{14}C测年数据进一步深化了我们对油子岭文化的年代认识。这11个样品中属于龙嘴遗址油子岭文化早期的样品有4个，除编号BA07211的年代偏晚外，其余在3350BC~3650BC；属于龙嘴遗址油子岭文化晚期的样品有4个，除编号BA07214的年代偏晚外，其余在3380BC~3350BC。需要指出的是，另外3个编号BA07222、BA07223和BA07224的样品均出自TG1Z2，其年代均处于屈家岭文化的年代范畴内，且与TG1④A、④B、④C和TG1⑤A、⑤B、⑤C属于屈家岭文化堆积的情况不矛盾，但该单位打破的第3层出土少量近现代瓷片，则TG1Z2的相对年代不早于其打破的第3层。我们认为此第3层所出的少量瓷片属于发掘过程中混入的可能性较大，暂存疑。

第二节　龙嘴遗址聚落的基本特点与变迁

龙嘴遗址地处天门市石河镇东南部的龙嘴岗地南端，系大洪山南麓向江汉平原过渡的山前地带，广沟溪绕遗址的西南注入西汉湖，其临水高地的选址特点是长江中游地区史前遗址的普遍现象。但龙嘴遗址的城垣聚落结构又体现出特殊性，明显区别于同时期的一般聚落。

勘探显示，龙嘴遗址的城垣依地势而建，残高1~3.2米，底宽约17米。城垣平面近圆形，南北长约305米，东西宽约269米，面积约82000平方米，城内面积约60000平方米。其中，东城垣、南城垣和西城垣分别建筑在龙嘴岗地边缘的缓坡地带，北城垣建筑在龙嘴岗地的中段，而北城垣北侧的一条东西向壕沟将整个岗地人为切断。东城垣、南城垣和西城垣外侧的地势较低，系灰褐色淤土，深度超过2.7米，可能系古湖汊区。壕沟南距北城垣约12米，宽约18米。从而整体形成三面环湖、一面为壕的相对封闭的城垣结构，遗址的文化堆积多分布于城垣范围之内。

对龙嘴遗址北城垣的中部（TG1）、南城垣的中西部（TG2、TG5）、东城垣的南部（TG3）及壕沟（TG4）的发掘部分验证了勘探的结论，但也有一定的差别。如：对TG4解剖验证了北壕沟的存在，其上部堆积（油子岭文化时期）为黄褐色土、灰黑色土、黄褐色土、红褐色土依次堆积而成，所含遗物极少，似废弃淤塞所致；其底部堆积则为黑灰色淤泥。壕沟一般深1.5米左右，最深的地方超过2.7米。对TG3的解剖验证了东城垣的存在，其城垣堆积结构清晰，包括墙体及附属堆积，可分为护坡、主墙体和淤积层三部分。对TG1的解剖验证了北城垣的存在，但城垣构筑与东城垣的方式有别，似预挖墙基，其基槽深约1.8米，由若干层堆积而成，基本上能确定墙体的结构。但TG5的解剖未发现城垣堆积，TG2的解剖显示的南城垣墙体保存较差，仅残存底部两层堆积，其整体结构不明。尽管如此，我们认为龙嘴遗址的城垣聚落结构是客观存在的，其城垣的具体走向与范围还需今后的进一步工作予以确认。

根据龙嘴遗址油子岭文化的分期，其城垣墙体并非一次堆筑而成，而是分属早晚两期。早期的城垣包括TG3的第9大层、第7大层及淤积层（第6大层、第8大层）和TG2的城垣1、城垣2。晚期的城垣包括TG3的第5大层、第4大层和TG1的第10大层至第6大层。从TG3的城垣堆积特点看，早期的主墙体第9大层呈水平状堆积，而第7大层呈坡状叠压在第9大层外侧的下部，可能是主墙体的护坡。晚期的主墙体第5大层及其护坡第4大层位于早期城垣的外侧，似表明晚期城垣有外扩的趋势。另外，早期城垣外的淤积层堆积（如TG3第6大层、第8大层和TG2的第13层、第14层等）似乎透露出城垣堆筑与防水之间内在关联的信息。

受工作的局限，我们目前还不能完全了解龙嘴遗址城垣聚落内的整体布局，但揭示的现象仍提供了油子岭文化时期其聚落内部变迁的有关线索。龙嘴遗址油子岭文化早期，遗址的中南部主要为居址，其南部以F2、F3、F7、G2、G5、红烧土路L为代表，中部以F8为代表。其南部的房址分布比较集中，布局有序，系多间或单间地面建筑。墓葬区则分别位于遗址的东南部和南城垣中部，前者以M1、M2、M3为代表，后者以M9、M10、M11为代表。但龙嘴遗址油子岭文化晚期，原遗址南部以F2、F3、F7、G2、G5、红烧土路L为代表的居址被废弃，出现活动面Ⅰ、黄土Ⅰ、黄土Ⅱ等遗迹及其北部的F4，另在遗址的东南部出现建筑遗迹F1。同时，仅在原南城垣中部墓葬区存在少量墓葬。此后，龙嘴遗址城垣聚落被废弃，直到屈家岭文化时期才出现少量活动遗迹。

在长江中游地区已经发现的17处新石器时代城垣聚落中，年代最早的是湖南澧县城头山遗址[8]，其次是龙嘴遗址，两者在建筑规模、平面形态及堆筑方式等方面均具有明显的相似性，处于该地区新石器时代城垣聚落的早期阶段。另一方面，龙嘴遗址所处的大洪山南麓一带发现的5处新石器时代城垣聚落中，龙嘴遗址的年代最早，其西北距天门石家河古城约6千米[9]，东北距天门笑城遗址约22千米[10]、距应城门板湾遗址和陶家湖遗址约40千米[11]，对于研究该区域新石器时代城垣聚落的起源、发展、分布特点等具有重要的学术价值。

第三节　龙嘴遗址油子岭文化时期的社会经济与文化交流

龙嘴遗址油子岭文化时期与环境、生业有关的遗存多未成功获取，但从红烧土内所含大量稻壳遗存及出土的石刀、石镰、石斧等工具看，稻作农业是当时的主要经济内容，而发现的少量猪、鹿等动物骨骼，似表明狩猎活动也是当时经济生活的重要补充。此时的生产技术水平有明显提高，其石器制作规范，磨制、钻孔技术成熟；其陶器普遍使用轮制技术，陶器形态规整，薄胎彩陶碗、薄胎彩陶杯等更是当时陶器制作最高水平的代表。可以说，正是这些生产力水平的巨大进步，为油子岭文化晚期向长江中游地区的快速扩张准备了重要基础条件。

龙嘴遗址发现的油子岭文化时期土坑竖穴墓的随葬品数量普遍不多，但也存在多寡不均的现象，多者达17件套，少者仅1件或一无所有。但与油子岭文化晚期墓葬随葬品数量多寡的巨大差异相比，此时的社会分化并不十分明显。这种情况与龙嘴遗址周边聚落的分布状态比较一致。据调查，龙嘴遗址附近共发现油子岭文化时期的聚落遗址6处，分布较零散，除谭家岭遗址位于石河镇北外，其余5处遗址散布于东河—北港湖的东侧[12]。这些聚落遗址中，龙嘴遗址的面积最大（8.2万平方米），其他遗址的面积较小（1万~3万平方米），且龙嘴遗址已经出现城垣聚落结构，并出土大型陶器和玉器等重要遗物。可见，该地区油子岭文化时期的聚落虽然已经初步发生分化，但尚未形成明显的聚落中心。

龙嘴遗址油子岭文化的遗存中，存在少量同时期其他考古学文化的因素，反映出它们之间文化交流的若干信息。陶灶、曲腹盆、白衣弧线纹黑彩陶等与枣阳雕龙碑遗址第二期文化的同类器相似[13]，无疑与中原地区西阴文化向长江中游地区的持续渗透有关。少量白陶的出现可能受到其南部汤家岗文化的影响，而夹炭红衣陶风格等与其西部的大溪文化存在密切联系。

注　释

[1]　湖北省文物考古研究所：《大洪山南麓史前聚落调查——以石家河为中心》，《江汉考古》2009年第1期。

[2]　孟华平：《长江中游史前文化结构》，长江文艺出版社，1997年。

[3]　湖北省荆州地区博物馆：《湖北京山油子岭新石器时代遗址的发掘》，《考古》1994年第10期。

[4]　中国社会科学院考古研究所：《枣阳雕龙碑》，科学出版社，2006年。

[5]　孟华平：《长江中游史前文化结构》，长江文艺出版社，1997年。

[6]　石河考古队：《湖北省石河遗址群1987年发掘简报》，《文物》1990年第8期。

[7]　孟华平：《长江中游史前文化结构》，长江文艺出版社，1997年。

[8]　湖南省文物考古研究所：《澧县城头山》，文物出版社，2007年。

[9]　石家河考古队：《石家河遗址群调查报告》，《南方民族考古》（第五辑），四川科学技术出版社，1992年。

[10]　湖北省文物考古研究所、天门市博物馆：《湖北天门笑城城址发掘报告》，《考古学报》2007年第4期。

[11]　陈树祥、李桃元：《应城门板湾遗址发掘获重要成果》，《中国文物报》1998年4月4日；湖北省文物考古研究所、应城市博物馆：《湖北应城陶家湖古城址调查》，《文物》2001年第4期。

[12]　湖北省文物考古研究所：《大洪山南麓史前聚落调查——以石家河为中心》，《江汉考古》2009年第1期。

[13]　中国社会科学院考古研究所：《枣阳雕龙碑》，科学出版社，2006年。

附 表

附表一 天门龙嘴遗址柱洞登记表

(单位：厘米)

编号	位置	层位关系 开口	层位关系 打破	形状 平面	形状 剖面	直径-深	主要出土器物	备注
D1	ⅡT0905西北部	④下	⑤	圆形	斜壁圜底	34-18		
D5	ⅡT0716中部偏南	④下	⑤、⑥、⑦	圆形	筒形平底	(30~32)-68		与D6、D7、D8排成一线（西北向东南）
D6	ⅡT0716中南部	④下	⑤、⑥、⑦	圆形	筒形平底	(28~32)-75		
D7	ⅡT0716东隔梁南部	④下	⑤、⑥、⑦	近圆形	筒形平底	(10~22)-55		隔梁部位未发掘
D8	ⅡT0716中部偏西	④下	⑤、⑥、⑦	近长方形	斜壁方底	(22~27)-32		
D9	ⅡT0716西南部	⑥下	⑦	圆角方形	斜壁平底	(50~56)-19		
D10	ⅡT0716	⑦下	⑧					
D11	ⅡT1126西南角	④下	⑤	近圆形	筒形平底	34-60		
D12	ⅡT1126东北部	④下	⑤、H48	圆角方形	筒形平底	(40~42)-42	陶器盖、罐残片	
D13	ⅡT1126东北部，D12之南	④下	⑤、H48	圆形	筒形平底	(52~62)-40		
D16	ⅡT1126东隔梁北部	⑤下	H48	圆形	筒形平底	30-35		
D17	ⅡT0833西北部	⑤下	⑥	圆形	斜壁圜底	36-28		
D18	ⅡT0833南壁西部	④下	⑤	近圆形	斜壁尖底	(30~55)-47		南壁外未发掘
D19	ⅡT0833南部	⑤下	⑥	近圆形	斜壁平底	(40~42)-25		
D21	ⅡT1127西边中部	⑤下	⑥	椭圆形	筒形圜底	(29~40)-50		

续表

编号	位置	层位关系		形状		直径-深	主要出土器物	备注
		开口	打破	平面	剖面			
D22	ⅡT1127西壁南部	⑤下	⑥	圆角方形	筒形平底	(56~65)-50		
D23	ⅡT1127西南部	⑤下	⑥	圆形	筒形平底	56-40		
D24	ⅡT1127西壁近西南角	⑤下	⑥	圆形	筒形平底	74-40		
D25	ⅡT1033南壁中部	⑥下	生土	不规则长方形	筒形平底	(45~65)-(20~24)		
D26	ⅡT1033近东南角	⑥下	生土	椭圆形	斜壁平底	(41~46)-18		
D27	ⅡT1033东南部	⑥下	生土	椭圆形	斜壁圜底	(41~45)-(15~18)		

附表二　天门龙嘴遗址灰坑登记表

(单位：厘米)

编号	位置	开口	打破	平面形状	长×宽-深（直径-深）	主要出土器物	备注
H1	ⅡT0706西部	③下	④	不规则圆形	70-35	陶鼎2、罐、釜、器座、器盖	
H2	ⅡT0706西部	③下	H1、④	不规则圆形	60-40	陶鼎4、盆3、器盖3	
H3	ⅡT0906东部	③下	④	圆形	60-30	陶鼎2、罐4、盆3、纺轮	
H4	ⅡT0805西北角	②下	③、④、黄土Ⅱ	椭圆形	85-30	陶鼎3、罐、盆2、盘2、碗、器盖、纺轮	
H5	ⅡT0805东北部	③下	黄土Ⅱ、④	不规则方形	130×(74~114)-(40~76)		内有小圆坑，深20厘米
H6	ⅡT0806东北部	④下	⑤	不规则长条形	106×38-30	陶鼎	
H7	ⅡT0808北部	②下	④	不规则椭圆形	64×52-24	陶鼎	
H8	ⅡT0906西壁	④下	H9、⑤、⑥	圆形	65-40		
H9	ⅡT0906西北角	④下	⑤、⑥	不规则椭圆形	100-40	陶鼎、罐、球	
H10	ⅡT0808西北角	②下	③、④	半圆形	214-80	陶鼎2、盆2、釜、器座、器盖	部分未发掘
H11	ⅡT0909西南角	②下	③	圆角长方形	100×86-46	陶鼎3、罐2、器盖	
H12	ⅡT0909南边	②下	③	三角形	150×80-36		部分未发掘
H13	ⅡT0710东北部	②下	③	不规则椭圆形	100×(40~80)-(16~20)	陶鼎7、器盖4	
H14	ⅡT0704与ⅡT0804之间	②下	③	不规则长条形	282×(56~90)-50	陶鼎、罐2、盘	
H15	ⅡT0716西北角	④下	⑤、⑥	长方形	115×58-25		
H16	ⅡT0716中部	⑤下	⑥、⑦、⑧	梯形	74×(38~46)-80	陶器盖	
H17	ⅡT0716东北角	④下	⑤、⑥、⑦、⑧	半圆形	62×36-76	陶鼎、缸、器盖	部分未发掘，填土分两层
H18	TG2北部	⑪下	⑫	圆角长方形	108×82-90	陶鼎、罐3、器座2、盘2、器盖1	
H19	ⅠT2105北部	③下	④和生土	不规则圆形	(76~86)-50	陶罐4、器盖	填土分两层
H20	TG2北部	⑤下	生土	近方形	80×76-22		

续表

编号	位置	层位关系 开口	层位关系 打破	平面形状	长×宽-深（直径-深）	主要出土器物	备注
H21	ⅡT0716中部	⑥下	⑦	不规则长方形	80×76-22		部分未发掘
H22	ⅠT2004西部	②下	生土	不规则半圆形	140×86-38		
H23	ⅠT2108西部	②下	生土	不规则椭圆形	74×55-（30~34）	陶鼎、盆2、豆	
H24	ⅠT2107南部	③下	④	不规则圆形	84×59-（12~16）	陶鼎、罐	
H25	TG5中北部	⑤下	生土	不规则圆形	(70~80)-(10~26)	陶鼎2、罐2、器座、缸、盘2	
H26	TG2南部	⑦下	⑫、H28	半圆形	240×100-20	陶鼎、罐5、盆、豆、器盖3	部分未发掘
H27	ⅠT2106西北部	③下	④、⑤和生土	近方形	78×78-（54~60）	陶鼎、盆、豆、器盖3	填土分两层
H28	TG2南部	⑫下	城墙	圆角长方形	240×100-20	陶鼎、罐3、盆、豆、器盖	部分未发掘
H29	ⅠT2004北部	②下	生土	长方形	72×46-（12~18）	陶鼎、碗	被M8打破
H30	TG2北段南部	⑥下	M10和城墙	半圆形	140-25	陶鼎、罐2、盆、纺轮	部分未发掘
H31	ⅢT0154东南部	①下	②、⑧和G7	圆角长方形	242×(132~140)-20	陶鼎、罐、釜、器盖	
H32	ⅡT0716北部隔梁	⑥下	⑦、⑧和G7	不规则	136×75-50	陶罐	
H33	ⅡT0716中部	⑦下	⑧和G7	不规则长条形	220×(64~100)-26	陶鼎、釜	
H34	ⅡT0716西北角	⑦下	⑧和G7	扇形	84×80-39	陶鼎、罐、筐、器盖	部分未发掘
H35	ⅡT0809西北角	③下	F4和④	三角形	80×55-35	陶鼎3、罐2、盆4、筐2、盘、圈足、器盖；石凿、斧6	部分未发掘
H36	ⅠT1707东部	②下	③和M14	不规则	260×146-（10~30）	陶筐；玉玦	
H37	ⅠT1707西北部	②下	③和生土	不规则	110-36	陶罐5、盘、器盖	
H38	ⅢT1009中南部	②下	③	长条形	250×(100~125)-25	陶盘、器盖	
H39	ⅢT1008东北部	③下	生土	长方形	(95~100)×80-50	陶纺轮	
H40	ⅡT0433南部	②下	③、④	不规则	150×130-30	陶鼎、罐、盆2	
H41	ⅡT1126西部	③下	④、⑤、⑥和H47	圆角梯形	134×(66~70)-(45~67)		部分未发掘

续表

编号	位置	层位关系 开口	层位关系 打破	平面形状	长×宽-深（直径-深）	主要出土器物	备注
H42	ⅢT1108东南角	②下	生土	扇形	260×150-95	陶罐2、钵、器盖2	部分未发掘
H43	ⅡT0933中部	⑤下	⑥	不规则长条形	140×78-（14~23）	陶鼎2、罐、盆、器盖2	
H44	ⅡT1126北部	⑤下	⑥和生土	圆角长方形	100×70-30		部分未发掘
H45	ⅡT1036中部	③下	④	圆形	(88~92)-20	陶鼎4、罐2、筐、器盖	
H46	ⅡT0933中部	⑥下	⑦	不规则椭圆形	84×58-20	陶鼎、罐4、钵2、器座、盘	
H47	ⅡT1126西部	⑤下	⑥和生土	近椭圆形	126×100-30	陶釜、器座	
H48	ⅡT1126东北部	⑤下	⑥和生土	不规则长条形	210×140-（30~56）	陶罐、器座残片	部分未发掘
H49	ⅡT1036西北部	③下	④	不规则长条形	200×68-（40~50）	陶鼎2、盘2	部分未发掘
H50	ⅡT1034西部	⑥下	生土	长方形	54×42-40	陶钵、碗残片	
H51	ⅡT1034中西部	⑥下	⑦和生土	长方形	55×40-（40~51）	陶盆、釜	填土分两层
H52	ⅡT1034西部偏北	⑥下	⑦和生土	圆角方形	75×63-（30~35）	陶鼎、盘、器盖	

附表三 天门龙嘴遗址墓葬登记表

(单位：厘米)

墓号	位置	层位关系 开口	层位关系 打破	形制结构	墓底 长×宽-深	方向	葬具	葬式	随葬品
M1	ⅠT2008西北	②下	生土	近长方形土坑	180×70-10	270°		头向西，仰身直肢葬	陶鼎2、罐、篮、豆2、盘2、碗、器盖
M2	ⅠT2008西北	②下	生土	长方形土坑	116×56-10	274°		头向西，仰身直肢葬	陶鼎、罐、豆、盘2、碗2、器盖
M3	ⅠT2008西北	②下	生土	近长方形土坑	186×(64~86)-10	278°		头向西，仰身直肢葬	陶鼎2、罐、豆、盘
M6	TG2中南	③下	⑥	长方形土坑	140×80-24	293°			陶罐
M7	ⅠT2006西南	②下	生土	近长方形土坑	106×60-(22~32)	346°		幼儿	
M8	ⅠT2004北部	②下	H29、生土	不规则长方形土坑	82×58-(10~15)	20°			
M9	TG2中南	⑥下	坡墙	长方形土坑	140×76-20	303°		头向西	陶鼎3、罐3、篮4、豆3、盘、器盖
M10	TG2中南	⑥下	坡墙	长方形土坑	140×80-20	290°		头向西	陶鼎2、罐、篮2、盘2、杯3、器盖
M11	TG2中南	⑥下	坡墙	长方形土坑	120×70-25	300°		头向西	陶鼎2、罐、篮、豆2、盘3、碗、器盖；石斧
M12	ⅠT1707中北	②下	③	不规则长方形土坑	80×45-16	302°			陶罐、盘2
M13	ⅠT1707中东	②下	③	不规则长方形土坑	80×45-10	302°			陶罐、釜
M14	ⅠT1707中北	③下	④、生土	长方形土坑	202×(68~72)-(10~24)	278°		头向西，仰身直肢葬	陶鼎2、罐2、篮5、盘2、碗、器盖3
W1	ⅡT1005南壁	③下	④	平面近长方形	70×(42~44)-18		2件陶釜		陶罐
W2	ⅡTG5中南	③下	④、⑤	平面呈圆形	(40~44)-35		带盖陶釜		

续表

墓号	位置	层位关系 开口	层位关系 打破	形制结构	墓底 长×宽-深	方向	葬具	葬式	随葬品
W3	ⅠT1707东南	②下	③、④、红烧土	平面呈不规则四边形	60×（38~52）-（12~18）		夹炭红陶釜		
W4	ⅠT1707东南	②下	③、④、红烧土	平面呈不规则圆形	直径58，深15		带盖红陶釜		
W5	ⅠT1707东南	②下	③、④、红烧土	平面呈不规则椭圆形	60×50-14		夹炭红陶罐		
W6	ⅡT1126北部	③下	④	平面呈圆形	直径50，深20		带盖红陶罐		
W7	ⅡT0933西北部	⑤下	⑥	平面呈不规则圆形	直径48，深17~19		带盖黑陶罐		
W8	ⅡT1033东北角	⑤下	⑥	平面呈椭圆形	52×40-（30~42）		带盖釜形鼎		
W9	ⅡT1033中东部	⑤下	⑥	平面呈圆形	直径100，深50		带盖红陶釜		

附录一 北京大学加速器质谱（AMS）^{14}C测试报告

送样单位：湖北省文物考古研究所

遗址名称：湖北天门龙嘴遗址

Lab编号	样品	样品原编号	文化性质	^{14}C年代（BP）	树轮校正后年代（BC） 1σ（68.2%）	树轮校正后年代（BC） 2σ（95.4%）
BA07211	木炭	ⅡT0717⑧	油子岭文化	4345±40	3020BC（68.2%）2900BC	3090BC（7.2%）3050BC 3030BC（88.2%）2890BC
BA07212	木炭灰	ⅡT0807④	油子岭文化	4550±65	3370BC（24.8%）3260BC 3240BC（43.4%）3100BC	3500BC（8.5%）3420BC 3380BC（86.9%）3020BC
BA07213	木炭	F8①	油子岭文化	4660±75	3630BC（5.0%）3600BC 3530BC（63.2%）3360BC	3650BC（89.0%）3300BC 3250BC（6.4%）3100BC
BA07214	竹片	H13标本1	油子岭文化	4340±40	3020BC（68.2%）2900BC	3090BC（5.5%）3060BC 3030BC（89.9%）2880BC
BA07215	木炭	H13标本2	油子岭文化	4475±40	3340BC（44.9%）3210BC 3190BC（10.7%）3150BC 3130BC（12.6%）3090BC	3350BC（95.4%）3020BC
BA07216	木炭	H16	油子岭文化	4465±50	3330BC（37.4%）3210BC 3190BC（8.3%）3150BC 3130BC（12.5%）3080BC 3070BC（9.9%）3020BC	3350BC（91.6%）3000BC 2980BC（3.8%）2930BC
BA07218	草木灰	H27	油子岭文化	4580±80	3500BC（15.2%）3430BC 3380BC（18.4%）3310BC 3300BC（3.2%）3260BC 3240BC（31.4%）3100BC	3650BC（95.4%）3000BC
BA07220	木炭	TG3（东城墙淤泥Ⅱ下即⑧下）	油子岭文化	4600±40	3500BC（35.2%）3430BC 3380BC（32.3%）3330BC 3210BC（0.7%）3190BC	3520BC（79.4%）3320BC 3240BC（16.0%）3110BC
BA07222	炭灰	TG1Z2标本1		4290±60	3020BC（68.2%）2870BC	3100BC（81.5%）42850BC 2820BC（10.7%）2740BC 2730BC（3.2%）2680BC

续表

Lab编号	样品	样品原编号	文化性质	^{14}C年代（BP）	树轮校正后年代（BC）	
					1σ（68.2%）	2σ（95.4%）
BA07223	炭灰	TG1Z2标本2		4260±45	2920BC（55.3%）2860BC 2810BC（12.9%）2760BC	3020BC（68.1%）2840BC 2820BC（21.5%）2740BC 2730BC（5.8%）2670BC
BA07224	木炭	TG1Z2标本3		4225±40	2900BC（32.6%）2860BC 2810BC（33.0%）2750BC 2720BC（2.7%）2710BC	2910BC（40.1%）2830BC 2820BC（55.3%）2670BC

注：所用^{14}C半衰期为5568年，BP为距1950年的年代。

树轮校正所用曲线为IntCal04（1），所用程序为OxCal v3.10（2）。

1. Reimer P J, M G L Baillie, E Bard, A Bayliss, J W Beck, C Bertrand, P G Blackwell, C E Buck, G Burr, K B Cutler, P E Damon, R L Edwards, R G Fairbanks, M Friedrich, T P Guilderson, K A Hughen, B Kromer, F G McCormac, S Manning, C Bronk Ramsey, R W Reimer, S Remmele, J R Southon, M Stuiver, S Talamo, F W Taylor, J van der Plicht, and C E Weyhenmeyer. 2004. Radiocarbon. 46: 1029~1058.

2. Christopher Bronk Ramsey. 2005. www.rlaha.ox.ac.uk/orau/oxcal.html.

附录二　天门龙嘴遗址出土动物骨骼鉴定结果

邓振华[1]　张　艳[2]　陆成秋[3]

（1.北京大学考古文博学院　2.纽约大学　3.湖北省文物考古研究所）

天门龙嘴遗址2005年发掘中，出土了少量动物骨骼。因当地保存条件所限，得以保存的动物骨骼数量很少，不能据此分析该遗址的动物资源利用状况等问题，故以下仅按单位介绍该遗址出土可鉴定动物骨骼的基本情况。

1. H18

（1）猪，右桡骨下端关节部分，1件。

（2）猪，右桡骨下端，关节未愈合，脱落，1件。

（3）猪，跟骨结节，结节关节未愈合，脱落，2件。

（4）猪，右桡骨下端，残存约1/4，骨骼上可见啮齿类咬痕，1件。

（5）中型动物，胫骨下端残块，关节未愈合，脱落，1件。

（6）猪，右尺骨，上下端均残，骨骼上可见啮齿类咬痕，1件。

（7）幼年哺乳动物，掌骨或蹠骨下端脱落关节头，疑似猪，1件。

（8）中型哺乳动物，牙齿残块，2件。

（9）中型动物，关节头残块，3件。

（10）中型动物，下颌骨残块，2件。

2. H27

猪，左距骨，残，1件。

3. G7

（1）猪，右下M1或M2，完全萌出，未磨蚀，1件。

（2）猪，右下M1或M2，牙胚，可能尚未萌出，1件。

4. F8废弃层①

（1）鹿，角残块，2件。

（2）中型动物，肢骨残块，烧骨，1件。

（3）中型动物，肢骨残块，7件。

5. TG1④

猪牙碎片若干

6. TG1⑤

（1）猪，左上M1或M2，游离尺，未磨，1件。

（2）猪，上P4残块，1件。

（3）碎骨若干，其中1件为烧骨。

7. TG212

中型动物，碎骨若干。

8. T0708④

烧骨若干，其中包括若干肩胛骨残块。

附录三 天门龙嘴遗址出土玉器检测报告

杨明星[1]　何翀[1]　陆成秋[2]
（1.中国地质大学（武汉）珠宝学院　2.湖北省文物考古研究所）

2005年，湖北天门龙嘴遗址出土了一批油子岭文化时期的玉器，中国地质大学（武汉）珠宝学院对其中4件玉器进行了鉴定。

我们通过浮选、红外光谱分析、拉曼光谱分析，并在显微镜下进行放大分析。现将各玉器标本及鉴定结果分列如下：

（1）ⅡT0905④：1（玉玦）（彩版二〇，3、4），重量14.29克，密度2.57g/cm³，检测结果为：岫玉（报告号：B15122；检测号：WH00182562）（图一~图四）。

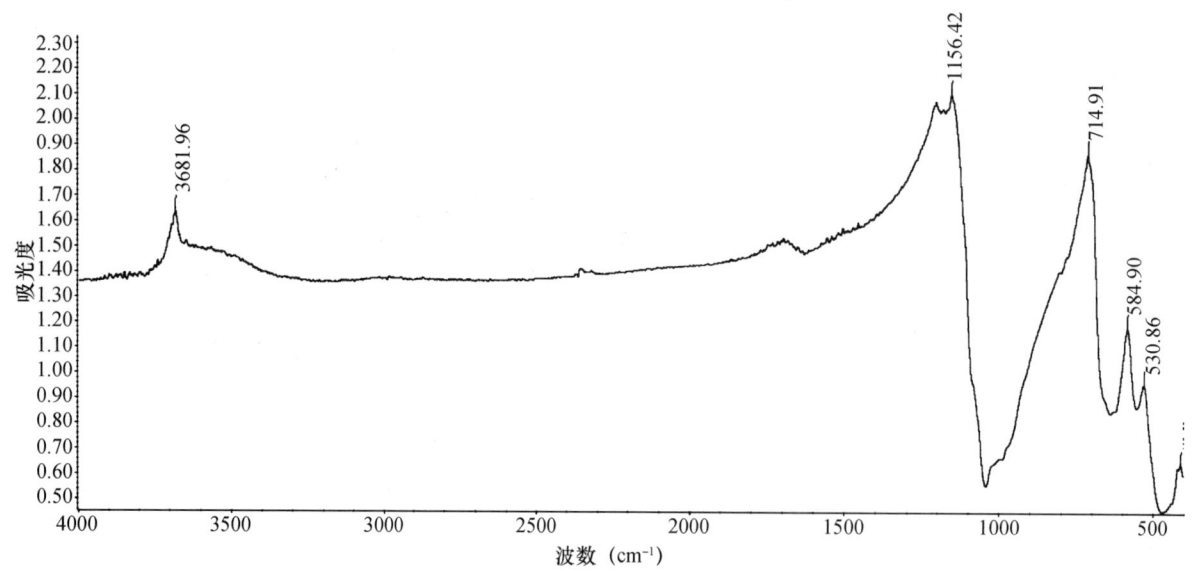

图一　ⅡT0905④：1红外光谱检测图谱

（2）ⅠT2106③：1（玉牌饰）（彩版二〇，1、2），重量35.12克，密度2.60g/cm³，检测结果为：岫玉（含绿泥石）（报告号：B15123；检测号：WH00182563）（图五~图八）。

（3）H37：1（玉玦）（彩版二〇，5），重量12.40克，密度2.84g/cm³，检测结果为：云母质玉（报告号：B15124；检测号：WH00182564）（图九~图一二）。

（4）TG1⑦：7（残玉器）（彩版二〇，6），重量8.41克，密度2.64g/cm³，检测结果为：石英岩质玉（报告号：B15125；检测号：WH00182565）（图一三、图一四）。

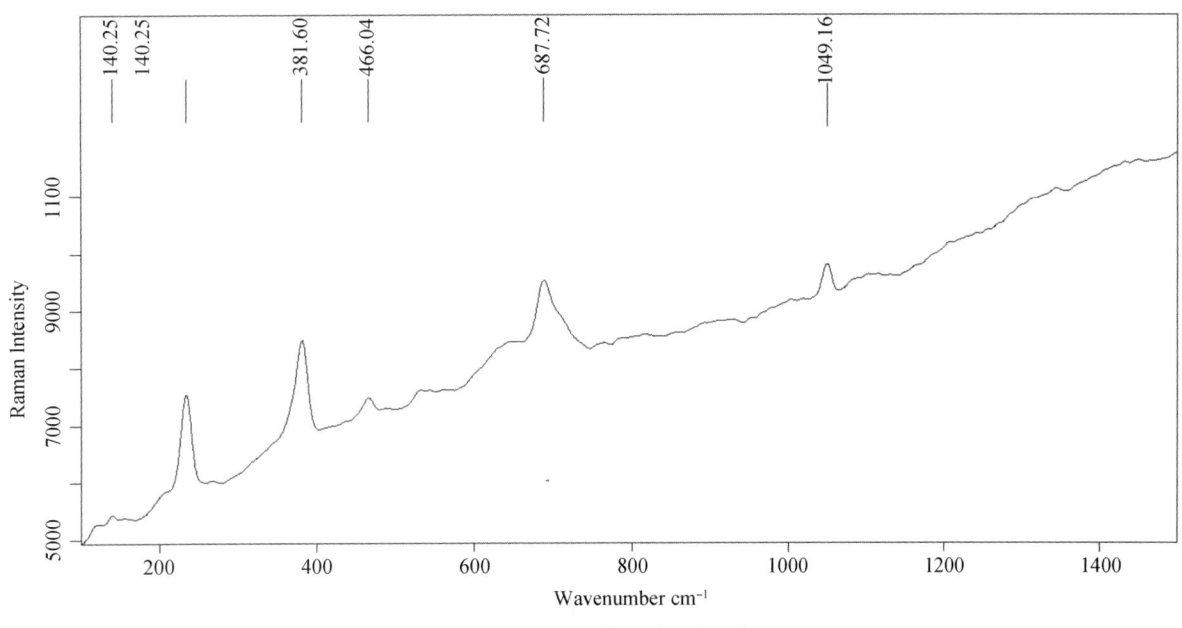

图二　ⅡT0905④：1拉曼图谱

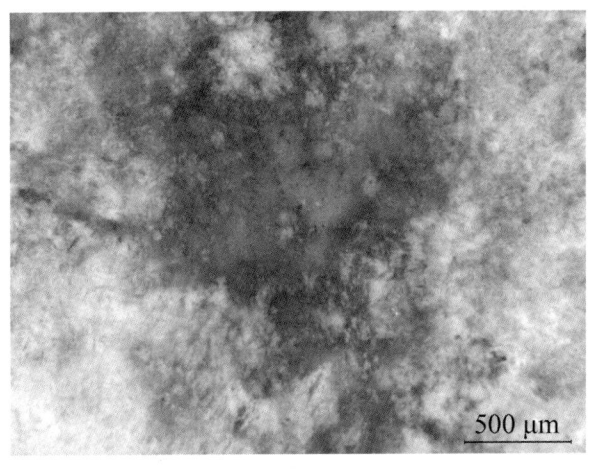

图三　ⅡT0905④：1显微镜放大图像

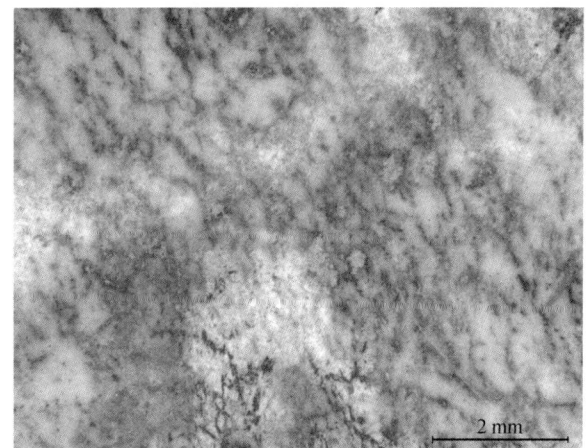

图四　ⅡT0905④：1显微镜放大图像

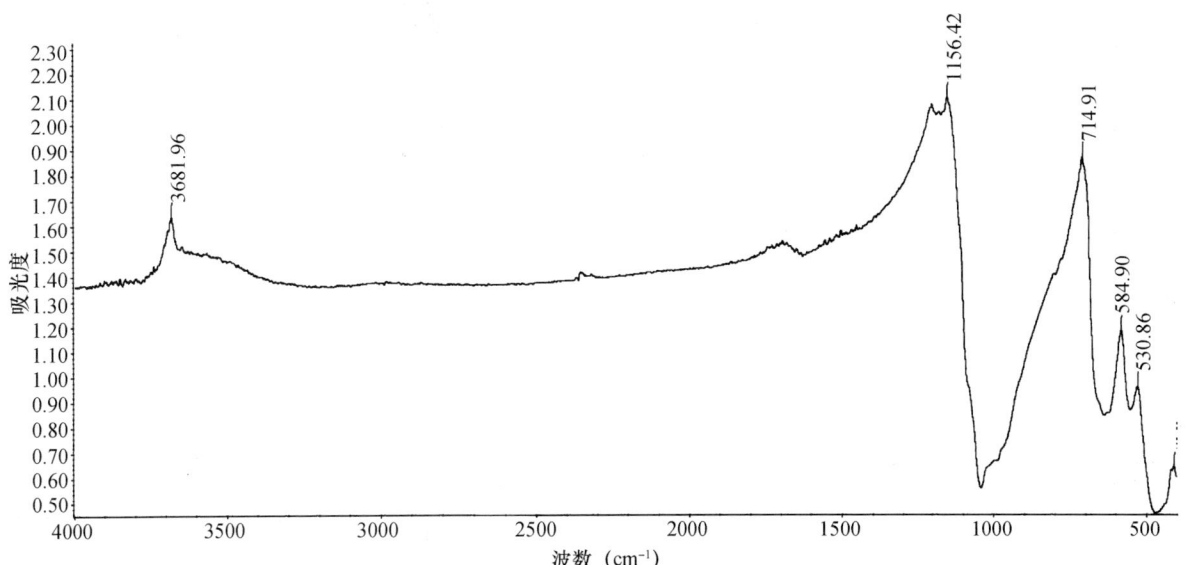

图五　ⅠT2106③：1红外光谱检测图谱

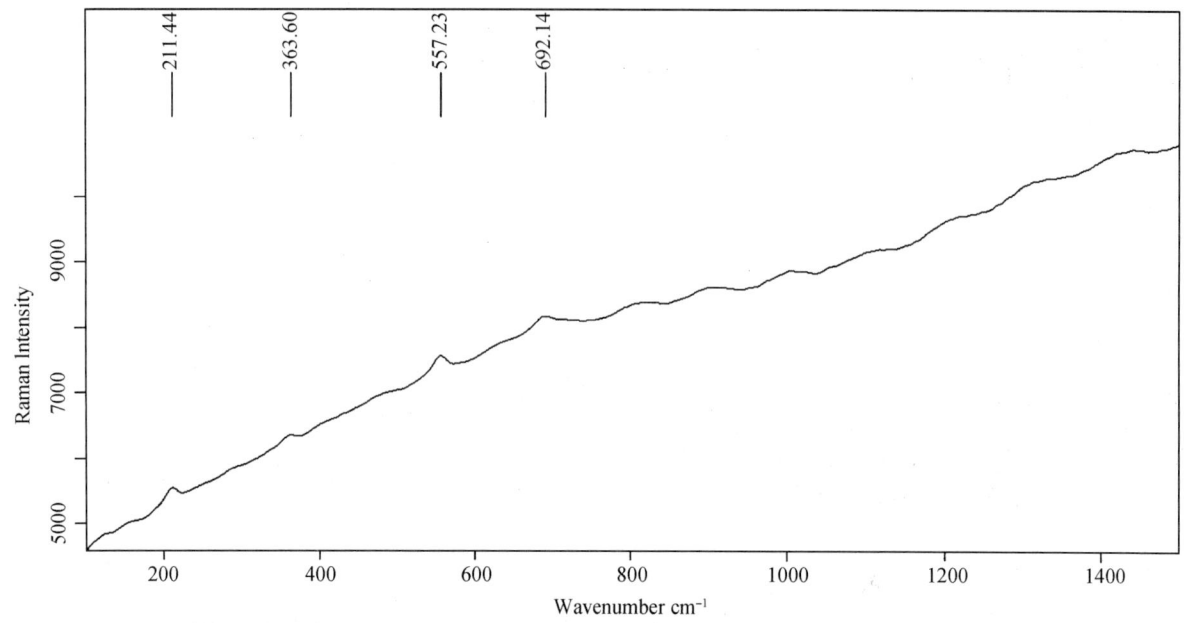

图六　ⅠT2106③∶1拉曼图谱

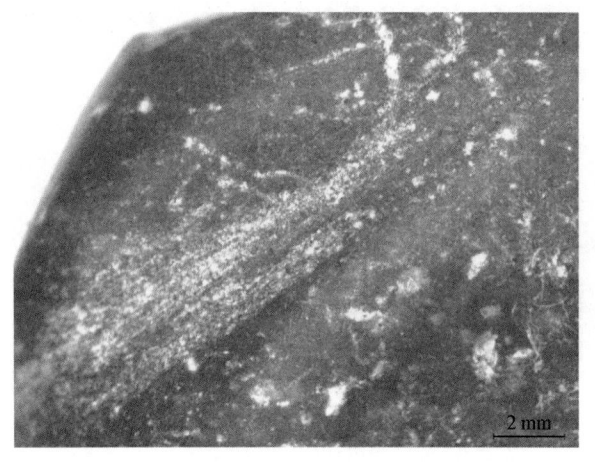

图七　ⅠT2106③∶1凹槽在显微镜下图像

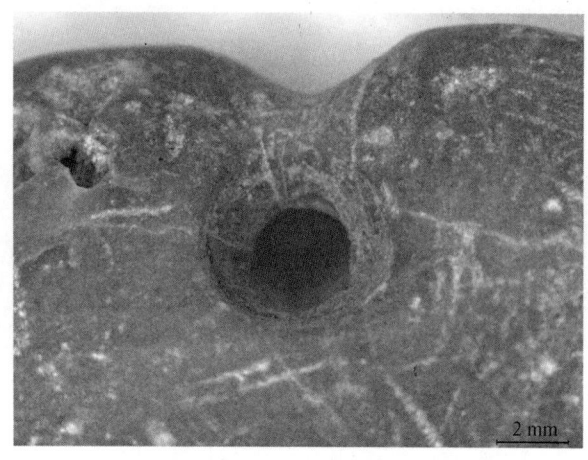

图八　ⅠT2106③∶1穿孔在显微镜下图像

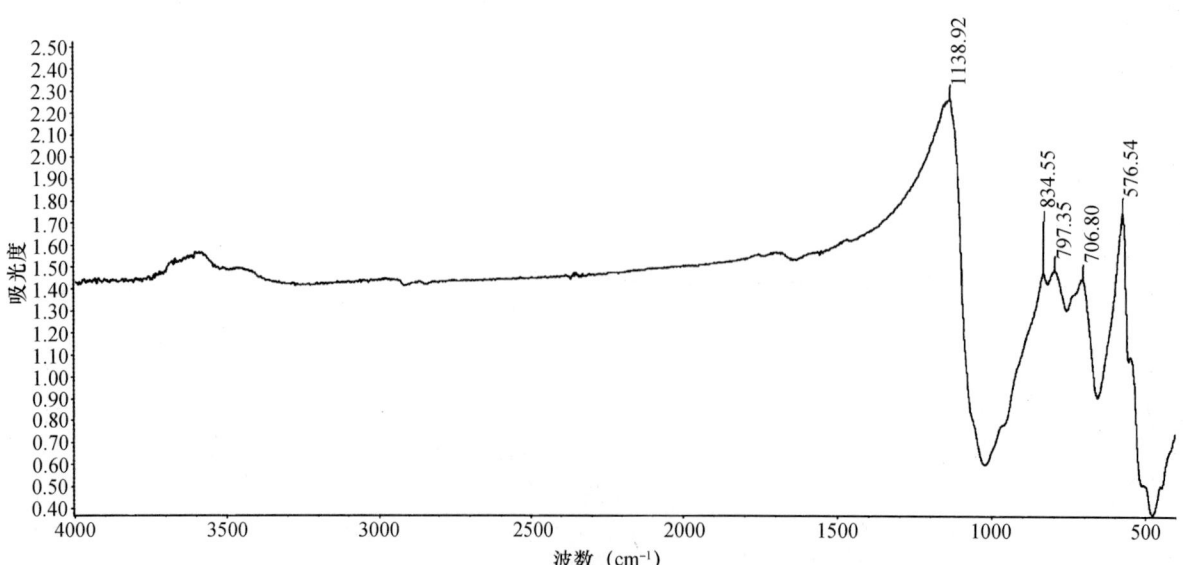

图九　H37∶1红外光谱检测图谱

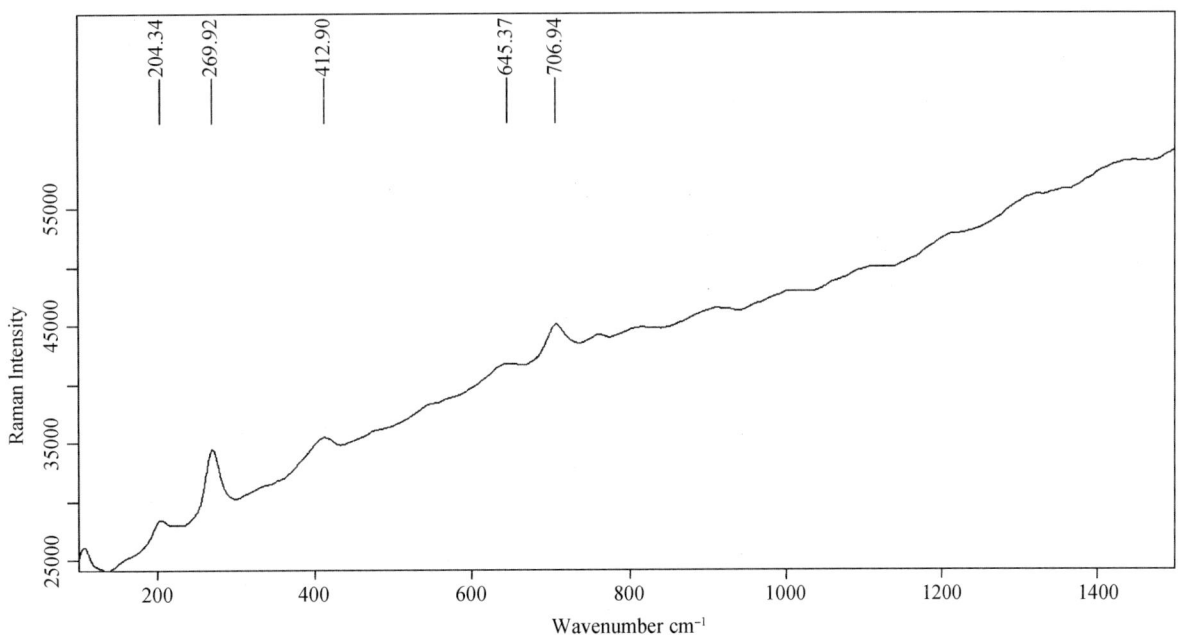

图一〇　H37∶1拉曼图谱

图一一　H37∶1在显微镜下图像

图一二　H37∶1在显微镜下图像

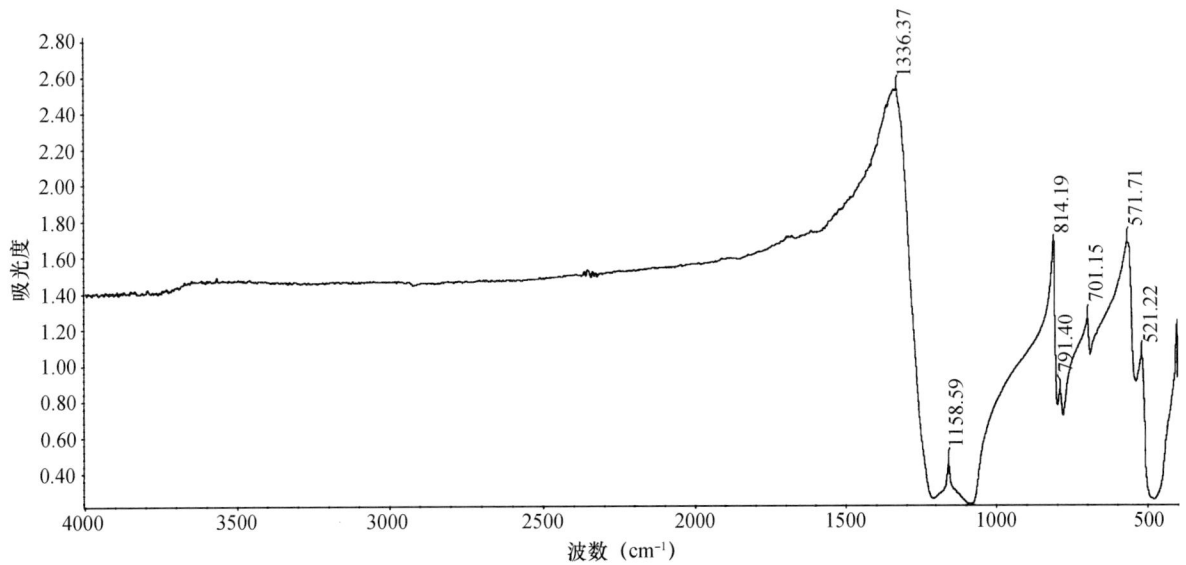

图一三　TG1⑦∶7红外光谱检测图谱

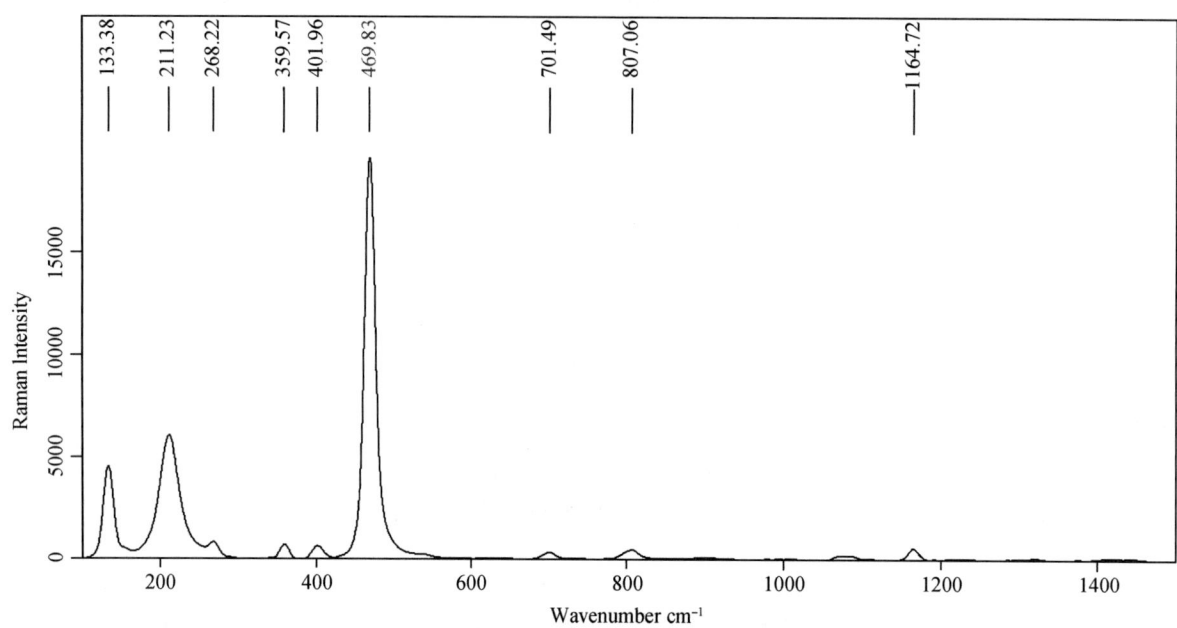

图一四　TG1⑦∶7拉曼图谱

附录四　天门龙嘴遗址出土陶器颜料检测报告

李晓远[1]　陆成秋[2]

（1. 武汉大学化学与分子科学学院　2. 湖北省文物考古研究所）

1. 检测仪器与方法

Quanta 200型扫描电子显微镜+EDX（荷兰FEI公司）；5700型红外光谱仪（NICOLET公司）。

用X射线能谱仪进行元素分析、ATR（衰减全反射红外光谱）进行有机成分分析

2. 彩陶碗（ⅡT0933⑥∶13）

红外谱图表明，2800-2900 cm^{-1} 峰显示C-H键的存在，说明可能存在少量有机物。EDX图谱表明，颜料物质的红色应该是HgS（朱砂）和Fe_2O_3（铁红）的共同作用结果。

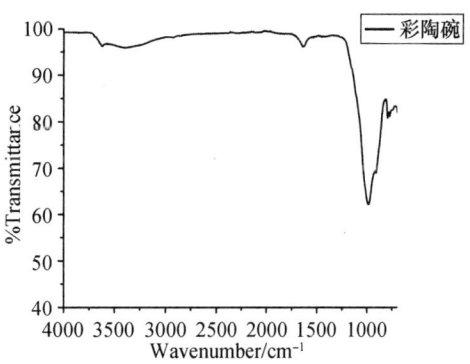

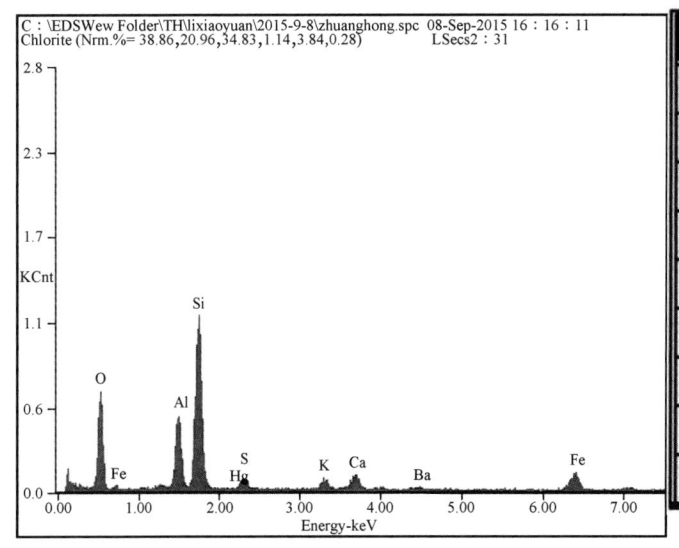

Element	Wt %	At %
O K	47.60	63.89
Al K	11.97	09.53
Si K	26.84	20.52
Hg M	00.49	00.05
S K	02.36	01.58
K K	01.81	01.00
Ca K	02.35	01.26
Ba L	01.56	00.24
Fe K	05.02	01.93

3. 红衣陶圈足盘（ⅡT0706⑤：18）

红外谱图表明，2800-2900 cm^{-1} 峰显示C-H键的存在，说明可能存在少量有机物。EDX图谱表明，红色呈色物质可能是铁红（Fe_2O_3）。

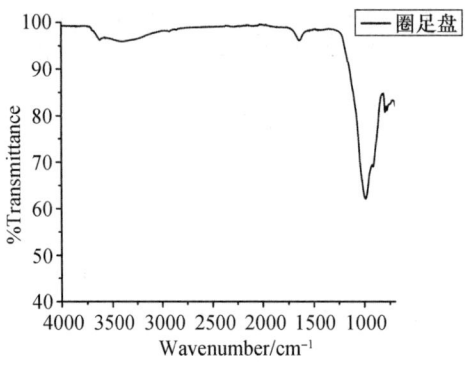

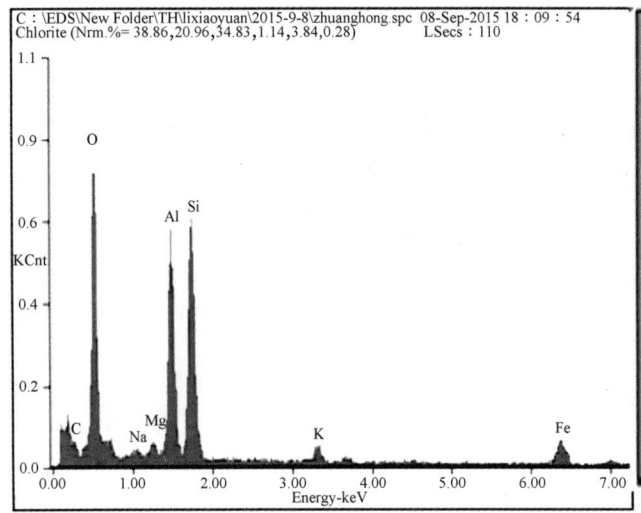

Element	Wt %	At %
C K	12.57	18.89
O K	52.33	59.02
Na K	00.92	00.72
Mg M	01.23	00.92
Al K	13.79	09.22
Si K	15.31	09.84
K K	01.04	00.48
Fe K	02.81	00.91

图 版

龙嘴遗址北俯视（下为北） 彩版一

彩版二

1. 遗址东南部地貌（东→西）

2. 遗址Ⅱ区部分发掘探方（南→北）

龙嘴遗址东南部地貌及Ⅱ区部分发掘探方

彩版三

1. 东城垣剖面

2. 东城垣剖面局部（南→北）

东城垣剖面

彩版四

1. F2（北→南）

2. F3（南→北）

F2、F3全景

彩版五

1. 活动面Ⅰ（西南→东北）

2. 红烧土路L（东南→西北）

活动面Ⅰ全景、红烧土路L

彩版六

1. H37（南→北）

2. H43（西南→东北）

H37、H43全景

1. M1（东→西）

2. M2（南→北）

M1、M2全景

彩版八

1. M9（西南→东北）

2. M11（东北→西南）

M9、M11全景

1. M10与H30打破关系（东部俯视）

2. M11与M9（右）、M10（左）平面关系（西北→东南）

遗址局部灰坑、墓葬平面关系

彩版一〇

1. M14（东→西）

2. W2（俯视）

M14、W2全景

彩版一一

陶片内含稻谷壳痕（ⅡT0833⑥：41）

彩版一二

1. TG3⑥A：3

2. H13：2

3. H13：4

4. H13：8

5. M1：5

6. M9：5

陶鼎

彩版一三

1. 鼎（M9∶6）

2. 鼎（M9∶7）

3. 罐（M9∶3）

4. 罐（M9∶9）

5. 器座（H18∶1）

6. 簋（M9∶10）

陶鼎、陶罐、陶器座、陶簋

彩版一四

1. 簋（M9∶12）

2. 簋（M9∶13）

3. 盘（M1∶7）

4. 盘（M1∶9）

5. 盘（M9∶4）

6. 盘（M9∶14）

陶簋、陶盘

彩版一五

陶灶（ⅡT1034⑥：9）

彩版一六

1. 豆（M9∶8）

2. 碗（M1∶10）

3. 碗（M10∶8）

4. 杯（ⅡT0933⑥∶3）

5. 杯（M10∶7）

6. 杯（F8①∶8）

陶豆、陶碗、陶杯

彩版一七

1. ⅡT0533④∶8

2. ⅡT0605③∶2

3. ⅡT0704④∶20

4. ⅡT0705③∶1

5. ⅡT0705⑤∶5

6. ⅡT0706⑤∶23

7. ⅡT0707④∶22

8. ⅡT0709⑥∶12

9. ⅡT0710④∶22

10. ⅡT0710④∶23

11. ⅡT0710⑤∶13

12. ⅡT0805③∶18

彩陶片

彩版一八

1. ⅡT0805④:16
2. ⅡT0806④:19
3. ⅡT0806④:20
4. ⅡT0806④:21
5. ⅡT0806④:22
6. ⅡT0806⑤:10
7. ⅡT0833⑤:9
8. ⅡT0833⑥:53
9. ⅡT0905④:4
10. ⅡT0905④:5
11. ⅡT0906④:8
12. ⅡT0906⑤:13

彩陶片

彩版一九

1. ⅡT0907④:18

2. ⅡT0907④:19

3. ⅡT0907④:20

4. ⅡT0907④:21

5. ⅡT0907④:22

6. ⅡT0933⑥:14

7. ⅡT0933⑥:15

8. ⅡT0933⑥:16

9. ⅡT0933⑥:17

10. ⅡT1127⑤:9

彩陶片

彩版二〇

1. 牌饰（ⅠT2106③:1）
2. 牌饰（ⅠT2106③:1）
3. 玦（ⅡT0905④:1）
4. 玦（ⅡT0905④:1）
5. 玦（H37:1）
6. 玉器（TG1⑦:7）

玉牌饰、玉玦、玉器

图版一

1. Ⅱ区部分探方（南→北）

2. Ⅰ区部分探方（南→北）

龙嘴遗址发掘探方

图版二

1. TG1北城垣（南→北）

2. TG5全景（北→南）

TG1北城垣、TG5全景

图版三

1. F2（东北→西南）

2. H18（东→西）

F2、H18全景

图版四

1. H28（西→东）

2. H27（西→东）

H27、H28全景

图版五

1. M1（南→北）

2. M2（南→北）

M1、M2全景

图版六

1. M1、M2与M3平面关系（东→西）

2. H30、M9与M10平面关系（西→东）

遗址探方局部遗迹平面关系

图版七

1. M9（西北→东南）

2. M11（西北→东南）

M9、M11全景

图版八

1. M14（西→东）

2. W2（北→南）

M14、W2全景

图版九

1. F2∶1

2. F8①∶5

3. F8②∶10

4. H2∶1

5. H13∶1

6. H13∶2

陶鼎

图版一〇

1. H13∶4
2. H13∶6
3. H13∶8
4. H43∶1
5. H45∶2
6. G3∶5

陶鼎

图版一一

1. 活动面Ⅰ:2

2. M1:5

3. M2:3

4. M9:5

5. M9:6

6. M9:7

陶鼎

图版一二

1. M10:5

2. M10:12

3. M11:5

4. M11:10

5. M14:4

6. M14:11

陶鼎

图版一三

1. ⅡT0435④:2

2. ⅡT0705③:6

3. ⅡT0705③:5

4. ⅡT0707⑤:1

5. ⅡT0805③:1

6. ⅡT0807④:1

陶鼎

图版一四

1. ⅡT0833④:5

2. ⅡT0833⑥:7

3. ⅡT1033③:3

4. ⅡT1034⑥:6

5. ⅡT1034⑥:10

6. ⅡT1034⑥:11

陶鼎

图版一五

1. 鼎 (TG1⑧:3)

2. 鼎 (TG2⑦:4)

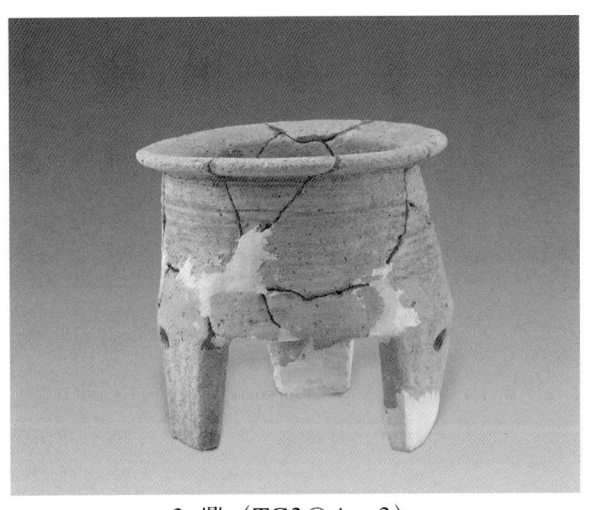
3. 鼎 (TG3⑥A:3)

4. 罐 (F8①:4)

5. 罐 (H28:1)

6. 罐 (H43:2)

陶鼎、陶罐

图版一六

1. 活动面Ⅰ:8

2. M1:8

3. M9:3

4. M9:9

5. M10:3

6. M11:6

陶罐

图版一七

1. 罐（M12∶1）
2. 罐（M13∶1）
3. 簋（M14∶2）
4. 罐（M14∶16）
5. 罐（W7∶1）
6. 罐（ⅡT0707④∶2）

陶罐、陶簋

图版一八

1. ⅡT0707④:4

2. ⅡT0708④:1

3. ⅡT0805④:8

4. ⅡT0933⑥:2

5. ⅡT1034⑥:15

6. ⅡT1035④:2

陶罐

图版一九

1. 罐（ⅡT1035⑥∶1）

2. 簋（ⅡT1126④∶2）

3. 罐（ⅡT1126④∶3）

4. 盆（活动面Ⅰ∶16）

5. 盆（ⅡT0705③∶8）

6. 盆（ⅡT0707⑤∶2）

陶罐、陶盆、陶簋

图版二〇

1. 盆（ⅡT1033⑥：1）

2. 盆（ⅡT1034⑥：14）

3. 盆（ⅡT1034⑥：16）

4. 盆（ⅡT0705③：7）

5. 钵（ⅡT0707⑤：3）

6. 盆（ⅡT0710④：1）

陶盆、陶钵

图版二一

1. 盆（ⅡT0806④：3）

2. 盆（ⅡT0808④：5）

3. 盆（ⅡT0833⑥：3）

4. 盆（ⅡT1127②：1）

5. 盆（TG2⑧：1）

6. 釜（F3：2）

陶盆、陶釜

图版二二

1. 釜（F8①：10）　　　　2. 釜（W9：1）

3. 釜（ⅡT0435④：3）　　4. 釜（ⅡT0435④：4）

5. 器座（H18：1）　　　　6. 器座（ⅡT0533③：3）

陶釜、陶器座

图版二三

1. 器座（ⅡT0704③:2）

2. 器座（ⅡT0707④:1）

3. 器座（ⅡT1006④:4）

4. 器座（TG1⑧:13）

5. 器座（TG1⑩:2）

6. 缸（ⅡT0705③:9）

陶器座、陶缸

图版二四

1. 甑（ⅡT1006⑤:1） 2. 甑（ⅡT1006⑤:1）

3. 灶（ⅡT1034⑥:9） 4. 灶（ⅡT1034⑥:9）

5. 簋（H36:3） 6. 簋（H37:2）

陶甑、陶灶、陶簋

图版二五

1. H45∶3

2. 活动面Ⅰ∶3

3. M1∶1

4. M9∶10

5. M9∶11

6. M9∶12

陶簋

图版二六

1. M9∶13
2. M10∶10
3. M10∶11
4. M11∶11
5. M14∶9
6. M14∶10

陶簋

图版二七

1. ⅡT0435④∶1

2. ⅡT0435④∶5

3. ⅡT0705④∶7

4. ⅡT0833⑥∶5

5. ⅡT0833⑥∶8

6. ⅡT1034⑥∶7

陶簋

图版二八

1. 簋（ⅡT1034⑥：8） 2. 簋（ⅡT1034⑥：12）

3. 豆（F8①：11） 4. 豆（M1：3）

5. 豆（M1：4） 6. 豆（M2：1）

陶簋、陶豆

图版二九

1. 豆 (M9:8)

2. 豆 (M11:1)

3. 豆 (M11:9)

4. 盘 (ⅡT0433④:2)

5. 豆 (TG5⑥:2)

6. 器盖 (F3:1)

陶豆、陶盘、陶器盖

图版三〇

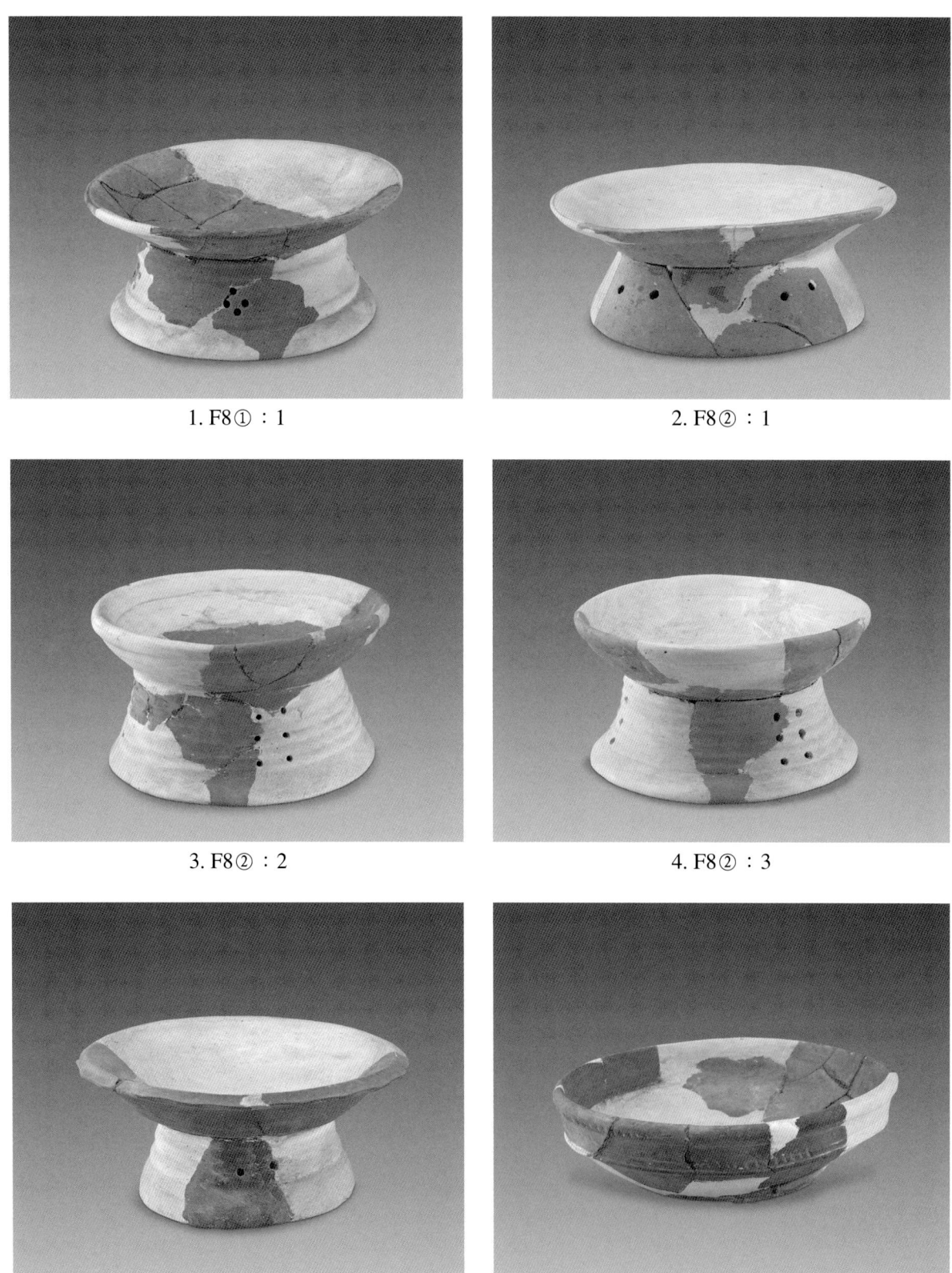

1. F8①：1
2. F8②：1
3. F8②：2
4. F8②：3
5. F8②：7
6. F8②：8

陶盘

图版三一

1. H18∶2

2. H26∶1

3. H36∶2

4. H38∶1

5. G3∶4

6. 活动面Ⅰ∶5

陶盘

图版三二

1. 活动面Ⅰ:6

2. 活动面Ⅰ:7

3. 活动面Ⅰ:14

4. M1:7

5. M1:9

6. M2:4

陶盘

图版三三

陶盘

1. M2:5

2. M9:2

3. M9:4

4. M9:14

5. M10:4

6. M10:9

图版三四

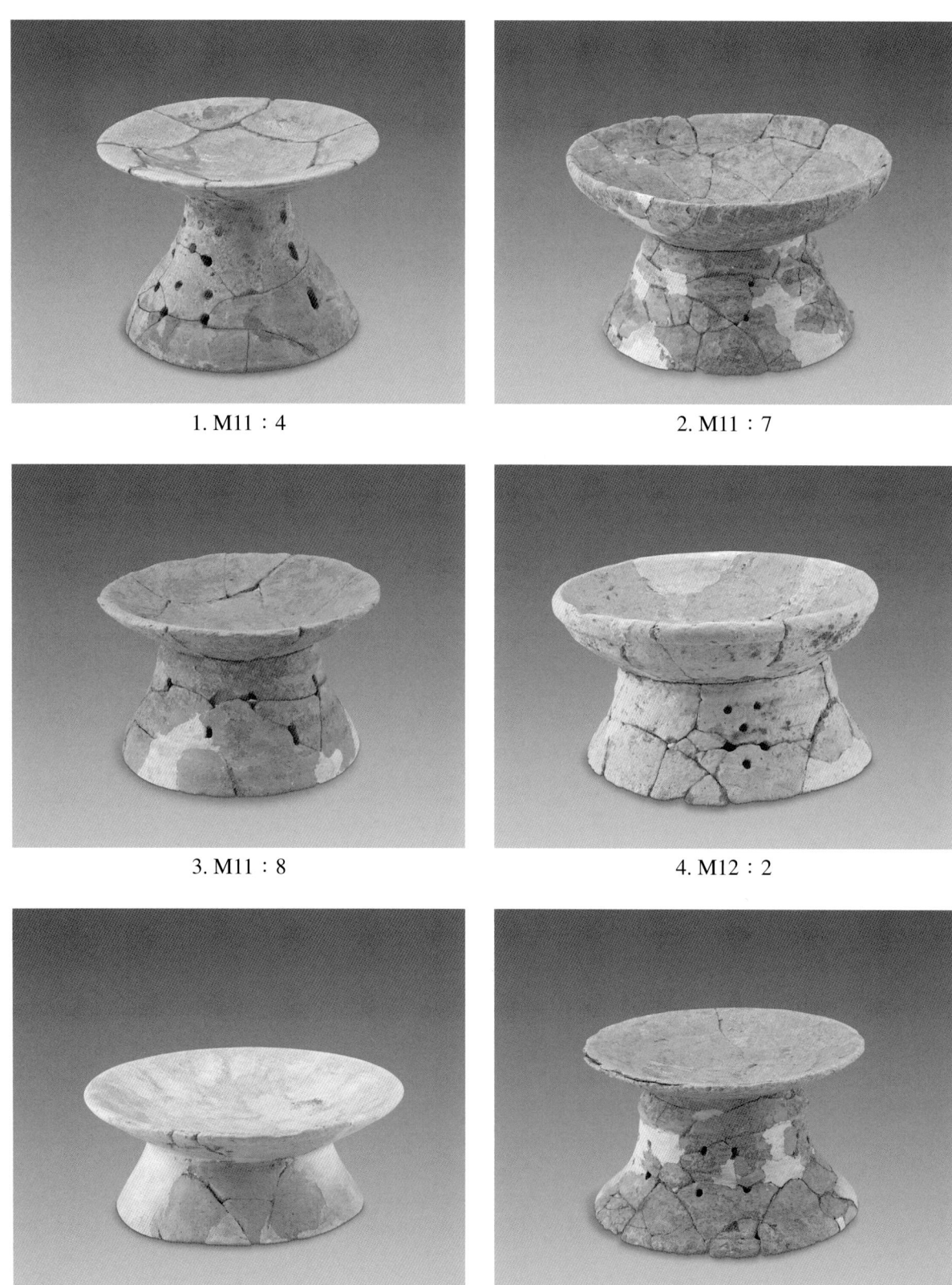

1. M11:4
2. M11:7
3. M11:8
4. M12:2
5. M12:3
6. M14:14

陶盘

图版三五

1. ⅠT1707③:5

2. ⅠT2107⑤:1

3. ⅡT0435④:7

4. ⅡT0435④:8

5. ⅡT0435④:9

6. ⅡT0435④:10

陶盘

图版三六

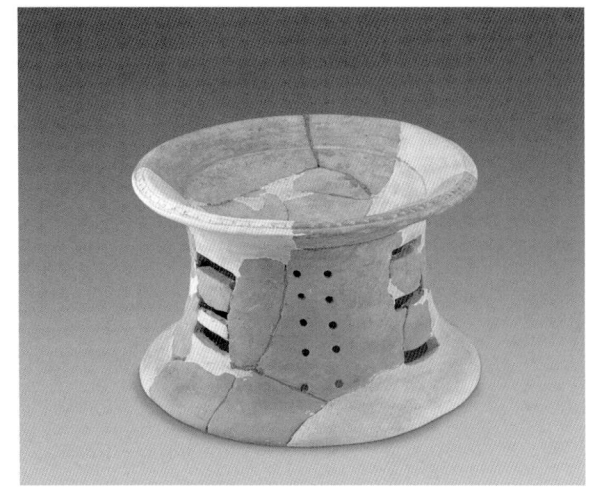
1. ⅡT0606④∶1

2. ⅡT0606④∶2

3. ⅡT0606④∶4

4. ⅡT0607③∶2

5. ⅡT0607③∶3

6. ⅡT0704④∶1

陶盘

图版三七

1. ⅡT0804④:4

2. ⅡT0805④:2

3. ⅡT0808④:4

4. ⅡT0833④:1

5. ⅡT0833⑥:4

6. ⅡT1034⑥:1

陶盘

图版三八

1. 盘（ⅡT1034⑥：3）　　2. 盘（ⅡT1036③：4）

3. 盘（TG5③B：1）　　4. 盘（TG5④：3）

5. 杯（F8①：8）　　6. 杯（M10：1）

陶盘、陶杯

图版三九

1. 杯（M10∶6）

2. 杯（M10∶7）

3. 杯（TG1⑧∶4）

4. 杯形器（TG3⑧B∶1）

5. 杯（ⅡT0933⑥∶3）

6. 碗（M1∶10）

陶杯、陶碗、陶杯形器

图版四〇

1. M9:15

2. M14:7

3. ⅡT0705④:6

4. ⅡT0706⑤:6

5. TG2⑤:1

6. H5:3

陶碗

图版四一

1. M9∶1

2. M10∶8

3. M11∶2

4. ⅡT0710④∶21

5. ⅡT0933⑥∶13

6. TG2⑩∶1

陶碗

图版四二

1. 碗（ⅡT1033⑤∶1）

2. 碗（ⅡT1033⑤∶1）

3. 器盖（F5∶1）

4. 器盖（F8①∶6）

5. 器盖（F8①∶9）

6. 器盖（F8②∶4）

陶碗、陶器盖

图版四三

1. H27①∶1
2. H36∶1
3. H42∶1
4. H52∶1
5. G3∶1
6. G3∶2

陶器盖

图版四四

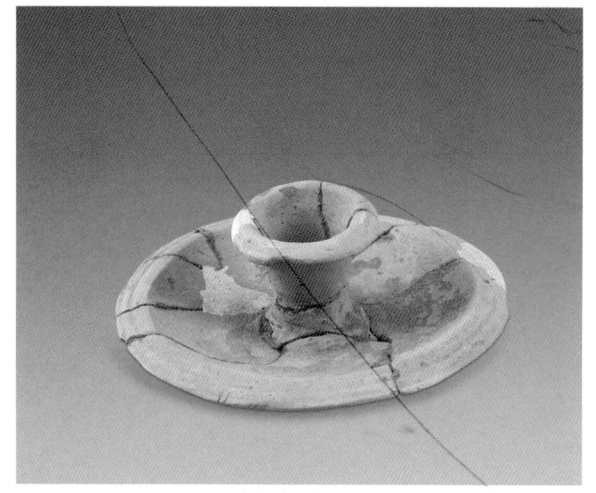
1. 活动面Ⅰ:9

2. 活动面Ⅰ:13

3. 活动面Ⅰ:15

4. M1:6

5. M2:2

6. M10:2

陶器盖

图版四五

1. M14:6

2. M14:15

3. W2:2

4. W6:2

5. W8:2

6. W9:2

陶器盖

图版四六

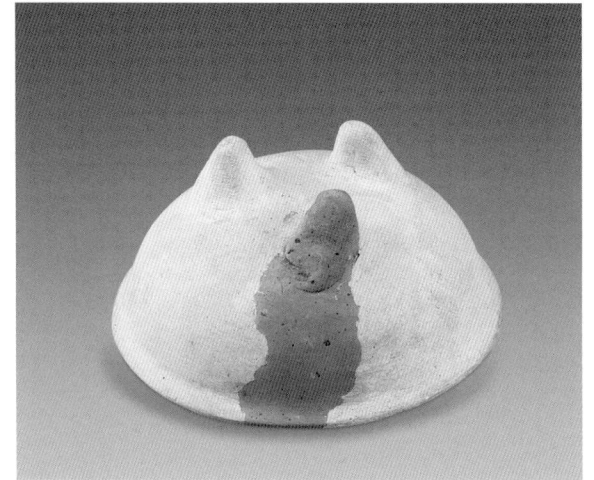

1. ⅠT2106④∶1

2. ⅡT0533③∶4

3. ⅡT0805③∶12

4. ⅡT0606③∶3

5. ⅡT0606③∶4

6. ⅡT0606④∶3

陶器盖

图版四七

1. ⅡT0606④:5

2. ⅡT0606⑤:1

3. ⅡT0606⑤:2

4. ⅡT0607③:1

5. ⅡT0607③:4

6. ⅡT0607④:1

陶器盖

图版四八

1. ⅡT0704③:1

2. ⅡT0705③:4

3. ⅡT0705④:3

4. ⅡT0706③:3

5. ⅡT0706⑤:1

6. ⅡT0706④:4

陶器盖

图版四九

1. ⅡT0706④：17

2. ⅡT0706⑤：5

3. ⅡT0707④：3

4. ⅡT0709④：3

5. ⅡT0710③：10

6. ⅡT0804④：2

陶器盖

图版五〇

1. ⅡT0805③:17

2. ⅡT0805④:3

3. ⅡT0807③:1

4. ⅡT0808③:12

5. ⅡT0808④:1

6. ⅡT0833⑥:2

陶器盖

图版五一

1. ⅡT0833⑥:6

2. ⅡT1005③:1

3. ⅡT0933⑥:1

4. ⅡT1034⑥:13

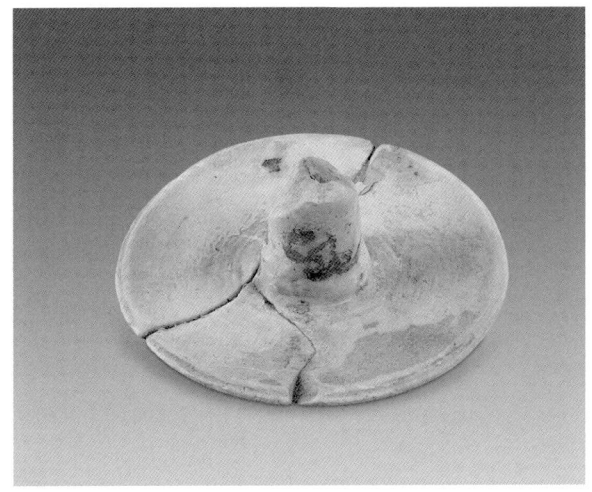

5. ⅡT1035③:2

6. ⅡT1035③:6

陶器盖

图版五二

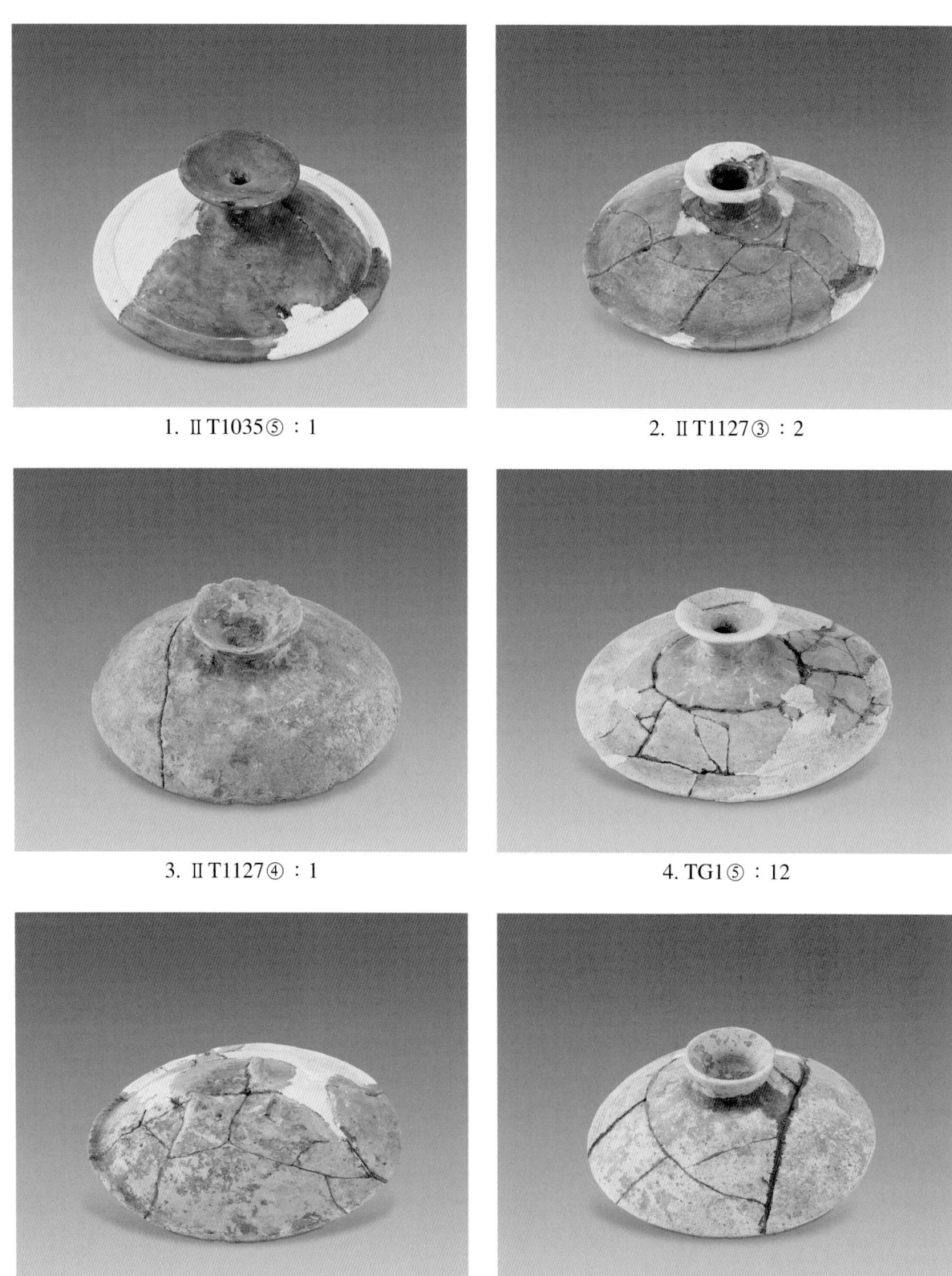

1. ⅡT1035⑤:1
2. ⅡT1127③:2
3. ⅡT1127④:1
4. TG1⑤:12
5. TG1⑥:3
6. TG1⑦:3

陶器盖

图版五三

1. 器盖（TG1⑦：6）
2. 器盖（TG1⑩：9）
3. 器盖（TG5④：8）
4. 碟（ⅡT0710⑤：4）
5. 锥形器（ⅡT0806④：5）
6. 纺轮（H3：1）

陶器盖、陶碟、陶锥形器、陶纺轮

图版五四

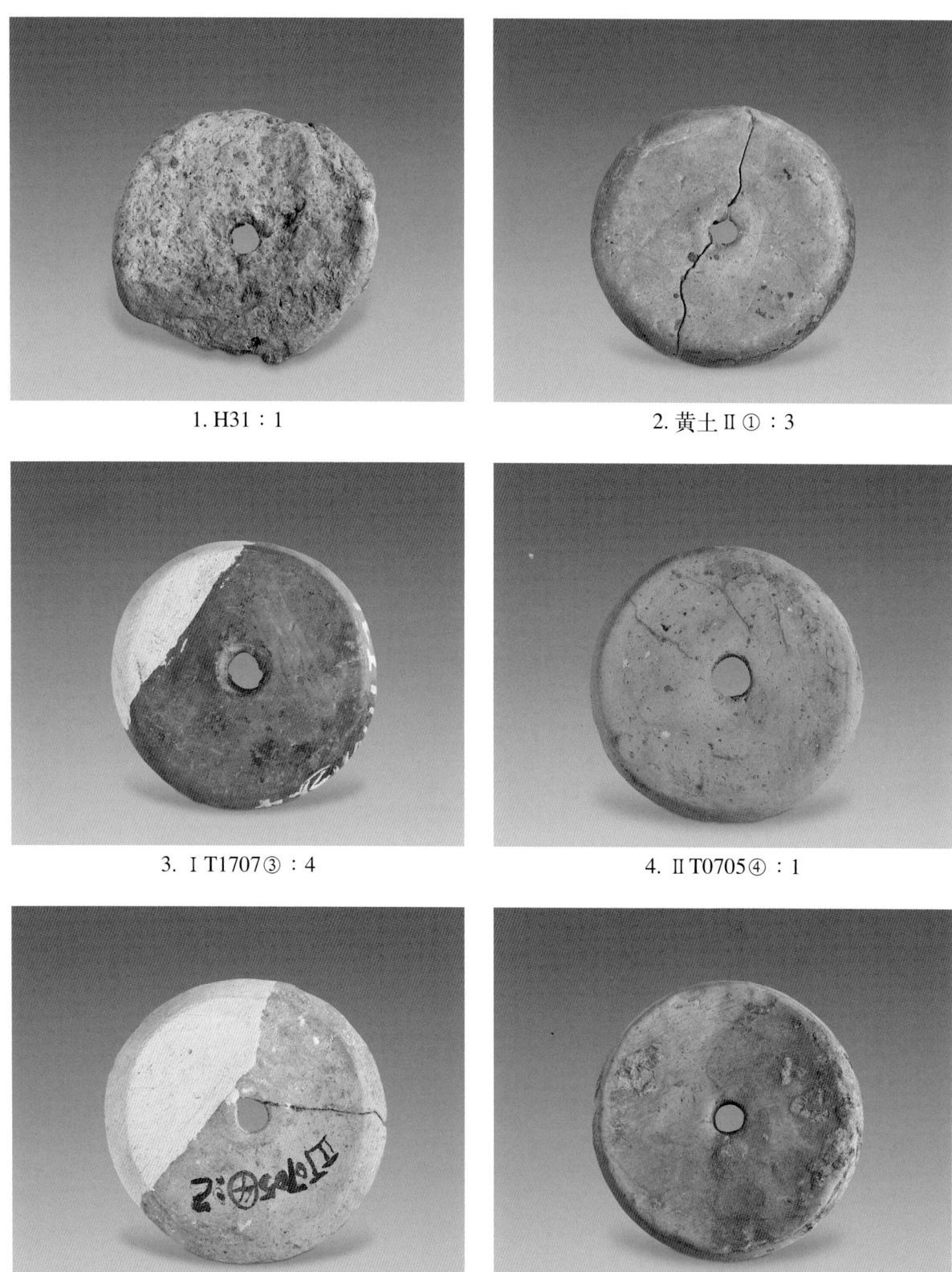

1. H31:1
2. 黄土Ⅱ①:3
3. ⅠT1707③:4
4. ⅡT0705④:1
5. ⅡT0705④:2
6. ⅡT0710⑤:1

陶纺轮

图版五五

1. ⅡT0710⑤:2

2. ⅡT0804④:1

3. ⅡT0806④:6

4. ⅡT0808④:3

5. ⅡT0809④:1

6. ⅡT0905③:4

陶纺轮

图版五六

1. ⅡT0909③：1
2. ⅡT1005④：1
3. ⅡT1005④：4
4. ⅡT1006④：1
5. ⅡT1006④：3
6. ⅡT0833③：2

陶纺轮

图版五七

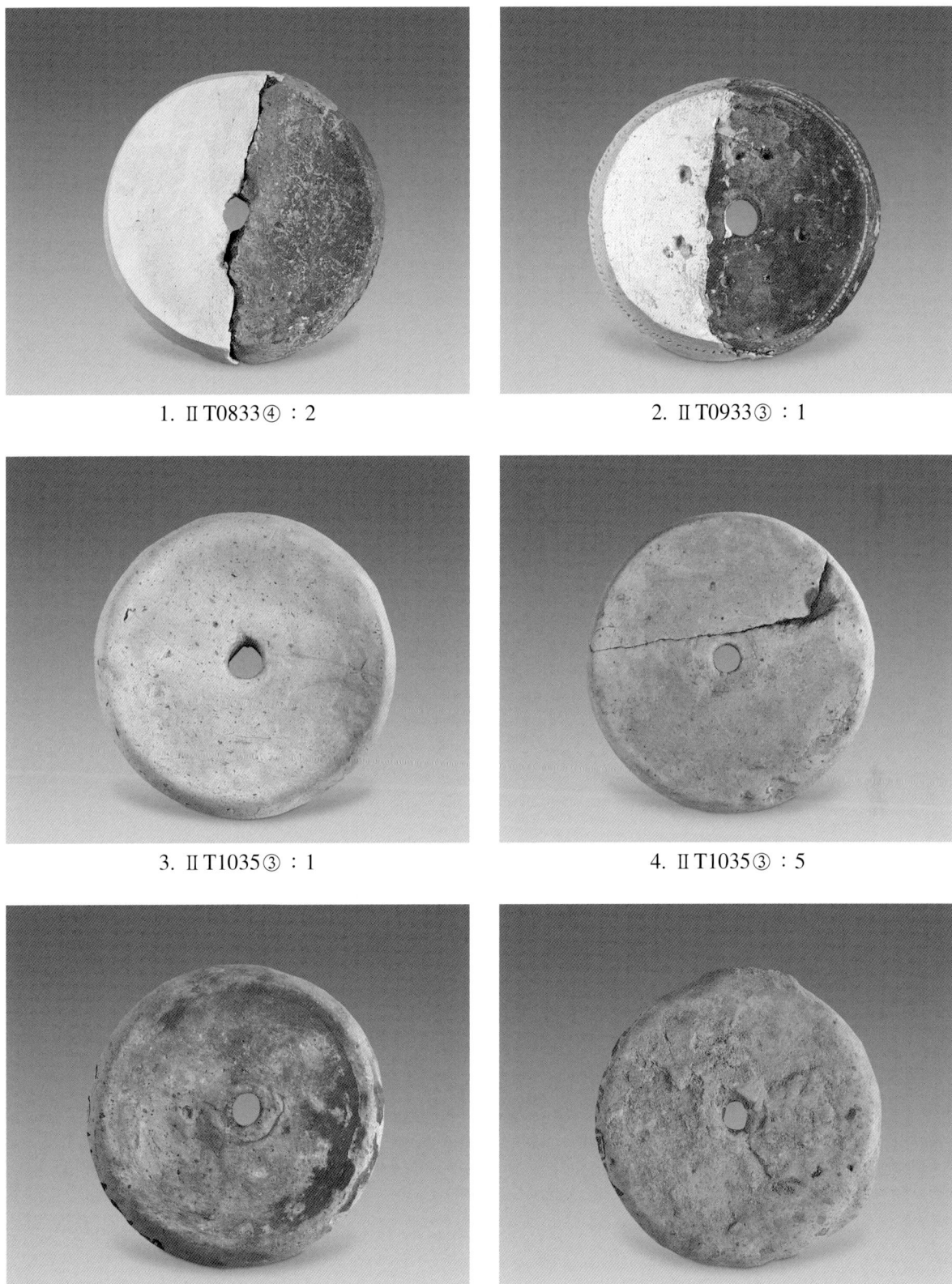

1. ⅡT0833④:2
2. ⅡT0933③:1
3. ⅡT1035③:1
4. ⅡT1035③:5
5. TG1⑤:3
6. TG1⑤:4

陶纺轮

图版五八

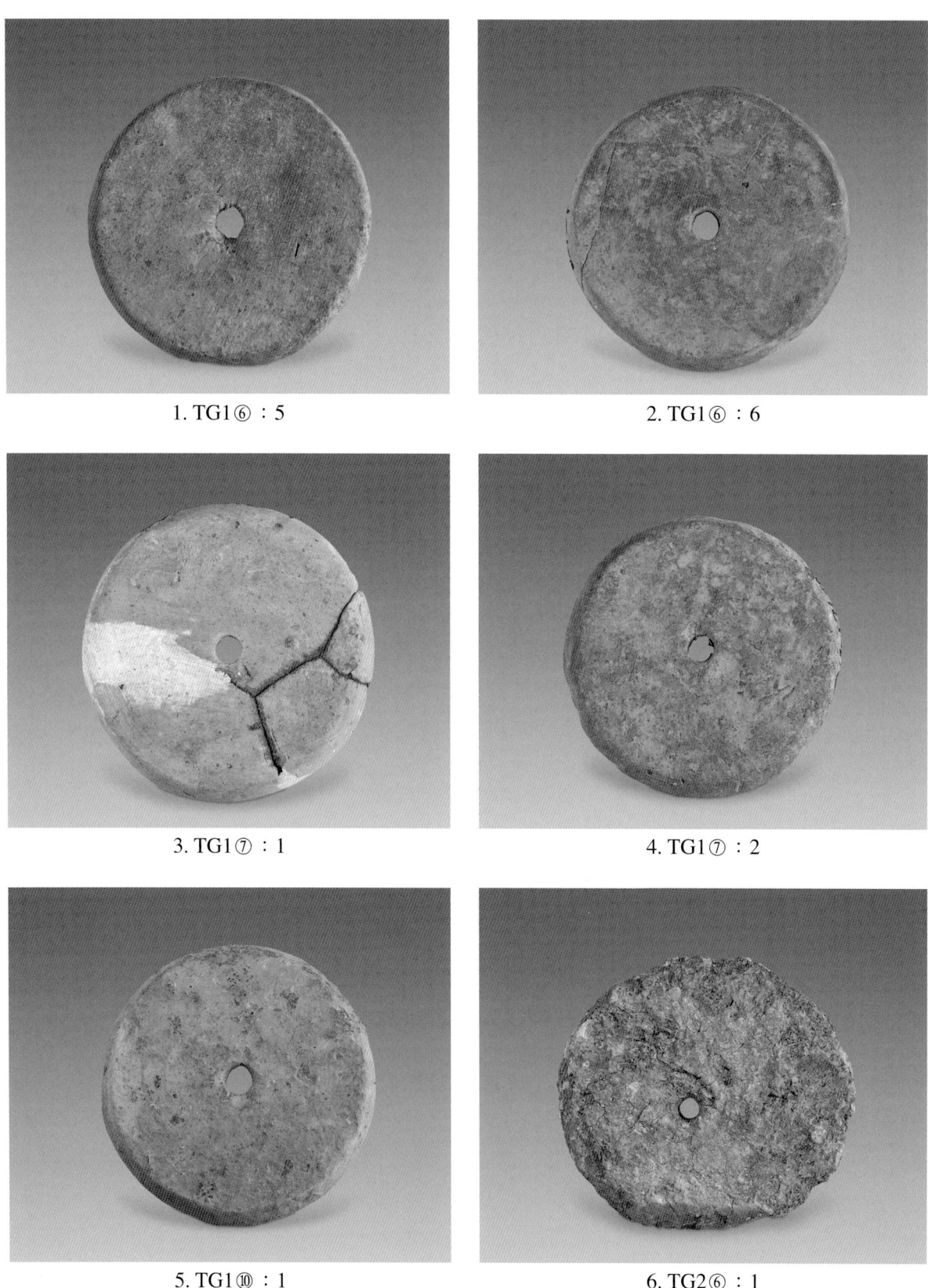

1. TG1⑥：5
2. TG1⑥：6
3. TG1⑦：1
4. TG1⑦：2
5. TG1⑩：1
6. TG2⑥：1

陶纺轮

图版五九

1. G5∶3

2. 黄土Ⅱ②∶1

3. 黄土Ⅱ②∶5

4. ⅡT0433③∶3

5. ⅡT0533③∶1

6. ⅡT0533④∶1

陶球

图版六〇

1. ⅡT0706③:1

2. ⅡT0706④:2

3. ⅡT0706⑤:2

4. ⅡT0706⑤:3

5. ⅡT0707③:1

6. ⅡT0710③:6

陶球

图版六一

1. ⅡT0805④∶1

2. ⅡT0805④∶4

3. ⅡT0805④∶5

4. ⅡT0805④∶6

5. ⅡT0806④∶2

6. ⅡT0808⑥∶1

陶球

图版六二

1. ⅡT0907③:1

2. ⅡT1005④:2

3. ⅡT0933⑥:4

4. ⅡT1036③:2

5. ⅡT1036③:3

6. ⅡT1126④:1

陶球

图版六三

1. TG1⑨:1

2. TG5③A:1

3. TG5④:1

4. ⅡT1005④:5

5. ⅡT1106④:1

6. TG2⑫:1

陶球

图版六四

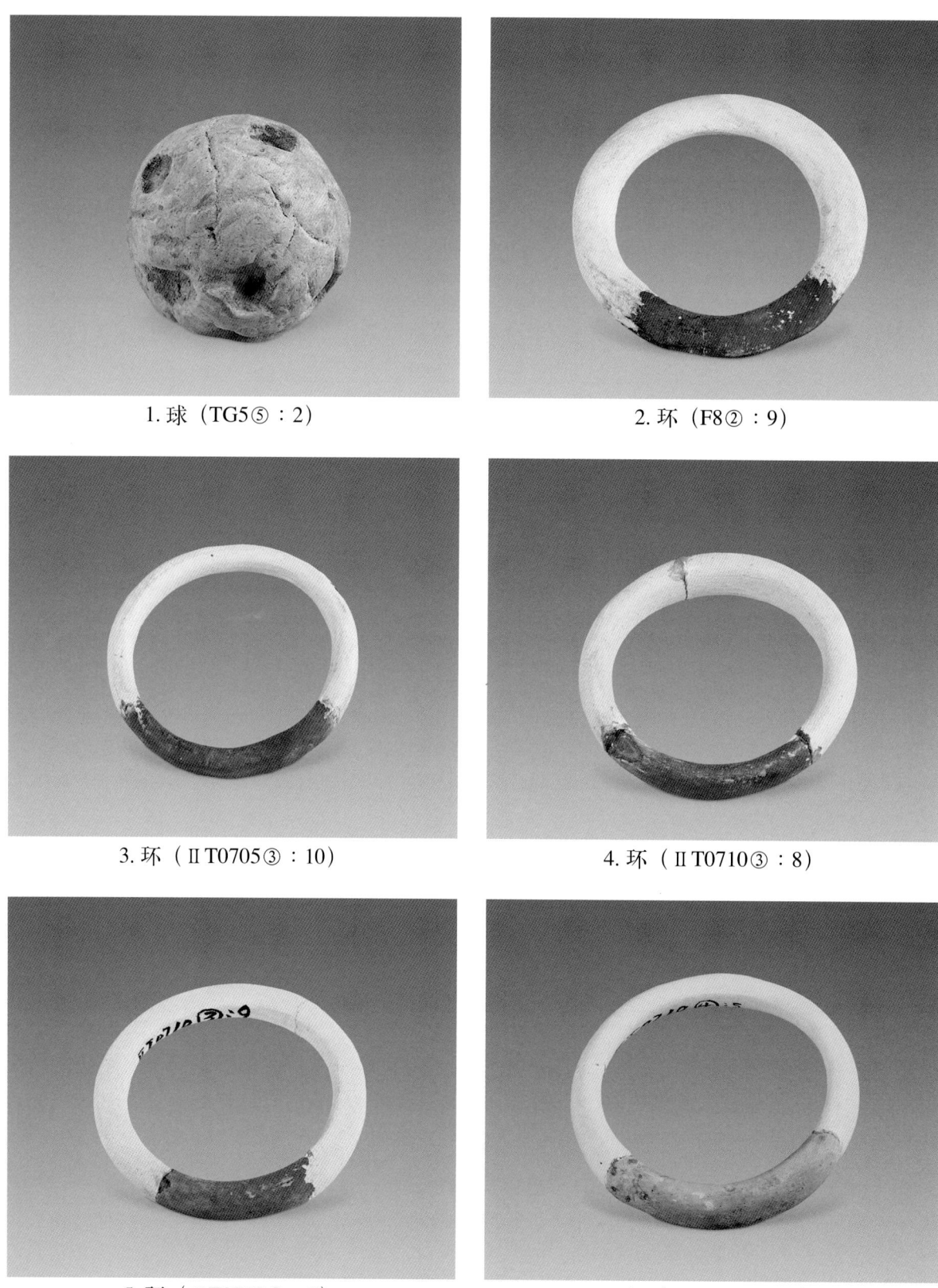

1. 球（TG5⑤：2）
2. 环（F8②：9）
3. 环（ⅡT0705③：10）
4. 环（ⅡT0710③：8）
5. 环（ⅡT0710③：9）
6. 环（ⅡT0710④：5）

陶球、陶环

图版六五

1. 环（ⅡT0806④:4）

2. 环（ⅡT0833④:3）

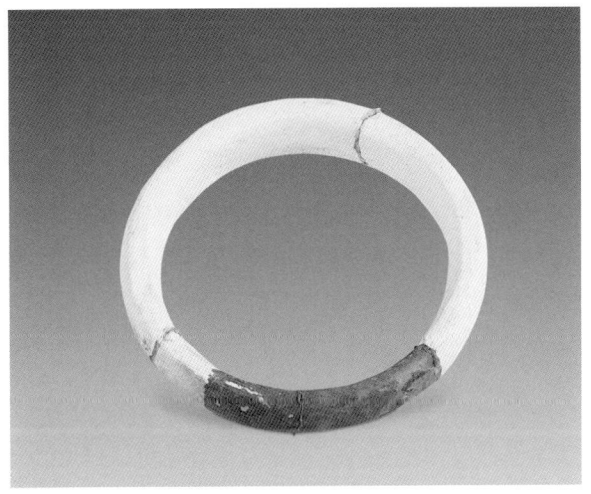

3. 环（ⅡT0833④:4）

4. 环（TG1⑦:5）

5. 饼（黄土Ⅱ②:4）

6. 饼（ⅡT0807⑤:1）

陶环、陶饼

图版六六

1. 饼（ⅡT0808⑤∶1）

2. 饼（ⅡT1006③∶2）

3. 璧（ⅡT0710③∶7）

4. 塑品（ⅡT0606③∶1）

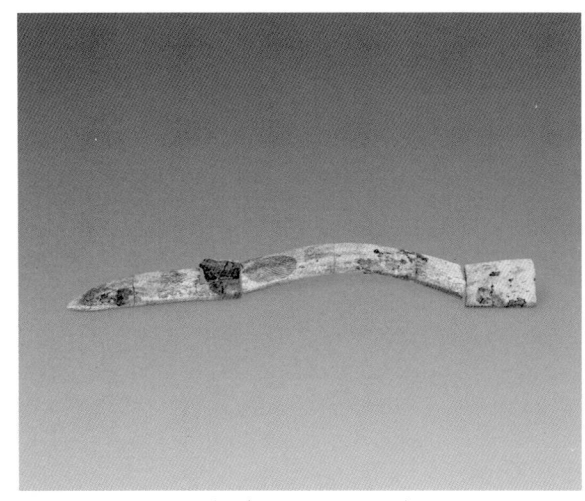
5. 簪（活动面Ⅰ∶1）

6. 锥（TG3⑥A∶2）

陶饼、陶璧、陶塑品、骨簪、骨锥

图版六七

1. F8①:3

2. H36:5

3. H36:6

4. H36:7

5. H36:8

6. H36:9

石斧

图版六八

1. 活动面Ⅰ:17

2. 黄土Ⅱ②:2

3. M11:3

4. ⅠT1707③:2

5. ⅠT1707③:3

6. ⅡT0433③:1

石斧

图版六九

1. ⅡT0433③:2

2. ⅡT0533③:2

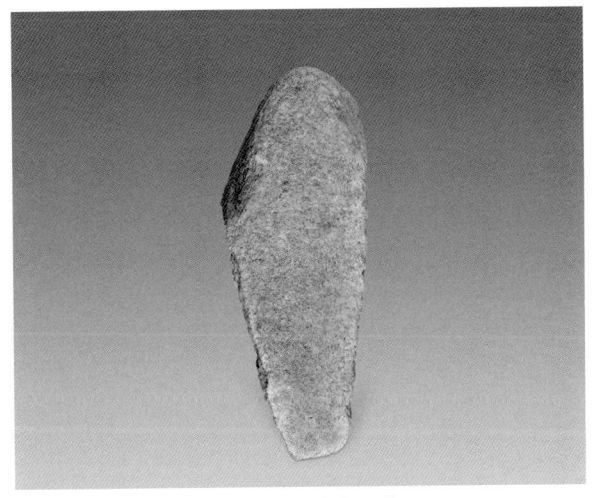

3. ⅡT0707③:2

4. ⅡT0707④:5

5. ⅡT0805③:2

6. ⅡT0805③:3

石斧

图版七〇

1. ⅡT0805③：4

2. ⅡT0805③：5

3. ⅡT0905③：1

4. ⅡT0905③：2

5. ⅡT0905③：3

6. ⅡT0905⑤：1

石斧

图版七一

1. ⅡT0905⑤:2

2. ⅡT0717④:1

3. ⅡT0833③:1

4. ⅡT0833⑥:1

5. ⅡT0933③:2

6. ⅡT0933③:3

石斧

图版七二

1. ⅡT0933④:2

2. ⅡT1034④:1

3. ⅡT1035③:4

4. ⅡT1035④:1

5. ⅡT1036③:5

6. ⅡT1126③:1

石斧

图版七三

1. 斧（TG1②：1）
2. 斧（TG1⑤：1）
3. 斧（TG1⑤：2）
4. 斧（TG1⑧：1）
5. 斧（TG5④：2）
6. 锛（ⅡT0807④：2）

石斧、石锛

图版七四

1. 凿（H36:4）

2. 凿（ⅡT1127③:3）

3. 镰（ⅠT1707③:1）

4. 钺（ⅡT0709④:1）

5. 钺（ⅡT0710③:11）

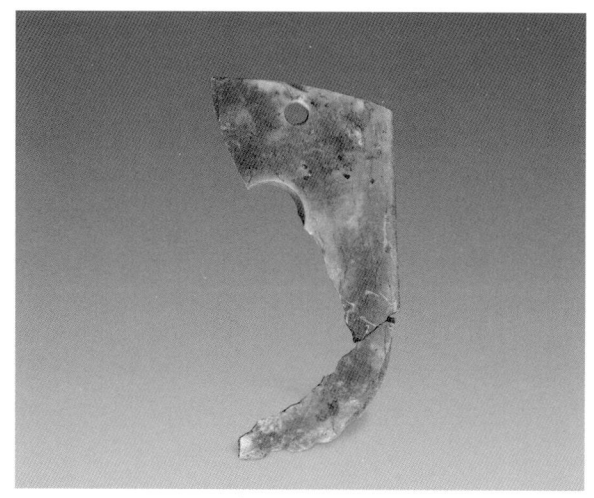

6. 钺（ⅡT1034⑥:5）

石凿、石镰、石钺

图版七五

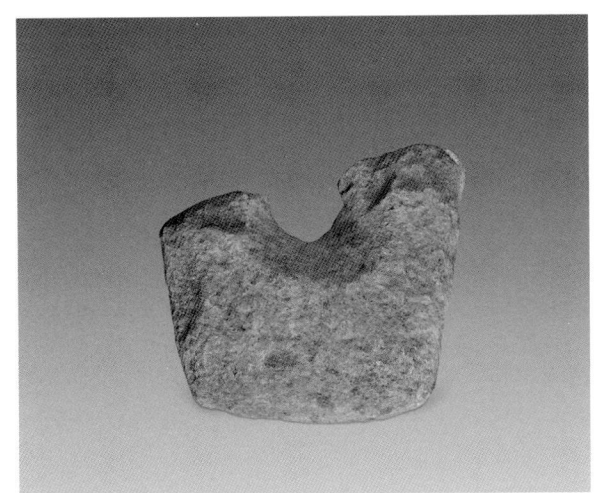

1. 钺（TG5③A∶2）

2. 杵（F4∶1）

3. 杵（ⅠT2105④∶1）

4. 杵（ⅡT0433③∶16）

5. 杵（ⅡT0804②∶1）

6. 杵（ⅡT1034②∶1）

石钺、石杵

图版七六

1. 锤（ⅠT2106③:2）

2. 锤（ⅡT0705⑤:1）

3. 砺石（F8①:2）

4. 石器（ⅢT1108②:1）

石锤、砺石、石器